Paul Finch

angstbringer

Thriller

Aus dem Englischen von
Bärbel und Velten Arnold

PIPER

Mehr über unsere Autoren und Bücher:
www.piper.de

Wenn Ihnen dieser Thriller gefallen hat, schreiben Sie uns unter Nennung des Titels »Angstbringer« an *empfehlungen@piper.de,* und wir empfehlen Ihnen gerne vergleichbare Bücher.

Von Paul Finch liegen im Piper Verlag vor:

Mark-Heckenburg-Reihe:	*Lucy-Clayburn-Reihe:*
Mädchenjäger	Schwarze Witwen
Rattenfänger	Im Schatten des Syndikats
Die Spinne (Kurzthriller)	
Spurensammler	Die Jagd (Kurzthriller)
Schattenschläfer	Das Gespenst von Killingly Hall
Besessen (Kurzthriller)	(und andere weihnachtliche
Totenspieler	Schauergeschichten)
Feuerläufer	
Tödliche Barden (Kurzthriller)	
Angstbringer	

MIX
Papier aus verantwortungsvollen Quellen
FSC® C083411

Deutsche Erstausgabe
ISBN 978-3-492-31478-7
Dezember 2019
© Paul Finch 2018
Titel der englischen Originalausgabe:
»Kiss of Death«, Avon, London 2018
© der deutschsprachigen Ausgabe:
Piper Verlag GmbH, München 2019
Redaktion: Barbara Raschig
Umschlaggestaltung: zero-media.net, München
Umschlagabbildung: Finepic®, München
Satz: Kösel Media GmbH, Krugzell
Gesetzt aus der Minion Pro
Druck und Bindung: CPI books GmbH, Leck
Printed in the EU

Prolog

»Okay, die Sache läuft folgendermaßen ab. Passen Sie jetzt auf, Brian. Passen Sie ganz genau auf.«

Es war der Ältere, der mit ihm sprach, derjenige, der sich während der ganzen Nacht als so unbeschreiblich niederträchtig erwiesen hatte.

Es war merkwürdig, aber wenn man Brian Kelso vor nur einem Tag gefragt hätte, welchen von den beiden Schwerkriminellen er für den hemmungsloseren, gewalttätigeren halten würde – den älteren oder den jüngeren –, hätte er auf jeden Fall auf den jüngeren getippt.

Doch die vergangenen neun Stunden hatten nicht nur seine Meinung im Hinblick auf diese Frage geändert – sie hatten alles geändert.

»Hören Sie mich?«, fragte die kehlige Stimme.

Es schien ihm so, als ob der Kerl aus East Yorkshire stammte. Kelso nahm sich erneut vor, sich das zu merken, damit er der Polizei irgendeinen Anhaltspunkt geben konnte, aber erst mal mussten er und Justine dieses Martyrium überleben.

»Ja, ich höre«, sagte er in das nicht rückverfolgbare Einweghandy, das sie ihm gegeben hatten.

»Fahren Sie auf der Welton Road in Richtung Norden aus der Stadt heraus. Kennen Sie diese Straße?«

»Ja, die kenne ich.«

»Wenn Sie die Kreuzung Welton Road/Horncastle Lane erreichen, sehen Sie eine Bushaltestelle. Bremsen Sie dort ab, und halten Sie an. Da erhalten Sie weitere Instruktionen.«

»Okay.«

»Bevor Sie losfahren, noch eine Frage: Wie viel konnten Sie einsacken?«

»Äh.« Brians Mund, der sich sowieso schon anfühlte wie Schmirgelpapier, nachdem er seit einer gefühlten Ewigkeit nicht mal einen Schluck Wasser getrunken hatte, wurde noch trockener. Er warf einen kurzen Blick über seine Schulter auf die vier schweren Taschen mit den zugezogenen Reißverschlüssen, die auf der Rückbank seines Peugeots festgeschnallt waren. »Ungefähr zweihundert, glaube ich.«

Es folgte ein ausgedehntes Schweigen.

»Zweihundert?«, kam schließlich die Antwort. »Ich dachte, wir hätten uns auf mindestens dreihundert geeinigt.«

»Hören Sie, ich war schließlich ganz alleine. Ich hatte höchstens eine Stunde, bis das sonstige Personal eingetrudelt wäre. In der verfügbaren Zeit habe ich so viel zusammengerafft, wie ich konnte. Außerdem werden in der Zweigstelle Dunholme sowieso keine Unmengen Bargeld vorrätig gehalten.«

»Dann wird das wohl reichen müssen.« Die Tonlage ließ deutliche Verstimmung erkennen. »Aber ich bin nicht zufrieden mit Ihnen, Brian. Überhaupt nicht.«

Die Verbindung wurde beendet.

»Einen Moment noch!«, rief Brian. »Bitte! Geht es Justine gut?«

Dröhnende Stille schlug ihm entgegen.

Er schaffte es, den Leidensschrei zu unterdrücken, der im Begriff war, seiner Kehle zu entweichen, als wäre er Ausdruck eines real empfundenen physischen Schmerzes, warf das Handy neben sich auf den Beifahrersitz und sank verzweifelt vornüber. Seine Stirn schlug auf das Lenkrad.

Justine, mit der er seit zwölf Jahren verheiratet war, hatte noch nie in ihrem Leben jemandem etwas zuleide getan. Sie war gutmütig und gutherzig und nörgelte nur selten an ihm herum oder wies ihn zurecht, obwohl es durchaus Gelegenheiten gegeben hatte, bei denen sie ihm mit gutem Grund den Kopf hätte waschen können. Obwohl sie zutiefst bekümmert gewesen war, als sie erfahren hatte, dass sie keine Kinder bekommen konnte, hatte sie sich davon nicht herunterziehen lassen. Stattdessen hatte sie ihr Leben entschlossen weitergelebt und die gähnende Leere, die ihnen beiden nach dieser traurigen Offenbarung gedroht hatte, mit ihrer übersprudelnden Persönlichkeit und ihrer beflissenen Geschäftigkeit gefüllt. Sie kümmerte sich penibel und hingebungsvoll um sich selbst, um ihn und um ihr frei stehendes Haus mit den vier Schlafzimmern und sorgte dafür, dass dort immer alles blitzblank war.

Und jetzt hatten diese Mistkerle … Sie hatten …

Brian schüttelte den Kopf. Heiße, salzige Tränen rannen ihm über die Wangen, während er alle Mühe hatte, auf der vereisten Market Rasen Road die Kontrolle über seinen Wagen zu behalten. Was auch immer bei dem Ganzen herauskam, er wusste, dass er das Bild, das sich in sein geistiges Auge eingebrannt hatte, nie vergessen würde: das Bild seiner geliebten Seelenverwandten, splitternackt wie ein X mit gespreizten Armen und Beinen mit ihrer eigenen Strumpfhose an das untere Treppengeländer gefesselt, mit herabhängendem Kopf, das kastanienbraune Haar lose in langen, verklebten Strähnen herunterbaumelnd, ihr schlanker, marmorweißer Körper mit Blutergüssen übersät und blutverschmiert.

»Eins müssen Sie verstehen«, hatte der Ältere irgendwann gegen drei Uhr morgens gesagt, als Brian steif und in Schweiß gebadet auf dem Esszimmerstuhl saß, den sie in die Diele gebracht hatten und auf dem sie ihn mit dem Staubsaugerkabel gefesselt hatten, damit er zusehen konnte. »Wir hätten nichts von alledem *Ihnen* antun können. Denn kurz vor Sonnenaufgang müssen Sie wie an jedem normalen Tag in Ihrem besten Anzug mit den Schlüsseln in der Tasche in die Bankfiliale spazieren, die Sie leiten. Nur ein bisschen früher als sonst, aber auch nicht viel früher, und auf keinen Fall in einem Zustand, der bei jemandem, der Sie sieht, irgendeinen Verdacht erregen könnte. Doch wir mussten Ihnen trotzdem unmissverständlich klarmachen, was Ihnen blüht, wenn Sie versuchen sollten, uns reinzulegen. Mein junger Kumpel hier wird auf dem Weg zur Bank hinter Ihnen herfahren. Und er wird vor dem Eingang der Bank auf der gegenüberliegenden Seite parken und dort warten, bis Sie hineingegangen sind. Ich würde sagen, bis zu diesem Moment kann man mit Fug und Recht behaupten, dass wir Sie voll unter Kontrolle haben. Aber wir geben uns keinen Illusionen hin: Wenn Sie erst einmal drinnen sind, sieht die Sache anders aus. Nichts kann Sie davon abhalten, ans nächste Telefon zu gehen und die Bullen anzurufen. Nichts außer dem Wissen, dass wir Ihre bessere Hälfte noch in den Händen haben. Und nichts außer dieser hässlichen, kleinen, nagenden Stimme in Ihrem Hinterkopf, die unentwegt fragt: Wenn die beiden sie *so* behandelt haben, ohne dass ich ihnen irgendwelchen Kummer bereitet habe, was in Gottes Namen werden sie ihr antun, wenn ich versuche, sie reinzulegen?«

Brian schauderte, als er sich diese kalten, reptilienartigen Augen in Erinnerung rief, die ihn durch die beiden Schlitze der hellgrünen Sturmhaube fixiert hatten. Es war nicht allzu schwer, sich vorzustellen, dass sich hinter diesen Augen nichts Menschliches befand.

»Also werden Sie nicht versuchen, irgendeine Dummheit zu begehen, oder?«

»Ich schwöre es«, hatte der gefesselte Brian gesagt. »Aber ich flehe Sie an: Bitte tun Sie ihr nicht noch mehr an.«

»Wissen Sie was, Brian? Ich glaube tatsächlich, dass ich Ihnen vertrauen kann.« Das hätte überzeugender gewirkt, wenn der Ältere Brians rechter Schläfe nicht einen derart kräftigen Schlag mit seiner Pistole verpasst hätte, dass Brians Kopf heftig zur Seite geschleudert wurde. »Geben Sie mir bloß keinen verdammten Anlass, mein Vertrauen zu enttäuschen. Wenn Sie das nämlich tun, wird was absolut Unvorstellbares passieren.«

Als er auf der Welton Road war, war es schon nach acht. Die Eisnebelschleier verflüchtigten sich, und es klarte auf, was den beiden Verbrechern sicher entgegenkam, denn sie hatten mehrfach klargestellt, dass sie ihn genau im Auge haben und Ausschau nach jedem Anschein von etwas Unnormalem halten würden, wie zum Beispiel einem ungewöhnlichen Interesse der sogenannten Ordnungshüter an seinen Aktivitäten oder einem unweit von seinem Auto fliegenden Hubschrauber. Allerdings war so etwas nicht zu erwarten, denn Brian war beim Betreten der Bank zwar kurz versucht gewesen, die Polizei anzurufen, hatte es dann aber sein lassen. Wozu hätte das auch gut sein sollen? In der kurzen verfügbaren Zeit hätten sie nichts anderes tun können, als schnell ein paar uniformierte Beamte zu seinem Haus und zu der Bank zu schicken, was nichts gebracht hätte, da der ältere Verbrecher sich wahrscheinlich nicht mehr in seinem Haus aufhielt und der jüngere Brian zwar bis zur Bank gefolgt, dann aber verschwunden war. Wahrscheinlich verbarg er sich irgendwo in der Nähe und beobachtete ihn. Die beiden hätten sich relativ leicht aus dem Staub machen und Justine problemlos mitnehmen können. Und das wäre ihr Ende gewesen.

Also hatte Brian getan, was von ihm verlangt worden war.

Natürlich hatte er das getan.

Aber er hatte keine Ahnung, was ihn als Nächstes erwartete.

Als er sich der Kreuzung Welton Road/Horncastle Lane näherte, sah er die Bushaltestelle, an der jedoch niemand wartete. Die Rush Hour war zwar in vollem Gang, wovon der zunehmende, immer dichter werdende Verkehr kündete, doch dies war eine ländliche Gegend, und die wenigen Pendler, die in den verstreuten Dörfern wohnten, zogen es vor, mit dem eigenen Auto zur Arbeit zu fahren.

Bevor Brian am Morgen aufgebrochen war, hatten sie seinen Wagen nach einem Tracker abgesucht und ihn gewarnt, dass sie ihn, nur für den Fall, dass er es irgendwie geschafft haben sollte, sich zu verdrahten und der Polizei heimlich Informationen zukommen zu lassen, an der Übergabestelle erneut untersuchen würden. Sollten sie dabei fündig werden, würde er seine Frau nie wiedersehen. Genau genommen würde er gar nichts mehr wiedersehen, da man ihn auf der Stelle erschießen würde. Seine Lieblingsmethode, hatte der Ältere klargestellt, sei ein Nackenschuss.

Wäre die Situation nicht so schlimm gewesen, hätte Brian gelacht. Ein Tracker? Ein verborgener Minisender? Sie überschätzten eindeutig die Möglichkeiten, die Filialleitern von Banken dieser Tage zur Verfügung standen, aber die Botschaft war trotzdem klar: Sie würden kein Risiko eingehen und keine Sekunde lang dulden, dass er irgendetwas Falsches tat.

Er versuchte, lieber nicht daran zu denken, fuhr auf den Parkstreifen gegenüber der Bushaltestelle, schaltete den Motor aus und wartete. Während die Sekunden verstrichen, wurde er zusehends nervöser.

Er stand nicht unter Zeitdruck, aber er nahm an, dass die beiden Verbrecher bestimmt nicht wollten, dass sich das Ganze unnötig lange hinzog, und je länger es dauerte, desto angespannter und gefährlicher würden sie werden. Aber wie sollte es jetzt weitergehen? Bestimmt hätte inzwischen jemand aufkreuzen sollen. Er dachte an den Jüngeren, der ihm zur Bank gefolgt war. Aber vielleicht spielte er in dem Plan, den sie ausgeheckt hatten, inzwischen eine andere Rolle. Bei ausgestelltem Motor wurde es im Inneren des Wagens schnell immer kälter. Brian streifte sich seine ledernen Autohandschuhe über und zog den Reißverschluss seines Anoraks über seinem zerknitterten Anzug zu. Er hatte am Morgen versucht, sich angemessen zu kleiden, aber angesichts der Umstände war daran nicht zu denken gewesen.

Draußen glitt mit dem trägen Strom der dahinrollenden Autos ein Streifenwagen der Verkehrspolizei vorbei. Brian sank in sich zusammen und konnte dem Drang widerstehen, sich zu ducken, um von draußen nicht mehr zu sehen zu sein. Er betete leise, dass sie nicht umdrehten und hinter ihm hielten, um sich zu erkundigen, ob er ein Problem habe, das ihn genötigt hatte, auf den Parkstreifen zu fahren. Wenn ihn einer der beiden Verbrecher beobachtete und das sah, würden sie ihm nie und nimmer glauben, dass es ein Zufall war.

Gott sei Dank passierte das nicht, doch der bloße Anblick des Polizei-Range-Rovers mit dem grellen blau-gelben Schachbrettmuster an den Seiten sorgte dafür, dass Brian erneut von einem Anfall von Verzweiflung befallen wurde. Er leitete die Bankfiliale seit fünfzehn Jahren, aber er hatte keine Ahnung, wie man das, was er getan hatte, sehen würde, wenn alles vorbei war. Die Leute würden doch sicher verstehen, dass er unter Zwang gehandelt hatte, oder? Aber das änderte nichts an der Tatsache, dass er der Bank, die er selber leitete, 200 000 Pfund gestohlen hatte. Und was war, wenn die Verbrecher davonkamen? Woher sollten die Leute wissen, dass er nicht mit ihnen unter einer Decke steckte? Die Tatsache, dass Justine so brutal behandelt worden war, würde für sich allein nicht ausreichen, diesen Verdacht aus der Welt zu schaffen. Also stünde er am Ende mindestens als Verdächtiger da.

Er richtete sich auf und ließ seinen Blick umherschweifen, um zu sehen, ob es irgendetwas gab, worauf er hätte reagieren müssen und das ihm entgangen war.

Zu seiner Linken gab es einen Zaunübertritt und dahinter ein Feld, das jetzt, da der Nebel sich gelichtet hatte, flach und weiß dalag. Auf der gegenüberliegenden Straßenseite war das Haltestellenhäuschen und dahinter eine Gruppe Bäume, deren blattlose Äste von weißem Frost überzogen waren.

Sein Blick wanderte über das Haltestellenhäuschen – und da fiel ihm etwas ins Auge.

Es war ihm schon bei seiner Ankunft ins Auge gefallen, aber er hatte es nicht weiter beachtet. Von der Straßenseite gegenüber sah es nur nach einem einfachen Blatt Papier in einer schäbigen Plastikhülle aus, die an den Pfosten mit dem Fahrplan geklebt worden war. Er hatte gedacht, dass es etwas mit einem Erneuerungsvorhaben in der Gegend zu tun hatte, dass es eine Aufforderung an die Anwohner war, Vorschläge einzureichen, oder etwas in der Art. Doch jetzt stieg er aus dem Wagen, schlängelte sich durch die langsam fahrenden Autos und überquerte die Straße. Als er die Bushaltestelle erreichte, sah er, dass auf dem Blatt eine Botschaft stand, die aus ausgeschnittenen Zeitungsbuchstaben zusammengesetzt war:

```
FAHREN SIE DIE HORNCASTLE ROAD IN
RICHTUNG NORDEN
DAS IST OFFENES GELÄNDE
WIR BEOBACHTEN SIE
WENN WIR IRGENDEIN ANZEICHEN SEHEN
DASS SIE BEGLEITET WERDEN
WISSEN SIE WAS PASSIERT
BRINGEN SIE DIESE NACHRICHT UND DIE
PLASTIKHÜLLE MIT
```

Brian riss die Plastikhülle ab, eilte zurück zu seinem Wagen, stieg schnell ein, setzte sich hinters Lenkrad und reihte sich bei der ersten Gelegenheit in den Verkehr ein. Er bog auf die Horncastle Road und fuhr in Richtung Norden. Die Anweisung war ziemlich vage, aber absurderweise fühlte er sich erleichtert, beinahe so, als ob sich das ganze Desaster auf einmal für ihn gelöst hätte.

Wie die Botschaft klarstellte und er sowieso bereits gewusst hatte, befand er sich in einem ausgedehnten landwirtschaftlich genutzten Gebiet. Zu beiden Seiten der Straße erstreckten sich bis zum Horizont viele Hektar große Felder, die unter einer winterlichen weißen Schneedecke lagen. Die Sonne war inzwischen aufgegangen und stand tief im Osten, ein blasser aschgrauer Kreis am Horizont. Der Himmel war wolkenlos, jedoch in dieser schaurigen, für Januartage typischen Weise absolut farblos. Auf einmal hatte Brian das Gefühl, als ob er den Trubel des morgendlichen Berufsverkehrs weit hinter sich gelassen hätte. Auf dieser ruhigeren Straße gab es kaum noch andere Verkehrsteilnehmer.

Das Handy klingelte, und er rammte es sich ans Ohr.

»Brian Kelso.«

»Ich weiß, dass Sie es sind«, entgegnete die ihm bereits vertraute, selbstbewusste Stimme. »Bisher waren Sie ein braver Junge. Wie's aussieht, kommen wir tatsächlich ins Geschäft, oder was meinen Sie?«

»Das hoffe ich sehr. Können Sie mir bitte sagen, wo Justine ist? Geht es ihr gut?«

»Es ist gut, dass Sie sich Gedanken um Ihre Frau machen, Brian. Ich wusste, dass Sie das tun würden. Deshalb war unser Plan von Anfang an idiotensicher. Aber Sie müssen sich keine Sorgen machen. Sie werden sie wiedersehen. Befolgen Sie einfach nur weiter exakt unsere Anweisungen, dann wird alles gut.«

»Okay. Bringen wir das Ganze hinter uns.«

»Biegen Sie bei der nächsten Möglichkeit links ab.«

Allein das war unheimlich. Es bedeutete, dass sie ihn *tatsächlich* beobachteten. Von wo aus nur? Vielleicht standen Sie mit einem Fernglas auf dem Dach einer Scheune. Aber wo auch immer sie steckten – sie waren verdammt gut organisiert.

»Und wo führt mich diese Abzweigung hin?«

»O nein.« Die Stimme verhärtete sich. »Jetzt verbocken Sie es nicht, indem Sie dumme Fragen stellen. Ich dachte, wir wären bereits übereingekommen, dass wir Sie durchsuchen, sobald wir uns wieder treffen. Nur um auf Nummer sicher zu gehen, dass Sie und der freundliche Polizist, der in Ihrem Viertel Dienst schiebt, es nicht auf wundersame Weise geschafft haben, Sie heimlich mit einem Kommunikationsgerät auszustatten.«

»So was habe ich nicht getan«, platzte Brian heraus. »Ich bitte Sie. Ich war nur zehn Minuten in der Bank. Wie hätte so was in der kurzen Zeit wohl arrangiert werden sollen? Außerdem haben Sie mich doch die ganze Zeit beobachtet, oder? Sie hätten doch gesehen, wenn ein Polizist vor der Bank vorgefahren wäre.«

Es folgte ein langes abschätzendes Schweigen. Und dann: »Wie gesagt: Biegen Sie bei der nächsten Möglichkeit links ab.«

Damit war die Verbindung beendet.

Brian schauderte und hatte kurz das Gefühl, sich übergeben zu müssen, doch stattdessen trat er aufs Gaspedal und beschleunigte von 65 auf 80 Stundenkilometer. Wie angewiesen, bog er nach links ab, allerdings in waghalsigem Tempo. Erst nach einigen Sekunden schaltete sich sein gesunder Menschenverstand wieder ein, und er drosselte das Tempo wieder. Die Gegend mochte zwar einsam und verlassen erscheinen, aber er wollte auf keinen Fall die Aufmerksamkeit eines trägen Polizisten erwecken, der in der tiefsten Provinz herumgurkte, um vielleicht irgendeinen jungen Raser zu erwischen, der die Gegend mit einem getunten Wagen unsicher machte.

Er fuhr etwas vorsichtiger gut fünf Kilometer weiter und passierte zu seiner Rechten ein Bauernhaus, das jedoch mit Brettern vernagelt war. Für einen kurzen Moment stieg seine Anspannung, weil er das Haus für einen möglichen Übergabeort hielt. Doch er ließ den alten Bauernhof schnell hinter sich und fuhr immer weiter nach Norden. Das Handy blieb immer noch still.

»Na los, komm schon«, murmelte er leise vor sich hin. Er war panisch und gleichzeitig frustriert. »Bitte, Herr im Himmel, mach, dass das schnell vorbei ist.«

Das Handy summte. Er nahm es hastig in die Hand und sah, dass er eine SMS erhalten hatte:

An der nächsten Abbiegung rechts

Der Wagen wärmte sich wieder auf, aber der Schweiß auf seiner Stirn hatte nichts mit der Temperatur zu tun.

Bei der nächsten Gelegenheit bog er nach rechts ab und achtete im ersten Moment überhaupt nicht auf die Bedingungen. Der Peugeot rutschte seitlich über die Fahrbahn, die von so einer dicken Eisschicht überzogen war, dass die Straße aussah, als wäre sie doppelt verglast. Er fand sich auf einer einspurigen Piste wieder, die nicht einmal asphaltiert war. Die Räder ruckelten und hüpften über steinharte Traktorspuren. Ihm wurde bewusst, dass er immer weiter von der Zivilisation weggelockt wurde, und der

Gedanke machte ihm Angst. Aber wahrscheinlich war das von Anfang an einer der Gründe gewesen, weshalb die Verbrecher die Filiale in Dunholme ausgewählt hatten. Er war ein Niemand, nur ein stinknormaler Filialleiter, aber die Bank, die er leitete, befand sich am Rand einer ausgedehnten ländlichen Gegend, in der es die Räuber leicht haben würden, schnell zu verschwinden und abzutauchen. Was ein weiterer Beweis dafür war, wie gut die ganze Sache geplant worden war. Doch all das spielte im Moment keine Rolle. Sein überwältigendes Verlangen, Justine wieder in den Armen zu halten – wenn auch zweifellos zitternd und wimmernd, mit vor Kälte klappernden Zähnen und vor Schreck wie gelähmt, aber immerhin in Sicherheit –, machte all seine Bedenken hinsichtlich der einsamen Gegend hinfällig.

Vor sich konnte er Bäume sehen. Kein richtiger Wald, eher ein Wäldchen. Die schmale Piste führte schnurgerade mitten durch das Wäldchen hindurch.

Ob das der Übergabeort war? Es war seit etlichen Minuten die erste Veränderung der Landschaft in dieser trostlosen Gegend. Das hatte doch bestimmt etwas zu bedeuten. Als er in das Wäldchen hineinfuhr und die Piste beidseitig von Bäumen gesäumt war, konnte er der Versuchung nicht widerstehen, wieder aufs Gas zu treten. Der Wagen hüpfte auf dem zerfurchten, hart gefrorenen Untergrund hin und her, und um ein Haar wäre er frontal gegen den weiß angemalten Pfahl gefahren, auf dem das Schild mit dem roten Kreis thronte und der mitten auf der Piste einbetoniert worden war.

Als der Peugeot schließlich zum Stehen kam, nachdem er beinahe zwanzig Meter weit gerutscht war, stand das Schild direkt vor ihm. Über der Motorhaube war nur noch die Scheibe mit dem roten Kreis zu sehen, in deren Mitte in schwarzen Lettern ein einziges Wort stand:

STOP

Brian stieg aus und stellte sich neben seinen Wagen. Sein Atem bildete in der eisigen Luft Wölkchen.

Im ersten Moment war nichts zu hören. Er blickte nach rechts und nach links und sah zu seiner Überraschung, dass er auf einer schmalen Brücke gehalten hatte. Er hatte sich so auf das Stoppschild konzentriert, dass er die verrotteten, dünnen Geländer zu seinen Seiten gar nicht wahrgenommen hatte. Die Brücke machte einen recht kümmerlichen Eindruck. Wie es aussah, führte sie an keinen speziellen Ort. Wahrscheinlich war sie für Vieh bestimmt.

»Brian!«, ertönte eine schroffe Stimme.

Er drehte sich einmal um sich selbst.

»Brian!«, rief die Stimme erneut, und diesmal wurde ihm klar, woher sie kam. Er ging vorne um seinen Peugeot herum zu dem Geländer auf der linken Seite.

Gut sechs Meter unter sich sah er einen Einschnitt, auf dem, wie er vermutete, einmal eine Eisenbahntrasse verlaufen war, der jedoch inzwischen offenbar als Feldweg genutzt wurde, denn fast unmittelbar unter ihm befand sich die Ladefläche eines Pritschenwagens. Der Fahrer, der jüngere der beiden Verbrecher, der größer und schlanker war als der ältere, jedoch vor allem deshalb eindeutig zu identifizieren war, da er im Gegensatz zu seinem älteren Kumpan keine grüne Sturmhaube trug, sondern eine schwarze, war aus der Fahrerkabine gestiegen.

»Werfen Sie die Kohle runter!«, rief er nach oben. »Und zwar *jetzt!*«

»Wo ist meine Frau?«, rief Kelso zurück.

»Werfen Sie die Kohle jetzt runter, oder Sie werden sie nie wiedersehen.«

»Mein Gott, von mir aus!«

Brian ging zurück zu seinem Wagen und trug eine prall gefüllte Tasche nach der anderen zum Geländer und warf sie nach unten. Jede Tasche landete mit einem lauten Rums auf der Ladefläche und brachte den ganzen Wagen zum Schaukeln. Aus einer Höhe von sechs Metern entfalteten fünfzig Riesen in gebrauchten Scheinen eine ziemliche Wucht. Das war dem jüngeren Räuber offenbar sehr wohl bewusst, denn für den Fall, dass eine der Taschen ihr Ziel verfehlte, war er ein Stück weit zurückgetreten. Doch als alle vier Taschen gelandet waren, ließ er schnell die hintere Ladeklappe herunter, sprang auf die Ladefläche, öffnete von zwei Taschen die Reißverschlüsse und prüfte den Inhalt. Dann stieg er von der Ladefläche herunter, schloss die Klappe wieder und huschte zur Fahrerkabine.

»He!«, rief Brian. »He! *Was ist mit meiner Frau?*«

Der Typ drehte sich nicht mal um. Er knallte die Fahrertür hinter sich zu, der Motor erwachte zum Leben, und im nächsten Moment bretterte der Wagen den Einschnitt entlang, vereistes Laub und Klumpen gefrorener Erde hinter sich aufwühlend.

»Was zur Hölle?« Ihm versagte beinahe die Stimme. »O mein Gott. Gott, Allmächtiger!«

»He«, ertönte eine Stimme hinter ihm.

Brian wirbelte herum und sank beim Anblick des älteren Verbrechers beinahe vor Dankbarkeit in sich zusammen. Er war offenbar zwischen den Bäumen hinter dem Schild hervorgekommen und kam auf Brian zu.

Er trug immer noch einen Overall, dicke Handschuhe und eine grüne Sturmhaube.

Und wie bei ihrer letzten Begegnung hatte er seine Pistole gezogen.

»Ich habe alles genauso gemacht, wie Sie es von mir verlangt haben«, sagte Brian und taumelte mit ausgebreiteten Armen auf ihn zu. »Das konnten Sie ja mit eigenen Augen sehen.«

Der Verbrecher zielte mit der Pistole auf Brians Brust. »Stimmt, Sie haben es genauso gemacht, wie Sie sollten.«

Brian blieb schwankend stehen. »Gut, dann lassen Sie uns dieses Spielchen jetzt bitte beenden. Geben Sie mir einfach Justine.«

»Sieh an, Sie machen sich Sorgen um Ihre Frau, was?«

Obwohl er sich mit aller Kraft zusammenriss, um sich zu beherrschen, nahm Brians Stimme einen weinerlichen, gequälten

Ton an. »Bitte tun Sie das nicht. Sagen Sie mir einfach, wo sie ist.«

»Na, da, wo sie die ganze Zeit war. Bei Ihnen zu Hause. Warum hätten wir sie mitnehmen sollen?«

»Gut. Dann war's das also, oder?«

»Ja, das war's.« Doch der Gangster senkte seine Pistole nicht. Brian war verwirrt. »Dann kann ich also gehen?«

»Scharf darauf, sie wiederzusehen, was?«

»Was glauben Sie denn! Lassen Sie mich einfach gehen, und dann fahre ich zurück.«

»Nein. Ich kann Sie auf einem schnelleren Weg zu ihr schicken.«

»Was?« Nach dieser furchtbaren Nacht des Horrors hatte Brian gedacht, dass er für den Rest seines Lebens gegen jegliche Art des Schreckens immun sein würde, doch in diesem Moment verspürte er eine tiefere, quälendere Angst als jemals zuvor. »Was meinen Sie damit?«

Der Blick dieser furchterregenden Augen wurde noch intensiver. Brian stellte sich vor, dass der Mistkerl unter seiner Sturmhaube grinste. Ein irres, wahnsinniges Halloweenkürbisgrinsen.

»O nein«, brachte Brian wimmernd hervor. »O nein.«

»O doch«, entgegnete der maskierte Verbrecher kichernd und feuerte zwei Kugeln in die Brust des Bankfilialleiters.

1 *Heute*

Die St-Pauls-Kirche von Little Milden befand sich in einer ländlichen Oase ein Stück außerhalb des kleinen Dorfes in Suffolk. Vom Dorf bis zur Kirche waren es gut zehn Minuten zu Fuß. Sie lag an einer ruhigen Landstraße, die eigentlich die beiden fernen Ballungsgebiete Ipswich und Sudbury miteinander verband, doch in Wahrheit war auf der Straße nicht viel los. Sie wurde von leicht hügeligen Wäldern und ausgedehnten Feldern gesäumt, die im Spätsommer bis zum Horizont Blicke über ein goldenes Meer von sonnengereiftem Weizen freigaben.

An diesem malerischen Plätzchen herrschte eine Atmosphäre des ungestörten Friedens. Selbst Menschen, die sich nicht zur Religion hingezogen fühlten, dürfte es schwerfallen, an diesem Ort irgendeinen Mangel zu entdecken. Man hätte sogar meinen können, dass dort niemals etwas Schlimmes passieren könnte – wären da nicht die Ereignisse eines bestimmten späten Juliabends gewesen, etwa vierzig Minuten nach dem Ende der Abendandacht.

Es ging los, als der große, dunkelhaarige Pfarrer aus dem Pfarrhaus trat und an der Zaunpforte stehen blieb. Er war etwa Mitte dreißig, eins neunzig groß und von beeindruckender Statur: quadratische Schultern, breite Brust und kräftige, von der Sonne gebräunte Arme, die er vor seinem rosafarbenen, kurzärmeligen Hemd verschränkt hatte. Er hatte volles schwarzes, lockiges Haar, ein markantes Kinn, eine gerade Nase und verschmitzt funkelnde blaue Augen. Wer ihm auf der Straße begegnete, mochte es vielleicht merkwürdig finden, dass so ein durch und durch maskulines Exemplar von einem Mann seine Berufung darin gefunden hatte, den Talar zu tragen. Es war zumindest nicht ganz ausgeschlossen, dass einige seiner weiblichen

Gemeindemitglieder von seinem Aussehen abgelenkt wurden und ihn von den Kirchenbänken aus eher anhimmelten, anstatt seinen Predigten zuzuhören, doch an diesem Abend war *er* es, der von etwas abgelenkt worden war.

Und da war es schon wieder.

Ein dritter oder vierter schwerer Schlag, der hinter der Kirche ertönte.

Im ersten Moment fragte der Pfarrer sich, ob es vielleicht das Echo der Arbeiten in einer fernen Werkstatt war, das die warme Sommerluft zu ihm trug. Von der Südseite der Kirche aus konnte man am fernen südlichen Rand des angrenzenden Weizenfeldes das Dach von Bauer Holbrooks Scheune sehen. Doch das war das einzige Gebäude weit und breit, und es war eher unwahrscheinlich, dass dort an einem ruhigen Montagabend noch schwer gearbeitet wurde.

In dem Moment ertönte etwas, das klang wie ein fünfter Schlag, doch diesmal klang er entschiedener, intensiver und lauter, als ob er mit Wut ausgeübt worden wäre. Der Pfarrer öffnete die Pforte, trat auf den Pfad und steuerte die nordwestliche Ecke der Kirche an. Als er sie erreichte, hörte er einen weiteren Schlag. Und dann noch einen und noch einen.

Diesmal wurden die Schläge von einem Krachen begleitet, einem Geräusch von zersplitterndem Holz.

Er eilte zur südwestlichen Ecke der Kirche. Es folgte ein weiterer Schlag, diesmal begleitet von einem Ächzen, als ob sich jemand gewaltig anstrengte.

Unmittelbar an der Südseite der Kirche befand sich ein vernachlässigter Teil des Geländes. Aus dem langen sommerlichen Gras ragten verwitterte Grabsteine aus dem achtzehnten Jahrhundert empor. Hinter den Grabsteinen befand sich ein verrosteter Metallzaun, der die Grenze zu dem Weizenfeld bildete. Es mochte ein beunruhigender Gedanke sein, dass man auf dieser Seite der Kirche komplett von der Straße und dem vorbeifahrenden Verkehr abgeschirmt war, aber der Pfarrer hatte keine

Zeit, darüber nachzudenken. Er bog um die letzte Ecke, ging ein paar Meter den Pfad neben der Südseite der Kirche entlang und blieb wie angewurzelt stehen.

Ein Mann mit langem rotem Haar, der eine grün-braun gefleckte Kakihose trug, schlug mit einer Holzaxt auf die Tür der Sakristei ein. Er ächzte bei jedem Schlag und schlug mit solcher Wucht zu, dass Holzsplitter zu allen Seiten flogen und in der Mitte der Tür bereits ein Loch klaffte. Wie es aussah, würde es nicht mehr lange dauern, bis er die Tür komplett eingeschlagen hätte.

Die Sohlen der schwarzen Lederschuhe des Pfarrers hatten auf den abgetretenen Pflastersteinen kaum ein Geräusch gemacht, aber der Mann in der Kakihose hatte ihn gehört. Er ließ seine Axt sinken und drehte sich um.

Er trug eine aus Holz geschnitzte Ziegenmaske. Doch das Ziegengesicht grinste menschenartig und hatte einen dämonischen Ausdruck, die Hörner waren bizarr gekringelt. Das Schlimmste an dem Ganzen war jedoch real: Die Augen, die durch die aus der Maske herausgeschnitzten Löcher blickten, waren absolut menschlich, und in ihnen brannte glühender Hass.

Der Mann stieg die Türstufe hinunter und ließ die Axt locker an seiner Seite herabbaumeln. Der Pfarrer wich nicht von der Stelle und sprach den Mann unbeeindruckt an.

»Was tun Sie da? Warum beschädigen Sie Kircheneigentum?«

»Du weißt doch, was wir hier tun, Schamane!«, sagte eine Stimme zu seiner Rechten.

Er blickte zur Seite und sah drei weitere Gestalten. Jede hatte sich hinter einem anderen Grabstein erhoben. Sie waren ebenfalls überwiegend in Grün gekleidet und trugen alte, abgetragene Pullover und vom Militär ausrangierte Kampfjacken. Und sie waren ebenfalls maskiert: als Kröte, als Wildschwein und als Kaninchen. Alle drei Tiermasken waren mit abscheulichen Zügen ausgestattet, durch alle Augenlöcher starrten hasserfüllte Blicke.

21

Der Pfarrer erhob erneut mit fester Stimme das Wort: »Ich habe gefragt, was Sie da tun.«

»Du kennst die Antwort, du selbstgefälliges Arschloch!«, stellte eine Stimme von hinten klar.

Der Pfarrer wirbelte herum und sah eine fünfte Gestalt, die um die Ecke der Kirche getreten war. Sie war ebenfalls in Grün gekleidet, trug jedoch über dem Oberteil eine braune Lederkluft. Die Holzmaske dieses Kerls stellte ein Wolfsgesicht dar, und während er auf den Pfarrer zuging, zog er ein großes Messer aus der Scheide an seinem Gürtel: ein tödlich scharf geschliffenes Jagdmesser.

Der Pfarrer ließ seinen Blick wieder zu dem Trio auf dem alten Friedhof wandern. Der Krötentyp schwang inzwischen einen knotigen Knüppel und klatschte dessen Ende in seine linke behandschuhte Handfläche. Der Kerl mit der Kaninchenmaske nahm eine Rolle Seil von seiner Schulter. Mister Wildschwein hatte einen Benzinkanister in der Hand.

»Im Namen Gottes«, sagte der Pfarrer. »Tun Sie das nicht.«

»Wir erkennen deinen Gott nicht an«, erwiderte der Typ mit der Wolfsmaske.

»Sie wissen nicht, was Sie tun.«

»O doch, das wissen wir genau«, entgegnete der Wolfstyp und kicherte. »Verdammt genau sogar.«

»Das hier ist heiliger Boden«, stellte der Pfarrer klar. »Wenn Sie sich noch weitere Gotteslästerungen erlauben, bin ich gezwungen, Sie zu bestrafen.«

»Ach ja?« Der Kerl mit der Wolfsmaske war so überrascht, dass er beinahe stehen blieb. »Ich kann es kaum erwarten zu sehen, wie du uns bestrafst.«

»Ich warne Sie.« Der Pfarrer wirbelte herum. »Ich bin kein Märtyrer.«

»Ach nein? Das ist ja wirklich komisch«, entgegnete der Wolfstyp höhnisch. »Deine Vorgänger haben sich ihrem Schicksal auch nicht freiwillig ergeben.«

»Ah, jetzt weiß ich, wer Sie sind«, sagte der Pfarrer.

»Es ist immer gut, seine Feinde zu kennen.«

»Dies ist die letzte Warnung.«

»Vielleicht wird dein Gott uns ja niederstrecken, oder was meinst du?« Der Kerl mit der Wolfsmaske war nur noch fünf Meter von dem Pfarrer entfernt. »Vielleicht schickt er an diesem schönen Sommerabend einen Blitz.«

Der Pfarrer nickte ernst. »Ich fürchte, genau in diesem Moment kommt einer.«

Hinter der Wolfsmaske ertönte ein krächzendes Kichern. »Du hast wirklich Eier in der Hose, das muss ich dir lassen.«

»Nicht nur das, außerdem habe ich auch noch *das* hier.«

Mit diesen Worten zog der Geistliche einen Teleskopschlagstock aus seiner Hosentasche. Ein einziger Ruck mit seinem kräftigen Handgelenk genügte, und schon war der Schlagstock auf seine dreiundfünfzig Zentimeter ausgefahren.

Bevor der Kerl mit der Wolfsmaske reagieren konnte, holte der Geistliche mit der Rückhand aus, und der Schlagstock krachte mit voller Wucht gegen die Maske. Das hölzerne Schnitzwerk knackte, der Kopf des Wolfskerls flog zur Seite, er taumelte und ließ das Messer fallen. Die anderen Gestalten blieben erschrocken stehen. In dem Moment wurde die Tür der Sakristei von innen aufgerissen, ein Mann stürmte heraus und warf sich von hinten auf den Kerl mit der Ziegenmaske. Dieser Mann war weder so groß noch so breit wie der Pfarrer. Er maß eins zweiundachtzig, war durchschnittlich gebaut und hatte dichtes schwarzes Haar. Er trug eine blaue Jeans, ein blaues Sweatshirt, darüber eine Stichschutzweste der Polizei und hatte ebenfalls einen ausgefahrenen Teleskopschlagstock in der Hand, den er mit voller Wucht gegen das Ellbogengelenk des rechten Arms des Kerls mit der Ziegenmaske krachen ließ.

Dieser schrie vor Schmerz ungläubig auf, die Axt fiel klirrend auf den Boden. Er versuchte sein verletztes Ellbogengelenk zu untersuchen, doch im nächsten Moment sandte ihn ein Tritt in den Hintern mit ausgestreckten Armen und Beinen vornüber auf den Boden. Der Mann, der ihn angegriffen hatte, sprang von hinten auf ihn, die Knie zuerst, und presste ihm die Luft aus der Lunge.

Der Priester wirbelte zu den drei Kerlen mit der Kröten-, der Wildschwein- und der Kaninchenmaske herum, hielt eine lederne Geldbörse hoch und zeigte ihnen seinen Dienstausweis. »Detective Inspector Reed, Dezernat für Serienverbrechen!«, rief er. »Sie sind alle verhaftet. Sie stehen unter dem Verdacht, John Strachan, Glyn Thomas und Michaela Hanson ermordet zu haben.«

Der Typ mit der Wolfmaske floh zur südwestlichen Ecke der Kirche, rannte jedoch frontal in einen weiteren riesigen Mann hinein, der sogar noch massiver war als der Pfarrer. Er trug ebenfalls Jeans und eine Stichschutzweste und begrüßte den als Wolf Maskierten mit einem Vorderarmschlag gegen die Kehle.

Als der Kerl würgend zu Boden ging, fragte eine tiefe Stimme mit walisischem Akzent in Anlehnung an das beliebte englische Kinderspiel: »Wie spät ist es, Mr Wolf? Für Sie jedenfalls zu spät.«

Die anderen drei rannten, so schnell sie konnten, auf den Grenzzaun zu, wo sie jedoch beim Anblick weiterer Polizeibeamter völlig perplex stehen blieben. Die Polizisten, einige in Uniform, andere in Zivil, waren alle bewaffnet, erhoben sich aus dem Weizenfeld und rückten in Schützenlinie vor.

»Sie haben das Recht, die Aussage zu verweigern«, sagte Detective Inspector Reed und sah zu, wie die drei Männer einer nach dem anderen überwältigt, ihnen die Masken abgenommen und sie mit Handschellen gefesselt wurden. »Doch es kann Ihre Verteidigung beeinträchtigen, wenn Sie trotz Befragung eine Aussage unterlassen, auf die Sie später vor Gericht angewiesen sein könnten. Jede Ihrer Aussagen hat Beweiskraft.«

»Außerdem sind Sie verhaftet, weil Sie ein frevlerisches kleines Arschloch sind«, knurrte der große walisische Polizist leise, während er sich zu dem Kerl mit der Wolfmaske hinabbeugte und ihm die Hände hinter dem Rücken fesselte.

»Wir fürchten euren Gott nicht«, zischte dieser mit qualvoller Stimme.

»Das brauchen Sie auch nicht.« Der walisische Polizist riss ihm die zerbrochene Maske von dem schlanken, in Schweiß gebadeten Gesicht, das sich darunter verbarg. »Mein Gott ist nämlich gnädig. Du hast nur ein Problem, Junge. Du hast einen langen, harten, steinigen Weg vor dir, den du zurücklegen musst, bevor du vor ihn treten kannst.«

Neben der Tür zur Sakristei ließ der blau gekleidete Polizist Handschellen um die Hände des als Ziege maskierten Kerls zuschnappen, dessen Gesicht sich ohne Maske als hager und blass erwies. Sein fuchsrotes Haar hing in Strähnen herab, während er da kauerte.

»Aufstehen!«, wies der Polizist ihn an, der hinter ihm stand und, seinem Akzent nach zu urteilen, aus Nordwestengland stammte.

»Scheiße«, sagte der Typ, der als Ziege maskiert gewesen war. »Ich glaube, Sie haben mir den Arm gebrochen.«

»Nein. Ich habe nur einen Nervenstrang getroffen.« Der Polizist verpasste ihm einen Tritt. »Na los, aufstehen!«

»Ich kann vom Ellbogen abwärts nichts mehr spüren.«

»Ihnen werden drei Morde zur Last gelegt.« Der Polizist packte den Kerl unter der Achselhöhle und hievte ihn hoch auf die Beine. »Da dürfte ein ramponierter Ellbogen Ihr geringstes Problem sein.«

»O mein Gott!«, schrie der Typ, der als Ziege maskiert gewesen war. »Mein Arm ist gebrochen! O mein Gott!«

»Ich dachte, ihr Typen glaubt nicht an Gott.«

»Ich sterbe, Mann!«

»Ganz schön Scheiße, wenn man hergekommen ist, um jemanden zu verletzen, und feststellen muss, dass es andersrum läuft, oder? Wer *sind* Sie überhaupt?«

»Sh… Sherwin«, stammelte der Verhaftete.

»Und der Vorname?«

»Das ist mein Vorname. Mein Nachname ist Lightfoot. O Scheiße! Mein Arm, verdammt!«

»Sherwin Lightfoot? Ist das Ihr Ernst?«

»Ja. O mein Gott!«

»Na gut. Für den bescheuerten Namen werden Sie auch eingebuchtet.«

»Alles klar, Heck?«, rief Detective Inspector Reed.

»Heck?«, sagte Lightfood. »Bei dem Namen sollten Sie sich lieber mal an die eigene Nase fassen.«

»Klappe halten!«, entgegnete der Polizist, der Heck hieß, und wandte sich dem Detective Inspector zu. »Alles bestens, Sir. Warum auch nicht?«

»Na dann ist ja alles klar, Sergeant.« Detective Inspector Reed fuhr mit einem Finger an der Innenseite seines Priesterkragens entlang, um ihn zu lockern, stellte sich dabei jedoch so ungeschickt an, dass der Knopf absprang. »War ja nur eine Frage.«

»Ich mache so was nicht zum ersten Mal, wissen Sie?«

»Gute Arbeit. Das gilt für alle«, meldete sich eine weibliche Stimme und ging dazwischen.

Detective Superintendent Gemma Piper war immer eine beeindruckende Erscheinung. Selbst jetzt, als sie in Jeans, T-Shirt und Schutzweste über einen verrosteten Bauernhofzaun stieg, machte sie mächtig was her. Mit ihrer sportlichen Figur, ihrem wilden, langen hellblonden Haar und ihrem umwerfenden Aussehen versprühte sie Charisma, aber auch Härte. Die Schar großmäuliger männlicher Polizisten, die Gemmas Geschlecht als Freibrief angesehen hatten, einen lockeren Spruch abzulassen oder sich ihr zu widersetzen – oder gar beides – und dies umgehend bereut hatten, war groß.

»Sind die Männer auf ihre Rechte hingewiesen worden, Jack?«, fragte Gemma.

»Jawohl, Ma'am«, erwiderte Detective Inspector Reed.

26

»Und? Hat jemand was gesagt?«

»Der Einzige, den ich was sagen gehört habe, ist dieser Kerl da.« Reed zeigte auf den Typen, der als Wildschwein maskiert gewesen war und der auch ohne Maske wie ein Schwein aussah. Im Moment wurde er an jeder Seite von einem uniformierten Polizisten festgehalten. »Ich glaube, er hat so was gesagt wie ›Verpisst euch, ihr schwanzlutschenden Nichtsnutze‹.«

»Super. Genau die richtigen Worte, um die Geschworenen zu überzeugen.« Gemma erhob die Stimme. »Na gut. Schafft sie weg. Ich möchte, dass jeder in einem eigenen Gefangenentransporter gefahren wird. Lasst sie *nicht* miteinander reden.«

»Keine Sorge«, sagte der Typ, der als Wolf maskiert gewesen war, höhnisch. Er befand sich immer noch im Griff des großen walisischen Polizisten, schien aber ein Stück weit seine provokante Haltung zurückgewonnen zu haben. »Hier hat ja niemand was zu sagen außer *Ihnen*. Und für eine halbe Portion von einer Tussi nehmen Sie den Mund ganz schön voll.«

Gemma zog eine Dose CS-Gas aus der Gesäßtasche ihrer Jeans und stapfte auf ihn zu.

»Ma'am!«, warnte Reed sie.

Detective Superintendent Piper war unter anderem dafür bekannt, sich so gut wie nie aus der Fassung bringen zu lassen, weshalb sie es schaffte, sich selbst dazu zu bringen, stehen zu bleiben, bevor sie etwas tat, was sie anschließend möglicherweise bereuen würde. Sie stand gut einen halben Meter vor dem Verhafteten, dessen hageres, von grauen Bartstoppeln gesprenkeltes Gesicht sich zu einem Grinsen verzog, das gelbe Zähne offenbarte.

»Sagt nichts!«, rief er seinen Komplizen zu. »Habt ihr verstanden? Wenn ihr nichts sagt, haben wir gute Chancen davonzukommen.«

»Sind Sie fertig?«, fragte Gemma ihn.

Er zuckte mit den Achseln. »Fürs Erste ja.«

»Gut. Dann schauen Sie sich Ihre Freunde noch mal gut an.

Das ist wahrscheinlich das letzte Mal, dass Sie Gelegenheit dazu haben, bevor Sie sich alle im Gericht wiedersehen. Und es ist sehr wahrscheinlich, dass Sie dann einen oder zwei von ihnen im Zeugenstand antreffen werden. Wie sehen Ihre Chancen dann wohl aus?«

Mister Wolf zog Schleim hoch und spuckte ihr vor die Füße.

»Auf geht's!«, rief Gemma. »Jemand kann die Spurensicherung herbestellen. Sagt ihnen, dass der Tatort freigegeben ist und sie sich an die Arbeit machen können. Ich will, dass hier jeder Stein umgedreht wird.«

2

Es war nicht immer so, dass Verdächtige, die von Beamten des Dezernats für Serienverbrechen verhaftet wurden, nach London gebracht wurden, um in Gewahrsam genommen und verhört zu werden. Das Dezernat für Serienverbrechen war eine Abteilung der National Crime Group, dessen Zuständigkeitsbereich sich über ganz England und Wales erstreckte, weshalb die Beamten dieses Dezernats bei der Lösung von Fällen in der Regel mit den Polizeidienststellen vor Ort zusammenarbeiteten und deren Einrichtungen nutzten. Doch in diesem Fall hielt es zumindest Detective Sergeant Mark »Heck« Heckenburg für die vernünftigste Option, die Verhafteten nach London zu bringen. Von Little Milden bis nach London waren es nur gut neunzig Kilometer und bis zur Polizeiwache Finchley Road, deren Haft- und Verhöreinrichtungen umfassend umgebaut worden waren, um Mitglieder so gefährlicher Banden wie der »Schwarzen Kapelle« dort unterbringen zu können, nur hundertfünfzehn.

Die Wache Finchley Road galt als eine von nur zwei Hochsicherheitspolizeiwachen in ganz London. In der ersten, der Wache Paddington Green, wurden vor allem Terrorismusverdächtige festgehalten, weshalb sie eher einer Festung glich als einer normalen Polizeiwache. Die Sicherheitsvorkehrungen der Wache Finchley Road waren ebenfalls verstärkt worden, allerdings wurden dort eher Kriminelle untergebracht, die dem organisierten Verbrechen zugerechnet wurden. Im Grunde genommen war es eine ganz normale, unauffällige Wache, die jeder Bürger sieben Tage die Woche rund um die Uhr aufsuchen konnte. Doch die verstärkten Betonabsperrungen, die das Gebäude umgaben, wiesen darauf hin, dass die Wache auch anderen Zwecken als dem normalen Polizeibetrieb diente. Darüber hinaus gab es auch noch andere, weniger augenfällige Sicherheitsmaßnahmen, wie zum Beispiel kugelsicheres Glas in den Fenstern und mit Stahlstreben verstärkte Außentüren mit sehr komplexen Zugangscodes. Außerdem waren auf der Wache jederzeit bewaffnete Beamte anwesend. Es gab einen normalen Gewahrsamstrakt für den alltäglichen Polizeibetrieb, aber darüber hinaus verfügte die Wache im Untergeschoss auch noch über einen speziellen Gewahrsamstrakt, der vom Rest des Gebäudes komplett abgetrennt und mit zwanzig Haftzellen und zehn Verhörräumen ausgestattet war. Per Videolink oder durch einen Spionspiegel konnte man bei laufenden Verhören von außen zusehen.

Durch einen dieser Spionspiegel beobachtete Heck gerade, wie Mister Kaninchen alias Dennis Purdham verhört wurde. Er war von den fünf Verdächtigen derjenige, bei dem die Verhaftung erkennbar die größte Bestürzung ausgelöst hatte. Neben Mister Wolf, der auch als Ranald Ulfskar bekannt war, waren die anderen – Sherwin Lightfood (Ziege), Michael Hapwood (Kröte) und Jason Renwick (Wildschwein) – zwar auch überrascht und schockiert gewesen, als die Polizei aufgekreuzt war, doch sie hatten, wie bei Anhängern einer Sekte üblich, Kraft aus dem stoischen Gleichmut ihres Anführers gezogen und gehorsam den Mund gehalten. Dass sie es eher mit einer Sekte zu tun hatten als mit einer gewöhnlichen Bande von Kriminellen, davon ging Heck ganz stark aus.

Purdham war die Ausnahme.

Wie alle anderen war er Heck als ein Außenseiter erschienen. Er war unrasiert, langhaarig und hatte Pockennarben im Gesicht. Die Kleidung, die sie ihm abgenommen hatten, bestand überwiegend aus einer ölverschmierten Jägerkluft und nicht zueinanderpassenden Klamotten aus einem Army Shop. Doch mit seinen dreiundzwanzig Jahren war Purdham deutlich jünger als seine Komplizen und an den Morden möglicherweise nur in einer Nebenrolle beteiligt gewesen. Das behauptete zumindest sein Anwalt. Purdham war in Tränen ausgebrochen, als sie ihn in Haft genommen hatten, und hatte erneut geweint, als sie ihn in den weißen Untersuchungshäftlingsanzug gesteckt hatten. Und während die anderen in ihren Zellen schmorten, hatte es nicht lange gedauert, bis Purdham bei seinem Verhör angefangen hatte zu reden.

Das Verhör führten Gemma Piper und Jack Reed durch, der, wie sie vorher vereinbart hatten, die Rolle des verständnisvollen Polizisten spielte. Mit dieser Rolle hatte er nach und nach Purdhams Vertrauen gewonnen und ihm die Zunge gelöst.

»Letzten Endes sind Christen ein Haufen abscheulicher Arschlöcher«, stellte er in einem breiten Staffordshire-Akzent klar. »Alles an ihnen stinkt. Ihre Scheinheiligkeit, ihre Unaufrichtigkeit, einfach alles. Außerdem sind sie eine Bande verfickter Kontrollfreaks.«

»Hat Ihnen als Kind jemand das Leben schwer gemacht, Dennis?«, fragte Detective Inspector Reed. »Vielleicht ein Priester?«

»Sie meinen, ob sich ein Kinderfummler an mir vergangen hat?« Purdham schüttelte den Kopf. »Nein. So was ist mir nie passiert. Aber es gibt ja jede Menge andere, denen es passiert ist.«

»Dann reagieren Sie mit Ihren Taten also auf sexuellen Missbrauch?«, fragte Gemma. »Ist es das, was Sie uns sagen wollen?«

Purdham zögerte. Er war erkennbar unsicher, was er darauf erwidern sollte.

Er war nicht so dumm, wie er aussah, dachte Heck, denn wenn er das bestätigte, würde er zugeben, dass sie mit Vorsatz gehandelt hatten.

»Denn für den Fall, dass Sie das getan haben sollten«, fuhr Gemma fort, »kann ich Ihnen versichern, dass gegen keines der drei Mordopfer je ein Verdacht in dieser Hinsicht vorlag. Und auch nicht gegen Reverend Hatherton, den Pfarrer der St-Pauls-Kirche in Little Milden.«

»Also den Pfarrer, in dessen Rolle ich heute Abend geschlüpft bin«, sagte Detective Inspector Reed.

Purdham fuhr sich mit einer Hand durch sein strähniges mausbraunes Haar. »Ich glaube nicht, dass wir es auf irgendjemanden speziell abgesehen haben. Wie gesagt, Christen sind einfach Arschlöcher.«

»Meinen Sie Christen im Allgemeinen?«, fragte Gemma.

»Darin stimmen viele Leute mit mir überein«, stellte Purdham klar. Seine Augen weiteten sich. Er war jetzt Feuer und Flamme. »Gucken Sie sich doch nur mal in den sozialen Medien um. Die sind voll mit solchen Kommentaren.«

Im Beobachtungsraum ertönte ein leises *Klick*, das davon kündete, dass eine Tür geöffnet worden war. Heck drehte sich um und war überrascht, den untersetzten, stiernackigen Detective Chief Inspector Bob Hunter zu sehen, der verstohlen in den Raum kam. Hunter begrüßte Heck mit einem Nicken und gab ihm zu verstehen, dass er nicht stören wollte.

Heck wandte sich wieder dem Spiegel zu, hinter dem Gemma gerade dabei war, auf Purdhams letzte Bemerkung zu antworten.

»Sie dürfen nicht vergessen, dass die sozialen Medien eine Echokammer sind, Dennis«, sagte sie.

Purdham sah sie verwirrt an.

»Jeder auf diesem Planeten bedient sich der sozialen Medien, um sich über alles und jedes auszulassen, was ihn ärgert. Vielleicht haben einige dieser Leute, die in den sozialen Medien Dampf ablassen, tatsächlich Probleme mit der Religion, vielleicht sogar speziell mit dem Christentum, aber auch wenn sie sich online das Maul zerreißen, regt sie das nicht so auf, dass sie sich davon abhalten lassen würden, Weihnachten zu feiern. Ich würde also sagen, dass zum Beispiel das, was in der Kirche St Winifred's in the Marsh passiert ist, ganz bestimmt nicht auf der Agenda dieser Leute gestanden hätte.«

Die Ermordung des katholischen Pfarrers John Strachan am 21. März dieses Jahres war der erste Mord gewesen, mit dem sie in dem Fall der Schwarzen Kapelle zu tun gehabt hatten. Der Pfarrer der Kirche St Winifred's in the Marsh im ländlichen Cambridgeshire hatte um kurz nach elf abends auf ein Klopfen hin die Tür seines Pfarrhauses geöffnet und war sofort mit einem Axtschlag ins Gesicht niedergestreckt worden und auf der Stelle tot gewesen.

»Ich habe ja schon zugegeben, dass ich da gewesen bin«, sagte Purdham und wurde rot. »Aber wie ich Ihnen auch bereits gesagt habe, war ich nicht an der Tat beteiligt.«

»Aber Sie haben auch nichts unternommen, um sie zu verhindern.«

»Es ging alles blitzschnell. Ich wusste nicht mal, dass Ranald bewaffnet war.«

Während Heck zuhörte, dachte er erneut an Ranald Ulfskar. Der Kerl hatte sich einen possierlichen Namen zugelegt. Sein richtiger Name lautete Albert Jones, und er stammte aus Scunthorpe. Er war der spirituelle Anführer dieser verrückten Bande. Mit seinen fünfzig Jahren war er der Älteste, und auch wenn er der Dürrste und Zerlumpteste von allen war, war er zweifellos der Tougheste und hatte das aufregendste Leben gelebt. Und dennoch hatte Heck zum ersten Mal durch Ulfskar/Jones von der sogenannten Schwarzen Kapelle erfahren. Ulfskar war mehrere Jahre Roadie einer sehr erfolgreichen skandinavischen Black-Metal-Band namens Varulv gewesen. Einer der anderen Roadies, die zu jener Zeit mit ihm unterwegs gewesen waren, Jimmy »Snake« Fletcher, der nicht ganz so von Varulvs gefährlichen nordischen Visionen angetan gewesen war, wurde später einer von Hecks Informanten. Und als Fletcher bewusst geworden war, dass es sich bei den Morden an Pfarrern in East Anglia um eine Serie handelte und diese Morde immer an bestimmten Daten stattfanden, hatte er Heck angerufen.

»Wir hegen den starken Verdacht, dass Sie auch bei der Ermordung von Pfarrer Glyn Thomas anwesend waren«, sagte Gemma.

Purdham ließ den Kopf hängen und schwieg.

Der zweite Geistliche, der ermordet worden war, war ein Pfarrer der anglikanischen Kirche von England gewesen, Reverend Glyn Thomas. Am Abend des 30. April jenes Jahres, als er sich alleine in seiner in der tiefsten Provinz Norfolks gelegenen Kirche St Oswald's aufgehalten hatte, hatten sich Eindringlinge kurz vor Mitternacht gewaltsam Zutritt zum Pfarrhaus verschafft. Er war im Schlafanzug nach draußen gezerrt und gezwungen worden mit anzusehen, wie das Pfarrhaus und die Kirche in Brand gesteckt worden waren. Dann war er an Händen und Füßen gefesselt worden, und man hatte ihm eine Drahtschlinge um den Hals gelegt, die an der Anhängerkupplung eines Autos befestigt war. Anschließend war Pfarrer Thomas bei hoher Geschwindigkeit fünfundzwanzig Kilometer weit über einsame Landstraßen hinter dem Wagen hergezogen worden, bis sein Körper, oder was davon noch übrig war, sich von alleine von dem Wagen gelöst hatte. Seine Leiche war am nächsten Tag in einem Straßengraben gefunden worden, nur wenige Stunden, nachdem die brennenden Ruinen der St Oswald's die Aufmerksamkeit von Landarbeitern erweckt hatten, die früh mit der Arbeit begannen.

»Und was ist mit der Ermordung von Michaela Hanson?«, fragte Gemma.

Purdham sagte immer noch nichts.

Der Mord an der Pfarrerin Michaela Hanson hatte sich am Abend des 21. Juni zugetragen. Sie war alleine in der Kirche Our Lady am Rand von Shoeburyness in Essex gewesen. Wie in dem Fall in Little Milden war es kurz nach der Abendandacht passiert, als die Gemeinde und die Messdiener schon nach Hause gegangen waren. Pfarrerin Hanson war gerade dabei gewesen, die auf den Kirchenbänken zurückgelassenen Gesangbücher einzusammeln, als Eindringlinge sich durch die Tür der Sakristei Zutritt verschafften. Ihre nackte Leiche war am nächsten Morgen entdeckt worden. Sie lag mit ausgestreckten Armen und

Beinen auf dem Altar, ihr Körper war von einer Mistgabel durchbohrt, deren Zinken sich bis ins Holz gebohrt hatten. Die Kehle der Pfarrerin war aufgeschlitzt worden, vermutlich mit einem Rebmesser.

»Bei diesem Mord war sogar ein sexuelles Element im Spiel, nicht wahr?«, sagte Detective Inspector Reed und spielte damit auf die Tatsache an, dass der Unterleib der Pfarrerin ebenfalls Verletzungen aufgewiesen hatte, die davon kündeten, dass er gewaltsam attackiert worden war.

»Das passt zumindest zu dieser odinistischen Spinnerei«, stellte Gemma fest.

Purdhams Kopf schoss hoch, als ob er im Begriff wäre, gegen diese Bemerkung zu protestieren, doch er schaffte es, sich zurückzuhalten.

»Reden wir doch über diese odinistische Seite des Ganzen, Dennis«, sagte Detective Inspector Reed.

Purdham verkniff sich weiterhin eine Antwort.

»Die Lebenseinstellung der Wikinger war ziemlich stark von Gewalt geprägt, habe ich recht? Vergewaltigung, Brandschatzung und so weiter.«

»Man hat ein verkehrtes Bild von ihnen, weil sie in Filmen falsch dargestellt werden«, entgegnete Purdham und ließ den Kopf wieder hängen. Es schien ihm beinahe peinlich zu sein, die Wikinger zu verteidigen.

»Kann ja sein, aber Blutrituale sind auf jeden Fall Bestandteil des Odinismus, das ist doch so, oder? Ich habe darüber gelesen. Normalerweise wurden Tiere geopfert. Aber einige Anführer der Wikinger brachten ihren Göttern auch Menschenopfer dar, um sich ihnen besonders gnädig zu erweisen und um ihre Gunst zu buhlen.«

Purdham schwieg erneut.

»Über diesen Part müssen Sie mit uns reden, Dennis«, stellte Gemma klar. »Wir sind nicht wirklich an der Mythologie interessiert und auch nicht daran, wie Ranald Ulfskar es geschafft hat, sich aus dieser Mythologie irgendeinen auf die heutige Zeit abzielenden Unsinn über eine angebliche arische Herrenrasse zusammenzustricken. Aber uns interessiert, was Sie an den Abenden, an denen diese furchtbaren Dinge passiert sind, gesehen haben, und welche Rolle Sie bei dem Ganzen gespielt haben.«

Purdham schwieg eisern weiter.

»Was ist mit den Daten?«, fragte Detective Inspector Reed. »Wenn Sie sich wirklich für die Religion der Wikinger interessieren, muss Ihnen die Bedeutung der Daten klar gewesen sein.«

»Der 21. März«, erinnerte Gemma ihn. »Der 30. April, der 21. Juni, und dann noch heute, der 31. Juli.«

Er blickte matt auf. »Also gut, ich wusste, dass es wichtige Daten waren. Aber ich hatte keine Ahnung, dass wir Menschen töten würden.«

»Na gut, nehmen wir an, dass das beim ersten Mal tatsächlich so war«, entgegnete Gemma. »Aber was war dann beim zweiten, dritten und vierten Mal?«

»Sie haben doch wohl bestimmt nicht geglaubt, dass Sie die Leute, die Sie aufgesucht haben, nur mal kurz aufmischen würden«, sagte Detective Inspector Reed. »Oder dass Sie sie einfach nur erschrecken würden. Wie hätte das Odin und Thor zufriedenstellen sollen?«

»Das ist ja genau der Punkt«, entgegnete Purdham jämmerlich. Er wirkte tief aufgewühlt. »Ich weiß, dass es grausam ist, aber man darf den Gottheiten nicht vorenthalten, was ihnen gebührt. Wenn man ihnen erst mal was versprochen hat, muss man auch liefern.«

Heck, der immer noch zusah, schüttelte den Kopf.

»Gottheiten?«, sagte eine ungläubige Stimme. Bob Hunter war zum Spionspiegel gekommen. »Odin und Thor? Sind diese Idioten komplett durchgeknallt, oder was?«

»Nicht ganz«, entgegnete Heck. »Den Odinismus hat es wirklich gegeben.«

36

»Kaum zu glauben, dass so ein Schwachsinn im einundzwanzigsten Jahrhundert noch viele Anhänger hat.«

»Wo lebst du denn?«, entgegnete Heck. »Wir befinden uns im Zeitalter der Hassverbrechen.«

»Kann ja sein. Aber ich dachte, bei diesen durchgeknallten White-Power-Predigern wären die Muslime die Hassobjekte.«

»Das dachte ich auch«, sagte Heck. »Aber wie es aussieht, kommen ein paar Trottel einfach nicht über den Klaps hinweg, den Schwester Mary ihnen vielleicht damals in der Grundschule verpasst hat, wenn sie frech waren. Aber davon abgesehen – wie geht's dir?«

»Bestens.«

»Glückwunsch zur Beförderung.«

»Danke.«

Detective Chief Inspector Hunter war mal Detective Inspector im Dezernat für Serienverbrechen gewesen und hatte in dieser Position bei einigen Fällen mit Heck zusammengearbeitet. Doch Hunter, der von der Flying Squad der Metropolitan Police zum Dezernat für Serienverbrechen gekommen war, hatte sich beim Gesetzesvollzug eher ruppiger Methoden bedient, denen ihrer aller Chefin, Gemma Piper, nie viel hatte abgewinnen können. Und so war Hunter nach einer gewissen Zeit und einem Disput zu viel wieder zur Metropolitan Police und seiner geliebten Flying Squad beziehungsweise »Sweeney« zurückgekehrt. Unter diesem Spitznamen war die Flying Squad bei den Londoner Kriminellen bekannt, die sich auf bewaffnete Raubüberfälle spezialisiert hatten und auf die es die Flying Squad ausschließlich abgesehen hatte. Dort war er zu Hecks großer Überraschung befördert worden.

»Hör mal, Heck, musst du hier drinnen sein?«, fragte Hunter, der sich offenbar der Tatsache bewusst war, dass weitere Beamte des Dezernats für Serienverbrechen anwesend waren, die zweifellos die Lauscher aufgesperrt hatten, um mitzuhören, was Hunter wollte. »Oder können wir mal kurz rausgehen?«

Heck bedachte Reed, der mit dem Verdächtigen erneut ein Stück weiterkam, mit einem abschätzigen Blick und zuckte mit den Schultern. »Ich glaube kaum, dass sie mich vermissen werden.«

»Apropos, wer ist denn Mister Charmeur?«, fragte Hunter, dem Hecks Abneigung gegenüber Reed nicht entgangen war.

»Detective Inspector Reed«, erwiderte Heck, öffnete die Tür des Beobachtungsraums und trat hinaus. »Wurde vor gut drei Monaten aus Hampshire hierher versetzt.«

Hunter folgte ihm aus dem Raum. »Und was hat er da unten gemacht?«

»Keine Ahnung. Wahrscheinlich hat er irgendwas verbockt, für das er weder Lob noch Anerkennung verdient.«

Hunter musterte ihn neugierig. »Du scheinst nicht gerade ein Fan von ihm zu sein.«

»Ach was. Ich bin nur ein Zyniker.« Heck ging durch das Aufnahmebüro des Gewahrsamstrakts und tippte einen Code in das Zahlenfeld der Tür ein, die in den Aufenthaltsraum der dort arbeitenden Beamten führte.

»Wenn er so schlecht ist, wie kommt es dann, dass er im Dezernat für Serienverbrechen aufgeschlagen ist?«

»Er war zusammen mit Joe Wullerton im Krisenstab für die Bewältigung schwerer Zwischenfälle.«

Hunter lachte. »Nepotismus in der National Crime Group? Niemals.«

»Natürlich nicht.« Heck schüttelte missmutig den Kopf. »Er ist gut. Und so clean, dass er beim Gehen quietscht, ich kann nicht behaupten, dass er seinen Job nicht versteht.«

»Das ist ja alles sehr interessant. Aber wie wär's mit einem kurzen Schwätzchen?«

»Klar, gerne.«

Sie gingen in den Aufenthaltsraum, in dem außer ihnen gerade niemand war, und zogen sich aus dem Verkaufsautomaten in der Ecke jeder einen Kaffee.

»Klingt so, als wäre in der Flying Squad alles Friede, Freude, Eierkuchen«, sagte Heck.

»Um ehrlich zu sein«, entgegnete Hunter, »habe ich bei meiner Rückkehr nicht erwartet, dort eine große Zukunft zu haben.«

»Ich dachte immer, das wäre dein natürliches Zuhause.«

»Ja, aber manchmal ist es nicht das Klügste, dahin zurückzugehen, wo man hergekommen ist, oder? Nicht dass die verdammte Gemma Piper mir eine große Wahl gelassen hätte. Womit ich dir natürlich nicht zu nahe treten will.«

»Tust du nicht, keine Sorge«, stellte Heck klar.

Es war schon länger als zehn Jahre her, seitdem er und Gemma ein Paar gewesen waren; für eine kurze Zeit hatten sie sogar mal zusammengewohnt. Zu der Zeit waren sie beide junge Detective Constables gewesen und hatten sich bei der Kripo in Bethnal Green die ersten Sporen verdient. Doch seitdem war viel Wasser den Bach heruntergeflossen, und Gemma hatte einen kometenhaften Aufstieg gemacht. Als Heck vor fast elf Jahren zum Dezernat für Serienverbrechen gekommen war, hätte er nicht im Traum erwartet, sich dabei wiederzufinden, unter seiner ehemaligen Freundin Dienst zu schieben. Seitdem arbeiteten er und Gemma in der gleichen Abteilung, aber es war nicht immer nur kuschelig zwischen ihnen zugegangen.

»Aber wie sich herausgestellt hat, war es gut für mich, wieder in die Squad zurückzukehren«, fuhr Hunter fort. »In der Squad war es immer gut. Natürlich nicht perfekt, das ist klar.«

»Nun mach mal halblang«, entgegnete Heck und nippte an seinem Kaffee. »Worüber beschwerst du dich? In der Metropolitan Police wimmelt es nur so von Kollegen, die alles dafür tun würden, in die Sweeney zu kommen.«

»Und was ist mit dir, Heck? Bist du auch einer von ihnen?«

Heck lachte auf. »Wohl kaum. Schließlich bin ich ja nicht mehr bei der Metropolitan Police.«

»Na und? Soweit ich weiß, hast du dich schon mindestens

dreimal versetzen lassen. Und es ist ja nicht gerade so, als hätte die National Crime Group eine große Zukunft.«

Das konnte Heck nicht abstreiten. In diesen Zeiten der allgemeinen Finanzknappheit wurden die diversen Polizeiabteilungen im Vereinigten Königreich regelrecht zusammengestutzt. Und es war nur eine Frage der Zeit, bis auch die Spezialeinheiten spüren würden, dass das Geld knapp wurde. Im Gebäude von Scotland Yard, in dem die National Crime Group ihren Hauptsitz hatte, gingen bereits entsprechende Gerüchte um.

»Und was ist mit der Flying Squad?«, fragte Heck.

Hunter brach in schallendes Gelächter aus. »Also ich bitte dich! *Wir* haben von Maschinengewehrattacken bis hin zu Korruptionsvorwürfen alles überlebt. Ein paar weitere Kürzungen können uns nichts anhaben.«

»Bob?« Heck fragte sich zum ersten Mal, wohin diese Unterhaltung führen sollte. »Bietest du mir gerade einen Job an, oder wie soll ich das verstehen?«

»Du hast sicher gehört, dass bei uns die Stelle eines Detective Inspectors zu besetzen ist.«

»Und *du* bist derjenige, der den Auftrag hat, jemanden für diese Position zu finden?«

»Ich leite die Squad North-East. Das ist mit ein paar Vergünstigungen verbunden, und dazu gehört unter anderem die Zuständigkeit für die Auswahl des Personals.«

»Die Sache hat nur einen Haken. Du suchst einen Detective Inspector. Ich bin aber ein Detective Sergeant.«

»Na komm schon, Heck. Ich denke, *das* ließe sich einrichten.«

»Einfach so?«

»Ja, einfach so.« Hunter lachte erneut. »Stell dein Licht nicht zu sehr unter den Scheffel. Bei dem, was du aufzuweisen hast, hast du einiges gut. Oder hängst du immer noch dieser törichten, zu nichts führenden Vorstellung nach, nicht in die oberen Ränge aufsteigen zu wollen, weil du lieber einfacher Soldat bleibst?«

Heck hatte in der Vergangenheit mehrere Beförderungsange-
bote erhalten, jedoch keinen Gedanken daran verschwendet, sie
anzunehmen. Er hatte immer darauf beharrt, lieber an vorderster Front zu stehen und als Ermittler zu arbeiten, ein Bürohengst
wollte er nicht sein. Doch tief in seinem Innern konnte er nicht
umhin, sich zu fragen, ob das, da er nun mal der »eigenbrötle-
rische Einzelgänger« war, der er war – wobei das Gemmas Worte
waren, nicht seine –, vielleicht auch einfach nur vorgeschoben
war, weil er keine Lust auf die zusätzliche Verantwortung hatte,
die mit dem Rang eines Detective Inspectors verbunden war.
Genau das hatte Gemma ihm gegenüber einmal erwähnt.

Doch die Zeiten änderten sich natürlich. Und das Gleiche galt
für Einstellungen und Ambitionen.

Während er erneut an seinem Kaffee nippte, dachte er wieder
daran, wie behaglich sich der gut aussehende, lässige Jack Reed
in seiner neuen Position des Detective Inspectors im Dezernat
für Serienverbrechen zu fühlen schien, womit er unterm Strich
Gemmas Stellvertreter war. Und wie gut es Gemma zu gefallen
schien, ihn an ihrer Seite zu haben.

Und es war ja keinesfalls so, als ob die Flying Squad nicht ver-
lockend wäre. Heck hatte schon mal im Raubdezernat von Tower
Hamlets gearbeitet, wobei das eher eine kleinere Sache gewesen
war. Er war vor allem hinter Straßenräubern und -gangstern her
gewesen. Die Sweeney hingegen hatte es auf die großen Fische
abgesehen. Deshalb wurde sie schon immer von einem gewissen
Ruhm umweht. Die Flying Squad war ständig in den Zeitungen
und im Fernsehen präsent. Doch sie stand auch in dem Ruf, dass
ihre Mitarbeiter etwas Gaunerhaftes an sich hatten und sich ein
bisschen zu sehr auf die Welt der Verbrecher aus dem East End
einließen, gegen die sie oft ermittelten, und genau das hatte Heck
abgeschreckt.

Aber wie gesagt: Dinge änderten sich.

»Übrigens begeben sich die Detective Inspectors der Squad
hin und wieder auch höchstselbst an die Front«, fuhr Hunter

fort. »Stell dir doch nur mal vor: Du könntest deine ultimative Wunschvorstellung wahr werden lassen. Du wirst der Nachfolger von Jack Regan, dem legendären Cop aus der Serie *The Sweeny*, den es aus Manchester nach London verschlagen hat und der dort die Räuber aufmischt. Du wirst sozusagen Mark Regan.«

»Wen würde ich denn ersetzen?«, fragte Heck.

»Ray Marciano.«

»*Wie bitte?*«

Hunter zuckte mit den Schultern. »Er hat uns verlassen, Heck.«

Heck war wirklich baff. »Ray Marciano hat bei der Flying Squad in den Sack gehauen?«

»Nicht nur bei der Flying Squad. Er hat den Polizeidienst quittiert.«

Der Titel »lebende Legende« wurde in Polizeikreisen oft allzu leichtfertig vergeben, aber Ray Marciano, der mit leiser Stimme sprechende Detective Inspector aus Sevenoaks, Kent, hatte sich als Ausnahme von dieser Regel erwiesen. Im Laufe der zurückliegenden neunzehn Jahre hatte er in der britischen Hauptstadt einen erfolgreichen Feldzug nach dem anderen gegen die Legion der Bankräuber geführt, mehr Banden hochgenommen als irgendjemand vor ihm und dazu beigetragen, dass etliche große Fische im kriminellen Geschäft zusammengenommen zu mehreren Hundert Jahren Haft verurteilt worden waren. Er galt nicht nur als ein brillanter Detective, er war zudem besser vernetzt und somit auch besser informiert als nahezu jeder andere Beamte der Metropolitan Police, was angesichts der Tatsache, dass er ursprünglich nicht aus London stammte, umso bemerkenswerter war. Es gab kaum einen Informanten in der Stadt, zu dem er nicht in irgendeiner Weise Kontakt hatte, und fast keinen Verbrecher, dem er nicht bestens bekannt war. Der Bandenchef Don Parry, den Marciano im Zusammenhang mit dem Raubüberfall auf den Millennium Dome verhaftet und für zwanzig

Jahre hinter Gitter geschickt hatte, hatte den Detective Inspector mit einem ihm etwas widerwillig entgegengebrachten Respekt »Verbrecher-Einbuchter Nummer eins« getauft.

»Du wirst es kaum glauben, aber er arbeitet jetzt für einen Strafverteidiger«, sagte Hunter.

Heck nahm vage wahr, wie ihm die Kinnlade herunterfiel. »Du willst mir sagen, dass Marciano nicht nur die Brocken hingeworfen hat, sondern dass er seinen Job an den Nagel gehängt hat, um Fallbearbeiter bei einem Anwalt zu werden?«

»Nicht für irgendeinen Anwalt. Es handelt sich um Morgan Robbins.«

»Robbins?« Heck versuchte sich zu erinnern. Der Name kam ihm irgendwie bekannt vor.

»Das ist der Anwalt, der Milena Misanyan rausgehauen hat«, sagte Hunter.

Daran erinnerte Heck sich. Im vergangenen Jahr hatte die City of London Police eine Oligarchin aus der Türkei oder irgendeinem anderen Land, die sich vor Kurzem in Großbritannien niedergelassen hatte, wegen mehrerer hochkarätiger Wirtschaftsverbrechen angeklagt: Unterschlagung, Betrug, Steuerhinterziehung und ähnliche Vergehen. Offenbar hatten sie monatelang gegen sie ermittelt, nur um dann mit ansehen zu müssen, wie die Verteidigung der Oligarchin, die Morgan Robbins übernommen hatte, die Anklagepunkte einen nach dem anderen auseinanderpflückte und der Polizei eine Niederlage beibrachte. Über den Fortgang des Prozesses war monatelang in den Zeitungen berichtet worden.

Heck glaubte sich an ein Foto von Misanyan auf dem Titel der *Time* zu erinnern: ein Porträt einer klassischen Schönheit aus dem Osten mit dunklen Augen, dichten Wimpern und rubinroten Lippen. Der Kopf war auf dem Foto von einem bezaubernden Seidentuch verhüllt gewesen, der Gesichtsausdruck nicht zu ergründen, jedoch von einem geheimnisvollen Lächeln geprägt. Das Foto war lange *vor* der noch nicht lange zurückliegenden

Schlacht vor Gericht erschienen. Er glaubte, sich zu erinnern, dass die Zeitschrift sie als eine der Frauen gefeiert hatte, die es geschafft hatten, in den Kreis der Milliardärinnen aufzusteigen – die Schlagzeile hatte *Von der Hölle in den Himmel* oder so ähnlich gelautet –, aber er hatte sich nicht die Mühe gemacht, den Artikel zu lesen.

»Dank des Misanyan-Falls ist Robbins kein normaler Anwalt mehr«, stellte Hunter klar. »Er ist ein dicker Fisch, ein wirklich fetter Riesenfisch.«

»Trotzdem.« Heck schüttelte den Kopf. »Zu hören, dass Ray Marciano lieber als Fallbearbeiter bei einem Anwalt arbeitet als als Polizist, ist so, als würde man erfahren, dass Kim Jong-un zur Wahl steht, Mann des Jahres zu werden. Es ergibt einfach keinen Sinn.«

»Er ist ja nicht wirklich ein Fallbearbeiter. Sondern wohl eher der leitende Ermittler der Kanzlei. Im Grunde musst du gar nicht so überrascht sein, Heck. Ray macht nach wie vor das, was er am liebsten macht, nur dass er sich jetzt nicht mehr mit der Metropolitan Police rumärgern muss, sich nicht mehr den ganzen Tag nach allen Seiten absichern muss, nicht mehr darauf bedacht sein muss, sich immer von seiner besten Seite zu zeigen und nicht mehr ständig darauf achten muss, was er sagt, um im Büro bloß nicht irgendjemandem auf den Schlips zu treten. Und als Sahnehäubchen wird er auch noch viel besser bezahlt. Bei Morgan Robbins kriegt er sehr viel mehr, als *wir* ihm bieten könnten.«

Heck zog die Augenbrauen hoch. »Du verkaufst mir die Squad nicht gerade als etwas Tolles, Bob.«

»Hör zu, Heck. Wir haben von den ständigen Neuerungen bei der Polizei alle die Schnauze gestrichen voll. Alle sind stinksauer wegen der Pensionen. Wir kennen alle Kollegen, die sich zwanzig Jahre lang den Arsch aufgerissen und auf eine Beförderung gewartet haben, bloß um zu sehen, wie ihnen irgendwelche feinen Schnösel von außen direkt als Detective Superintendents vor die Nase gesetzt werden. So läuft es nicht nur bei uns, bei euch in der National Crime Group ist es genau das Gleiche. Ich weiß, dass du das auch spürst. Aber hier und da gibt es noch ein paar Oasen, an denen der gesunde Menschenverstand zu Hause ist, sogar hier in London.«

Sie waren allein im Aufenthaltsraum, aber Hunter senkte verschwörerisch die Stimme.

»Du weißt, dass du mit mir als Vorgesetztem sehr viel freiere Hand haben würdest als unter Ihrer Ladyschaft. Und ich unterstehe nur Al Easterbrook, was im Klartext heißt, dass ich im Grunde genommen niemandem unterstehe.«

Alan Easterbrook war der oberste Leiter der Flying Squad, ein Mann, der einst hohes Ansehen genossen hatte, inzwischen jedoch in dem Ruf stand, abgehoben und unnahbar zu sein und vor allem darauf bedacht, jeden Tag hinter sich zu bringen, ohne von einem Untergebenen mit irgendwelchen Details belästigt worden zu sein.

»Bis Easterbrook sich in den Ruhestand verabschiedet«, sagte Heck.

»Warum sollte er sich in den Ruhestand verabschieden?«, entgegnete Hunter. »Man hält uns doch alle dazu an zu bleiben. Und er hat den lausten Job, den man sich nur denken kann. Die Drecksarbeit mache ich. Und er streicht die Lorbeeren ein.«

»Tja, Bob.« Heck warf seinen noch halb vollen Kaffeebecher in einen Mülleimer. »Ich weiß nicht mal, ob ich überhaupt qualifiziert bin, um Ray Marciano zu ersetzen.«

»Du machst wohl Witze. Ray hat nie irgendwas getan, was du nicht auch getan hast. Du bist wie geschaffen für den Job.«

Bevor Heck weitere Einwände erheben konnte, schwang die Tür auf, und Gemma kam herein, gefolgt von Jack Reed. Sie steuerten den Verkaufsautomaten an und unterhielten sich angeregt darüber, wie sie das nächste Verhör angehen wollten, doch der Anblick von Heck und Bob Hunter, insbesondere von Letzterem, lenkte Gemma sichtlich ab.

»Du musst dich nicht jetzt entscheiden«, sagte Hunter leise, als die beiden Neuankömmlinge ihre Unterhaltung wieder auf genommen hatten. »Aber im Laufe der nächsten Wochen muss ich eine Entscheidung treffen. Ich kann die Stelle des Detective Inspectors nicht allzu lange unbesetzt lassen. Schon gar nicht in Anbetracht all der verdammten Verbrecher, die genau in diesem Moment ihren nächsten Coup planen.«

Heck dachte nach. Das Angebot war aus heiterem Himmel gekommen und hätte ihn, selbst wenn ihn nicht gerade alle möglichen anderen Dinge beschäftigt hätten, auf falschem Fuß erwischt, um nicht zu sagen, mit Zweifeln erfüllt. Er fühlte sich dem Dezernat für Serienverbrechen nicht nur wegen seiner persönlichen Beziehungen zu einigen Kollegen verbunden, er arbeitete dort auch seit inzwischen elf Jahren. In gewisser Hinsicht gehörte er sozusagen zum festen Inventar. Es fiel ihm schwer, sich vorzustellen, irgendwo anders zu arbeiten.

»Ich melde mich bei dir, Bob«, sagte er.

»Denk ernsthaft darüber nach.« Hunter beugte sich sehr nahe zu Heck. »Das Dezernat für Serienverbrechen ist ein toller Laden, aber jeder, der zu lange am gleichen Ort bleibt, setzt Moos an. Und ich sage es noch mal: Die National Crime Group befindet sich in unsicheren Gefilden. Wenn du mir nicht glaubst – warte nur ab, dann wirst du schon sehen.«

Mit diesen Worten schritt er davon und verließ den Raum, ohne sich noch einmal umzusehen.

»Was hat denn Bob Hunter hier zu suchen?«, fragte Gemma und ging zu Heck.

»Keine Ahnung«, erwiderte Heck. »Vermutlich hat ihn irgendein Fall hergeführt.«

»Ich dachte, sein neues Revier ist das East End?«

»Er ist bei der Flying Squad. Wenn irgendwelche Kollegen ausgiebig Gebrauch von dieser Wache hier machen, dann sie.«

Ihrem Ausdruck nach zu urteilen, glaubte sie das nicht eine Sekunde lang, beschloss aber, es unkommentiert zu lassen.

»Hat Purdham ein umfassendes Geständnis abgelegt?«, fragte
er.

»Unterm Strich glaube ich ihm tatsächlich«, erwiderte sie.
»Irgendwie haben sie ihn dazu gebracht, bei diesen Verbrechen
mitzumachen. Es ist schon erstaunlich, was manch einer tut, um
zu irgendeiner bestimmten Truppe dazuzugehören. Aber um
deine Frage zu beantworten: Ja. Wenn Ulfskar und seine Komplizen nicht allesamt dreißig Jahre hinter Gitter wandern, verstehe ich die Welt nicht mehr. Wenn die Spurensicherer erst mal
mit ihrer Arbeit fertig sind, ist es für diese Bande aus und vorbei.«

Sie ging mit einem Kaffee in der Hand aus dem Raum.

»Alles klar, Heck?«, fragte Reed und ging hinter ihr her.

»Alles bestens, Sir«, erwiderte Heck steif. »Und bei Ihnen?«

»Besser denn je. Sie dürfen Jack zu mir sagen.«

»Muss nicht sein, Sir. Ich war schon immer der Meinung, dass
man sich das Recht erst verdienen muss, jemanden beim Vornamen nennen zu dürfen.«

Reed lächelte, während er den Raum verließ. »Niemand hat
sich dieses Recht mehr verdient als Sie.«

»Wer redet denn von mir«, sagte Heck leise zu sich selbst.
»Verdienen Sie es sich doch erst mal.«

3

Womöglich schwebte tatsächlich ein Damoklesschwert über der National Crime Group. Heck war nicht in einer Position, in der er das beurteilen oder auch nur eine fundierte Meinung dazu äußern konnte, aber wo Rauch war, war nur äußerst selten nicht auch Feuer, und zurzeit gab es jede Menge Rauch.

Nahezu sicher würde es einen Einstellungsstopp und bei den Gehältern eine Nullrunde geben. Von den Mitarbeitern würde man erwarten, für weniger Geld länger zu arbeiten, wahrscheinlich würden die Ressourcen zusammengestrichen werden, und vielleicht würde es sogar zu Entlassungen kommen. Im schlimmsten Fall würden ganze Abteilungen aufgelöst und das Personal auf andere Abteilungen verteilt werden. Es gab Leute, die behaupteten, dass die Dinge tatsächlich *so* schlecht standen. Letzteres schien unwahrscheinlich, aber es wäre eine Möglichkeit, mit der auf jeden Fall auf einen Schlag jede Menge Geld eingespart werden könnte. Und in dieser Hinsicht musste die National Crime Group, die bisher von den Kürzungen verschont worden war, bei so einem Umstrukturierungsprogramm ganz oben auf der Liste stehen.

Die National Crime Group bestand aus drei Abteilungen: der Abteilung für Entführungen, dem Dezernat für Organisierte Kriminalität und dem Dezernat für Serienverbrechen. In den Augen vieler war das ein Luxus, den sich die britische Polizei kaum leisten konnte, da die National Crime Group viel Manpower und viele Geldmittel band und damit in den Augen ihrer Kritiker nur relativ wenig bewirkte. Selbst Heck musste zugeben, dass es in den Statistiken nicht gut aussah, wenn ein Detective des Dezernats für Serienverbrechen nur vier oder fünf Verhaftungen im Jahr vornahm. Was spielte es schon für eine Rolle,

48

dass es sich bei diesen Verhafteten fast immer um Schwerverbrecher handelte, die Wiederholungstäter waren – Serienmörder, Serienvergewaltiger und dergleichen –, die zur Zeit ihrer Verhaftung bereits unzählige Leben zerstört hatten? Es waren tickende Zeitbomben, die mit der Art von Verbrechen, die sie bereits begangen hatten, weiterzumachen drohten. Aber unterm Strich waren es eben trotzdem nur vier oder fünf Verbrecher, die aus dem Verkehr gezogen wurden, verglichen mit den vierzig oder fünfzig, die ein normaler Detective bei der Kripo jedes Jahr einbuchtete, ganz zu schweigen von den hundert oder noch mehr Straftätern, die jeder durchschnittliche uniformierte Polizist angeblich im Jahr verhaftete.

Heck versuchte sich diese Gedanken aus dem Kopf zu schlagen, während er seinen Megane durch den dichten Vormittagsverkehr in Dagenham manövrierte, doch das Ganze frustrierte ihn zutiefst. Seit dem Undercovereinsatz, bei dem sie die Schwarze Kapelle hochgenommen hatten, waren einige Tage vergangen, doch die unheilvollen Gerüchte über das Schicksal, das der National Crime Group möglicherweise bevorstand, hielten an. Offenbar zeigten die jüngsten positiven Resultate in dieser Hinsicht keine Wirkung. Detective Sergeant Eric Fisher, der beste Analytiker des Dezernats für Serienverbrechen, hatte es so ausgedrückt: »Warum sollten wir dafür, dass wir einfach nur unseren Job erledigen, eine Vorzugsbehandlung erhalten?« Heck nahm an, dass Fisher da nicht ganz unrecht hatte, aber es war ein Job, den nur wenige andere erledigen konnten.

Er versuchte ein weiteres Mal, das alles auszublenden. Er hatte sich immer bemüht, die internen politischen Ränkespielchen bei der Polizei zu ignorieren, insbesondere diejenigen, die an der Spitze des Polizeiapparats gespielt wurden, und zwar vor allem deshalb, weil man von einem »eigenbrötlerischen Außenseiter« wohl kaum erwarten konnte, sich an so etwas zu beteiligen.

Diese Bezeichnung bezog sich auf seinen bei der Polizei eigentlich unüblichen Status als eine Art Springer mit wechselnden Aufgaben, der Heck bei Ermittlungen des Dezernats für Serienverbrechen oft zugebilligt wurde. Eine andere Bezeichnung für diesen Status, der ebenfalls auf Gemma Piper zurückging, war »Minister ohne Geschäftsbereich«. Im Wesentlichen bedeutete es, dass er bei der Aufklärung eines Falls nur selten einem festen Team zugeordnet war, das auf einen bestimmten Teil der Ermittlungen angesetzt war, sondern freie Hand hatte, seinen eigenen Hinweisen und Spuren nachzugehen. Dieses Privileg hatte er sich im Laufe vieler Jahre erarbeitet, da es ihm auf der Grundlage seiner eigenen Analysen und seiner Intuition immer wieder gelungen war, hochkarätige Verbrecher zur Strecke zu bringen. Ob ihm diese Freiheiten auch unter einem oder einer anderen Vorgesetzten als Gemma Piper gewährt werden würden, war durchaus fraglich.

Allerdings waren er und Gemma zurzeit gerade nicht beste Freunde, und er konnte nicht genau sagen, warum das so war. Die bedrohlichen Andeutungen aus der obersten Etage bezüglich des Schicksals der National Crime Group hatten sie bestimmt nervös gemacht. Sie war ihm in letzter Zeit schroff oder gleichgültig begegnet, wenn nicht sogar geradewegs feindselig. Neutrale Beobachter würden vielleicht sagen, dass dies die normale Art war, wie sie miteinander umgingen, denn es hatte in der Vergangenheit oft so ausgesehen, als ob sie miteinander auf Kriegsfuß stünden. Allerdings war es bei diesen Disputen in der Regel einzig und allein um Meinungsverschiedenheiten gegangen, die das Vorgehen bei den Ermittlungen in einem bestimmten Fall betrafen, und sie hatten nicht ihr eigentliches Verhältnis zueinander widergespiegelt. Doch in letzter Zeit hatte sie ihm bewusst und anhaltend die kalte Schulter gezeigt, und zwar sehr viel deutlicher, als es normal gewesen wäre und noch sehr viel deutlicher als gegenüber irgendjemand anderem.

Heck dachte angestrengt darüber nach, warum das so war, während er die A13 verließ und auf den Heathway fuhr.

Soweit er sich dessen bewusst war, hatte er nichts falsch

gemacht. Eher im Gegenteil: Es war *sein* Informant gewesen, der ihnen die Schwarze Kapelle auf dem Silbertablett serviert hatte, und dafür war ihm allenfalls minimale Dankbarkeit entgegengebracht worden. Er fragte sich, ob es an seiner mangelnden Begeisterung für den vor Kurzem neu zu ihnen gestoßenen Detective Inspector Reed liegen mochte, doch diesen Mangel machte Gemma durch ihre eigene Begeisterung für den Neuen mehr als wett.

Er schlug sich den Gedanken aus dem Kopf und war irgendwie genervt, ohne sich erklären zu können, warum.

Inzwischen hatte er den Rand der Siedlung Rimmington Hall erreicht, und seine Gedanken wandten sich unvermeidlich anderen Dingen zu. Die römisch-katholische Kirche St Agatha war leicht zu finden. Sie lag hinter einem hohen Maschendrahtzaun an der Rimmington Avenue. Hinter der Kirche gab es sicher irgendwo einen Parkplatz, aber da August war und die Grundschule neben der Kirche wegen der Sommerferien geschlossen, hinderte ihn nichts daran, direkt vor der Kirche auf der Hauptstraße zu parken.

Die Kirche St Agatha war im Industriezeitalter errichtet worden. Das Gebäude war massiv und funktional, in das Mauerwerk hatten sich Ruß und Rauch vieler Generationen hineingefressen. Nach den jüngsten Ermittlungen, insbesondere nach der Verfolgung der Schwarzen Kapelle, hatte Heck das Gefühl, als hätte er in letzter Zeit ziemlich viel Zeit in Kirchen und in der Umgebung von Kirchen verbracht. Allerdings waren die mit Flechten überzogenen Grabsteine und die mit Efeu behangenen Altarräume der Kirchen des ländlichen Suffolks eine vollkommen andere Welt als der Ort, an dem er sich jetzt befand. Nicht einmal das abweisende Erscheinungsbild der Kirche St Agatha trug dazu bei, es weniger unpassend erscheinen zu lassen, dass ausgerechnet Jimmy »Snake« Fletcher dort herumhing, aber Heck hatte schon öfter erlebt, dass eine halbherzige Seele nur der ganzen Bösartigkeit der Truppe ausgesetzt sein musste, der sie

51

sich angeschlossen hatte, und schon lief sie schnurstracks zu den bisher bekämpften Gegnern über.

Das vorausgeschickt, konnte Fletcher sich trotzdem glücklich schätzen, dass der Pfarrer der lokalen Kirche sich verständnisvoll gezeigt hatte.

Heck versuchte es gar nicht erst an der Vordertür, sondern nahm gleich den seitlich an der Kirche vorbeiführenden Pfad, der auf einen kleinen Hof hinter der Kirche führte. An der einen Seite des Hofs befand sich der Eingang zum Pfarrhaus, an der anderen das Gemeindehaus.

Bei Letzterem handelte es sich um ein einstöckiges, frei stehendes Gebäude mit einem Fertigdach, die Mauern waren mit weißem Gips verputzt. Das Gemeindehaus wurde regelmäßig genutzt, und der Haupteingang stand offen. Heck ging hinein. Vom Vorraum ging nach rechts eine Tür ab, die in den Gemeindesaal führte, ein großer offener Raum mit einem Boden aus nackten Dielen, auf dem Schulstühle verstreut herumstanden. Eine Tür auf der linken Seite führte auf einen kleinen Flur mit Schildern, die den Weg zu den Toiletten wiesen. Direkt vor ihm befand sich ein weiß getünchter Backsteinbogen, dahinter eine Treppe, die in ein unteres Geschoss führte.

Heck stieg die Treppe hinunter. An der ersten Biegung sah er an der Wand vor sich einen schrillen Graffito. Irgendein Vandale hatte mit giftgrüner Farbe die Worte

Ihr, die ihr hier eintretet, lasst alle Hoffnung fahren
auf die Wand geschmiert. Und darunter:

falls ihr je irgendeine verdammte Hoffnung hattet
Als Heck nach rechts blickte, verstand er die Bedeutung dieser Worte, denn dort führte der letzte Treppenabsatz noch gut einen Meter weiter hinab auf einen Flur mit nackten Backsteinwänden, auf dem es stark nach Schimmel roch. Unter der Decke zogen sich freiliegende, nicht isolierte Rohre, von denen Spinnengewebe herabhingen, den gesamten Flur entlang. All das konnte Heck nur dank des düsteren Scheins einiger nackter,

schmutziger Glühbirnen sehen, die etwa alle zehn Meter in mit Kalk überzogenen Maschendrahtlampenkörben von der Decke herabhingen. Nach etwa vierzig Metern befand sich an den einander gegenüberliegenden Wänden jeweils eine Türöffnung, kurz dahinter endete der Flur vor einer geschlossenen Tür, die aussah, als wäre sie aus massivem Stahl.

Heck ging den Flur entlang, das Stapfen seiner Schritte auf dem feuchten Betonboden hallte von den Wänden wider.

Als er die einander gegenüberliegenden Türöffnungen erreichte, blickte er zu beiden Seiten in quadratische Räume mit unverputzten Backsteinwänden. In jedem der Räume befand sich ein riesiger Wassertank, in dem es leise rauschte. Heck ging weiter auf die Stahltür zu. Sie war massiv, voller Nieten und verfügte über keinen erkennbaren Griff.

Genau in dem Moment, in dem Heck die Tür erreichte, glitt sie auf ihrer gut geschmierten Laufschiene auf.

Hinter der Tür stand Snake Fletcher. Seine Augen waren hinter den dicken Gläsern seiner breit gerahmten Brille unergründlich.

»Herzlich willkommen«, sagte er.

»Willkommen kann man sich hier nicht gerade fühlen«, entgegnete Heck. »Hätte es ein Pub oder eine Parkbank nicht auch getan?«

»Ich hab's Ihnen doch gesagt. Im Moment lasse ich mich da draußen nicht blicken.«

»Dabei habe ich Sie eigentlich nie für jemanden gehalten, der sich so leicht einschüchtern lässt.«

»Dann kennen Sie mich wohl nicht so gut, wie Sie dachten.«

Das war höchstwahrscheinlich wahr, musste Heck sich eingestehen, während Snake sich in die dunkle, feuchte Kammer zurückzog, die sich hinter der massiven Stahltür befand.

Einige Informanten waren nur an einem interessiert: an dem Geld, das sie dafür einstrichen, dass sie andere Kriminelle ans Messer lieferten. Andere versuchten, offene Rechnungen zu begleichen oder Rivalen aus dem Verkehr zu ziehen. Aber für Snake schien nichts von alledem zuzutreffen. Und genau das hatte Heck an diesem Informanten schon immer missfallen. Wenn man von Anfang an nicht schlau aus jemandem wurde, wenn man es nie geschafft hatte zu ergründen, welche Absicht dessen Tun zugrunde lag – wie sollte man ihm jemals wirklich vertrauen können?

Er war Snake zum ersten Mal begegnet, als er noch im Raubdezernat Tower Hamlets gearbeitet hatte. Er hatte einen verzweifelten Jugendlichen festgenommen, Billy Fletscher, Snakes jüngeren Bruder, der bei einer Serie von Überfällen auf Tante-Emma-Läden mitgemacht hatte. Zu jener Zeit war für Billy nicht viel drin gewesen, aber Heck hatte es geschafft, seine Kollegen davon zu überzeugen, dass der junge Idiot sich aufgrund seiner Heroinsucht dazu hatte hinreißen lassen, bei den Überfällen mitzumachen. Außerdem hatte er Billy überzeugt, als Kronzeuge auszusagen, um sich selbst eine Gefängnisstrafe und Vergeltungsmaßnahmen der Unterwelt zu ersparen. Snake hatte seinen Bruder seit fünfzehn Jahren nicht mehr gesehen, da er sicher in einem Zeugenschutzprogramm untergebracht war, aber das machte ihm nichts aus. Zumindest lebte der Junge noch. Und nach dieser Geschichte hatte Snake den Eindruck gewonnen, dass Heck von all den Londoner Polizisten derjenige war, dem er trauen konnte.

Trotzdem konnte man sich bei einem Informanten nie absolut sicher sein, welche Motive ihn antrieben.

Snake Fletcher war nicht gerade der attraktivste Typ.

Als Heck ihn das erste Mal gesehen hatte, hatte er ihn für einen abgehalfterten Heavy-Metal-Fan gehalten: Anfang vierzig, Brille, zotteliges Haar, ungepflegter Bart, verblichene Tattoos auf den schlaksigen Armen, zerschlissene ölverschmierte Jeans. Heute, fünfzehn Jahre später, hatte sich an seinem äußeren Erscheinungsbild nicht viel geändert, nur dass er dünner und grauer geworden war und seine typische Biker-Kluft gegen einen schmuddeligen Hausmeister-Overall getauscht hatte. Aber er stank nach wie vor stark nach Zigarettenrauch und Schweiß.

»Ein Tässchen Kaffee?«, fragte er.

Eine nackte Glühbirne ließ erkennen, dass die Backsteinwände in dem Raum unverputzt waren und er mit nicht identifizierbarem Kram vollgestopft war. Snake selber roch ja schon übel, aber der Gestank nach schmutziger Unterwäsche und dreckigen Bettlaken, der aus der unterirdischen Bruchbude hervorquoll, trieb einem Tränen in die Augen.

»Ich komme rein«, sagte Heck. »Aber nach einer Tasse Kaffee ist mir gerade nicht zumute. Ist ja übrigens ein netter Empfang für all die gottesfürchtigen Kirchenbesucher.«

Snake kicherte. »Sie meinen diesen Lasset-alle-Hoffnung-fahren-Spruch? Vor drei Wochen ist irgendeine Schlampe hier eingebrochen. Father Wilkin, der Pfarrer hier, hat mich gebeten, den Spruch zu übermalen, aber dafür brauche ich Farbe. Steht aber nicht so weit oben auf der Prioritätenliste. Er kommt nie hier runter, geschweige denn irgendeines der Gemeindemitglieder.«

Das war ohne Zweifel auch gut so, dachte Heck.

Den zahlreichen Wischlappen, Eimern, Pinseln, Flaschen mit Putzmitteln und Kisten mit allem möglichen Kram nach zu urteilen, handelte es sich bei dem Raum eindeutig um die Abstellkammer eines Hausmeisters. Aber Snake hatte die Kammer, obwohl sie winzig war und keine Fenster hatte, zudem in einen Wohnraum verwandelt. Er hatte ein Rollbett hineingestellt, das er irgendwo aufgetrieben hatte, außerdem ein paar Secondhandmöbel und sogar eine Chemietoilette, die jedoch ihrem Gestank nach zu urteilen dringend geleert werden musste.

Snake ging zu einer klapprigen Anrichte, auf der inmitten von Krümeln und verschütteter Milch ein paar schmierige Utensilien zur Zubereitung von Tee und Kaffee standen. »Und? Haben Sie sie alle geschnappt?«

55

»Im Zusammenhang mit den Pfarrermorden haben wir fünf Männer wegen diverser Straftaten angeklagt«, erwiderte Heck. »Sie sitzen alle in Untersuchungshaft.«

Snake nickte und steckte den Wasserkocher ein. »Die Namen?«

»Sherwin Lightfoot – über den Namen komme ich immer noch nicht hinweg –, Michael Hapwood, Dennis Purdham, Jason Renwick und Ranald Ulfskar alias Albert Jones. Das sind doch alle, oder?«

»Soweit ich weiß, ja.«

»Gut. In der nächsten Zukunft werden sie nicht mehr über die Schwelle irgendeiner Kirche gehen.«

Snake löffelte lösliches Kaffeepulver in eine Tasse. »Ich tauche trotzdem eine Weile unter.«

»Niemand weiß, dass Sie uns den Tipp gegeben haben, falls es das sein sollte, was Sie beunruhigt.«

»Sie werden trotzdem die Augen aufhalten. Und sich Fragen stellen.« Snake schüttelte seinen ergrauten Kopf. »Und wenn ich wegen dem, was mit unseren verehrten Anführern passiert ist, nicht ausreichend bedrückt und niedergeschlagen wirke, werden sie sich fragen, warum das so ist.«

»Wer ist *sie?*«, fragte Heck. »Sie haben doch gerade gesagt, dass wir sie alle geschnappt haben.«

»Sie haben den harten Kern geschnappt. Die Fanatiker. Aber es gibt noch andere.«

»Sie meinen andere Aktivisten?«

»Nein, es gibt keine weiteren Pfaffenmörder. Die anderen sind nur Großmäuler. Aber wenn Ulf und seine Irrentruppe aus irgendeinem Grund rauskommen, wird ihnen jemand erzählen, wie ich drauf war, als sie eingebuchtet wurden.«

Er beschäftigte sich weiter mit der Zubereitung seines Kaffees. Heck musterte ihn neugierig.

»Snake, sind Sie sicher, dass es sonst niemanden mehr gibt, den wir uns mal näher ansehen sollten?«

56

»Jedenfalls niemanden, der mir solche Angst macht wie Ulf und seine Kumpane. Wollen Sie wirklich keinen Kaffee?«

Heck schüttelte den Kopf, checkte sein Handy und sah, dass er eine SMS von Gemma erhalten hatte.

Geschätzte Ankunftszeit im Büro?

Sie hatte die SMS vor fünf Minuten geschickt, was bedeutete, dass sie ihn gleich anrufen würde. Er stellte das Handy aus und zog sich einen Stuhl heran, auf dem eine zerknitterte Zeitschrift lag. Es handelte sich um eine fünf Jahre alte Ausgabe des extremen Heavy-Metal-Magazins *HellzReign*. Die Zeitschrift war voller Eselsohren und mit Motorradöl verschmiert.

Auf dem Titel posierten die Black-Metal-Musiker Karl und Eric Hellstrom, Vater und Sohn, alias Varulv in vollem Konzertornat. Der ältere sah teilweise dämonisch aus, sein zerfurchtes Gesicht war gespenstisch weiß, im Kontrast dazu waren sein wallendes Haar, sein Bart und sein Schnäuzer pechschwarz und seine tief liegenden Augen grünlich. Auf dem Foto waren nur sein Kopf und sein Oberkörper zu sehen, aber er trug eine Lederrüstung, auf den Schulterpolstern waren Skulpturen von Gesichtern brüllender Bären befestigt, in der linken Hand hielt er einen blutverschmierten Totenkopf. Der Aufzug war absoluter Humbug und entsprach vielleicht der Vorstellung eines Kostümdesigners aus Hollywood davon, wie ein Wikinger ausgesehen haben könnte. Der jüngere Hellstrom stand hinter seinem Vater. Sein Haar und sein Bart waren blond, aber er trug ebenfalls eine mit Skulpturen besetzte schwarze Lederkluft. Er hatte seine geballten Fäuste vor seiner Brust gekreuzt, von jedem seiner kräftigen Handgelenke baumelte ein mit Gothic-Symbolen – Totenköpfen, auf dem Kopf stehenden Kreuzen und Wolfsköpfen – bestückter Armreif herab. Hinter den beiden erhob sich ein Vorhang aus Flammen, darüber stand in einem Bogen in gezackten, starren Buchstaben der Titel: *Echte Lieder über Eis und Feuer*.

Normalerweise hätte man diesen Aufzug als eine typische Rockband-Pose abtun können, ein Bad-Boy-Outfit, um möglichst fies und düster auszusehen, gewürzt mit einer Prise Mystizismus zur Unterstreichung der Glaubwürdigkeit in Sachen Fantasie. Schon der Name »Varulv« war das altnordische Wort für Werwolf. Doch an der Gewalt, die die hasserfüllte Musik der Band angeblich entfesselt hatte, war nichts Fantastisches.

Heck blickte auf. »Wie lange hatten Sie mit diesen Typen zu tun?«

Snake senkte seine Tasse. »Ein paar Jahre. Wie gesagt, für mich war es einfach nur Musik.«

Selbst jetzt, nachdem Snakes Informationen sich ausgezahlt hatten, kam Heck in den Sinn, dass er nie wirklich verstanden hatte, warum der Kerl so lange gebraucht hatte, um zu kapieren, dass die Rockband, für die er einst so geschwärmt und die er sogar als Roadie begleitet hatte, so in ihrem nordisch-arischen Hass aufging, dass sie oder ihre Anhänger möglicherweise eine reale Gefahr darstellten. Songtitel wie *Make More Martyrs* und *Berserk, I Rule* klangen ja nicht gerade nach netten, menschenfreundlichen Botschaften.

Heck blätterte durch die Zeitschrift und landete schließlich bei einer ganzseitigen Anzeige für Varulvs erstes Album *Asatru*, mit dem die Band offenbar den Durchbruch geschafft hatte. Er hörte selber durchaus gerne mal ein bisschen Hardrockmusik, doch er stand eher auf den Stil der älteren Schule und nicht so sehr auf die düsteren Stücke aus jüngerer Zeit. Schon als er zum ersten Mal von diesen Typen gehört hatte, hatte Heck Karl Hellstrom und seinen Sohn nicht gemocht und in ihnen ein paar Rattenfänger gesehen, die den fanatischen Stumpfsinn, den sie predigten, wahrscheinlich nicht einmal selbst glaubten. Die Illustration auf dem Cover zeigte eine bis auf ihre Haube nackte katholische Nonne, die an ein auf dem Kopf stehendes Kreuz genagelt war. Hinter ihr reckten Silhouetten, die Helme mit Hörnern trugen, vor einem dunklen Hintergrund voller zuckender Blitze Äxte in die Höhe. Wenn Heck sich richtig erinnerte, war das Album wegen dieses Covers aus vielen britischen und

US-amerikanischen Läden verbannt worden, aber das hatte nur dazu beigetragen, dass es noch bekannter geworden war. Es war in Underground-Kreisen vertrieben worden, hatte ein riesiges Publikum erreicht und den Ruf der Gruppe als eine der führenden Black-Metal-Bands gefestigt.

Heck legte die Zeitschrift wieder hin. »Sind Sie sicher, dass wir uns Varulv nicht auch vorknöpfen sollten?«

»Nur zu«, entgegnete Snake. »Aber Sie würden damit nur Ihre Zeit verschwenden. Haben Sie gehört, was in Norwegen passiert ist?«

Natürlich hatte Heck davon gehört. Im Jahr 2014 hatten zwei norwegische Teenager, die zugleich eingefleischte Varulv-Fans gewesen waren, in der Nähe von Tromsø eine Holzkirche aus dem elften Jahrhundert in Brand gesteckt und den schon älteren Kirchwart mit einem Knüppel zu Tode geprügelt. Auf seiner Leiche war ein Zettel mit einem Aufruf zum Krieg gegen »Christus-Liebende und Semiten« festgepinnt, ein direktes Zitat aus Songtexten von Varulv, wodurch die Band ins Rampenlicht gerückt worden war.

»Sie mögen zu dem Verbrechen inspiriert haben, aber sie hatten nichts direkt damit zu tun«, stellte Snake klar. »Das waren nur durchgeknallte Irre, die krank auf die Song-Botschaften reagiert haben. Und da sind sie ja nicht die Einzigen. Sehen Sie sich nur Ulfskar an. Er war eigentlich gar kein fanatischer Metalfan. Er kam eher aus der Punkszene. Varulv hat das Netz weit ausgeworfen. Natürlich haben sie ein paar Hardcore-Metalfans angezogen, ein paar Biker, aber auch Skinheads, weiße Rassisten und alle möglichen super-machomäßigen unzufriedenen Männer. Diese Schwarze-Kapelle-Nummer – das ist doch eher satanistisch als odinistisch. Sehen Sie sich doch nur diese vier Trottel an, die Sie zusammen mit Ulf eingebuchtet haben. Sie waren keine Roadies wie wir. Sie waren nicht mal Fans der Band. Sie waren Fans von Ulf. Wie ich Ihnen bereits gesagt habe: zugekokste Verrückte, die sich in irgendwelchen düsteren Fantasien ergangen haben. Das zeigt, wie konfus das alles ist.«

Dagegen erhob Heck keine Einwände. Es stimmte, dass Varulv nie offiziell angeklagt worden war, irgendetwas mit dem Verbrechen in Tromsø zu tun gehabt zu haben, nicht einmal als Anstifter. Die Band wurde in den norwegischen Medien unter Druck gesetzt, aber gegen sie war nie ernsthaft ermittelt worden.

»Ich erinnere mich, dass die Band jede Verantwortung für das Verbrechen in Tromsø abgelehnt hat«, sagte er. »Und sie hat sich natürlich auch nicht entschuldigt.«

Snake schien diese Bemerkung Unbehagen zu bereiten, als ob ihm solche Überlegungen auch schon durch den Kopf gegangen wären und er bisher keine zufriedenstellenden Erklärungen gefunden hätte.

»Vielleicht haben sie sich einfach nicht dazu herabgelassen, was dazu zu sagen«, sagte er schließlich. »In den USA ist so was schließlich auch passiert. Da wurden Metal-Bands einer früheren Ära auch unfairerweise bezichtigt, schlechte Schwingungen zu verbreiten, Selbstmorde zu verursachen und so weiter. Dahinter stecken bloß irgendwelche blutsaugenden Anwälte, die aus Tragödien Profit schlagen wollen.«

»Trotzdem war Varulv gezwungen, Norwegen zu verlassen.«

Snake schüttelte den Kopf. »Das ist ein Märchen. Sie haben dort immer noch Grundbesitz. Sie haben sich einfach nur hier bei uns niedergelassen, nachdem sie aufgehört haben. Offenbar hat Karl Hellstrom schon immer damit geliebäugelt, sich in Schottland ein Jagdanwesen zuzulegen, und jetzt hat er eins. Und all diese üblen Dinge sind ja erst wirklich losgegangen, nachdem sie schon lange hier gelebt haben. Sie sind 2015 hergekommen. Damals haben sich unsere Wege getrennt, und erst drei Jahre später habe ich von diesen Pfaffenmorden gehört. Mir ist nicht im Traum durch den Kopf gegangen, dass die Band etwas damit zu tun haben könnte.«

»Aber Sie haben sofort Ulfskar verdächtigt.«

Snake dachte darüber nach. »Er war immer der Extremste von uns. Außerdem wurden die Pfarrer in East Anglia ermordet, und da stammt er her. Soweit ich wusste, war er dorthin zurückgekehrt. Als der erste Pfarrer mit einer Axt erschlagen wurde, dachte ich, nein, das war bestimmt nicht Ulf. Wahrscheinlich ein Raubüberfall, bei dem was schiefgelaufen ist oder so. Aber der zweite Mord – der war schon ein bisschen schauriger, stimmt's? Und dann erst der dritte, die Frau – meine Fresse! Danach war ich mir sicher, dass Ulf was damit zu tun hatte. Er hatte in der Vergangenheit ein paar Sprüche gebracht. Dass Drogen, Sex und Rock and Roll nur hedonistischer Scheiß wären und alles Reden nichts bringt, niemand würde uns glauben, dass wir diese Arschlöcher wirklich hassen, wenn wir nicht endlich was gegen sie tun. Damals habe ich das nur für dummes Geschwätz gehalten.«

Heck hatte diese Geschichte natürlich schon mal gehört.

Nach dem grausamen Tod des dritten Opfers, Michaela Hanson, hatte Snake ziemlich mutig einen Versuch unternommen, wieder mit Ulfskar in Verbindung zu treten. Er hatte immer noch eine Telefonnummer von ihm und ihn angerufen und ihm gesagt, wie leer sein Leben ohne die Band sei. Ulfskar hatte ihm gesagt, dass er demnächst in London zu tun habe und sich gerne mit ihm treffen würde.

Es folgte ein turbulenter, alkoholreicher Abend, von dem Snake viel mit einem verborgenen Diktiergerät aufgenommen hatte. Es würde immer fraglich sein, ob eine solche ohne richterliche Genehmigung zustande gekommene Aufnahme einer privaten Unterhaltung vor Gericht als Beweis zugelassen würde, doch als Snake das Band schließlich Heck und Gemma übergeben hatte, war das, was sie auf der Aufnahme hörten, mehr als ausreichend gewesen, um ihr Interesse zu wecken.

Die Unterhaltung, der die Polizisten lauschten, war sehr vielsagend gewesen.

Zunächst schwelgten die beiden in Erinnerungen an die guten alten Zeiten, als sie mit der Band unterwegs gewesen waren,

Frauen vernascht, gesoffen und Tolles erlebt hatten, high gewesen waren und alle möglichen verrückten Sachen gemacht hatten. Aber sie erinnerten sich auch an Versammlungen bei Lagerfeuern in irgendwelchen Wäldern und an antiken Stätten, auf denen sie längst vergessenen nordischen Göttern gehuldigt hatten. Dann bekundeten sie ihre Begeisterung für den Vormarsch der rechten Bewegungen in Europa und den USA und verliehen ihrer Hoffnung Ausdruck, dass die weiße Rasse weltweit endlich in die Puschen kommen möge. An diesem Punkt ließ Ulfskar erstmals einen Hinweis auf die Existenz der Schwarzen Kapelle fallen und erzählte Snake, dass er und ein paar Gleichgesinnte inzwischen dazu übergegangen waren zu handeln. Er und Snake hätten einst den Traum geträumt, sagte er. Doch jetzt verwirkliche er den Traum und befolge das Glaubensbekenntnis buchstabengetreu. Und wenn das nicht von alleine eine Revolution auslöse, sei das auch egal. Zumindest trage es dazu bei, dass sie sich besser fühlten.

»*He, ich will dabei sein!*«, platzte Snake auf dem Band heraus.

»*Du willst dabei sein, Snakey? Einfach so?*«

»*Du hast ja recht. Wir haben den Traum geträumt. Aber wir haben ihn nie verwirklicht.*«

»*Bei unserer nächsten Aktion kann ich dich nicht mitnehmen, Snake. So schnell geht das nicht. Du musst erst mal nüchtern werden und in Ruhe darüber nachdenken. Aber halt dich am 31. Juli aus Little Milden in Suffolk fern.*«

Das war alles gewesen, was Snake hatte wissen müssen. Nachdem er Heck und dem Dezernat für Serienverbrechen die Aufnahme vorgespielt hatte, hatte er ihnen von *Ostara* erzählt, einem alten Fest der Wikinger, das am 21. März gefeiert worden war. Am Abend jenes Tages war der erste Geistliche umgebracht worden. Die anderen beiden Morde waren an anderen heidnischen nordischen Festtagen begangen worden, *Valpurgis* am 30. April und *Midsumarblot* am 21. Juni. Inzwischen hatten sie auch das Datum eines vierten Festtages: *Freysblot* am 31. Juli.

62

Und sie hatten auch den Ort, nämlich Little Milden, wo es nur eine Kirche gab: die St-Pauls-Kirche.

Heck betrachtete erneut die schrille Titelseite von *HellzReign*.

»Aber die Hellstroms haben nichts damit zu tun«, stellte Snake erneut klar. »Warum sollten sie auch? Ist doch viel besser, die Gurus zu sein, die auf dem Berg sitzen, und den Ruhm einzustreichen, ohne irgendein Risiko einzugehen. Aber egal, wann werde ich bezahlt?«

Heck warf das Magazin zur Seite. »Sobald die Mitglieder der Schwarzen Kapelle verurteilt sind.«

»Verbocken Sie das bloß nicht, Heck.« Der Ex-Roadie wirkte ein wenig besorgt. »Diese fünf Verrückten dürfen auf keinen Fall jemals wieder frei herumspazieren. Sollen sie doch im Gefängnis verrotten. Dann kapiert jeder andere entwurzelte, durchgeknallte Idiot, der genauso tickt, dass Mord kein verdammter Scherz ist.«

»Wenn es so einfach wäre«, sagte Heck und stand auf. »Denn eins kann ich Ihnen versichern: Wir haben zwar vielleicht die neuen Wikinger von der Straße geholt, aber genau in diesem Moment, in dem wir miteinander reden, laufen da draußen genug Durchgeknallte rum, die gerade ein Gemetzel planen und zumindest in ihrer eigenen kruden Logik voll und ganz davon überzeugt sind, dazu berechtigt zu sein, ein Blutbad anzurichten.«

4

Am frühen Nachmittag war Heck wieder zurück an der Staples Corner im Londoner Stadtbezirk Brent, wo sich das Dezernat für Serienverbrechen befand. Das Erste, was ihm auffiel, war, dass auf dem Parkplatz viel mehr Autos standen als für einen Montag üblich. Er fuhr langsam an den besetzten Parkbuchten entlang, bis er endlich einen freien Platz fand. Als er seinen Megane in die Parklücke manövriert hatte, stellte er fest, dass er ausgerechnet neben Gemmas aquamarinblauer Mercedes E-Klasse geparkt hatte. Und nicht nur das. Die Detective Superintendent kam gerade in Begleitung einer ihrer zivilen Sekretärinnen über den Parkplatz auf ihren Wagen zu. Na super, dachte Heck.

Im Rückspiegel sah er, dass die beiden Frauen den Kofferraum von Gemmas Mercedes aufklappten und zwei versiegelte Kartons mit Papieren herausnahmen. Während die Sekretärin mit einem der Kartons zurückging, blieb Gemma mit verschränkten Armen an ihrem Wagen stehen und wartete.

Heck seufzte und stieg aus.

»Und wo hast *du* dich herumgetrieben?«, fragte sie. »Ich versuche schon seit heute Mittag, dich zu erreichen.«

»Ich dachte, es könnte sich vielleicht auszahlen, mich mit einem meiner Informanten zu treffen«, erwiderte er.

»Kaum zu übersehen, so wie du angezogen bist.«

Heck war noch nicht dazu gekommen sich umzuziehen und trug noch die Kluft, die er bei seinem Treffen mit Snake getragen hatte: eine mit Farbflecken verschmierte Jeans, ein Sweatshirt und Arbeitsschuhe.

»Inoffiziell?«, fragte sie. »Also auf eigene Faust?«

Er zuckte mit den Achseln. »Ich war sowieso unterwegs, da kam mir die spontane Idee, ihm einen Besuch abzustatten.«

Gemma dachte kurz darüber nach. Dann bedachte sie den Karton zu ihren Füßen mit einem Nicken, drehte sich um und steuerte den Personaleingang an.

Heck hob den Karton auf und trottete hinter ihr her.

»Von wem reden wir eigentlich?«, fragte sie. »Warte, lass mich raten. Snake Fletcher?«

»Natürlich.«

»Himmelherrgott noch mal, also wirklich, Heck.«

»Ich war unter anderem bei ihm, um ihn zu beruhigen. Er war sehr froh, dass wir seine Info verwertet haben.«

»Das wären viele zwielichtige Typen, wenn sie, um abzukassieren, nichts weiter tun müssten, als ihre Kumpel zu verpfeifen.«

»Die Sache ist nur …« Heck wusste, dass er die nächsten Worte mit Bedacht wählen musste. »Ich weiß auch nicht, aber irgendwie hatte ich das Gefühl, dass die Sache einfach zu glatt gelaufen ist.«

Sie sah ihn fragend an. »Was meinst du damit?«

»Die Verhaftung in Little Milden«, erwiderte er. »Die Odinisten sind genau wie von Snake vorhergesagt aufgetaucht. Alle fünf. Wir haben sie auf frischer Tat geschnappt und hatten genügend Beweise, um sie quasi sofort zu verhaften und anzuklagen. Bis sie vor Gericht gestellt werden, werden wir noch mehr gegen sie in der Hand haben. Sie hatten keine Chance.«

Sie erreichten den Personaleingang, und Gemma tippte den Zugangscode in das Zahlenfeld. »Mordfälle sind nicht immer zwangsläufig komplex.«

»Das ist mir schon klar. Ich werde nur das Gefühl nicht los, dass wir möglicherweise was übersehen haben.«

»Redet da einfach nur dein angeborener Pessimismus?«, fragte sie, während sie das Gebäude betraten und sie den Aufzug anforderte. »Oder hat Snake irgendwas gesagt?«

»Nein. Er glaubt, dass wir alle haben.«

»Du hast also keinen wirklichen Grund für dein Unbehagen?«

Er zuckte mit den Schultern.

»Habe ich mir ja gleich gedacht.« Sie verschränkte die Arme, während sie in der kleinen Eingangshalle auf den Aufzug warteten. »Wie immer ehrt dich deine Zähigkeit, mit der du bei jedem Fall jeden Winkel ausleuchtest. Aber manchmal übertreibst du es und machst dir zu viel Arbeit. Und allen anderen auch, meine Wenigkeit eingeschlossen. Das sorgt allerdings nicht immer für uneingeschränkte Freude, wie du dir sicher vorstellen kannst. Es mag ja durchaus sein, dass im Fall der Schwarzen Kapelle irgendwann noch mal irgendwas passiert, und wenn es tatsächlich so kommt, werden wir dem garantiert nachgehen. Aber in der Zwischenzeit haben wir einen anderen ebenso wichtigen Fall auf dem Tisch. Hast du schon mal was von der Sonderkommission Vorschlaghammer gehört?«

»Äh, Vorschlaghammer?«

»Ich hatte am Wochenende eine Sitzung mit den Kollegen von Scotland Yard, und heute Morgen noch eine. Wir werden eine Weile mit der Abteilung der Metropolitan Police für ungeklärte Kriminalfälle zusammenarbeiten.«

»Aha.« Heck wusste nicht recht, ob ihm das gefiel.

»Gwen Straker ist auch dabei.«

»Oh, gut.« Das waren schon bessere Neuigkeiten.

Ende der 1990er- und Anfang der 2000er-Jahre, als Heck und Gemma sich in Bethnal Green ihre ersten Sporen verdient hatten, war Straker ihr Detective Inspector und eine fähige und umgängliche Chefin gewesen. Während der vergangenen Jahre hatte er sie nicht mehr oft gesehen, aber dem Flurfunk zufolge war sie bei der Metropolitan Police immer noch eine der beliebtesten Vorgesetzten. Heck war klar, dass Gemma erwartete, dass er sie als Nächstes fragte, was es mit dieser mysteriösen Sonderkommission Vorschlaghammer auf sich hatte, aber trotz der guten Nachricht, dass sie mit Gwen Straker zusammenarbeiten würden, war er noch nicht bereit, den Fall, den sie gerade erst abgeschlossen hatten, für erledigt anzusehen.

66

»Mir geht diese Black-Metal-Band Varulv einfach nicht aus dem Kopf«, sagte er.

Sie musterte ihn neugierig. Es gab an Hecks draufgängerischer Art, mit der er in seinem Job oft zu Werke ging, jede Menge Dinge, die Gemma große Sorgen bereiteten, aber sie hatte durch harte Erfahrung gelernt, dass er mit seinen Instinkten oft richtig lag.

»*Ehemalige* Black-Metal-Band«, korrigierte sie ihn. »Haben sie nicht aufgehört und sich zur Ruhe gesetzt?«

»Ja. Offenbar leben sie als Gutsherren in den Highlands in Schottland.«

»Dir ist ja klar, dass *Kripos* umfassend gegen sie ermittelt hat, oder?«, fragte sie. »Wegen dieser abgefackelten Kirche damals in Norwegen und der Ermordung des Kirchwarts.«

»Soweit ich im Bild bin, wurden sie vernommen«, entgegnete Heck. »Das heißt nicht, dass richtig gegen sie ermittelt wurde.«

»Wie auch immer, sie wurden jedenfalls von jedem Verdacht freigesprochen.«

»Ich stimme dir zu, dass sie, soweit wir wissen, kein Verbrechen begangen haben«, sagte er. »Aber hast du mal einige ihrer Songtitel gesehen? Und einige ihrer Texte? Man muss kein religiöser Eiferer sein, um zu dem Schluss zu kommen, dass sie einen ziemlich schlechten Einfluss haben.«

»Wenn jemand einen schlechten Einfluss hat, dann *du*, Heck. Junge Detectives sehen, wie du dich über Vorschriften hinwegsetzt und waghalsige Abkürzungen nimmst, um ans Ziel zu kommen, und denken dann ›Wow, dieser Job ist ein Kinderspiel‹. Und dann ziehen sie die gleichen Nummern ab wie du, und weil sie nicht so ein höllisches Glück haben, landen sie am Ende wieder in der Uniform. Aber *dir* wird dafür nie der Marsch geblasen. Und weißt du auch, warum nicht? Weil du sie nie dazu angehalten hast, dass sie sich so verhalten sollen. Es ist einzig und allein ihre eigene Schuld. Und bei verrückten Teufelsanbetern wie diesen Typen von der Schwarzen Kapelle verhält es sich genauso. Jetzt sitzen die Anführer dieser Sekte alle in Untersuchungshaft und warten auf ihren Prozess. Und wie ich gesagt habe: Wenn sich in diesem Fall noch irgendwas tut, wenn einer von ihnen einen Deal aushandeln und vielleicht noch ein paar Namen von weiteren Beteiligten fallen lassen will, werden wir ganz Ohr sein. Aber bis dahin haben wir was anderes zu tun, okay?«

»Ja. Ich frage mich nur, ob ich in diesem Fall nicht doch noch ein wenig weitergraben sollte.«

Sie betrachtete ihn verblüfft. Sie war es nicht gewohnt, dass einer ihrer Untergebenen ihren zum Ausdruck gebrachten Standpunkt komplett ignorierte – nicht einmal von Heck.

»Auf der Basis von was? Einer Vermutung? Einfach so auf gut Glück?«

»Lass mich noch zwei Wochen an der Sache dranbleiben. Mal sehen, ob ich noch irgendwas ausgrabe.«

»An Varulv kommst du sowieso nicht dran, Heck. Sie leben in Schottland, also außerhalb unseres Zuständigkeitsbereichs.«

»Sie mögen außerhalb unseres Zuständigkeitsbereichs leben, aber ich kann trotzdem an sie rankommen.«

»Nein, nein.« Sie schüttelte mit Nachdruck den Kopf. »Kommt gar nicht in Frage. Wie die Dinge stehen, ist die Anklage gegen Lightfoot, Hapwood, Purdham, Renwick und Ulfskar wasserdicht. Ich werde auf keinen Fall zulassen, dass du alles vermasselst, indem du dich auf fremdem Territorium in Dinge einmischst, für die du dort nicht zuständig bist.«

»Zumindest hat Varulv zu alldem angestiftet. Ulfskar war einer der Roadies der Band. Sollte man ihnen erlauben, einfach so weiterzumachen, als wäre nichts geschehen?«

»Mensch Heck, was fällt dir so schwer daran, das Wörtchen ›Nein‹ zu verstehen? Ich brauche dich *hier*. Genau genommen hätte ich dich schon vor zwei Stunden hier gebraucht!«

Die Aufzugtüren glitten auf. Sie traten ein, und Gemma drückte auf den Knopf für den dritten Stock, in dem sich die

Kommandozentrale des Dezernats für Serienverbrechen und Gemmas persönliches Büro befanden.

Heck stand neben ihr und sagte nichts, doch während sie hochfuhren, dachte er erneut an die düstere Black-Metal-Band Varulv. Kraftvolle Musik konnte eine gewaltige Wirkung entfalten, vor allem unter den Entrechteten. Aber er hatte noch nie erlebt, dass eine Hassbotschaft bis in solche Extreme gesteigert worden war. Man konnte sich nur schwer vorstellen, dass die Urheber dieser Botschaften, die offenbar ihr gesamtes Erwachsenenleben damit zugebracht hatten, dieses Glaubensbekenntnis des Hasses auszubrüten, einfach nur dasaßen und Däumchen drehten, während ihre Anhänger hochgenommen wurden. Immerhin waren sie, nachdem sie ihre tödliche Botschaft zuerst in Norwegen verbreitet und dort damit davongekommen waren, nach Großbritannien übergesiedelt, wo das Gleiche passiert war, nur schlimmer.

»He, bist du noch da?«, fragte Gemma.

»Entschuldige bitte«, erwiderte Heck. »Ich glaube nur einfach nicht, dass dies das Letzte war, was wir von den Typen gehört haben.«

Sie bemühte sich sichtlich, ihre Verärgerung zu unterdrücken.

»Und *wenn* wir wieder von ihnen hören, wird es *sehr* hässlich, fürchte ich«, sagte er.

»An sehr hässlichen Dingen herrscht zurzeit leider kein Mangel. Genau darum geht es bei der Sonderkommission Vorschlaghammer. Und da uns nichts anderes übrig bleibt, als in Zweierteams zu arbeiten, ist das noch mehr Grund, dass du nicht ausgespart werden kannst.«

»Vorschlaghammer?« Heck wurde schließlich aus seiner Grübelei gerissen. »Wir arbeiten in Zweierteams?«

»Ja. Weil wir so wenig Leute zur Verfügung haben. Und in der Zwischenzeit willst du dich in Richtung eines fernen schottischen Sonnenuntergangs verkrümeln, um jemanden aufgrund bloßer Vermutungen festzunehmen.«

»Ich verstehe nicht ganz, Ma'am. In Zweierteams?«

»Deshalb wollte ich dich hier haben. Deine neue Partnerin wartet seit mindestens zwei Stunden in meinem Büro.«

»Partnerin?« Heck versuchte, nicht zu entsetzt zu klingen.

»Genau. Eine ziemlich schockierende Vorstellung für dich, was?«

Die Türen des Aufzugs glitten wieder auf, und Gemma trat hinaus auf den Flur der obersten Etage. Dort herrschte sehr viel mehr Geschäftigkeit als üblich, jede Menge Leute liefen hin und her, zahlreiche mit Werkzeug ausgerüstete Techniker gingen in den Konferenzraum hinein oder kamen wieder heraus.

»Das wird die Einsatzzentrale«, sagte Gemma, als sie daran vorbeigingen.

»Dann ist die Sonderkommission Vorschlaghammer also mit einer groß angelegten Ermittlung befasst?«

»Für unsere Verhältnisse ziemlich groß, ja.«

Heck, der immer noch den Karton in den Händen hielt, folgte Gemma den Flur entlang zu ihrem Büro.

»Und ich habe eine neue Partnerin?«, fragte er. »Eine, die keine von unseren eigenen Leuten ist?«

Gemma sah sich um. »Wie's der Zufall so will, ist sie gerade zum Dezernat für Serienverbrechen gestoßen. Sie versucht schon seit Jahren zu uns zu kommen. Bei ihrer letzten Bewerbung hat sie ein halbes Dutzend Male *deinen* Namen fallen lassen. Guck nicht so besorgt. Du musst niemanden an die Hand nehmen. Detective Constable Honeyford hat sich als eine absolut fähige Polizistin erwiesen. Sie hat ein paar großartige Verhaftungen vorgenommen.«

»Detective Constable Honeyford«, sagte Heck langsam.

»Du solltest dich an sie erinnern. Damals bei dem Fall in Surrey war sie deine rechte Hand.«

»Ja, das stimmt.«

»Außerdem steht sie in dem Ruf, sich nicht leicht unterkriegen zu lassen. Das macht sie doch zur perfekten Wahl, um mit dir im Team zusammenzuarbeiten.«

»Sie ist höllisch kratzbürstig, Ma'am.«

»Wie gesagt: Sie passt perfekt zu dir.« An der Tür zu ihrem Büro blieb Gemma stehen. »Merkwürdigerweise hat sie in ihrem Bewerbungsgespräch gesagt, dass du der Hauptgrund dafür bist, dass sie Surrey verlassen und zur National Crime Group kommen wollte. Sie sagt, als sie mit dir an dem Fall der Laurel-und-Hardy-Morde gearbeitet hat, hat sie von dir mehr gelernt, als von allen Detectives zusammen, mit denen sie bis dahin zu tun hatte.« Gemma nahm den ungläubigen Ausdruck auf seinem Gesicht zur Kenntnis. »Ich kann das irgendwie auch nicht ganz glauben. Aber so liegen die Dinge nun mal.« Sie öffnete die Tür. »Komm rein, sag ihr Guten Tag. Hoffen wir, dass sie während der langen Wartezeit nicht an Altersschwäche gestorben ist.«

5

»Detective Constable Honeyford«, sagte Gemma, »Detective Sergeant Heckenburg entschuldigt sich für seine Verspätung. Die Tatsache, dass er nicht so aussieht, als würde es ihm leidtun, können Sie ignorieren. Er entschuldigt sich nicht oft, und wenn, dann meistens nicht besonders überzeugend. Doch dem äußeren Anschein zum Trotz meint er es diesmal mit seiner Entschuldigung ernst.«

Gail Honeyford sah noch fast genauso aus, wie Heck sie von ihrer letzten Begegnung vor gut zwei Jahren in Erinnerung hatte: schlank und attraktiv, eine coole Brünette mit schulterlangem Haar, haselnussbraunen Augen und Pfirsichhaut. Sie trug einen taubenblauen Hosenanzug und blaue, hochhackige Stiefel und saß auf dem Stuhl vor Gemmas Schreibtisch. Neben ihr hing ein zusammengelegter Regenmantel über der Armlehne, vor ihr stand eine leere Kaffeetasse auf dem Schreibtisch.

»Stimmt«, sagte Heck. »Tut mir leid, dass ich so lange auf mich habe warten lassen.«

Als Antwort nickte sie höflich.

Gemma bedeutete Heck, den Karton mit den Unterlagen in einer Ecke abzustellen und zwängte sich hinter ihren Schreibtisch, wozu es in Anbetracht dessen, wie klein ihr Büro war, durchaus einiger Geschicklichkeit bedurfte. Im Gegensatz zu anderen hochrangigen Polizeibeamten hatte Gemma nie Wert auf Statussymbole gelegt, die ihre Macht demonstrierten. Obwohl sie an der Staples Corner als Leiterin des Dezernats für Serienverbrechen das Sagen hatte und in der National Crime Group nur noch deren oberstem Chef, Joe Wullerton, unterstand, war ihr Büro eine beengte Kammer, die zur Hälfte mit Aktenschränken vollgestellt war, während in der anderen Hälfte Regale standen, deren Bretter unter dem Gewicht dicker, prall gefüllter Ordner und juristischer Handbücher voller Eselsohren ächzten.

»Also gut.« Gemma nahm eine beigefarbene Mappe aus ihrem Posteingangskorb aus Draht. »In Anbetracht dessen, dass der Einsatz der Sonderkommission Vorschlaghammer morgen früh um acht Uhr beginnt, haben wir nicht viel Zeit, um detailliert zu besprechen, was von Ihnen als Detective des Dezernats für Serienverbrechen erwartet wird.«

Detective Constable Honeyford, der bewusst war, dass sie die Angesprochene war, setzte sich gerade hin.

Gemma sah sie an. »Nur so viel: Wenn Sie noch etwas lernen müssten, wären Sie nicht hier. Sie sind also keine Anfängerin, die auf Probe bei uns ist. Das ist Ihnen klar, oder?«

»Natürlich Ma'am«, erwiderte die neue Detective des Dezernats für Serienverbrechen.

»Wir haben hier einen schwierigen Job zu erledigen. Das heißt, dass wir alle unser Bestes geben«, stellte Gemma klar. »Wenn einer von uns es verbockt – und das gilt auch für mich –, sind wir weg vom Fenster. Aber es könnte sogar noch schlimmer kommen als nur das.« Sie lehnte sich zurück und fixierte ihre neue Untergebene mit ihren stechend blauen Augen und ihrem bohrenden Blick. »In dieser Abteilung haben wir ausschließlich mit gewalttätigen Psychopathen zu tun. Das heißt, wir können uns keine Fehler erlauben. Davon, wie wir unseren Job erledigen, hängen möglicherweise Leben ab, auch unser eigenes, Detective Constable Honeyford.« Sie hielt erneut inne. »So, das war's auch schon. Keine weiteren aufmunternden Worte zur Einführung. Tut mir leid, wenn Sie etwas anderes erwartet haben, aber wir haben im Moment alle wenig Zeit. Sie haben genau einen halben Tag, um sich bei uns einzurichten. Denn nach der Einsatzbesprechung morgen früh wird von Ihnen wie von allen anderen erwartet, dass Sie sofort loslegen und den verschiedenen Aspekten des Falls nachgehen, der Ihnen als Mitglied der Sonderkommission Vorschlaghammer zugewiesen wird.«

»Ich bin jetzt schon bereit loszulegen, Ma'am«, erwiderte Detective Constable Honeyford.

»Gut. Dann können Sie ja den Rest des Tages damit verbringen, sich schon mal mit *dem* hier vertraut zu machen.« Gemma schob ihr die beigefarbene Mappe hin. »Betrachten Sie das als Willkommensgeschenk zum Antritt Ihres neuen Jobs. Es ist ein gewisses Privileg. Alle anderen erfahren erst morgen früh, auf welchen Fall sie angesetzt werden.«

Schließlich verstand Heck, warum sie in Zweierteams arbeiten sollten.

Es ging offenbar um mehrere Fälle, an denen gleichzeitig gearbeitet werden musste, und wahrscheinlich handelte es sich eher um bedeutende ungeklärte Fälle aus der Vergangenheit als um aktuell anstehende. Darum ging es also bei der Sonderkommission Vorschlaghammer. Der Name klang dramatisch, als ob es ein Fall wäre, der direkt in den Zuständigkeitsbereich des Dezernats für Serienverbrechen fiel, doch in Wahrheit wurde auf eine der erfahrensten und erfolgreichsten Ermittlungsabteilungen des britischen Polizeiapparats zurückgegriffen, um die Aufklärungsquote zu erhöhen.

»Also, Heck, sorgen wir dafür, dass das Ganze läuft«, sagte Gemma und riss ihn aus seinen Gedanken.

Er nickte und versuchte nicht so leidenschaftslos auszusehen, wie er sich fühlte.

»Na gut. Dann an die Arbeit!« Sie wedelte mit der Hand und bedeutete ihnen, zu gehen.

»Danke, Ma'am«, sagte Detective Constable Honeyford, stand auf und klemmte sich die Mappe unter den Arm.

Heck trödelte noch ein wenig herum, nachdem sie den Raum verlassen hatte, und schob hinter ihr die Tür zu.

Dann sagte er leise: »Ma'am, ich …«

Sie hob die Hand und bedeutete ihm zu schweigen. »Ich will es nicht hören.«

»Es gibt da etwas, das du vielleicht nicht weißt.«

Sie hatte bereits ihr E-Mail-Programm geöffnet, ihre mani-
kürten Finger huschten klappernd über die Tastatur.

»Gemma, *jetzt hör mir zu!*«

Es gab zwei Dinge, die man gegenüber Gemma Piper tun-
lichst unterließ: die Stimme erheben oder die Beherrschung verlieren. Und auch, wenn Heck hin und wieder das Gefühl hatte,
sich das Recht verdient zu haben, eins von beidem zu tun, hatte
er in diesem Moment nicht beabsichtigt, so harsch zu klingen,
wie es ihm herausgerutscht war. Aber zu seiner Überraschung
reagierte sie milde.

»Übertreib es nicht mit deiner Dreistigkeit, Detective Sergeant.« Ihre Stimme blieb ruhig, sie sah nicht einmal auf. »Vielleicht wirst du feststellen, dass das Ganze eine größere Herausforderung ist, als du denkst.«

»Du hast ja keine Ahnung«, murmelte er, verließ den Raum
und lief beinahe in Jack Reed hinein.

»Entschuldigen Sie, Heck«, sagte er. »Meine Schuld. Und
keine Sorge, ich habe nicht gelauscht.«

Eine derartige Höflichkeit, wie Reed sie an den Tag legte, war
Heck bei der Polizei noch nie untergekommen, und schon gar
nicht von einem Vorgesetzten gegenüber einem Untergebenen.
Diese Gepflogenheiten hatten ihren Ursprung bestimmt im
Offizierscasino, dachte Heck, wobei er sich nie nach dem Hintergrund des Detective Inspectors erkundigt hatte und es auch
nicht tun würde, da dies so verstanden werden könnte, als wäre
er daran interessiert, den Typen näher kennenzulernen.

»Ist schon okay, Sir«, grummelte Heck. »Und da drinnen gab
es sowie nichts zu belauschen.«

»Ich habe es Ihnen doch schon gesagt, Herr Kollege: Sie
können mich ›Jack‹ nennen. Ich lege keinen Wert auf Formalitäten.«

»Alles klar, kein Problem.«

Gail Honeyford stand ein paar Meter weiter den Flur hinunter und blätterte die Papiere in der Mappe durch. Heck schlen-

derte zu ihr und hörte, dass Reed hinter ihm an Gemmas Bürotür klopfte.

»Ich habe zu tun!«, rief sie. »Es sei denn, es ist äußerst wichtig.«

»Ich bin's, Ma'am«, erwiderte Reed. »Darf ich reinkommen?«

Inzwischen war Heck zu weit weg von der Tür, um die gedämpfte Antwort noch hören zu können, aber was auch immer Gemma sagte, Reed ging hinein.

»Du siehst nicht gerade erfreut aus, mich zu sehen«, stellte Gail fest, als sie nebeneinander das Kriminalbüro ansteuerten.

»Ich habe nichts dagegen, dass du da bist«, erwiderte er und versuchte, nicht ungehalten zu klingen, obwohl es ihm schwerfiel. In Wahrheit schätzte er Gail als Polizeibeamtin. Wie sollte das auch anders sein? Immerhin verdankte er ihr sein Leben. Doch was Gail anging, spielten auch noch andere Dinge eine Rolle, und er glaubte schlicht und einfach nicht, im Moment auch noch damit klarzukommen. »Ich bin einfach nur überrascht.«

»Ich habe dir doch gesagt, dass ich versuchen würde, ins Dezernat für Serienverbrechen zu kommen«, sagte sie. »Etwa zur gleichen Zeit, als du gesagt hast, dass du versuchen würdest, mir dabei zu helfen. Dass ich danach nie wieder was von dir gehört habe, bedeutet ja nicht, dass ich meine Ambitionen aufgegeben hätte.«

»In gewisser Weise *habe* ich dir ja geholfen«, stellte er klar. »Du hast meinen Namen während deines Bewerbungsgesprächs fallen lassen.«

»Ja, das war komisch. Als ich Detective Superintendent Piper daran erinnert habe, dass ich schon mal mit dir zusammengearbeitet habe und wir gut miteinander klargekommen sind, hat sie so was gesagt wie: ›Das wäre normalerweise ein Grund, Sie *nicht* zu nehmen.‹ Was, glaubst du, wollte sie damit sagen?«

»Sie spielt Spielchen«, grummelte er. »Sie mag es, uns auf Trab zu halten.«

76

»Wie ich gehört habe, nennt man sie ›die Löwin‹.«

»Das stimmt.«

»Warum?«

»Wenn du diese Ermittlung verbockst, wirst du es erfahren.«

Gail nickte und dachte darüber nach.

»Aber unabhängig davon«, fuhr er fort, »warum hat sie es denn getan?«

»Was meinst du?«

»Sie hat dir doch gesagt, dass sie dich ›normalerweise‹ nicht genommen hätte. Was hat sie bewogen, ihre Meinung zu ändern?«

»Oh, sie hat gesagt, dass meine berufliche Karriere ja auch abgesehen von dem Fall, in dem wir beide zusammengearbeitet haben, ziemlich gut verlaufen sei und ich ein paar gute Resultate vorzuweisen hätte, die alle vorschriftsmäßig zustande gekommen seien. Und dann hat sie noch gesagt, dass ich aufgrund der Erfahrung und der Zeit, die inzwischen vergangen sei, wahrscheinlich jegliche schlechte Angewohnheiten abgelegt hätte, die ich von dir übernommen haben könnte.«

»Die ich von dir übernommen haben könnte, *Detective Sergeant*«, verbesserte er sie.

»Entschuldige bitte, ja natürlich, *Detective Sergeant*«, sagte sie steif.

Eine schlechte Angewohnheit schien sie in der Tat abgelegt zu haben, stellte er fest. Die letzte Verkörperung von Gail, die er kennengelernt hatte, war schon bei der bloßen Andeutung hochgegangen, dass sie jemandem unterstellt war, insbesondere, wenn es sich bei diesem Jemand um einen Mann handelte. Das war auf die harte Zeit zurückzuführen, die sie mit einem Vollidioten von Mann durchgemacht hatte, und insofern erklärbar, aber langfristig wahrscheinlich nicht dazu angetan gewesen, ihr zum Vorteil zu gereichen. Denn am Ende des Tages war Dienstgrad nun mal Dienstgrad.

Sie gingen ins Kriminalbüro, wo Heck sofort auffiel, dass das

77

Mobiliar komplett umgestellt worden war. Sein Schreibtisch zum Beispiel, der vor dem Südfenster gestanden hatte, war ein Stück weit von dem Fenster weggerückt und um neunzig Grad herumgedreht worden. Direkt gegenüber stand ein weiterer Schreibtisch, den zuvor niemand benutzt hatte. Die Veränderung war nicht allzu schwerwiegend. Seine elektronischen Geräte waren noch eingestöpselt, und er konnte nach wie vor problemlos an seine Regale und an seinen Aktenschrank kommen. Aber die Tatsache, dass alles verstellt worden war, ohne dass er auch nur gefragt worden war, war das Letzte, was er an so einem Tag noch gebrauchen konnte.

Der Kollege, der dafür verantwortlich war, war noch voll bei der Sache.

Es handelte sich um Detective Sergeant Eric Fisher, der auf Ende fünfzig zuging und seine Verwendbarkeit für das Dezernat für Serienverbrechen als Mann im Außendienst hinter sich hatte. Wenn es nicht sein Alter gewesen wäre, das ihn für Einsätze an der Front untauglich machte, so hätte schon allein sein kolossaler Körperumfang dafür gesorgt, dass er im Innendienst besser aufgehoben war. Doch als Analyst, Rechercheur, Informationsbeschaffer und neuerdings offizieller Account Manager des Dezernats für HOLMES 2, das neue IT-System, das die Polizei des Vereinigten Königreiches bei Ermittlungen in Fällen schwerer Verbrechen verwendete, war Fisher unübertroffen. Und da diese vielfältigen Aufgaben im neuen Zeitalter extremer Kosteneffizienz noch nicht ausreichten, hatte Gemma ihm zusätzlich noch die inoffizielle Funktion als eine Art Büroleiter zugewiesen, die er gerade mit Freude ausfüllte. Er erteilte den Detective Constables Quinnell, Rawlins, Cunliffe und Finnegan Anweisungen, die geräuschvoll dabei waren, ihre eigenen Schreibtische so zu stellen, dass ihnen gegenüber ein weiterer Schreibtisch platziert werden konnte.

»Was soll das alles?«, fragte Heck.

Fisher kratzte sich am Bart. »Wir arbeiten bei der Sonderkommission Vorschlaghammer in Zweierteams. Ist das noch nicht bis zu dir durchgedrungen?«

»Doch, das ist mir schon zu Ohren gekommen.« Heck trat ungehalten mit der Fußspitze gegen seinen Schreibtisch. »Aber wenn ich die Wahl gehabt hätte, hätte ich vielleicht gerne eine andere Lösung bevorzugt.«

»Na gut.« Fisher rückte seine Brille auf seiner schweißnassen Nase zurecht. »Wie viele mögliche Positionen von zwei aneinandergerückten Schreibtischen soll ich dir denn vorführen, bis du dich mit einer zufriedengibst?«

»Das ist so völlig in Ordnung, da bin ich sicher«, sagte Gail und warf ihren Regenmantel, ihre Tasche und die Mappe mit den Unterlagen zu dem Fall, den die Sonderkommission Vorschlaghammer bearbeiten sollte, auf den leeren Schreibtisch, der Hecks gegenüberstand.

Fisher wandte sich Heck zu und zog seine buschigen Augenbrauen hoch.

»Na gut, fürs Erste geht das so«, brummte Heck. Dann räusperte er sich und rief in den Raum: »Alle mal herhören! Das hier ist unsere neue Mitarbeiterin: Detective Constable Honeyford!«

Die anderen Männer – und momentan waren im Kriminalbüro nur Männer anwesend – kamen an Hecks und Gails Schreibtischen zusammen, grinsten und musterten die Neue gerade so weit mit neugierigen Blicken, wie sie es sich im einundzwanzigsten Jahrhundert noch erlauben konnten. Bei der britischen Polizei hatte sich viel geändert, sogar während der relativ kurzen Zeit, die Gail inzwischen dabei war, aber Männer würden immer Männer bleiben.

»Detective Sergeant Eric Fisher«, stellte Heck den Analytiker und Multifunktionsbeamten vor und zeigte mit dem Daumen auf den großen Mann.

»Freut mich, Sie kennenzulernen, Kollegin«, sagte Fischer und nickte freundlich, was davon kündete, dass sich hinter seiner barbarischen äußeren Erscheinung eine gute Seele verbarg.

»Detective Constable Gary Quinnell«, sagte Heck. »Er ist unser Gewissen.«

Quinnell nickte Gail ebenfalls zu. Gail erwiderte das Nicken.

Dann stellte Heck alle anderen vor: Andy Rawlins, der klein und rundlich war, auf dem Kopf zusehends kahl wurde, wie Eric Fisher einen spärlichen Bart hatte und schüchtern lächelte; Burt Cunliffe, untersetzt, kräftig gebaut, mit grauem, kurz geschorenem Maschinenhaarschnitt und einer Hautfarbe, die verriet, dass er vor Kurzem irgendwo in der Sonne Urlaub gemacht hatte; und Charlie Finnegan, der schlank war, schwarzes, gegeltes Haar hatte und irgendwie durchtrieben aussah.

»Natürlich gibt es noch ein paar mehr von uns«, stellte Heck klar. »Aber die sind gerade irgendwo draußen bei der Arbeit oder in anderen Abteilungen unterwegs. Außer dir gibt es auch noch ein paar Kolleg*innen*. Gemma hast du ja schon kennengelernt. Detective Inspector Ronni James ist im Urlaub. Und bis zum letzten Jahr war auch noch Detective Constable Shawna McClusky bei uns.«

»Sie hat große Fußstapfen hinterlassen, in die Sie da treten«, meldete sich Quinnell zu Wort. Er war besonders eng mit Shawna befreundet gewesen, sogar noch enger als Heck.

»Wurde sie befördert?«, fragte Gail.

»Angeschossen«, stellte Charlie Finnegan nüchtern fest. »Und übel zusammengeschlagen.«

Gail sah Heck an. »Mit tödlichem Ausgang? Davon habe ich gar nichts gehört.«

»Nein«, sagte er. »Sie ist dienstuntauglich geschrieben. Aber es geht ihr so weit gut. Die Police Federation kümmert sich um sie.«

»Genau«, sagte Finnegan. »Dieser Trost bleibt uns immer. Wenn du dir ein paar Kugeln einfängst, kümmert sich die Police Federation um dich.«

»Seien wir froh, dass es sie gibt. Es kann jeden von uns erwischen, wir sind alle in Gottes Händen«, sagte Gail, bewusst unbeeindruckt von Finnegans verächtlichem Grinsen.

»Sie klingen ganz wie ein Mädel, das mir aus der Seele spricht«, stellte Quinnell fest, lachte schallend und klopfte ihr auf die Schulter. »Aber keine Sorge, ich bin schon in festen Händen.«

Die anderen lachten ebenfalls und machten sich wieder an die Umstellung der Schreibtische und Möbel. Doch als Gail in den Nebenraum ging, um sich den Spind anzusehen, den Eric Fisher ihr zugewiesen hatte, gesellte sich Finnegan zu Heck.

»Du verdammter Glückspilz«, sagte er. »Keine Ahnung, wie du das immer anstellst.«

»Du würdest nicht mit Gail zusammenarbeiten wollen, Charlie«, erwiderte Heck. »Sie würde dich viel zu sehr ablenken. Du weißt ja, wie schwer es dir auch so schon fällt, dich auf das Wesentliche zu konzentrieren.«

»Aha«, unterbrach Fisher die beiden. Er blätterte die Mappe mit den Unterlagen zum Fall der Sonderkommission Vorschlaghammer durch, die Gail auf ihrem Schreibtisch zurückgelassen hatte. »Ihr beide werdet euch also um Creeley kümmern.«

»Keine Ahnung«, entgegnete Heck. »Ich hab mir den Kram noch nicht angesehen.«

»Eddie Creeley. Ein harter Bursche, das kann ich dir sagen.«

Heck glaubte, sich daran zu erinnern, schon mal was von ihm gehört zu haben. Wenn er sich recht entsann, war Eddie Creeley ein Verbrecher aus Nordostengland, der verdächtigt wurde, bewaffnete Raubüberfälle und Morde begangen zu haben.

»Ich weiß noch nicht viel über die Sonderkommission Vorschlaghammer«, gab er zu.

»Ein neues Vorhaben«, erklärte Fisher. »Wir haben eine Liste mit bösen Buben erhalten, die es bisher geschafft haben, sich einer Verhaftung zu entziehen, und die sich Informationen von Interpol zufolge noch im Vereinigten Königreich aufhalten. Wir sind diejenigen, die den Auftrag haben, sie hochzunehmen.«

»Wir und die Abteilung der Metropolitan Police für ungeklärte Kriminalfälle?«

»Na ja, es handelt sich überwiegend um alte Fälle, also werden die Kollegen dieser Abteilung Informationen liefern und uns unterstützen.«

Heck nahm die Mappe in die Hand und blätterte sie durch. Als Erstes fiel ihm ein Verbrecherfoto von Eddie Creeley ins Auge, das wahrscheinlich aufgenommen worden war, als er Anfang dreißig gewesen war. Das Foto zeigte einen typischen Verbrecher. Creeley war nicht gerade ein Schlägertyp, aber er sah eiskalt und brutal aus mit seinem adlerartigen Gesicht, schwarzem, nach hinten gegeltem Haar, schwarzen Koteletten und kleinen dunklen Augen. Heck brauchte nur einige weitere Papiere durchzublättern, um sich über das gewaltige Ausmaß und die Abscheulichkeit der Verbrechen klar zu werden, die Creeley zur Last gelegt wurden. Am meisten Bekanntheit hatte er vielleicht im Zusammenhang mit einem bewaffneten Raub-überfall auf eine Sicherheitsfirma in Newark-on-Trent erlangt, bei dem sieben Millionen Pfund erbeutet worden waren und er zwei Angestellte als Geiseln genommen, sie mit Handschellen gefesselt und ihnen Abflussreiniger injiziert hatte, um sie außer Gefecht zu setzen. Eine der Geiseln war später gestorben, die andere hatte eine dauerhafte Schädigung des Gehirns erlitten. Vor nicht allzu langer Zeit war er in ein Haus eingebrochen und hatte die beiden Bewohner ebenfalls als Geiseln genommen. Die Frau war gestorben, nachdem er ihr ebenfalls eine toxische Sub-stanz injiziert hatte, der Mann hatte zwar überlebt, allerdings mit zwei Schusswunden.

»Alle anderen haben ähnliche Karten gezogen«, stellte Fisher klar. »Es geht bei der Sonderkommission Vorschlaghammer ausschließlich um hässliche Fälle. Kleinkriminelle stehen nicht auf der Liste.«

»Und auf jeden Fall sind zwei von uns angesetzt«, überlegte Heck laut. »Wie viel Unterstützung und Verstärkung kriegen wir?«

Fisher zuckte mit den Schultern. »So viele Beamte, wie du den

Leuten da, wo du letztendlich landest, aus dem Kreuz leiern kannst. Aber das liegt allein bei dir.«

Heck sah ihn ungläubig an. »Im Ernst?«

»Na klar. Es sind schwere Zeiten. Es heißt, dass das Vereinigte Königreich sich keine Polizisten mehr leisten kann.«

Sie wandten sich um und sahen, dass Gail zurückgekommen war und ihre Unterhaltung mitgehört hatte.

»Dann stehen wir also gar nicht unter Druck.«

6

Es war Nan schon immer komisch vorgekommen, dass der August, den so viele Leute als den Höhepunkt des Sommers ansahen, sich in Wahrheit eher anfühlte wie dessen Ende. Na gut, die Schulen hatten geschlossen, die Leute fuhren in den Urlaub, und es war normalerweise der wärmste, trockenste Monat im Jahr, aber die Tage waren schon deutlich kürzer als im Juni, dem Monat, in dem die Sommersonnenwende stattfand.

Es überraschte sie insbesondere an diesem Abend, als sie beschloss, nach der Beendigung ihrer Spätschicht im Spar-Markt zu Fuß nach Hause zu gehen und sich auf dem Weg in einem Fish-and-Chips-Laden noch einen kleinen Imbiss zu genehmigen. Als sie den Supermarkt durch eine Seitentür verließ, war es gerade mal halb neun, aber es wurde bereits dunkel. Mit einem leicht mulmigen Gefühl ging sie den Weg entlang, der seitlich an dem Supermarkt vorbeiführte und in den kleinen Platz vor dem Laden mündete. Dort sah sie sich einer Bande halbstarker Schüler gegenüber, die dort an den Abenden immer herumhing. Es waren zwar nur Jugendliche, und Nan war achtundvierzig. Aber sie war weder besonders groß noch kräftig gebaut, und der Altersunterschied zählte dieser Tage nur noch ziemlich wenig. Während ihrer eigenen Kindheit hatten die Erwachsenen bestimmt, wo es langging, und das in einer Weise, die weit über das hinausging, was angemessen gewesen wäre. Trotzdem war es nicht hinzunehmen, dass sie sich vor diesen Jugendlichen fürchten musste, auch wenn das angesichts ihrer rattenartigen Gesichter und ihrer Angewohnheit, ständig mit Obszönitäten um sich zu werfen, ohne irgendeine Konsequenz befürchten zu müssen, unvermeidlich war.

Die vulgären Ausdrücke machten ihr nichts aus, wenn sie ehrlich war. Nicht nach dem, was sie während ihrer *eigenen* Jugend zu Hause erlebt hatte. Und die Verwendung vulgärer Obszönitäten war inzwischen so allgemein verbreitet, dass man es den jungen Leuten kaum wirklich übel nehmen konnte, dass sie da mitmachten. Jeder neue Film war voll davon. Komiker, die im Fernsehen auftraten, bedienten sich solcher Kraftausdrücke, um Lacher zu ernten, anstatt wirklich lustig zu sein. Nein, es war nicht die verkommene Sprache, die sie hasste, sondern die Beschimpfungen.

»Oh, là, là, da ist ja die zahnlose Mary!«, rief einer von ihnen, als sie an ihnen vorbeiging. Sie zog ihren Anorak eng um sich und umklammerte mit aller Kraft ihre Handtasche.

Die anderen brachen in herzloses, gackerndes Gelächter aus.

Sie hatte gehofft, in der Dämmerung nicht von ihnen gesehen zu werden, aber Fehlanzeige.

»He, Zahnlose!«, rief erneut einer von ihnen hinter ihr her, als sie die Straße überquerte und den Fish-and-Chips-Imbiss ansteuerte.

Nan war entschlossen, nicht in Tränen auszubrechen und rief sich in Erinnerung, dass es einzig und allein ihre Schuld war. Es war im letzten Februar passiert. Es war feucht gewesen, trübe und bitterkalt – und sie hatte einen Schnupfen gehabt. Doch was für ein Pech für sie, dass sie ausgerechnet kurz nach Beendigung ihrer Schicht einen Niesanfall bekommen hatte. Und wie dumm, dass sie ihre künstlichen Zähne nicht richtig befestigt hatte und vier von ihnen genau in dem Moment, in dem sie den Platz vor dem Spar-Markt betrat, aus ihrem Mund schossen und über den Asphalt klapperten.

Damit würden sie sie ewig aufziehen.

Nein, sie würde nicht in Tränen ausbrechen. Aber sie würde zusehen, dass sie möglichst schnell wegkam. Durch das schmierige, rechteckige Fenster des Fish-and-Chips-Imbisses sah sie, dass am Verkaufstresen niemand wartete. Einerseits bedeutete dies, dass Nan schnell bedient werden würde, doch andererseits konnte es auch bedeuten, dass um diese Zeit am Abend fast alles verkauft war. Wenn das der Fall war, würden sie extra für sie ein neues Stück Kabeljau frittieren müssen, und das konnte locker zehn Minuten dauern. Und nichts würde diese herzlosen jungen Brutalos davon abhalten, die Straße zu überqueren und sich weiter auf ihre Kosten zu amüsieren. Sie beschloss, dass es besser war, aus der Gegend zu verschwinden. Dann würde sie sich eben zu Hause eine Scheibe Brot schmieren.

Da der Abend inzwischen fortgeschritten war und es langsam dunkel wurde, hätte sie normalerweise nicht den Waldweg genommen, der bei den Leuten hier als »der Pfad« bekannt war und von dem kleinen Einkaufszentrum, in dem sie arbeitete, zu der Siedlung führte, in der sie wohnte. Der gut zweihundert Meter lange Kiesweg wurde von zwei schmalen Baumgürteln gesäumt. Hinter den Bäumen waren auf der rechten Seite die öffentlichen Sportanlagen, auf der linken zog sich ein Streifen von dichtem Gebüsch, hinter dem sich Privathäuser befanden. Im Dunkeln hatte man durchaus das Gefühl, durch einen Wald zu gehen, denn an dem Pfad gab es nur zwei Straßenlampen, eine am Anfang und eine am Ende, sodass er kaum beleuchtet war. Nan ging diesen Pfad nicht mal am helllichten Tag besonders gerne, doch an diesem Abend dachte sie nicht groß darüber nach. Sie wollte einfach nur nach Hause, und zwar so schnell wie möglich.

Sie eilte den Pfad entlang. Die Baumstämme zu ihrer Rechten ragten in der Finsternis auf wie Säulen, die Spielfelder dahinter waren schon nicht mehr zu sehen. Durch die zugezogenen Fenster der Häuser zu ihrer Linken fiel ein schwacher Schein, doch er durchdrang so gut wie gar nicht das Bollwerk aus dichtem Gestrüpp.

Bis zum Ende des Pfads waren es noch gut hundert Meter, doch Nan sagte sich, dass sie nichts zu befürchten hatte. Sie war unbestreitbar alleine, und das Einzige, was sie hörte, waren ihr eigener Atem und das stetige Knirschen ihrer Schritte auf dem Kies. Sie warf nervös einen Blick über ihre Schulter.

Etwa sechzig Meter hinter ihr war eine Gestalt.

Vor dem schwachen Schein der Straßenlaterne war sie nur als Silhouette zu erkennen, ein schwarzer, gebeugter Umriss, der ging, nicht rannte.

Sie sah noch mal hin, um sich zu vergewissern.

Ja, er ging nur, allerdings ein wenig schneller, als man normalerweise ging.

Nan legte selber einen Schritt zu. Ihr Atem beschleunigte sich, sie keuchte leicht.

Ihr kam in den Sinn, dass es vielleicht ein Polizeibeamter war. In letzter Zeit hatte sie in der Gegend öfter mal welche gesehen. Aber ihr fiel kein Grund ein, der dafürsprach, dass es sich um einen Polizisten handeln könnte. Polizisten taten normalerweise zwei Dinge: Sie beobachteten etwas von einem verborgenen Ort aus, oder sie klingelten an deiner Tür.

Was die Gestalt hinter ihr machte, gehörte definitiv nicht zu den Dingen, die Polizisten taten: einem am Abend zu folgen und Angst einzujagen.

Sie blickte erneut über ihre Schulter, legte noch einen Schritt zu und wünschte sich, sie hätte längere Beine. Selbst ohne zu rennen, könnte dieser Kerl sie einholen, bevor sie die Hauptstraße erreichte. Aber bisher war er ihr nicht erkennbar näher gekommen. Sie blickte wieder nach vorne und sah, dass es bis zum Ende des Pfads nur noch gut fünfzig Meter waren. Wenn er nicht plötzlich losrennen würde, müsste sie es bis zur Straße schaffen, und das würde er ja wohl bestimmt nicht tun, denn sonst wäre er längst losgerannt. Als sie sich dem Endes des Pfades näherte, blickte sie sich ein weiteres Mal um. Er war immer noch vierzig Meter hinter ihr und immer noch nicht mehr als eine Silhouette.

Erleichtert trat sie auf den Bürgersteig in den gelben Schein der Straßenlaternen. Sie bog scharf nach rechts und ging weiter.

Unmittelbar vor ihr befand sich auf der anderen Seite der Orchard Park Road ein weiterer Schleichweg, das sogenannte »Gässchen«. Er führte zwischen den hinteren Zäunen einiger Häuser hindurch und mündete in der Sozialwohnungssiedlung, in der sie wohnte. Aber an diesem Abend würde sie es bestimmt nicht wagen, diese Abkürzung zu nehmen. Sie würde schön auf der Hauptstraße bleiben.

Im Moment herrschte zwar nicht mehr viel Verkehr, aber das war egal. Solange hin und wieder ein Auto vorbeifuhr, würde ihr nichts passieren. Da war sie sich sicher. Na gut, man hörte natürlich immer mal wieder üble Geschichten. Und wenn sie ehrlich war, war dies nicht gerade das beste Wohnviertel der Stadt. Aber soweit Nan wusste, war es nur in den tiefsten gottverlassenen Nachtstunden passiert, dass in der Gegend Leute überfallen und ausgeraubt worden waren.

Falls es das war, worum es hier ging.

Sie hatte die Idee weitgehend verworfen, dass es sich bei ihrem Verfolger um einen dieser idiotischen Halbstarken vom Vorplatz des Spar-Marktes handeln könnte. Denn wenn es tatsächlich einer von ihnen wäre, hätte er einen ziemlich langen Weg in Kauf genommen, nur um sich noch mal über sie lustig zu machen.

Sie blickte sich erneut um. Jetzt sah sie niemanden mehr, beide Seiten der Straße waren menschenleer. Da gerade kein Auto kam, überquerte sie die Straße. Der Eingang zum Gässchen lag bereits zehn oder zwanzig Meter hinter ihr, doch weitere dreißig Meter dahinter befand sich die Einmündung des Pfades. Sie lag im Schatten einiger Ahorne, und der Mann konnte dort stehen und sie beobachten, ohne dass sie ihn sah. Wo konnte er sonst hingegangen sein? Selbst wenn er ihr nicht gefolgt war, müsste er doch irgendwo an einer der beiden Seiten der Straße zu sehen sein. Sie verdrängte den Gedanken. Es ergab keinen Sinn, sich über irgendetwas den Kopf zu zerbrechen, wenn man nicht alle Fakten kannte. Vielleicht wohnte er in der Nähe und war schon zu Hause.

Sie ging weiter und bog in eine Seitenstraße, die in die Wohnsiedlung führte. Ihr Atem beruhigte sich wieder. Sie war fast zu Hause. Sie ging um einen Block Sozialwohnungen herum und überquerte eine offene Grünfläche, an deren anderem Ende sich die Unterführung befand, die zu ihrer Wohnanlage führte. Die Unterführung war zu dieser späten Stunde auch nicht die beste Wahl, aber in diesem Fall gab es keine Alternative. Auf der anderen Seite der Unterführung würde sie am Hellington Court auftauchen, dem hufeisenförmigen Sozialwohnungsblock, in dessen erster Etage sie wohnte. Doch in dem Moment nahm sie in ihrem peripheren Sichtfeld eine Bewegung wahr, und zwar genau an der Stelle, an der das Gässchen endete.

Nan hatte die Abkürzung nicht genommen – im Gegensatz zu ihrem Verfolger.

Es war unzweifelhaft der gleiche Kerl, allerdings war er ihr jetzt viel näher. Seine Hände steckten in seinen Hosentaschen, er hatte sich eine Kapuze tief über den gebeugten Kopf gezogen, als ginge er durch strömenden Regen – oder als versuche er, sein Gesicht vor Überwachungskameras zu verbergen.

»Mein Gott«, wimmerte sie und rannte los. Ihr Herz hämmerte gegen ihre dünnen Rippen.

Ihr Fluchtweg war voller Hindernisse. Die Grünfläche war mit Ziegelsteinen und leeren Flaschen übersät, und sie konnte jederzeit stolpern und sich den Knöchel verstauchen, doch sie taumelte blindlings weiter und riskierte einen weiteren Blick über ihre Schulter. Er war inzwischen auch auf der Grünfläche, sein Kopf gebeugt. Er rannte immer noch nicht, ging aber sehr viel schneller, als wollte er nicht, dass ihr Vorsprung zu groß wurde.

»O mein Gott«, jammerte Nan.

Die Angst verlieh ihr Flügel. Sie rannte weiter, stolperte einmal und geriet ins Straucheln, schaffte es aber gerade so, das Gleichgewicht wiederzufinden, bevor sie hinfiel.

Unmittelbar vor ihr führte die Treppe hinunter in die Unterführung. Sie stürmte sie, ohne zu zögern, hinunter.

89

Dann riskierte sie einen weiteren Blick hinter sich und sah, dass er nur noch gut zwanzig Meter hinter ihr war.

Unten angekommen, stürmte sie den Betontunnel entlang. Von den etwa dreißig Lampen, die an der feuchten Decke angebracht waren, funktionierten nur einige, sodass es in dem Tunnel düster war.

Hinter ihr hallten Schritte, die die Treppe hinabstapften. Vor Entsetzen keuchend, taumelte Nan weiter. Das Ende des Tunnels war dank der Straßenlaternen auf der anderen Seite deutlich zu sehen, aber es waren noch gut vierzig Meter. Davor standen die schon vor langer Zeit in dem Tunnel zurückgelassenen Überreste eines Kinderwagens, von dem nur noch das verrostete Gestell und einige Fetzen der Polsterung übrig waren. Sie überlegte kurz, ob sie sich den Kinderwagen schnappen und hinter sich schleudern sollte, damit er ein Hindernis darstellte. Doch eine innere Stimme riet ihr, sich ihrem Alter gemäß zu verhalten, da so etwas nur in Filmen funktionierte.

Sie warf erneut einen Blick hinter sich. Es war kaum zu glauben, aber der Kerl rannte immer noch nicht, sondern ging nur schnellen Schrittes. Noch unglaublicher erschien ihr die Tatsache, dass er viel näher an sie herangekommen war. So nah, dass sie erkennen konnte, was er anhatte: eine graue Trainingshose und einen schwarzen Kapuzenpullover mit irgendeinem verblassten Aufdruck auf der Vorderseite.

Sie rannte gegen den Kinderwagen und schrie laut auf.

Wie absurd, dachte sie, als sie über das verrostete Teil stürzte und mit voller Wucht auf dem feuchten, schmutzigen Betonboden landete. Da hatte sie die Idee verworfen, den Kinderwagen als Waffe gegen ihren Feind einzusetzen, weil es wahrscheinlich nicht funktioniert hätte, und war dann selber mit dem verrosteten Ding kollidiert.

Ein Verschluss schnappte auf, und der Inhalt ihrer Handtasche verstreute sich auf dem Boden, aber Nan nahm sich nicht die Zeit, sie wieder einzusammeln. Stattdessen rappelte sie sich wieder hoch, was angesichts dessen, dass sie sich durch ihre eigene Blödheit die Luft genommen, sich beide Hände aufgeschürft und die linke Hüfte verletzt hatte, einer ziemlichen Anstrengung bedurfte. Vor allem die Hüfte tat höllisch weh, da sich von dem Kinderwagen ein Stück gezacktes Metall durch ihre Kleidung ins Fleisch gebohrt hatte. Sie humpelte weiter und war sich dessen bewusst, dass er mittlerweile nur noch zehn Meter hinter ihr war. Als sie die Treppe erreichte, stürmte sie sie hoch und erwartete, hinter sich ein Trommelfeuer laut stapfender Schritte zu hören, da er spätestens jetzt bestimmt ebenfalls losrannte.

Doch das passierte nicht.

War das denn möglich? War es auch nur vage vorstellbar, dass ihr Verfolger gar nichts Böses im Sinn hatte? Dass er nur ein ganz normaler Typ war, der sich in einem Pub ein paar Pints genehmigt hatte und jetzt auf dem Nachhauseweg war?

Nein! Wie bescheuert bist du eigentlich?

Ein ganz normaler Typ hätte höchstwahrscheinlich hinter ihr hergerufen, als sie in den Kinderwagen hineingelaufen und zu Boden gegangen war, um sich zu erkundigen, ob sie sich auch nicht verletzt habe.

Sie erreichte das obere Ende der Treppe und keuchte so heftig, dass ihr der Hals brannte. Zu ihrer Rechten ragte der Wohnblock Hellington Court auf. Sie rannte auf das Gebäude zu. Der erste Eingang, der sich direkt vor ihr befand, wurde von den Bewohnern nicht mehr genutzt. Er führte zu einer Reihe im Erdgeschoss gelegener Allzweckräume, die inzwischen als Ort angesehen wurden, um dort Müll und Unrat zu entsorgen. Nan nahm diesen Eingang trotzdem, denn allein das Betreten des Gebäudes, in dem sie wohnte, vermittelte ihr das Gefühl eines Hauchs von Schutz. Außerdem ging sie davon aus, dass sie sich als Bewohnerin des Hauses in dem Gebäude besser auskannte als ihr Verfolger.

Aber so einfach war es natürlich nicht.

91

Im ersten Raum lief sie in einen Haufen verrosteter alter Fahrräder hinein. Sie fiel auf sie und schnitt sich erneut an scharfen Metallzacken. Durch einen gewölbten, tunnelartigen Backsteingang, in dem es so dunkel war, dass sie sich an der Wand entlangtasten musste, gelangte sie in den nächsten Raum. Dort musste sie sich einen Weg zwischen alten Kühlschränken und aufeinandergestapelten, schimmeligen Möbeln bahnen. Es war sinnlos, sich umzublicken, um zu checken, ob er sie noch verfolgte, denn er konnte direkt hinter ihr sein, ohne dass sie ihn auch nur würde sehen können.

Vom dritten Raum aus erhaschte Nan einen Blick auf etwas, das aussah wie eine Reihe aufrecht stehender Stangen, hinter denen von oben Licht hinabschien. Man gelangte zu den Stangen durch einen weiteren Backsteingang, doch als sie sie erreichte, sah sie, dass sie nicht nur vom Boden bis zur Decke reichten, sondern auch waagerecht von links nach rechts verliefen. Offenbar sperrten die Stangen diesen Bereich des Gebäudes ab. Das hinabscheinende Licht beleuchtete eine innere Feuertreppe, aber es gab kein Durchkommen durch die Stangen.

Hinter ihr ertönte ein dumpfes Scheppern von Metall – entweder aus dem ersten oder aus dem zweiten Raum.

Nan arbeitete sich panisch an den Stangen entlang, und plötzlich sah sie ein Tor. Es handelte sich um einen stählernen Rahmen, der mit Maschendraht ausgefüllt und mit einer Art Gartenpfortenriegel versehen war, doch als sie das Tor erreichte, musste sie feststellen, dass es mit einem Vorhängeschloss verschlossen war. Nan jammerte laut und rüttelte wie wild mit ihren schweißnassen, blutverschmierten Händen an der Konstruktion. Es ertönte ein Krachen und ein Zersplittern von Holz, und wie es sich anhörte, kam das Geräusch ganz aus der Nähe.

Die schimmeligen alten Möbel.

Blankes Entsetzen trieb ihr Tränen in die Augen. Mit durch den Tränenschleier getrübtem Blick tastete sie sich weiter an den

Stangen entlang. Irgendwo musste es doch noch einen anderen Weg durch diese Barriere geben. Es konnte nicht anders sein. Doch die schwache Hoffnung löste sich in Luft auf, als der enge Gang, an dem sie sich entlangtastete, vor einer nackten Backsteinwand endete.

Nan starrte die Wand an und schaukelte auf ihren schmerzenden Füßen hin und her. Ihr wurde schwindelig. Die Welt drehte sich um sie, und sie langte nach den Stangen, um sich festzuhalten. Und wie durch ein Wunder lockerte sich die Stange, die sie umfasst hatte. Sie war nicht kaputt, hatte sich aber aus ihrem Betonfundament gelöst. Sie bückte sich atemlos und drückte die Stange so weit zur Seite, bis die Lücke groß genug war, um hindurchzukommen.

Sie wusste nicht genau, ob es nur Einbildung war, dass eine dunkel gekleidete Gestalt an den Stangen entlang auf sie zukam, denn sie sah nicht mal hin, um sich zu vergewissern, dass es tatsächlich so war. Stattdessen zwängte sie ihren schlanken Körper durch die Lücke, rannte zum Fuß der Metalltreppe und rutschte auf dem gefliesten, mit einer grünen Schmutzschicht überzogenen Boden beinahe aus. Sie stürmte die Treppe hinauf und landete auf einem Treppenabsatz mit Betonboden und -wänden, den sie nicht kannte. Keuchend und unter ihrer zerfetzten, blutverschmierten Kleidung in Schweiß gebadet, drehte sie sich panisch einmal im Kreis. Im Schein einer einzelnen nackten Glühbirne sah sie zwei Metalltüren, die in unterschiedliche Richtungen führten. Unschlüssig, welche Tür sie nehmen sollte, war sie wie gelähmt. Doch im nächsten Moment hörte sie schwere Schritte die Treppe hochstapfen. Das verpasste ihr einen Ruck und trieb sie durch die nächste Tür.

Dahinter rannte sie einen Flur entlang, von dem auf beiden Seiten Türen zu Wohnungen abgingen. An dessen Ende landete sie auf einem ähnlichen Flur, doch jetzt wusste sie, wo sie war.

Im nächsten Moment war sie auf dem Außengang, von dem aus man den zentralen Platz vor dem Gebäude überblickte.

Bis zu ihrer eigenen Wohnung, Nummer 26, waren es nur noch vier Türen.

Sie eilte weiter und suchte in ihrer Handtasche nach dem Schlüssel.

Doch die Tasche war leer.

Als sie vor ihrer Wohnungstür zum Stehen kam, erfasste diese Erkenntnis Nan wie eine über ihr zusammenbrechende Welle. Die Tür war direkt vor ihr, riesig, massiv und undurchdringbar.

»Nein«, stöhnte sie. »*Neiiiin.*«

Als sie in der Unterführung in den Kinderwagen hineingerannt und über ihn gestürzt war, hatte sie in ihrer Angst geglaubt, nur ein bisschen Wechselgeld, ihren Lippenstift und ihre Lesebrille verloren zu haben – aber doch nicht ihren Hausschlüssel!

Eine Gestalt kam um die Ecke auf den Außengang und steuerte auf sie zu.

Nan wusste nicht, woher sie kam, aber plötzlich blitzte in ihrem Kopf eine Erinnerung auf. Bevor sie an diesem Abend den Spar-Markt verlassen hatte, war ihr der Schlüssel aus der Handtasche gefallen, und sie hatte es erst im letzten Moment, bevor sie gegangen war, gemerkt, sich gebückt, den Schlüssel aufgehoben – *und in ihre Anoraktasche gesteckt.* Mit der Geschwindigkeit und Geschmeidigkeit eines Roboters und in dem Bewusstsein, dass die dunkle Gestalt von links immer näher auf sie zukam, langte sie in ihre Tasche, holte den Schlüssel hervor und steckte ihn ins Schloss.

Sie drehte ihn, und das Schloss klickte auf.

Nan taumelte nach drinnen, knallte die Tür hinter sich zu, rammte den Sicherheitsriegel zu und legte die Sicherheitskette an.

Nach zwanzig Minuten fand Nan den Mut, die Tür des Badezimmers zu öffnen, in dem sie sich eingeschlossen hatte. Sie trat auf den schmalen Flur ihrer Wohnung und lauschte, hörte jedoch nichts.

Aber sie wusste auch gar nicht, was zu hören sie erwartete.

Jemanden, der an ihrer Wohnungstür herumhantierte? Oder jemanden, der vor der Tür herumlungerte und etwas vor sich hin murmelte?

Selbst wenn dieser Kerl, wer auch immer es war, ihr tatsächlich gefolgt war, war das doch beides sehr unwahrscheinlich. Denn eins musste man diesem heruntergekommenen Wohnblock lassen: Die Wohnungen waren ziemlich gut gesichert. Es war nicht einfach, sich Zutritt zu verschaffen, und da alle so nah beieinander wohnten, würden die Nachbarn in dem Fall, dass es doch jemand versuchte, einen gewaltigen Aufruhr veranstalten und ruckzuck die Polizei alarmieren.

Dennoch brauchte Nan, die immer noch vor Anstrengung schwitzte, noch einmal fünf Minuten, um sich bis zur Haustür vorzuwagen. Und auch das tat sie nur mit einem Tranchiermesser bewaffnet, das sie sich zuvor in der Küche geholt hatte. Sie zögerte. Fünfzehn Zentimeter vor der Tür blieb sie stehen und lauschte erneut angestrengt. Doch es war immer noch nichts zu hören.

Mit angespanntem Hals und angespannten Schultern überlegte sie, ob sie sich vorbeugen und einen Blick durch den Türspion werfen sollte. Das Atmen bereitete ihr ein Engegefühl in ihrer schmalen Brust. Sie hatte so viele Horrorfilme gesehen, in denen jemand genau dies tat und im gleichen Moment ein Eispickel durch die Tür krachte oder dem Spähenden eine Kugel ins Auge geschossen wurde. Sie konnte sich kaum vorstellen, dass so etwas wirklich möglich war, denn woher sollte der Irre auf der anderen Seite der Tür wissen, wann man durch den Spion blickte und wann nicht? Aber es war trotzdem eine furchtbare Vorstellung. Als sie sich schließlich überwand, einen Blick hindurchzuwerfen, offenbarte die Fischaugenlinse den typischen eingeschränkten verzerrten Blick auf den Außengang, doch Nan sah niemanden in der Nähe ihrer Tür stehen. Aber sie brauchte noch einmal eine ganze Minute, um all ihren Mut zusammenzuneh-

95

men und den Riegel zurückzuziehen und das Hauptschloss zu öffnen.

Die Sicherheitskette ließ sie natürlich vorgelegt, sodass die Tür sich maximal zehn Zentimeter weit öffnen ließ.

Jetzt sah sie sehr viel mehr von dem Außengang, doch sie entdeckte immer noch niemanden. Die Abendgeräusche drangen an ihr Ohr: das Rauschen des fernen Verkehrs, in einer der Wohnungen über ihr lachte jemand. Sie fasste sich ein Herz, löste die Kette, öffnete die Tür ganz, wagte sich, das Messer wie ein Bajonett vor sich haltend, nach draußen, aber nur gerade so weit, dass sie nach links und rechts blicken konnte.

Der Außengang zog sich harmlos in beide Richtungen. Es war niemand da. Das Einzige, was sich bewegte, war ein Stück weggeworfenes Papier, das in der Sommerbrise dahintrieb.

7

Das Leben von Eddie Creeley konnte als Blaupause dafür dienen, wie aus einem Menschen ein gewalttätiger Krimineller werden kann. Er war 1979 in dem Viertel um die Hessle Road in Kingston upon Hull in Armut hineingeboren worden. Als er drei war, starb seine Mutter an einem Schlaganfall und ließ ihn in der Obhut seiner zehn Jahre älteren Schwester und seines arbeitslosen Vaters zurück, der früher einmal als Fischer auf einem Trawler gearbeitet hatte und die Leere seines Lebens inzwischen mit Alkohol füllte. Hin und wieder nahm er sich eine kurze Auszeit von seinen Saufexzessen, um seine Kinder windelweich zu prügeln.

Einmal, so wurde erzählt, war der kleine Eddie von seinem Vater so schlimm verprügelt worden, dass er beinahe zwei Tage lang »nicht mehr wusste, wo er war«.

Anfang 1990 war aus dem Jungen – vielleicht unvermeidlicherweise – ein gewohnheitsmäßiger jugendlicher Straftäter geworden, mit Vorstrafen wegen Ladendiebstahls, Autodiebstahls, Einbrüchen und Überfällen. 1993 zahlte er es seinem Vater schließlich heim. Nachdem dieser ihm wieder einmal völlig grundlos einen Rückhandschlag verpasst hatte, schlug Eddie seinem alten Herrn mit solcher Wucht eine Flasche auf den Kopf, dass diese zerbrach. Anschließend warf er seinen bewusstlosen Vater auf die mit Müll übersäte Gasse hinter dem Haus, in dem sie wohnten, wo ein eisiger Regen beinahe dafür gesorgt hätte, dass er dort krepiert wäre. Nach diesem Zwischenfall gab es keine Berichte mehr darüber, dass er eines seiner Kinder noch einmal geschlagen hätte. Stattdessen sah man ihn selber oft mit blauen Augen, aufgeplatzten Lippen und fehlenden Zähnen.

Während dieser Zeit saß Eddie Creeley regelmäßig im Jugendgefängnis, wo er für sein gewalttätiges und auffällig problematisches Verhalten bekannt wurde. Was er überhaupt nicht mochte, waren Autoritätspersonen, doch seine Brutalität konnte sich jederzeit gegen jeden Menschen richten. Im Jahr 1997 verprügelte er seine schwangere Freundin Gillian so schlimm, dass sie eine Fehlgeburt erlitt. Nach diesem Zwischenfall wurde er in ein Gefängnis für Erwachsene geschickt, in dem er ständig in Auseinandersetzungen mit Aufsehern und Mithäftlingen verwickelt war. Nachdem er gerade einmal fünf Monate seiner vierjährigen Haftstrafe verbüßt hatte, überfiel er nach einem sexuellen Annäherungsversuch einen älteren Mithäftling und zertrümmerte ihm mit einer Eisenstange beide Beine. Dadurch wurde Denny Capstick, ein Gangster aus Newcastle, auf ihn aufmerksam. Beeindruckt von Creeleys Brutalität, engagierte Capstick ihn als Schläger, und in den folgenden Jahren terrorisierte und überfiel Creeley sowohl im Gefängnis als auch draußen Rivalen von Capsticks Bande und beging – so lauteten zumindest die Gerüchte – in seinem Auftrag sogar etliche Morde.

Im Jahr 2001 trennte sich Capstick von Creeley, nachdem dieser bei einem Überfall auf einen Minimarkt in Sunderland völlig grundlos eine Kassiererin übel zugerichtet hatte. Er bekam dafür eine zehnjährige Haftstrafe aufgebrummt, und es sah so aus, als ob er damit endgültig aus dem Verkehr gezogen worden wäre, doch er musste von seiner Strafe nur sieben Jahre absitzen, kam 2008 wieder raus und kehrte zurück in die Grafschaft Humberside, wo er seine kriminelle Karriere freudig wieder aufnahm. Er griff auf seine vielfältigen Kontakte in der Unterwelt zurück und stellte ein rücksichtsloses Team zusammen, das in den folgenden Jahren etliche Überfälle auf Banken und Postfilialen beging. Die Überfälle zeichneten sich allesamt durch exzessive Gewalt aus. Es wurde geschossen, Angestellte der überfallenen Einrichtungen, Kunden und Sicherheitsbedienstete wurden mit Knüppeln und Spitzhackengriffen attackiert.

Im Jahr 2010 landete er mit hochkarätiger Unterstützung aus

der Unterwelt einen gewaltigen Coup. Zusammen mit sechs Komplizen drang er mitten in der Nacht in Newark-on-Trent in den East Midlands in ein Bargelddepot einer privaten Sicherheitsfirma ein. Um sich Zutritt zu erzwingen, hatte die Bande den Leiter des Gelddepots, seine Ehefrau und seine Kinder als Geiseln genommen. Nachdem sie in das Depot eingedrungen waren, fesselten sie vier Wachmänner und drei andere Mitarbeiter mit Handschellen und sperrten sie in einen der Tresorräume. Der ganze Überfall dauerte vierzig Minuten. Die Räuber erbeuteten sieben Millionen Pfund in Geldscheinen und kamen unbehelligt davon. Das Ganze wäre vielleicht als einer der gewagtesten und am besten geplanten Raubüberfälle Großbritanniens in die Geschichte eingegangen, wenn Creeley nicht zwei der Wachmänner derart übel zugerichtet hätte, dass diese Behandlung selbst bei seinen Unterstützern aus der Unterwelt einen bitteren Beigeschmack hinterließ. Die beiden Wachmänner, ehemalige Soldaten, erwiesen sich als schwierige Geiseln, weshalb Creeley ihnen, um sie zu bestrafen und sie außer Gefecht zu setzen, Abflussreiniger injizierte. Einer starb an den Folgen, der andere litt lebenslang an Krämpfen und Ohnmachtsanfällen.

Nach diesem Auftritt wollten viele seiner Unterweltkomplizen nichts mehr mit Creeley zu tun haben, weshalb dieser vier Jahre lang von der Bildfläche verschwand. Doch im Jahr 2014 tauchte er wieder auf und brach zusammen mit einem jungen Komplizen in Lincolnshire in das in einem Vorort gelegene Haus eines Bankfilialleiters namens Brian Kelso ein. Der Filialleiter wurde gefesselt und stundenlang mit schlimmsten Drohungen in Angst und Schrecken versetzt, während seine Frau, Justine, geschlagen und wiederholt ungehörigen Übergriffen ausgesetzt wurde. Am nächsten Morgen ging der mitgenommene und völlig verängstigte Filialleiter früher als sonst zur Arbeit und entwendete aus der Bank, die er leitete, 200 000 Pfund in bar. Er übergab Creeley das Geld an einem vereinbarten Treffpunkt und kassierte nach der Geldübergabe zwei Schüsse in die Brust. Wie durch ein Wunder überlebte er und genas später im Krankenhaus, wohingegen seine Frau dieses Glück nicht hatte. Polizeibeamte fanden sie tot auf. Ihr war Batteriesäure injiziert worden.

Diese furchtbaren und aufsehenerregenden Verbrechen elektrisierten die diversen Polizeidienststellen in den East Midlands. Sie stellten alle verfügbaren Kräfte zur Verfügung, um den Fall zu lösen, und verhafteten im Laufe der Zeit mehrere Männer wegen des Überfalls auf das Gelddepot und brachten sie vor Gericht, doch Creeley war nicht dabei. Er hatte es wieder einmal geschafft davonzukommen, aber es war nicht einfach für ihn. Da er zusehends als ein gefährlicher Psychopath galt, wollten immer weniger von seinen ehemaligen Komplizen noch etwas mit ihm zu tun haben.

Somit war es wahrscheinlich wenig überraschend, dass er 2015 komplett von der Bildfläche verschwand, und zwar im wahrsten Sinne des Wortes. Von denen, die ihm in irgendeiner Weise nahestanden, hatte ihn keiner je wiedergesehen.

Gail Honeyford atmete lang und langsam aus und legte die Fallakte auf den Tisch in dem Pub.

»Tja, ziemlich heavy, das Leben, das dieser Kerl geführt hat.«

Heck, der ihr gegenübersaß, wischte sich Bierschaum von der Lippe. Der »The Duke of Albion« versuchte den Anschein zu erwecken, als handelte es sich um einen altmodischen Gin-Palast, doch das meiste war Augenwischerei. In Wahrheit war es nur ein ganz normaler, typisch unpersönlicher Londoner Pub, doch er lag in der Nähe der Staples Corner, also erfüllte er seinen Zweck. Da es ein Montagabend war und schon nach zehn Uhr, war in dem Pub nicht viel los. In dem geräumigen Inneren waren nur einige Gäste verstreut.

»Ich frage mich, wo man sich wohl verkriechen kann, wenn man rund um sich herum so ein Trümmerfeld hinterlässt«, sagte Gail. »Kein Wunder, dass selbst seine kriminellen Komplizen ihn hassen.«

»Aber irgendwelche Kumpels muss er noch haben«, stellte Heck klar. »Sonst hätte er nicht so erfolgreich von der Bildfläche verschwinden können.«

»Sind wir denn sicher, dass er überhaupt noch im Land ist?«, fragte Gail.

Er zuckte mit den Schultern. »Interpol hat keine Hinweise auf ihn und Europol auch nicht.«

»So ein durchgeknallter Irrer wie Creeley müsste doch irgendwelche Hinweise hinterlassen, dass er existiert. Es sei denn natürlich, er ist tot.«

»Uns liegen keine Berichte über einen Toten vor, der auch nur annähernd eine Ähnlichkeit mit Eddie Creeley aufweist, aber das ist etwas, das wir uns vielleicht noch mal näher angucken sollten. Wir müssen alle denkbaren Möglichkeiten in Erwägung ziehen, wie es so schön heißt.«

»Hört sich nach viel Arbeit und Rumrennerei an.«

»Du wolltest doch da sein, wo die Action ist.« Heck lächelte halb. »Insofern hättest du zu keinem besseren Zeitpunkt hier aufschlagen können.«

Sie nickte nachdenklich.

»Tut mir leid, dass ich dich nicht gerade besonders freundlich begrüßt habe«, sagte er.

Sie machte eine abwinkende Handbewegung. »Ich bin dir schließlich völlig überraschend an die Seite gestellt worden.«

Er musterte sie und war wirklich erstaunt darüber, wie sehr sie sich seit ihrer letzten Begegnung verändert hatte. »Ich weiß nicht recht, wie ich es sagen soll, Gail, aber du wirkst irgendwie …«

»… erwachsener?«

»Das ist nicht unbedingt das Wort, das ich verwendet hätte.«

»Als wir in Surrey zusammengearbeitet haben, ist mir eins ziemlich bitter aufgestoßen, Heck. Ich hatte einen Mordfall, genau genommen meinen allerersten Mordfall, und war davon überzeugt, alles im Griff zu haben, und dann bist du auf einmal aufgekreuzt – wie aus heiterem Himmel – und wurdest mir als Vorgesetzter präsentiert.«

»Kann ich gut verstehen, dass dir das gegen den Strich gegangen ist.«

»Aber ich habe mich geirrt.« Sie schüttelte den Kopf. »Ich habe damals zu viel auf Leute wie Ron Pavey gehört. Der ja, wie du weißt, ein absoluter Hohlkopf war. Sozusagen Surreys Version von Charlie Finnegan.«

Heck lachte. »Aha, du hast also bereits durchschaut, wie Charlie tickt.«

»Ron hat immer gesagt, Spezialeinheiten wie das Dezernat für Serienverbrechen oder sogar die National Crime Group seien komplett überflüssig und reine Platzverschwendung. Eine Bande großspuriger Penner, die sämtliche Ressourcen in Anspruch nehmen und allen Ruhm in den Schlagzeilen einheimsen, aber in Wahrheit nur so tun, als würden sie Polizeiarbeit leisten. Das ist natürlich kompletter Mist aus dem Mund eines großmäuligen Klugscheißers.«

Heck nickte. Er hatte Detective Sergeant Pavey in Surrey kennengelernt. Er war Gails Ex-Freund gewesen und hatte nur widerwillig akzeptiert, dass es zwischen ihnen vorbei war, nachdem er ihr jahrelang das Leben zur Hölle gemacht hatte. Doch dass er ein großmäuliger Klugscheißer war, gehörte noch zu seinen geringeren Makeln. Je besser Heck den Kerl kennengelernt hatte, desto wütender hatten ihn seine großkotzige Art und seine beiläufige, brutale Tyrannei gemacht, weshalb er applaudiert hatte, als Gail ihn verhaftet und ihm diverse Straftaten zur Last gelegt hatte, die das Ende seiner Karriere bei der Polizei bedeutet hatten. Das war unheimlich mutig von der jungen Polizistin gewesen, eine kühne Tat, die Heck jetzt, da er sich das in Erinnerung rief, mit einer erstaunlich großen Zuneigung gegenüber Gail erfüllte. Es gab jede Menge Eigenschaften, die einen guten Polizisten ausmachten, und auch wenn es dieser Tage nicht mehr angesagt war, darüber zu reden, war beherzter Mut nach wie vor eine der wichtigsten dieser Eigenschaften – und eine der am seltensten anzutreffenden.

»Damals wusste ich das natürlich noch nicht«, sagte sie. »Als du bei uns aufgeschlagen bist, war ich unhöflich und kratzbürstig und bin wahrscheinlich ziemlich arrogant rübergekommen.«

»Stark von dir, dass du das zugibst.« Für Heck war es so ungewohnt, dass sich jemand bei ihm entschuldigte, dass es ihm beinahe peinlich war. »Aber wir sollten dabei nicht vergessen, dass *mein* Stil auch nicht nach jedermanns Geschmack ist. Du hast ja gehört, was Gemma über mich gesagt hat. Hin und wieder nehme ich mal den kurzen Weg, um ans Ziel zu gelangen, und der ist nicht unbedingt immer der korrekte.«

»Mag ja sein, aber er führt zum Erfolg.«

»Nicht immer.« Er verspürte einen Anflug von Unbehagen. Es war erstaunlich, wie passend Gemmas warnende Worte, die sie früher an diesem Tag an sie beide gerichtet hatte, auf einmal zu sein schienen. »Solange wir bei der Sonderkommission Vorschlaghammer zusammenarbeiten, solltest du vielleicht lieber tun, was ich sage, anstatt mich nachzuahmen.«

Gail lachte. »Schade, dass ich das nicht auf Band habe. Dann hätte ich dich für den Rest deines Polizistendaseins in der Hand.«

»Glaubst du etwa, irgendjemand wäre überrascht, wenn er das hören würde?«

»Möglicherweise nicht.« Sie leerte ihr Glas. »Jedenfalls werde ich dir das in den nächsten Wochen vorhalten.« Sie warf einen Blick auf ihre Uhr. »Wir müssen morgen in aller Herrgottsfrühe antreten. Also werde ich mich mal aufmachen nach Cricklewood und mich früh hinhauen.«

»Cricklewood?« Heck war überrascht. »Du hast hier eine Bleibe?«

»Natürlich. Was hätte ich denn sonst tun sollen? Jeden Tag zwischen London und Guildford hin- und herpendeln? Du weißt ja, was auf den Straßen rund um London los ist. Ich wäre in jede Richtung vier Stunden unterwegs. Und Cricklewood ist gar nicht so schlecht.«

»Hast du dir da eine Wohnung gekauft?«, fragte er.

»Nein, gemietet. Ich habe meine Wohnung in Surrey noch nicht verkauft.«

Heck nickte erleichtert. Das ließ Besonnenheit erkennen und kündete davon, dass sie nicht Knall auf Fall alle Brücken hinter sich abgebrochen hatte.

»Jedenfalls muss ich jetzt los.« Sie stand auf. »Wir sehen uns dann morgen früh.«

»Die Einsatzbesprechung beginnt um acht.«

»Ich weiß.« Sie hängte sich ihre Tasche über die Schulter, klemmte sich die Mappe mit den Unterlagen über Eddie Creeley unter den Arm und schob ihren Stuhl zurück.

»Soll ich die vielleicht mitnehmen?«, fragte Heck. »Als dein Vorgesetzter?«

»Oh, Entschuldigung. Natürlich.« Sie lächelte und reichte ihm die Mappe.

Erst als sie gegangen war, gestattete Heck sich ein Lächeln, in dem allerdings ein Anflug von Sorge lag.

Gail war eindeutig immer noch Gail. Ihren Minderwertigkeitskomplex hatte sie offenbar überwunden, aber ein Hauch von ihrer alten Unbeirrbarkeit war immer noch da. Jetzt war sie gerade mal seit einem Tag im Dezernat für Serienverbrechen und schon dabei, bei ihrem ersten Fall das Heft in die Hand zu nehmen. Das war einerseits gut, denn in dieser Welt musste sie resolut sein. Gemma war das beste Beispiel dafür. Doch andererseits nagten noch zwei Fragen an ihm. Erstens: Wie gut würde sie mit dem Wechsel klarkommen? Bei der Kripo in Surreys grüner, beschaulicher Landschaft zu arbeiten war mit Sicherheit völlig anders als die Arbeit im Dezernat für Serienverbrechen, wo sie ausschließlich mit den allerschlimmsten Verbrechern zu tun hatten. Und zweitens: Wollte er wirklich der Mann sein, der das Sagen hatte, wenn es anfing, brenzlig zu werden?

Heck freute sich darauf, Eddie Creeley zu jagen. Er hatte keinen Zweifel, dass er das mörderische Arschloch aufspüren und verhaften würde, aber nur, wenn er es auf seine Weise angehen würde und nicht auf die vorgeschriebene Art. Gemma würde das bis zu einem gewissen Maß akzeptieren. Sonst hätte sie ihm nicht seinen Status als »Minister ohne Geschäftsbereich« zugebilligt. Gail Honeyford dabei an seiner Seite zu haben würde interessant sein. Er hoffte nur, dass sie bereit war, sich auf ein Leben an vorderster Front einzulassen.

Wenn sie damit Probleme haben sollte, während sie einen der übelsten aller Übeltäter jagten, würde das die Sache für ihn in einem Maße verkomplizieren, wie er es wirklich nicht gebrauchen konnte.

8

Nan schlug die Augen auf. Ihr Gesicht war so starr, als wäre es aus Wachs, und in Schweiß gebadet.

Sie glaubte ihr Schlafzimmer noch nie so dunkel gesehen zu haben wie in diesem Moment. Normalerweise fiel der gelbliche Schein der Straßenlaternen durch die Vorhänge des einzigen kleinen Fensters und warf merkwürdige Schattenumrisse auf die gegenüberliegende Wand. Doch in dieser Nacht gab es nichts dergleichen. Nur tiefe Schwärze. Leere. Und warum war es in dem Zimmer so eiskalt? War nicht eigentlich Sommer?

Sie war unfähig, sich zu bewegen, während sie schweißnass unter ihrer zerwühlten Bettdecke dalag. Sie konnte nicht einmal einen Muskel anspannen. Großer Gott, war sie gelähmt? War sie während der Nacht krank geworden? Hatte sie womöglich einen Schlaganfall erlitten? Mein Gott!

Und dann hörte sie es.

Die Stimme. Aus der Dunkelheit neben ihr.

»Tut mir leid, Miss«, flüsterte die Stimme. »Eigentlich widerstrebt es mir, Sie aus Ihrem Schönheitsschlaf zu wecken. Aber Sie wissen ja, wie das ist. Manchmal kann ein Mann nicht warten.«

Nan konnte nicht antworten, weil sie nicht sprechen konnte. Sie konnte nicht mal ein Wimmern herausbringen.

»Deshalb bin ich Ihnen nach Hause gefolgt«, erklärte er. »Ich hatte keine andere Wahl.«

Sie versuchte zur Seite zu schielen, um ihn zu sehen. Seine Stimme war so nah an ihrem Ohr und sein Atem so widerlich – ein Gemisch aus Zwiebel- und Ketchupgeruch und noch etwas, ein leichter Hauch von Verfaultem –, dass er unmittelbar neben ihrem Bett knien musste.

»Ich habe absolut keine Wahl«, wiederholte er. »Wenn ich erst mal in Stimmung bin, so wie jetzt. Und nachdem die anderen mir erzählt haben, dass du einen weichen Mund hast.« Er kicherte, ein schweinartiges, schnaufendes Geräusch. »Keine Zähne, haben sie gesagt. Nichts, womit du auf meinem Ding rumbeißen oder -kauen kannst. Hast du kapiert, worauf ich hinauswill?«

Zu ihrem blanken Entsetzen konnte sie immer noch nicht reagieren.

»Ich will ehrlich sein«, sagte er. »Ich konnte mir nichts Aufregenderes vorstellen, als mir von der zahnlosen Mary einen blasen zu lassen. Ich hätte dich ja freundlich gefragt, wenn ich dich hätte einholen dürfen. Aber du bist ja immer weitergerannt und hast rumgekreischt. Wie eine dieser typischen bescheuerten Tussis, die nicht wissen, was Sache ist. Aber ist schon gut. Ich weiß ja, dass du nicht wirklich so eine Tussi bist. Ich weiß ja, dass du kooperieren wirst.«

Sie spürte eher, wie er sich zu voller Größe aufrichtete, als dass sie es sah, und im nächsten Moment spürte sie sein Gewicht auf ihrer Brust, als er sich rittlings auf sie setzte. Begleitet von einem leisen metallischen Ratschen, zog er langsam den Reißverschluss seiner Hose auf.

»Na dann – ran an die Buletten!« Er kicherte.

Nan richtete sich auf, sprang laut schreiend vom Bett, segelte in hohem Bogen durch die Luft und landete mit den Knien zuerst auf dem Boden. Ihre mit zahlreichen Pflastern verarzteten Handflächen klatschten auf den Teppich.

Sie wusste nicht, was schlimmer wehtat, die schmerzenden, frischen Fleischwunden oder das rasende Hämmern ihres Herzens. Sie blickte mit hervorstehenden Augen auf. Sabber rann ihr aus dem Mund, Schweiß tropfte ihr von der Stirn. Es schien eine Ewigkeit zu vergehen, bis ihre von einem Tränenschleier bedeckten Augen in der Lage waren, sich auf die neonfarbenen Leuchtziffern der Uhr auf der Kommode zu fokussieren. Sie standen auf 5:28.

Es war noch sehr früh. Im Winter würde es sich anfühlen wie mitten in der Nacht. Aber es war Sommer, und das Licht der Morgendämmerung fiel durch die Vorhänge und sorgte dafür, dass die wenigen Möbel des Schlafzimmers zu sehen waren: Nans Spiegel, ihr Kleiderschrank, der Stuhl, über dessen Rückenlehne ihr Anorak hing, und zwei Bücher aus der Bibliothek auf dem ansonsten leeren Regal.

Doch sonst nichts.

Keine mit einer Kapuze vermummte, in einer Ecke lauernde oder auf dem Boden kauernde Gestalt.

Also hatte sie das Ganze nur geträumt. Aber, gütiger Gott! Ein Traum, direkt aus der Hölle, wenn es so etwas gab!

Sie rappelte sich zitternd hoch, ihre Hände schmerzten immer noch. Ein Ziehen an ihrer Seite kündete davon, dass ihr Nachthemd an ihrer linken Hüfte klebte, wahrscheinlich an dem Pflaster, mit dem sie die Schnittwunde verarztet hatte, die sie sich an dem alten Kinderwagen zugezogen hatte.

Bevor sie ins Bett gegangen war, hatte sie ausgiebig geduscht und die Schnittwunde an ihrer Hüfte wegen des Drecks und der potenziellen Bakterien, mit denen der alte Kinderwagen wahrscheinlich verseucht gewesen war, besonders gründlich gereinigt. Doch jetzt hatte sie das Gefühl, erneut duschen zu müssen. Sie strich sich ein paar Haarzotteln aus den Augen und musterte ihr Bett. Es glich einem schmutzigen Nest. Das Laken war befleckt und zerwühlt. Das Letzte, wonach ihr der Sinn stand, war, sich erneut in dieses Bett zu legen. Wobei in Wahrheit sowieso nicht mehr an Schlaf zu denken war. Jetzt jedenfalls nicht mehr.

Es war zwar erst halb sechs, aber sie knipste die Nachttischlampe an und schlüpfte in ihre Pantoffeln. Sie musste dringend etwas an ihrem Nachhauseweg nach der Arbeit ändern, dachte sie, und öffnete die Schlafzimmertür. Sie konnte es sich nicht leisten, sich immer ein Taxi zu nehmen, doch selbst wenn sie es sich hätte leisten können, müsste sie noch auf den Platz vor dem Supermarkt gehen, womit eine Fahrt mit dem Taxi ihren Zweck ohnehin verfehlt hätte. Alternativ konnte sie es vielleicht so einrichten, dass sie ab sofort nur noch die Tagesschichten übernahm. Doch das dürfte nicht so einfach zu realisieren sein, denn allen anderen Frauen, die im Spar-Markt arbeiteten, ging es genauso wie ihr: Sie fühlten sich auch nicht wohl dabei, so spät zu Fuß nach Hause zu gehen.

Nan ging durch den Flur und steuerte die Küche an, um sich eine Tasse Tee zuzubereiten, doch auf dem Weg fiel ihr etwas ins Auge, das vor der Eingangstür auf dem Boden lag. Irgendetwas war durch den Briefschlitz geworfen worden.

Ihr stockte erneut der Atem, in ihrer Brust machte sich ein Engegefühl breit. Sie ging noch zwei Schritte weiter und hielt inne.

Im schwachen Licht, das aus ihrem Schlafzimmer fiel, sah sie, dass es sich um ein relativ kleines Objekt handelte, vielleicht fünf oder sieben Zentimeter lang, schmal und hellgrün. Aus dieser Entfernung sah es aus wie ein Feuerzeug.

»O mein Gott«, stammelte sie.

Hatte jemand Benzin durch den Schlitz gekippt und dann versucht, es anzuzünden? Es war unfassbar, aber man hörte, dass so furchtbare Dinge tatsächlich passierten.

Sie stürmte auf die Haustür zu, ihr Herz raste wie der Hammer eines Hammerwerks. Doch beim Näherkommen sah sie, dass es doch kein Feuerzeug war. Genau genommen war es nichts derart Unheilvolles. Sie ging zur Haustür, und es gab keinen Zweifel mehr.

Auf ihrem Fußabtreter lag ein USB-Stick.

Nan war keine Frau, die man, was elektronische Geräte anging, unbedingt für bewandert halten würde. Sie hatte schon gehört, dass Leute sie »begriffsstutzig« genannt hatten, und das war nur einer der abfälligen Begriffe, mit denen über sie hergezogen worden war. In der Schule hatte sie als Niete gegolten. Aber im Laufe ihres Erwachsenenlebens hatte Nan sich mit Computern, dem Internet und solchen Dingen vertraut gemacht, weil ihr aufgrund ihrer Arbeit im Spar-Markt gar nichts anderes übrig geblieben war. Sie hatte sich sogar einen gebrauchten Laptop gekauft, um zu Hause üben zu können. Und somit war sie zwar bestimmt keine Expertin, aber auch nicht völlig ahnungslos.

Sie war von der Vorstellung, dass möglicherweise jemand Benzin durch ihren Briefschlitz gegossen hatte, vorübergehend vor Schreck so gelähmt gewesen, dass sie angesichts der Tatsache, dass es sich um einen USB-Stick handelte, regelrecht erleichtert war. Allerdings war sie auch ziemlich verwirrt. Warum warf jemand mitten in der Nacht so etwas durch ihren Briefschlitz? Hätte jemand mit guten Absichten nicht eine Nachricht beigefügt? Vielleicht nicht, wenn es jemand war, der ihr irgendeinen ausgeklügelten aber harmlosen Streich spielen wollte. Aber Nan war mit niemandem so gut befreundet, dass diese Möglichkeit in Betracht kam.

Als sie den Laptop aus dem Regal im Wohnzimmer nahm, kam ihr in den Sinn, dass die Datei auf dem USB-Stick womöglich ein Virus enthielt. Aber auf dem Laptop gab es nichts, das sie vermissen würde, wenn es gelöscht werden würde oder verloren war. Sie setzte sich aufs Sofa, legte sich den Laptop auf die Knie und schaltete ihn ein. Als er hochgefahren war, schob sie den USB-Stick in den entsprechenden Anschluss, und im gleichen Moment erschien ein Smiley auf dem Monitor. Sie ging mit dem Cursor darauf, wählte den USB-Stick als zu öffnenden Datenträger aus und sah, dass er nur eine einzige Datei enthielt. Eine MPEG-Datei mit dem Titel: *Grüße vom Boten des Teufels.*

Noch verblüffter klickte sie die Datei an.

Es öffnete sich ein Fenster, und ein Schwarz-Weiß-Video wurde abgespielt. Nan sah es sich etwa zwanzig Sekunden mit weit aufgerissenem Mund an.

Dann schrie sie.

9

Heck verließ seine Wohnung in Fulham gegen sechs Uhr morgens und schaffte es, vor sieben an der Staples Corner zu sein. Er hoffte, noch vor der Besprechung in der Kantine frühstücken zu können, musste jedoch feststellen, dass trotz der unchristlichen Stunde sehr viel mehr Betrieb herrschte als sonst.

Offenbar hatten sich jede Menge Kollegen schon früh auf den Weg gemacht, um nicht zu spät zu der Besprechung zu kommen. Es waren nicht nur Beamte des Dezernats für Serienverbrechen, sondern auch der Abteilung für ungeklärte Kriminalfälle vor Ort, und darüber hinaus hatten Gemma und Gwen Straker, die die Sonderkommission Vorschlaghammer gemeinsam leiten würden, zusätzliches Personal losgeeist, sowohl Polizisten als auch Verwaltungsangestellte, die einen Teil der Laufarbeit erledigen und die Teams, die sich um die einzelnen Fälle kümmerten, vom Büro aus unterstützen sollten. Was zur Folge hatte, dass die Schlange am Bedienungstresen sich durch den halben Raum zog.

Missmutig ging Heck zum Verkaufsautomaten, um sich einen Kaffee zu ziehen. Während er darauf wartete, dass sich sein Styroporbecher füllte, blickte er nach links und sah in der hinteren Ecke der Kantine Gemma. Sie saß an einem Tisch Jack Reed gegenüber, und die beiden unterhielten sich angeregt, aber freundschaftlich. Allein die Körpersprache war vielsagend. Sie hielten jeder eine Tasse in der Hand und hatten sich einander über den Tisch hinweg zugebeugt – nicht unbedingt so, wie es ein Liebespaar tun würde, aber es fiel einem nicht schwer, sich vorzustellen, wie Reed jeden Moment liebevoll die Hand ausstrecken und Gemma eine verirrte Strähne ihres flachsblonden Haars zur Seite streichen würde.

Heck war äußerst überrascht. Dass sie sich so verhielt, und das nicht nur vor den Augen ihres eigenen Teams, sondern auch vor den Beamten der Abteilung für ungeklärte Kriminalfälle, die mit der Erwartung gekommen waren, dass es sich bei ihrer neuen Leiterin, der sie neben ihrer eigentlichen Vorgesetzten vorübergehend unterstanden, um eine knallharte Chefin handelte, unterstrich nur die gewaltige Veränderung, die Gemma durchgemacht hatte, seitdem Reed mit an Bord war. Normalerweise hätte sie sich nie und nimmer derart locker gezeigt. Es war ganz offensichtlich, dass sie momentan andere Dinge im Kopf hatte.

Und zwar andere Dinge, die ihr ein Lächeln aufs Gesicht zauberten.

»Sie werden nicht ihre Gunst gewinnen, indem Sie sie in aller Öffentlichkeit angaffen«, stellte eine Stimme hinter ihm klar.

Heck wirbelte herum und blickte in das Gesicht von Detective Chief Superintendent Gwen Straker, die darauf wartete, am Verkaufsautomaten an die Reihe zu kommen.

»Oh, Ma'am«, stammelte er. »Entschuldigen Sie bitte, ich bin hier fertig.«

Er trat zur Seite und ließ sie vor.

»Ich habe nicht gegafft«, sagte er. »Ich, äh … Eigentlich warte ich auf die neue Detective Constable, mit der ich zusammenarbeite. Ich wollte vor der Besprechung noch mal kurz mit ihr reden.«

»Wie wär's, wenn Sie uns einen freien Tisch suchen, Mark«, sagte sie.

»Ich wollte eigentlich gerade ins Büro, Ma'am. Um etwas zu erledigen.«

»Ein paar Minuten können Sie sicher erübrigen. Also los, suchen Sie uns einen Tisch.«

Das war leichter gesagt als getan. Als die ersten einander gegenüberliegenden Plätze frei wurden, stürzte Heck sich sofort auf sie. Gwen kam und ließ sich ihm gegenüber locker und unprätentiös nieder. Wie für sie typisch, hatte sie sich einen Kräutertee geholt, anstatt Kaffee mit Milch und Zucker, den Heck bevorzugte.

Gwen war eine der ersten schwarzen weiblichen Detectives bei der Metropolitan Police, die in die höheren Ränge aufgestiegen waren. Sie war Mitte fünfzig, mit ihren eins siebzig nicht besonders groß und dank der Pfunde, die sie im Laufe der Jahre zugelegt hatte, inzwischen recht drall. Doch ansonsten hatte das Alter es gut mit ihr gemeint. Sie hatte immer noch dichtes, schulterlanges Haar und ein hübsches, weiches, von Falten weitgehend verschontes Gesicht. Damals, als sie in Bethnal Green noch Detective Inspector und Hecks und Gemmas Vorgesetzte gewesen war, hatte sie lässige Straßenkleidung bevorzugt: Jeans, Sweatshirts, Lederjacken und dergleichen, was ihr nach der knallharten, hübschen Heldin des Blaxploitation-Films *Foxy Brown* ebendiesen Spitznamen eingetragen hatte. Doch an diesem Tag trug sie, passend zu ihrem neuen hochrangigen Status, ein dunkles Kostüm, das ihr ausgezeichnet stand, auch wenn so ein strenges Outfit nicht ganz zu ihrer Persönlichkeit passte, denn sie war für ihre Herzlichkeit bekannt und gab sich manchmal beinahe mütterlich.

Gwen nippte an ihrem Tee und verzog das Gesicht.

»Wie ich sagte, Ma'am, ich habe noch etwas zu er…«

»Sie wurden also wieder mit Gail Honeyford zusammengesteckt?«

Heck war überrascht. »Sie kennen sie?«

Gwen nippte erneut an ihrem Tee und fand ihn allmählich genießbar. »Sie haben doch schon mal mit ihr zusammengearbeitet, oder?«

»So ist es.«

»Und? Lief es gut?«

»Wir haben jedenfalls ein Resultat erzielt.«

Gwen schürzte die Lippen und nickte. »Klingt doch ideal. Sie und Gail meine ich.«

113

»Es ist alles andere als ideal«, platzte er heraus, ohne nachgedacht zu haben. Im gleichen Augenblick bereute er die Bemerkung auch schon. Die Erfahrung hätte ihn lehren sollen, dass Gwen Straker nie etwas entging.

Sie zog neugierig die Augenbrauen hoch.

Heck kaute auf seiner Unterlippe herum. Die Beziehung zwischen ihm und Gwen war nie ganz einfach gewesen, schon damals nicht. Sie hatte ihn zurechtgewiesen, wann immer es notwendig gewesen war, und manchmal hatten ihre Standpauken sich wirklich gewaschen, aber sie war ein alter Hase. Sie war schon so lange dabei, dass sie noch zu einer Zeit Polizistin geworden war, in der Regeln und Vorschriften eher als Richtlinien angesehen worden waren. Und deshalb hatte sie Hecks Eskapaden zwar nicht immer gebilligt, aber stillschweigend toleriert, solange sie nicht völlig aus dem Ruder liefen und ernsthafte Konsequenzen nach sich zogen. Noch bemerkenswerter als das war jedoch ihre Haltung gewesen, mit der sie seiner kurzen Liebesaffäre mit Gemma begegnet war. Während die meisten Vorgesetzten darauf gedrängt hätten, dass sich ihre Untergebenen, die etwas miteinander hatten, in unterschiedliche Abteilungen versetzen ließen, damit sie einander nicht von der Arbeit ablenkten, schien Gwen Gefallen an dem Ganzen gefunden zu haben. Wie eine liebevolle Mutter, die sich freute, dass zwei ihrer widerspenstigen Kinder endlich zu Verstand gekommen waren.

Natürlich waren Heck und Gemma ihre Günstlinge gewesen. In Bethnal Green hatten die beiden sich als junge Detectives ihre ersten Sporen bei der Kripo verdient, und Gwen war ihre allererste Vorgesetzte in Zivil gewesen. Insofern war es vielleicht nicht überraschend, dass Heck ihr damals so weit vertraut hatte, dass er sogar in persönlichen Angelegenheiten ihren Rat gesucht hatte, und es war ihm daran gelegen, sie nicht zu enttäuschen. Wahrscheinlich trug sowohl die Anwesenheit von Gwen Straker in der Kantine als auch der Anblick von Gemma, die diesem Reed, der mit seinen blauen Augen und seinem kantigen Kinn als Doppelgänger von Henry Cavill durchgehen konnte, Avancen machte, dazu bei, ihn daran zu erinnern, warum eine Zusammenarbeit mit Gail Honeyford sich als komplizierter erweisen konnte, als ihm lieb war.

»Sehen Sie, Ma'am«, sagte er. »Gail ist eine tolle Frau und eine noch bessere Kripobeamtin. Beherzt und hartnäckig. Aber natürlich auch nicht perfekt. Als ich das erste Mal mit ihr zu tun hatte, hat sie sich ständig wie eine Besserwisserin aufgespielt und nicht ausreichend ihren Grips zum Einsatz gebracht. Aber das scheint sich geändert zu haben. Ich hoffe sehr, dass sie diesen Fall nicht angeht wie ein wild gewordener Stier.«

»Tja, das hoffe ich auch«, sagte Gwen. »Denn wenn Sie beide die gleiche Herangehensweise wählen, würde das nie gut gehen.«

»Hören Sie, vielleicht sollten Sie das wissen«, er senkte die Stimme, »beim letzten Mal, als wir – also Gail und ich – miteinander zu tun hatten, lief was zwischen uns. Leider habe ich versäumt, das irgendjemandem gegenüber zu erwähnen.«

»Verstehe.« Gwen setzte einen nachdenklichen Blick auf. »Lief da was Richtiges zwischen Ihnen? Oder sind Sie nur im Bett gelandet?«

»Na ja, Letzteres.« Er wurde rot. »Wir hatten einen harten Tag. Genau genommen, sind wir ziemlich in die Bredouille gekommen. Wir waren gestresst, überdreht, nennen Sie es, wie Sie wollen.« Er zuckte mit den Schultern. »Wahrscheinlich brauchten wir nur ein Ablassventil. Gail war zu der Zeit ja auch nicht in festen Händen. Aber es war trotzdem ein Fehler, und das ist uns beiden danach sofort klar geworden.«

»Sie brauchen sich vor mir nicht zu rechtfertigen, Heck.«

»Ich wollte Sie nur darüber informieren, wie die Dinge liegen.«

»Das können Sie sich schenken.« Sie nippte erneut an ihrem Tee. »Weil ich bereits Bescheid weiß.«

Heck war völlig baff. »Woher denn?«

»Gemma hat es mir erzählt.«

»*Gemma* hat es Ihnen erzählt?« Er schrie beinahe. An den Tischen in ihrer Nähe wandten sich einige Gesichter zu ihnen um. Er senkte die Stimme wieder und warf nervös einen kurzen Blick zu dem Tisch in der hinteren Ecke des Raums, aber Gemma war nach wie vor in ihr Gespräch mit Reed vertieft. »Woher weiß *sie* es denn?«

»Also, ich bitte Sie, Heck. In diesem Job können Sie nichts geheim halten.«

»Im Ernst. Ich habe niemandem von unserem One-Night-Stand erzählt. Und das Gleiche gilt für Gail, da bin ich mir verdammt sicher.«

Gwen machte eine abwinkende Handbewegung. »Kein Geheimnis ist hundert Prozent sicher, Mark. Denken Sie doch mal nach. Egal wie vertraulich eine Information auch sein mag, jeder vertraut sie irgendjemandem an, und ziemlich oft jemandem, dem man sie besser nicht anvertraut hätte. Aber ist doch auch egal, oder? Wir sind schließlich alle erwachsen.«

»Ja, aber …« Das Ganze entwickelte sich nicht so, wie er gedacht hatte. »Aber wenn Gemma *tatsächlich* Bescheid weiß und uns trotzdem zusammen in ein Team gesteckt hat, ist das doch nicht besonders klug, oder?«

»Vielleicht will sie einfach nur, dass alle glücklich und zufrieden sind.«

Heck brauchte einen Moment, bis sein Gehirn die Bedeutung dessen, was sie da gesagt hatte, verarbeitet hatte.

»Verdammt!«, sagte er langsam. »Sie will mir die bittere Pille versüßen. Ist es das, worum es hier geht? Damit ich nicht so aufgebracht bin, wenn sie mit Reed rummacht?« Es war ein schockierender Gedanke, aber er ergab auf entsetzliche Weise irgendwie Sinn. Heck war davon so durcheinander, dass er auf einmal laut dachte, statt Konversation zu betreiben. »Wer hätte gedacht, dass sie sich je als so manipulativ erweisen würde? Dieses verdammte kleine Luder. Aber es wird nicht aufgehen. Pustekuchen. Denn zwischen mir und Gail läuft nichts mehr.«

»He, Mark«, unterbrach Gwen ihn. »Darf ich Ihnen einen Rat geben?«

»Gerne«, erwiderte er zerstreut.

»Was Sie sich da zusammenreimen, ist ein bisschen lächerlich.« Sie sah ihm in die Augen. »Gemma versucht ihre begrenzten Ressourcen so gut wie möglich einzusetzen. Eine dieser Ressourcen ist eine relativ unerfahrene Detective, die sie, was absolut sinnvoll ist, einem erfahrenen Detective zur Seite stellt. Und wenn diese beiden Detectives sich bereits kennen und schon mal zusammengearbeitet haben – na, umso besser.«

»Stimmt.« Wenn Heck es so betrachtete, *ergab* das Ganze Sinn.

»Ich weiß ehrlich gesagt nicht, warum Sie immer noch so auf Gemmas Zuneigung aus sind«, fuhr Gwen fort. »Wenn es das ist, worum es geht. Denn nach allem, was ich so höre, sind Sie und Gemma doch wie Hund und Katze.«

»Wir sind zusammen durchs Feuer gegangen.«

»Gemeinsame harte Erfahrungen bringen Menschen einander normalerweise näher.«

»Ich persönlich habe immer geglaubt, dass es der Job war, der uns in die Quere gekommen ist.«

»Der Job?«

»Meistens kriegen wir uns über die Art des Vorgehens in die Haare.«

»Ach so. Damit wollen Sie sagen, dass Sie es vorziehen, die Dinge auf Gedeih und Verderb durchzuziehen, wohingegen Gemma die vorgeschriebene Vorgehensweise bevorzugt?«

Er machte sich gar nicht erst die Mühe, darauf zu antworten, weil es darauf keine Antwort gab.

»Lassen Sie mich noch eins dazu sagen, Mark.« Gwen lehnte sich zurück. »Ich dachte mal, Sie beide wären füreinander bestimmt. Aber aus was für einem Grund auch immer ist es nicht dazu gekommen. Aber um Ihrer beider willen, und ich könnte hinzufügen, um der Sonderkommission Vorschlaghammer willen, kann *dies* so nicht weitergehen.«

117

»Zwischen uns ist alles bestens, Ma'am. Alles geht seinen gewohnten Gang.«

»Das tut es eben nicht, Mark. Das ist ja genau das Problem. Wir stehen unter Beobachtung wie noch nie zuvor.«

»Was zwischen mir und Gemma ist, wird die Arbeit der Sonderkommission in keiner Weise beeinträchtigen.«

»Stellen Sie einfach sicher, dass das auch wirklich so ist, okay? Und denken Sie vielleicht mal darüber nach, ein bisschen erwachsener zu werden. Jeder von Ihnen lebt sein eigenes Leben. Es ist an der Zeit, dass Sie sich auch entsprechend verhalten.«

Heck war gerade im Begriff zu antworten, als er sah, dass das Objekt ihrer Unterhaltung sich ihrem Tisch näherte.

Gemma und Reed waren bereits auf dem Weg zum Ausgang der Kantine gewesen, als Gemma Heck und Gwen erblickt hatte, worauf sie die Richtung gewechselt und den Tisch angesteuert hatte, an dem sie saßen.

»Na sieh mal einer an. Ihr scheint euch ja prächtig zu verstehen.«

»Wir schwelgen bloß ein wenig in alten Zeiten«, erwiderte Heck.

Reed reichte Gwen die Hand. »Detective Inspector Reed, Ma'am. Für Sie Jack.«

Sie schüttelte ihm die Hand. »Ich freue mich, Sie kennenzulernen, Detective Inspector.«

»Ich habe ein paar bemerkenswerte Dinge über Sie gehört, Ma'am.«

»Und ich über Sie. Tolle Nummer, die Verhaftung der Mitglieder der Schwarzen Kapelle.«

»Das war Teamarbeit.« Reed zeigte auf Heck. »Ohne die Vorarbeit dieses Kollegen hätte ich die Verhaftungen nicht vornehmen können.«

Heck sagte nichts, doch innerlich kochte er. Es wäre nicht so schlimm gewesen, wenn Reed ein aufgeblasener Vollidiot oder ein furztrockener Langweiler gewesen wäre. Aber stattdessen war er ein Supertyp. Nicht nur groß und gut aussehend, er verfügte zudem über eine natürliche aristokratische Ausstrahlung, war sympathisch, intelligent, witzig und schmückte sich nie mit fremden Lorbeeren, sondern rechnete die Verdienste immer dem zu, dem sie gebührten. Es war keine geringe Herausforderung, wenn man sich vorgenommen hatte, so jemanden nicht zu mögen.

»Hoffen wir, dass wir in der Sonderkommission Vorschlaghammer auch auf so effektive Teamarbeit zählen können, wenn es losgeht«, sagte Gwen.

Reed nickte. »Wir werden natürlich alle hinter unterschiedlichen Zielpersonen her sein. Aber letztendlich sind wir eine gemeinsame Truppe. Wir können jederzeit auf die Erfahrung und Unterstützung aller anderen bauen. Ich dachte, wir sollten zweimal am Tag Videokonferenzen abhalten, damit wir uns immer alle gegenseitig auf dem neuesten Stand halten.«

»Das tun wir auf jeden Fall«, entgegnete sie. »Das ist Teil des Plans.«

»Ich meine nicht nur die einzelnen Teams mit Kommando Silber, Ma'am. Ich meine, alle Teams gemeinsam mit Kommando Silber, sodass jeder immer weiß, wie weit die anderen sind. Auch wenn es nichts Neues gibt, ist das zumindest gut für die Moral.«

»Das sehe ich auch so«, sagte Gwen. »Es könnte sogar das allgemeine Vorankommen beflügeln. Wenn Sie, Heck, zum Beispiel das Gefühl haben, dass eins der anderen Teams – und dabei denke ich natürlich nicht an ein spezielles – bei seinem Fall wirklich vorangekommen ist, während Ihr Team noch ganz am Anfang steht …«

»Ich glaube nicht, dass die Veranstaltung eines Wettbewerbs zwischen den einzelnen Ermittlungsteams unbedingt die richtige Herangehensweise ist«, wandte Gemma ein.

»Es wird trotzdem genau so kommen«, entgegnete Gwen.

Gemma presste die Lippen zusammen und verkniff sich eine Erwiderung. Heck musterte sie mit Interesse. Es kam nur selten

vor, dass Gemma Bedenken äußerte und über diese so leichtfertig hinweggegangen wurde. Er hatte sich gefragt, wie er mit
Gail Honeyford klarkommen würde, doch jetzt fragte er sich,
wie Gemma damit klarkommen würde, unter Gwen Straker die
zweite Geige zu spielen.

»Ich glaube nicht, dass das Ganze in einen Wettbewerb aus-
arten wird«, sagte Reed. »Eher spornen wir uns vielleicht gegenseitig an.«

»Solange jeder sein Bestes gibt, ist es mir egal, wie wir es
nennen wollen«, entgegnete Gwen, stand auf und wandte sich
Gemma zu. »Sind Sie bereit? Wir haben eine lange Besprechung
vor uns.«

Gemma nickte. »Ich komme sofort.« Während Gwen die
Kantine verließ und Reed hinter ihr herschlenderte, wandte sie
sich Heck zu. »Wie läuft's denn mit Detective Constable Honeyford?«

»Bestens«, erwiderte er. »Wir waren gestern Abend noch auf
einen Drink aus, und es ist so, als wären wir nie voneinander
getrennt gewesen. Ich denke, wir werden sehr gut miteinander
klarkommen.«

Gemma nickte, als ob es sie freute, das zu hören. Ansonsten
zeigte sie keine Gefühlsregung.

10

»Also gut, es gibt an dem Ganzen nichts zu beschönigen«, stellte Gemma vor der versammelten Mannschaft der Sonderkommission Vorschlaghammer klar. »Sie wissen alle, dass die Polizei sich gerade in schwerer See befindet. Und Sie wissen, dass wir von sehr schwerer See sprechen.«

Mehr als siebzig Beamte hatten sich in den Konferenzraum gequetscht. An einem heißen Augustmorgen wie diesem war es ein unbequemes Gedränge. Über den Köpfen der Versammelten surrten Ventilatoren, doch die Luft war stickig und abgestanden. Viele Männer hatten ihre Jacketts und ihre Krawatten abgelegt, auf den Stirnen der Anwesenden glänzte Schweiß.

Gemma Piper schien die stickige Hitze nichts auszumachen. Sie wirkte, wie es für sie typisch war, cool und gelassen, während sie in ihrer Hose und ihren hochhackigen Schuhen vor den Versammelten auf und ab ging. Als einzige Konzession an die hohe Temperatur hatte sie die Ärmel ihrer Bluse bis zu den Ellbogen hochgekrempelt und den Kragenknopf geöffnet.

Gwen Straker hingegen saß an einer Seite des Raums neben dem großen Monitor auf einem Stuhl und fummelte am Kragen ihrer Bluse herum. Man sah ihr an, dass die Hitze ihr zu schaffen machte. Neben ihr saß der Direktor der National Crime Group, Joe Wullerton. Er war Ende fünfzig, stämmig gebaut, hatte grau meliertes Haar, einen dichten, herabhängenden Schnurrbart und bevorzugte normalerweise offene Hemden und darüber eine Strickjacke. Doch an diesem Morgen trug er einen grauen Anzug, der zwar zweifellos elegant war, aber bei den herrschenden Temperaturen alles andere als ideal, weshalb Wullerton unruhig aussah und sich unwohl zu fühlen schien.

»Um es kurz zu machen«, fuhr Gemma fort, »Geld ist knapp wie nie. Überall wird gekürzt. Viele Abteilungen haben so lange niemanden mehr eingestellt, dass es einem vorkommt, als wären die letzten Neueinstellungen in der Steinzeit vorgenommen worden. Die Leute müssen immer länger arbeiten, um irgendwann ihre Pension zu bekommen. Und unvermeidlicherweise stehen Abteilungen wie unsere immer stärker unter Druck, ich zitiere, ›beeindruckende Resultate‹ zu liefern.«

Sie machte eine Pause. In dem Raum war es mucksmäuschenstill, alle Versammelten, die oberen Ränge eingeschlossen, lauschten gebannt.

»Sie, die Sie hier versammelt sind, mögen das ziemlich unfair finden. Ich für meinen Teil tue das jedenfalls. Erst vor wenigen Tagen hat das Dezernat für Serienverbrechen den ersten Teil seiner Ermittlungen im Fall der Schwarzen Kapelle abgeschlossen. Und vor nicht allzu langer Zeit haben wir eine brutale Mordserie in der Unterwelt beendet und einen berüchtigten Auftragskiller festgenommen.«

Heck hörte genauso zu wie alle anderen. Er spürte immer noch die Blessuren, die er sich bei dem letzten, soeben erwähnten Fall zugezogen hatte.

»Ich würde diese Resultate auf jeden Fall als beeindruckend bezeichnen«, stellte Gemma klar. »Und alle hier anwesenden Beamten der Abteilung für ungeklärte Kriminalfälle haben die gleiche Erfolgsbilanz aufzuweisen. Für den Fall, dass irgendein Kollege des Dezernats für Serienverbrechen nicht darüber im Bilde sein sollte: In den vergangenen zwölf Monaten haben die Kollegen der Abteilung für ungeklärte Kriminalfälle unter der Leitung von Detective Chief Superintendent Straker acht Personen festgenommen, die mit aufsehenerregenden Morden aus der Vergangenheit in Verbindung gebracht werden, und ausreichend Beweise zusammengetragen, um sie vor Gericht zu bringen. Aber all das scheint nicht zu reichen, meine Damen und Herren.« Sie hielt inne und strich sich ein paar Strähnen ihrer blonden Locken hinter die Ohren. »Ich war vor Kurzem auf einem Meeting bei Scotland Yard, auf dem Vertreter des National Police Chiefs' Council mir gegenüber unverblümt klargestellt haben, dass das Dezernat für Serienverbrechen entweder einen Weg finden müsse, überzähliges Personal zu reduzieren oder die Verhaftungs- und Verurteilungsrate drastisch zu erhöhen oder am besten beides. Außerdem wurde mir noch eine weitere Alternative präsentiert, nämlich das Dezernat für Serienverbrechen dichtzumachen.«

Es erhob sich ein allgemeines empörtes Gemurmel, obwohl alle gewusst hatten, dass so etwas auf sie zukam.

»Aber das ist noch nicht alles. Die ganze National Crime Group steht unter dem gleichen Druck.« Sie sah Wullerton an. »Möchten Sie etwas dazu sagen, Joe?«

Wullerton saß mit verschränkten Armen steif in seinem Stuhl. »Nein, ist schon gut, Gemma. Fahren Sie fort.«

»Direktor Wullerton ist zu bescheiden, um es zu erwähnen«, sagte sie, »aber er hat sich mächtig für uns ins Zeug gelegt. Er hat dem National Police Chiefs' Council eines unmissverständlich klarzumachen versucht: Wenn das Dezernat für Organisierte Kriminalität, die Sondereinheit für Entführungen und das Dezernat für Serienverbrechen gleichzeitig aufgelöst werden, wird unsere Gesellschaft in ihrem Kampf gegen die ernstesten Bedrohungen, die derzeit von der Unterwelt ausgehen, entscheidend geschwächt.«

Im Raum herrschte erneut Schweigen. Offenbar gab es niemanden, der anderer Meinung war.

»Leider hat seine Warnung bei den Verantwortlichen keinen Eindruck hinterlassen«, fuhr Gemma fort. »Aber zwei Tage nach meinem Treffen erhielt ich einen Anruf von Detective Chief Superintendent Straker, die mir mitteilte, dass sie und ihre Abteilung für ungeklärte Kriminalfälle vor dem gleichen Problem stehen. Möchten Sie selber was dazu sagen, Gwen?«

»Danke Gemma«, entgegnete Gwen und stand auf.

123

Sie zog sich ihren Blazer aus und hängte ihn an einen Haken an einem Regal.

»Ich werde mich dazu nicht weiter auslassen«, sagte sie. »Wir wissen alle, dass wir unter Beobachtung stehen. Aber unsere Abteilungen sind in einer etwas unkomfortableren Lage als die meisten anderen, denn wir können unsere Leute nicht einfach auf die Straße schicken, um auf die einfache Tour unsere Erfolgsstatistiken aufzuhübschen. Zumindest dachte ich das.« Sie machte eine Pause. »Aber dann kam mir in den Sinn, dass da draußen vielleicht tatsächlich ein paar Straftäter frei herumlaufen, deren Verfolgung und Verhaftung zweifellos in die Zuständigkeit der hier Versammelten fällt.«

Es entstand etwas Unruhe, die von allgemeinem Interesse kündete.

Gwen nickte einem ihrer Detectives von der Abteilung für ungeklärte Kriminalfälle zu. Er tippte auf ein paar Tasten der Tastatur seines Laptops, und der große Monitor erleuchtete. Auf ihm waren mehrere Reihen von Verbrecherfotos in Miniaturform zu sehen, insgesamt zwanzig an der Zahl.

»Anders als das FBI haben wir im Vereinigten Königreich keine offizielle Liste mit den meistgesuchten Verbrechern«, sagte Gwen. »Aber das heißt nicht, dass es nicht eine ansehnliche Zahl von Kriminellen gibt, die sich der britischen Justiz entzogen haben und in Verbindung mit einigen sehr schweren Verbrechen gesucht werden – Kriminelle, die möglicherweise noch in unserem Land leben und entweder untergetaucht sind oder sich falsche Namen und Identitäten zugelegt haben.«

Sie wandte sich dem Monitor zu.

»Deshalb habe ich zuerst Detective Superintendent Piper und anschließend dem National Police Chiefs' Council den Vorschlag unterbreitet, dass das Dezernat für Serienverbrechen und die Abteilung für ungeklärte Kriminalfälle ihre Ressourcen bündeln und wir eine Liste der meistgesuchten flüchtigen Verbrecher erstellen, von denen wir annehmen, dass sie sich noch in unserem Land aufhalten. Und dass wir uns die Fälle, wenn wir die Liste erstellt haben, allesamt noch einmal vornehmen und jeden einzelnen dieser Flüchtigen ausfindig zu machen versuchen. Kurzum: dass wir es uns zu unserer nächsten Aufgabe machen, die zwanzig Schlimmsten der Schlimmen zu jagen.«

Heck musterte die Reihen mit den Porträtfotos auf dem Monitor. Auf dem Weg in den Konferenzraum war jedem Anwesenden eine Mappe mit Unterlagen in die Hand gedrückt worden, die für den ihm zugewiesenen Fall relevant waren, aber auch übergreifende Informationen enthielten, die die Operation Vorschlaghammer insgesamt betrafen. Zweifellos würden all diese Verbrecherfotos und die ihnen beigefügten Auflistungen der Vorstrafen in den Unterlagen zu finden sein, aber es war interessant, all die Gesichter zusammen auf dem Monitor zu sehen.

»Ich brauche Ihnen nicht zu sagen, dass unser Kosten-Nutzen-Verhältnis in den Augen derer, auf die es ankommt, einen gewaltigen Sprung nach oben macht, wenn es uns innerhalb eines angemessenen Zeitrahmens gelingt, auch nur die Hälfte der Personen auf dieser Liste zu verhaften und dazu beizutragen, dass sie verurteilt werden. Denn jeder einzelne dieser ungeklärten Fälle ist den Mitgliedern des National Police Chiefs' Councils nicht nur ein Dorn im Auge, sondern ist ihnen auch ungeheuer peinlich.«

Sie hielt erneut inne, um ihre Worte sacken zu lassen.

»Also dann, Kolleginnen und Kollegen, herzlich willkommen in der Sonderkommission Vorschlaghammer. Den Namen hat Detective Superintendent Piper vorgeschlagen, weil wir die geballte Kraft der Polizei von England und Wales aufbieten werden, um diese verstreuten Verbrecher zu jagen, die sich ab sofort vielleicht in einer viel prekäreren Lage befinden, als ihnen bewusst ist.«

Vereinzeltes zustimmendes Kichern ging durch den Raum.

»Wie einige von Ihnen sicher bereits mitbekommen haben, setzen wir auf jeden Gesuchten zwei Detectives an. Mir ist durchaus klar, dass das nicht nach viel klingt, aber das gilt zunächst auch nur für die ersten Ermittlungen. Sobald ein Team mit dem ihm zugewiesenen Fall substanziell vorangekommen ist, wird Kommando Silber, das aus meiner Wenigkeit und aus Detective Superintendent Piper besteht, die die Sonderkommission zusammen mit mir aus der Kommandozentrale hier an der Staples Corner leitet, alle technischen, finanziellen und personellen Ressourcen zur Verfügung stellen, die erforderlich sind, um die Sache zu Ende zu bringen. Wir haben uns bereits mit den örtlichen Polizeidienststellen in den Gegenden in Verbindung gesetzt, auf die sich Ihre Ermittlungen konzentrieren werden, und in den meisten Fällen werden Sie feststellen, dass die Kripo vor Ort bereits einiges an Vorarbeit für Sie geleistet hat.«

Gwen machte erneut eine kurze Pause, bevor sie fortfuhr. »Ich werde meine Zeit nicht mit aufmunternden Worten verschwenden. Sie sind allesamt erfahrene Polizeibeamte und haben bereits von diesen Kriminellen gehört. Vielleicht hatten Sie sogar schon mal mit dem einen oder anderen zu tun. Aber es kann nicht schaden, wenn Sie sich noch mal vor Augen führen, welche Verbrechen ihnen zur Last gelegt werden, um sich zu motivieren. Das hier ist zum Beispiel Leonard Spate.« Sie zeigte auf eines der Verbrecherfotos. »Sicher wissen Sie alle, wer das ist. Er steht auf unserer Liste, weil er eine Frau in einem Nachtclub in Workington aufgegabelt, vergewaltigt und anschließend totgeschlagen hat. Er wurde festgenommen, aber noch während der Untersuchungshaft gelang ihm die Flucht. Anschließend vergewaltigte und ermordete er in Carlisle eine Prostituierte. Die beiden Kinder des letzteren Opfers starben ebenfalls, weil Spate, nachdem er mit der Mutter fertig war, das Haus in Brand gesteckt hat, in dem die beiden Kinder schliefen.«

Im Raum erhob sich angewidertes Gemurmel.

»Oder wie wär's mit Terry Godley?«, fragte Gwen und zeigte auf ein anderes Foto. »Er wird im Zusammenhang mit einem bewaffneten Autoraub in Nottingham gesucht, der schon einige Jahre zurückliegt. In dem Auto saßen zwei Teenager. Die beiden Jungen wurden später tot aufgefunden. Sie waren gezwungen worden sich hinzuknien und sind dann wie bei einer Exekution mit Schüssen in den Hinterkopf regelrecht hingerichtet worden.«

Sie hielt kurz inne und fuhr dann fort. »Und nicht zu vergessen Christopher Brenner, der vor vier Jahren untergetaucht ist, nachdem in seinem Keller in Luton drei vermisste Prostituierte gefunden wurden. Sie waren angekettet, gefoltert und mehrfach vergewaltigt worden und so ausgehungert, dass sie beinahe an Unterernährung gestorben wären.«

Und so ging es weiter, ein Name nach dem anderen wurde abgehakt, die Gräueltaten, die den Gesuchten zur Last gelegt wurden, waren allesamt gleichermaßen abscheulich. Doch Heck bereitete das Ganze ein gewisses Unbehagen. Es war keine einfache Aufgabe, der sich die Detective-Duos gegenübersahen.

»Also, Kolleginnen und Kollegen«, Gwen fixierte die Versammelten mit einem entschlossenen Blick, »wie Sie sehen, retten wir nicht nur unsere eigene Haut, indem wir uns diese Burschen vorknöpfen. Wenn es uns auch nur gelingt, die Hälfte dieser Verbrecher einzubuchten, ach, was sage ich, wenn wir auch nur ein Drittel von ihnen schnappen, erweisen wir der Welt einen Riesengefallen. Weder ich noch Detective Superintendent Piper haben vor, so zu tun, als ob das ein leichtes Unterfangen wäre. Aber zumindest bedeutet es, dass wir unser gemeinsames Schicksal noch selber in den Händen haben.«

Heck war im Kriminalbüro und gerade dabei, Fotos in sein Sammelalbum einzukleben, als Gail sich zu ihm gesellte.

Auf den Porträtfotos sahen die drei Geistlichen Strachan, Hanson und Thomas aus wie durch und durch anständige Menschen. Ersterer onkelhaft und jovial, Zweitere steif und kultiviert und Letzterer freundlich und verschmitzt. Es gab dieser Tage ein paar zwielichtige Gestalten, die dem geistlichen Stand angehörten, daran gab es keinen Zweifel. Aber diese drei hatten offenbar ein makelloses Leben gelebt und waren somit traurige Ergänzungen seiner Sammlung. Das Sammelalbum konnte nur noch dem Namen nach als ein solches gelten. Den Buchrücken gab es nicht mehr, und der Umschlag war so oft zerfetzt und wieder repariert worden, dass er eher aus Klebeband bestand als aus Pappe. Doch der Inhalt des Büchleins, eine Sammlung von Fotos all der Opfer, denen er in irgendeiner Weise Gerechtigkeit hatte widerfahren lassen, hatte allen Widrigkeiten getrotzt und war noch intakt. Genau genommen enthielt das Album inzwischen mehr Fotos, als vorgesehen waren, weshalb Heck ein paar zusätzliche Seiten hatte einkleben müssen.

»Ich habe schon von deinem Album gehört«, sagte Gail und sah ihm über die Schulter. Etliche Gesichter blickten zu ihr auf, während er das Buch durchblätterte, um zu sehen, ob irgendwo noch Platz war. Es gab sowohl Passfotos als auch solche, die bei irgendwelchen Veranstaltungen oder Familienfeiern aufgenommen worden waren. Auf den Fotos waren Männer und Frauen jeden Alters und aller möglichen Ethnien zu sehen. Keiner von ihnen wirkte unglücklich. Warum auch? Als die Fotos aufgenommen worden waren, waren sie alle noch auf dieser Welt gewesen und hatten keine Ahnung davon gehabt, welches Schicksal langsam auf sie zukroch.

»Du sammelst nur die Opfer, oder?«, fragte sie.

»Na ja, die Opfer sind ja am wichtigsten«, erwiderte er. »Die Kriminellen können von mir aus verrotten. Und zu meiner Freude tun die meisten das auch – entweder im Gefängnis oder unter der Erde.« Er klappte das Album zu und steckte es in die Schublade seines Schreibtischs.

»Du wirkst gestresst«, stellte sie fest.

Er blickte zu ihr auf. »Ich bin nicht gestresst. Aber vor uns liegt eine ziemlich große Aufgabe. Wir müssen uns voll darauf konzentrieren.«

»Ich nehme an, die Sache läuft so: Die Letzte, die gekommen ist, ist die Erste, die wieder geht. Richtig?«

»Hä?«

Gail ließ sich hinter ihrem Schreibtisch nieder. Nachdem die Besprechung vorbei war, strömten die Detectives zurück ins Kriminalbüro. Die meisten waren beschäftigt, aber sie senkte trotzdem die Stimme.

»Während meines Vorstellungsgesprächs und im Laufe des Bewerbungsverfahrens hat mir niemand gesagt, dass das Dezernat für Serienverbrechen an einem seidenen Faden hängt.«

»Das tut es auch nicht«, entgegnete er. »Diese Sprüche haben wir schon tausendmal gehört.«

»Das glaubst du nicht wirklich. Ich sehe es dir an.«

»Jetzt hör mir mal zu, Gail. Jedes Mal, wenn wir es mit einem besonders aufsehenerregenden Fall zu tun haben, hören wir das Gleiche: ›Klärt das schnell auf, die Zukunft des Dezernats hängt davon ab‹. Und was passiert? Wir lösen den Fall, und das Leben geht weiter.«

»Vielleicht läuft es so. Aber mir geht der Gedanke einfach nicht aus dem Kopf, dass ich im ersten Zug zurück nach Surrey sitze, wenn Gemma wirklich gezwungen sein sollte, Personal einzusparen.«

»Tja, dann musst du ihr nur beweisen, dass das nicht erforderlich sein wird.« Er stand auf und reichte ihr die Creeley-Akte. »Und in dieser Hinsicht kommt das hier doch wie gerufen, meinst du nicht auch?«

»Wie du gesagt hast«, entgegnete sie, »es ist eine große Aufgabe.«

»Und wie du gesagt hast: ›Dann stehen wir also gar nicht unter Druck.‹«

11

Als Spencer Taylor sich an diesem Abend bereit machte, die Zielperson auftragsgemäß abzuknallen, hatte er keinen Anlass anzunehmen, dass es nicht so glattlaufen würde wie immer.

Dante Brown war ein reines Gewohnheitstier. Seitdem er den Stamford Toreadors den Rücken gekehrt, sich einen Job als Pizzaauslieferer bei Domino's Pizza besorgt hatte und bei seiner schwangeren Freundin Carolyn eingezogen war, konnte man nach seinem Tagesablauf die Uhr stellen.

An Wochentagen endete seine Schicht um 22 Uhr, danach hing er ausnahmslos immer noch etwa fünfzehn Minuten in dem Laden herum, während die Youngsters, die dort arbeiteten, ihm eine Pizza machten, die aufs Haus ging oder ihm vielleicht auch vom Lohn abgezogen wurde. Danach schlenderte er, dank seines roten Hoodies, den er immer trug, deutlich erkennbar, mit dem Pizzakarton unterm Arm die Seven Sisters Road entlang, erreichte um halb elf St Ann's Road und bog dort nach links auf die South Tottenham ab. Da sich seine Bude über einem Laden für Alarmanlagen an der Tottenham High Road befand, hatte er sein Ziel nun auch schon fast erreicht. Zu Hause angekommen, verbrachten er und Carolyn den Rest des Abends in Unterwäsche aneinandergekuschelt vor ihrem tragbaren Fernseher und mampften genüsslich die 30-Zentimeter-Margherita in sich hinein, die Dante mitgebracht hatte.

Wenn er doch nur nicht …

Während Spencer etwa 30 Meter westlich der Einmündung der Tottenham High Road in einer dunklen Nische zwischen zwei vergitterten Ladenfronten wartete, schüttelte er in vorgetäuschtem Bedauern den Kopf.

Wenn Dante doch nur nicht vergessen hätte, wer er war.

Wenn er doch nur nicht so einen schwachen Willen gehabt und sich von Carolyn hätte überreden lassen, einen sogenannten »besseren Weg« einzuschlagen. Er hatte sich nur darauf eingelassen, um ihr das Hirn rausvögeln zu können.

Wenn Dante, als er klargestellt hatte, dass er mit seinen neunundzwanzig Jahren genug von alldem hatte und die Toreadors groß genug seien, um auf eigenen Beinen stehen zu können, doch wenigstens getan hätte, was er ihnen gesagt hatte – nämlich, dass er sich in sein Privatleben zurückziehen würde.

Hätte er während der vergangenen zwei Wochen doch bloß nicht angefangen, sich heimlich mit Undercover-Beamten der Sonderkommission Trident zu treffen, einer Spezialeinheit der Metropolitan Police, die Verbrechen mit Schusswaffengebrauch und Morden im afro-karibischen Milieu nachging.

Letzteres war unerwartet gewesen, das musste Spencer zugeben.

Dante, der ja inzwischen schon ein Elder Statesman war, war einst nicht nur der geistige Anführer der Toreadors gewesen, sondern auch ein guter Soldat, ein richtiger Marine. Und es war ja nicht so, als ob Dante, wenn er auf einmal beschließen sollte zu quatschen, problemlos seine eigene Vergangenheit auslöschen könnte. Soweit Spencer wusste, hatte Dante mindestens zweimal abgedrückt. Das war natürlich lange her, aber es war zweifellos der Grund dafür, dass er auf einmal bereit war zu singen. Die Arschlöcher von der Sonderkommission Trident mussten ihn in der Hand haben. Sie hatten genug, um ihn für die Fehltritte in seiner Jugend dranzukriegen, also hatte er ihnen einen Deal angeboten. Und was konnte man schon anbieten, um zwei vorsätzliche Bandenmorde aufzuwiegen? Tja, wie wär's mit noch viel mehr Bandenmorden? Zehn, fünfzehn oder vielleicht sogar alle zwanzig Morde, in die die Toreadors nach allem, was Spencer wusste, in den vergangenen zwanzig Jahren verwickelt gewesen waren. Und er war nicht mal sicher, dass es nicht noch mehr Morde gegeben hatte. Mit seinen neunzehn Jahren war er

131

ja noch ein ziemlicher Neuling. Aber Dante würde alles über die Aktivitäten der Bande wissen, und zwar bis weit zurück in die Vergangenheit.

Doch es war schon merkwürdig, in welchen Geisteszustand man verfallen konnte, wenn jemand, den man einst angehimmelt hatte, sich über Nacht in jemanden verwandelte, durch den man selber zu einem Star aufsteigen konnte.

Ein Bandenmitglied oder auch nur ein ehemaliges Bandenmitglied wie Dante Brown zu eliminieren wäre jedem der Toreadors schwergefallen. Er hatte die Bande zu dem gemacht, was sie war, und jedem von ihnen schon mal einen persönlichen Gefallen erwiesen. Seine Führerschaft hatte jeden Einzelnen von ihnen zu Großem inspiriert. Insofern fühlte es sich selbst jetzt, da er ein Spitzel war, in jeder Hinsicht falsch an, ihm das Licht auszublasen.

Aber irgendjemand musste es tun.

Und das war Spencers Gelegenheit, zum Mann der Stunde zu werden.

Als er die Hand gehoben hatte, hatten sie ihn nicht voller Ehrfurcht angesehen, sondern eher überrascht, und wahrscheinlich gedacht, was zum Teufel dieser rotznäsige Hosenscheißer wohl glaubte, wer er war.

Seine beiden bisherigen Morde hatten offenbar nicht gezählt, aber wie auch? Beide Male war er Teil eines Drei-Mann-Teams gewesen. Beim ersten Mal hatte er aus einem fahrenden Auto auf eine Menge vor einem Döner-Imbiss geschossen. Drei Typen waren zu Boden gegangen, und er war sicher gewesen, der Einzige gewesen zu sein, der den Kerl, auf den sie es abgesehen hatten – den, der in der Mitte gestanden hatte –, getroffen zu haben, aber es hatte keine Möglichkeit gegeben, das zu beweisen. Das andere Mal hatte er durch die Scheibe eines Friseursalons gefeuert, das Ziel des Angriffs, die ältere Schwester eines Rivalen, der zuvor zwei von ihren eigenen Leuten umgenietet hatte, jedoch nur mit einem Streifschuss erwischt. Doch die anderen beiden Mitglieder des Teams hätten sie nicht erledigen können, wenn sie sich dank seines Schusses nicht aus dem Haufen ihrer Freundinnen gelöst und auf den Teppich aus Scherben gestürzt wäre. Auch diesmal hätte er nicht erwarten können, das Lob einzuheimsen. Denn natürlich waren sie nicht dageblieben, um zu checken, wessen Kugeln den größten Schaden angerichtet hatten.

Doch dieser Auftrag würde alles ändern.

Danach würde sich niemand, der ihn in dem Viertel herum-schlendern sah, mehr fragen, wer er war. Niemand würde jemals wieder nach seinen Referenzen fragen.

Spencer wurde jäh aus seinen Träumen über seinen künftigen Ruhm gerissen, als er auf einmal die Zielperson, hinter der er her war, beiläufig in sein Sichtfeld schlendern sah.

Was zum Teufel …

Im ersten Moment war Spencer völlig baff.

Wie spät war es denn? Er hatte nicht mal Zeit, sein Handy hervorzuholen, um auf die Uhr zu sehen, denn in den zwei oder drei Sekunden, die das dauern würde, wäre Dante schon an ihm vorbei. Der Kerl war bereits direkt gegenüber am Ende der St Ann's Road. Aufgrund seiner Größe, seines roten Hoodies, dessen Kapuze er aufgesetzt hatte, und des quadratischen Pizza-kartons unter seinem Arm war er unverkennbar.

Spencer war klar, dass er keine Zeit hatte, sich den Kopf dar-über zu zerbrechen, warum Dante an diesem Tag früher war als sonst. Er zog den Reißverschluss seiner Jacke hoch bis zum Hals, stopfte seine behandschuhten Hände in die Vordertaschen sei-ner Jacke, kam aus seiner Nische hervor und fiel in Dantes Schritt mit ein, allerdings auf seiner Seite der Straße. Wie üblich herrschte auf der Straße Verkehr, aber da es schon 22:25 Uhr war, waren in beide Richtungen nur noch vereinzelte Autos unter-wegs. Als sich eine Lücke auftat, trat Spencer auf den Asphalt, überquerte die Straße diagonal und ging auf die ahnungslose Gestalt zu, die sich etwa zehn Meter vor ihm befand.

»He, Bro!«, rief er. »Dante! He, Alter!«

Die Gestalt mit der Kapuze auf dem Kopf drehte sich nicht um, sondern ging einfach weiter.

Er hat es bestimmt eilig, mit seiner leckeren Pizza zu seiner tollen Tussi nach Hause zu kommen. Tja, letztere dieser beiden Leckereien würde vielleicht schon sehr bald von ihm selbst vernascht werden, dachte Spencer voller begieriger Vorfreude.

Er zog seinen Bulldog-.44-Special-Revolver hervor, den er vor seinem Bauch unter dem Hosenbund verborgen hatte.

»He, Dante!«, rief er erneut.

Spencer erreichte den Bürgersteig. Sein Opfer war nur noch fünf Meter vor ihm, hatte sich aber immer noch nicht umgesehen, was Spencer eigentlich nicht so toll fand, weil er ihn nicht von hinten abknallen wollte. Aber er hatte keine Zeit, groß darüber nachzudenken.

Er drückte ab.

Einmal. Zweimal. Dreimal.

Der Bulldog hatte einen stärkeren Rückstoß, als er erwartet hatte, aber aus dieser kurzen Distanz konnte er sein Ziel nicht verfehlen. Die erste Kugel traf die linke Seite von Dantes Hals und schleuderte seinen Kopf nach rechts. Die zweite traf ihn oben in die linke Schulter. Die dritte drang hinten in seinen Schädel ein, riss einen riesigen Krater in den Stoff, ins Haar und in den Knochen und hatte die verheerendste sichtbare Wirkung der drei abgefeuerten Geschosse.

Im ersten Moment kam es ihm so vor, als würde vor seinen Augen ein flimmernder unwirklicher Film ablaufen, doch als die getroffene Gestalt trudelnd zu Boden stürzte, sah Spencer drei Dinge: zwei In-Ear-Ohrstöpsel segelten auf den Bürgersteig – offenbar hatte Dante wieder angefangen, Musik zu hören, was erklärte, warum er Spencers Rufe nicht gehört hatte; statt einem Karton mit einer herausfliegenden Pizza knallte ein großes quadratisches Buch, das aussah wie ein Uni-Lehrbuch, mit flatternden Seiten auf den Boden – was Spencer verwirrte, da er Dante nie für jemanden gehalten hatte, der sich für Bücher interessierte; und die Kapuze war zwar ebenso wie der Schädel darunter zerfetzt, jedoch auf dem Kopf sitzen geblieben, sodass er, als der Körper des Erschossenen auf den Boden schlug, nur einen Blick auf das Gesicht erhaschte.

Doch das reichte ihm, um zu sehen, dass es ein weißes Gesicht war.

Spencer stand wie erstarrt da. Den Arm, in dem er den Revolver hielt, hatte er angewinkelt, seine Augen traten froschartig hervor, sein Gesicht war auf einmal mit Schweißperlen gesprenkelt.

»Was, zum Teufel?«, murmelte er.

Panische Gedanken rasten durch seinen Kopf.

Egal … das war in Ordnung … es bedeutete nicht das Ende der Welt … so was kam vor … Pech gehabt … verwechselte Identität … Kriegsopfer … Kollateralschaden …

Scheiße! Seine Stimme wurde heiser, als ihm mit der Wucht eines auf einen Amboss schlagenden Hammers eine Frage in den Kopf donnerte: Wenn er nicht Danté Brown umgenietet hatte – wo, zum Teufel, war der Kerl dann?

Spencer drehte sich um und blickte den Bürgersteig entlang.

Dante – der *richtige* Dante – war gut vierzig Meter hinter ihm bestürzt stehen geblieben. Er trug seinen roten Hoodie, hatte aber keinen Kopfhörer auf den Ohren. Und er hatte auch kein Buch unter dem Arm, sondern den üblichen Pizzakarton.

Und er war nicht alleine.

Eine vollbusige schwarze junge Frau, die ein Top, eine Hose und flauschige Schlappen trug, war aus dem Laden gekommen, neben dem er stehen geblieben war. Das Knallen der Schüsse hatte sie aus dem Laden getrieben, und sie starrte wie Dante den Bürgersteig entlang. Hinter ihnen standen andere und gafften auch. Dante war der Erste, der sich bewegte. Er ging langsam rückwärts, machte immer längere Schritte, ließ die Pizza fallen, drehte sich um und rannte um sein Leben.

Spencer rannte einen Meter hinter ihm her, bevor sich sein gesunder Menschenverstand einschaltete.

Dante war älter, größer und stärker. Außerdem hatte er längere Beine. Spencer konnte ihn unmöglich einholen.

»Mal sehen, ob du schneller bist als eine Kugel, du Wichser!«

Er zielte beidhändig, wie er es in US-amerikanischen Polizeiserien gesehen hatte. Er hatte noch drei Kugeln übrig und würde Dante nicht verfehlen.

Doch genau das tat er.

Die erste Kugel ging völlig daneben. Die zweite traf die schwarze junge Frau in den Hals. Ihr Kinn flog hoch, und sie taumelte rückwärts.

Trotz der Panik, die ihn befiel, war Spencer klug genug, nicht auch noch die dritte Kugel zu vergeuden.

Er wirbelte herum und hielt nach dem Team mit dem Fluchtwagen Ausschau. Nachdem Dante davongekommen war und ihn gesehen hatte – ihre Blicke waren sich begegnet, und er hatte ihn eindeutig erkannt –, würden sie natürlich nicht mehr scharf darauf sein, zu erkennen zu geben, dass sie ihn kannten.

O mein Gott. O mein Gott!

Spencer stürmte über die St Ann's Road und rannte auf die Mündung der Gasse zu, wo der Fluchtwagen, ein gestohlener Ford Mondeo, auf ihn warten sollte. Der Mondeo stand auch wie vereinbart da. Der Junge auf dem Mountainbike müsste auch da sein, der Möchtegerngangster, der mit einem offenen Rucksack auf dem Rücken bereitstehen sollte, in den Spencer die Waffe, die Handschuhe und die Jacke stopfen sollte. Doch als Spencer noch etwa zwanzig Meter von dem Treffpunkt entfernt war, sah er, wie der Junge mit seinem noch leeren Rucksack auf dem Rücken in die Pedale trat und schnell auf der Tottenham High Road davonradelte.

Noch so jung und schon so weise und so perfekt mit den erforderlichen Überlebensinstinkten ausgestattet.

Das Team mit dem Fluchtwagen wartete auch nicht. Als Spencer noch gut zehn Meter entfernt war, setzte der Wagen sich in Bewegung und fuhr los.

Spencers lang gezogener Schrei verengte sich zu einem gequälten, verzweifelten Kreischen.

Doch der Mondeo raste davon.

Das alles hatte nichts mit ihnen zu tun. Sie waren nur zwei Typen, die noch eine spätabendliche Spritztour unternahmen. Sie hatten nicht mal gesehen, was passiert war.

Natürlich kämen sie nicht mehr so einfach davon, wenn ihnen später die Arschlöcher von der Sonderkommission Trident einen Besuch abstatteten und eine komplette Liste mit Namen dabeihätten, weil Dante Brown zu dem Schluss gekommen war, dass es sich nicht mehr lohnte, noch irgendetwas zurückzuhalten.

Spencer Taylor rannte die Stamford Hill entlang. Ein Schweißfilm auf seinen Augen trübte seinen Blick, seine Lunge brannte unter seinen Rippen, seine Welt brach um ihn herum zusammen wie in einer durch ein Erdbeben verursachten Katastrophe.

12

»Wir nehmen die Tatsache, dass Eddie Creeleys einzige lebende Angehörige in unserem Revier lebt, nicht auf die leichte Schulter«, sagte Detective Constable Barry Hodges.

»Nein?«, fragte Heck.

»Überhaupt nicht.« Hodges schüttelte den Kopf, während er sie in die Wohnsiedlung fuhr. »Schon vor dem Start dieser Operation haben wir sie im Auge behalten. Schließlich hat Creeley hier in Humberside jede Menge Banken überfallen.«

Hodges war für einen Detective selbst nach den auf normalen Polizeiwachen geltenden Maßstäben noch sehr jung. Er hatte ein frisches, jugendlich wirkendes Gesicht, kurz geschorenes blondes Haar und einen gepflegten blonden Schnäuzer. Er war einer der beiden Polizeibeamten, die Heck und Gail von der örtlichen Polizei als Unterstützung zur Seite gestellt worden waren, und hatte von dem Moment an, in dem sie einander vorgestellt worden waren, den Eindruck gemacht, es ihnen unbedingt recht machen zu wollen. Das lag höchstwahrscheinlich daran, dass er noch so jung und naiv genug war, um von der Aussicht fasziniert zu sein, an einem Spezialeinsatz wie der Operation Vorschlaghammer beteiligt zu sein. Für Heck war das mal eine erfreuliche Abwechslung. Er war schon oft genug in die »Provinz« gekommen, wie gewisse Beamte der National Crime Group die lokalen Polizeidienststellen des Vereinigten Königreichs abfällig bezeichneten, und war dort einer Mauer ungefälliger Gleichgültigkeit begegnet.

Somit störte es Heck auch nicht weiter, dass Hodges Freundlichkeit durch die sonst meistens anzutreffende feindselige Haltung des anderen ihnen zur Seite gestellten Beamten, Detective Sergeant Vic Mortimer, ausgeglichen wurde, der vorne auf dem

Beifahrersitz saß. Seit Hecks und Gails Ankunft hatte Mortimer noch nichts Bedeutungsvolles von sich gegeben, und auch jetzt, da sie in die verrufene Wohnsiedlung Orchard Park begleitet wurden, schien er nicht daran interessiert, sich an einem Gespräch zu beteiligen. Mortimer war Ende vierzig, untersetzt und stämmig gebaut. Sein Gesicht war blass und voller Narben, sein ergrauendes Haar kragenlang und nach hinten gegelt. Während Hodges ein Jackett, ein frisch gewaschenes Hemd und eine gebügelte Krawatte trug und somit vorschriftsmäßig gekleidet war, hing Mortimers Krawatte locker um den aufgeknöpften Kragen seines Hemdes, über dem er eine zerknitterte Lederjacke trug.

»Da wohnt sie«, sagte Hodges und zeigte aus dem Fenster.

Heck und Gail, die beide hinten in dem Jaguar saßen, blickten nach links.

In dieser ziemlich trostlosen Siedlung sahen die niedrigen Wohnblöcke alle gleich aus, aber der, auf den Hodges zeigte, war hufeisenförmig angelegt, und Heck erkannte ihn aus der Fallakte wieder.

»Hellington Court«, fügte Hodges überflüssigerweise hinzu, denn Gail und Heck wussten es bereits, da sie sich auf der Hinfahrt von London am Steuer abgewechselt und somit ausreichend Zeit gehabt hatten, sich mit den Details des Falls vertraut zu machen. »Nanette Creeley wohnt in Nummer 26.«

»Wie viel Aufmerksamkeit haben Sie diesem Ort geschenkt?«, fragte Heck.

»Na ja, seit wir von der Operation Vorschlaghammer erfahren haben, deutlich mehr«, erwiderte Hodges. »Aber wir haben sie die ganze Zeit im Auge behalten. Normalerweise um zu sehen, ob es irgendein Anzeichen dafür gibt, dass ihr Bruder sich in der Gegend rumtreibt.«

»Was genau haben wir uns unter ›im Auge behalten‹ vorzustellen?«, fragte Gail.

Heck und Gail wandten sich um, als der schäbige Wohnblock langsam hinter ihnen zurückfiel.

»Wir hatten auf den umliegenden Dächern Beobachtungsposten«, erklärte Hodges und bog in eine Seitenstraße. Heck nahm an, dass er gleich noch mal abbog und zurückfuhr, damit sie Hellington Court auch von der Rückseite in Augenschein nehmen konnten. »Es gibt hier jede Menge gute Stellen, von denen man ihre Wohnung beobachten kann. Hin und wieder haben wir sie auch beschattet, wenn sie irgendwohin gegangen oder gefahren ist. Sie wissen schon, um zu sehen, ob sie sich mit ihm treffen würde oder so.«

»Also keine Überwachung mit nachrichtendienstlichen Mitteln?«, fragte Heck.

Hodges Wangen erröteten. »Die Sache ist ja erst in der vergangenen Woche wieder zu einer Priorität geworden. Das hier ist eine sehr kriminelle Gegend. Wir haben jede Menge andere Dinge zu tun.«

»Sind Sie oft hier vorbeigefahren, so wie jetzt?«, fragte Heck.

»In der letzten Woche drei- oder viermal am Tag. Aber uns ist nichts Berichtenswertes aufgefallen.«

»Warum wollen Sie das wissen?«, schaltete Mortimer sich ein. Er klang, als ob ihn die Frage argwöhnisch machte.

Sie näherten sich Hellington Court erneut, diesmal von einer anderen Seite. Von ihrer neuen Position aus lag der Wohnblock hinter einer mit Müll übersäten Grünfläche, und von hier wirkte der Block mit seiner trostlosen Fassade wie eine mit Kieselrauputz versehene, aufragende Mauer mit jeder Menge Sattelitenschüsseln obendrauf.

»Ganz einfach«, entgegnete Heck. »Wenn Sie auf einmal regelmäßig in einem Streifenwagen hier rumgekurvt sind, ist es sehr wahrscheinlich, dass die Ganoven aus dieser Gegend längst Lunte gerochen haben, dass irgendwas im Gange ist. Und ich denke, dass hier ein ganzer Haufen von ihnen wohnen dürfte.«

»Mehr als uns lieb ist«, bestätigte Hudges. »Sie machen den rechtschaffenen Anwohnern das Leben schwer.«

»Die Sache ist die«, fuhr Heck fort. »Wenn Sie gecheckt

haben, dass Sie hier auf einmal häufiger aufkreuzen, was sie mit Sicherheit haben, könnte es inzwischen auch Creeleys Schwester zu Ohren gekommen sein, dass sich die Polizei in letzter Zeit öfter als üblich in der Nähe von Hellington Court blicken lässt. Und das wiederum bedeutet: Wenn ihr Bruder in letzter Zeit hier in der Gegend gewesen sein *sollte,* ist er es jetzt ganz bestimmt nicht mehr.«

»Creeley war und ist nicht hier«, stellte Mortimer klar. Er blickte sich nicht mal zu Heck und Gail um. »Wir haben auch unsere Informationen. Und er wurde seit zwei Jahren nicht gesehen. Nicht in dieser Gegend, und auch sonst nirgendwo.«

Das wusste Heck bereits. Deshalb sagte er nichts dazu.

»Und was ist mit seiner Schwester, Nanette?«, fragte Gail. »Wie sieht ihr Lebenswandel aus?«

»Die ist ziemlich begriffsstutzig«, sagte Mortimer.

»Was meinen Sie damit?«

Mortimer grinste süffisant. »Genau das, was ich gesagt habe. Man sieht es ihr schon an.«

»Und ziemlich einsam«, fügte Hodges hinzu. »Als wir sie observiert haben, hat sie nur die alte Frau besucht, die neben ihr wohnt. Ansonsten scheint sie keine Bekannten zu haben.«

»Sie muss doch manchmal das Haus verlassen«, wandte Heck ein.

»Sie arbeitet im örtlichen Spar-Markt. Da geht sie natürlich hin. Ansonsten hilft sie wie gesagt manchmal ihrer Nachbarin, einer gebrechlichen, bettlägerigen alten Dame namens Maggie Stroke. Für Maggies Wohnung hat sie offenbar einen Schlüssel. Meistens sieht sie gleich morgens nach ihr. Und abends geht Nan in den Pub.«

»In welchen Pub?«, fragte Heck.

»In *den* da.«

Sie blickten nach rechts und sahen ein frei stehendes Backsteingebäude, das an einer Straßenecke stand und hinter dem sich Brachland erstreckte. Es sah so aus, als ob es einmal mit anderen Häusern verbunden gewesen wäre, die jedoch inzwischen alle abgerissen worden waren. Auf dem Schild über der Eingangstür prangte das verblichene Bild einer Gestalt mit einem Südwester und dem Namen des Pubs »The Crewman«. Als sie an dem Pub vorbeifuhren, kam gerade eine korpulente Frau in einer ärmellosen Weste mit komplett tätowierten Armen und kurzem dunklem Haar aus der Tür. Sie hatte eine Gießkanne in der Hand und goss die Blumen in den Blumenkästen unter den Fenstern mit den Milchglasscheiben.

»Das ist ihre Stammkneipe?«, fragte Heck.

»Es ist der einzige Pub, den es in diesem Viertel noch gibt«, erwiderte Hodges.

»Und da geht sie abends hin, sagen Sie?«, fragte Gail.

»In letzter Zeit, ja.«

»An den meisten Abenden?«

»In letzter Zeit war sie fast jeden Abend da. Und man kann die Uhr danach stellen. Sie kreuzt fast immer um Punkt halb neun auf. Ich weiß es, weil ich sie letzte Woche ein paarmal beschattet habe.« Hodges schien zu spüren, dass Heck dies mit Skepsis bedachte. »Keine Sorge, Detective Sergeant. Ich habe mich passend gekleidet. Sie hat nicht gemerkt, dass ich ein Polizist bin.«

»Sie ist zu begriffsstutzig, um überhaupt irgendwas zu merken«, grummelte Mortimer.

»Redet sie in der Kneipe mit jemandem?«, fragte Heck.

»Nein. Nie. Das meinte ich damit, als ich gesagt habe, dass sie keine Bekannten zu haben scheint. Sie steht immer alleine am Ende der Theke, jeden Abend an der gleichen Stelle. Bestellt sich ein halbes Pint Bitter und schreibt einen Brief.«

Das erschien Heck und Gail sofort eigenartig.

»Sie schreibt einen Brief?«, fragte Gail.

»Na ja, sie schreibt nicht immer einen Brief«, räumte Hodges ein. »Letzte Woche hat sie es zweimal gemacht. Am Dienstag und am Donnerstag. An den anderen Abenden hat sie einfach nur allein dagestanden und ihr Bier getrunken.«

»Und sie redet mit niemandem?«

»Nur, um ihr Getränk zu bestellen.«

»Und sie trinkt nur ein Bier?«, hakte Heck nach.

»Soweit ich gesehen habe, ja. Sie hält sich etwa eine Stunde damit auf.«

»Sie steht tatsächlich an der Theke und schreibt einen Brief?«

»Ja. Und auf dem Nachhauseweg wirft sie ihn in den Briefkasten. Zumindest hat sie es an den beiden Abenden so gemacht.«

»Ist Ihnen mal in den Sinn gekommen, dass das ein ziemlich außergewöhnliches Verhalten ist?«, fragte Heck. »Absolut außergewöhnlich. Wer weiß, vielleicht schreibt sie ihrem Bruder Briefe.«

»Sehr scharfsinnig«, stellte Mortimer in selbstgefälligem Ton fest. »Deshalb haben wir uns am Freitagmorgen in aller Frühe einen richterlichen Beschluss besorgt und den Briefkasten vor der morgendlichen Leerung geöffnet.«

»Gut mitgedacht«, sagte Gail.

»Das Problem ist nur: Wir haben nichts Brauchbares gefunden.«

»Jeder Brief war an einen legitimen Empfänger adressiert.« Hodges verließ die Siedlung und bog auf eine Hauptverkehrsstraße. »Wir haben alle im Wählerverzeichnis überprüft, in unserer Datenbank gegengecheckt und so weiter. Keiner von ihnen war vorbestraft, geschweige denn hatte einer der Adressaten irgendeine Verbindung zu Eddie Creeley.«

Heck und Gail dachten über all das nach, während sie zur Wache Clough Road zurückfuhren.

»Briefe zu schreiben, verstößt gegen kein Gesetz«, sagte Gail schließlich.

»Nein«, stimmte Heck zu, doch sein Misstrauen war auf jeden Fall geweckt.

Normalerweise schrieb man Briefe zu Hause, aber Heck hielt es auch nicht für ausgeschlossen, dass die bekanntermaßen »ein-

same Seele« Nanette Creeley auf der Suche nach geselliger Atmosphäre oder einfach nur, um ein bisschen unter Leuten zu sein,
abends in den Pub ging und ihre Briefe nur zufällig dort geschrieben hatte.

»Sie haben gesagt, es ist immer das gleiche Muster?«, fragte er.
»Gut, sie schreibt nicht jeden Abend einen Brief, aber sie geht
immer zur gleichen Zeit in den Pub und steht immer an der gleichen Stelle?«

»Na ja, wir haben sie nur während der vergangenen Woche
genau beobachtet«, erwiderte Hodges. »Aber in der Zeit war es
mehr oder weniger immer der gleiche Ablauf.«

»Das klingt ungewöhnlich genug, um ein paar weitere Nachforschungen anzustellen«, stellte Heck klar.

»Vielleicht wäre es an der Zeit, das Ganze frontal anzugehen«,
schlug Gail vor.

Heck sah sie an. »Was meinst du damit?«

»Nanette Creeley ist nicht vorbestraft. Wenn sie eine gesetzestreue Bürgerin ist und durch falsch verstandene Familienloyali-
tät in diese Sache hineingezogen wurde – ich weiß nicht, vielleicht würde sie mit uns reden?«

»Es geht um ihren Bruder. Glaubst du, sie würde dazu bei-
tragen, ihn lebenslang hinter Gitter zu schicken?«

»Vielleicht. Wenn sie hört, was er getan hat. Es ist eins der
abscheulichsten Verbrechen, von denen ich je gehört habe, vor
allem die Ermordung der Ehefrau dieses Bankfilialleiters.«

Mortimer lachte laut. »Sie weiß bereits, was er getan hat. Sie
wird uns nicht helfen.«

»Vielleicht sollte *ich* es mal versuchen«, sagte Gail.

Der Detective Sergeant lachte erneut. »Glauben Sie, Sie können sie mit Ihrem Softie-Akzent aus dem Süden rumkriegen?
Nur zu.«

»Eddie ist ihr einziger noch lebender Angehöriger«, sagte
Heck. »Sie wird ihn uns bestimmt nicht auf dem Silbertablett
servieren.«

144

»Sie muss doch wissen, dass es so nicht weitergehen kann.«
Mortimer schüttelte den Kopf. Er schien noch belustigter.

»So weit denken sie nicht«, stellte Hodges klar. »Keiner von ihnen.«

Gail sagte nichts mehr, wirkte jedoch frustriert.

Heck ging erneut durch den Kopf, dass sie noch viel lernen musste. Abgesehen von einem kurzen Intermezzo in London, wo sie gemeinsam in einer heruntergekommenen Absteige Verhaftungen vorgenommen hatten, hatte sie ihr ganzes bisheriges Polizistinnendasein in der wohlhabenden Grafschaft Surrey verbracht. Na gut, da gab es auch Bösewichte und nicht nur Kriminelle mit weißem Kragen. Aber in innerstädtischen Problemvierteln wie diesem, in dem der Schweigekodex allgegenwärtig war – entweder aufgrund einer Art von Unterschichtloyalität oder durch Angst –, konnte sie nicht allzu viele Erfahrungen gesammelt haben. In so einer Gegend lieferte man einen der Mitunterdrückten nur unter höchstem Risiko an die Unterdrücker aus.

Im Wagen wurde nicht mehr gesprochen, bis der Jaguar auf dem Personalparkplatz der Wache Clough Road hielt, die ebenfalls in einem trostlosen, seelenlosen Gebäude untergebracht war. Sie stiegen aus, und Hodges schloss den Wagen ab, doch während Mortimer davonstapfte, blieb der jüngere Detective der Humberside Police noch bei Heck und Gail.

»Vic und ich haben gerade eine komplette Schicht hinter uns, aber wir stehen Ihnen zur Verfügung, solange Sie uns brauchen«, sagte er. »Deshalb frage ich mich, was Sie für heute Abend noch geplant haben.«

Heck sah auf seine Uhr. »Tja, als Erstes haben wir eine Skype-Konferenz mit Kommando Silber. Das wird bestimmt lustig.«

»Die Sache ist nämlich die«, sagte Hodges verlegen. »Detective Chief Inspector Bateson, unser Vorgesetzter, fragt sich, wie lange wir Nan Creeley noch überwachen müssen. Die anfallenden Überstunden kosten Unsummen.«

»Können Sie die nicht der Sonderkommission Vorschlaghammer in Rechnung stellen?«, fragte Gail.

»Vielleicht. Keine Ahnung.« Hodges zuckte mit den Schultern.

Heck wusste, dass sie der Sonderkommission Vorschlaghammer alle anfallenden Überstunden in Rechnung stellen konnten und würden, aber Hodges tat nur, wozu Mortimer ihn angestachelt hatte: sich auf einen freien Abend zu freuen. Und es war auch nicht absolut unverschämt von ihnen. Wenn sie jede Menge Überstunden angehäuft hatten, um Nanette Creeley zu überwachen, konnten sie mit Fug und Recht erwarten, dass die als Verstärkung entsandten Beamten des Dezernats für Serienverbrechen ihnen einen Teil der zusätzlichen Last abnahmen.

Und das würden sie natürlich tun, denn genau das hatte Heck vor.

»Wir brauchen heute Abend keinen von Ihnen«, stellte er klar. »Heute übernehmen wir die Observierung.«

Hogdes wirkte überrascht, allerdings durchaus nicht unerfreut. »Aber Sie brauchen doch Unterstützung.«

»Solange Ihre Einsatzzentrale weiß, wo wir sind, kommen wir alleine klar. Wir checken nur die Lage.«

»Sind Sie sicher? Ich meine …«

»Sie checken die Lage, Junge!«, rief Mortimer ihm zu, der den Personaleingang fast erreicht hatte. »Darin sind sie Experten. Also lass sie mal machen.«

»Okay.« Hodges zuckte erneut mit den Achseln. »Wie Sie wollen.« Mortimer war bereits reingegangen, aber die Personaltür stand noch auf. Hodges steuerte sie ebenfalls an. »Lassen Sie sich Funkgeräte geben, und stellen Sie sicher, dass die Kollegen in der Einsatzzentrale wissen, wo Sie sind und was Sie machen.«

Heck nickte.

Als die beiden ihnen zur Seite gestellten Beamten der örtlichen Polizei gegangen waren, schnaubte Gail ungehalten. »Dieser Vic Mortimer ist das größte Arschloch, das mir je untergekommen ist.«

»Nur auf lokaler Ebene«, erwiderte Heck. »Eins kannst du mir glauben: Bei Scotland Yard gibt es noch größere.«

»Also übernehmen wir heute Abend selber die Observation?«

»Nein, wir gehen in den Pub. Und sehen mal, ob Nan Creeley da aufkreuzt.«

Sie dachte darüber nach. »Hältst du es für eine gute Idee, alleine hinzugehen?«

»Wir sind nicht allein. Wir können jederzeit Verstärkung anfordern, wenn wir welche brauchen.«

»Wir sind hier fremd, Heck. Hältst du das nicht für ein bisschen riskant?«

»Es ist ein Vorteil, dass die örtlichen Kollegen nicht dabei sind.«

»Wirklich?«

Er steuerte den Personaleingang an. »Natürlich.«

Sie ging neben ihm und fiel in seinen Schritt mit ein. »Hodges und Mortimer kennen sich hier viel besser aus als wir.«

»Klar, aber gleichzeitig sind sie auch unter den örtlichen Kriminellen viel besser bekannt als wir. In dieser Gegend ist es für uns ein Vorteil, dass wir hier neu sind. Solange wir uns entsprechend anziehen und du dein BBC-Englisch für dich behältst, können wir hier aufkreuzen, wo wir wollen. Niemand wird auch nur mit der Wimper zucken. Hodges und Mortimer hingegen sind hier die Polizisten des Viertels. Also selbst wenn von den kriminellen Banden, die hier ihr Unwesen treiben, noch keine was über die Sonderkommission Vorschlaghammer gehört hat …«

»Wie sollten sie?«, fiel Gail ihm ins Wort. »Wir sind damit doch nicht an die Presse gegangen.«

»Tu nicht so dumm.«

»Ich bin nicht dumm!«

Sie betraten das Gebäude, passierten eine Reihe Spinde und steuerten die Kantine an.

»Die Sache ist die«, erklärte Heck, »selbst wenn es eine Nachrichtensperre gibt, dringt wahrscheinlich irgendwas nach draußen. Das ist immer so. Und selbst wenn nicht, haben Mortimer, Hodges und Co. bereits dafür gesorgt, dass alle mitgekriegt haben, dass etwas im Gange ist. Nicht nur, dass sie jeden Tag in bekannten Dienstwagen der Kripo da rumgekurvt sind. Auf den Dächern rund um den Hellington-Court-Wohnblock waren Beobachtungsposten stationiert, dabei sind dort fast überall Fenster, von denen aus man sie hätte sehen können. Hodges ist dieser Nan Creeley sogar in den Pub gefolgt. Versteh mich nicht falsch, er scheint es gut zu meinen, aber er fällt eben auch auf wie ein bunter Hund. Wenn die bösen Jungs aus Kingston upon Hull immer noch nicht mitgekriegt haben, dass sich in der Orchard-Park-Siedlung ein bisschen mehr Polizei rumtreibt als üblich, sind sie es nicht wert, ›böse Jungs‹ genannt zu werden – und etwas sagt mir, dass das nicht der Fall ist.«

Gail setzte sich an einen freien Tisch, während Heck an den Tresen ging, um ihnen Tee zu besorgen.

Während er darauf wartete, bedient zu werden, sah er sich um und musterte sie. Sie saß in Gedanken versunken da. Trotz seiner Bedenken funktionierte die Zusammenarbeit mit ihr bisher ganz gut. Gail hatte sich kooperativ gezeigt, sich als gute Beobachterin erwiesen und nur kluge Fragen gestellt. Sie war weit von ihrer rebellischen Haltung entfernt, alles im Alleingang machen zu wollen, die sie bei ihrer letzten Begegnung an den Tag gelegt hatte. Es war nur verständlich, dass sie sein Vorgehen in *dieser* Sache hinterfragte. Das würde jeder verantwortungsbewusste Kollege tun. Doch zu gegebener Zeit würde die Erfahrung sie lehren, Menschen und Situationen subtiler zu interpretieren, ein bisschen über den Tellerrand hinauszuschauen, zu wissen, wann und wo man es mit den üblichen Vorgehensweisen nicht so genau zu nehmen brauchte und welche Risiken man eingehen konnte. Wenn ihr all das erfolgreich gelang und sie ihre anderen Fähigkeiten bewahrte, stand ihr wahrscheinlich eine große Karriere bevor.

Als er an ihren Tisch zurückkam, sah sie immer noch zweifelnd aus. »Ist es nicht ein wenig unvorschriftsmäßig, keine Verstärkung dabeizuhaben?«

Er setzte sich. »Wir beobachten die Frau nur. Wir legen uns mit niemandem an.«

»Trotzdem sind wir auf uns alleine gestellt – und das mitten auf feindlichem Terrain.«

»So ist es.« Er schob ihr über den Tisch eine Tasse hin. »Willkommen im Dezernat für Serienverbrechen.«

13

Während der ersten Tage, in denen die Operation Vorschlaghammer anlief, hatten Heck und Gail ihre Schreibtische nicht verlassen.

Stattdessen hatten sie online die Dateien sämtlicher relevanter Polizeidienststellen und Gefängniseinrichtungen von England und Wales studiert, die Informationen über Edward Jason Creeley enthielten, und sich mit dessen Leben und seinen Verbrechen vertraut gemacht. Außerdem hatten sie ausführlich mit diversen Polizeibeamten und Rechtsbeiständen telefoniert, die mit ihm zu tun gehabt hatten. Es schien allgemeiner Konsens darüber zu bestehen, dass Creeley zwar für seine zweifellos vorhandene Fähigkeit und seine Erfolge als Berufskrimineller bewundert worden war, seine Beliebtheit jedoch wegen seiner ständig wachsenden Neigung zu extremer Gewalt unter seinesgleichen nach und nach immer stärker verblasst war.

Dies wurde Heck und Gail in der Mitte der ersten Woche bestätigt, als sie John Fowler vernahmen, einen von Creeleys Komplizen, der an dem Raubüberfall auf die Sicherheitsfirma in Newark-on-Trent beteiligt gewesen war. Er saß eine fünfundzwanzigjährige Haftstrafe im Gefängnis Wormwood Scrubs ab, worüber er alles andere als erfreut war.

»Viel Glück dabei, diesen verdammten Irren zu finden!«, geiferte er. »Aber wenn Sie ihn finden, sorgen Sie dafür, dass er *hier* landet, okay? Die anderen und ich wären niemals zu so langen Strafen verknackt worden, wenn er nicht so einen Spaß daran gehabt hätte, andere Menschen zu quälen.«

Eine andere Sache, auf die die meisten, die Creeley persönlich kannten, schnell zu sprechen kamen, war, wie gut er untertauchen konnte. Dies war ein weiterer Grund dafür, weshalb seine einstigen Komplizen ihm nicht mehr gut gesonnen waren. Während die anderen, die an seinen diversen Banküberfällen beteiligt gewesen waren, alle irgendwann geschnappt und verhaftet worden waren, war er einfach abgetaucht und hatte sie ihrem Schicksal überlassen.

Letztendlich waren Heck und Gail in Humberside, wo Creeley herkam, weil das vermutlich die Gegend war, die er am besten kannte und in der er sich am sichersten fühlte.

Sie trafen sich an diesem Abend wie vereinbart um acht Uhr in der Lobby des Premier Inns, des Gasthauses, in dem sie untergekommen waren. Ebenfalls wie vereinbart hatten sie sich so gekleidet, dass sie in dem Pub nicht auffallen würden, wobei Gail sich mehr Mühe gegeben hatte als Heck. Während er Jeans, Turnschuhe, ein T-Shirt und eine alte Wrangler-Jacke trug, kam Gail in einem schwarzen Lederminirock, einer schwarzen Strumpfhose, schwarzen Stiefeln mit Pfennigabsätzen, einem schwarzen Top und einer schwarzen Lederjacke mit Fransen aus dem Fahrstuhl. Sie hatte ihr Haar gekräuselt und grüne Verlängerungen eingefügt, um sich den Look einer Punklady zu verpassen. Mit ihrem grünen Lidschatten und ihren zinnoberroten Lippen sah sie durch und durch wie ein draufgängerischer Vamp aus, der losziehen wollte, um einen Typen aufzureißen und sich einen netten Abend zu machen.

»Gefällt's dir?«, fragte sie, während sie seinen Megane ansteuerten.

»Nicht schlecht«, erwiderte er. »Ich glaube zwar kaum, dass allzu viele Frauen, die wir heute treffen werden, so aussehen wie du, aber zumindest kommst du nicht wie eine Polizistin rüber.«

»Falls es dich tröstet – du siehst aus wie ein richtiger Rowdy.«

»Mag sein, aber so sehe ich auch aus, wenn ich einen Anzug trage.«

»Mach dir keinen Kopf darum.« Sie stiegen in den Wagen. »Das ist Teil deines Charmes.«

151

»Ich hoffe, eine richtige Freundin würdest du nicht in so einen Laden ausführen«, sagte Gail leise, als sie einen Tisch auswählten, von dem aus sie einen guten Blick auf die Theke hatten.

»Das ist auch ein Aspekt unseres Job«, entgegnete Heck und zog sich seine Jacke aus. »Du lernst die abgefucktesten Pubs des Landes kennen.«

»Na ja, wir sind ja nicht wegen des Biers hier, oder?«

»Aber wir trinken trotzdem was. Unser Aufenthalt hier muss ja echt wirken.«

Gail setzte sich, Heck ging zur Theke.

Während der Pub von außen aussah wie ein einsames Überbleibsel einer abgerissenen Zeile eines Wohnviertels, bestand das Innere aus einem einzigen Raum mit Bänken an den Wänden und ein paar Tischen und Stühlen in der Mitte. Es gab einen rußgeschwärzten Kamin, in dem ganz offensichtlich seit dem letzten Sommer kein Feuer mehr gebrannt hatte, an den Wänden hingen rote Velourstapeten, die an einigen Stellen ausgefranst waren und sich gelöst hatten, andere Stellen waren braun verfärbt. Um dem Pub gerecht zu werden, musste man sagen, dass er keine eklige Schmierbude war. Die Tische waren sauber, die Bierdeckel neu, und in der Luft lag nur ein ganz leichter Hauch nach abgestandenem Bier. Zwei oder drei weitere Gäste hatten eine leise Unterhaltung begonnen, an der Theke lehnte ein älterer Mann, der genüsslich an einem großen Guinness nippte und freundlich mit der tätowierten Barkellnerin plauderte, die sie früher am Tag schon gesehen hatten.

Heck bestellte sich ein Pint Bitter und für Gail ein Glas Weißwein.

Er setzte sich neben sie und musterte verstohlen die anderen Gäste. Keiner sah besonders nervös oder unruhig aus. Und abgesehen von ein paar bewundernden Blicken, die in die Richtung der sexy Punk-Mieze geworfen wurden, die unerwartet aufgekreuzt war, schenkte niemand den Neuankömmlingen Beachtung. Ihre Tarnung funktionierte also.

»Wäre ja wirklich Pech, wenn sie ausgerechnet heute Abend nicht kommen würde«, murmelte Gail, die sah, dass der Zeiger der Uhr hinter der Theke auf halb neun zuging.

»Dann kommen wir eben morgen wieder.«

»Und was machen wir in der Zwischenzeit? Das würde einen ganzen vergeudeten Tag bedeuten und Kommando Silber bestimmt gar nicht gefallen.«

»Kommando Silber meint es gut, Gail, aber der Zeitplan, den sie gesetzt haben, ist unmöglich einzuhalten.«

»Wenn sie heute Abend nicht aufkreuzt, können wir ja morgen im Laufe des Tages wiederkommen und die Bänder aus der Überwachungskamera des Pubs beschlagnahmen. Die Aufzeichnungen sollten sie ja wohl immer zwei, drei Tage aufbewahren. Vielleicht finden wir darauf etwas.«

»Genau, und übermorgen weiß die ganze Siedlung Bescheid, und Nan Creeley wird alle Pläne, die sie möglicherweise mit ihrem Bruder schmiedet, über den Haufen werfen.«

»Das sind aber eine Menge Mutmaßungen«, stellte Gail spöttisch fest.

»Wir werden ja sehen.«

»Heck, ich …« Ihr blieben die Worte im Hals stecken, und sie packte ihn am Handgelenk.

Nanette Creeley hatte den Pub betreten.

Sie erkannten sie sofort aufgrund der Observationsfotos aus der Akte über ihren Bruder: eine kleine, dünne Frau mit kurzem, an den Schläfen ergrauendem dunklem Haar. Sie hatte eine große Handtasche dabei und trug einen Regenmantel, der ihr bis über die Oberschenkel reichte und dessen Reißverschluss zugezogen war. Laut der Akte war sie erst achtundvierzig, aber sie sah gut und gerne zehn Jahre älter aus. Ihr Gesicht war faltig und farblos und so ausgemergelt, dass ihre Augen hervorzutreten schienen. Sie schlurfte auf direktem Weg zur Theke und bestellte sich, genauso wie man es ihnen gesagt hatte, ein halbes Pint Bitter. Dann ging sie mit ihrem Glas um die

153

Theke herum bis ganz ans Ende in der Nähe der Damentoilette und nahm die beschriebene Pose ein. Im Pub gab es jede Menge freier Tische und Stühle, aber sie machte keine Anstalten, diese anzusteuern.

Heck fragte sich, ob es ein Schutzbedürfnis war, das sie diesen Platz auswählen ließ. Mit dem Thekentresen zu Ihrer Linken und der Wand neben der Tür zur Damentoilette in ihrem Rücken musste sie nur zwei Richtungen im Auge behalten. Wenn jemand auf sie zukam, würde sie diesen Jemand frühzeitig sehen. Außerdem gab es an der Seite der Theke weder Stühle noch Barhocker, sodass sich niemand in einer Position niederlassen konnte, die sie als Bedrängung empfinden konnte.

»Eine perfekte Position, um einen Brief zu schreiben, den niemand mitlesen soll«, murmelte er.

Gail nippte an ihrem Wein und musterte Nanette verstohlen.

Es verging eine Minute, während der die Frau einfach nur dastand und hin und wieder an ihrem Bier nippte. Dann öffnete sie auf einmal unvermittelt ihre auf Hüfthöhe hängende Handtasche und entnahm ihr etwas, das aussah wie Schreibutensilien. Es war für Heck und Gail schwierig, das mit Bestimmtheit zu sagen, denn sie hatten zwar einen unverstellten Blick auf Nanette, aber sie stand in der ihnen gegenüberliegenden Ecke des Pubs, gut fünfundzwanzig Meter von ihnen entfernt. Es sah so aus, als ob sie einen Stift in der Hand hielt und zumindest ein kleines, quadratisches Blatt Papier vor sich auf die Theke gelegt hätte. Sie beugte sich über das Blatt, schirmte dadurch teilweise ab, was sie tat, und begann zu schreiben.

»Du musst nicht zufällig mal für kleine Mädchen?«, fragte Heck leise.

Gail nippte noch mal an ihrem Wein, stand auf und schlenderte durch den Raum. Sie steuerte auf direktem Weg die Damentoilette an und ging unmittelbar an Nanette vorbei, die sich plump über das Blatt beugte, damit Gail bloß nicht erkennen konnte, was sie schrieb. Als Gail wieder aus der Toilettentür herauskam und erneut ihren Tisch ansteuerte, passierte das Gleiche.

»Tja«, sagte sie. »Das war durchaus aufschlussreich.«

»Tatsächlich? Erzähl.«

»Sie hat das, was sie geschrieben hat, bewusst vor mir verborgen. Aber den Briefumschlag muss sie vorab adressiert und frankiert haben, denn er lag neben ihr auf der Theke bereit.«

»Und?«

»Er ist an Maggie Stoke, Hellington Court, Nummer 27 adressiert.«

»Ist das nicht …?«

»Genau.« Gail sah ihn an. »Heck, warum schreibt Nan Creeley einen Brief an die alte Dame, die direkt neben ihr wohnt? Und die sie jeden Morgen besucht?«

Heck dachte lange und angestrengt nach. »Die einzige Erklärung ist, dass sie das *nicht* tut.«

»Ich muss meine Augen nicht überprüfen lassen. Ich versichere dir, die Adresse lautete …«

»Das glaube ich dir ja.«

Er dachte erneut über das Rätsel nach, wobei er die Frau weiter beobachtete, die ihren Brief beendet zu haben schien, denn sie befeuchtete gerade die Klebestreifen der Lasche des Umschlags, verschloss ihn und schob ihn in die Tasche ihres Regenmantels.

»Wer hätte das gedacht?«, fragte er. »Wie es aussieht, ist Nan Creeley gar nicht so begriffsstutzig, wie unser Kollege Vic Mortimer glaubt. Wahrscheinlich ist sie nicht mal so begriffsstutzig wie Vic selber.« Er beugte sich nahe zu Gail. »Mal angenommen, das, was du gerade gesehen hast, ist ein Ablenkungsmanöver.«

»Wie meinst du das?«

»Nan weiß nicht, ob jemand sie beobachtet. Aber für den Fall, dass es jemand tut, möchte sie, dass dieser Jemand denkt, dass sie einen Brief schreibt.«

155

»Sie *hat* einen Brief geschrieben. Wir haben es doch mit eigenen Augen gesehen.«

»Nein.« Er nahm unter dem Tisch ihre Hand und drückte sie. »Wir haben nur gesehen, dass sie *irgendwas* geschrieben hat.«

»Genau. Und dann hat sie den Umschlag zugeklebt und in ihre Manteltasche gesteckt.«

»Das ist der clevere Part.«

Gail beobachtete die Frau immer noch, aber inzwischen sah sie etwas gereizt aus und klang auch so. »Ich kann dir immer noch nicht folgen.«

»Also gut. Für jeden hier sieht es so aus, dass Nan Creeley gerade einen ganz normalen Brief geschrieben hat. Und gleich geht sie und wirft ihn ganz unschuldig in den Briefkasten. Richtig?«

»Genau.«

»Aber mal angenommen, sie hat gar keinen ganz normalen Brief geschrieben, und der Umschlag ist in Wahrheit leer.«

»Wie kommst du denn darauf?«

»Eins ist doch klar. Hier ist irgendwas Merkwürdiges im Gange. Wie du gesagt hast: Warum sollte sie einen Brief an eine Nachbarin schreiben, die sie ständig sieht? Selbst wenn sie sich mit ihr zerstritten haben sollte und nur noch schriftlich mit ihr kommuniziert – warum sollte sie sich die Briefmarke nicht sparen und ihre Botschaft einfach in den Briefkasten der alten Dame werfen? Und wie wir wissen, hat sie ja bereits mehrere dieser Briefe geschrieben.«

»Na gut«, Gail schüttelte den Kopf. »Aber warum sollte sie sich die Mühe machen, leere Umschläge zu verschicken?«

»Weil es Attrappen sind, die nur dem Zweck dienen, Leute wie uns in die Irre zu führen.« Er hielt inne und dachte nach. »Wobei das natürlich die Frage aufwirft, warum sie die Briefe nicht sich selber schickt.«

»Jetzt komme ich gar nicht mehr mit«, sagte Gail.

»Höchstwahrscheinlich liegt das an unseren etwas tollpatschig auftretenden Freunden Hodges und Mortimer, die auf einmal blitzartig über die ganze Siedlung hergefallen sind.«

»Du meinst, sie hat sie als Polizisten erkannt?«

»Natürlich. Sie hätten genauso gut mit Megafonen in der Orchard-Park-Siedlung herumlaufen und verkünden können, dass sie da sind. Nan Creeley wusste wahrscheinlich bereits, wer Hodges war, als er ihr in den Pub gefolgt ist.«

»Jetzt hab ich's kapiert«, sagte Gail. »Sie hat mitbekommen, dass er gesehen hat, wie sie Briefe eingeworfen hat, und befürchtet, dass er einen richterlichen Beschluss erwirken würde, um den Briefkasten öffnen und durchsuchen zu lassen.«

»Genau. Was er ja auch getan hat. Aber kein Brief und kein Päckchen war verdächtig, richtig? Alle Adressaten wurden überprüft, und es war keiner dabei, der die Alarmglocken zum Schrillen gebracht hat.«

»Und wenn sie den leeren Umschlag an sich selbst geschickt hätte, hätte das zumindest Verdacht erregt«, sagte Gail.

»Genau. Deshalb hat sie ihn an ihre absolut unverdächtige Nachbarin geschickt, die nette alte Maggie Stoke.« Heck lehnte sich zurück. »Also, das ist eine Sackgasse.«

»Aber was wird Maggie Stoke gedacht haben, wenn sie leere Umschläge erhalten hat?«

»Gar nichts. Sie ist doch gebrechlich, wie man uns gesagt hat.«

»Aber wir wissen doch gar nicht wie schlimm.«

»Sie ist nicht mehr sehr mobil. Das hat Hodges zumindest gesagt. Das heißt natürlich nicht, dass sie sich gar nicht mehr bewegen kann. Aber Nan Creeley hat einen Schlüssel zu ihrer Wohnung, den ihr Maggie selber gegeben hat, weil sie ein wenig Hilfe braucht. Ist es da so weit hergeholt, davon auszugehen, dass die bettlägerige Maggie nicht ohne Weiteres nach unten in den Flur zu den Briefkästen gehen kann, um sich ihre Post zu holen?«

»Das sind ja wieder ganz schön viele Mutmaßungen.«

»Aber es ist logisch. Nan Creeley stattet ihrer Nachbarin jeden Morgen als Erstes einen Besuch ab. Angeblich, um ihr zu helfen.

157

Aber vielleicht auch, um sich den leeren Umschlag zurückzuholen.«

Gail schien nach wie vor skeptisch. »Wenn es so wäre, würde sie aber einen ziemlichen Aufwand betreiben.«

»Stimmt, aber es hat funktioniert.« Heck behielt die ganze Zeit die beinahe wie ein Stück Inventar an der Ecke der Theke stehende Frau im Auge und fragte sich neugierig, was sie als Nächstes tun würde. »Auf jeden Fall ist es ihr auf diese Weise gelungen, Hodges und Mortimer in die Irre zu führen. Wir sollten dem Ganzen aber trotzdem noch mal nachgehen. Sie müssen ja eine Liste mit den Adressaten sämtlicher Briefe haben, die sich in dem Briefkasten befanden, den sie mit der richterlichen Genehmigung geöffnet haben.«

»Das klingt ja alles halbwegs plausibel«, sagte Gail und schüttelte den Kopf. »Aber die eigentliche Frage ist dann: Wenn das, was sie da geschrieben hat, nicht in dem Umschlag gelandet ist – wo ist es dann?«

»Wahrscheinlich noch da drüben. Auf der Theke.«

Gail versuchte, nicht so verwirrt auszusehen, wie sie sich ganz offensichtlich fühlte. Sie konnte nicht erkennen, ob auf der Theke noch irgendein Blatt Papier lag und sagte dies auch.

Heck zuckte mit den Achseln. »Du hast doch selber gesagt, dass du weder gesehen hast, was sie geschrieben hat, noch, worauf. Nach allem, was wir wissen, könnte sie sogar die Rückseite eines Bustickets vollgekritzelt haben.«

»Heck, lass uns realistisch sein.«

»Na gut, aber es muss kein richtiges Briefpapier gewesen sein.«

Gail dachte nach. »Wenn an all dieser Geheimnistuerei tatsächlich etwas dran ist und es nicht nur deiner puren Einbildungskraft entspringt, würde das nahelegen, dass sie ihrem Bruder schreibt, oder?«

»Und es würde auch nahelegen, dass sie sich hier mit jemandem trifft, der weiß, wo ihr Bruder ist«, stellte Heck klar.

158

»Das scheint mir wiederum weit hergeholt.«

»Schließen wir doch einfach mal die anderen Möglichkeiten aus. Wenn sie die Botschaft, was für eine es auch sein mag, absenden will – warum sollte sie sie dann nicht zu Hause aufschreiben, wo niemand sie sieht und argwöhnisch werden könnte? Nein, sie ist hier, weil sie sich hier mit jemandem trifft, und sie will die Nachricht diesem Jemand persönlich in die Hand drücken.«

»Warum dann nicht auf der Straße? Du weißt schon, sie geht in die eine Richtung, der Überbringer in die andere, eine scheinbar zufällige Begegnung.«

»Wenn du weißt, dass du unter Beobachtung stehst, geht das nicht, und Nan Creeley weiß, dass die Polizei sie im Visier hat. In diesen Pub zu kommen, erfüllt also zwei Zwecke: Erstens ist die Nummer mit dem Brief ein Ablenkungsmanöver, und zweitens kommt sie her, um irgendjemandem irgendwie die tatsächliche Nachricht zu übergeben.«

»Die nächste Person, mit der sie redet, ist also …«

»Äh-äh.« Er schüttelte den Kopf, als ob er auf einmal seine eigene Hypothese in Zweifel zog. »So offensichtlich kann es nicht sein, nicht einmal *trotz* des Ablenkungsmanövers.«

»Wie, um alles in der Welt, macht sie es dann?«

»Keine Ahnung. Wir müssen sie nur weiter beobachten. Aber auf keinen Fall zu offensichtlich. Sie hat zwar keine Ahnung, wer wir sind, aber in diesen Pub gehen vor allem Leute aus der Siedlung, deshalb könnte schon die bloße Tatsache, dass wir Fremde sind, sie misstrauisch machen.«

Als Reaktion auf diesen Hinweis nahm Gail eine Puderdose aus ihrer Handtasche und tat mit großem Gehabe so, als würde sie ihr Make-up auffrischen, behielt Nan aber aufmerksam im Auge. Heck tat sich währenddessen an seinem Bier gütlich. Allerdings machte Nan absolut nicht den Eindruck, als wäre sie misstrauisch. Sie sah sie nicht einmal an und schien ihre Anwesenheit kaum wahrgenommen zu haben. Nachdem sie ihren

Brief geschrieben hatte, starrte sie einfach nur in den Raum, wobei ihr Gesichtsausdruck besorgt und geistesabwesend war.

»Sie sieht nicht gerade glücklich aus«, stellte Gail fest.

»Stimmt«, bestätigte Heck. Er fragte sich zum ersten Mal, warum sie wohl womöglich versuchte, mit ihrem ihr entfremdeten Bruder Kontakt aufzunehmen.

Gail stand auf. »Soll ich uns noch eine Runde holen?«

»Nein. Bei deinem Toilettengang hat sie schon einen Blick auf dich geworfen. Es ist besser, wenn ich noch mal gehe.«

Er schlenderte zur Theke. Die Zeit rückte vor, und der Pub füllte sich allmählich. Inzwischen war neben der Barkellnerin auch der Inhaber des Pubs erschienen. Es war ein älterer, untersetzter Mann mit breiten Schultern. Obwohl er ein Hemd und eine Krawatte trug, hatte er etwas Rüpelhaftes. Sein graues Haar wurde zusehends spärlicher, dafür waren beide Wangen von Koteletten geziert, und er zog ein Gesicht wie sieben Tage Regenwetter. Da inzwischen zwei Leute hinter der Theke standen, wurde Heck schnell bedient und hatte kaum Gelegenheit, die einsam in der Ecke stehende Frau oder den Tresen neben ihr in Augenschein zu nehmen. Ihm wurde zudem bewusst, dass ihnen die Zeit davonlief. Hodges hatte ihnen gesagt, dass Nan Creeley normalerweise eine Stunde im The Crewman blieb. Sie war um halb neun gekommen, und mittlerweile war es fünf vor halb zehn.

»Das bringt uns hier nicht weiter«, stellte Gail fest, als Heck sich wieder setzte. »Mir reicht's, Heck. Wir müssen wissen, wonach wir suchen. Ich gehe noch mal aufs Klo.«

Heck sah schweigend zu, wie sie aufstand und den Raum durchquerte. Diesmal wurde sie von zwei lümmelhaften Typen aufgehalten, die beide schon angetrunken waren und ein paar anzügliche Bemerkungen über ihr sexy Outfit fallen ließen. Die Gail Honeyford, die er bei ihrer letzten Begegnung kennengelernt hatte, wäre aufgebracht unter die Decke gegangen, doch an diesem Abend blieb sie in ihrer Rolle und flirtete sogar ein bisschen mit den beiden Typen herum. Sie schaffte es sogar, einen laienschauspielerartigen Nordakzent hinzukriegen.

Heck beobachtete weiter Nan Creeley, die halbherzig die letzten Überreste ihres Biers wegnippte und anfing, die Knöpfe ihres Regenmantels zuzudrücken. Gail, die das ebenfalls mitbekam, löste sich mit der Bemerkung von den beiden Männern, dass sie dringend auf die Toilette müsse.

Sie ging so nah wie möglich an Nan vorbei, betrat die Damentoilette, blieb jedoch in der Tür stehen, verharrte dort und behielt ihre Zielperson von hinten im Auge.

Nan ließ den letzten Knopf ihres Mantels zuschnappen, setzte sich in Bewegung und durchquerte den Raum.

Heck beobachtete sie mit Adleraugen und achtete darauf, ob sie auch nur eine Sekunde mit irgendjemandem Kontakt hatte.

Doch sie begegnete auf dem Weg zur Tür niemandem.

Als sie den Pub verlassen hatte, kam Gail aus der Damentoilette, musterte den Tresen, um zu sehen, ob dort irgendetwas liegen gelassen worden war, und kehrte zurück zum Tisch.

»Nichts«, grummelte sie. »Kein Briefpapier, kein Busticket. Wenn sie tatsächlich eine Nachricht aufgeschrieben hat, hat sie sie mitgenommen.«

Heck starrte in die Ecke, in der Nan eben noch gestanden hatte. »Da liegt absolut nichts?«

»Nichts außer den Bierdeckeln.« Gail war sichtlich unruhig. »Sollten wir nicht hinter ihr her?«

»Gedulde dich einfach.« Oberflächlich betrachtet, war die Observierung ein Reinfall gewesen, aber ein sechster Sinn sagte Heck, dass die Sache noch nicht vorbei war.

»Also ich bitte dich, Heck, wenn sie jetzt unterwegs ist, um sich mit jemandem zu treffen …«

»Falls sie das vorhat – warum hätte sie dann erst hierhinkommen und das Risiko eingehen sollen, Aufmerksamkeit auf sich zu ziehen? Moment mal.« Er sah sie an. »*Bierdeckel?*«

»Ja, sonst lag da nichts. Zwei Stück.« Gails Augen weiteten

sich. »Hat sie die Nachricht womöglich auf einen Bierdeckel geschrieben?« Sie stand auf. »Ich sehe mal nach.«

»Warte.« Er packte sie am Arm.

»Mensch Heck, wir müssen es *wissen*. Ich brauche doch nur …«

Er zog sie zurück auf ihren Stuhl. »Mehr noch als der Bierdeckel interessiert uns, wer ihn sich nimmt. Und wenn diese Person jetzt hier ist und sieht, wie du zur Theke spazierst und an dem Bierdeckel rumfummelst, wird sie sich nicht zeigen.«

Gail blieb widerwillig sitzen. Sie hatte die Finger ineinander verhakt, damit ihre Hände nicht zitterten.

Heck sah ihr an, dass sie zutiefst frustriert war. Er erinnerte sich flüchtig an die Vorbehalte, die er Gail gegenüber gehabt hatte, als sie vor einigen Jahren zum ersten Mal zusammengearbeitet hatten. Er hatte sie damals für scharfsinnig gehalten und für eine Polizistin, die voll bei der Sache war und ihren Job mit Leidenschaft anging, aber ihm war auch aufgefallen, dass es ihr an Geduld mangelte.

»Ich sag' dir was«, sagte er leise. »Wenn sie Botschaften auf den Bierdeckeln hinterlassen hat, würde das vieles erklären.« Er schob ihr ihr erst halb ausgetrunkenes Glas hin. »Lass uns noch ein paar Minuten ausharren und sehen, ob irgendjemand diese Bierdeckel nimmt, okay?«

Gail, die sich allmählich wieder in den Griff bekam, nickte.

Sie beobachteten wieder wie gebannt das Treiben im Pub, doch niemand kam auch nur in die Nähe des seit Nans Weggang verwaisten Endes der Theke.

»Es wäre so einfach für mich, einfach mal kurz hinzugehen und einen Blick zu werfen«, sagte Gail. »Es kommt mir vor, als würden wir nichts tun, Heck. Dabei haben wir eine Verdächtige, die vielleicht gerade im Begriff ist, sich mit einer Kontaktperson zu treffen.«

»Ich habe dir doch gesagt …«

»Ich hab's ja gehört. Aber guck dir doch mal all diese Leute an.

Verhält sich irgendjemand verdächtig? Sieht irgendjemand so aus, als würde er hier nicht hingehören?«

Sie hatte recht. Nahezu alle Anwesenden waren in Unterhaltungen vertieft oder beteiligten sich am allgemeinen Gelächter.

»Gail, Eddie Creeley ist sehr gut darin, sich der Strafverfolgung zu entziehen. Das würde ihm nicht so gut gelingen, wenn er sich auf Amateure verließe.«

Doch für einen kurzen Moment fragte er sich, ob Gail vielleicht recht hatte. Was hatten sie denn bisher Handfestes herausgefunden? Nichts. Und es war erstaunlich, wie oft man sich selber vormachen konnte, dass »nichts« in Wahrheit »etwas« bedeutete.

Er schlug sich diese Gedanken aus dem Kopf.

Dies war erst der erste Abend ihrer Vor-Ort-Ermittlungen. Da konnten sie es sich noch leisten, ihrer Fantasie freien Lauf zu lassen und es drauf ankommen lassen.

»Sie ist schon seit fünf Minuten weg, und niemand macht Anstalten, sich für die Bierdeckel zu interessieren.«

»Vielleicht ist die Person, für die die Nachricht bestimmt ist, wegen uns misstrauisch. Immerhin sind wir Fremde, die noch nie hier waren.«

»Uns würdigt doch niemand auch nur eines Blickes.«

»Eddie Creeley tut nie etwas, das auf den ersten Blick zu durchschauen ist. Deshalb wissen nicht mal seine alten Kumpel, wo er ist.«

»Na gut.« Sie machte Anstalten, wieder aufzustehen.

»*Warte!*«, zischte er.

Sie blickte zur Theke und sah, dass die tätowierte Barkellnerin den Tresen an der Stelle abwischte, an der Nan Creeley gestanden hatte. Und dann arrangierte sie die Bierdeckel neu – und nahm einen mit.

»O mein Gott«, flüsterte Gail. »Ob die Barkellnerin die Kontaktperson ist?«

»Das würde Sinn ergeben«, sagte Heck. »Es würde erklären,

163

warum Nan in diesen Pub gekommen und nicht irgendwo anders hingegangen ist.«

Er sprang auf.

»Heck?«

»Bleib du hier. Ich bin sofort wieder da.«

Er ging schnell an die Theke. Die Barkellnerin war inzwischen an der Kasse. Sie hatte den Bierdeckel nicht mehr in der Hand, aber Heck glaubte gesehen zu haben, dass sie gerade etwas in die Gesäßtasche ihrer Jeans gesteckt hatte.

»Was darf's denn sein?«, fragte der Pubwirt.

»Oh, äh.« Heck blickte erneut zu der Barkellnerin. An dem Verkaufsständer neben ihr hingen diverse Tüten mit Nüssen und Chips. »Eine Tüte Chips, bitte. Salt and Vinegar.«

Der Pubwirt wandte sich um. »He Fee, wirf mir mal 'ne Tüte Salt-and-Vinegar-Chips rüber. Okay, Schnucki?«

Die Barkellnerin tat, worum er sie gebeten hatte. Heck bezahlte und ging zurück zum Tisch.

»Hast du Hunger?«, fragte Gail.

Er setzte sich. »Ich glaube, sie hat sich was in die Gesäßtasche gesteckt, aber ich konnte nicht erkennen, was es war.«

»Vielleicht war der Bierdeckel nur eingerissen oder schmutzig. Wahrscheinlich ist er im Mülleimer gelandet.«

»Der Wirt hat sie ›Fee‹ genannt.«

»Und warum ist das relevant?«

»Weil das alles ist, was wir brauchen.« Er holte sein Handy hervor und stand auf.

»Wo gehst du hin?«

»Eric Fisher anrufen. Aber ich kann das Gespräch nicht hier drinnen führen. Du hältst die Stellung, okay?«

»Moment mal, Heck.«

»Behalte einfach Miss Tattoo im Auge. Es kann immer noch was Interessantes passieren.«

Gail murmelte verstimmt irgendeine Antwort, blieb aber sitzen.

Heck verließ den Pub durch die Hintertür und trat hinaus auf den dunklen Parkplatz. Dort standen nur ein paar Autos, doch er ging um sie herum und vergewisserte sich, dass auch niemand in einem der Wagen herumhing. Erst als er sicher war, dass er unbeobachtet war, wählte er.

»Hallo«, meldete sich Eric Fisher.

»Hi, Kollege.«

»Hab mir schon gedacht, dass du das bist. Erst recht, als ich gesehen habe, dass es schon fast zehn ist.«

Heck sah hinauf zu den Fenstern der ersten Etage des Pubs, um zu überprüfen, dass da oben niemand lauschte. »Ich brauche schnell was, Eric. Und zwar richtig schnell.«

»Tun wir das nicht alle?«, erwiderte Fisher. »Am liebsten blond, 90-60-90.«

»Wir haben gerade keine Zeit für irgendwelche Hirngespinste.«

»Na gut. Dann lass mal hören.«

Heck hörte Fishers Finger auf den Tasten des Laptops herumklappern, der normalerweise immer vor ihm auf dem Couchtisch stand, wenn er abends fernsah.

»Eine weiße Frau, Anfang dreißig«, sagte Heck. »Rotbraunes Haar. Kräftig gebaut, auf beiden Armen schäbige Tattoos. Wohnhaft in Humberside.«

»Was meinst du mit schäbig?«, fragte Fisher.

»Könnten Knast-Tattoos sein, aber das weiß man ja heutzutage nie mehr so genau. Eins auf dem linken Bizeps ist besonders auffällig. Ich habe es nur aus der Ferne gesehen, aber es sah aus wie ein chinesischer Drachen.«

»Hast du irgendwelche Namen?«

»Nur einen. Könnte ein Spitzname oder ein Kosename sein. Fee.«

Es folgte ein kurzes Schweigen, dann atmete Fisher zufrieden aus. »Wie wär's hiermit? Fiona Birkdale, Crawford Crescent, Bransholme, Kingston-upon-Hull, dreiunddreißig Jahre alt.«

165

»Möglich. Was hast du noch über sie?«

»Ist uns gut bekannt. Vorbestraft wegen Trunkenheit, Ruhestörung, Drogenbesitzes, Dealerei, Körperverletzung und Diebstahls. Klingt nach einer ziemlich schrägen Gestalt. Derzeit wird sie nicht gesucht, es liegt kein Haftbefehl gegen sie vor. Tut mir leid, dass du also von dieser Seite nicht das passende Druckmittel in der Hand hast, das du, wie ich dich kenne, zweifellos gerne hättest.«

»Ich werde schon was finden, um sie unter Druck zu setzen«, entgegnete Heck. »Da mach dir mal keine Sorgen.«

14

Das Foto, das Eric Fisher auf Hecks Handy schickte, räumte jeden Zweifel aus, dass es sich bei der Frau hinter der Theke um Fiona Birkdale handelte. Das Polizeifoto war schon einige Jahre alt und zeigte eine Frau mit langem dunklem Haar, aber abgesehen von der Frisur hatte sie sich nicht verändert.

Heck und Gail blieben an ihrem Tisch sitzen, orderten noch eine weitere Runde und beobachteten die Barkellnerin weiter, während die Stunde näher rückte, zu der der Pub schloss.

»Wir warten, bis sie geht und knöpfen sie uns auf ihrem Nachhauseweg vor«, sagte Heck. »Wenn sie motorisiert ist, schnappen wir sie uns an der Fahrertür ihres Wagens. Wenn sie zu Fuß unterwegs ist, folgen wir ihr und suchen uns einen etwas ruhigeren Ort aus.«

»Das ist eine vielversprechende Spur, Heck, ganz sicher«, sagte Gail. »Aber seien wir ehrlich: Wir *können* sie uns nicht vorknöpfen. Wir haben doch nicht mal ein Indiz in der Hand, das uns so was gestatten würde.«

»Das ist leider wahr«, räumte Heck ein.

»Warum machen wir es dann nicht regelkonform? Wir fahren zurück zur Wache und berichten Gemma, was wir herausgefunden haben. Und morgen Abend kommen wir mit Hodges und Mortimer wieder, und von mir aus sogar in Begleitung von Detective Inspector Bateson, wenn er so scharf darauf ist zu sehen, wo sein Geld ausgegeben wird. Und mit einem Durchsuchungsbefehl, der dadurch begründet ist, dass sie unter dem Verdacht steht, einem gesuchten Straftäter geholfen zu haben. Wir stellen ihre Bude auf den Kopf, und da finden wir bestimmt irgendwas. Dann verhaften wir sie und sind auf dem besten Weg, auf eine Goldader an Informationen zu stoßen.«

»Oder auf einen Haufen Mist.«

Heck musterte sie von der Seite. »Weil sie uns mit absolut nichts abspeisen wird, wenn wir sie verhaften. Du musst dir eins klarmachen, Gail: Was auch immer auf diesem Bierdeckel steht, ist verschlüsselt oder in eine unverfängliche Botschaft verpackt. Es wird uns mit Sicherheit nicht zu Eddie Creeleys Versteck führen. Diese Information ist sicher in Fiona Birkdales Kopf gespeichert. Und sie wird uns diese Information nicht geben. Warum sollte sie auch? Letztendlich können wir sie vielleicht wegen Drogenbesitzes oder Dealerei oder irgendeiner anderen lächerlichen Straftat drankriegen, weshalb wir sie nach der Durchsuchung ihrer Wohnung vielleicht auf die Wache Clough Road mitnehmen können. Aber sie wird es mit Fassung tragen, selbst wenn es bedeutet, dass sie eine kurze Haftstrafe absitzen muss. Weißt du auch warum? Weil das auf jeden Fall besser ist, als dafür bekannt zu sein, seine eigenen Leute ans Messer geliefert zu haben.«

»Und was schlägst du stattdessen vor?«

»Wir lauern ihr auf und führen ein privates Pläuschchen miteinander. Auf diese Weise wird nie jemand erfahren, dass sie uns irgendwas anvertraut hat. Wir liefern ihr einen Grund, uns zu helfen.«

»Wenn ich dich richtig verstehe, willst du damit sagen, dass wir ihr eine gewisse Art von Immunität vor Strafverfolgung anbieten. Dass wir ihr sogar zusagen, nicht mal als Zeugin aussagen zu müssen.«

»Im Wesentlichen läuft es darauf hinaus, ja.«

»Und sind wir dazu berechtigt, so was zu tun?«

»Natürlich nicht.«

»Verdammt, Heck.« Sie schüttelte den Kopf. »Ich kann nicht erkennen, wie das funktionieren soll.«

»Ist mir klar. Gedulde dich einfach ein bisschen. Dann wirst du schon sehen.«

Bevor Gail weitere Einwände erheben konnte, erschien die

Frau, der ihr Interesse galt und die kurz in einem Hinterzimmer verschwunden war, wieder im Schankraum. Sie trug einen Anorak.

»Ich bin dann weg, Harry!«, rief sie.

»Bis Morgen, Schnucki!«, entgegnete der Wirt und sah kaum von der Unterhaltung auf, in die er mit einem der wenigen Gäste vertieft war, die noch da waren.

Heck warf einen Blick auf die Uhr. In einer Viertelstunde war Mitternacht. Er kippte den Rest seines Biers herunter, schnappte sich seine Jacke und stand auf. Gail leerte ihr Weinglas und tat es ihm gleich. Draußen konnten sie die Barkellnerin im ersten Moment nirgends sehen, was bei ihnen kurz für Bestürzung sorgte, doch dann erblickten sie eine Gestalt, die schnell eine verwaiste Nebenstraße entlangging, die Hände in den Vordertaschen ihrer Jeans versenkt.

»Sie ist zu Fuß unterwegs«, sagte Heck. »Das ist gut. Am besten gehst du hinter ihr her – nur für den Fall, dass sie in irgendeine Seitengasse abbiegt oder so. Ich fahre währenddessen mit dem Wagen vor und versuche ihr den Weg abzuschneiden.«

»Warum fährst *du* den Wagen?«

»Weil ich das Sagen habe.«

»Ist das dein Ernst?«

»Willst du das jetzt wirklich mit mir ausdiskutieren, Gail? Überleg doch mal. Ich bin ein Kerl. Wenn sie sieht, dass ich ihr um diese Uhrzeit folge – was glaubst *du*, wird dann passieren?«

»Okay, vermutlich …«

»Genau. Sie rennt vielleicht nicht gleich los und ruft laut um Hilfe. Aber vielleicht doch. Und können wir so ein Spektakel wirklich gebrauchen?«

Gail eilte los und folgte der Frau.

Heck stieg schnell in seinen Megane, rammte den Schlüssel ins Zündschloss und startete den Motor.

Wenn Gail es nicht besser gewusst hätte, hätte sie die Frau, die sie verfolgte, verdächtigt, sie bewusst auf gefährliches Territorium zu lotsen. Sie war ihr gut fünfzig Meter gefolgt, und sie waren einige Straßen entlanggegangen, die allesamt von unbewohnten vernagelten Sozialwohnungen gesäumt waren. Von den Straßenlampen funktionierten nur ein paar vereinzelte, sodass alles in düstere Finsternis getaucht war. Zweimal glaubte sie, dass die stämmige Gestalt vor ihr sich ganz kurz zu ihr umgedreht hatte, aber in dem schwachen Licht konnte sie es nicht mit Bestimmtheit sagen.

Die Barkellnerin bog um eine Ecke und überquerte einen Streifen Brachland, der mit Abrissschutt übersät war. Dort kam Gail in ihren hochhackigen Stiefeln besonders schlecht voran, aber Birkdale gewann keinen großen Vorsprung. Hinter dem Brachlandstreifen mit dem Schutt bog sie in eine Passage, die von Wohnblöcken gesäumt wurde. Diese Wohnungen standen nicht leer, hinter den meisten der oberen Fenster brannte Licht. Dort fühlte Gail sich etwas wohler, auch wenn die Passage recht lang war – etwa siebzig Meter – und sehr schmal. Die Mauern zu beiden Seiten waren nackt, und da die Wohnblöcke sich ein Stück weit hinter der Passage befanden, sodass keine der Wohnungen direkt auf sie hinausging, fiel nur vom hinteren Ende etwas Licht in den dunklen Durchgang. Allerdings war das keinesfalls so beruhigend, wie Gail gedacht hatte, denn eigentlich hatte sie erwartet, am Ende der Passage die verschwindende Silhouette der Barkellnerin zu sehen, aber vor ihr war auf einmal niemand mehr.

Gail stakste weiter und beschleunigte ihren Schritt, musste jedoch feststellen, dass die Passage der ganzen Länge nach mit alten Möbeln, Matratzen und unzähligen Säcken stinkenden, verfaulenden Mülls vollgestellt war, die dort einfach entsorgt worden waren.

»Scheiße!«, fluchte sie und hatte alle Mühe, um den Unrat herum oder über ihn hinwegzusteigen. Sie fragte sich, wo zum Teufel Heck abgeblieben war.

In dem Moment trat eine stämmige Gestalt unmittelbar vor ihr aus einer Nische. Gail blieb schockiert stehen.

»Suchst du mich, Puppe?«, fragte eine Stimme.

Es war eine harte, gutturale Stimme. Aber es war zudem eine weibliche Stimme.

»Du kannst dir die Antwort schenken«, sagte die Barkellnerin. »Ich hab schon im Pub gesehen, dass du ein Auge auf mich geworfen hast. Also, was willst du? Bist du geil auf 'ne heiße Nummer?«

Gail war so sprachlos, dass sie im ersten Moment nicht antworten konnte.

Selbst in dem schwachen Licht der Passage war Fiona Birkdale eine außerordentlich unattraktive Frau. Breit und stämmig, mit blassen, teigigen Wangen, einer niedrigen Stirn und kleinen Augen. Ihr rötliches Haar war extrem kurz geschnitten.

»Ich weiß nicht«, erwiderte Gail schließlich vorsichtig. »Vielleicht.«

Birkdale schaltete ihre Handytaschenlampe ein, hielt sie Gail vors Gesicht und badete die Polizistin in grellem Licht. Es folgte ein anhaltendes Schweigen. Gail war klar, dass sie taxiert wurde.

»Ich glaube, du hast mich falsch eingeordnet, Puppe.« Birkdale schaltete die Handylampe wieder aus. »Wahrscheinlich wegen der Tattoos und meiner Frisur, was? Normalerweise mache ich es nicht mit Frauen. Aber wenn ich dich so ansehe, könnte ich glatt mal eine Ausnahme machen.«

»Klingt gut«, sagte eine männliche Stimme hinter ihr. »Das ist genau das, was wir hören wollen.«

Heck war von den beiden unbemerkt vom anderen Ende in die Passage hineingegangen.

Birkdale wirbelte herum und schob ihre Hand in die Tasche ihres Anoraks. Möglicherweise hatte sie in der Tasche eine Waffe. »Was zum Teufel soll das denn jetzt werden?«, blaffte sie.

»Entspannen Sie sich, Fiona.« Er zeigte ihr seinen Dienstausweis. »Wir sind Polizisten.«

Birkdale blieb, wo sie war, ließ ihre Hand jedoch in der Anoraktasche stecken und wirkte, als ob sie nicht recht wüsste, ob diese Eröffnung tatsächlich ein Grund war, sich entspannen zu können. Ganz langsam und unverhohlen fluchend, gab sie schließlich klein bei und zog die Hand leer wieder aus der Tasche. »Scheiße!«, sagte sie. »Scheiße, Scheiße, Scheiße.« Sie ging einen Schritt auf Gail zu, sichtlich wütend auf sich selbst, dass sie so hereingefallen war. »Hübsches Outfit, Puppe, muss ziemlich lange gedauert haben, sich so aufzubrezeln, bis Sie ausgesehen haben wie ein Mensch. Schade nur, dass die ganze Mühe umsonst war.«

»Das hängt davon ab, ob Sie die Tatsache, im Besitz von Beweisen zu sein, die mit einem schweren Verbrechen im Zusammenhang stehen, als etwas bezeichnen, das unsere Mühe nicht wert ist«, sagte Heck.

Birkdale wirbelte zu ihm herum und starrte ihn an, wobei ihre schlechten Zähne zum Vorschein kamen. »Ich habe kein schweres Verbrechen begangen.«

»Ach nein? Wie würden Sie denn die Behinderung einer Ermittlung in einem Mordfall nennen? Oder die Tatsache, dass Sie einem gesuchten Straftäter helfen?«

»Ich habe keinen verdammten Schimmer, wovon Sie reden.« Sie zog die Schultern hoch und versuchte sich an ihm vorbeizudrängen.

»Immer mit der Ruhe.« Er schob sie grob zurück. »Zwingen Sie mich nicht, Sie zu verhaften.«

»Ich hab nichts verbockt«, stellte sie klar. Aber sie klang jetzt eher quengelig. Sie war unzweifelhaft eine toughe Frau, aber man merkte ihr an, dass sie es auch ein bisschen mit der Angst zu tun bekam.

»Ach ja? Und was ist mit dem Bierdeckel in Ihrer Tasche?«, fragte Heck und setzte zum ersten Mal an diesem Abend alles auf eine Karte. »Der sagt etwas anderes.« Und da Birkdale unfähig war, darauf etwas zu antworten, fühlte er sich ermuntert, gleich noch einen drauf zu setzen. Er hielt ihr sein Handy hin. »Ich habe ein Video von Ihnen, auf dem zu sehen ist, wie Sie den Deckel vom Tresen nehmen, nachdem Nan Creeley etwas daraufgeschrieben hat, und ihn sich hinten in die Hosentasche stecken.«

Gail sagte nichts, doch obwohl sie schon mal mit Heck zusammengearbeitet hatte, war sie von seinem kühnen Manöver fasziniert. Er hatte während ihrer Observierung in dem Pub keine Videoaufnahmen gemacht.

»Glauben Sie mir«, sagte die Barkellnerin mit brechender, beinahe weinerlicher Stimme. »Ich überbringe nur eine Botschaft.«

Gail sah Heck an und konnte ihre Bewunderung kaum verbergen. Er hatte also die ganze Zeit recht gehabt. Doch er ließ sich nichts ansehen. Es war nicht der richtige Moment, um zu triumphieren.

»Ich habe nie irgendwelche Fragen gestellt«, fuhr Birkdale fort. Ihr aggressiver Ton war so schnell in weinerliches Jammern umgeschlagen, dass es beinahe lächerlich wirkte.

»Das hilft Ihnen auch nicht weiter«, stellte Gail klar. »Eddie Creeley wird nicht nur wegen eines der schwersten bewaffneten Raubüberfälle des einundzwanzigsten Jahrhunderts gesucht, er ist auch ein zweifacher Mörder, der seinen Opfern ätzende Flüssigkeiten injiziert hat. Wollen Sie wirklich, dass ein Gericht zu dem Schluss kommt, dass Sie diesen Mann schützen?«

»Ich schütze ihn nicht.« An den Wimpern der Barkellnerin glänzten Tränen. »Ich bin nur eine Botin.«

»Na gut«, sagte Heck. »Geben Sie uns die Botschaft. Dann können Sie gehen.«

»Wenn ich das tue, bringen sie mich um.«

»Warum sollte Sie jemand umbringen? Niemand wird es je erfahren.«

»Sie haben mich auf offener Straße in die Mangel genommen.«

»Nein«, entgegnete Gail. »Wir haben Sie in einer einsamen Passage in die Mangel genommen.«

»Aber wir können Sie gerne auf eine belebte Straße führen und das Gespräch dort in voller Lautstärke fortführen«, stellte Heck klar.

»Sie haben nichts gegen mich in der Hand.« Die Barkellnerin straffte sich trotzig und versuchte die Fassung zurückzugewinnen. »Deshalb sage ich jetzt kein verdammtes Wort mehr.«

»Na gut.« Heck holte seine Handschellen hervor. »Wenn das so ist, verhafte ich Sie. Und dann durchsucht Detective Constable Honeyford Sie und findet den Bierdeckel mit der Botschaft von Nan Creeley an ihren Bruder. Letzten Endes kriegen wir die Botschaft also sowieso, und wenn wir so vorgehen, haben Sie eine Anzeige am Hals, die sich gewaschen hat.«

»Nein!« Sie schüttelte heftig den Kopf. »Sie irren sich. Die Botschaft ist nicht für ihren Bruder. Nan weiß nicht, wo er ist, und ich weiß es auch nicht.«

»Warum hören Sie nicht auf mit diesem Scheiß«, entgegnete Heck schroff. »Und zeigen uns einfach, was auf dem Bierdeckel steht.«

»Es würde Ihnen nichts sagen. Mir sagt es auch nichts.«

»Egal. Zeigen Sie uns die Nachricht trotzdem.«

»Warten Sie.« Mit Tränen in den Augen sah sie erst Gail an und dann Heck. Ihre trotzige Wut war so schnell wieder verraucht, wie sie in ihr aufgestiegen war. Entweder war sie eine hervorragende Schauspielerin oder wirklich emotional so unstabil. Was Heck anging, war es ihm egal, was von beidem zutraf. Es spielte keine Rolle.

»Sie haben drei Sekunden, um sich zu entscheiden, Fiona.«

»Und Sie lassen mich wirklich gehen?«, fragte sie. »Wenn ich Ihnen die Nachricht zeige, lassen Sie mich in Ruhe, und niemand wird je etwas davon erfahren?«

»Von uns jedenfalls nicht.«

Sie war eindeutig nicht so dumm, wie sie aussah, begriff, dass dies der beste Deal war, den sie herausschlagen konnte, langte in die Gesäßtasche ihrer Hose und holte den zusammengeknickten Bierdeckel hervor.

»Eins sollten Sie wissen.« Sie hielt ihnen den Bierdeckel hin. »Nan Creeley ist eine Zicke.«

»Was Sie nicht sagen«, entgegnete Gail.

Heck musterte den Bierdeckel im Schein seiner Handytaschenlampe.

»Sie hat an den vergangenen Abenden drei dieser Botschaften aufgeschrieben«, fuhr Birkdale fort. »Sie lauteten immer gleich.«

Heck reichte Gail den Bierdeckel. Sie las die in Handschrift hingekritzelten Worte ebenfalls.

Setz dich mit mir in Verbindung
Ed steckt in Schwierigkeiten.
Habe Angst.

Hecks erster Gedanke war, dass die Nachricht sich womöglich auf die im Rahmen der Operation Vorschlaghammer angelaufenen verstärkten Polizeiaktivitäten bezog, die darauf abzielten, Creeley aufzuspüren, doch er verwarf diesen Gedanken sofort wieder. Die Polizei war schon immer hinter dem zum Mörder gewordenen Räuber her gewesen. Deshalb war er ja untergetaucht. Die Botschaft bezog sich eindeutig auf etwas anderes. Aber es war trotzdem die Verbindung, nach der sie gesucht hatten.

Er starrte die Frau so intensiv an, dass sie den Kopf senkte, um seinem Blick auszuweichen.

»Sie haben gesagt, dass die Botschaft nicht für Nans Bruder ist«, sagte er. »Das ist ganz offensichtlich wahr, und das ist ein dicker Pluspunkt für Sie, Fiona. Aber es wirft natürlich die Frage auf: Für *wen* ist sie dann?«

Birkdale zuckte mit den Schultern, hielt den Kopf jedoch gesenkt. »Früher hatte Eddie Creeley mal viele Kontakte in Humberside, aber davon kann heute nicht mehr die Rede sein. Eigentlich gibt es nur noch einen. Kennen Sie Cyrus Jackson?«

»Helfen Sie uns auf die Sprünge«, forderte Heck sie auf.

»Eddies Kumpel. Sein Freund aus alten Zeiten. Sie kannten sich schon als Kinder. Sie waren sogar zusammen in der Erziehungsanstalt.« Ihre weit aufgerissen Augen zeugten davon, dass sie sich Sorgen machte. »Aber Cyrus ist auch ein übler Kerl. Durch und durch kriminell. Genau genommen sind sie beide gleich große Arschlöcher. Deshalb verstehen sie sich auch so gut.«

»Und Cyrus weiß, wo Eddie ist?«

»Keine Ahnung. Zumindest scheint Nan das zu glauben. Oder ihr fällt niemand anders ein, an den sie sich wenden könnte. Entweder das eine oder das andere.«

»Dann haben Sie diese Bierdeckel also Cyrus gebracht?«, fragte Gail.

Die Barkellnerin nickte.

»Und die Botschaften lauteten immer gleich?«

Ein erneutes Nicken.

»Und Cyrus findet das nicht merkwürdig?«, fragte Heck.

»Ich glaube, dass er sich einen Dreck darum schert. Aber ich gebe ihm die Botschaften trotzdem, weil ich nicht diejenige sein will, die eine Nachricht nicht überbringt, die vielleicht wichtig ist, falls Sie verstehen, was ich meine.« Sie schüttelte erneut den Kopf und war wieder den Tränen nahe. »Ich wünschte, Nan würde verdammt noch mal damit aufhören. Ist ja nicht so, als ob ich mich darum gerissen hätte, die Botin zu spielen.«

»Was meinen Sie damit, wenn Sie sagen, dass er sich einen Dreck darum schert?«, fragte Heck.

»Na ja, ich drück ihm den Deckel in die Hand, er wirft einen Blick drauf, schmeißt ihn weg und tut so, als wäre nichts gewesen.«

»Warum mag das so sein?«

»Hören Sie!« Ihre Stimme wurde wieder schriller. *Ich habe keinen verfickten blassen Schimmer! Mir sagt niemand irgendwas!*

»Sie wissen also nicht, ob dieser Cyrus Jackson mit Eddie Creeley in Kontakt steht?«, hakte Gail nach.

»Nein, und ich würde auch nicht wagen, so was zu fragen.«

Heck und Gail sahen sich an. Eben gerade hatte das Ganze noch nach einer heißen Spur ausgesehen. Doch jetzt waren sie sich da nicht mehr so sicher.

»Woher kennen *Sie* denn diesen Cyrus?«, fragte Heck.

Sie wand sich unter seinem Blick. »Sie wollten von mir nur die Botschaft. Und die habe ich Ihnen gezeigt. Also lassen Sie mich jetzt bitte gehen, okay?«

»Was ist denn so schlimm daran, Cyrus Jackson zu kennen?«

»Ich will einfach nicht darüber reden, das ist alles.«

»O Mann, Fiona, jetzt haben Sie uns aber wirklich neugierig gemacht.«

»Ich hab für ihn Zeug vertickt, wenn Sie es unbedingt wissen wollen.«

»Lassen Sie mich raten. Bei dem Zeug handelte es sich um Drogen, richtig?«

»Natürlich Drogen!«, fuhr sie ihn an. Doch genauso schnell, wie sie laut geworden war, senkte sie die Stimme auch wieder und ließ den Kopf hängen. »Ich habe selber was genommen. Ich brauchte den Stoff und hab eben getan, was ich tun musste, um dranzukommen.«

Heck musterte sie aufmerksam. »Wovon hat er Sie abhängig gemacht?«

»Von nichts. Ich bin clean.«

»Verschonen Sie mich mit diesen Märchen, Fiona. Wenn Sie nichts mehr nehmen würden, würden Sie ihn nicht regelmäßig genug sehen, um ihm Nan Creeleys Botschaften übergeben zu können. Wir werden Ihrem Chef nichts davon erzählen, wenn es das ist, wovor Sie Angst haben.«

»Wir sind nicht hier, um Drogensüchtige zu verhaften, Fiona«, fügte Gail hinzu.

»Warum wollen Sie dann wissen, was *ich* nehme?«

»Weil wir wissen müssen, mit wem wir es zu tun haben«, stellte Heck klar. »Sagen Sie uns einfach alles.«

»Crack!« Sie starrte Gail finster an. »Und ich bin nicht die Einzige hier in der Gegend, gucken Sie mich also nicht so an.«

»Ich gucke Sie gar nicht irgendwie an.«

»Doch, das tun Sie wohl, Sie unverschämte Tussi. Sie maßen sich verdammt noch mal an, ein Urteil über mich zu fällen.«

»Halten Sie Ihre Aggressionen im Zaum«, schaltete Heck sich ein. »Sie haben hier gar nichts zu melden, Fiona.«

»Sie behandelt mich doch, als wäre ich ein Stück Dreck unter ihren tollen Tretern.«

»Was erwarten Sie denn, wenn Sie einen Drogendealer schützen?«, fragte er.

»Ich schütze niemanden. Ich habe Ihnen doch gerade gesagt, wer er ist und was er macht, oder?«

»Tja, mal sehen.« Heck hielt inne, allerdings nur um der Wirkung willen. »Die Sache ist die: Ich bin weder an Ihnen noch an Cyrus Jackson interessiert. Für mich sind Sie und er nur kleine Fische. Aber wenn Ihr Kumpel Cyrus weiß, wo Eddie Creeley steckt, muss ich mal ein Wörtchen mit ihm reden.«

»Ha, viel Spaß dabei!« Sie schien wirklich amüsiert. »Mit Cyrus haben Sie nicht so leichtes Spiel wie mit mir. Er wird eher in den Knast wandern, als seinen Kumpel ans Messer zu liefern.«

»Deshalb muss ich ihn bei etwas erwischen, das er besser nicht getan hätte.«

»Wie meinen Sie das?«

»Na ja, wie Sie selber gerade sagten – ich kann wohl kaum bei ihm anklopfen und erwarten, dass er plaudert.«

Der Groschen fiel, und ihre Augen traten noch weiter hervor.

»Ich verrate Ihnen ums Verrecken nicht, wo Sie Cyrus finden. Das können Sie vergessen. Wenn ich das tun würde, wäre mein Leben nichts mehr wert.«

»Wir finden ihn auch so«, stellte Heck klar. »Wir haben

bestimmt alles über ihn in unserem System. Und jetzt, da wir wissen, dass er der Mann ist, den wir suchen, brauchen wir ihn nur im Auge zu behalten und zu warten, bis er was Verbotenes tut. Und wenn es so weit ist … Tja, stellen Sie sich nur mal vor, wie unerfreulich es für Sie wäre, wenn ich fallen ließe, dass *Sie* es waren, die mir gesteckt hat, dass er in Kontakt mit Eddie gestanden hat.«

Sie sah entsetzt aus. »Aber das habe ich doch gar nicht.«

»Nein, aber ich stamme aus Lancashire und Cyrus aus Kingston upon Hull, und wie oft kommt die Wahrheit bei einer Übersetzung falsch rüber?«

Jetzt heulte sie richtig. »Das ist Erpressung, Sie mieses Arschloch!«

»Nein, ist es nicht«, erwiderte Heck. »Es ist Ihre einzige Möglichkeit, sich aus einem Riesenschlamassel zu befreien. Sagen Sie mir, wo und wann wir Cyrus auf frischer Tat ertappen können, und Ihr Name muss niemals irgendwo auftauchen. Ich gebe Ihnen sogar das hier zurück.« Zu ihrer Überraschung drückte er ihr den Bierdeckel in die Hand. »Jetzt können Sie weitermachen, als wäre nichts geschehen, und ihm den Bierdeckel überbringen, als hätte unser kleines Treffen heute Nacht nie stattgefunden.«

Sie musterte den Bierdeckel dumpf und schüttelte den Kopf. »Er wird mich trotzdem verdächtigen, ihn verpfiffen zu haben. Ich werde bis ans Ende meines Lebens auf der Hut sein müssen.«

»Seien sie nicht so melodramatisch«, sagte Gail. »In Humberside wimmelt es wahrscheinlich von Junkies, die mit Cyrus noch eine Rechnung offen haben. Glauben Sie im Ernst, Sie sind die Einzige, die in Frage käme, ihn verpfiffen zu haben? Wenn er sich rächen will, wird er gar nicht wissen, wo er anfangen soll, nach dem Verräter zu suchen.«

Die Schluchzer der Barkellnerin schienen erneut zu versiegen. Sie sah erst Gail an und dann Heck, als ob sie hoffte, einen

179

Hauch von Gnade zu finden. Doch wenn man über Fiona Birkdale eines sagen konnte, dann, dass sie pragmatisch war. Und sie erkannte einen Ausweg, wenn sie einen sah.

»Der neue Stoff heißt Changa«, sagte sie.

»Sie meinen Spice«, hakte Gail nach. »Die Zombiedroge?«

»Sie nennen den Stoff Changa. Eine Art synthetisches Cannabis. Haut die Leute, die es sich reinziehen, voll aus den Latschen.«

»Wir kennen den Stoff«, stellte Heck klar. »Und Sie sagen, Jackson verkauft in Kingston upon Hull Spice?«

»Er verkauft alles Mögliche. Aber das ist die neue Droge. Er hat ein paar Dealer, die das Zeug unter die Leute bringen.« Sie warf einen Blick über ihre Schulter, als ob ihr mit leichter Verzögerung bewusst wurde, dass sie besser mal schnell checkte, ob einer dieser Dealer sich nicht irgendwie unbemerkt von hinten an sie herangeschlichen hatte. »Sie treiben sich abends in den Parks und auf den Spielplätzen rum.«

»Auf Spielplätzen?«, hakte Gail nach.

»Was glauben Sie denn, wer am schärfsten darauf ist, was Neues auszuprobieren? Das sind immer die Kids.«

»Cyrus Jackson verkauft Spice an Teenager?«, fragte Gail.

Birkdale wirkte verdutzt. Die Empörung der Polizistin schien sie wirklich zu überraschen.

»Wann macht er sich denn selber die Finger schmutzig, wenn er Dealer hat, die den Stoff für ihn verkaufen?«, fragte Heck.

»Wenn irgendjemand rausfindet, dass Sie das von mir haben …«

»… müssen Sie die nächsten Jahre nicht im Gefängnis verbringen«, stellte Heck klar, »was Ihnen aber auf jeden Fall blüht, wenn Sie uns nicht irgendwelche Informationen liefern, die uns weiterhelfen.«

»Wegen Beihilfe, weil Sie einen zweifachen Mörder decken«, erinnerte Gail sie. »Führen Sie sich das mal vor Augen.«

»Und wegen Behinderung der Justiz«, fügte Heck hinzu.

»Weil Sie einem Straftäter helfen, sich der Verhaftung zu entziehen«, setzte Gail noch drauf.

»Ist ja gut! Ich hab's verstanden, verdammt noch mal. Es gibt da eine Sammelstelle.«

Sie hielt erneut inne und dachte nervös darüber nach, ob das, was sie im Begriff war zu tun, wirklich clever war.

»Fahren Sie fort«, forderte Heck sie auf.

»Einen Ort, an dem er die Einnahmen kassiert. Er ist da jeden Dienstag- und Freitagabend. Dienstag ist der größere Zahltag, weil dann die Einnahmen vom Wochenende fällig sind.«

»Um wie viel Uhr?«, fragte Heck.

»Um Punkt zehn. Das Ganze geht in zwanzig Minuten über die Bühne. Er hält sich da nicht lange auf.«

»Kassiert Cyrus die Einnahmen persönlich?«

»Ja. Er steht nicht auf viele Mittelsmänner. Erhöht die Gefahr, dass jemand was in die eigene Tasche abzweigt.«

Heck sah Gail an. »Dienstagabend um Punkt zehn. Trifft sich ja gut, dass morgen Dienstag ist.«

»Wie erkennen wir ihn?«, fragte Gail.

»Er fährt einen weißen Audi A4.«

»Autokennzeichen?«

»O Mann, verdammt noch mal!«

»Keine Mätzchen, Fiona«, warnte Heck sie.

»Ich kenne sein Autokennzeichen nicht. Aber Sie werden es auch nicht brauchen. Es wird an dem beschissenen Ort weit und breit das einzige Auto sein.«

»Und wo ist dieser ›beschissene Ort‹?«

»St Andrew's Dock. Eine heruntergekommene Stelle am Flussufer. Geht vom Clive Sullivan Way ab.«

»Hat er Bodyguards dabei?«

»Nein, wie gesagt …«

»… vertraut er niemandem, ja, das haben wir gehört.«

»Ist das nicht ein bisschen riskant für ihn?«, fragte Gail.

»Sie kennen Cyrus nicht.«

»Ist er bewaffnet?«, fragte Heck.

»Hab noch nie gesehen, dass er eine Knarre dabeihat. Wie gesagt, er braucht keine.«

»Ist er wirklich so ein harter Kerl?« Gail klang skeptisch.

Birkdale schnaubte abfällig. »Sie haben keine Ahnung, Puppe. Absolut keine Ahnung.«

15

»Alles okay?«

Barry Hodges schien ein bisschen verblüfft darüber zu sein, dass der nächste Tag schon halb rum war und die Gäste von der Sonderkommission Vorschlaghammer offenbar keine Unterstützung von den ihnen zur Verfügung gestellten Beamten der örtlichen Wache benötigten. Er wusste, dass Heck und Gail am Abend zuvor bis spät im Einsatz gewesen waren, was erklärte, warum sie erst kurz vor Mittag auf der Wache erschienen waren, aber mittlerweile war es schon zwei Uhr, und weder er noch Mortimer hatte bisher erfahren, was die beiden gemacht und herausgefunden hatten.

»Alles bestens«, erwiderte Heck und sah von dem Schreibtisch auf, der ihm im Kriminalbüro der Wache Clough Road zugewiesen worden war. Gail, die ihm gegenübersaß, sagte nichts.

»Hat sich gestern Abend irgendwas Neues ergeben?«, fragte Hodges.

Heck dachte kurz nach. »Eigentlich nicht. Wir haben nur ein paar Erkundungen über Nan Creeley angestellt.«

Einige Meter weiter schob Vic Mortimer auf seinem Schreibtisch ein paar Papiere zusammen. Er lächelte in sich hinein und schüttelte den Kopf.

»Im Moment ist nichts weiter zu tun«, fügte Heck hinzu.

»Okay, und wie ist der Plan für heute?«, fragte Hodges.

Heck zuckte mit den Schultern. »Heute stehen nur ein paar weitere Nachforschungen an. Nichts Vielversprechendes, aber wenn sich was ergibt, lasse ich es Sie wissen.«

Mortimer warf kurz einen Blick in ihre Richtung. Er sah immer noch etwas belustigt aus, aber auch verstimmt, als ob er nicht glauben konnte, dass es im chronisch unter Geldmangel leidenden Polizeiapparat von England und Wales immer noch Abteilungen gab, deren Detectives es sich leisten konnten, einen Tag nach dem anderen damit zu vertrödeln, irgendwelchen nicht vielversprechenden Spuren nachzugehen. Zwei Minuten später verließen er und Hodges das Büro, um etwas anderes zu erledigen. Gail wirbelte auf ihrem Stuhl herum und sah Heck an.

»Zu lügen fällt dir erschreckend leicht«, stellte sie kurz und bündig fest.

Heck sah nicht mal von seinen Notizen auf. »Glaubst du an Gott, Gail?«

»Wie bitte?«

»Ich habe dir eine einfache Frage gestellt. Nämlich ob du an Gott glaubst.«

»Ich bin ein Mensch des einundzwanzigsten Jahrhunderts. Warum sollte ich?«

»Dann halt den Mund.«

Einen Moment lang war sie so baff, dass sie sprachlos war, dann setzte sie sich aufrecht hin und fragte: »Was hast du gerade gesagt?«

»Zu lügen ist keine Straftat, sondern eine Sünde. Und du glaubst nicht an Gott, also glaubst du nicht an Sünden. Ende der Unterhaltung.«

Er machte sich immer noch nicht die Mühe aufzusehen, sondern schickte Kommando Silber eine E-Mail mit den neuesten Informationen.

»Tolle Logik«, erwiderte sie schroff. »Aber unterm Strich geht es nicht darum, ob ich an Gott glaube oder nicht, sondern darum, ob wir heute Abend ohne Verstärkung da rausfahren. Gestern Abend – das war eine Sache, aber was wir heute vorhaben, ist ja wohl was ganz anderes. Und fürs Protokoll: Ich bestehe darauf, dass schriftlich festgehalten wird, dass ich diese Meinung dazu zum Ausdruck gebracht habe.«

184

»Ich habe es dir doch gesagt: Verstärkung anzufordern, bedeutet, unbequeme Fragen beantworten zu müssen.«

»Du meinst, sie würden Cyrus Jackson einbuchten wollen, weil er Spice verkauft, wohingegen wir nur an Eddie Creeley interessiert sind, richtig?«

Schließlich blickte er doch auf und sah sie an. »Deshalb sind wir doch hier, oder?«

»Heck, bei einigen Straftaten können wir wegschauen. Aber das hier ist todernst.«

»Heute Abend werden wir nur observieren. Beobachten, was passiert. Wir wissen doch nicht mal, ob Miss Tattoo uns nicht womöglich absoluten Schwachsinn aufgetischt hat. Willst du wirklich das Risiko eingehen, die vereinten Polizeikräfte von ganz Humberside zu mobilisieren? Auf die Gefahr hin, dass nichts an der Sache dran ist?«

»Wir beobachten nur? Definitiv?«

»So ist es«, bestätigte er. »Na gut, vielleicht machen wir auch ein paar Videoaufnahmen, um mehr in der Hand zu haben. Ist das für dich in Ordnung?«

Sie lehnte sich wieder zurück, war allerdings nur leicht beschwichtigt.

»Und um auf jeden Fall auf der sicheren Seite zu sein«, fuhr er fort, »habe ich im Auto immer einiges an Schutzkleidung bereitliegen. Irgendwas davon müsste dir auch passen.«

Heck stand draußen auf dem Parkplatz vor dem offenen Kofferraum seines Wagens und durchwühlte eine große blaue Reisetasche. Gail wartete schweigend, auf ihrem Gesicht zeichnete sich Zweifel ab.

»Heute Abend nehmen wir sicherere Schutzkleidung als normalerweise«, sagte er. »Eine Stichschutzweste reicht vielleicht nicht.«

»Warum brauchen wir verstärkte Schutzkleidung, wenn wir nur beobachten?«

185

»Die müsste dir passen.« Er warf ihr eine kugelsichere Weste hin, die aus mehreren dicken Schichten weißer, fest ineinander verwobener Kevlarfasern gefertigt war. »Eins solltest du doch inzwischen gelernt haben, Gail: Observation kann einer der gefährlichsten Jobs sein, die es bei uns gibt. Hier, probier die auch mal an.« Er reichte ihr ein Paar Schienbeinschützer und nahm dann für sich selber passende Schutzkleidung heraus.

»Brauche ich auch einen Zahnschutz?«, fragte sie bitter.

»Wenn du noch keinen hast, solltest du dir einen zulegen.«

»Mensch Heck, ich bin keine blutige Anfängerin, okay? Observation ist *nicht* einer der gefährlichsten Jobs, die es bei uns gibt. Jedenfalls nicht, wenn man es richtig angeht.«

»Na, wenn das so ist. Da *ich* heute Abend das Sagen habe, hast du dann ja nichts zu befürchten.«

»Du willst zuschlagen, stimmt's?«, fragte sie. »Wenn Cyrus Jackson heute Abend aufkreuzt, versuchst du ihn dir zu schnappen, richtig?«

Heck bedachte sie mit einem müden Blick. »Wir sind Fremde in einem fremden Land, Gail. Zwei Polizisten auf unbekanntem Terrain, die hinter einem gefährlichen Kriminellen her sind, der nicht nur aus dieser Gegend stammt, sondern hier über alle möglichen Verbindungen verfügt. Das bedeutet, dass wir zumindest in der Lage sein müssen, situativ anpassungsfähig zu sein. Wenn ich da draußen Blitzentscheidungen treffen und die Pläne spontan über den Haufen werfen und ändern muss, weil sich plötzlich unerwartet eine gute Gelegenheit ergibt, werde ich mich vorher nicht erst bei dir entschuldigen und dich um Erlaubnis bitten.«

»Heck, wir mögen hier Fremde sein, aber wir haben einen kompletten Polizeiapparat im Rücken, den wir zur Verstärkung anfordern können.«

»Du hast ja selber gesehen, wie desinteressiert sie sind. Und ich kann ihnen das, ehrlich gesagt, auch nicht verübeln. Was sind wir denn, Gail? Mordspezialisten? Serienmordexperten?

Für die Kollegen hier sind wir die einzigen beiden Beamten, die unsere notleidende, mit zu geringen Mitteln ausgestattete Polizei entbehren kann, und wie alle anderen, die an der Operation Vorschlaghammer beteiligt sind, sind wir Teil eines breit gestreuten letzten Aufbäumens, das nur dem Zweck dient, den Leuten in der oberen Etage zu beweisen, dass wir unseren Elitestatus verdient haben. Und währenddessen haben die Kollegen in Humberside, genauso wie alle anderen örtlichen Polizeidienststellen im ganzen Land, alle Mühe, ihre Wachen offen zu halten und Tag für Tag die Schichten besetzt zu kriegen.«

»Na gut«, entgegnete sie. »Das habe ich verstanden. Aber wir müssen das hier doch trotzdem nicht als Alleinnummer durchziehen.«

»Wenn es schiefgeht, sind sie ja nur einen Funkspruch weit entfernt.«

»An einem späten Dienstagabend? Wie viele werden da wohl noch in Bereitschaft sein? Wir müssten schon großes Glück haben, wenn sie uns mehr schicken als zwei gelangweilte Beamte auf Streife.«

»Die Beamten hier tun ihren Dienst in einem städtischen Polizeirevier, Gail.« Er knallte die Kofferraumtür zu. »Sie haben keine Zeit, sich zu langweilen.«

Ein großer Abschnitt des Flussufers von Kingston upon Hull wurde zwar einem Prozess der Modernisierung und Neugestaltung unterzogen, doch die Gegend um St Andrew's Dock gehörte trotz ihrer zentralen Lage nicht dazu und benötigte dringend ein wenig Zuwendung.

Die nicht mehr benutzten Straßen wurden von öden Brachlandstreifen gesäumt, die von wild wachsendem Gras und Unkraut überwuchert waren. Das Ganze war eine flache Abbruchgegend, in der einst Lagerhäuser und andere Bauten gestanden hatten. Die vermodernden Überreste einiger Holzstege, die in das schwappende braune Wasser hinausragten, waren eine melancholische Erinnerung an längst vergangene bessere Zeiten.

Es gab diverse Stellen, die Cyrus Jackson als Standort für seinen Wagen hätte auswählen können, um auf das Eintreffen seiner Dealer zu warten, und keiner wäre auffallender gewesen als ein anderer, denn obwohl es sich um ein weites, offenes Gelände handelte, gab es dort sonst kaum irgendetwas. Es gab keinen Grund für irgendjemanden, diesen Ort aufzusuchen, erst recht nicht nach Einbruch der Dunkelheit, denn es gab nicht einmal Straßenbeleuchtung. Aber Heck und Gail hatten Fiona Birkdale schließlich dazu gebracht, ihnen die exakte Stelle zu nennen, an der der Wagen stehen würde, bevor sie sie hatten gehen lassen. Und wie sie erfahren hatten, handelte es sich um einen leeren, mit Müll übersäten Parkplatz vor dem Maschendrahtzaun, der den Zutritt zu Pier Nummer 6 blockierte, einem weiteren verfallenen Relikt der lokalen Fischindustrie, das dem Schild an dem Zaun zufolge »einsturzgefährdet« war.

Sie hatten ihren Wagen früher am Abend ein ganzes Stück entfernt auf dem Parkplatz eines nahe gelegenen Einkaufszentrums abgestellt, die Gegend zu Fuß erkundet und die von Birkdale beschriebene Stelle schließlich gefunden. Unmittelbar gegenüber, auf der anderen Seite der verwaisten Straße, gab es eine marode Backsteinmauer, hinter der nur Dornengestrüpp wucherte – ein perfekter Ort, um die Übergaben des Drogengeldes von dort zu beobachten. Um neun Uhr an jenem Abend hatte sich eine milde Abenddämmerung herabgesenkt, über dem fernen südlichen Ufer leuchtete der Himmel noch leicht orange. Die Geräusche der Stadt verblassten allmählich und waren um halb zehn nahezu ganz verstummt. Das Wasser schwappte unheimlich gegen die verfallenen Pfeiler von Pier Nummer 6.

Heck und Gail hatten sich passend mit Jeans, Sweatshirts und Turnschuhen ausstaffiert. Für den Fall, dass es regnen sollte, hatten sie sich auch leichte Anoraks mitgebracht, doch während sie hinter der Mauer warteten, war es immer unwahrscheinlicher geworden, dass es feucht werden würde, weshalb ihre unbenutzten Anoraks auf den aus der Mauer gefallenen Backsteinen neben ihnen lagen. Außerdem stand zu ihren Füßen ein kleiner Rucksack, der ihre Funkgeräte, eine Trinkflasche, ein paar Sandwiches, eine Taschenlampe, eine Dose CS-Gas und zwei ausfahrbare Schlagstöcke enthielt.

Heck platzierte seine Canon-XF100-Nachtsichtkamera in einer Nische zwischen den herausgefallenen Backsteinen, legte sich hinter die Mauer, spähte durch die Linse und justierte das Superzoomobjektiv, bis es genau auf den gegenüberliegenden Parkplatz gerichtet war.

Während er noch dabei war, vibrierte sein Handy in seiner Tasche. Als er sah, dass es Gary Quinnell war, nahm er den Anruf an und hielt sich das Handy ans Ohr.

»Wie läuft's bei euch?«, fragte die joviale Stimme des Walisers.

»Wir sind an etwas dran«, erwiderte Heck? »Glaube ich zumindest.«

»Und wie macht sich deine neue Partnerin?«

»Wir hatten die eine oder andere Meinungsverschiedenheit«, erwiderte Heck und sah Gail an, die ihm die Zunge rausstreckte. »Aber im Moment hat sich gerade der gesunde Menschenverstand bei ihr durchgesetzt. Und wie läuft's bei den anderen?«

»Nach allem, was ich höre, nicht so gut. Reed glaubt, er hat eine Spur, aber niemand verspricht sich davon allzu viel. Klingt so, als wäre er in High Wycombe. Er setzt offenbar die Tochter des *McDonald's*-Schützen unter Druck, die sich mit ihrem Vater zerstritten und seit Jahren kein Wort mehr mit dem Scheißkerl geredet hat.«

Heck wusste nicht, was er davon halten sollte, dass Reed womöglich Fortschritte machte. Patrick Hallahan hatte vor vier Jahren während eines versuchten Überfalls auf eine *McDonald's*-Filiale in Slough drei Menschen getötet. Dieses Arschloch vor Gericht zu bringen war sicher wichtiger, als den gut aussehenden Jack Reed dumm dastehen zu sehen, aber manchmal konnte man einfach nichts gegen seinen inneren Schweinehund tun.

»Und wie kommst du in Shropshire voran?«, fragte Heck.

»Ist wirklich ein merkwürdiger Fall.« Quinnell klang etwas verwirrt. »John Strouds Freundin, Darlene Stewart, hat sich als hilfreich erwiesen – weil sie sich angeblich Sorgen um ihn macht.«

»Das sollte sie auch. Ihm blüht mindestens zweimal lebenslänglich. Vorausgesetzt ihm stößt auf dem Weg zum Gericht nichts zu.«

Heck sagte das nur halb im Scherz. Im Jahr 2013 hatte der ehemalige Gangster und entflohene Häftling zwei Polizisten, die gegen ihn ausgesagt hatten, aufgelauert und sie erschossen. Nicht nur bei den Beamten, die der Sonderkommission Vorschlaghammer zugeteilt waren, war er einer der verhasstesten Gesuchten auf ihrer Liste, sondern bei der ganzen Polizei.

»Das meine ich nicht«, sagte Quinnell. »Sie hat zugegeben, dass er eine Weile bei ihr war, als er auf der Flucht war. Sie behauptet auch, die Letzte gewesen zu sein, die ihn gesehen hat. Allerdings sagt sie, dass da noch ein Typ war, der ihn gesucht hat und der kein Polizist war.«

»Aha?« Heck war kurz abgelenkt, da er in der Nähe etwas gehört zu haben glaubte, das klang wie das Dröhnen eines Motors. Er lauschte, doch das Geräusch verblasste wieder. »Hat sie dir gesagt, wie der Typ aussah?«

»Blond, Ende dreißig oder Anfang vierzig.«

»Mit den Angaben dürfte es verdammt schwer sein, ihn zu finden.«

»Eine ziemlich vage Beschreibung, ist mir schon klar. Aber offenbar hat Stroud im Hinterzimmer irgendeiner Billardhalle gepennt, die ihr Bruder betrieben hat. Er hat wohl unter einem der Billardtische geschlafen. War nicht das ideale Versteck. Die örtliche Polizei hat dort rumgeschnüffelt und hätte ihn, wie es klingt, um ein Haar erwischt.«

»Da haben die Kollegen von der West Mercia Police ja sauber gearbeitet.«

»Jedenfalls wollte sie ihm eines Tages ein paar Sachen bringen, saubere Unterwäsche und solchen Kram, und da saß dieser blonde Typ da und redete mit ihm.«

»Hat Stroud ihr den Typen vorgestellt?«

»Nein. Sie hat die beiden durch die Tür gesehen, ist aber nicht reingegangen. Sie sagt, die beiden hätten gewirkt wie alte Kumpels. Und dass sie John schon seit Monaten nicht mehr so entspannt gesehen hätte.«

»Da bin ich aber froh«, sagte Heck. »Heitert mich immer auf zu hören, dass ein Polizistenmörder sich gut fühlt.«

»Tja, aber die Sache ist die: Am nächsten Tag war Stroud nicht mehr da.«

»Wie meinst du das?«

»Er war verschwunden. Spurlos.«

»Also hat er sein Ticket irgendwohin in die Freiheit gekriegt.«

»Ja, aber Darlene weiß nicht, wohin. Sie regt sich ziemlich auf darüber. Sie sagt, dass er ihr nicht mal eine Nachricht oder Nachsendeadresse oder irgendwas in der Art hinterlassen hat. Und das ist laut Darlene absolut untypisch für ihn.«

»Sie weiß ja wohl, dass wir von jemandem reden, der unter dem Verdacht steht, zwei Polizisten ermordet zu haben? Und dass wir sie ziemlich hart dafür drankriegen können, dass sie ihm Zuflucht gewährt hat?«

»O ja, das ist ihr sehr wohl bewusst, aber wie gesagt: Sie macht sich ernsthafte Sorgen. Sehr ernsthafte.«

Heck war im Begriff, eine weitere abfällige Bemerkung fallen zu lassen und zu sagen, dass gewisse Menschen offenbar so verblendet waren, dass sie schlicht und einfach unfähig waren, in den Taten der von ihnen Geliebten irgendetwas Böses zu sehen, doch dann ging ihm etwas durch den Kopf.

»Wann war das?«, fragte er neugierig.

»Dieses Jahr, Mitte Februar. Sie sagt, dass sie den blonden Typen seitdem auch nicht mehr gesehen hat.«

Heck hatte keine Gelegenheit, weitere Fragen zu stellen, denn er hörte erneut einen Motor, und diesmal verblasste das Dröhnen nicht. Gail linste um die Mauer herum und versuchte in der Dämmerung auszumachen, von wo das Geräusch kam.

»Ich muss Schluss machen, Gaz.«

»Alles klar. Pass auf dich auf.«

»Wir reden später weiter.« Heck steckte das Handy in seine Hosentasche und schob alle Gedanken beiseite.

Das Dröhnen wurde lauter, der Wagen, dessen Motor das Geräusch verursachte, kam eindeutig näher. Heck und Gail zogen sich hinter die Mauer zurück und krabbelten zu den Schlitzen, die sie ausgewählt hatten, um das Geschehen auf dem Parkplatz zu beobachten.

Im nächsten Moment näherte sich langsam ein weißer Audi A4.

Heck wartete, bis er an ihnen vorbei war und in der Dunkelheit des trostlosen Ufers verschwunden war.

Er hob den Kopf. »Das muss Jackson sein.«

»Ist er nicht ein bisschen zu früh?«, fragte Gail.

»Er fährt die Gegend ab und vergewissert sich, dass hier keine schrägen Vögel rumlungern.«

Gail blickte über ihre Schulter. Sie fühlte sich verletzlich und rechnete jeden Moment damit, dass sich einer von Jacksons Komplizen unbemerkt von hinten an sie heranschlich. Aber die einzige Bewegung rührte von einer vom Fluss wehenden Brise, die durch das Gestrüpp strich.

Sie warteten noch ein wenig und hielten sich hinter der Mauer verborgen, bis ein fernes Summen allmählich lauter wurde und sich schließlich wieder in das Dröhnen eines Motors verwandelte. Sie blickten wieder durch ihre jeweiligen Schlitze und sahen, wie der weiße Audi zurückkehrte. Diesmal rollte er auf den Parkplatz vor ihnen und blieb stehen. Ein Ratschen kündete davon, dass die Handbremse gezogen wurde, dann wurde der

Motor ausgestellt. Im rasch verblassenden Licht war nur der schwache Umriss des Fahrers zu erkennen, obwohl dieser das Fenster an seiner Seite herunterließ.

Heck drückte einen Knopf, und die Kamera begann aufzunehmen.

»Hol dein Notizbuch raus«, flüsterte er.

»Mein Notizbuch?«, flüsterte Gail zurück.

»Du musst dir Notizen machen. Zeitnah, alles, was passiert, okay?«

»Aber wir filmen doch alles.«

»Ja, aber zeitgleiche Aufzeichnungen sind die besten Beweise zur Untermauerung des Beobachteten, die es gibt. Keine Sorge, ich kann sie später abzeichnen. Dann haben wir zusätzlich zu den Filmaufnahmen auch noch zwei schriftliche Zeugenaussagen.«

Sie robbte über die Steine und das Gras zu dem Rucksack, langte hinein und holte ihren Notizblock und einen Stift heraus. Es vergingen drei oder vier weitere Minuten. Die Abenddämmerung verblasste vollends, und das blau-violette Restlicht wich der Schwärze der Nacht.

»Wir werden nicht viel sehen können«, murmelte sie.

»Ich glaube, wir sehen genug«, erwiderte Heck. »Der gute Cyrus ist nicht so vorsichtig, wie er sein sollte. Der Wagen ist ja kilometerweit zu sehen.«

Im nächsten Augenblick passierte etwas, was sie beide völlig überraschte. Eine Gestalt auf einem Mountainbike tauchte aus dem Nichts auf, raste von hinten auf den Wagen zu, kam neben dem offenen Fahrerfenster zum Stehen und zeichnete sich vor der weißen Karosserie perfekt ab.

Heck beugte sich vor, um besser durch das Nachtsichtobjektiv blicken zu können.

Der Fahrradfahrer sah aus wie ein Kind, bestenfalls war es ein Teenager. Seine Gesichtszüge waren unter der Kapuze einer Regenjacke verborgen, er war klein und schlank gebaut.

Während sie ihn beobachteten und filmten, holte er etwas hervor. Es handelte sich eindeutig um ein von Gummibändern zusammengehaltenes Bündel Geldscheine, das er in eine Hand drückte, die zur Hälfte aus dem Fenster gestreckt worden war. Die Hand mit dem Geld verschwand blitzschnell im Wagen, erschien jedoch sofort wieder und reichte dem Boten ein kleineres Bündel Geldscheine, das dieser sich sofort schnappte und in eine der Taschen seiner Regenjacke stopfte. Der Fahrer und der Radfahrer wechselten leise ein paar Worte, dann erschien die Hand erneut, diesmal mit einer Plastiktüte, die eine wie Gras aussehende Substanz enthielt. Der Radfahrer stopfte die Tüte in eine andere große Tasche seiner Regenjacke, stieß sich von dem Audi ab und strampelte schnell in die Dunkelheit davon.

»Haben wir das alles im Kasten?«, fragte Gail.

»Ja«, bestätigte Heck. »Eine schnelle und effiziente Übergabe, aber wir haben alles auf Video.«

Sie warteten kurz und beobachteten, wie sich die Prozedur wiederholte. Ein junger Fahrradfahrer kam die Straße entlanggefahren, näherte sich von hinten dem Wagen, übergab ein Geldbündel, erhielt seinen Anteil und eine neue Ration Drogen, die er sich in eine Jackentasche stopfte. Dann entschwand er in die Nacht.

Das Ganze passierte ein drittes Mal.

Und dann ein viertes Mal.

»Erstaunlich, wozu Drahtesel von bösen Jungs alles genutzt werden können, was?«, fragte Heck.

»Wenn ich es nicht mit eigenen Augen gesehen hätte, würde ich es nie und nimmer glauben«, erwiderte Gail. »Kann es wirklich so einfach sein?«

»Einfachheit ist von Vorteil, wenn das Ganze direkt und persönlich ablaufen soll.«

Er schlüpfte in seinen Anorak, zog den Reißverschluss hoch, krabbelte zu dem Rucksack, nahm einen der ausfahrbaren

Schlagstöcke heraus und stopfte ihn sich in die Gesäßtasche seiner Jeans. Dann ging er in die Hocke und huschte los.

»Wo willst du hin?«, zischte Gail.

»Bleib du hier, und nimm weiter jeden auf, der kommt.«

»Mach bloß nichts Dummes, Heck!«

»Erledige einfach deinen Job, Detective Constable Honeyford. Und lass mich meinen erledigen.«

Er entfernte sich immer weiter von dem Beobachtungsposten, blieb aber zunächst noch in Kauerstellung. Erst als er den Audi ein ganzes Stück weit hinter sich gelassen hatte, richtete er sich auf und rannte gebeugt am Rand der Straße entlang, wobei er immer wieder wucherndem Gestrüpp und den aufragenden Überresten irgendwelcher ehemaliger Hafengebäude und -installationen ausweichen musste. Da es keine Straßenbeleuchtung gab, blieb ihm nur das Sternenlicht, um sich zu orientieren. Er konnte soeben schwach den Asphaltstreifen erkennen, der die Straße markierte, und dahinter den breiten, träge dahinströmenden Fluss. Als er sich etwa dreihundert Meter von Pier Nummer 6 entfernt hatte, blieb er stehen und ging neben einem Backsteinpfeiler in die Hocke.

Er war völlig außer Atem, wischte sich mit dem Ärmel seines Anoraks den Schweiß aus dem Gesicht und wartete. Sein Kreislauf beruhigte sich, sein rasender Puls normalisierte sich allmählich.

Und dann hörte er es: das sich nähernde surrende Geräusch, das auf Asphalt rollende Fahrradreifen erzeugen.

Er konnte das Fahrrad, das sich relativ schnell seinem Standort näherte, nicht sehen, und das war ein Problem, denn es bedeutete, dass er sich nur auf sein Gehör verlassen konnte und sich an dem Geräusch orientieren musste. Und das Timing musste perfekt sein. Wenn er bei dem, was er vorhatte, nicht genau den richtigen Moment abpasste, hätte er seine einzige Chance verspielt, aus Cyrus Jackson irgendetwas Nützliches herauszubekommen, ohne dass ihm die komplette Polizei von

195

Humberside dabei im Nacken saß. Er richtete sich auf, trat hinter dem Pfeiler hervor und stellte sich mitten auf die Straße.

Genau in dem Moment tauchte vor ihm ein verschwommener Umriss aus dem Nichts auf.

Beim Näherkommen wurde aus dem verschwommenen Umriss eine Gestalt auf einem Fahrrad, die nach hinten gelehnt auf dem Sattel saß, schnell aber lässig in die Pedale trat und mit einer Hand das rechtwinklig aufgerichtete Endstück des Lenkers umfasste.

Heck streckte seinen linken Arm aus, spannte die Muskeln an und ballte die Hand zur Faust.

Als der Radfahrer ihn sah, war es zu spät.

Er krachte mit der Brust gegen den ausgestreckten Arm. Seinem schrillen Aufschrei nach zu urteilen, war er wirklich noch sehr jung, vielleicht höchstens sechzehn oder siebzehn Jahre alt. Er wurde nach hinten geschleudert, das Fahrrad sauste alleine weiter und holperte über den in die Jahre gekommenen Asphalt.

Als der Junge auf der Straße aufschlug, entwich seinen Lungen lautstark die Luft. Die Wucht des Aufpralls musste ihm komplett den Atem genommen haben.

Heck rannte zu ihm.

»Du kleiner Scheißer!«, fuhr er ihn in seiner besten fiesen Arschloch-Stimme an. »Gib mir die Kohle, oder ich reiß dir deine verdammten Eier ab. Jeden Penny, du verfickter kleiner Scheißer!«

Vor Schmerz und Angst wimmernd, krabbelte der Junge weg, sprang auf und rannte los.

»Deinen Boss kannst du vergessen!«, brüllte Heck und rannte hinter dem Jungen her. »Vergiss ihn, hast du das kapiert? Er liegt da vorne in einem offenen Grab. Und genau da wirst *du* auch landen. Her mit der verdammten Kohle!«

Zumindest war der Junge loyal. Er warf das Geld nicht im Laufen weg, um seinen Verfolger loszuwerden, aber das konnte auch daran liegen, dass er vielleicht schon zwei Schritte weiter dachte. Wenn Cyrus *wirklich* tot und eine andere Bande dafür verantwortlich war und sein Geschäft übernehmen würde – ein Haufen richtig mieser Arschlöcher –, musste er vielleicht von der Bildfläche verschwinden, und dafür würde er etwas Geld benötigen. Außerdem war er ein ziemlich guter Läufer.

Heck verpasste ihm von hinten einen kräftigen Tritt in den Hintern. Der Junge schrie erneut laut auf, legte noch mal einen Zahn zu und entschwand in die Nacht.

Heck blieb zufrieden stehen. Dann drehte er sich um, ging zurück und hielt nach dem Fahrrad Ausschau. Es war zur Hälfte über den Bordstein gerutscht, und in der Dunkelheit konnte Heck nicht erkennen, ob es beschädigt war, doch als er es hochhob, vorwärtsschob und aufstieg, ließ es sich problemlos fahren.

Seine Füße fanden die Pedale, und er strampelte die Uferstraße zurück.

Im nächsten Moment kam auch schon der Umriss des Audis in Sicht.

Heck bremste und hielt neben dem offenen Fahrerfenster. Da die Scheinwerfer ausgeschaltet waren und auch im Inneren des Wagens kein Licht brannte, würde Jackson nicht erkennen, wer genau an seinem Fenster erschienen war, aber gleichermaßen konnte Heck auch nicht viel von dem Drogendealer sehen. Im schwachen roten Schein der Uhranzeige am Armaturenbrett glaubte er, einen gewaltigen fassartigen Torso, ein kurzärmeliges Hawaiihemd, glänzende Halsketten und einen dichten schwarzen Bart zu erkennen.

Doch Hecks Augenmerk galt gar nicht wirklich dem Fahrer. Er sah sofort, wonach er Ausschau hielt: den Autoschlüssel, der im Zündschloss steckte. Jackson sagte irgendetwas, aber Heck hörte gar nicht zu. Stattdessen langte er durchs Fenster, schnappte sich blitzschnell den Schlüssel und ließ ihn in seiner Anoraktasche verschwinden.

»He!«, platzte der Dealer heraus, doch im gleichen Moment erschien Hecks Hand erneut. Diesmal umfasste sie sein Portemonnaie. Er klappte es auf und zeigte Jackson seinen Dienstausweis.

»Sie sind verhaftet, Freundchen. Sie stehen unter dem Verdacht, Drogen zu besitzen, mit der Absicht, diese zu verkau…«

Einen bestialischen Schrei ausstoßend, trat der Fahrer die Tür auf.

Sie flog Heck mit voller Wucht gegen die Seite, und da er noch auf dem Sattel saß, kippte er mitsamt dem Fahrrad um und landete der Länge nach auf der Straße. Jackson, der dafür, dass er so ein Riese war, ziemlich agil war, sprang aus dem Wagen. Heck sah nur eine voluminöse, wie eine Bowlingkugel geformte Gestalt mit unglaublich breiten Schultern, unter deren scheußlich gemustertem Hemd jedoch ein gewaltiger Bauch gegen den Stoff drückte. Bevor er noch mehr sehen konnte, landete Jackson auch schon mit beiden Knien auf ihm. Der Koloss wog mindestens 125 Kilogramm, weshalb die Wucht des Aufpralls gewaltig war. Der Fahrradrahmen drückte so stark gegen Hecks linkes Bein, dass er glaubte, er würde sich glatt hindurchbohren. Eine prankenartige Faust raste auf ihn hinab, um ihm einen gewaltigen Schlag zu verpassen. Der Schlag hätte ihn wahrscheinlich genauso umgehauen wie der Sprung des Kolosses auf das Fahrrad, unter dem er begraben war, doch Heck wehrte ihn mit seinem rechten Unterarm ab und packte den Mistkerl am Bart. Jackson stieß einen weiteren animalischen Schrei aus und riss sich los. Dann richtete er sich auf und taumelte auf der Suche nach einem Fluchtweg über die Straße. Heck sah, dass er eine Art Sporttasche bei sich hatte, die er vermutlich vom Beifahrersitz genommen hatte. Auf einmal wurde er vom grellen Schein einer Taschenlampe geblendet. Der Dealer blieb trotz der Panik, die ihn erfasst hatte, wie angewurzelt stehen und hielt sich einen fleischigen Unterarm vor die Augen.

»Einsatzzentrale Bravo vom Dezernat für Serienverbrechen!«, rief Gail in ihr Funkgerät. »Brauchen sofort Verstärkung am Pier Nummer 6, der vom Clive Sullivan Way abgeht. Ein Beamter außer Gefecht gesetzt und verletzt. Verdächtiger widersetzt sich der Verhaftung.«

Heck befreite sich von dem ramponierten Fahrrad und trat es von sich weg. Während er sich hochrappelte, sah er mehr von Cyrus Jackson. Der große Mann war dunkelhäutig, stammte wahrscheinlich aus dem Mittelmeerraum oder aus dem Nahen Osten und war wirklich ein Koloss. Sein Hals war kaum vorhanden, sein riesiger, runder, kahl rasierter Kopf schien direkt zwischen seinen ochsenartigen Schultern hervorgewachsen zu sein. Als er sich umdrehte und von Gail wegrannte, sah Heck wilde Augen in einem schweißgebadeten Gesicht, dessen untere Hälfte von einem schwarzen Bart bedeckt war, der eines Propheten aus dem Alten Testament würdig gewesen wäre.

Der Riese stürmte wieder zurück zum Wagen. Vielleicht glaubte er, Heck noch eins überbraten und ihm die Schlüssel wieder abnehmen zu können, um sich eine schnellere Fluchtmöglichkeit zu verschaffen. Doch inzwischen war Heck wieder auf den Beinen. Er taumelte zwar auf seinem linken Bein, das sich vorübergehend taub anfühlte, fuhr jedoch seinen Schlagstock aus und ging in Angriffsposition.

»Geben Sie auf, Sie Knallkopf!«, rief er.

Jackson fluchte heiser, drehte nach links ab und lief um die Vorderseite des Audis herum. Heck hechtete über die Motorhaube und versuchte ihn zu packen, doch der Kerl war auch diesmal schneller, als er aussah, und Heck verfehlte ihn um etliche Zentimeter.

Sie überquerten den Parkplatz. Heck war nur gut einen halben Meter hinter Jackson, doch er humpelte immer noch. In dem Moment drehte Jackson sich um und schwang die Sporttasche herum wie eine Abrissbirne. Sie traf Heck mit voller Wucht an der rechten Schulter, und er taumelte nach links. Jackson rannte weiter, sah sich jedoch erneut dem grellen Strahl von Gails Taschenlampe gegenüber, der sich in seine Augäpfel bohrte. Sie war um das Heck des Audis gekommen und schnitt ihm den

199

Weg ab. Jackson war zwischen der Polizistin und dem Polizisten eingezwängt.

Ihm blieb nur noch eine Option.

Schnaufend und ächzend stieg er mit einem einzigen ungelenken, großen Schritt über den Maschendrahtzaun, und im nächsten Moment klang es, als stürme er über den verlassenen Pier davon. Nach etwa dreißig Metern schleuderte er die Tasche zur Seite. Sie flog, sich überschlagend, in die Dunkelheit.

»*Scheiße!*«, rief Heck und stieg ebenfalls über den Zaun. »He, Gail! Irgendwas sagt mir, dass die Tasche noch wichtiger ist als Jackson selbst.«

»Du kannst ihn nicht alleine schnappen.«

»Hol einfach die Tasche!«

Er eilte den Pier entlang und spürte, dass er unter ihm schwankte. Die Planken waren glitschig und knarrten unter seinen Schuhen. Er verlangsamte sein Tempo, bis er nur noch ging – nicht wegen der glitschigen, knarrenden Planken, sondern weil das ohnehin schwache Licht immer weiter verblasste, je weiter er sich vom Ufer entfernte. Bald war auch kein Geräusch mehr zu hören, nur noch das Zischen einer zusehends stärker werdenden Küstenbrise.

Nach etwa vierzig Metern blieb Heck stehen.

Die Stille schien Unheil verkündend.

Der Kerl konnte ganz nah sein. Vielleicht lag er flach auf dem Boden oder hockte neben einem der Seitengeländer und hoffte, nicht entdeckt zu werden, bereit, sich brutal auf seinen Verfolger zu stürzen, falls dieser ihn doch sah.

Heck ging weiter. Selbst das ferne Südufer, das zuvor als eine Reihe winziger Lichter zu sehen gewesen war, war auf einmal teilweise verschwunden. Heck war es bisher nicht ins Auge gefallen, aber in der Mitte des Piers befand sich irgendein Gebäude, vielleicht ein alter Bootsschuppen. Er schlich vorsichtig darauf zu und sah beim Näherkommen ein noch schwärzeres Rechteck in der Stülpschalung der vorderen Schuppenwand. Eine offene

Tür – was womöglich erklärte, wie Jackson auf einmal verschwunden war.

Heck ging schnell auf die offene Tür zu, doch er hatte noch keine zwei Meter zurückgelegt, da kam ein wirbelndes Geschoss aus der Öffnung geflogen und traf ihn links an der Brust.

Ein schwerer Schraubenschlüssel prallte von ihm ab und krachte auf die Planken.

Die Wucht des Aufpralls wurde zwar durch die Schutzweste gedämpft, war jedoch so heftig, dass es schmerzte und Heck zur Seite wankte.

Er erreichte taumelnd den Schuppen und drückte sich platt an die Wand neben der Tür.

Allein der Himmel wusste, wie viele dieser als Waffen verwendbare Werkzeuge Jackson in dem Schuppen noch finden würde. Vielleicht eine Handvoll, vielleicht gar keins mehr. Aber warum sollte das Ganze auch einfach sein?

Heck betastete die Stelle, an der ihn der Schraubenschlüssel getroffen hatte. Dank der Kevlar-Weste würde er mit einem leichten Bluterguss davonkommen.

Er hielt die Luft an und lauschte.

Dann hörte er das Stapfen von Schritten und ein Schaben von Holz. Es hörte sich an, als ob eine leicht verkantete Tür aufgedrückt wurde. Der Mistkerl arbeitete sich durch den Bootsschuppen vor zur anderen Seite.

»Wohin wollen Sie denn wohl fliehen?«, rief Heck. »Sie wollen doch wohl nicht durch den Humber schwimmen, Sie Volltrottel!«

Keine Antwort.

Heck schüttelte den Kopf und nahm wieder die Verfolgung auf.

Das Innere des Schuppens war muffig. Es roch nach Schimmel und abgestandenem Wasser, der Boden war glitschig, über Heck hingen dichte Spinngewebe. Er tastete sich durch höhlenartige Finsternis vor und steuerte das sich ganz schwach abzeichnende Rechteck einer anderen offenen Tür an. Er konnte jeden

Moment von jeder Seite angegriffen werden. Das Geräusch der aufgedrückten Tür konnte ein Täuschungsmanöver gewesen sein. Doch das Risiko, in eine Falle zu laufen, war er bereits eingegangen.

Er gelangte unversehrt zur hinteren Seite des Schuppens und steckte den Kopf aus der Türöffnung.

In etwa dreißig Metern Entfernung erkannte er das Ende des Piers, der einmal deutlich länger gewesen war, vielleicht gut zweihundert Meter, aber da er jahrelang nicht mehr in Gebrauch gewesen war, war die zur See hin ausgerichtete Seite nach und nach in sich zusammengefallen. Inzwischen endete der Fußweg an Stümpfen verrotteter, abgebrochener Planken, hinter denen ein Abgrund gähnte. Lediglich zwei wie Zähne aussehende schwarze Vorsprünge zogen sich noch ein Stück weit hinaus in das schlammschwarze Wasser und verschwanden dann unter der Wasseroberfläche. Wie zuvor sah Heck keine Spur von dem Mann, den er verfolgte.

Er hielt die Luft an und lauschte angestrengt, seine Augen fokussierten sich allmählich.

In der Dunkelheit nahmen weitere Objekte Gestalt an. Etwa zehn Meter vor ihm ragte in der Mitte des Fußwegs eine stählerne Stange auf. Sie war etwa neun Meter hoch und hatte vielleicht einmal als Fahnenstange oder als Lichtmast gedient, doch hinter ihr konnte sich niemand verbergen, jedenfalls niemand, der so einen Körperumfang hatte wie Cyrus Jackson. Aber zehn Meter zu seiner Linken befand sich, angrenzend an das östliche Geländer, eine kleine Hütte, bei der es sich der Größe und dem Umriss nach zu urteilen um ein ehemaliges Wachhäuschen handelte. Heck ging auf das Häuschen zu, doch beim Näherkommen sah er, dass die vordere Wand eingetreten worden war und dass es leer war.

Er ging ein paar Schritte zurück und warf einen Blick hinter das Häuschen, doch da es sich direkt am Geländer befand, konnte sich niemand dahinter verstecken.

»Scheiße!«, zischte er.

Er drehte sich zu allen Seiten um, suchte die unmittelbare Umgebung ab – und bemerkte nichts von dem gewaltigen Schatten, der sich auf dem Dach der kleinen Hütte erhob.

Cyrus Jackson stand gut einen Meter zwanzig über Heck. Das war nicht besonders viel, aber eins wusste er: Wenn er sich mit seinem ganzen Gewicht von da oben auf seinen Verfolger warf, würde er ihn mit Fleisch zerquetschender und Knochen brechender Wucht auf die harten Holzplanken krachen lassen und unter sich begraben.

16

Es war Jacksons gewaltiges Gewicht, das diesem zum Schicksal wurde.

Er war bereits in Hockstellung und gerade im Begriff, sich zu voller Größe aufzurichten, als ein dumpfes, lautes Knacken durch die Finsternis hallte. Heck wirbelte herum, und genau in dem Moment gab die brüchige Struktur der Hütte nach. Sie sackte zur Seite und krachte zu Boden, jedes einzelne Verbindungsstück zersplitterte.

Als Heck den massiven Umriss des Flüchtigen herunterfliegen sah, machte er schnell einen Satz nach hinten. Jackson hatte es noch halbwegs geschafft, abzuspringen, aber es war ein unüberlegter, unkoordinierter Sprung. Er landete etwa einen halben Meter links von der Stahlstange auf den Füßen, aber der Aufprall war so heftig, dass er in die Hocke gedrückt wurde und seine Knöchel sich mit voller Wucht in seinen Hintern rammten. Der Schmerz nahm ihm die Luft.

Im gleichen Moment zerbarsten die Planken, auf denen er gelandet war und krachten nach unten. Er sauste wie eine Kanonenkugel durch die aufgerissene Öffnung – aber nicht ganz. Als sein Körper halb hindurch war, blieb er stecken.

»Scheiße!«, keuchte er. »O Mann! Scheiße!«

Es sah so aus, als würde die Schwerkraft den Rest erledigen und ihn erbarmungslos nach unten zerren. Er langte verzweifelt nach den zerbrochenen Planken um sich herum und versuchte Halt zu finden, während sein massiger Körper langsam in die Tiefe gezogen wurde.

»Hilfe! Himmelherrgott noch mal!«

»Was haben Sie denn?«, fragte Heck, der inzwischen über ihm stand. »Können Sie nicht schwimmen?«

»*Sie verdammtes Arschloch!*« Jacksons Stimme steigerte sich zu einem schrillen Kreischen.

»Nur die Ruhe.« Heck bückte sich. »Reichen Sie mir Ihre Hand.«

Jackson hob verzweifelt seine Pranke – jedoch nur, um zu spüren, wie eine Handschelle um sein Handgelenk zuschnappte.

»Was zum Teufel tun Sie da?«

»Und jetzt die andere«, wies Heck ihn an.

Jackson hielt die Hand zurück und versuchte sich mit seinem freien Ellbogen abzustützen.

»Geben Sie mir die andere Hand«, wies Heck ihn an. »Sonst kette ich Sie an dieser Fahnenstange an und lasse Sie da hängen.«

»Leck mich am Arsch!«, fuhr der Flüchtige ihn an, hielt ihm die Hand aber hin.

Heck packte sie, trat hinter die Stange, legte beide Hände darum und ließ auch die andere Handschelle zuschnappen.

»Was soll das? Sie haben doch gesagt …«

»Ich ziehe Sie hoch. Hören sie auf rumzuflennen.«

Er ging um Jackson herum, hockte sich hin, langte durch das gezackte Loch, packte ihn am Hosengürtel und hievte ihn hoch. Es war nicht gerade einfach, denn der Kerl musste eine Tonne wiegen, und mit den um die Stange gefesselten Armen konnte er selber nicht viel tun, um dabei zu helfen, sich aus dem Loch zu hieven.

»Meine Fresse«, brachte Heck keuchend und ächzend hervor. »Sie sollten mal ein bisschen abspecken, Cyrus. Oder sähen Sie dann Ihren Kunden zu ähnlich?«

Jackson sagte nichts. Doch als er auf den Knien war, richtete er sich keuchend auf und zerrte an der Handschelle, aber sie war fest und stabil. Er blickte nach oben. Die alte Fahnenstange war massiv und gab nicht einmal nach, als er testweise seinen massigen Körper gegen sie drückte.

Heck musterte ihn ausdruckslos. »Ich bin enttäuscht von Ihnen. Sie sind doch angeblich eine lebende Legende. Ich hätte gedacht, dass Sie mir viel mehr Schwierigkeiten bereiten würden.«

Jackson sah ihn unheilvoll an, dann kräuselte sich sein fetter, feuchter Mund zu einem leichten Lächeln. »Es gibt verschiedene Wege, eine Sache zu gewinnen, Bulle!«

Und dann schlug er seine Stirn so heftig gegen die Stahlstange, dass sie klirrte. Das wiederholte er noch mindestens zweimal, und als er fertig war, rann ihm aus den weit aufgeplatzten Augenbrauen Blut über das Gesicht.

Heck musterte ihn nachdenklich.

»So ein Scheiß aber auch.« Jackson kicherte benommen. »Sehen Sie nur, was Sie mir angetan haben. Sie haben mich verhaftet und dann brutal zusammengeschlagen. Mein Anwalt wird seinen großen Tag haben, verlassen Sie sich drauf.«

»O nein, Freundchen. Das war reine Selbstverteidigung.« Heck ging zu der Stange und knallte seinen Kopf ebenfalls zweimal dagegen.

Wie jeder Schlag gegen den Schädel klang es im ersten Moment schlimmer, als es sich anfühlte. Der Schmerz würde später kommen, wenn er keine Sterne mehr sähe. Heck schwankte auf den Fußballen nach hinten, warme Flüssigkeit rann ihm über die linke Seite seines Gesichts. Er betastete die Stelle vorsichtig und stellte fest, dass nur eine Augenbraue aufgeplatzt war, aber die Wunde war ebenfalls ziemlich tief.

Er sah Jackson an. Der Kriminelle gaffte ihn mit weit aufgerissenem Mund an.

»Glauben Sie im Ernst, dass ein Clown wie Sie irgendwas kann, das ich nicht besser kann?«, fragte Heck.

»Sie sind komplett durchgeknallt.«

Heck holte sein Handy hervor, schaltete die Taschenlampenfunktion ein und untersuchte die Wunden des Verhafteten. Sie würden wahrscheinlich genäht werden müssen, genau wie seine eigene.

»Sie haben ein paar Fleischwunden mehr als ich«, stellte er

fest und betastete vorsichtig seine verwundete Augenbraue. »Aber mir reicht *eine*. Dass es Sie ein bisschen schlimmer erwischt hat, wird man der Tatsache zuschreiben, dass ich ein besserer Kämpfer bin als sie.«

»Da lachen ja die Hühner.«

»Ihnen wird das Lachen bald vergehen.« Heck blickte zurück zu dem Bootsschuppen. »Wobei mir einfällt, dass ich mal nach meiner Kollegin sehen muss. Wenn sie ertrunken sein sollte, blüht Ihnen das gleiche Schicksal.«

»He, Bulle, Sie können mich doch nicht einfach hierlassen!«

Aber Heck ging bereits zurück.

Gail begegnete ihm auf der landwärts gelegenen Seite des Bootsschuppens. Selbst in der Dunkelheit konnte er erkennen, dass sie voller Schlamm war. Nicht nur ihre Füße und Beine, sondern ihr ganzer Körper und auch ihre Arme. Sogar ihr Gesicht war verschmiert, und auch in ihrem Haar hingen Matschklumpen. Aber wenigstens hatte sie die völlig mit Schmutz überzogene Sporttasche in der Hand.

Sie sah sofort, dass er sich mit einem blutverschmierten Taschentuch die Augenbraue betupfte. »O mein Gott.«

»Ist nicht schlimm, keine Sorge. Gut gemacht.«

Sie hielt ihm die Tasche hin, die sie bereits geöffnet hatte, um deren Inhalt zu inspizieren. »Zum Glück war Ebbe. Sie ist übrigens voller Stoff.«

»Das höre ich gerne.«

»Bist du sicher, dass mit dir alles in Ordnung ist? Das sieht übel aus.«

»Je übler es aussieht, umso besser.« Heck nahm die Tasche und sah hinein. Schon auf den ersten Blick sah er, dass sie unzählige Bündel zusammengeschnürter Geldscheine enthielt und zudem mindestens zehn Tütchen mit einer grünlichen Substanz.

»Ich nehme an, du hast ihn geschnappt, oder?«, fragte sie.

»Natürlich.«

Gail setzte einen besorgten Blick auf. »Ist er auch verletzt?«

»Nicht schlimmer als ich. Na los.« Er zog den Reißverschluss der Tasche zu und ging wieder zurück. »Hast du irgendwas von der lokalen Einsatzzentrale gehört?«

»Wohl kaum. War ja nur geschauspielert.«

Er sah sie mit neu erwachtem Respekt an. »Im Ernst?«

»Mir war klar, dass du nicht scharf darauf warst, dass Gott und die Welt hier aufkreuzen. Außerdem dachte ich, ich versuche mal, Jackson ein bisschen Angst einzujagen.«

»Tja, das hat ja funktioniert. Braves Mädchen.«

»Bitte behandle mich nicht so herablassend, Heck. Diesmal bekommst du einen kleinen Vertrauensvorschuss von mir, weil deine Instinkte bisher richtiggelegen haben. Aber am besten bringen wir diesen Fall ganz schnell wieder aufs richtige Gleis, sonst werde ich gleich noch richtig sauer.«

»In Ordnung.« Heck gab ihr die Tasche zurück. »Nimm du die bitte, wenn es dir nichts ausmacht. Und lass mich das Verhör leiten.«

Sie gingen hinter den Bootsschuppen, wo Jackson noch wartete. Er hatte es nicht geschafft, seine Hände von den Handschellen zu befreien und saß inzwischen auf dem Boden.

»Aufstehen!«, wies Heck ihn an, während er auf ihn zuging.

Der Verhaftete erhob sich, allerdings missmutig. »Ich will sofort meinen Anwalt sprechen.«

»Das glaub ich Ihnen gern.«

»Sie hätten mich verdammt noch mal beinahe umgebracht«, sagte Jackson in dem Versuch, seine vorgetäuschte Geschichte über Hecks angeblichen Übergriff direkt in die Welt zu setzen, als er sah, dass dieser von einer Kollegin begleitet wurde. »Im Gericht werden sie Ihnen den Arsch aufreißen, Sie Klugscheißer.«

»Wir ziehen also vor Gericht, Cyrus?«, fragte Heck ihn.

»Sie werden sich auf jeden Fall vor Gericht wiederfinden. Was mich angeht, bin ich mir da nicht so sicher.«

Heck taxierte ihn. »Bringt Ihnen dieses Maulheldentum

208

eigentlich je irgendwas ein? Das interessiert mich wirklich. Zittern die Polizisten aus Humberside tatsächlich wie Espenlaub, wenn ein Volltrottel wie Sie ihnen damit droht, sie zu verklagen?«

»Sie sind gewaltsam in mein Auto eingedrungen«, stellte Jackson klar. »Ich dachte, Sie wollten mich ausrauben, deshalb bin ich abgehauen. Sie haben mich verfolgt und mir die Scheiße aus dem Leib geprügelt. Ende der Durchsage. Oder besser gesagt: Ende Ihrer Karriere. Sie sind verdammt noch mal erledigt.«

»Klingt so, als hätte er uns wirklich am Haken, Detective Constable Honeyford.«

»So ist es«, entgegnete Jackson verächtlich. »Sie haben sich ganz umsonst so eingesaut, Darling.«

Heck sah Gail an. »Hast du dich ganz umsonst eingesaut?«

»Das glaube ich nicht, Detective Sergeant Heckenburg.« Sie holte die Sporttasche hinter ihrem Rücken hervor. »Sie haben mit Ihrem Wurf nicht das Wasser erreicht, Cyrus. Die Tasche lag auf einer Schlammbank.«

Jackson versuchte sich rauszureden. »Was soll das sein? Die Squash-Ausrüstung von irgendjemandem?«

»Gute Frage«, entgegnete Heck. »Aber da Sie verhaftet sind, weil Sie unter dem Verdacht stehen, im Besitz hochkarätiger, für den Verkauf bestimmter Drogen zu sein, sind wir per Gesetz berechtigt, die Tasche gründlich zu inspizieren.«

»Das können Sie sich schenken, Sie Scheißbulle. Das ist nicht meine Tasche.«

Heck nahm Gail die Tasche ab und zog den Reißverschluss wieder auf.

»Wir haben beide gesehen, dass Sie die Tasche weggeworfen haben, Cyrus«, stellte Gail klar.

»Wird mir eine Freude sein, dabei zuzusehen, wie Sie das vor Gericht verkaufen«, erwiderte Jackson. »Ein einziger Blick in Ihre Gesichter reicht doch, um zu wissen, wie gerissen Sie sind. Sie spielen ein abgekartetes Spiel.«

209

Heck holte eine Handvoll Zehner und Zwanziger aus der Tasche. »Wenn wir diesen Haufen Kohle anzünden und abfackeln, ist das also für Sie okay?«

Jacksons Ausdruck verspannte sich, aber er hielt den Mund.

Heck nahm noch zwei oder drei Handvoll Scheine aus der Tasche. »Das müssen vier oder fünf Riesen sein. Dürfte ein schönes Feuerchen geben.«

»Ist nicht meins. Ist mir also egal.«

»Keine Sorge.« Heck warf das Geld zurück in die Tasche. »Heute Abend zündeln wir nicht. Schließlich muss das alles ins Labor. Die Kohle stammt direkt von den Dealern, richtig? Was bedeutet, dass wahrscheinlich alles voller Spuren ist. Und das Gleiche dürfte zweifellos für das Innere Ihres schicken Schlittens gelten.«

»Der wandert auch ins Labor, Cyrus«, stellte Gail klar. »Haben wir Ihnen *den* auch untergeschoben?«

Jackson hielt weiter den Mund.

»Wo sind denn all die vertrauenswürdigen Mittelsmänner, wenn Sie sie brauchen, hä?«, fragte Heck.

»Sie werden mir nichts beweisen können.«

»Und was ist hiermit?« Heck nahm zwei Tütchen Cannabisharz aus der Tasche. »Ist das die Würze des Lebens, oder was?«

»Keine Ahnung, was das ist«, entgegnete Jackson.

»Dann lassen Sie sich mal von mir aufklären.« Heck musterte die Plastiktütchen sorgfältig. »Das ist synthetisches Marihuana. Der Stoff, der die Herzen, Hirne und Seelen von Menschen im ganzen Land zerstört, der Stoff, der Menschen, die einmal zufriedene Mitglieder der Gesellschaft waren, in verdammte lebende Tote verwandelt. Kapiert?«

Heck konnte sich gerade so davon abhalten, der aggressiven Visage vor seiner Nase eins reinzuschlagen.

»Während Sie in Ihrem protzigen A4 rumgegurkt sind, hat dieser Stoff Leben vernichtet, Familien auseinandergerissen und Träume zerstört. Und trotzdem«, Heck schüttelte den Kopf, als ob er selber nicht glauben könnte, worauf er sich da einzulassen bereit war, »könnte ich selbst jetzt noch bereit sein, Sie vom Haken zu lassen.«

Jackson zog eine seiner verwundeten Augenbrauen hoch, erst recht, als er spürte, dass Gail sich versteifte.

Heck zuckte mit den Schultern. »Nanu, Cyrus? Haben Sie diesmal keine schlagfertige Entgegnung auf Lager?«

»Wen muss ich dafür umbringen?«

Heck kicherte humorlos. »Sollte mich wahrscheinlich nicht überraschen, dass das die Art und Weise ist, wie ein niederes Wesen wie Sie denkt. Aber es geht um was noch *Schlimmeres,* als jemanden umzubringen.«

»Scheißbullen!«, spie der Verhaftete aus.

»Ich würde mir die Wut aufsparen, bis Sie das Angebot gehört haben«, riet Gail ihm. »Es ist nämlich viel zu gut, als einer wie Sie es verdient hätte.«

»Ich will Eddie Creeley«, sagte Heck.

Es folgte ein langes Schweigen, dann lachte Jackson höhnisch und brachte prustend hervor: »Da sind Sie nicht der Einzige.«

»Der Unterschied zwischen den anderen und mir ist, dass die anderen Sie nicht dafür drankriegen können, Drogen an Kinder zu verkaufen«, stellte Heck klar.

»Eddie hat sich aus dem Staub gemacht. Er ist vor zwei Jahren abgetaucht. Und wenn Eddie abtaucht, dann richtig.«

»Wie schade aber auch.« Heck betrachtete ihn mit steinerner Miene. »Für *Sie.*«

»Sie wollen mir ernsthaft einen Deal anbieten?« Trotz seiner verächtlichen Haltung schien Jackson interessiert.

Weder Heck noch Gail antworteten. Sie starrten ihn einfach nur an.

Der Verhaftete lachte erneut höhnisch. »Sie können unmöglich glauben, irgendwas Hieb- und Stichfestes gegen mich in der Hand zu haben. Sonst würden Sie mir nicht mit so was kommen.«

»Wir haben Sie auf frischer Tat ertappt«, sagte Gail und fügte noch eine Lüge hinzu. »Wir haben einige der Dealer gefilmt, die den Stoff für Sie in den Parks verkaufen. Und wir sind Ihnen bis hierher gefolgt.«

»Sie sind total am Arsch.«

»Ich weiß nicht, wo Eddie ist. Ich schwöre es.«

Heck runzelte die Stirn. »Damit kann ich nichts anfangen.«

»Aber *etwas* kann ich Ihnen geben.«

Jackson ließ die Worte in der Luft hängen und sah erst Gail an und dann Heck.

»Ich hoffe was Gutes«, sagte Heck leise.

»Eddies Schwester hat versucht, mit mir Kontakt aufzunehmen.«

»Seine Schwester?«, fragte Gail scheinbar ahnungslos.

»Nanette, ein verdammt dämlicher Name für eine Versagerin wie die.«

»Wir kennen Nanette Creeley«, stellte Heck klar. »Wir haben sie bereits überprüft. Sie ist nicht vorbestraft.«

»Nein, aber sie hat vor Kurzem was gehört.« Jackson schien auf einmal animiert und zusehends interessiert, einen Deal auszuhandeln. »Glaubt sie zumindest.«

»Was meinen Sie damit?«, hakte Gail nach.

»Sie hat versucht, mit mir Kontakt aufzunehmen. Hat mir Botschaften geschickt. Immer die gleiche. Dass Eddie in Schwierigkeiten steckt, ob ich ihr helfen kann und so'n Zeug.«

»Warum wendet sie sich an Sie?«, fragte Heck.

»Aus dem gleichen Grund wie *Sie*. Sie denkt, dass ich weiß, wo er ist.«

»Keine Sorge, von diesem Irrglauben werden wir sie bald befreien.«

»Jedenfalls habe ich nicht darauf reagiert.«

»Warum nicht?«, fragte Gail.

Jackson brach in brüllendes Gelächter aus. »Eddie ist ein wirklich übler Typ. Mit so einem will ich nichts zu tun haben.«

»Verstehe«, entgegnete Heck. »Schließlich sind Sie ja unschuldig wie ein Engel.«

»Niemand will mehr was mit ihm zu tun haben. Er ist total durchgeknallt.«

»Sie sagen also, dass Sie die Botschaften ignoriert haben, die Nanette Creeley Ihnen geschickt hat?«, hakte Gail nach.

»Natürlich habe ich sie ignoriert, verdammt! Hab sie allesamt in die Mülltonne geworfen.«

»Aber Sie glauben, dass sie was weiß?«

»*Sie* glaubt, dass sie was weiß. Ich kann Ihnen aber nicht sagen was. Es interessiert mich auch nicht. Und das wär's auch schon. Das ist absolut alles, was ich weiß.«

Heck und Gail dachten darüber nach. Schließlich nickte Heck.

»Ich glaube Ihnen, Cyrus. Und wissen Sie auch, warum? Weil Sie absolut nichts zu gewinnen hätten, wenn Sie uns angelogen hätten.« Dann wandte er sich Gail zu. »Ruf die Einsatzzentrale an. Sag Ihnen, dass sie einen Gefangenentransporter schicken sollen. Teil Ihnen mit, dass wir jemanden wegen Drogenbesitzes mit Verkaufsabsicht in Untersuchungshaft nehmen.«

»Moment mal!«, platze Jackson heraus. »Wir haben doch gerade einen Deal geschlossen.«

»Nichts da.« Heck schüttelte den Kopf. »Der Deal lautete, dass ich Sie gehen lasse, wenn Sie mir was Gutes geben. Haben Sie aber nicht.«

17

Als sie ihren Verhafteten auf die Wache Clough Road brachten, war der diensthabende Sergeant im Gewahrsamstrakt zunächst etwas irritiert, insbesondere angesichts des verschmutzten Zustands, in dem Gail sich befand. Doch als ihm die Beweise präsentiert wurden, unter anderem die Videoaufnahmen, die Heck gemacht hatte, die Tasche mit dem Geld und den Drogen und der Schraubenschlüssel, den Jackson auf Heck geschleudert hatte, erhob er keine Einwände gegen die Ingewahrsamnahme. Allerdings sah er auf den ersten Blick, dass sowohl Heck als auch der Verhaftete medizinisch behandelt werden mussten. Er forderte zwei uniformierte Beamte an, die Jackson ins Hull-Royal-Krankenhaus brachten, wohingegen Heck es vorzog, selber hinzufahren. Bevor er die Wache verließ, ließ er Gail noch Fotos von seiner aufgeplatzten Augenbraue und seinen geprellten Rippen machen.

Auf dem Parkplatz sagte er: »Ich weiß nicht, wie lange das dauern wird, aber während ich im Krankenhaus bin, könntest du dich schon mal mit den beiden Kollegen in Verbindung setzen, die uns zur Verfügung gestellt wurden. Bitte um Entschuldigung, dass du dich so spät noch bei ihnen meldest, und teil ihnen mit, dass wir jemanden verhaftet haben, dessen Straftaten nicht mit Eddie Creeley in Zusammenhang stehen. Wir sollten uns auch mit dem Drogendezernat Humberside in Verbindung setzen und die Kollegen darüber informieren, was passiert ist. Im Grunde genommen ist das nur eine Formalität, aber mit ein bisschen Glück schicken sie jemanden her, der uns Jackson abnimmt. Außerdem müssen die Substanzen ins hiesige Labor und, wenn möglich, sofort analysiert werden.«

Gail nickte. »Ich kümmere mich darum.«

214

Er öffnete die Fahrertür.

»Heck«, sagte sie.

Er sah sich um.

Sie lächelte verlegen. »Tut mir leid, dass ich gezweifelt habe. Ich hätte wissen müssen, dass du ein Arschloch wie Jackson nicht einfach so davonspazieren lässt.«

Heck zuckte mit den Achseln. »Wenn er uns etwas wirklich Nützliches gegeben hätte, wäre es schwierig gewesen. Immerhin habe ich einen gewissen Ruf. Die Kriminellen wissen, dass ich jemand bin, mit dem man einen Deal aushandeln kann. Und diesen Ruf will ich nicht leichtfertig aufs Spiel setzen. Aber du hast recht. Einige dieser Scheißkerle überschreiten die rote Linie einmal zu viel.«

Bevor er den Motor startete, durchsuchte er seine Kontakte, fand die Nummer, die er gesucht hatte, und rief sie über die Freisprechanlage an. Er ließ es klingeln und fuhr los. Es klingelte und klingelte, und er erwartete schon, dass die Mailbox anspringen würde. Doch in dem Moment meldete sich die in dem typisch ländlichen Akzent Ostenglands gefärbte Stimme von Detective Constable Andy Rawlins und hallte durch seinen Megane.

»Ein bisschen spät, Sergeant, oder?«

»Erzählen Sie mir nicht, dass Sie schon im Bett waren, Andy«, entgegnete Heck, der im Hintergrund Gelächter und das Klirren aneinandergestoßener Gläser hörte. »Klingt mir eher nach einem Pub.«

»He, am Ende eines anstrengenden Tages dürfen wir uns wohl ein bisschen amüsieren.«

»Entspannen Sie sich. Ich überprüfe Sie nicht. Ich wollte Sie was fragen.«

»Tatsächlich?« Rawlins klang wirklich überrascht. Die Tage, an denen Heck jemand anderen um seine Meinung bat, konnte man sich rot im Kalender anstreichen.

»Wie weit sind Sie und Burt mit Terry Godley gekommen?«,

fragte Heck und meinte den Autoräuber aus Nottingham, der einige Jahre zuvor einen Fahrer im Teenageralter und dessen jungen Begleiter umgebracht hatte.

Rawlin dachte nach und nutzte die Gelegenheit, an seinem Bier zu nippen. »Nicht besonders weit. Wir haben mit einigen seiner mutmaßlichen Opfer gesprochen.«

»Von denen dürfte es vermutlich jede Menge geben.«

»Da ist vor allem eine Bande, die es ihm heimzahlen will. Drei Typen und ihr selbst ernannter Anführer – ein Kerl namens Kenny Donovan. Vor etwa drei Jahren hat Godley Donovan bei einem Drogendeal beschissen. Seitdem Godley abgetaucht ist, sind sie hinter ihm her. Sie haben es natürlich auf die Belohnung abgesehen, aber wenn sie ihn finden, wollen sie ihm auch die Rübe einschlagen. Donovan sitzt gerade wegen Drogenbesitzes mit Verkaufsabsicht eineinhalb Jahre ab. Wir haben ihm im Doncaster-Gefängnis einen Besuch abgestattet. Er hat uns erzählt, dass er und seine Kumpel im letzten Frühling ziemlich nahe an Godley rangekommen sind. Sie hatten gehört, dass er im St-Ann-Viertel der Stadt in irgendeinem Eisenbahnschuppen hausen sollte. Aber als sie entsprechend ausgerüstet hingefahren sind und sich gewaltsam Zutritt verschafft haben, war niemand da.«

»War also eine Scheißinfo.«

»Nein, sie haben behauptet, dass er tatsächlich da gehaust hat. In dem Schuppen lagen ein paar Essensschachteln, ein zerschlissener, alter Schlafsack, ein Kissen und so weiter.«

Heck dachte im Fahren darüber nach. »Klingt in meinen Ohren komisch, dass er den Schlafsack nicht mitgenommen hat.«

»Genau das dachten wir auch. Also sind wir hingefahren und haben uns den Schuppen angesehen. Das Zeug war noch da. Es gab sogar einen Rucksack mit ein paar Klamotten – alles grün verschimmelt. Außerdem eine Trinkflasche und ein paar Taschenbücher. Das hat er alles zurückgelassen. Aber wenn du auf der Flucht bist, bleibt dir manchmal nichts anderes übrig, oder? Du kriegst einen Hinweis, dass *wir* im Anmarsch sind, und dann suchst du Hals über Kopf das Weite.«

»Mag sein, aber er hat keinen Hinweis gekriegt, dass ihr im Anmarsch seid, weil ihr das nicht wart.«

»Na ja, wir oder eben dieser Donovan.«

»Was glaubt Donovan, wo er hin ist?«

»Er hat keine Ahnung. Deshalb war er auch bereit, mit uns zu reden. Er wollte klarstellen, dass er und seine Jungs nichts mit Godleys Verschwinden zu tun haben.«

Das fand Heck auch merkwürdig. »Warum sollte Donovan annehmen, dass wir vermuten könnten, dass er was damit zu tun hat?«

»Keine Ahnung. Er hat nur gesagt, dass ihm das Ganze ein bisschen unheimlich vorkam.«

»Unheimlich?«

»Das waren seine Worte, nicht meine.«

»Was meinte er damit?«

Rawlins dachte erneut nach. »Ich nehme an, die Tatsache, dass Godley einfach so von einem auf den anderen Tag verschwunden ist. Wer auch immer Donovan erzählt hat, dass er in diesem Schuppen hauste, hatte keinen Schimmer, wohin er sich danach verzogen hat. Aber so macht man das wohl, oder? Du kriegst spitz, dass die harten Jungs im Anmarsch sind und lässt nicht nur alles stehen und liegen, sondern brichst auch alle Verbindungen ab, sodass *niemand* weiß, wo du untergetaucht bist.«

»Ja, so läuft es vermutlich«, erwiderte Heck. Doch aus irgendeinem Grund überzeugte ihn das nicht ganz.

Früher am Abend war ihm ein merkwürdiger Gedanke durch den Kopf gegangen, kurz bevor sie in Position gegangen waren, um sich Jackson vorzuknöpfen. Doch er hatte erst wieder Zeit gehabt, sich damit zu befassen, als sie den Drogendealer auf der Wache abgeliefert hatten. Gary Quinnell hatte beiläufig erwähnt,

217

dass John Strouds Freundin die Sorge geäußert hatte, dass diesem auf der Flucht womöglich etwas Schlimmes passiert war. Das bedeutete für sich genommen gar nichts – wer würde sich keine Sorgen machen, wenn sein Liebster unter Bänken schläft. Nur dass Nan Creeley auch in Sorge war, dass ihrem Bruder, abgesehen davon, dass die Polizei hinter ihm her war, noch irgendeine andere Gefahr drohte. Und jetzt erfuhr er, dass ehemalige kriminelle Komplizen von Terry Godley Wert darauf legten klarzustellen, dass sie, was auch immer ihm zugestoßen war, nichts damit zu tun hatten.

Was auch immer ihm zugestoßen war.

»Sind Sie noch dran, Heck?«, fragte Rawlins.

»Äh, ja, entschuldigen Sie bitte.«

»Gibt es irgendwas, was wir wissen sollten?« Der Detective Constable klang zum ersten Mal neugierig. »Vielleicht was Neues?«

»Nein, nicht wirklich.« Heck bog auf den Parkplatz des Hull-Royal-Krankenhauses. »Reine Mutmaßungen. Aber noch eine letzte Frage. Hat Donovan irgendwas von einem blonden Typen erzählt, der da in der Gegend rumhing? Etwa vierzig Jahre alt? Oder hat er überhaupt jemanden erwähnt, auf den diese Beschreibung zutreffen könnte?«

»Einen blonden Typen?«

»Ich weiß, das klingt bescheuert, aber das ist alles, was ich von ihm weiß.«

»Hat Donovan nie erwähnt.«

»Alles klar. Wie gesagt, sind alles reine Mutmaßungen. Graben Sie weiter, okay? Ich bin sicher, dass dabei irgendwas rauskommen wird.«

Er beendete das Gespräch, stellte den Wagen ab, überquerte den Parkplatz und steuerte die Notaufnahme an. Auf dem Weg rief er sich in Erinnerung, dass er an alle möglichen Dinge zu denken hatte, nicht zuletzt an die Festnahme von Eddie Creeley. Da musste er nicht auch noch irgendwelche Konspirationstheorien erfinden, um das sowieso schon komplexe Gewirr noch mehr zu verkomplizieren.

»Ah, Sie sind also der Volltrottel!«, stellte eine unwirsche Stimme fest.

Es war kurz nach ein Uhr in der Nacht, und Heck hatte das Kriminalbüro in der Wache Clough Road gerade erst betreten. Das Büro war weitgehend verwaist. Abgesehen von Gail, die aschfahl hinter ihrem Schreibtisch zusammengesackt war und ziemlich niedergedrückt dreinschaute, und Hodges und Mortimer, die zwar beide an ihren eigenen Schreibtischen saßen, jedoch Freizeitkleidung trugen und ganz offensichtlich außer Dienst gewesen und kurzfristig einbestellt worden waren, war noch eine weitere Person anwesend, eine Frau. Sie war zwischen vierzig und fünfzig, eins siebzig groß, kräftig gebaut, hatte ein entschlossen wirkendes, wettergegerbtes Gesicht und drahtige graue Locken. Sie trug eine Jeans, Sandalen, einen alten schlabberigen Pulli und eine Lederjacke darüber. Angriffslustig marschierte sie durch den Raum auf Heck zu.

Heck zuckte mit den Achseln. »Und Sie sind ...?«

»Das ist Detective Inspector Warnock«, sagte Gail missmutig. »Drogendezernat.«

»Ihnen auch einen guten Morgen, Ma'am.«

»Ist Ihnen eigentlich klar, dass wir Cyrus Jackson seit vier Monaten observieren?«, fragte Detective Inspector Warnock. »Vier ganze Monate. Und jetzt ist all die Arbeit wegen Ihrer Cowboy-Allüren für die Katz gewesen.«

Heck war verwirrt. »Entschuldigen Sie bitte, Ma'am, habe ich Ihnen Jackson nicht gerade auf dem Silbertablett serviert?«

Detective Inspector Warnock wandte ihren Blick Hodges und Mortimer zu. »Ist er immer so schwer von Begriff? Oder muss er vielleicht an sich arbeiten?«

Mortimer grinste. »Ich glaube nicht, dass er allzu hart arbeiten muss.«

Halten Sie den Mund!«, fuhr Gail ihn an. »Wenn *Sie* sich als freicher erwiesen hätten, wäre nichts von alldem passiert.«

Detective Inspector Warnock bedachte sie mit einem finsteren Blick. Ihr schien zum ersten Mal der getrocknete Matsch aufzufallen, der an Gails Kleidung klebte. Bisher war Gail nur dazu gekommen, sich das Gesicht und die Hände zu waschen. Zum Umziehen hatte die Zeit nicht gereicht.

»Wer sind Sie noch mal?«, fragte die Detective Inspector.

Gail stand auf. »Detective Constable Honeyford, Ma'am. Dezernat für Serienverbrechen.«

»Ah, noch so ein verdammter ruhmreicher Held! Beziehungsweise eine ruhmreiche Heldin. Oder sage ich besser ruhmreiche Person? Da unten in London muss man ja immer so einen politisch korrekten Scheiß labern, oder?«

»Entschuldigen Sie bitte, Ma'am«, unterbrach Heck sie. »Ich bin immer noch etwas verwirrt. Die Verhaftung von Jackson war absolut sauber und korrekt. Und darüber hinaus habe ich Ihnen auch noch genug Beweise geliefert, um ihn mindestens für zehn Jahre hinter Gittern verschwinden zu lassen.«

»O ja, Ihre Beweise sind super. Dafür wird er angeklagt werden. Nur dass wir gar nicht hinter Jackson her waren. Wir wollten wissen, wer ihm den Stoff liefert. Und jetzt werden wir nicht mal in die Nähe seiner Lieferanten kommen.«

»Wir wussten nicht, dass Sie Jackson observiert haben«, stellte Gail klar.

Die Detective Inspector schüttelte ungläubig den Kopf. »Das mag ja sein, Detective Constable Honeyford, aber wie ich die Dinge sehe, haben Sie niemanden darüber informiert, was Sie vorhatten. Wenn Sie das nämlich getan hätten, hätten wir Ihnen sagen können, dass Sie Jackson in Ruhe lassen sollen.«

»Ma'am«, sagte Heck. »Wenn Sie Jackson observiert haben, warum sind Ihre Leute dann nicht rechtzeitig eingeschritten und haben uns gesagt, dass wir uns zurückhalten sollen?«

»Zufällig ist die National Crime Group nicht die einzige verdammte Abteilung der Polizei, die für ihre Operationen nicht so viel Personal abstellen kann, wie sie gerne würde, Detective Sergeant Heckenburg. Aber wir waren ganz nah dran. Noch zwei Wochen, und wir hätten die ganze Bande hochnehmen können. Jackson, seine kleinen Rad fahrenden Dealer und die mächtigen Lieferanten im Hintergrund, die ihnen den Stoff verschaffen.«

Heck bedachte sie mit seinem aufrichtigsten Blick. »Ich kann mich nur von ganzem Herzen bei Ihnen entschuldigen.«

»Sie entschuldigen sich besser bei den Ehefrauen, den Ehemännern und Kindern der Mitglieder meines Teams und bei allen anderen, die sie wochenlang nicht zu Gesicht bekommen haben.« Sie nahm einen Schluck Kaffee aus dem Pappbecher, den sie in der Hand hielt, verzog das Gesicht und warf das Gebräu in den nächsten Mülleimer. »Ich weiß nicht, was mit Ihnen los ist. Die Leute von Scotland Yard glauben wohl, sie können hier einfallen, alles übernehmen und ...«

»Genau genommen sind wir nicht mehr von Scotland Yard, Ma'am«, stellte Gail klar.

Detective Inspector Warnock bedachte sie mit einem finsteren Blick. »Suchen Sie Ärger, Detective Constable Honeyford?«

»Nein, Ma'am.«

»Denn eins kann ich Ihnen versprechen. Ich werde Ihnen so viel Ärger bereiten, dass Ihnen Hören und Sehen vergeht. Wie lange sind Sie schon dabei?«

»Sieben Jahre, Ma'am.«

Warnock, die aufgrund von Gails nicht durch den Kampf an der Front gezeichnetes Aussehen eindeutig davon ausgegangen war, dass sie noch nicht so lange Dienst schob, schien überrascht, ließ sich davon jedoch nicht aus dem Tritt bringen. »Wenn Sie dabeibleiben wollen, halten Sie den Mund, wenn ich rede. Und halten Sie sich von *diesem* Typen fern.« Sie wandte sich zu Heck um. »Ich habe in der vergangenen Stunde einige Erkundigungen über Sie eingezogen. Für Sie gelten grundsätzlich keine Regeln, und Sie machen, was sie wollen, richtig?«

»Ma'am, ich kann ja verstehen, dass Sie sauer sind«, sagte er, »aber bei *unserer* Ermittlung geht es auch um etwas Ernstes.«

»Um etwas so Ernstes, dass Sie nicht mal die Beamten mitgenommen haben, die Ihnen die Kollegen vor Ort zur Verfügung gestellt haben.«

Heck antwortete nicht.

»Lassen Sie mich raten, warum Sie sie nicht dabeihaben wollten. Weil Sie so die Information, die Sie haben wollten, aus Jackson rausprügeln konnten, ohne dass einer der hiesigen Beamten dazwischengehen konnte.«

»*So* war es nicht.«

»Verkaufen Sie mich nicht für dumm, Sergeant. Ich habe gehört, in welchem Zustand er war.«

Heck zeigte auf seine linke Augenbraue. »Und was ist mit meinem Zustand?«

»Wie es aussieht, kam Ihnen ein Laternenmast gelegen.«

»Also ehrlich!«, meldete Gail sich aufgebracht zu Wort. »Sie glauben Cyrus Jackson – und Heck nicht?«

Diesmal machte Detective Inspector Warnock sich nicht mal die Mühe, sie anzusehen. »Halten Sie den Mund, Darling!«

»Ich bin nicht Ihr verdammter Darling!«

»Gail«, warnte Heck sie. »Ist schon okay.«

»Es ist nicht okay.« Auf einmal war die streitsüchtige Gail Honeyford, mit der er in Surrey zusammengearbeitet hatte, wieder da. Mit funkelnden Augen ging sie von ihrem Schreibtisch auf Heck und die Detective Inspector zu. »Wer ist das überhaupt? Die Klugscheißer-Königin von Humberside?«

Obwohl Detective Inspector Warnock zweifellos ziemlich hartgesotten war, zuckte sie zusammen.

»Wir sind hinter einem bewaffneten Räuber und zweifachen Mörder her, der einen Großteil seiner Verbrechen zufällig in *Ihrem* Zuständigkeitsbereich begangen hat!«, stellte Gail ausdruckslos klar. »Und Sie stauchen uns zusammen, nur weil wir Jackson beim Dealen ertappt haben und Ihre Leute nicht da waren. Gut, mit der Aktion haben wir Ihre Operation verbockt, aber Heck hat bereits gesagt, dass es ihm leidtut. Wir hätten Jackson ja wohl kaum *nicht* verhaften können, oder?«

»Gail, das reicht!«, sagte Heck.

»Und wenn Sie so verdammt tough sind, Ma'am – warum prügeln *Sie* dann nicht ein paar Informationen aus Jackson raus? Er ist noch in Gewahrsam. Sie können ja hinterher sagen, dass Heck ihn so zugerichtet hat. Das werden Sie ja sowieso tun.«

»*Es reicht!*«, schrie Heck. »*Halt einfach die Klappe, ja!*«

Gail sagte nichts mehr, funkelte die Detective Inspector aber herausfordernd an.

Die Detective Inspector erwiderte den Blick mit einem kühlen Lächeln. »Dafür ist es zu spät, fürchte ich, Detective Sergeant Heckenburg. Wenn ich diese Sache in der oberen Etage vorbringe, wollte ich Ihrer Kollegin gegenüber eigentlich Nachsicht walten lassen, weil sie viel zu gut aussieht und auf den ersten Blick viel zu freundlich und entgegenkommend wirkt, um eine verdammte Polizistin zu sein. Aber jetzt ist mir klar, dass sie genauso schlechte Angewohnheiten hat wie Sie.« Sie hielt inne, um die drohende Wirkung ihrer Worte zu verstärken. »Glauben Sie mir also, Sie können sich *beide* auf was gefasst machen.«

»Ma'am«, sagte Heck schnell. »Ich möchte zu Protokoll geben, dass Detective Constable Honeyford von Anfang an dagegen war, wie ich im Fall von Cyrus Jackson vorgegangen bin. Sie war sogar dagegen, ihn auch nur zu beobachten, ohne die lokale Polizeiführung zu informieren. Und sie hat es ganz bestimmt nicht gebilligt, dass ich zur Tat geschritten bin und mir Jackson vorgeknöpft habe. Sie ist nur eingeschritten, weil sie dachte, dass ich in Gefahr bin.«

Er ließ die Worte in der Luft hängen und suchte auf ihrem granitharten Gesichtsausdruck nach einem Zeichen der Versöhnungsbereitschaft.

»Netter Versuch«, sagte Detective Inspector Warnock, drehte

sich um und steuerte die Tür an. »Sparen Sie sich das für das Disziplinarverfahren.«

Nachdem sie das Kriminalbüro verlassen hatte, schaltete Mortimer seinen Laptop aus, stand auf und kicherte.

Gail wandte sich zu ihm um. »Sie sollten froh sein, dass wir Sie *nicht* eingeweiht haben, Mortimer. Denn so ein Hohlkopf wie Sie wäre wahrscheinlich auch dabei gewesen, ohne das Drogendezernat zu informieren.«

Mortimer zog sich seine Jacke an und sah sie scharf an. »Sie haben ein verdammt freches Mundwerk, Mädel.«

»*Ich habe gesagt, es reicht!*«, ging Heck dazwischen. Er starrte Mortimer an. »Das gilt auch für *Sie*. Und jetzt schieben Sie ab.«

Mortimers Mund verzog sich zu einem Grinsen. Einige Sekunden lang hielt er Hecks Blick stand. Doch da er dort vielleicht etwas sah, das ihm nicht gefiel, gab er schließlich nach, lächelte erneut, stapfte durch den Raum und ließ die Tür hinter sich zuschwingen.

»Das gilt auch für Sie, Junge«, stellte Heck klar. »Bestimmt liegen Sie um diese Zeit normalerweise längst im Bett.«

Hodges, der das Ganze bisher fasziniert beobachtet hatte, stand unsicher auf.

»Hätten Sie mich doch nur eingeweiht«, sagte er. »Dann hätte ich ein paar Dinge für Sie checken können.«

Heck setzte sich an seinen Schreibtisch und öffnete seinen Laptop. »Wie Gail gesagt hat, ist es gut für Sie, dass wir Sie beide nicht in die Sache mit reingezogen haben. Das Ganze ist ein Riesenschlamassel, und es ist am besten, wenn nur *ich* den Kopf dafür hinhalte.«

Hodges schnappte sich seine Jacke und steuerte die Tür an. »Jedenfalls haben Sie ein Resultat erzielt. Was auch immer Diane Warnock sagt – wir versuchen schon seit Ewigkeiten, Jackson hinter Gitter zu bringen.«

»Genau, da stimme ich Ihnen zu.«

Mit beinahe entschuldigender Miene zog Hodges ab.

»Und das ist das Entscheidende«, sagte Heck und schwang seinen Drehstuhl herum, sodass er Gail ansah.

»Was?«, fragte sie niedergeschlagen.

»Dass wir ein Resultat erzielt haben. Wenn auch nicht das, das Barry Hodges meint.«

»Du meinst Nan Creeley?« Sie verzog das Gesicht. »Das ist wohl kaum der große Supertreffer.«

»Es ist eine neue Spur, und jede neue Spur ist gut. Und die Tatsache, dass ich Warnocks Anschiss mit Fassung über mich habe ergehen lassen, bedeutet, dass wir unseren Aufenthalt in Humberside noch nicht ausgereizt haben.«

»Machst du Witze? Bei denen sind wir untendurch.«

»Aber nur bei den Leuten vom Drogendezernat.«

»Reicht das nicht?«

Heck lehnte sich zurück. »Warum sollte es? Wir arbeiten mit der normalen Polizei zusammen.«

»Aber Warnock wird überall hinrennen und sich über uns beschweren.«

»Zähl doch mal eins und eins zusammen, Gail. Warnock hat es vergurkt. Wir haben den Kerl, den sie im Auge hatten, mit jeder Menge Tütchen voller Stoff geschnappt, die er unverhohlen an seine Dealer verteilt hat. Na schön, sie kann darauf gesetzt haben, dass er sie zu mächtigeren Hintermännern führt. Aber in Humberside wimmelt es nur so von Drogendealern wie Jackson. Jeder von ihnen könnte sie zu den Hintermännern führen. Und das weiß sie.«

»Aha.« Gail sah so aus, als ob sie das nicht ganz glauben würde. »Du meinst also nicht, dass sie einen Riesenrabatz macht?«

»Jedenfalls nicht, wenn sie sich nicht noch mehr in Verlegenheit bringen will.«

»Und was ist, wenn Gemma davon Wind bekommt?«

»Sie wird gar nichts unternehmen.«

»Gar nichts? Reden wir von der Löwin? Die den Leuten den Kopf abreißt?«

»Der Trick besteht darin, sich einen neuen wachsen zu lassen.«

»Es überrascht mich nicht, dass du über diese Fähigkeit verfügst. Aber was mich angeht, bin ich mir da nicht so sicher.«

»Mensch, Gail. Gemma steht das Wasser auch bis zum Hals. Die Sonderkommission Vorschlaghammer muss Resultate liefern. Aber für mich klingt es ganz so, als ob wir die Einzigen sind, die zumindest einigermaßen nah dran sind, ihren Verdächtigen zu schnappen.« Er gestattete sich, ein durchtriebenes Grinsen aufzusetzen. »Jack Reed ist zum Beispiel überhaupt noch nicht vorangekommen.«

»Jack Reed hat damit nichts zu tun. Sie wird uns zu sich zitieren und uns den Anschiss unseres Lebens verpassen.«

»Nein. Sie wird *mir* einen Anschiss verpassen.«

»Nicht nur dir. Diesmal nicht.« Ein Anflug von Bedauern huschte über Gails blasses Gesicht. »Ich hätte Warnock nicht so hart angehen dürfen.«

»Das war zugegebenermaßen nicht besonders klug. Aber sie hat dich ganz klar provoziert.«

Gail runzelte verwirrt die Stirn.

»Du hast doch gehört, was sie gesagt hat. Sie hat deine Fähigkeiten als Polizistin infrage gestellt – und das bloß, weil du eine Frau bist.«

»Heck. *Sie* ist auch eine Frau.«

»Na und? Das hat nichts zu sagen. Außerdem«, er beugte sich vor und trug seine Empörung zur Schau, »hat sie sich über die fortschrittliche Kultur bei der Metropolitan Police lustig gemacht. So was kommt bei den Kollegen von Scotland Yard gar nicht gut an.«

Gail sah nach wie vor bestürzt aus. »Willst du damit sagen, dass die Chancen gut für uns stehen?«

»Na ja.« Er dachte nach. »Aber wenn wir Eddie Creeley schnappen – was wird das dann schon noch für eine Rolle spielen?«

226

18

»Wer ist da?«, meldete sich eine Stimme von der anderen Seite der verwitterten Tür.

»Polizei, Nanette«, erwiderte Gail. »Wir müssen reinkommen und mit Ihnen reden. Bitte.«

»Hier wohnt niemand, der Nanette heißt.«

»Nun machen Sie schon auf, Nan«, sagte Heck. »Wir wissen, dass wir an der richtigen Adresse sind.«

Auf der anderen Seite der Tür war ein scharrendes Geräusch zu hören. Da sie vermuteten, dass die Bewohnerin durch den Türspion blickte, hielten die beiden Polizisten ihre Dienstausweise hoch. Außerdem waren sie diesmal wie aus dem Ei gepellt, und das konnte nur helfen.

»Ich bin Detective Sergeant Heckenburg«, sagte Heck durch die Tür. »Und das ist Detective Constable Honeyford.«

»Ich kenne Sie nicht«, erwiderte die Stimme.

»Wir sind von der National Crime Group, genau genommen vom Dezernat für Serienverbrechen. Das heißt, wir sind hinter den ganz üblen Burschen her. Und das wiederum bedeutet, dass Sie uns zwar nicht kennen mögen, sich aber wahrscheinlich denken können, warum wir hier sind.«

»Eddie ist nicht hier. Er war schon seit Jahren nicht mehr hier. Ich habe auch nichts von ihm gehört.«

Es folgte Stille. Obwohl August war, war die Luft kühl, das frühe Morgenlicht, das von gegenüber über die reglos daliegenden Wohnungen drang, war dämmerig grau.

»Können Sie bitte aufmachen, Nanette«, sagte Gail. »Das wird doch allmählich ein bisschen albern.«

»Ich möchte nicht mit Ihnen reden. Was auch immer mein Bruder treibt, hat nichts mit mir zu tun.«

»Nan.« Heck beugte sich vor. »Cyrus Jackson wird Ihnen *nicht* helfen. Erstens, weil er Ihnen nicht helfen kann. Er befindet sich in Polizeigewahrsam, und es ist unwahrscheinlich, dass er gegen Kaution auf freien Fuß gesetzt wird. Wahrscheinlich werden Sie Cyrus also nicht wiedersehen. Und zweitens will er Ihnen sowieso nicht helfen. Wollen Sie wissen, woher ich das weiß? Weil er es mir persönlich erzählt hat.«

Es folgte erneut nachdenkliches Schweigen.

»Nanette«, sagte Gail. »Cyrus Jackson mag nicht in der Lage sein, Ihnen zu helfen. Aber wir können es vielleicht.«

Erneutes Schweigen.

»Es liegt ganz bei Ihnen«, sagte Heck. »Aber wenn es Ihnen wichtiger ist, dass die Leute Sie nicht für einen Spitzel halten, als Ihren Bruder aus Schwierigkeiten zu befreien, sind Sie keine gute Schwester.«

Es folgte ein metallenes Klirren, das davon kündete, dass ein Riegel umgelegt wurde, und dann das dumpfe hölzerne Rumsen eines zur Seite gezogenen Bolzens. Die Tür ging auf, dahinter befand sich ein dunkler Flur. Heck und Gail traten ein. Nanette Creeley stand links neben der Tür, eine gespenstische Gestalt in einem gesteppten, bodenlangen Morgenmantel, mit bleichem Gesicht und zerwühltem Haar, als ob sie gerade aus dem Bett gekommen wäre. Sie schloss die Tür hinter ihnen.

»Ich weiß nichts«, sagte sie steif und musterte Heck und Gail mit angsterfüllten Augen.

»Nan, am besten ersparen wir uns dieses ganze Theater, okay«, sagte Heck. »Sie haben uns doch sicher neulich abends im Pub gesehen.«

Sie starrte die beiden mit Glupschaugen an. Ihr dämmerte schwach, dass sie die beiden tatsächlich schon mal gesehen hatte.

»Wir haben Sie eine ganze Zeit lang beobachtet«, stellte Heck klar.

Sie dachte kurz darüber nach, dann drehte sie sich um und steuerte eine offene Tür an. Heck und Gail folgten ihr und tauschten kurz einen vielsagenden Blick aus. Sie waren zuvor übereingekommen, die Bierdeckel vorerst nicht zu erwähnen, und wenn es nicht erforderlich wäre, am besten gar nicht. Zum einen, weil sie Fiona Birkdale versprochen hatten, nicht zu verraten, welche Rolle sie bei dem Ganzen gespielt hatte, aber auch, weil es immer besser war, wenn Informationen nicht unter Druck preisgegeben wurden, sondern freiwillig.

»Sie haben recht, Nan«, sagte Heck, als sie das kleine, ordentliche Wohnzimmer betraten. »Sie sind in jeder Hinsicht eine gesetzestreue Bürgerin. Wir sind nie davon ausgegangen, dass Sie Ihren Bruder verstecken. Deshalb haben wir beschlossen, einen seiner alten Bekannten aufzusuchen, und wie es aussieht, ist Cyrus Jackson keiner, auf den übermäßig viel Verlass ist. Als wir ihn gestern Abend verhaftet haben, hat er versucht, einen Deal mit uns auszuhandeln. Er hat uns erzählt, dass Sie erfahren haben, dass Eddie in Schwierigkeiten steckt, und versucht haben, ihn dazu zu bringen, Ihnen zu helfen.«

»Und, wie gesagt, hat er uns auch erzählt, dass Ihr Versuch ein Schuss in den Ofen war«, fügte Gail hinzu, »weil er Ihnen unter keinen Umständen helfen wird.«

Die Frau ließ keine Gefühlsregung erkennen, als sie ihr das erzählten, abgesehen davon, dass sie ihre dünnen, grauen Lippen aneinanderrieb. Sie stand mit hängenden Schultern und fest verschränkten Armen vor dem kleinen Fernseher.

»In was für Schwierigkeiten Eddie auch immer steckt – er wird alleine damit klarkommen müssen«, stellte Heck klar. »Weil selbst seine besten Kumpel nichts mehr von ihm wissen wollen.«

»Er hat keine besten Kumpel mehr.« Nan schüttelte demonstrativ den Kopf. »Er hat *gar keine* Kumpel mehr. Cyrus stand ihm am nächsten, und auf ihn war nie groß Verlass.« Sie schluckte, und ein kurzer Anflug von Schmerz huschte über ihr Gesicht. »Wissen Sie, Eddie ist ein bisschen unterbelichtet. Er ist krank im Kopf.« Sie sah die beiden flehend an. »Das muss Ihnen doch klar sein. Niemand, der bei Verstand ist, würde die Dinge tun, die er getan hat.«

Gail zuckte leicht mit den Achseln. »Das muss ein fachkundiger Mediziner entscheiden. Wenn wir ihn in Gewahrsam nehmen, könnte das durchaus bei einer medizinisch-psychologischen Untersuchung herauskommen. Dann würde er eher in die Psychiatrie kommen als ins Gefängnis.«

Doch die Frau schien gar nicht zuzuhören. »Die Zeitungen haben ihm alle möglichen schlimmen Namen verpasst. Mein Gott, einem armen, kranken Mann.«

»Er mag psychisch krank sein, Nan, aber er ist auch ein Krimineller«, rief Heck ihr in Erinnerung. »Ein äußerst aktiver Krimineller. Und er ist auf jeden Fall klar genug bei Verstand, um unterzutauchen, wenn er will.«

Sie sah Heck düster an. »Zu stehlen ist eine Sache, aber Menschen auf eine Weise zu verletzen, wie er es getan hat? Sie können nicht wirklich glauben, dass das normal ist.«

»Was ich glaube, spielt keine Rolle. Niemand wird Eddie helfen, Nan, deshalb ist es für alle – ihn eingeschlossen – das Beste, wenn Sie uns erzählen, was los ist und wo wir ihn finden können, um ihm zu helfen.«

Sie schniefte. »Ich glaube, für ihn kommt vielleicht jede Hilfe zu spät.«

»Warum lassen Sie das nicht uns entscheiden?«, sagte Gail.

Die Frau taxierte die beiden, ihr Gesicht war von Schmerz gezeichnet.

»Nanette«, fuhr Gail fort, »in welchen Schwierigkeiten Eddie auch immer steckt, es muss etwas Ernsthaftes sein. Andernfalls hätten Sie ihn nicht in Gefahr gebracht, indem Sie sich wegen ihm an jemanden gewendet haben, auch wenn es nur Cyrus Jackson war. *Wir* sind seine einzige Hoffnung.«

Die Frau antwortete nicht. Stattdessen ging sie zum Kaminsims, nahm irgendetwas in die Hand und warf es auf den Teppich. Es war klein, hellgrün und sah aus wie ein USB-Stick.

Heck und Gail tauschten erneut einen Blick aus und sahen dann Nan an, die am Kaminsims stehen geblieben war und zitterte, als ob sie sich dem USB-Stick nicht weiter zu nähern wagte.

»Das kam neulich durch den Briefschlitz in der Haustür«, sagte sie.

»Sie meinen wie ein Brief?«, fragte Heck. »In einem Umschlag mit Briefmarke und Stempel?«

»Nein. Einfach so. Jemand hat ihn durch den Schlitz geworfen.«

»Okay. Wer?«

»Ich ...« Ihre Stimme verblasste beinahe zu einem Flüstern. »Ich habe das Gesicht nicht gesehen.«

»Erzählen Sie uns einfach, was passiert ist«, animierte Gail sie.

Und das tat Nan. Sie berichtete ihnen alles. Von dem Moment an, in dem sie eineinhalb Wochen zuvor den Spar-Markt verlassen hatte und ihr die geheimnisvolle Gestalt mit der tief heruntergezogenen Kapuze den ganzen Weg bis nach Hause gefolgt war, bis zu dem Moment, in dem sie früh am Morgen aufgewacht war und den USB-Stick auf der Fußmatte gefunden hatte.

»Wenn es nicht der Mann war, der mir gefolgt ist, der diesen Stick durch den Schlitz geworfen hat, müsste es schon ein ziemlicher Zufall sein, meinen Sie nicht auch?«, fragte sie. Ihr Gesicht war noch bleicher als zuvor, ihre Augen waren rot unterlaufen und feucht.

Heck ging neben dem USB-Stick in die Hocke, berührte ihn jedoch noch nicht. »Offenbar haben Sie die Datei, die sich auf diesem Stick befindet, geöffnet, richtig, Nan?«

»O ja.« Sie schluckte schwer, als ob ihr Mund voller Galle wäre. »Ich habe sie geöffnet.«

»Und? Was ist drauf?«

»Das sehen Sie sich am besten selber an.«

»Ich weiß nicht, ob es eine gute Idee ist, das hier zu tun«, sagte

Gail. »Dafür brauchen wir unsere Techniker. Es könnte ja ein Virus oder so was drauf sein.«

»Sie sollten es sich ansehen«, beharrte die Frau.

Heck starrte den Stick an. »Hatten Sie den Eindruck, dass der Typ, der Sie verfolgt hat, Sie einholen wollte?«

»Er ist ziemlich schnell gegangen.«

»Also hätte er versuchen haben können, Ihnen den Stick in die Hand zu drücken?«, fragte Gail.

»Warum hätte er das tun sollen? Dann hätte ich ihn doch erkannt.«

Heck richtete sich wieder auf. »Was glauben *Sie* denn, warum er Ihnen gefolgt ist, Nan?«

»Um rauszufinden, wo ich wohne. Um den Stick später am Abend durch den Schlitz zu werfen.«

Heck nahm einen Einweghandschuh aus seiner Tasche. »Wer hat ihn noch angefasst, seitdem Sie ihn erhalten haben?«

»Niemand. Nur ich.«

»Erzählen Sie uns, was drauf ist, Nanette«, forderte Gail sie auf.

Die Frau schüttelte stumm den Kopf. Ihr traten Tränen in die Augen.

»Was auch immer es ist, Sie brauchen keine Angst zu haben. Selbst wenn es um eine Lösegeldforderung geht – wir finden den Mann, der Sie verfolgt hat. Und auch wenn er nicht derjenige ist, der den Stick durch den Schlitz geworfen hat, werden wir ihn uns vorknöpfen.«

»*Mein Gott!*« Die runzeligen Wangen der Frau liefen rot an. »Sie müssen mehr unternehmen, als ihn sich nur vorzuknöpfen. Sehen Sie sich an, was auf dem USB-Stick ist! Jetzt. *Hier!*« Sie bückte sich zu einer Ablage unter dem Fernseher und holte einen Laptop hervor. »Benutzen Sie den.«

Gail sah Heck mit Unbehagen an.

»Ich sage Ihnen nicht, was drauf ist«, wiederholte die Frau entschlossen. »Sie müssen es sich selber ansehen.«

232

Heck dachte darüber nach und nahm der Frau den Laptop aus der Hand. Als er sich zu dem USB-Stick umdrehte, beugte Gail sich an sein Ohr.

»Heck, was ist, wenn wir einen wichtigen Beweis zerstören, indem wir die Datei hier öffnen?«

»Willst du es riskieren, das Computersystem der Polizei von Humberside mit einem Killer-Virus lahmzulegen, indem wir den Stick dort einstecken?«, entgegnete Heck. »Wir sind schon jetzt nicht gerade ihre Lieblinge.«

Er reichte ihr den Laptop und hob den USB-Stick auf.

»Ich sehe mir das nicht noch mal an«, stellte Nan Creeley klar und durchquerte den Raum. »Ich bin in der Küche.«

Heck setzte sich neben Gail aufs Sofa. Sie legte den Laptop auf ihre Knie und schaltete ihn an. Heck schob den Stick in den entsprechenden Anschluss, wobei er darauf achtete, ihn nur mit seiner behandschuhten Hand anzufassen und ihn nur an den Enden zu berühren.

Keiner sagte etwas, als die Datei mit dem Titel *Grüße vom Boten des Teufels* erschien; schon der Name klang ziemlich unheilvoll. Gail bewegte den Cursor auf die Datei und öffnete sie.

Im ersten Moment war nicht ganz klar, was sie sahen. Der Bildschirm des Laptops war klein, und das Bild war typisch grau und körnig. Die Gestalten, die sich hin und her bewegten, waren nur undeutlich und verschwommen zu erkennen.

Doch dann wurden die pixeligen Bilder schnell klarer.

Die Aufnahmen sahen so aus, als ob sie von oben von der Seite gemacht worden wären und boten einen guten Blick auf drei Männer. Einer befand sich in der Mitte, die anderen beiden umkreisten ihn angriffslustig. Der Mann in der Mitte war nur mit einer Unterhose bekleidet und schmutzig und mager – ungesund mager, regelrecht ausgezehrt. Er hatte einen angegrauten Bart und Schnäuzer und zerzaustes, strähniges dunkles Haar. Außerdem war er mit einem Baseballschläger bewaffnet, den er mit beiden Händen umfasste und in einer Weise hochhielt, als ob er einen Angriff abwehren wollte.

Wichtiger als das aber war, dass er zu erkennen war.

»Ist er das?«, stammelte Gail. »Mein Gott, der sieht ja aus wie Eddie Creeley.«

Die beiden anderen Männer, die in dem Video zu sehen waren, schienen deutlich kräftiger gebaut zu sein, aber das konnte auch daran liegen, dass sie Schutzkleidung trugen. Sie waren jeweils mit einem robusten schwarzen Brustpanzer ausgestattet sowie mit Schulterpolstern, Schienbeinschonern, Unterarmschützern und dicken, gepolsterten Handschuhen. Außerdem trugen sie schwarze Schutzhelme mit heruntergelassenen, blickdichten Drahtvisieren. Und sie waren ebenfalls bewaffnet.

Der Größere der beiden hielt in der linken Hand eine Kette, an deren Ende ein schweres Vorhängeschloss befestigt war, und in der rechten etwas, das wie ein Kreuzschlüssel aussah. Der andere hatte in der einen Hand etwas, das aussah wie ein Fußballstutzen, der von seiner Hand herabhing, weil er mit Gewichten gefüllt war – Heck dachte daran, dass bei dieser Art Waffe oft Billardkugeln verwendet wurden –, und in der anderen eine aufgemotzte neunschwänzige Katze, eine Peitsche mit einem festen Stiel, an dem neun mit Muttern und Bolzen besetzte Lederriemen befestigt waren. Und als ob das noch nicht genug wäre, trugen die beiden Männer Gurte mit weiteren Waffen. Obwohl die Gestalten sich schnell bewegten, erkannte Heck den Griff eines Messers und den furchterregenden Kopf eines Tischlerhammers.

Doch es war Creeley, der den ersten Schlag platzierte. Er holte mit beiden Händen mit dem Baseballschläger aus und ließ ihn mit voller Wucht seitlich gegen den Helm des Kleineren seiner beiden Gegner krachen. Normalerweise hätte der Schlag eine niederschmetternde Kraft gehabt, doch der Helm war offenbar sehr stabil, denn der Kleinere schwankte und taumelte zwar zur Seite, blieb aber auf den Beinen. Doch indem Creeley als Erster zugeschlagen hatte, war er für einen Moment ungedeckt, was der Größere sofort ausnutzte, um einen Gegenschlag zu platzieren. Er attackierte Creeleys entblößte Rippen mit seinem Schraubenschlüssel. Trotz des schlechten Tons der Aufnahme war das Klatschen von Metall auf Fleisch deutlich zu hören, ebenso Creeleys erstickter Schmerzensschrei. Er ging zu Boden wie eine Marionette, deren Fäden durchgeschnitten wurden, doch er ging nicht nur aufgrund seiner Verletzung zu Boden, sondern vor allem, um dem nächsten Angriff auszuweichen. Er rollte fluchtartig weg, um dem unmittelbar folgenden Schlag mit der Kette mit dem Vorhängeschloss zu entgehen, und schaffte es gerade so.

»Was zum Teufel ist das?«, brachte Gail hervor. »Ist das ein echter Kampf?«

Heck konnte darauf nicht antworten. Auf dem Monitor fanden sich keine Hinweise, die die Beantwortung dieser Frage erleichterten. Der Boden des Kampfbereichs schien aus grobem Metall zu sein und die diesen umgebenden Wände, auf die man aufgrund der sich ruckartig bewegenden Kamera immer nur flüchtige Blicke erhaschte, sahen aus, als wären sie aus irgendeinem gerillten Material, aber da die Aufnahme schwarz-weiß war, ließ sich weder das eine noch das andere mit Sicherheit sagen.

Creeley war inzwischen wieder auf den Beinen, jedoch erkennbar verletzt. Er war zur Seite geneigt und versuchte, vor seinen Peinigern zurückzuweichen, hielt aber nach wie vor seinen Baseballschläger hoch. Die beiden pirschten sich an ihn heran, wobei sie ein gutes Stück Abstand voneinander hielten, was bedeutete, dass er mit einer Attacke nur einen von ihnen erwischen konnte.

Vielleicht setzte Creeley darauf, dass der Kerl, den er bereits getroffen hatte, angeschlagen war, oder sein eigener Schmerz vernebelte ihm die Sinne. Jedenfalls taumelte er unbeholfen auf den Kleineren zu und dachte nicht daran, sich nach hinten abzusichern. Er hob den Baseballschläger über den Kopf und schlug mit voller Wucht zu. Sein Gegner hob einen seiner geschützten Unterarme. Er konnte den Schlag nicht vollständig abwehren. Der Baseballschläger prallte ab und wurde auf die Schulter des Kerls abgelenkt, die jedoch ebenfalls gut gepolstert war.

In der Zwischenzeit schwang der Größere seine mit dem Gewicht versehene Kette. Sie wickelte sich um Creeleys ausgestrecktes linkes Bein, das Vorhängeschloss krachte seitlich gegen die Kniescheibe. Im nächsten Moment riss der Kerl Creeleys Bein unter ihm weg.

Creeley landete mit solcher Wucht vornüber auf dem Metallboden, dass er den Baseballschläger losließ.

Trotz der entsetzlichen Schmerzen, die er verspüren musste, hielt ihn irgendein Überlebensinstinkt dazu an, sich noch nicht geschlagen zu geben. Er versuchte wegzukrabbeln, aber sein linkes Bein war noch gefangen, und er wurde von dem Größeren der Kerle nach hinten gezogen, sodass sein ganzer Körper völlig ungeschützt war. Das nutzte der Kleinere und fiel über die nackte, um sich schlagende Gestalt her. Er schlug abwechselnd mit dem mit Gewichten beschwerten Strumpf und seiner neunschwänzigen Katze auf Creeley ein. Klatschende Schläge hallten durch Nan Creeleys Wohnzimmer, begleitet von wiederholten, halb erstickten Schmerzensschreien. Beim vierten oder fünften Schlag zerfetzte der Strumpf, und etwas, das aussah wie Batterien, verstreute sich auf dem stählernen Boden. Die Schlagwaffe hatte zweifellos bereits einige Rippen und vielleicht sogar Wirbel gebrochen. Doch die neunschwänzige Katze richtete gnadenlos weitere Verheerungen an und verwandelte Fleisch und Muskeln in blutige Fetzen.

Es war der Größere, der dem Ganzen ein Ende bereitete. Er schritt auf den am Boden liegenden Creeley zu, hob mit beiden Händen den Schraubenschlüssel und ließ ihn mit voller Wucht auf Creeleys hinteren Schädel krachen.

Das Geräusch knackender Knochen war entsetzlich, und Heck spürte, dass Gail schockiert zusammenzuckte.

Das Ganze hatte weniger als eine Minute gedauert, doch die beiden Sieger hatten sich bei ihrem gemeinsamen Angriff so verausgabt, dass ihre Brustkörbe und Schultern sich hoben und senkten, als sie da standen und auf die am Boden liegende zu Brei geschlagene Gestalt hinabsahen. Dann schoben sie die Waffen, die sie noch hatten, in die entsprechenden Behältnisse ihrer Gurte, klatschten sich beiläufig ab und stapften aus dem Blickwinkel der Kamera.

Die Überreste von Eddie Creeley zuckten nicht einmal mehr. In dem Moment brach die Aufnahme ab.

»Nach dem Anblick dieses Videos sollte mir schlecht sein«, sagte Gail mit kreidebleichen Wangen. »Aber ich bin zu betäubt.«

Heck stand auf. »Das war nicht gerade ein fairer Kampf.«

Gail klappte den Laptop zu, holte ebenfalls einen Latexhandschuh hervor und zog den USB-Stick heraus.

Heck ging in die Küche.

Nan Creeley wartete angespannt auf der anderen Seite des kleinen Raums zwischen zwei Arbeitsflächen. Sie musterte ihn intensiv, ihre Lippen bebten, in ihren Augen standen immer noch unvergossene Tränen.

»Das ist Ihr Bruder in dem Video, stimmt's Nan?«, fragte Heck.

»Das *war* mein Bruder«, korrigierte sie ihn.

»Sind Sie sich da absolut sicher?«

Eine einzelne Träne rann ihre rechte Wange herunter. »Fragen Sie mich, ob ich meinen eigenen Bruder nicht erkenne?«

»Er sah anders aus als auf all den Fotos, die wir von ihm haben.«

»Natürlich sah er anders aus. Er ist seit zwei Jahren auf der Flucht. Das bedeutet, primitiv zu hausen, sich weiß Gott wo zu verstecken und mit nur einer Mahlzeit am Tag zu begnügen, wenn überhaupt.«

Gail erschien ebenfalls in der Küche. »Nanette«, sagte sie leise. »Niemand von uns weiß mit Sicherheit, was wir da gesehen haben. Es könnte auch jemand gewesen sein, der Ihrem Bruder ähnlich sieht.«

»Ich erkenne meinen Bruder«, wiederholte die Frau.

»Wir können nicht sicher sein, dass er tot ist.«

»Warum hat der, der mir diesen Stick geschickt hat, sich dann ›Bote des Teufels‹ genannt? Können Sie mir das sagen?« Nans Stimme schwoll zu einem verzweifelten Wehklagen an. »Wo landen denn Typen wie unser Eddie, wenn sie tot sind, wenn nicht beim Teufel in der Hölle?«

19

»Ja, wir sehen es uns gerade an«, sagte Gemma.

»Okay«, erwiderte Heck. Er presste sich sein Handy ans Ohr, um über den Lärm im zentralen Kontrollraum der Polizei von Humberside hinweg etwas hören zu können. »Und?«

»Hast du die Möglichkeit in Erwägung gezogen, dass diese Horrorshow nur inszeniert sein könnte?«

»Ja. Genau das hat Detective Chief Inspector Bateson hier in Humberside auch gesagt.«

Aber dennoch hatte dies Bateson nicht davon abgehalten, Heck und Gail Zutritt zum elektronischen Operationszentrum der Polizei von Humberside zu gewähren, damit sie das Material aus den in der Stadt aufgestellten Überwachungskameras auswerten konnten.

In dem Raum herrschte geschäftiges Treiben. Uniformierte und Beamte in Zivil arbeiteten konzentriert vor Monitoren, unentwegt klingelten Telefone, auf den großen Bildschirmen oben an den Wänden wurden von allen möglichen Orten in der Stadt Liveaufnahmen übertragen. Einige Meter von Heck entfernt gingen Gail und Barry Hodges zwischen den drei Operatoren hin und her, deren Dienste sie an diesem Morgen exklusiv in Anspruch nehmen durften.

»Es ist ein berechtigtes Argument, Heck«, stellte Gemma fest. »Es gibt Leute, die in solchen Dingen ziemlich gut sind. Und wenn Eddie Creeley sie engagiert hat, damit sie es so aussehen lassen, als ob er umgebracht worden wäre, und die Aufnahmen in dem Wissen, dass sie irgendwann bei uns landen würden, seiner Schwester geschickt hat, käme ihm das ziemlich gelegen.«

»Ist mir durchaus klar, Ma'am. Aber wenn das der Fall sein

sollte, ist es noch wichtiger, dass wir seinen Zusteller fassen, diesen Boten des Teufels.«

»*Aufgepasst!*«, rief Barry Hodges. »Ich glaube, wir haben was.«

Heck beendete das Gespräch mit Gemma und gesellte sich zu Hodges und Gail. Sie beugten sich über einen speziellen Monitor, vor dem eine junge Polizistin saß, die die Aufnahmen, die auf dem Bildschirm abgespielt wurden, steuerte. Bei dem Material handelte es sich ausschließlich um Aufnahmen vom Montagabend, dem 7. August.

»Ich glaube, das ist unser Mann«, sagte Hodges.

Anfangs war er nicht besonders optimistisch gewesen, dass die in der Stadt aufgestellten Überwachungskameras irgendetwas Verwertbares aufgezeichnet hatten, und zwar vor allem, weil das heruntergekommene Viertel, in dem Nan Creeley wohnte, nicht gerade großzügig mit Kameras ausgestattet war. Aber Heck hatte vorgeschlagen, den Moment ausfindig zu machen, in dem ihr Verdächtiger die Verfolgung aufgenommen hatte. Vom Vorplatz des Spar-Markts gab es doch sicher Aufnahmen aus Überwachungskameras, die man dann zurücklaufen lassen konnte, um zu sehen, von wo der Verdächtige gekommen war.

Auf dem Bildschirm saß der Mann, den Hodges meinte, in einem Bushaltestellenhäuschen auf einer Bank und las eine Zeitung.

»Befindet sich die Haltestelle gegenüber dem Spar-Markt?«, fragte Gail.

»Ja«, bestätigte Hodges. »Sehen Sie.«

Die junge Polizistin spulte die Aufnahme vor, die Zeitangabe oben rechts in der Ecke rückte von 20:30 Uhr auf 20:33 Uhr, und in diesem Moment marschierte die unverkennbare Gestalt Nan Creeleys raschen Schrittes an der Kamera vorbei und überquerte die Straße. Sie trug einen Anorak und umfasste ihre Handtasche.

»Sehen Sie«, sagte Hodges.

Es verging eine weitere halbe Minute, dann stand der Mann auf und folgte der Frau. Hinter der Zeitung sitzend, war er absolut nicht zu erkennen gewesen, doch auch jetzt war das Gesicht nicht zu sehen. Aber er trug eine graue Trainingshose und ein schwarzes Sweatshirt mit Kapuze, die er über den Kopf gezogen hatte, und entsprach somit genau der Beschreibung, die Nan ihnen gegeben hatte.

»Von hier an verlieren wir ihn, weil Nan eine Abkürzung durch eine Wohnsiedlung genommen hat«, sagte Hodges. »Und danach ist sie in der Orchard-Park-Siedlung, in der es sowieso nur sehr wenige Kameras gibt. Und am Hellington Court gibt es definitiv keine. Aber, wie Sie ja gesagt haben, können wir zumindest sehen, wo der Mistkerl hergekommen ist.«

Heck nickte. »Okay, dann wollen wir uns das mal ansehen.«

Die Polizistin spulte die Aufnahme zurück, und man sah, wie die Gestalt mit der Kapuze auf dem Kopf sich in dem Bushaltestellunterstand hinsetzte. Und da schien sie den ganzen Abend zu sitzen. Sie spulten zurück bis 18:00 Uhr, und um die Zeit saß er auch schon da.

»Ein Mann auf einer Mission, was?«, stellte Gail fest.

»Er war jedenfalls definitiv entschlossen, auf sie zu warten«, sagte Heck. »Und er weiß, dass dort eine Kamera ist. Deshalb hält er sich die ganze Zeit die Zeitung vors Gesicht.«

»Glauben Sie, das bedeutet, dass er vor all den anderen Kameras auch auf der Hut ist?«, fragte Hodges.

Heck zuckte mit den Schultern. »Jedenfalls ist nicht zu erwarten, dass er die Kapuze irgendwann abnimmt.«

Die Polizistin musste bis 17:04 Uhr zurückspulen, bis die Gestalt wieder aufstand, die Zeitung zusammenrollte, rückwärtsging und aus dem Blickwinkel der Kamera verschwand. Die Operatorin musste ein wenig auf ihrem Computer herumzaubern und zwischen verschiedenen Straßen und Kamerawinkeln hin- und herspringen, bis sie ihn wiederhatten. Er ging, nach wie vor mit der Kapuze auf dem Kopf, rückwärts durch angrenzende Wohnsiedlungen, wobei es auch diesmal so schien, als ob er sich dabei mehr Zeit ließ als erforderlich. Er bog merkwürdig ab, ging den gleichen Weg zurück und manchmal im Kreis.

»Er nimmt eine ziemlich gewundene Route«, stellte Hodges fest.

»Er versucht sicherzustellen, dass er keine elektronische Spur hinterlässt«, erwiderte Heck.

Gail lachte höhnisch auf. »Glaubt er im Ernst, dass das funktioniert?«

»Könnte es durchaus«, warf die junge Polizistin ein. »Ich habe so was schon öfter gesehen. Zwei Straßen oder Plätze ohne Kamera reichen, und das war's. Dann hat man sie verloren.«

Doch in diesem Fall passierte dies nicht. Sie standen gut eine halbe Stunde am Schreibtisch der jungen Polizistin, folgten der Gestalt kreuz und quer durch das Zentrum von Kingston upon Hall, ohne dass die Route irgendeinen Sinn zu ergeben schien, bis der Mann, dem ihr Interesse galt, an einer Einkaufsstraße auf einmal rückwärts durch die Tür eines Bistros schritt, das *Nico's* hieß, und die Tür hinter ihm zuschwang.

Die Zeitangabe in der Ecke des Bildschirms stand auf 16:15 Uhr.

»Er hat sich erst noch eine kleine Stärkung gegönnt«, stellte Gail fest.

Sie beobachteten die Tür des Bistros über einen ziemlich langen Zeitraum und spulten die Aufnahme im Schnelldurchlauf bis 13:00 Uhr zurück, doch bis dahin hatte der Verdächtige das Café nicht betreten. Heck bat die junge Polizistin, das Video anzuhalten.

»War er wirklich den ganzen Nachmittag in diesem Bistro?« Hodges klang ziemlich skeptisch.

»Was ist das für ein Laden?«, fragte Heck.

»Ein griechisches Restaurant«, erwiderte Hodges. »Nicht unbedingt zu empfehlen.«

242

»Kann er wirklich den ganzen Nachmittag da gesessen haben, ohne Aufmerksamkeit zu erregen?«, fragte Gail.

»Solange wir nicht da waren und gefragt haben, wissen wir nicht, ob er Aufmerksamkeit erregt hat oder nicht«, entgegnete Heck. »Aber ich möchte auch nicht einfach in den Laden einfallen, denn es gibt noch eine andere Möglichkeit. Nehmen wir mal an, der Kerl ist einer von Nicos Angestellten? Oder Nico selbst?«

»Ich glaube, es trifft nichts von beidem zu«, meldete sich hinter ihnen eine unwirsche Stimme. »Vielleicht wollte er sich gar nicht zum Essen hinsetzen, sondern sich einfach nur einen Döner holen.«

Sie drehten sich um und sahen, dass Vic Mortimer in den zentralen Kontrollraum gekommen war. Er hatte sich sein Jackett über die Schulter gelegt.

»*Sie* hier zu sehen, ist aber wirklich eine Überraschung«, sagte Heck.

»Ich bin nur widerwillig hier, das können Sie mir glauben«, entgegnete Mortimer. »Aber ich hatte keine Wahl. Wie's aussieht, muss ich von jetzt an ein wachsames Auge auf Sie haben, solange Sie noch hier sind.«

»Was meinen Sie damit, dass er vielleicht nur einen Döner wollte?«, fragte Gail.

Mortimer nickte in Richtung Bildschirm, auf dem immer noch das Standbild des Restaurants zu sehen war. »Der Laden gehört einem gewissen Nico Karamanlis, auch schmieriger Nic genannt. Er betreibt zusätzlich einen Döner-Imbiss an der Albion Row.«

»Das ist die nächste Straße hinter dem Restaurant«, sagte Hodges.

Mortimer zuckte mit den Schultern. »Ja, diese alten Gebäude sind alle miteinander verbunden. Es gibt einen Durchgang auf die andere Seite, sodass der Eigentümer zwischen dem Restaurant und dem Imbiss hin- und hergehen kann.«

243

»Können die Gäste auch durchgehen?«, fragte Heck.

»Normalerweise nicht, weil man durch die Küche muss. Aber wenn jemand Nico gut genug kennt, um zu fragen, wüsste ich nicht, warum nicht. Ist auch nichts übermäßig Verdachterregendes, falls es der Kerl ist, den Sie suchen. Ist ja nur eine schnelle Abkürzung von A nach B.«

»Sie sagen also, dass er das Gebäude durch den Döner-Imbiss betreten und durch das Restaurant verlassen haben kann?«, hakte Gail nach.

Mortimer zuckte erneut mit den Schultern.

»Das wäre eine Möglichkeit, seine elektronische Spur zu verlieren«, dachte Heck laut nach.

Er wandte sich der jungen Polizistin zu, doch sie war bereits zwei Schritte voraus und hatte die Albion Row auf den Bildschirm geholt. Sie spulte die Aufnahme des gleichen Tages zurück, und bei etwa 16:12 Uhr sahen sie auf Anhieb die gleiche Gestalt den Döner-Imbiss betreten. Sie trug wie auf den vorherigen Aufnahmen eine graue Trainingshose und ein schwarzes Kapuzenshirt. Der einzige Unterschied war, dass die Kapuze nicht aufgesetzt war.

Sie sahen schweigend zu, während die junge Polizistin weiter zurückspulte und die Aufnahme an einer Straßenecke anhielt, an der das Gesicht zwischen einem roten Bart und langen, fettigen roten Haaren einen Moment lang zu sehen war.

»Scheiße. Den kenne ich nicht«, murmelte Hodges.

»Aber ich«, sagte Mortimer und kicherte. »Wer hätte das gedacht? Tim Cleghorn. Keine Ahnung, was seine Verbindung zu alldem ist, aber er hat jede Menge Vorstrafen. Vor allem wegen Sittlichkeitsvergehen.«

»Schwere?«, fragte Gail.

»Er hat einige Zeit gesessen, ja.«

Gail sah Heck an. »Vielleicht ist der USB-Stick gar nicht von ihm. Vielleicht hatte er vor, sich an Nan Creeley zu vergehen, als er ihr gefolgt ist.«

244

»Es gibt nur eine Möglichkeit, das herauszufinden, oder?«
Heck wandte sich Mortimer zu. »Arbeitet er?«

»An jenem Montag jedenfalls nicht, wie es aussieht. Würde
mich wundern, wenn das Arschloch *je* gearbeitet hat.«

»Gut.« Heck schlüpfte in sein Jackett. »Das macht es einfacher.«

»Einfacher?«

»Ja. Wir knöpfen ihn uns vor.«

20

Tim Cleghorn wohnte an der Trafalgar Road Nummer 33, einer von Reihenhäusern gesäumten Straße unmittelbar östlich vom Stadtzentrum und vielleicht achthundert Meter vom Flussufer entfernt. Die Gegend hatte schon bessere Tage gesehen. Einige der Häuser waren mit Brettern vernagelt, andere waren bewohnt, hier und da stand ein Auto am Bordstein. Es war mitten am Nachmittag, und während der Rest der Stadt vor Geschäftigkeit brummte, war es in diesem Winkel ruhig, was jedoch aus Hecks Sicht perfekt war. Heruntergekommene Innenstadtviertel waren nicht immer das einfachste Terrain für Polizeieinsätze. Der verbreitete Irrglaube der Bewohner dieser Viertel, dass sie alle in der gleichen Scheiße säßen, veranlasste sie dazu, die Gesetzesvollstrecker für einen gemeinsamen Feind zu halten, was bei Verhaftungen oft zu Einmischungen führen konnte oder zumindest dazu, dass der Gesuchte vorab lauthals gewarnt wurde, dass die Bullen im Anmarsch waren. Das war zwar nicht durchgängig der Fall, aber die bloße Tatsache, dass es passieren *konnte*, bedeutete, dass man bei Einsätzen in solchen Vierteln Vorsicht walten lassen musste.

Deshalb hatte Heck keine Verstärkung durch uniformierte Beamte angefordert, sondern die Nachmittagsschicht nur über ihr Vorhaben informiert und empfohlen, dass weder er noch Gail noch Mortimer noch Hodges irgendetwas tragen sollten, das sie als Polizisten identifizierte. Keine neonfarbenen Warnschutzjacken, keine mit karierten Streifen markierte Polizeikappen, keine Funkgeräte in der Hand und keine erkennbaren Ausrüstungsgegenstände wie Handschellen oder Schlagstöcke.

Sie näherten sich dem Haus Nummer 33 um kurz nach zwei

am Nachmittag, Heck und Hodges von vorne, Gail und Mortimer von der Gasse hinter dem Haus.

Das Haus war in einem desolaten Zustand. Von der schäbigen Haustür blätterte die Farbe ab, hinter schmutzigen Fenstern hingen zerfetzte, schmuddelige Vorhänge. Den Polizeiberichten zufolge hatte Cleghorn mal mit seiner Frau und seiner kleinen Tochter in dem Haus gewohnt, doch nach seiner letzten Verurteilung wegen eines Sittlichkeitsvergehens war die Ehe beendet gewesen.

Heck klopfte laut, und beinahe im gleichen Augenblick wurde der Vorhang im Erkerfenster neben ihm zur Seite gezupft. Die Gestalt dahinter war männlich und Anfang vierzig. Der Typ trug eine schwarze Trainingshose und einen abgetragenen grünen Pullover, dessen Ärmel bis zu den Ellbogen hochgezogen waren und dünne, mit Tätowierungen überzogene Unterarme entblößten. Wie Heck auf der Überwachungskameraaufnahme gesehen hatte, hatte Cleghorn einen dünnen roten Bart und kragenlanges fettiges rotes Haar. Hodges präsentierte seinen Dienstausweis und zeigte auf die Haustür, woraufhin Cleghorn vom Fenster weghuschte.

Heck warf sich mit der Schulter gegen die Tür. Der Stoß tat weh, aber die Holzkonstruktion hielt stand.

»He, immer mit der Ruhe«, protestierte Hodges. »Sollten wir ihm nicht wenigstens die Chance geben aufzumachen?«

Von drinnen ertönte ein dumpfer Rums.

»Das war die Hintertür, oder?«, fragte Heck.

Hodges zog ein langes Gesicht. »Ja. Scheiße!«

Heck rammte erneut die Haustür. »Setzen Sie sich mit Gail und Mortimer in Verbindung, und warnen Sie sie.«

Hodges hielt sich sein Funkgerät vor den Mund, während Heck weiter die Tür bearbeitete. Beim vierten Rammen krachte sie nach innen, der Türpfosten splitterte.

Drinnen fanden sie sich in einem dunklen, übel riechenden Flur wieder, auf dessen mit Krümeln übersätem Teppich benutzte

Unterwäsche verstreut war. Direkt vor ihnen mündete der Flur in eine Küche, an deren hinterer Seite die Hintertür weit offen stand. Hinter der Tür waren Gail und Mortimer auf dem mit Müll übersäten Hof zu sehen. Sie eilten auf die Tür zu. Cleghorn, der zurück ins Haus gerannt war, kam beim Anblick von Heck und Hodges rutschend zum Stehen.

Die beiden marschierten nebeneinander auf ihn zu.

»Ganz ruhig, Cleghorn«, warnte Heck ihn. »Sie bleiben jetzt schön stehen.«

Doch selbst Heck war von dem überrascht, was als Nächstes passierte.

Der Kerl langte nach links in einen Bereich, den Heck und Hodges nicht sehen konnten, nahm ein Bügeleisen von einem Bügelbrett und schleuderte es mit voller Wucht in den Flur. Es flog durch die Luft und knallte Hodges krachend ins Gesicht. Für den Bruchteil einer Sekunde war das Ganze wie eine Szene aus *Tom and Jerry*, und Heck sah schon vor sich, wie die platte Seite des Haushaltsgeräts ein ebenso plattes Gesicht hinterlassen würde. Doch an der Art und Weise, wie Hodges, dessen Nase in einen Brei aus spritzendem Blut und Knorpel verwandelt wurde, reglos zu Boden sackte, war absolut nichts Komisches.

»Sie verdammter Irrer!« Heck hockte sich auf ein Knie und prüfte Hodges' Halsschlagader. Der Puls war normal, aber der junge Polizist war bewusstlos. »Detective Sergeant Heckenburg, Dezernat für Serienverbrechen!«, rief Heck in sein Funkgerät und sprang wieder auf. »Dringende Mitteilung. Bitte umgehend einen Krankenwagen in die Trafalgar Road Nummer 33 schicken. Polizeibeamter verletzt und bewusstlos.«

Cleghorn war zwischenzeitlich nach rechts abgedreht und verschwunden, seine schweren Schritte stapften eine Treppe hinauf.

Heck nahm die Verfolgung auf und redete weiter in sein Funkgerät. »Der verletzte Beamte ist Detective Constable Barry Hodges. Er ist nicht bei Bewusstsein, aber er atmet, und sein

Puls scheint normal zu sein. Schaffen Sie schnell einen Arzt her. Und schicken Sie uns Verstärkung. Der Verdächtige, Tim Cleghorn, widersetzt sich mit äußerster Gewalt der Verhaftung. Ende.«

»Heck!«, rief Gail aus der Küche, aber Heck stürmte bereits die enge Treppe hoch.

»Einer muss unten bei Hodges bleiben!«, rief er nach unten.

Als er halb oben war, erschien Cleghorn am oberen Treppenabsatz. Er hatte etwas in den Händen, das aussah wie ein tragbarer Fernseher.

Heck blieb überrascht stehen, und im nächsten Moment kam das schwere Gerät auch schon auf ihn zugeflogen. Röhren und Schaltkreise flogen zu allen Seiten. Er drückte sich gegen die Wand, konnte dem herumwirbelnden Geschoss gerade so ausweichen und stürmte weiter die Treppe hoch.

Cleghorn war bereits wieder verschwunden, und als Heck den oberen Treppenabsatz erreichte, sah er sich zwei Optionen gegenüber: Er konnte nach links in ein trostloses Zimmer gehen, in dem es weder Möbel noch Vorhänge gab, oder nach rechts einen kurzen schmalen Flur entlang, von dem ein Bad und ein weiteres Zimmer abgingen. Doch beim zweiten Hinsehen wurde ihm die Entscheidung abgenommen. In der Mitte des Flurs stand ein großer Büfettschrank, und darüber stand an einem geneigten Teil der Decke eine Dachluke offen.

Heck stieg auf den Büfettschrank, der sich als genauso schwer erwies, wie er aussah. Cleghorn konnte ihn unmöglich gerade dorthin geschoben haben. Der Schrank gehörte eindeutig zum festen Inventar des Flurs.

Heck stellte sich auf die Zehenspitzen, hielt sich an den Seiten der Dachluke fest und schob den Kopf hindurch. »Der Mistkerl ist tatsächlich bereit zu springen, sobald es brenzlig für ihn wird«, sagte er laut.

Zu beiden Seiten erstreckten sich die Schieferplatten des schräg abfallenden Dachs, in gleichmäßigen Abständen ragten

249

Schornsteine und Fernsehantennen auf. Cleghorn war nach rechts geflohen und erstaunlicherweise bereits drei Häuser weit entfernt. Er eilte ungelenk über die Dächer, und da sein rechter Fuß aufgrund der Neigung über dem linken auftrat, musste er sich bei jedem Schritt mit der rechten Hand abstützen. Ständig zerbrachen Schiefer unter seinen Füßen, die Trümmer rutschten in die gut zweieinhalb Meter tiefer verlaufende Regenrinne oder krachten noch sechs Meter weiter nach unten auf die Straße.

Trotzdem kam er schnell voran und entschwand in der Ferne.

Heck hielt sich erneut sein Funkgerät vor den Mund. »Bei dem Verdächtigen für den Angriff auf einen Polizeibeamten an der Trafalgar Road handelt es sich um Tim Cleghorn. Männlich, weißer Nordeuropäer, rote Haare, roter Bart. Etwa eins zweiundachtzig groß und uns bestens bekannt. Flieht gerade an der Nordseite der Trafalgar Road in östlicher Richtung über die Dächer. Nehme die Verfolgung auf. Ende.«

Heck hatte damit gerechnet, dass das, was kommen würde, alles andere als ein Spaziergang werden würde, aber tatsächlich war es noch sehr viel schlimmer.

Während der Kerl, den er verfolgte, auf Turnschuhen mit Gummisohlen unterwegs war, trug er selber geschnürte Lederschuhe. Er rutschte ständig weg und glitt mindestens zweimal auf den Abgrund unter sich zu, ohne dass es etwas gab, woran er sich festhalten konnte, abgesehen von den Dachschiefern, von denen die meisten mit Moos bewachsen und glitschig waren. Und darüber hinaus machten ihm auch noch die Schäden zu schaffen, die Cleghorn hinterlassen hatte. Etliche Male kam er an Stellen, an denen gar keine Dachschiefer mehr vorhanden waren und die sich als regelrechte Fallen erwiesen, da sich darunter nur noch die Isolierschicht und nackte Balken befanden.

Einige Male drang aus den Häusern unter ihm gedämpftes Gebrüll zu ihm hinauf, während er über die Dächer stakste. Obwohl sich aus verschiedenen Richtungen Martinshörner näherten und auf der Straße Rufe zu hören waren, hatten die

Bewohner natürlich keine Ahnung davon, was sich über ihren Köpfen abspielte. Aus der Ferne blickte sich Tim Cleghorn immer wieder um, und als er sah, dass Heck ihn verfolgte, schien er noch schneller und noch leichtsinniger vorwärtszustürmen. Einmal schien er ein ganzes Stück weit zu springen. Trotz seiner Turnschuhe rutschte er bei seiner Landung inmitten einer kleinen Lawine zerbrochener Schieferplatten nach unten, schaffte es jedoch auch diesmal, Halt zu finden und weiterzulaufen.

Als Heck die Stelle erreichte, wurde ihm klar, was passiert war.

Zwischen den Reihenhäusern gab es eine Lücke. Er hockte sich hin und blickte nach unten auf einen von Unkraut überwucherten Durchgang.

Eine leise Stimme rief seinen Namen, und Heck wurde sich dessen bewusst, dass sie aus dem Funkgerät in seiner Jacketttasche kam und einen Lagebericht anforderte. Doch er würde das Funkgerät jetzt nicht hervorholen.

Er richtete sich wieder auf und ging ein Stück zurück. Die Lücke war etwa viereinhalb bis fünfeinhalb Meter breit, und er hatte keinen Zweifel, dass er diese Distanz mit einem angemessenen Anlauf auf einer ebenen Fläche problemlos würde überspringen können. Aber unter diesen widrigen Gegebenheiten?

Er blickte wieder auf und nahm die ferne Gestalt von Cleghorn ins Visier, die kaum noch größer war als ein Spielzeugmännchen.

Hecks Atem entwich zischend zwischen seinen zusammengebissenen Zähnen.

Dann lief er mit langen, schnellen Schritten an.

Er sprang in die Luft und wusste schon auf halbem Weg, dass er es schaffen würde. Der Sprung über die Lücke dauerte nicht einmal eine Sekunde, doch das Problem war, dass es auf der anderen Seite nichts gab, worauf er landen konnte. Cleghorn hatte bei seiner Landung bereits ein gutes Dutzend Schieferplatten zertrümmert, und Heck krachte direkt in das verbliebene Loch. Unter ihm zerfetzte eine wasserdichte Folie zum Schutz vor Regenwasser, Staub und Schmutz füllten seine Augen und seine Lunge. Er wäre glatt durch das Loch in den darunterliegenden Dachboden gestürzt, wenn er nicht mit der rechten Armbeuge an einem stabilen Holzbalken hängen geblieben wäre, aber der Aufprall tat entsetzlich weh.

Er hing einen Moment von Schmerz benebelt da, dann schwang er die Beine hoch, fand mit der linken Hand einen anderen Balken, hievte sich aus dem Loch und nahm die Verfolgung wieder auf.

Der ferne Umriss von Cleghorn blieb erneut stehen und sah sich um.

Die Gestalt sackte erkennbar in sich zusammen, als ob sie nicht glauben konnte, dass die Verfolgungsjagd immer noch nicht beendet war. Doch dann hockte Cleghorn sich zu Hecks Verwunderung hin und verschwand langsam aus seinem Blickfeld. Der Mistkerl kletterte an irgendetwas herunter.

Heck rannte weiter, geriet immer wieder ins Taumeln und rutschte die Dachneigung zweimal bis ganz nach unten, wo ihn nur die Regenrinne davor bewahrte, in die Tiefe zu stürzen. Humpelnd und ziemlich mitgenommen, erreichte er schließlich das Ende der Hausreihe. Er war sich inzwischen voll und ganz des Chaos' bewusst, das die Verfolgung ausgelöst hatte. Die komplette Straße war voller aufzuckender Blaulichter und heulender Martinshörner, doch seinem Gefühl nach befand sich der Mittelpunkt des Geschehens ein Stück weit hinter ihm. Vor ihm und ziemlich weit unter ihm befand sich offenbar ein Bauhof. Er blickte hinab auf Ziegelstein- und Holzstapel, neben einem einstöckigen Bürocontainer standen zwei Betonmischer. Zwei oder drei mit trockenem Matsch überzogene Fahrzeuge standen vor einer hohen Backsteinmauer, die die Grenze des Hofs zur Trafalgar Road bildete.

Auf dieser Mauer setzte Cleghorn seine Flucht fort.

Die Mauer grenzte an den Giebel des letzten Hauses an, befand sich jedoch gut viereinhalb Meter unter Heck. Es war allerdings offenkundig, wie Cleghorn da hinuntergekommen war. Ein Knäuel Kabel schlängelte sich wie eine Kletterpflanze die Giebelwand hinab. Die Kabel waren mit Halterungen an dem Mauerwerk befestigt, die sich jedoch unter dem Gewicht des herabkletternden Flüchtigen gelockert hatten.

Heck wusste nicht, wie weit sie sich gelockert hatten, doch ihm blieb keine andere Wahl, als es auszuprobieren.

Er drehte sich um, umfasste das dickste Kabel, schob seinen Körper über die Kante und hangelte sich langsam herunter. Doch woran auch immer das Kabel über ihm befestigt war – es hielt nicht lange. Begleitet von einem dumpfen, schnappenden Geräusch, riss etwas los, und Heck hatte das Gefühl, mit Lichtgeschwindigkeit in die Tiefe zu stürzen, blieb jedoch im nächsten Moment ruckartig in der Luft hängen. Das Kabel hatte sich über ihm in einer Ansammlung verbogener, kaputter Antennen verfangen. Bis zur oberen Kante der Backsteinmauer war es nur noch gut ein Meter. Heck ließ sich fallen, doch trotz der geringen Distanz fiel er beinahe von der Mauer herunter und musste wie wild mit den Armen rudern, um das Gleichgewicht zu halten.

Er wirbelte atemlos herum und balancierte wie ein Seiltänzer auf der Mauer vorwärts.

Cleghorn war nur gut dreißig Meter vor ihm. Auf der Mauer war er eindeutig nicht so trittsicher wie auf dem Dach. Beinahe zufällig warf er einen Blick über seine Schulter und war sichtlich erstaunt, als er sah, wie nah Heck war.

Er blickte panisch nach links, doch bis zum Bürgersteig waren es drei Meter. Dann blickte er nach rechts und sah, dass er sich unmittelbar über einem der auf dem Bauhof geparkten Fahrzeuge befand. Es handelte sich um einen ramponierten alten Toyota-Transporter, auf dessen Dachgepäckträger ein oranges Schlauchboot befestigt war. Im gleichen Moment sprang er auch schon mit vor sich ausgestreckten Beinen hinunter. Er landete auf dem Hintern in dem Boot, prallte jedoch ab wie von einem

Trampolin und landete mit wild rudernden Armen auf dem harten Kies neben dem Transporter.

Doch in seinem adrenalisierten Zustand schien der Aufprall ihm nichts auszumachen.

Heck, der keine fünfzehn Meter hinter ihm auf der Mauer balancierte, sah, wie er sofort aufstand und zu dem Fenster an der Fahrerseite des Toyotas taumelte. Das Fenster stand offen. Vermutlich war der Fahrer im Büro des Bauunternehmers, denn der Schlüssel steckte noch im Zündschloss.

Cleghorn riss die Fahrertür des Transporters auf, und im nächsten Moment sprang der Motor an.

»*Nein!*«, rief Heck.

Er ging in die Hocke, umfasste mit den Fingerspitzen die Kante der Mauer und ließ sich zunächst herabhängen und dann die verbleibende Distanz hinunterfallen. Er kam mit ziemlicher Wucht auf dem Boden auf, fiel auf die Seite, rollte sich ab und rappelte sich verstaubt auf die Beine. Genau in dem Moment verschwand die hintere Stoßstange des Transporters durch das Tor. Er taumelte auf das Tor zu und suchte in seiner Tasche nach seinem Funkgerät, musste jedoch feststellen, dass es nicht mehr da war.

Er blieb verwirrt stehen.

Wahrscheinlich sollte es ihn nicht überraschen, dass er es verloren hatte. Vielleicht war es passiert, als er beinahe durch das Loch im Dach gefallen wäre oder als er an der Giebelwand in den Hof hinabgeklettert war.

Er biss frustriert die Zähne zusammen. Das hieß, dass er nicht mal das Autokennzeichen durchgeben konnte, jedenfalls nicht rechtzeitig, damit die als Verstärkung geschickten Streifenwagen die Verfolgung aufnehmen konnten.

Auf der anderen Seite der Mauer quietschten Reifen, gefolgt von einem lauten metallenen Aufprallgeräusch.

Heck rannte wieder los und durch das Tor auf die Straße. Dort hatte die Fahrerin eines Ford Focus eine Vollbremsung hingelegt, war jedoch trotzdem in den gestohlenen Transporter hineingefahren, der schräg mitten auf der Straße stand. Während eine schreiende große Frau aus dem Ford Focus sprang, rammte Cleghorn den Rückwärtsgang rein, manövrierte den Transporter herum, gab Vollgas und bretterte mit quietschenden Reifen in die Seitenstraße gegenüber hinein. Die Schreie der Frau steigerten sich zu einem schrillen Kreischen, während Heck die Verfolgung des Transportes aufnahm.

»Rufen Sie die 110 an!«, rief er ihr zu. »Sagen Sie ihnen, wohin der Mistkerl flieht.«

Doch das war schwer zu sagen, denn wie Heck die ganze Zeit befürchtet hatte, konnte jede Stadt ein Dschungel sein, wenn man sich nicht auskannte, erst recht eine alte Industriestadt wie Kingston upon Hull, mit unendlich vielen Gassen und schmalen, von Reihenhäusern gesäumten Straßen.

Wenigstens kam der Toyota nicht gut voran und erhöhte seinen Vorsprung nicht. Er fuhr etwa vierzig Meter vor Heck, doch da in der Seitenstraße jede Menge blaue Mülltonnen auf Rädern standen, musste Cleghorn sie aus dem Weg rammen.

Heck musste umstürzenden, rollenden Plastiktonnen ausweichen und über frisch ausgekippten Müll hinwegspringen, holte aber auf. Er war völlig erschöpft, litt unter Schmerzen, und um je mehr Ecken sie bogen, desto schwerer fiel es ihm, zu erkennen, wo er war. Wenn er sein Funkgerät noch bei sich gehabt hätte, hätten ihn die Kollegen in der Leitzentrale von Humberside mittels des in das Gerät eingebauten automatischen Personenortungssystems ausfindig machen können, doch so wie die Dinge lagen, waren sowohl sie als auch er im Blindflug.

Im nächsten Moment landete er auf einer größeren Straße inmitten dichten Verkehrs.

Der Transporter war geradeaus über die Straße gepflügt und bretterte bereits durch eine weitere Seitenstraße auf der gegenüberliegenden Seite. Direkt vor Heck kam ein laut hupender Vauxhall Corsa zum Stehen. Er sprang zur Seite und bahnte sich einen Weg durch den Strom langsam fahrender Autos, deren Fahrer jedoch keineswegs geduldiger waren. Weitere Hupen tröteten, Reifen quietschten.

Heck warf sich über eine Motorhaube und musste einen Schwall Kraftausdrücke über sich ergehen lassen, die hinter der Windschutzscheibe von einer bierseligen Stimme ausgestoßen wurden. Er stürmte weiter die Seitenstraße auf der gegenüberliegenden Straßenseite entlang, die sich zwischen Lagerhäusern, Werkstätten und abgezäunten Höfen hindurchschlängelte. Für den Fall, dass sich die Gelegenheit bieten sollte, kurz anzuhalten und sein Handy zu benutzen, versuchte er, sich den Weg einzuprägen. Er sah keine Straßennamen, die er wiedererkennen könnte, doch der offene Himmel vor ihm deutete darauf hin, dass sie in Richtung Fluss unterwegs waren. Der flüchtige Transporter verschwand gerade in eine weitere Nebenstraße. Heck sah nur noch die hintere Stoßstange und den Auspuff. Es war klar, dass er nicht mehr lange an ihm würde dranbleiben können. Schon bald würden sie auf einer größeren Straße landen, auf der Cleghorn Gas geben und das Weite suchen konnte. Doch als Heck erneut auf eine offene Fläche kam, die zu beiden Seiten von brachliegendem Gelände gesäumt wurde, sah er, dass der Toyota einen Maschendrahtzaun ummähte und eine Zufahrt zu einem Tunnel hinunterfuhr.

Dieser Tunnel konnte nur zu einer Stelle führen – zum Flussufer.

Heck nahm seine letzten Reserven zusammen und rannte weiter.

In dem Tunnel, der aus Beton war, war es feucht, der Boden war mit Ziegelsteinen und leeren Flaschen übersät, was in dem Halbdunkel nicht ganz ungefährlich war. Doch Heck rannte trotzdem durch ihn hindurch. Wo wollte der Irre nur hin?

Und dann wurde es ihm klar.

»Das darf doch nicht wahr sein!«, rief er.

Gut hundert Meter vor ihm rumpelte der Toyota in den Licht-

256

fleck am Ende des Tunnels und wurde mit einer Vollbremsung zum Stehen gebracht. Heck sah Cleghorn aus dem Wagen springen und an den Spanngurten herumhantieren, mit denen das aufblasbare Schlauchboot auf dem Dachgepäckträger befestigt war. Heck blieb stehen und holte sein Handy aus der Tasche, doch in dem Tunnel hatte er keinen Empfang. Missmutig steckte er es wieder weg und rannte los.

Es kam ihm vor, als ob etliche Minuten vergingen, bis er hinaus ins Sonnenlicht trat und auf die sich kräuselnde Flusslandschaft blickte, die sich vor ihm erstreckte. Allerdings war ihm der direkte Zugang zum Wasser durch den verlassenen Transporter versperrt. Offenbar waren sie an einem mit Müll übersäten Matsch- und Kiesstrand gelandet, der zu beiden Seiten von hohen, rostigen Stahlzäunen begrenzt wurde. Über dem Stahlzaun zu seiner Rechten lieferte nur die Humber-Brücke, die sich majestätisch am Horizont erstreckte, einen geografischen Anhaltspunkt dafür, wo er sich befand.

Vor ihm startete dröhnend ein Motor, doch da der Transporter seine Sicht blockierte, konnte Heck nichts erkennen.

Er warf sich im wahrsten Sinne des Wortes über das ramponierte Fahrzeug und landete auf der anderen Seite in schwarzgrünem Schlamm. Seine Füße rutschten unter ihm weg, und er krachte mit voller Wucht auf den Rücken. Der Aufprall war heftig und nahm ihm die Luft. Außerdem war er jetzt von Kopf bis Fuß mit Schlamm besudelt.

Erschöpft schwankend, rappelte er sich wieder hoch und taumelte über Schutt und zerbrochene Steine weiter, doch als er das Wasser erreichte, war das Boot mitsamt Tim Cleghorn schon gut vierzig Meter vom Ufer entfernt, pflügte durch die kabbeligen braunen Wellen und zog breites Kielwasser hinter sich her. Das Boot eierte ziemlich stark hin und her, was davon kündete, dass Cleghorn kein erfahrener Bootsführer war, aber er musste nicht viel mehr tun, als hinten im Boot zu sitzen, den Propeller des Motors ins Wasser zu halten und die Pinne zu bedienen.

Heck sank schweißgebadet, matschverschmiert und in zerfetzter Kleidung auf ein Knie.

Einen Moment lang war er zu erschöpft, um auch nur enttäuscht zu sein.

Der Mistkerl würde mit Sicherheit nicht weit kommen. Ihm musste klar sein, dass er nicht genug Sprit im Tank hatte, um das Südufer zu erreichen. Trotzdem würde es ihm eventuell gelingen, seine Verfolger abzuschütteln, indem er vielleicht irgendeinen verlassenen Kai ein Stück weiter draußen ansteuerte. Aber wenn Heck es schaffen würde, Verstärkung anzufordern, könnten sie ihn vielleicht trotzdem ausfindig machen.

Er holte sein Handy aus der Tasche, musste jedoch feststellen, dass es total mit Matsch verschmiert war. Während er es so schnell wie möglich von dem Schlamm zu befreien versuchte, fuhr Cleghorn immer weiter hinaus.

Heck sah nach oben und fragte sich, ob vielleicht Luftunterstützung auf dem Weg war. Ein Hubschrauber würde alles klären. Aber falls einer geschickt worden sein sollte, war noch nichts von ihm zu sehen. Er versuchte erneut, einen Anruf abzusetzen, doch in dem Moment zerriss ein ohrenbetäubender Lärm die nachmittägliche Stille.

Ein Schlepper, auf dessen Rumpf der Schriftzug *KLS Ship Repair & Dry Dock LtD* prangte, kam auf der rechten Seite um die Landzunge durchs Wasser gepflügt. Die Motoren des Schleppers tuckerten auf Hochtouren, da er den stählernen Koloss eines mittelgroßen Frachters hinter sich herzog, und der Steuermann hatte das Schiffshorn betätigt, denn Cleghorn drohte ihm mit dem Schlauchboot in die Quere zu kommen.

Heck beobachtete das Schauspiel ungläubig.

Die beiden miteinander verbundenen Schiffe, die für ordentlich Wellengang sorgten, waren etwa zweihundert Meter weit draußen und Cleghorn in seinem Schlauchboot ungefähr hundert Meter. Eigentlich hätte er bei diesem Abstand in Sicherheit sein müssen, aber wie Heck bereits gesehen hatte, war er an der

258

Pinne nicht besonders geschickt. Er versuchte umzudrehen und vollzog mit dem leichten Schlauchboot einen engen Halbkreis, was bedeutete, dass er die Backbordseite des Boots parallel zu der heranrollenden Welle ausrichtete.

Als das Boot von der Welle hochgehoben wurde, stieß Cleghorn einen schrillen Schrei aus, den sogar Heck hören konnte. Das Boot neigte sich zur Seite, und im nächsten Moment wurde es von einem Seitenwind gepackt, der den Rest erledigte. Das Boot kippte komplett um, und der unerfahrene Steuermann verschwand unter der schäumenden Wasseroberfläche.

Heck beobachte das Ganze wie gebannt. Das Frachtschiff im Schlepptau war noch nicht mal ganz vorbei, als Cleghorn Wasser ausspuckend und hustend wieder auftauchte und herumplanschte wie ein aufgeschrecktes Kind.

Schwimm zurück, sagte Heck zu sich selbst. *Schwimm, um Himmels willen, einfach zurück.*

Doch Cleghorn strampelte und planschte weiter wie wild herum. Schließlich drehte er sich zu Heck um, sein langes Haar klebte ihm vorm Gesicht, und er schlug wie von Sinnen auf die schwappende Wasseroberfläche ein. Dann ging er wieder unter, streckte die Hand nach oben und winkte verzweifelt.

Heck fluchte laut und vergewisserte sich, dass sein Handy in seinem Jackett steckte. Dann zog er es aus und watete ins Wasser.

Es war beißend kalt, überall schwappte Müll vom Ufer herum. Er ging hüfttief ins Wasser, tauchte unter und kraulte zügig los. Als das Kielwasser des Schiffs ihn in Form von mehreren riesigen Wellen traf, schaffte er es mit äußerster Anstrengung, die Wellenkämme zu erklimmen, doch ihm gelangte ein Schwall übel riechendes Wasser in die Nase.

»Ich kann ... kann nicht schwimmen!«, schrie Cleghorn ein Stück weit vor ihm.

Heck kraulte mit aller Kraft weiter, seine Arme fühlten sich bereits bleiern an.

Er sah den Kerl etwa zwanzig Meter vor sich, prustend und würgend. Einige Sekunden später war Heck bei ihm, packte den Idioten am Kragen seines Pullovers, und sie hielten sich Wasser tretend über der Oberfläche.

»Und jetzt hören Sie mir genau zu!«, fuhr Heck ihn an.

Cleghorn keuchte und brabbelte, in seinem angespannten, bleichen Gesicht klebten rote Haarsträhnen.

»Hören Sie mich?«

Der Flüchtige nickte kurz, doch seine Augen waren glasig, seine Zähne klapperten in seinem verzerrten Mund.

»Ich habe nicht die geringste Lust, Ihr wertloses Leben zu retten«, sagte Heck. »Haben Sie das verstanden? Aber ich habe Sie nicht durch halb Kingston upon Hull verfolgt, um am Ende nichts dafür zu kriegen.«

Cleghorn begann wieder zu strampeln und mit den Armen zu rudern.

Heck drehte den Stoff des Kragens und schnürte Cleghorn den Hals zu. »Lassen Sie das Gestrampel, und hören Sie mir zu. *Haben Sie mich verstanden?*«

Cleghorn nickte erneut angespannt.

»Wenn ich Sie ans Ufer bringe, werden Sie verdammt noch mal mit mir reden. Okay?«

Ein erneutes Nicken.

»*Sagen Sie es!*«

»Ja.« Cleghorn hustete einen weiteren Schwall schmutziges Wasser aus.

»Ja!«

»Na gut. Dann umfasse ich jetzt Ihr Kinn und ziehe Sie auf dem Rücken ans Ufer. Haben Sie das verstanden?«

»Auf dem Rücken?«

»Ja, auf dem Rücken. Und Sie lassen sich einfach nur treiben. Aber bewegen Sie sich nicht. Je mehr Sie gegen das Wasser ankämpfen, desto anstrengender wird es.«

Ein erneutes Nicken.

Heck umfasste das Kinn des Flüchtigen, schwamm mit Frog-Kick-Beinschlägen auf dem Rücken in Richtung Ufer und zog den Kerl hinter sich her. Auch wenn Cleghorn ziemlich in Panik war, war er zumindest so vernünftig, Hecks Anweisungen zu befolgen, und ließ sich lang gestreckt an der Oberfläche treiben. Das erleichterte das Rettungsmanöver, aber es war trotzdem sehr anstrengend. Als Hecks Fersen den Grund berührten, war er so erleichtert wie schon lange nicht mehr.

Er zog den Flüchtigen am Kragen ans Ufer, legte ihn dort ab und stand keuchend und tropfend über der hingestreckten Gestalt.

»Sie haben da draußen gehört, was ich gesagt habe«, brachte er schwer atmend hervor. »Ich schwimme nicht für nichts durch die Flüsse Englands.«

Cleghorn lag auf der Seite, sein Brustkorb hob und senkte sich, seine Hände umklammerten den Schlamm um ihn herum, als ob er das Festland nie wieder verlassen wollte. Doch er schaffte es, ein weiteres Nicken zustande zu bringen.

»Bevor wir loslegen, lassen Sie uns eins klarstellen«, sagte Heck. »Sie haben das Recht, die Aussage zu verweigern, doch es kann Ihre Verteidigung beeinträchtigen, wenn Sie trotz Befragung eine Aussage unterlassen, auf die Sie später vor Gericht angewiesen sein könnten. Jede Ihrer Aussagen hat Beweiskraft. Sie sind natürlich verhaftet. Wegen Entwendung eines Autos ohne Einwilligung des rechtmäßigen Besitzers; Angriffs auf Polizeibeamte …«

Cleghorn nickte ein zweites Mal.

»… und Verabredung zum Mord.«

»Waaaas? *Nein!*« Dies schien den Kerl schlagartig zur Besinnung zu bringen. »Nein, nein.« Er richtete sich in eine sitzende Position auf. »Mit Mord habe ich nichts zu tun.«

Heck verpasste ihm einen Tritt. »Ich dachte, wir wären übereingekommen, dass Sie offen zu mir sein wollten. Das ist schließlich der einzige Grund, weshalb Sie noch am Leben sind.« Er langte nach unten, packte Cleghorn am Kragen und zog ihn hoch auf die Beine. »Sie sagen mir jetzt, was ich wissen will, oder ich ziehe Sie wieder raus in die Mitte des Flusses.«

»Das können Sie nicht tun«, brachte Cleghorn hervor. »Sie haben mich gerade verhaftet und mich über meine Rechte belehrt.«

»Tja, die Tatsache, dass ich keinen blassen Schimmer habe, wo zum Teufel an diesem Ufer ich eigentlich bin, hat einen Vorteil – dass nämlich bisher keine Verstärkung eingetroffen ist. Es ist also niemand da, der sagen kann, ob ich Sie verhaftet und über Ihre Rechte belehrt habe oder nicht. Oder?«

Sie starrten einander in die Augen, ihre Gesichter waren nur fünf oder sechs Zentimeter voneinander entfernt. Cleghorn war ungefähr genauso groß wie Heck, jedoch älter. Aber jegliche Streitlust, die in Cleghorn noch verblieben sein mochte, schwand dahin, als Heck ihn mit seinem Mit-mir-ist-nicht-zu-spaßen-Blick durchbohrte.

»Es ist Ihre Wahl«, stellte Heck warnend klar.

»Schon gut, schon gut. Das andere gebe ich alles zu, aber mit diesen Morden habe ich nichts zu tun.«

»Wie bitte?« Heck glaubte, sich verhört zu haben. » *Was haben Sie da gerade gesagt?* «

»Ich habe es nur auf den Videos gesehen, das ist alles.«

»Morde? Also im *Plural?* «

Cleghorns verängstigter Gesichtsausdruck verwandelte sich in einen Ausdruck der Verwirrung. »Darum geht es doch, oder?«

Heck musterte den Verhafteten nach irgendwelchen Anzeichen der Körpersprache, die darauf hinwiesen, dass er ihm etwas vormachte, konnte jedoch keine entdecken. »Erzählen Sie mir von Eddie Creeley«, forderte er ihn auf.

»Nein. Unter keinen Umständen.« Cleghorn schien auf einmal zu spüren, dass er sich in einer besseren Position befand, als er gedacht hatte. »Wenn Sie nichts wissen, habe ich nichts mehr zu sagen. Sie können mir in den Arsch treten, mich wieder in den Fluss rausziehen – ist mir alles scheißegal. Ich sage nichts mehr ohne meinen Anwalt.«

»Wissen sie was, Tim?« Heck ließ seinen Kragen los, nahm ihn jedoch stattdessen in den Polizeigriff und holte Handschellen aus seiner Gesäßtasche. »So wie die Dinge liegen, glaube ich auch, dass Sie gut beraten wären, sich einen Rechtsbeistand zu nehmen.«

Er fesselte Cleghorns Hände hinter dessen Rücken, schnappte sich sein Jackett, das er abgelegt hatte, und führte den Verhafteten den Strand hinauf.

»Kann nicht behaupten, dass ich nicht dankbar wäre, dass Sie mich da rausgeholt haben«, sagte Cleghorn und hustete wieder. »Ein einziger Albtraum, dieser Fluss. Ich dachte schon, es wäre um mich geschehen.«

»Freuen Sie sich nicht zu früh«, entgegnete Heck. »Das könnte Ihnen immer noch blühen.«

21

»Wie ich höre, hatten Sie einen ereignisreichen Tag«, sagte Gwen Straker.

»Könnte man so sagen, Ma'am«, erwiderte Heck.

Er hatte sich im Aufenthaltsraum der Wache Clough Road in einen Sessel gefläzt, sein Laptop stand aufgeklappt vor ihm auf einem Couchtisch. Sowohl Gwens als auch Gemmas Gesicht waren auf dem Bildschirm zu sehen, jeweils in verschiedenen Fenstern. Keine der beiden Frauen kommentierte sein Erscheinungsbild. Er hatte es zwar geschafft, schnell unter die Dusche zu springen und sich eine Jeans und einen Pullover anzuziehen, doch er war blass und sah ziemlich mitgenommen aus.

»Hast du uns irgendwas zu beichten, das uns Ärger bereiten wird?«, fragte Gemma.

»Tja.« Heck dachte darüber nach. »Du wirst ein paar Dachreparaturen bezahlen müssen.«

»Dachreparaturen?«

»Ja. Von ein paar Häusern an der Trafalgar Road in Kingston upon Hull.«

»Häuser?« Gwen lachte humorlos auf. »Das ist selbst nach *Ihren* Maßstäben eine Steigerung, was das Ausmaß der Zerstörung angeht, Heck.«

»Außerdem werde ich eine Rechnung für meinen besten Anzug einreichen.«

»Wie bitte?« Sein flapsiger Umgangston ließ Gemma bereits sauer werden.

»Ich habe ihn im Dienst ruiniert, Ma'am. Und du willst ja wohl sicher nicht, dass ich die National Crime Group während der verbleibenden Ermittlungen im Outfit eines Straßenjungen repräsentiere.«

»Jetzt hör mir mal zu, Sergeant Heckenburg.«

»Berichten Sie uns einfach, was passiert ist«, schaltete Gwen sich ein. »Und konzentrieren Sie sich auf die relevanten Dinge. Und nicht so pampig, wenn ich bitten darf. Sie haben zweifellos einen harten Tag hinter sich, aber da sind Sie nicht der Einzige.«

Heck machte eine große Show daraus, sich gequält aufrecht hinzusetzen. »Ich habe heute Nachmittag einen gewissen Timothy Cleghorn verhaftet, unter anderem wegen einiger unbedeutender Straftaten, aber vor allem wegen des Verdachts, dass er der Typ war, der den USB-Stick durch Nan Creeleys Briefschlitz geworfen hat.«

»Und?«, hakte Gwen nach.

»Er hat zugegeben, dass er's war.«

»Tatsächlich?«

Der Ausdruck der beiden Frauen änderte sich deutlich.

»Ja, aber das ist auch schon alles, was er zugibt«, stellte Heck klar. »Jedenfalls, was Eddie Creeley angeht. Wenn wir mehr wollen, müssen wir ihm einen Deal anbieten.«

Gemma schüttelte den Kopf. »Du weißt, dass wir so was nicht machen.«

»Ma'am, wir machen so was *sehr wohl*«, entgegnete er matt. »Wir tun es vielleicht nicht *gerne*, und wir geben es nur ungerne zu, aber …«

»Achten Sie auf Ihre Worte, Heck!«, unterbrach ihn Gwen.

Heck beugte sich vor. »Wie es aussieht, kann Cleghorn uns eine Menge liefern. Sehr viel mehr als einen bewaffneten Räuber, der von der Bildfläche verschwunden ist. Und wir haben nicht viel in der Hand, um ihn unter Druck zu setzen. Seien wir ehrlich: Wenn wir nur die Sache mit diesem USB-Stick gegen ihn vorbringen können, müssen wir schon ziemliches Glück haben, ihn wegen Verabredung zum Mord dranzukriegen.«

Er ließ seine Worte in der Luft hängen.

»Reden Sie weiter«, forderte Gwen ihn auf.

»Ich habe ihn wegen möglicher unbedeutender Straftaten verhört. Er hat alles gestanden, wird also wegen all dieser Straftaten angeklagt. Was den USB-Stick angeht, behauptet er, ihn gestohlen zu haben.«

»Von wem?« Gemma klang immer noch skeptisch.

»Das ist der Punkt, an dem die Sache interessant wird.«

»Das glaube ich gerne.«

»Cleghorn hat mir erzählt, dass er Mitglied in einem Porno-Club ist.«

»Ist das dieser Tage nicht jeder Kerl?«, fragte Gwen.

»Ja, aber ich denke, in Cleghorns Fall handelt es sich um einen Club, der ein bisschen anders geartet ist als ein normaler Porno-Club. Er hat gesagt, es ist, ich zitiere, ›ein Kino der äußersten Extreme‹.«

»Und das bedeutet?«, fragte Gemma.

»Such dir was aus, bestimmt landest du einen Treffer.«

»Reden wir über Pädophilie?«, fragte Gwen.

Sie klang zu Recht besorgt, denn wenn ein Deal vereinbart werden musste, würde es sehr viel schwieriger sein, die Chefs in der oberen Etage zu überzeugen, wenn dies bedeutete, jemanden vor Strafverfolgung zu bewahren, der sich des Kindesmissbrauchs schuldig gemacht hatte.

»Nein«, erwiderte Heck. »Überraschenderweise nicht. Laut Cleghorn geht es definitiv nicht um Pädophilie. Aber trotzdem um etwas zutiefst Verwerfliches. Wir reden von Vergewaltigung, Folter, abscheulicher Gewalt.«

»Reale Taten?«

»Offenbar. Und wie es klingt, in jedem Fall ohne Einverständnis.«

In der Einsatzzentrale in London folgte ein ausgedehntes Schweigen. Heck sah auf seinem Bildschirm, dass sich diverse weitere Beamte hinter der Leiterin der Sonderkommission und ihrer Stellvertreterin versammelt hatten.

»Reden wir etwa auch von Mord?«, fragte Gwen schließlich.

»Laut Cleghorn ja«, erwiderte Heck. »Das glaubt er zumindest.«

»Er sagt, dass sie in letzter Zeit einige Videos zu sehen bekommen haben, in denen offenbar reale Morde gezeigt wurden.«

»In denen *offenbar* reale Morde gezeigt wurden?«

»Wir haben selber eins dieser Videos gesehen.«

»Creeley?«

»Ja. Laut Cleghorn gab es diverse dieser Videos. Es geht um eine Art primitiven Gladiatorenkampf. Männer in Unterhose müssen in einer Art Arena mit Straßenwaffen, Rohren, Schlägern, Ketten und solchem Zeug um ihr Leben kämpfen – gegen menschliche Panzer in schwerer Schutzkleidung. Es endet immer auf die gleiche Weise – grausig.«

»Dann ist Cleghorn also Mitglied eines Snuff-Video-Clubs«, stellte Gemma fest. »Und er glaubt, dass wir einen Deal mit ihm abschließen?«

Heck zuckte mit den Schultern. »Wenn wir dafür an die Leute rankommen, die den Club betreiben und die Filme produzieren, sollten wir das vielleicht in Erwägung ziehen.«

»Der Club funktioniert vermutlich online, richtig?«, fragte Gwen.

»Nein, das ist genau die Sache. Nichts von alledem ist ins Internet gestellt. Wie es aussieht, sind sie extrem darauf bedacht, keine elektronischen Spuren zu hinterlassen, die zu ihnen führen könnten. Deshalb findet alles in irgendeiner Art passend hergerichtetem Keller statt, in dem es einen Projektor und eine große Leinwand gibt und sogar eine freundliche alte Dame, die in den Pausen Eis am Stiel verkauft.« Er zuckte erneut mit den Schultern. »Was letzteres Detail angeht, weiß ich nicht, was ich davon halten soll, aber im Großen und Ganzen ist wohl klar, worum es geht. Nur ausgewiesene Mitglieder haben Zutritt, und für dieses Privileg bezahlen sie einen ordentlichen Batzen Geld.«

»Wie ist Cleghorn an eine Kopie des Films gekommen?«, fragte Gemma.

267

»Wie gesagt: Er behauptet, ihn geklaut zu haben. Wenn ich von einem ›Projektor‹ rede, meine ich in Wahrheit einen Laptop, der mit einem großen Breitbildfernseher verbunden ist. Aber Eddie Creeleys Abschiedsvorstellung hat die Zuschauer wohl nicht so vom Hocker gehauen. Ich vermute mal, weil er seinen Gegnern keinen großen Kampf geliefert hat. In der Pause wurde der USB-Stick laut Cleghorn zu einigen anderen Sticks auf eine Ablage gelegt. Cleghorn hat ihn im Auge behalten und in seiner Tasche verschwinden lassen, als gerade keiner hingeguckt hat. Er behauptet, dass das Video bei den Kunden des Clubs so schlecht angekommen ist, dass es wahrscheinlich bis heute nicht vermisst wird.«

»Das zahlende Publikum darf eben nie enttäuscht werden«, stellte Gwen trocken fest.

»Warum hat er den Stick geklaut?«, fragte Gemma.

»Ganz einfach – behauptet Cleghorn zumindest.« Heck veränderte ein weiteres Mal bewusst seine Position. »Er stammt aus der Gegend, ist in Kingston upon Hull aufgewachsen und hat Eddie Creeley sofort erkannt. Offenbar waren Ed und er auf der gleichen Schule, und Ed hat ihn immer vermöbelt, ihm sein Mittagsgeld abgeknöpft und ihn wie das letzte Arschloch behandelt. Und als Cleghorn eines Tages zusammen mit seiner Mutter bei den Creeleys aufgekreuzt ist, um sich zu beschweren, war nur Nan da, die kein böses Wort über ihren kleinen Bruder hören wollte und die beiden hat abblitzen lassen. Wie Cleghorn sagt, hatte er noch eine Rechnung mit den beiden offen, und die Gelegenheit sei einfach zu gut gewesen, als dass er sie sich hätte entgehen lassen können.«

Es folgte ein erneutes Schweigen.

»Und diese Geschichte kaufst du ihm ab?«, fragte Gemma. »Im Ernst?«

»Wie gesagt, Ma'am, wir werden erst wissen, was wir von alledem zu halten haben, wenn wir über weitere Informationen verfügen. Die hält Cleghorn zurück, und auf die setzt er, um mit uns

268

handelseinig zu werden. Nach seiner Verhaftung haben wir sein Haus durchsucht und das hier gefunden.« Er hielt einen durchsichtigen Beweissicherungsbeutel hoch, der einige zerknüllte Papierfetzen enthielt. »Zugticketquittungen, die wir in einem nicht geleerten Mülleimer gefunden haben. Für Rückfahrttickets nach London. Jede Menge, aus verschiedenen Monaten. Es besteht also Grund, davon auszugehen, dass sich dieser Club in London befindet. Aber er verrät uns weder, wo er ist, noch wie man Zutritt erhält, und auch nicht, wer den Club betreibt.«

»Was sind das für andere Straftaten, die er begangen hat?«, fragte Gwen.

Heck listete die anderen Straftaten auf, die Cleghorn zur Last gelegt wurden. Zunächst einmal Autodiebstahl und Angriff auf einen Polizeibeamten, wie er es Cleghorn bei seiner Verhaftung angekündigt hatte. Doch er hatte noch einige hinzugefügt: schwere Körperverletzung, Diebstahl eines Schlauchbootes, Unfallflucht und Fahren ohne Versicherung.

»Der Kollege aus Kingston upon Hull, den er verletzt hat, heißt Barry Hodges«, fuhr Heck fort. »Er hat eine gebrochene Nase und zwei gebrochene Wangenknochen. Deshalb denke ich, dass Cleghorn in den Knast wandern wird, zumal er jede Menge Vorstrafen hat. Damit haben wir ein bisschen was in der Hand, um ihn unter Druck zu setzen, aber offenbar reicht das nicht.«

»Wäre es nicht besser, unsere eigenen Spitzel auf die Sache anzusetzen, wenn sich dieser Club in London befindet?«, fragte Gemma.

»Das können wir natürlich tun«, erwiderte Heck. »Aber wie es klingt, handelt es sich bei dem Club um eines der am besten gehüteten Geheimnisse. Und uns läuft die Zeit davon.«

Die beiden Frauen dachten über die Situation nach.

»Ich kann es mir wahrscheinlich schenken, darauf hinzuweisen«, fuhr Heck fort, »aber wenn an der Sache was dran ist und auch noch andere Typen wie Eddie Creeley in dieser improvisierten Arena krepiert sind, könnte es durchaus sein, dass wir auch herausfinden, was mit einigen anderen der untergetauchten Flüchtigen passiert ist, hinter denen wir her sind.«

Die Frauen sahen beinahe schockiert aus.

»Was in aller Welt bringt Sie denn dazu, so etwas zu glauben?«, fragte Gwen.

»Es ist nur eine Theorie«, erwiderte Heck. »Aber kein Team kommt irgendwie voran, oder? Zumindest soweit mir berichtet wurde. Offenbar nicht mal Detective Inspector Reed.«

Gemma war im Begriff, ihn zu unterbrechen, aber er fuhr unbeirrt fort.

»Gary Quinnell ist in Shropshire in einer Sackgasse gelandet. Genauso scheint es Andy Rawlins und Burt Cunliffe in Nottingham ergangen zu sein. In beiden Fällen haben Informanten vor Ort ihnen erzählt, dass das Ganze merkwürdig ist. Als ob die Typen, hinter denen wir her sind, einfach spurlos verschwunden wären.«

»Natürlich sind sie spurlos verschwunden«, stellte Gwen fest. »Ihnen drohen allesamt lebenslange Haftstrafen. Ein Wunder, dass sie nicht schon vor Jahren untergetaucht sind.«

»Das kann man sicher so sehen«, entgegnete Heck. »Aber aus irgendeinem Grund waren diese speziellen Verbrecher bescheuert genug, sich im Vereinigten Königreich herumzutreiben, einige sogar jahrelang, bis sie vor einigen Monaten einer nach dem anderen allesamt von der Bildfläche verschwunden sind.«

Es folgte ein kurzes nachdenkliches Schweigen.

»Wie gesagt«, fuhr er fort, »es ist nur eine Theorie. Aber das Entscheidende ist doch: Wenn die Geschichte wahr ist, könnten wir eine Bande hochnehmen, die Selbstjustiz übt und diese tödlichen Gladiatorenkämpfe organisiert. Und das ließe unsere jeweiligen Abteilungen ziemlich gut aussehen. Erst recht, wenn wir den Zeitungen die Geschichte vorab zuspielen.«

»Und der Preis für diese Nummer, bei der angeblich alle nur gewinnen können, ist, dass wir Cleghorn in keiner Weise mit diesem Club oder irgendeinem der Morde in Verbindung bringen?«, fragte Gemma. Sie klang immer noch unbeeindruckt.

Heck nickte. »Darauf läuft es im Wesentlichen hinaus. Er sagt, er gibt uns alles, was wir brauchen, um ihnen das Handwerk zu legen. Wenn wir ihm Schutz anbieten, würde er sich sogar als Zeuge für uns zur Verfügung stellen. Eine umfassende Aussage machen, vor Gericht als Kronzeuge auftreten, alles.«

»Was sagen denn die Oberen vor Ort?«, fragte Gwen.

»Tja, Detective Chief Inspector Bateson ist auf hundertachtzig, weil einer seiner Beamten verletzt wurde. Aber ich habe den Eindruck, dass er einer von denen ist, die schnell auf hundertachtzig sind, wobei er in diesem Fall allen Grund dazu hat. Und die Staatsanwälte tun, was sie normalerweise tun. Sitzen rum wie Falschgeld und wissen nicht, was sie machen sollen. Aber wenn du, Gemma, oder Sie, Gwen, mal mit ihnen reden würden …«

Keine der beiden Leiterinnen der Sonderkommission sagte etwas.

»Ich nehme an, dass Cleghorn rechtlichen Beistand hat, richtig?«, fragte Gwen schließlich.

»O ja«, erwiderte Heck. »Sein Anwalt ist bei ihm. Wahrscheinlich ist die Idee sogar auf seinem Mist gewachsen. Ihm ist klar, dass es seinem Vollpenner von einem Mandanten ziemlich an den Kragen gehen könnte.«

»Wir müssen Cleghorn und seinem Anwalt klarmachen, dass er noch nicht aus dem Schneider ist«, sagte Gwen. »Wenn dieser Snuff-Film-Club sich aus irgendeinem Grund als ein Hirngespinst erweist, selbst wenn es ihn mal gegeben haben sollte, er aber nicht mehr da ist, weil jemand, der damit zu tun hat, Wind davon bekommen hat, dass wir hinter ihnen her sind, reicht das nicht.«

»Das kann ich ihm sagen, Ma'am, aber ich glaube, es wäre besser, wenn es von Ihnen käme.«

Gwen nickte. »Das geht in Ordnung. Müssen wir wirklich hochkommen nach Kingston upon Hull?«

»Ich glaube, das ist nicht nötig. Wenn Sie das, was zu klären ist, telefonisch erledigen können, werden Gail und ich wahrscheinlich eher runterkommen nach London.«

»Ich würde sagen, erstklassige Arbeit, Heck.« Sie schob ihren Stuhl nach hinten. »Aber erst mal will ich sehen, wie hoch die Rechnungen für die Dachreparaturen sind.« Mit diesen Worten verließ sie die Konferenz.

»Apropos«, sagte Gemma, »trotz deiner Unverfrorenheit, mit der du die Sache vorgebracht hast, kannst du einen Antrag auf Erstattung deines Anzugs stellen. Ich denke dann darüber nach. Aber wenn sich rausstellen sollte, dass das wieder mal nur das Resultat einer deiner wilden Eskapaden ist, kannst du das verdammte Teil selbst bezahlen, Heck, und das meine ich ernst.«

»Ich nehme das auf meine Rechnung, wenn ich eine Quittung sehe, die bestätigt, dass Jack Reed den Priesterkragen selbst bezahlt hat, den er bei der Verhaftung der Mitglieder der Schwarzen Kapelle ruiniert hat«, erwiderte Heck.

Und mit diesen Worten verließ er ebenfalls die Konferenz.

Heck fand Gail in der Kantine. Es war bereits mitten am Abend, weshalb sie alleine dasaß und an einem Kaffee nippte.

»Du wirst noch dafür sorgen, dass wir beide gefeuert werden, Heck«, sagte sie nur.

»Was meinst du damit?«

»So mit der stellvertretenden Leiterin der Sonderkommission zu reden.«

Er beugte sich zu dem Verkaufsautomaten vor. »Aha, du hast also gelauscht.«

»Erstens konnte ich es kaum überhören, da du ja im Raum nebenan warst. Und zweitens war mir nicht bewusst, dass es ein Privatgespräch sein sollte. Ist ja schließlich nicht so, dass es bei dem Ganzen nicht auch um mich ginge.«

Er kam mit einem Kaffee zurück an ihren Tisch. »Ist dir

eigentlich klar, dass wir in dem Fall einen Durchbruch geschafft haben?«

Gail lehnte sich zurück. »Mir ist nichts dergleichen bewusst. Wir sind ein Stück vorangekommen, ja, und wir haben zwei Verhaftete, aber mindestens einer davon hat nichts mit dem Fall zu tun, und die Tatsache, dass wir ihn verhaftet haben, kann nach wie vor negative Konsequenzen für uns haben.«

»Wir werden nicht gefeuert, okay?« Heck ließ sich auf der anderen Seite des Tisches nieder. »Wir sind auf einem guten Weg.«

Gail dachte darüber nach und sagte: »Was läuft da eigentlich zwischen dir und ihr?«

»Wovon redest du denn jetzt?«

»Von dir und Gemma. Soweit ich weiß, wart ihr beiden mal ein Paar, aber das ist ja inzwischen eine Ewigkeit her, oder?«

»Allerdings ist das eine Ewigkeit her.«

»Na gut. Und wie kommt es dann …? Ich meine, sie ist doch als die Löwin bekannt und hat den Ruf, großmäulige männliche Kollegen zum Frühstück zu verspeisen. Aber bei dir ist sie irgendwie, na ja, ›tolerant‹ ist vielleicht das passende Wort.«

Er zuckte mit den Schultern und nippte an seinem Kaffee. »Sie weiß eben, dass ich Resultate erziele, das ist alles.«

»Das ist so ein verdammtes Klischee, Heck.«

»Klischees sind Klischees, weil sie dazu tendieren, wahr zu sein.«

»Klischees sind Klischees, weil die Leute sie auftischen, ohne groß darüber nachzudenken.«

»Wie auch immer«, sagte er. »Ich habe jedenfalls keine Ahnung, was die Erklärung dafür ist. Wahrscheinlich hat Gemma das Gefühl, dass ihr die Klauen gestutzt wurden, indem sie hinter Gwen Straker nur die zweite Geige spielt.«

»Wenn das wahr ist, macht dich das zu einem erbärmlichen Tyrannen.«

Er starrte sie verständnislos an. Der bloße Gedanke, dass

jemand glauben konnte, Gemma Piper würde sich tyrannisieren lassen, machte ihn sprachlos. »Wie bitte? *Was?*«

»Ihr Selbstbewusstsein ist angeknackst, und du hast nichts Besseres zu tun, als noch nachzutreten. Das ist besonders mies.«

Heck antwortete nicht sofort. War das vorstellbar? Gemma – der supercoolen, supereffizienten Gemma, die es so gewöhnt war, das Kommando innezuhaben – machte es derart zu schaffen, ihre Chefrolle an eine ältere, erfahrenere Beamtin abzutreten, dass sie nicht mehr brüllen konnte?

»Was ist also los?«, fragte Gail ihn erneut.

»Ich habe doch gesagt, dass ich es nicht weiß. Pass auf,« er versuchte, das Ganze abzutun, »wir kennen uns schon sehr lange, und wir haben Probleme miteinander. So was kommt vor.«

»Nein, *du* hast Probleme.« Gail stand auf. »Ich bin nicht bescheuert, Heck. Was Detective Superintendent Piper angeht, musst du mal deine Gedanken ordnen und einen klaren Kopf bekommen, okay?« Sie marschierte aus der Kantine, doch im nächsten Moment kam sie wieder hereingestapft. »Und noch was: Jack Reed ist für unseren Fall absolut nicht von Bedeutung! Hör also auf damit, immer wieder von ihm anzufangen.«

»Er zieht nur eine Show ab.«

»Das glaube ich nicht.«

»Was das angeht, ist Gemma nicht besonders mitteilsam, aber er ist auf einen Fall in den Home Counties angesetzt, und für mich klingt es so, als würde er absolut nichts erreichen.«

Gail beugte sich vor. »Wenn sie scharf auf ihn ist, ist sie scharf auf ihn. Dann hast du eben Pech gehabt, und am besten findest du dich damit ab, Heck. Ins Dezernat für Serienverbrechen zu kommen, war mein Traum, und ich werde nicht zusehen, wie er mir zerstört wird, bloß weil du dich wie ein Schuljunge aufführst und auf jemanden eifersüchtig bist, der wahrscheinlich zwanzig Ränge höher aufsteigen wird als du, ganz egal, was bei der Operation Vorschlaghammer herauskommt.«

Sie marschierte wieder aus der Kantine.

Heck wusste, dass er sie begleiten sollte, damit sie das Verhör mit einem Verhafteten fortsetzen konnten, der angeblich bereit war zu singen wie ein Kanarienvogel. Doch er blieb noch einen Moment sitzen und dachte über die Ereignisse der zurückliegenden Tage nach.

Es sollte eigentlich ein Leichtes sein, diese Sache abzutun, schließlich war Jack Reeds Anwesenheit keine große Sache und Gemma Piper eine erwachsene Frau und *Single*. Sie konnte anbaggern, wen sie wollte.

Doch er konnte seine Verwunderung darüber nicht abschütteln, dass sie genau das in all den Jahren nie getan hatte.

Seit dem Ende ihrer Beziehung hatte Heck nie etwas davon mitbekommen oder gehört, dass sie mit jemandem zusammen gewesen war. Er hatte nicht mal mitbekommen, dass sie ein besonders gutes Verhältnis zu jemandem gehabt hatte. Er hatte das immer auf ihre stählerne Härte zurückgeführt, die sie sich im Laufe der vielen herausfordernden Jahre zugelegt hatte, auf ihre nüchterne, zielstrebige, starrsinnige Art, ihr Turbo-Power-Polizistin-Image. Außerhalb der Polizei gab es sicher nicht viele Männer, die auf so etwas standen, aber so wie Gemma aussah, hätte sie sich bestimmt jemanden angeln können.

Was war also der tiefere Grund dafür, dass sie noch Single war?

Sie war damals nicht diejenige gewesen, die ihre Beziehung hatte beenden wollen. Das behauptete sie zumindest. War es denkbar, dass trotz all der Jahre, die seitdem vergangen waren, noch eine winzige Flamme für ihn in ihr loderte und er das tief in seinem Inneren immer gewusst hatte?

Er leerte seinen Kaffee und stand auf, entschlossen, sich diese Idee aus dem Kopf zu schlagen.

Unrealistische Hoffnungen waren der Fluch, der das Leben so vieler Männer zerstörte.

Dieser Tage würde ein romantisches Techtelmechtel zwischen

ihnen aus allen möglichen Gründen nicht mehr funktionieren, vor allem, weil die Art, wie sie ihren Job verstanden und ausübten, absolut nicht zusammenpasste.

Doch während er sich einzureden versuchte, dass ihm das alles egal war und er verächtlich schnaubend zu dem Schluss kam, dass er sich einfach nur über Jack Reeds müheloses Charisma ärgerte, fragte er sich, ob nicht doch noch etwas anderes dahintersteckte als typisch männliches Konkurrenzgehabe.

Vielleicht war die innere Anspannung, die er verspürte, ein Ausdruck von Angst.

Angst davor, dass die Tür sich endgültig schloss.

Angst, dass Gemma, wenn Reed die Frage irgendwann stellen würde – selbst wenn es nur so eine schlichte, unverbindliche wäre wie »Haben Sie Lust, auf einen Drink mit mir auszugehen« –, »Ja« sagen würde.

»Scheiß drauf!«, sagte er laut zu sich selbst, warf den leeren Kaffeebecher in den Mülleimer und marschierte durch die Wache in den Gewahrsamsbereich.

Sollen sie doch auf einen Drink ausgehen! Einen Scheiß interessierte ihn das. Sollen sie doch zusammen ins Bett steigen und sich gegenseitig das Hirn rausvögeln. Was hatte das mit ihm zu tun? Nichts.

Doch dann dachte er daran, wie er in den Humber hinausgeschwommen war, in diesem schmutzigen, eiskalten Wasser, um Tim Cleghorn zu retten, ein Stück Scheiße, dessen einziger Wert darin bestand, dass er sie *vielleicht* auf die Spur von Eddie Creeleys Mördern bringen konnte.

Das war ihm auch ein Rätsel.

Sie sagten ständig Sätze wie »Die Zeit läuft uns davon«, doch in Wahrheit war bei diesem Fall gar keine Eile geboten. Das Leben von niemandem, der Heck etwas bedeutete, hing davon ab, dass sie diesen Fall schnell lösten, und wenn Heck ehrlich war, auch nicht das Leben von irgendjemandem, um den sich die Gesellschaft scherte.

Warum riskierte er also sein Leben in dieser Weise?

Warum rannte er herum wie ein aufgescheuchtes Huhn, rammte seinen Kopf gegen Laternenpfähle, kletterte über Dächer, vermasselte die Operationen anderer Polizeiabteilungen und trieb sich und seine Partnerin bis an die äußerste Grenze?

In Wahrheit kannte er die Antwort, ohne sie aussprechen zu müssen.

In Wahrheit kannte er sie schon seit Langem.

»Scheiße, Gemma, du machst mich fertig«, sagte er leise. »Aber jede Chance, egal, wie klein sie auch sein mag, ist besser als gar keine.«

22

»Also, Spencer«, meldete sich die Stimme aus der Dunkelheit. »Was ist Sache?«

Im ersten Moment dachte Spencer, er hätte geträumt. Erschöpft und hungrig, wie er war, hatte er bestimmt vor sich hingedämmert. Doch dann wurde ihm bewusst, dass da tatsächlich jemand war und mit ihm redete.

»Fick dich!«, rief er und sprang vor dem Erdhaufen auf, der ihm als Rückenlehne diente. Er zog den Bulldog-Revolver unter seiner zerlumpten Jacke hervor, umfasste ihn mit beiden Händen und schwang ihn zu allen Seiten herum. »Ich bin bewaffnet, verdammt, Mann!«

Zu seiner Verwunderung war da niemand. Das unterirdische Gewölbe, in dem mehrere Abwasserkanäle zusammenflossen und das ihm seit acht Tagen als Zufluchtsstätte diente, sah aus wie immer: In verschiedene Richtungen führten gewölbte Backsteintunnel weg in die Finsternis, durch die schmutziges Abwasser und Fäkalien rauschten. Von oben tropften ebenfalls übel riechende, abscheuliche Flüssigkeiten herunter. Überall huschten Ratten umher. Nachdem er sich schon so lange an diesem verborgenen Ort versteckte, den er nur verließ, wenn er etwas zu essen auftreiben musste, hatten sich seine Augen schließlich an die Dunkelheit gewöhnt, die ihm anfangs als undurchdringlich erschienen war. Doch auch jetzt konnte er nicht alles sehen.

Jedenfalls nicht den Besitzer der Stimme, die da gerade gesprochen hatte.

»Ich sag's dir, Mann, ich bin bewaffnet!«, warnte er den Unsichtbaren erneut in seinem jamaikanisch gefärbten Dialekt.

»Ist mir schon klar, Bullet Boy«, entgegnete die geisterhafte Stimme.

Spencer wirbelte wie wild herum, der Hahn seines Bulldog-Revolvers war gespannt.

»Sollen wir dich so von jetzt an nennen? Bullet Boy?«

»*Fick dich!*«, schrie Spencer.

»Du verfügst ja wirklich über ein umfangreiches Vokabular, Spencer. Ich bin beeindruckt.«

»Fick dich, Mann!«

»Ich dachte, ihr Straßenjungs wärt etwas einfallsreicher, was eure Ausdruckswahl angeht. Oder werdet ihr nur von irgendwelchen Mittelschicht-Akademikern so dargestellt?«

»Ich hab keine Ahnung, wer zum Teufel du bist, Mann, aber mit mir ist nicht zu spaßen.«

»Huh, da hab ich aber Angst«, entgegnete die Stimme und kicherte.

Spencer suchte krampfhaft zu allen Seiten sein unterirdisches Versteck ab. Die Stimme klang unheimlich, blechern. Sie schien von überall und nirgendwo zu kommen. Wer auch immer der Kerl war – er musste ganz in der Nähe sein. Aber Spencer musste es genau wissen. Er konnte sich keine weiteren Fehler leisten. In seiner Waffe befand sich nur noch eine Patrone.

»Der große, böse Spencer und sein furchterregender .44er Revolver«, sagte die Stimme, immer noch amüsiert klingend. »Ich frage mich immer, wie Babygangster wie du wohl klarkommen würden, wenn sie nicht bewaffnet wären.«

»Fick dich, Mann.«

»Im Ernst. Was glaubst du, wie du klarkommen würdest, wenn du keine Waffe hättest, die du den Leuten vors Gesicht halten kannst?«

Auf einmal konnte Spencer nicht mehr antworten. Er war zu sehr damit beschäftigt, um Luft zu ringen. In den vergangenen Tagen hatte er kaum etwas zwischen die Zähne bekommen und nur hier und da einen Schluck Wasser. Wenigstens war es Sommer und deshalb nicht kalt, aber es überraschte ihn, wie erschöpft und schlecht er sich fühlte, nachdem er sich nun schon eine

Woche lang draußen rumtrieb – sofern man dieses von Unge-
ziefer verseuchte unterirdische Loch überhaupt als »draußen«
bezeichnen konnte.

»Wie's aussieht, nicht so gut«, fuhr die Stimme fort.

»He, fick dich, Mann!«

»Es ist wirklich komisch. Die Zeitungen nennen dich Staats-
feind Nummer eins. Offenbar bist du das am meisten gehasste
und gefürchtete Bandenmitglied in ganz London. Aber wir beide
kennen die Wahrheit, was? Du bist nur ein großmäuliger Ben-
gel, der vor seinem eigenen Schatten Angst hat.«

»Na los, Mann, zeig dich!«, entgegnete Spencer. »Aber du
wirst dich sowieso nicht blicken lassen, du feiges Stück Scheiße.«

»Oh, da hast du recht. Denn ein kleiner Junge, der sich vor
Angst in die Hose macht, kann trotzdem gefährlich sein, wenn
er eine Wumme in der Hand hat. Aber was würdest du sagen,
Spencer, wenn ich dir erzählen würde, dass ich dich genau in
diesem Moment im Visier habe? Dass ich hier in der Dunkelheit
mit einem Infrarot-Zielfernrohr ausgestattet bin und das Faden-
kreuz genau auf deine kleine, schweißgebadete Stirn ausgerichtet ist?«

Spencer schlug sich spontan vor die Stirn, als ob er eine etwa-
ige kirschrote Zielmarkierung tatsächlich wegwischen könnte,
bevor er sich dessen bewusst wurde, wie lächerlich das war.

»He, Mann, ich weiß nicht, was dieser Scheiß soll, okay?« Er
versuchte, die Verzweiflung aus seiner Stimme zu nehmen, doch
er war total fertig, hatte Angst, fühlte sich verloren, und es ging
ihm schlecht. »Aber wenn du mich abknallen wolltest, hättest du
schon abgedrückt, Alter!«

»Bist du dir da sicher, Spencer?«, fragte die Stimme. »Vielleicht will ich dich erst mal mental foltern.«

»Halt dein verdammtes Maul, Mann!«

»Wie fühlt sich das an Spencer? Zur Abwechslung mal derjenige zu sein, auf den die Mündung gerichtet ist?«

»Ich kenne das Gefühl, Mann. So lebe ich nun mal.«

Die Stimme kicherte erneut. »Und wenn du nicht die Toreadors im Rücken hättest? Würdest du dann auch so leben? Selbst wenn, wäre es natürlich immer noch tausendmal leichter, als arbeiten zu müssen, um sich seinen Lebensunterhalt zu verdienen.«

Erneutes Kichern oder, besser gesagt, schallendes Gelächter, das von überall gleichzeitig zu kommen schien.

»Eine absolute Horrorvorstellung, Spence. Überleg dir das nur mal. Jeden Tag rausgehen und sich krumm machen zu müssen, um für die Kinder was zu essen auf den Tisch zu bringen und deiner Frau vielleicht hin und wieder ein Geschenk kaufen zu können. Nein, das kann ich mir auch nicht vorstellen. Du bist lieber Spencer, der Großkotz. Oder Spencer, der Bullet Boy.«

»Ich bin kein Mitläufer, Mann!«, rief Spencer beleidigt. »Die anderen Brüder respektieren mich.«

»Davon weiß ich nichts, Spencer. Sie haben dich vielleicht mal respektiert. *Vielleicht*. Aber jetzt tun sie es bestimmt nicht mehr, das ist so sicher wie das Amen in der Kirche. Sie streiten sogar ab, dich zu kennen, aber wenn die Leute von der Sonderkommission Trident sie in die Zange nehmen und sie vor die Wahl stellen, sie oder du, was glaubst du, was dann passieren wird?«

»Fick dich, Mann.«

»Aber das ist sowieso egal, oder? Du hast es ja zu landesweitem Ruhm gebracht und giltst als Abschaum. Deine Visage ist auf jedem Fernsehmonitor zu bewundern. Wusstest du, dass die Lady, die du auf der Tottenham High Road umgenietet hast, schwanger war? Somit hast du an jenem Tag drei unschuldige Leben ausgelöscht.«

»Was willst du, Mann? Wenn du Bulle bist, nimm mich einfach fest!«

»Bulle? Offenbar hast du hier unten zu viele Krimis gesehen, Spence.«

»Hör einfach auf mit dem Scheiß, verdammt!«

»Du wirst es nicht glauben, Spencer, aber ich glaube, ich kann dir helfen.«

»Was?« Im ersten Moment glaubte Spencer, sich verhört zu haben. »Was sagst du da?«

»Mir gefällt die Idee nicht, dass ein Typ wie du den Rest seines Lebens hier unten fristet. Ich meine, die Ratten und die Kakerlaken Londons haben es doch auch so schon schwer genug, oder?«

Spencer antwortete nicht. Schweißperlen standen auf seiner Stirn, während er angestrengt in die stinkende Finsternis starrte. Aber zugleich spitzte er die Ohren.

»Also, hier kommt mein Angebot«, fuhr die Stimme fort. »Ich schlage vor, dich hier rauszuholen. Und nicht nur das. Ich bringe dich an die Küste, schmuggele dich auf ein Schiff und schaffe dich ins Ausland an einen sicheren Ort. Wie klingt das, Spence?«

»Bietest du mir einen Deal an, oder was?«

»Da, wo ich herkomme, bestimmen Deals das Leben.«

»Ist doch ein Haufen Bullshit, was du da erzählst, Mann. Niemand kann mich aus diesem Scheißloch rausholen.« Doch tief in seinem Inneren spürte Spencer seit dem Desaster mit Dante Brown, seitdem eine Ewigkeit vergangen zu sein schien, zum ersten Mal Hoffnung in sich aufkeimen.

»Ist das so?«

»He Mann, ja, Scheiße, verdammt!«

»Nicht, dass du mich falsch verstehst, Spence«, sagte die Stimme. »Von mir aus kannst du hier unten verrotten. Aber ich werde versuchen, mich für den unwahrscheinlichen Fall, dass mir andernfalls möglicherweise eine potenzielle Einnahmequelle entgeht, noch mal als nett zu erweisen. Niemand, den du kennst, schert sich auch nur den geringsten Dreck um dich. Deine Familie hat dich verstoßen, die Toreadors halten dich für das größte Arschloch, das sich je in Tottenham hat blicken lassen, und das sagt ja wohl einiges, oder? Und gab es da nicht auch eine Frau in deinem Leben? Erstaunlicherweise ja. Eine Chantelle oder so. Du wirst es nicht glauben: Sie hat ihre Geschichte an die Boulevardpresse verkauft. Hat sechzig Riesen kassiert, und das nur dafür, dass sie ihnen erzählt hat, was für ein mieser Wichser du bist. Ihr immer wieder eine runterzuhauen, wenn sie sich nur mal nach einem anderen Typen umgedreht hat, hat sich jetzt wohl als ziemlicher Bumerang erwiesen, oder was meinst du?«

»Hol mich verdammt noch mal hier raus!«, schrie Spencer.

»Gerne.« Es folgte eine kurze Pause. »Aber das kostet dich hundert Riesen.«

Spencer dachte ein weiteres Mal, sich verhört zu haben. »Bist du mit Crack zugedröhnt, Mann?«

»Du willst mir nicht im Ernst sagen, dass du nicht in der Lage bist, hundert Riesen aufzutreiben, oder, Spencer?«

»Ich hause in der verdammten Abwasserkanalisation.«

»Besorg es dir von den Toreadors.«

»Bist du völlig durchgeknallt, Mann? Glaubst du, die händigen mir einfach so die Kohle aus?«

Ein erneutes Kichern. »Ich rede nicht davon, dass du sie darum *bitten* sollst, Alter. Aber es ist deine Entscheidung. Wenn du glaubst, dass du das nicht hinkriegst …«

»Warte. Warte, um Himmels willen!«

Aber es herrschte nur noch Schweigen. Und das unaufhörliche *Plopp-plopp* des unterirdischen Reiches, das leise Getrappel umherhuschender Ratten und das ferne Rumpeln von U-Bahn-Zügen.

»Warte«, wimmerte der Junge beinahe. »Ich mach alles, lass mich nur nicht …«

»Kann ich irgendwas für dich tun, Spencer?«, fragte die Stimme.

»Ich kann die Kohle besorgen, ja. Wenn du mich hier wirklich rausholst.«

»Ich hab dir doch schon gesagt, dass ich das kann. Bezahl einfach dein Ticket in die Freiheit, dann musst du dir nur noch

Gedanken darüber machen, ob du in den Nahen Osten willst oder in die Karibik oder nach Fernost.«

»Echt, Mann?«

»Wähl einfach was aus, Spence. Die Strände und Palmen der Dominikanischen Republik. Oder die warme Sonne Bahrains oder Kuwaits. Oder eine der großen Städte mit allem Komfort in Südkorea oder Japan. Keins dieser Länder hat ein Auslieferungsabkommen mit dem Vereinigten Königreich. Du kriegst also die Chance, noch mal ganz von vorne anzufangen. Du kannst dir einen Job als Barmixer oder Kellner besorgen oder was auch immer. Und wenn du es dann irgendwann verkackst, was unweigerlich passieren wird, müssen wir diese ganze verdammte Nummer noch mal durchziehen. Aber in der Zwischenzeit wirst du die Bullen erst mal vom Hals haben.«

»Ja, Mann.« Spencer nickte beflissen, wie von Sinnen. »So machen wir's. Genau so.«

»Klar. Aber erst, wenn du die Kohle rüberwachsen lässt.«

»Ich besorge sie. Die Kohle beschaffe ich.«

»Okay, Spence. Der Deal gilt.« Die Stimme verblasste bereits, als ob der, dem sie gehörte, durch die Tunnel entschwand.

»He, Mann. Ich hab dich nicht mal gesehen!«

»Am Zahltag wirst du mich sehen.« Die Stimme klang inzwischen sehr fern.

»Wann? Und wo finde ich dich?«

»Keine Sorge, Spence. Ich werde dich finden.« Spencer konnte ihn nur noch schwach verstehen. »Wo auch immer du bist – ich werde dich finden.«

23

Es war schwer zu sagen, welchem Zweck das Gebäude an der Deercot Road einmal gedient hatte. Vielleicht war es ein kleineres Bürogebäude gewesen, allerdings mit Werkstätten im Erdgeschoss, wie die Entladerampen an der Vorderseite und die waggongroßen Eingangstüren mit den heruntergelassenen Stahlrollläden vermuten ließen. Es schien, zumindest auf den ersten Blick, nicht mehr genutzt zu werden. Auf den Parkplätzen wehten Abfälle und Laubreste des letzten Herbstes umher, die Innenseiten der Fenster waren voller Staub. Die Gebäude rechts und links – eine kleine Fertigungshalle und ein Lager – waren nicht ganz so heruntergekommen, aber man konnte auch nicht gerade sagen, dass dort viel los war.

»Es gibt also nur zwei Zugänge beziehungsweise Ausgänge«, sagte Heck, als sie in seinem Megane an dem Gebäude vorbeifuhren. »Einen in der Mitte am Ende der Zufahrt«, er nickte in Richtung einer Passage, die an der Seite des verlassenen Gebäudes entlangführte, »also dem Vordereingang. Und einen Notausgang an der Rückseite. Vom Keller aus, in dem sich unseren zuverlässigen Informationen nach das Kino befindet, gibt es also keinen Zugang zum Rest des Gebäudes.«

Gary Quinnell, der auf dem Beifahrersitz saß, nickte, sagte jedoch nichts.

»Alles klar mit dir?«

Quinnell nickte erneut.

»Und du bist wirklich bereit für diesen Einsatz?«

Der große Waliser warf ihm einen Blick von der Seite zu. »Ich bin immer bereit, Junge. Wenn es Gottes Werk dient.«

Sie bogen um eine Ecke und reihten sich wieder in den dichten Rushhour-Verkehr auf der Putney High Street ein.

»Okay«, sagte Heck. »Aber denk immer dran: Hilf dir selbst, so hilft dir Gott. Wenn du da unten bist, halt also deine fünf Sinne beisammen, und achte immer darauf, was hinter dir passiert.«

»Keine Sorge«, erwiderte Quinnell.

»Ich wünschte, wir könnten dich bewaffnen, aber bestimmt werden sie dich als Erstes abtasten, wenn du da reingehst.«

»Sehe ich wie jemand aus, der bewaffnet sein muss?«

»Bleib einfach auf der Hut, okay?«

»Mach ich. Und jetzt hör auf, mir auf die Nerven zu gehen.«

»Apropos«, Heck checkte sein Handy, um zu sehen, ob er vielleicht einen Anruf verpasst hatte, sah jedoch, dass das nicht der Fall war. »Du hast heute nicht zufällig Gail Honeyford gesehen, oder?«

»Nein.«

»Keine Ahnung, was zum Teufel sie treibt. Ich hoffe nur, dass sie rechtzeitig zur Einsatzbesprechung da ist.«

»Tja«, Quinnell zuckte mit den Schultern, »wenn nicht, haben wir ja wenigstens Jack Reed.«

Sie näherten sich einer roten Ampel, aber Heck trat stärker auf die Bremse als beabsichtigt. »Reed? Seit wann ist der denn wieder da?«

»Seit gestern Abend, als er seinen Gesuchten in Gewahrsam genommen hat.«

»Wie bitte?«

»Ja. Patrick Hallahan, der Typ, hinter dem er her war. Der Kerl, der in dem *McDonald's* in Slough rumgeballert hat.«

»Reed hat ihn schon geschnappt?« Heck konnte es nicht glauben.

»Klingt so, ja. Der Mistkerl hat auch bereits gestanden. An der Staples Corner herrschte heute Morgen ein ziemlicher Medienauftrieb. Gwen war doppelt glücklich, dass wir die Wache Putney Bridge Road in Beschlag nehmen können. Wobei mir einfällt – könnte es sein, dass Gail gar nicht Bescheid weiß? Dass wir uns dort treffen, meine ich. He, es ist grün.«

286

Heck war so überrascht, dass im ersten Moment gar nichts bei ihm ankam.

Quinnell stieß ihn an. »Es ist *grün.*«

Die trötenden Hupen der stets ungeduldigen Londoner Autofahrer, die sich hinter ihnen stauten, erweckten schließlich Hecks Aufmerksamkeit. Er rammte den ersten Gang rein, und sie setzten sich in Bewegung.

»Ich habe Gail gestern Abend eine E-Mail geschickt, um sie zu erinnern«, sagte er. »Habe ich dich richtig verstanden, Gaz? Reed hat Patrick Hallahan eingebuchtet, und der hat bereits ein volles Geständnis abgelegt?«

»Das habe ich zumindest gehört.«

Die Besprechung begann am Abend um 18 Uhr im Ersatzraum für Gegenüberstellungen der Wache Putney Bridge Road.

Das Ganze wirkte von Anfang an ziemlich improvisiert. Von der Sonderkommission Vorschlaghammer waren nur einige wenige Beamte anwesend – Heck, Reed und Quinnell, und Letzterer war nur verfügbar, weil er mit seiner eigenen Ermittlung im Fall des untergetauchten John Stroud in Shropshire so gut wie gar nicht weitergekommen war, weshalb er ein paar Tage von dem Fall abgezogen werden konnte. Ansonsten waren ihnen uniformierte Beamte der lokalen Wache und Kollegen der Territorial Support Group, einer Spezialeinheit der Londoner Metropolitan Police zur Aufrechterhaltung und Sicherung der öffentlichen Ordnung, zugeteilt worden. Insgesamt handelte es sich um etwa zwanzig Beamte, die allesamt in der üblichen Montur für einen Einsatz bei einer Demonstration erschienen waren, bei der gewalttätige Auseinandersetzungen zu befürchten waren. Unter anderem trugen sie feuerfeste Overalls, Stichschutzwesten, Schienbeinschoner und Ellbogenschützer. Diejenigen, die saßen, hatten ihre Helme auf die Tische vor sich gelegt, diejenigen, die standen, hatten sie sich unter die Arme geklemmt. Selbst Gwen Straker, die zu der Besprechung eingeladen hatte und sie leitete, trug einen wattierten blauen Anorak über ihrer Zivilkleidung, auf dessen Rückseite in leuchtenden weißen Großbuchstaben der Schriftzug POLIZEI prangte.

»Okay, jetzt bitte alle herhören!«, rief sie.

Das allgemeine Gemurmel verstummte.

»Als Erstes möchte ich mich bei Inspector Takuma dafür bedanken, dass er uns heute die Räumlichkeiten und seine uniformierten Beamten zur Verfügung stellt.« Sie nickte Cyril Takuma zu, einem kleinen bebrillten Beamten nigerianischer Abstammung, der in einer Ecke stand und, obwohl er an diesem Abend der wachhabende Beamte in der Wache Putney Bridge Road war, ebenfalls die volle Schutzmontur trug und sich einen Helm unter den Arm geklemmt hatte. »Da ziemlich viele Kollegen der Sonderkommission Vorschlaghammer noch anderweitig beschäftigt sind, sind wir heute auf die Unterstützung lokaler Einsatzkräfte angewiesen«, fuhr sie fort. »Und wir sind wirklich dankbar, dass wir auf sie setzen können.«

Heck checkte erneut sein Handy, um zu sehen, ob Gail zumindest auf einen seiner diversen Anrufe reagiert hatte. Doch sie hatte sich immer noch nicht gemeldet.

»Gut, ich bin sicher, dass alle wissen, warum wir hier versammelt sind«, sagte Gwen, »aber lassen Sie mich noch mal ein paar Erinnerungen auffrischen. Vor einer Woche hat Detective Sergeant Heckenburg in Humberside einen bekannten Kriminellen verhaftet.«

Heck behielt seinen ausdruckslosen Gesichtsausdruck bei, als sich mehrere Köpfe zu ihm umwandten.

»Bei dem Verhafteten handelt es sich um einen gewissen Timothy Cleghorn.« Gwen trat zur Seite, damit jeder den Großbildfernseher sehen konnte, und klappte ihren Laptop auf. Dann tippte sie auf der Tastatur herum und holte das neueste Polizeifoto von Cleghorn auf den Bildschirm. »Mr Cleghorn wurde bei diversen Straftaten auf frischer Tat ertappt, für die er wahrscheinlich ins Gefängnis wandern dürfte. Doch um das Strafmaß zu vermindern, hat er uns ein paar Informationen geliefert, die uns möglicherweise zu diesem Mann führen werden.«

Das nächste Bild, ein weiteres Polizeifoto, zeigte Eddie Creeley.

»Eddie Creeley. Bankräuber mit außergewöhnlichen Qualitäten und zweifacher Mörder. Diejenigen von Ihnen, die dazu gekommen sind, sich das Video mit den zusammengestellten Informationen anzusehen, das wir Ihnen allen haben zukommen lassen, wissen, dass Creeley auf der Liste der meistgesuchten Verbrecher, hinter denen die Sonderkommission Vorschlaghammer her ist, ganz oben steht. Jedenfalls war Cleghorns Verhaftung aus allen möglichen Gründen ein guter Fang. Und dann hat Detective Inspector Reed gestern Abend auch noch einen anderen Gesuchten auf unserer Liste verhaftet: Patrick Hallahan.«

Reed, der neben Heck stand, nickte, als die Versammelten sich ihm zuwandten.

»Hallahan hat bereits ein volles Geständnis abgelegt und ist bereit, seine Strafe anzutreten«, fuhr Gwen fort. »Was den Angehörigen seiner Opfer, wie ich sicher nicht extra erwähnen muss, weiteren Kummer ersparen dürfte. Außerdem erspart es dem Steuerzahler viel Geld und der Polizei einen Haufen Arbeit. Wenn wir unsere Sache also heute gut machen, könnte diese Woche eine gute Woche für die britische Polizei werden.«

Sie machte eine kurze Pause und fuhr fort. »Zurück zu Creeley. Wie Sie wissen, gehen wir stark davon aus, dass er tot ist. Natürlich wissen wir im Moment noch so gut wie nichts über die Umstände, die zu seinem Tod geführt haben. Aber wir werden in dieser Hinsicht auf jeden Fall ermitteln, denn wir haben Grund zu der Annahme, dass er möglicherweise nicht der Einzige ist, der unter diesen von brutaler Gewalt gekennzeichneten Umständen gestorben ist. Es könnte sogar sein, dass dieses Schicksal auch noch andere der gesuchten Flüchtigen auf unserer Liste ereilt hat.«

Auf diese Feststellung hin erhob sich allgemeines Gemurmel und sogar ein billigendes Schnauben.

»Dann erledigt ja schon jemand unseren Job, Ma'am«, gab ein pummeliger Constable in der ersten Reihe zum Besten.

Gwen bedachte ihn mit einem langen, abschätzenden Blick. »Und? Ist das in Ordnung, Police Constable …«

»Äh, Bunting, Ma'am.«

»Ist das in Ordnung, Police Constable Bunting? Dass eine kriminelle Bande, die sich offenbar darauf spezialisiert hat, Snuff-Videos zu produzieren, unseren Job erledigt?«

Buntings rundliches Gesicht lief rot an. »Nein, Ma'am.«

Sie wandte sich wieder allen Versammelten zu. »Wenn Sie mich persönlich fragen, habe ich sogar Verständnis dafür, dass einige von Ihnen vielleicht eine heimliche Genugtuung darüber empfinden, was Creeley widerfahren sein könnte. Ich habe keinen Hehl daraus gemacht, dass es sich bei den Namen auf unserer Liste im Wesentlichen um den letzten Abschaum handelt. Aber als Leiterin der Ermittlungen in diesem Fall widerstrebt es mir, sie nicht als Erste in die Finger zu bekommen. Können wir uns zumindest darauf einigen, dass wir sie als Erste schnappen wollen?«

Im Raum erhob sich ein vielfach gemurmeltes »Ja, Ma'am«.

»Entspannen Sie sich, Police Constable Blunting. Wir lassen uns alle mitunter von unseren spontanen Gefühlen mitreißen und sind mit dem Mund manchmal schneller als mit dem Verstand. Aber bei dem, was heute ansteht, können wir uns das nicht leisten. Also, machen wir weiter.«

Sie holte zwei weitere Fotos auf den Bildschirm. Es waren Observationsfotos, körnige schwarz-weiße Vergrößerungen eines Mannes und einer Frau, die beide beim Verlassen des leeren Gebäudes an der Deercot Road aufgenommen worden waren. Die Frau, die Ende vierzig sein musste, sah selbst auf dem schlechten Foto attraktiv aus. Sie trug einen langen, leichten Regenmantel, dessen Kapuze sie aufgesetzt hatte, dunkle, dichte

Locken umrahmten ein schönes, sinnliches Gesicht. Der Mann trug ein Hemd mit offenem Kragen und war schon etwas älter, vielleicht um die fünfzig, hatte jedoch eine breite Brust, breite Schultern und einen kräftigen Hals. Er hatte feine sonnengebräunte Gesichtszüge und kurzes graues Haar.

»Das sind Margot Frith und ihr Ehemann Lance«, erklärte Gwen. »Wie sie heute aussehen. Und das waren sie damals in voller Pracht.«

Weitere Fotos des Paars erschienen auf dem Bildschirm. Auf diesen trug die um Jahrzehnte jüngere Margot Frith eine wallende platinblonde Perücke, hatte leuchtenden Lippenstift aufgetragen, lange Wimpern und war mit Netzstrümpfen und einem schwarzen Lederkorsett bekleidet, das ihren üppigen Busen kaum verhüllte. Auf einem Foto war sie gerade dabei, einen langen seidenen schwarzen Handschuh abzustreifen. Lance Frith hingegen, der zum Glück nur von der Hüfte aufwärts aufgenommen worden war, hatte einen nackten Oberkörper und war noch tiefer gebräunt und noch muskulöser als auf dem aktuellen Foto. Sein dauergelocktes, schweißgebadetes, dichtes blondes Haar hing nach hinten herab, während er sich mit fest geschlossenen Augen aufbäumte wie ein Hengst, erkennbar im Begriff, einen Orgasmus zu bekommen.

»Die beiden waren früher im Sexgeschäft tätig, falls Sie das nicht erkannt haben sollten«, sagte Gwen. »Vor allem sind sie in Pornofilmen aufgetreten. Lance Frith war als ›Lance Langstange‹ bekannt. Ja, ich weiß, dieses Gespür für einen fantasievollen Namen ist wirklich unübertreffbar. Und Margot war ›Miss Peitschenhieb‹.«

Die versammelten Polizisten zeigten kaum eine Reaktion. Sie warteten sichtlich gebannt darauf, was als Nächstes kam.

»Das ist alles Jahre her«, fuhr Gwen fort. »Soweit wir wissen, treten sie nicht mehr selber in Pornofilmen auf, aber sie haben sich, zumindest während der vergangenen zehn Jahre, der Produktion und dem Vertrieb legaler Pornografie gewidmet. Was ihre *illegalen* Geschäfte angeht – und an der Stelle kommen Sie ins Spiel –, sieht es so aus, als ob sie auch diesen Snuff-Video-Club betreiben. Davon gehen wir zumindest aus, denn ihnen gehört das Gebäude, in dem sich der Club befindet, und wir haben die beiden das Gebäude an Mittwochabenden, an denen die Vorführungen angeblich stattfinden, mehrfach gemeinsam betreten und wieder verlassen sehen.«

Auf dem nächsten Foto war das angeblich verlassene Gebäude an der Deercot Road zu sehen.

»Der Club hat natürlich keinen Namen«, stellte Gwen klar. »Offiziell existiert er nicht. Das Gebäude wird für nichts anderes mehr genutzt, und das Kino, wenn Sie es so nennen wollen, befindet sich im Keller. Zutritt haben ausschließlich Mitglieder, und ursprünglich konnte man die Mitgliedschaft wohl nur über eine Website im Darknet erwerben, doch diese Seite existierte nur einige Wochen lang. Seitdem müssen neue potenzielle Mitglieder den Friths persönlich vorgestellt werden, und zwar von jemandem, der bereits Mitglied ist und als vertrauenswürdig gilt. Das wird unser Weg in den Club sein – und Detective Constable Quinnell wird der Glückspilz sein, der reingeht.«

Gwen wandte sich Quinnell zu, dem Einzigen der anwesenden Detectives, der keine Warnschutzjacke über seiner Freizeitkleidung trug.

»Wir haben ihn aus zwei Gründen gewählt«, fuhr Gwen fort. »Erstens, weil Gary zwar inzwischen schon seit einigen Jahren beim Dezernat für Serienverbrechen ist, früher jedoch bei der South Wales Police war und deshalb in der Londoner Gegend nicht so bekannt ist wie Detective Sergeant Heckenburg, der früher bei der Metropolitan Police war. Und zweitens ist Detective Constable Quinnell, wie Sie ja selber sehen können, jemand, der sich notfalls selbst zu helfen weiß.«

Es erhob sich allgemeines Geschmunzel.

»Und das könnte durchaus erforderlich sein«, fuhr sie fort.

»Denn in dem Moment, in dem er genug gesehen hat, um uns das Signal zu geben, damit wir den Laden stürmen, wird da unten im Keller die Hölle losbrechen. Wahrscheinlich werden sowohl die Kunden als auch die Friths versuchen, das Weite zu suchen. Doch die größten Schwierigkeiten erwarten wir von diesen beiden Typen: die sogenannten Sicherheitsleute des Etablissements, die an den Abenden, an denen die Filmvorführungen stattfinden, immer anwesend sind.«

Die beiden nächsten Aufnahmen waren Polizeifotos, die bei Ingewahrsamnahmen gemacht worden waren. Auf dem linken Foto war ein älterer Mann zu sehen, wahrscheinlich Mitte vierzig, auf dem anderen ein sehr viel jüngerer Typ, der höchstens dreißig war. Ungeachtet des Altersunterschieds sah man beiden abgebrühten Visagen an, dass die Männer ein Leben führten, das von ständiger Gewalt geprägt war.

»Vor diesen beiden Typen hat uns unser Informant gewarnt«, sagte Gwen. »Allerdings kannte er nicht ihre Namen. *Wir* wissen hingegen, wie sie heißen, weil sie beide ein langes Vorstrafenregister haben. Der Erste, also der Ältere, ist Alfie Adamson. Ein traditioneller East-End-Typ und ehemaliger Bare-Knuckle-Boxprofi. Hat sein ganzes Erwachsenendasein im Dunstkreis des organisierten Verbrechens zugebracht und vor allem als Vollstrecker gearbeitet. Der Jüngere ist Wade McDougall. Hat nicht den gleichen illustren Ruf wie sein Kumpan, gilt aber als aufstrebendes Talent und Senkrechtstarter.« Sie wandte sich Heck zu. »Ich denke, *Sie* kennen ihn, oder Detective Sergeant Heckenburg?«

»Aus meinen Tagen in Uniform in Rotherhithe, Ma'am«, bestätigte Heck. »Er erweckte erstmals als Teenager unsere Aufmerksamkeit, weil er bei Spielen des FC Millwall gerne die Gästefans verprügelt hat. Später ist er aber zu schwereren Straftaten übergegangen. Im Wesentlichen ein bezahlter Schläger, aber einer, der sein Handwerk versteht. Er hat gerade eine zehnjährige Haftstrafe abgesessen, weil er einen verdeckten Ermittler des Drogendezernats so übel zugerichtet hat, dass er beinahe das Zeitliche gesegnet hätte.«

Gwen nickte und wandte sich den anderen zu. »Wenn einer von Ihnen sich während der Razzia einem dieser beiden Herren gegenübersieht, dann sehen Sie zu, dass *Sie* zuerst zuschlagen – und glauben Sie mir, so etwas sage ich nicht oft. Also gut, noch irgendwelche Fragen?«

»Nehmen wir alle fest, die wir da drinnen antreffen?«, fragte eine Police Constable.

»Wenn wir können, ja«, erwiderte Gwen. »Wir sollten in ausreichender Stärke vertreten sein, aber wenn uns der eine oder andere entwischt, geht für mich deshalb auch nicht die Welt unter. Hauptsache, wir schnappen die Friths und ihre beiden Gorillas. Außerdem müssen wir natürlich ihre Ausrüstung beschlagnahmen, insbesondere den Laptop, von dem sie die Filme abspielen, und die USB-Sticks, auf denen sie gespeichert sind.«

»Ziehen wir eine Show ab, indem wir Cleghorn verhaften?«, fragte jemand anders.

»Ob wir das tun oder lassen, spielt keine große Rolle. Cleghorn wird für alle Zeiten anhängen, dass er der Kerl war, der dafür gesorgt hat, dass die Polizei den Laden hochgenommen hat. Selbst wenn die Friths glauben sollten, dass es ein Versehen war, werden sie ihm das nie und nimmer verzeihen.«

»Und was wird aus ihm, wenn er wegen der anderen Straftaten in den Knast kommt?«, fragte Bunting.

»*Falls* er zu einer Haftstrafe verurteilt wird, wird er sie in Einzelhaft absitzen. Und dafür wird er dankbar sein. Sonst noch was?«

Eine Wand erwartungsvoller Gesichter blickte ihr entgegen. Es gab keine weiteren Fragen.

»Okay, gut. Na dann. Sehen Sie sich alle noch mal die Informationen an, die wir Ihnen zur Verfügung gestellt haben, vor allem das Bildmaterial.« Gwen warf einen Blick zu der Uhr, die

294

an der Wand hing. »Es ist jetzt genau 18:30 Uhr. Um Punkt 19 Uhr geht der Einsatz los. Jeder von Ihnen weiß, was er zu tun hat, und jeder von Ihnen kennt seine Ausgangsposition. Also: Auf geht's.«

24

»Ich fasse es nicht, Gail«, sagte Heck in sein Handy.

Sie hatte endlich auf einen seiner Anrufe reagiert und zurückgerufen, aber er musste schreien, um sich über das laute Stiefelgetrappel und die gebrüllten Befehle hinweg verständlich zu machen. Die Mitglieder des Teams eilten gerade über den riesigen Parkplatz der Wache Putney Road Bridge und stiegen in die diversen Autos.

»Wir haben uns in den vergangenen Tagen den Arsch aufgerissen, um diese Operation vorzubereiten, und jetzt schaffst du es nicht mal, zu der verdammten Einsatzbesprechung zu kommen!«, fuhr er sie an.

»Rede mit Gemma«, erwiderte sie. Sie klang erschöpft und trübsinnig.

»Ich rede mit *dir*.«

»Rede einfach mit ihr. Und geh mir nicht weiter auf die Nerven.«

»Jetzt hör mir mal zu, Detective Constable Honeyford.« Doch bevor er fortfahren konnte, wurde seine Aufmerksamkeit von den wiederholt kurz aufleuchtenden Scheinwerfern eines Autos abgelenkt, das direkt vor ihm stand. Es handelte sich um Gemmas aquamarinblauen Mercedes. Gemma selbst, die über ihrer Zivilkleidung eine neonfarbene Warnschutzjacke trug, stand neben dem Wagen, beugte sich nach innen und betätigte den Lichtschalter. Als sie sah, dass sie seine Aufmerksamkeit erregt hatte, zeigte sie auf den Beifahrersitz und setzte sich hinters Lenkrad.

»Äh, na gut«, sagte Heck in sein Handy, ein wenig aus dem Konzept gebracht, doch Gail hatte die Verbindung bereits beendet.

Er steckte sein Handy weg, gab Gary Quinnell zu verstehen, dass es nicht lange dauern würde, und ging zu dem Mercedes. Gemma musterte ihn durch die Windschutzscheibe.

Er stieg ein und schloss die Tür. Sie sagte erst mal nichts, sondern blickte nur aus dem Fenster und sah zu, wie zwei nicht gekennzeichnete Mannschaftswagen, in denen die uniformierten Beamten saßen, vom Parkplatz rollten.

»Wenn es um die Sache mit meinem Anzug geht, Ma'am«, sagte er, »tut mir leid. Ich war ein bisschen unverschämt.«

»Dein Anzug ist mir schnurz, Heck«, sagte sie. »Es war sowieso ein billiges, hässliches Teil.«

»Hat mich dreihundert Tacken gekostet.«

»Dann wurdest du über den Tisch gezogen. Und was deinen Sinn für Kleidung angeht, nicht zum ersten Mal, wie ich vielleicht hinzufügen sollte.«

Sie blickte ihn immer noch nicht an, sondern sah zu, wie Gwen Straker in ihrem schwarzen Audi Q7 den Parkplatz verließ. Neben ihr saß Cyril Takuma. Als sie weg waren, nahm Gemma etwas aus ihrer Jackentasche und entfaltete es. Es schienen drei ausgedruckte Seiten zu sein.

»Diese ziemlich lange E-Mail habe ich gestern Abend erhalten«, sagte sie. »Von Detective Superintendent Bellman, dem Leiter des Drogendezernats von Humberside.«

»Verstehe.« Heck musste seinen Verdruss unterdrücken. Quinnell und Reed warteten nach wie vor neben seinem Megane auf ihn.

»Ich nehme an, du weißt, worum es geht, oder?« Für ihre Verhältnisse klang sie erstaunlich ruhig. Wenn er näher darüber nachdachte, klang sie sogar ermattet.

Heck rief sich in Erinnerung, was Gail gesagt hatte, nämlich dass Gemma nicht nur unter dem Druck stand, ihre Abteilung retten zu müssen, sondern ihr zusätzlich die ziemlich neue Erfahrung zu schaffen machte, jemanden vor die Nase gesetzt bekommen zu haben, der sie herumkommandierte.

»Nach der Lektüre dieser E-Mail würde ich sagen, was du dir da geleistet hast, war eine ziemlich schwere Dienstpflichtverletzung«, sagte sie. »Du kannst dich glücklich schätzen, dass die Kollegen aus Humberside es *mir* überlassen haben, die entsprechenden Maßnahmen zu ergreifen.«

»Bei allem Respekt Ma'am, aber ich glaube nicht, dass das viel mit Glück zu tun hat. Diese Detective Inspector Warnock, deren Operation ich angeblich vermasselt habe, kam mir ein bisschen dilettantisch vor, falls es dir nichts ausmacht, dass ich so was über eine deiner Kolleginnen sage, die es zur Detective Inspector gebracht hat. Wobei sie bestimmt keine gute ist.«

»Ist das dein *Ernst?*«, fragte sie. »Du ziehst so eine Nummer ab, und deine einzige Reaktion besteht darin, dich respektlos zu zeigen?«

»Ich hatte nicht die Absicht, dir gegenüber respektlos zu sein.«

»Respektlos gegenüber Vorgesetzten.«

»Ich habe es ihr gegenüber keinen Augenblick lang an Respekt mangeln lassen. Das kann Gail Honeyford bezeugen.«

»Über Gail Honeyford wurde eine ähnlich heftige Beschwerde vorgebracht wie über dich. Und bei einer neuen Nachwuchskollegin lasse ich das auf keinen Fall durchgehen. Deshalb habe ich sie heute offiziell aus der Sonderkommission Vorschlaghammer abgezogen.«

Heck sah sie entsetzt an. »Abgezogen?«

»Ich habe sie zurück an die Staples Corner versetzt und sie mit nicht einsatzrelevanten Aufgaben betraut. Auf diese Weise kann sie sich bei uns einarbeiten, ohne unangemessenen, schlechten Einflüssen ausgesetzt zu sein.«

»Mit nicht einsatzrelevanten Aufgaben? Du meinst, sie ist das Mädchen für alles?«

»Sie hat es nicht besser verdient. Und *du* hast es auch nicht verdient, noch in der Sonderkommission Vorschlaghammer zu bleiben.« Sie erhob schließlich doch die Stimme und knallte den

Ausdruck aufs Armaturenbrett. »Mein Gott, Heck, in einer Zeit, in der wir auf jeden Freund angewiesen sind, den wir irgendwo auftun können, ist so was ein *absoluter Riesenscheiß, verdammt noch mal!*«

Heck wusste immer, wann Gemma wirklich sauer war, weil sie dann Schimpfworte verwendete, was sie im Laufe einer normalen Unterhaltung so gut wie nie tat.

»Ist dir denn gar nicht in den Sinn gekommen, dich zu erkundigen, ob Cyrus Jackson womöglich observiert wurde?«, fragte sie.

»Natürlich ist es das.«

»Natürlich?« Sie blinzelte ungläubig.

»Ich musste abwägen. Welcher Fall wichtiger war – ihrer oder unserer.«

»Du hast also bewusst in Kauf genommen, die wochenlange, ja, monatelange Arbeit einer anderen Abteilung zu ruinieren?«

»Darauf läuft es unterm Strich hinaus, ja.«

Gemma ließ sich gegen die Rückenlehne fallen. Sie seufzte so tief, dass man eher den Eindruck hatte, dass der Seufzer ihrer Ratlosigkeit über den Sinn des Seins galt als ihrer Verärgerung über einen Untergebenen.

»Was war denn an dem, was ich getan habe, so falsch?«, fragte er.

»Es gibt durchaus Möglichkeiten, Dinge so anzugehen, dass man dabei niemandem auf den Schlips tritt, Heck.«

»Der einzige Grund, aus dem die Detective Inspector so an die Decke gegangen ist, ist doch, dass sie das Ganze nicht voll im Griff hatte. Jedenfalls nicht ausreichend, um Cyrus Jackson umfassend überwachen zu können.«

»Glaubst du das wirklich?«

»Ich bin jedenfalls sicher, dass das eine Rolle gespielt hat. Aber wie auch immer, ich frage noch mal: Was ist wichtiger? Zu wissen, wer auch immer Cyrus Jackson mit hochgezüchtetem Gras versorgt, oder diese neue Sache, von der wir Wind bekom-

299

men haben, bei der unfreiwillige Teilnehmer gezwungen werden, um ihr Leben zu kämpfen? Es überrascht mich nicht, dass das Drogendezernat von Humberside das anders sieht. Aber ich hatte doch wohl keine andere Wahl, oder?«

Gemma schüttelte erneut matt den Kopf, sie hatte beinahe glasige Augen.

»Mir blieb vor allem deshalb nichts anderes übrig, weil nach allem, was ich gehört habe, kein anderes Team der Sonderkommission Vorschlaghammer in irgendeiner Weise vorangekommen ist.«

»Das stimmt nicht.«

»Ich rede natürlich nicht von Sonnyboy. Wie ich gehört habe, hat *er* tatsächlich etwas erreicht. Die Frage ist nur, ob er dich erst mal unter vier Augen informiert hat, bevor es über Funk kam.«

»Was? *Was hast du da gerade gesagt?*«

Ihrem Ausdruck nach zu urteilen, glaubte sie tatsächlich, sich verhört zu haben. Aber Heck war auf einmal zu aufgebracht, um sich noch zurückzuhalten.

»Glaubst du, ich weiß nicht, was hier abgeht?«, fragte er. »Du bist hin und weg von diesem Kerl, diesem Reed. Und das nur, weil er aussieht wie ein Held aus einem Actionfilm.«

Gemma war erneut so sprachlos, dass sie nicht antworten konnte.

Also fuhr er fort und ließ seinen ganzen aufgestauten Frust heraus.

»Er ist dein neuer Star, hab ich recht? Dein neuer internationaler Stürmer. Aber eins kann ich dir sagen, Gemma: Du lässt dich von seinem Aussehen und seinem lächerlichen urbanen Gehabe blenden. Ich weiß nicht, wie es gestern Abend bei seiner Verhaftung gelaufen ist, aber die Leute von der Schwarzen Kapelle hat er nur dank der Informationen geschnappt, die *ich* geliefert habe. Er mag sich besser benehmen als ich, er mag ein besserer Teamspieler sein als ich, aber unterm Strich ist er mir, was seine Resultate angeht, weit unterlegen.«

»Was ist das hier?«, unterbrach sie seinen Redefluss. »Ein Streit in einer Schuldisco?«

»Willst du wissen, warum ich oben in Humberside getan habe, was ich getan habe? Dann will ich dir reinen Wein einschenken.«

»Das wäre ja mal was Neues.«

»Ich will wie du, dass das Dezernat für Serienverbrechen weiter besteht. Aber nicht, weil ich blind und stur daran glaube, dass es seinen Zweck erfüllt. Wenn man mir die Pistole auf die Brust setzte, würde ich wahrscheinlich sagen, dass die ganze National Crime Group aufgelöst werden und ihre Aufgaben problemlos auf andere Dezernate und Abteilungen verteilt werden könnten. Langfristig würde das nicht wirklich irgendeinen Unterschied machen. Nein, ich glaube, dass das Dezernat für Serienverbrechen weiter bestehen sollte, weil ...«, er zögerte und rieb die Lippen aneinander, »weil ich es *brauche*.«

Sie zog fragend eine Augenbraue hoch.

»Persönlich«, stellte er klar. »Ich brauche es für *mich*.«

Er ließ die Worte in der Luft hängen.

»Soll das irgendwas bedeuten?«, fragte Gemma schließlich. »Erleben wir gerade einen Moment der Offenbarung?«

»Ich will nicht woanders arbeiten als *du*.« Er rieb sich den Nacken, der vor Anspannung steif geworden war. »So, jetzt ist es raus. Hör zu, Gemma, ich weiß, dass wir nie wieder ein Paar sein werden. Damit habe ich mich abgefunden. Erst recht nicht, nachdem Sonnyboy aufgetaucht ist. Aber solange wir zusammen sind ... Du weißt schon, ich meine, solange wir zusammenarbeiten ...« Seine Worte verebbten, seine Wangen liefen rot an, und im gleichen Moment bereute er es, all das gesagt zu haben. Doch manchmal musste die Wahrheit einfach heraus, egal, wie elend man sich danach auch fühlte.

Gemma seufzte erneut. Sie schien sich immer noch irgendwie in einem Zustand absoluter Fassungslosigkeit zu befinden und blickte aus dem Fenster. Dreißig Meter weiter standen Reed und

Quinnell immer noch herum und warteten. Inzwischen hatte sich ein dritter Wartender zu ihnen gesellt, der von einem uniformierten Beamten aus der Wache gebracht worden war: der nervös aussehende Tim Cleghorn. Gemma fuhr mit der Hand durch ihr unbändiges blondes Haar. Als sie wieder etwas sagte, sprach sie leise und bemerkenswert energielos.

»Vielleicht sollten wir diese Unterhaltung auf später verschieben, meinst du nicht auch?«

»Ich erhalte also keine Gelegenheit, meine Beweggründe darzulegen?«, entgegnete Heck. »Du weißt genauso gut wie ich, dass dieses mythische Später in Wahrheit nie kommt.«

»Du suchst dir wirklich immer den passenden Moment aus, Mark.«

»Hab ich für dich einen Job erledigt oder nicht? Hab ich nicht meinen Verstand und all meine Kenntnisse eingesetzt, um dir Informationen zu beschaffen, die uns zu einer vielfachen Mordserie führen können? Die, wenn wir sie lösen, die Zukunft des Dezernats für Serienverbrechen auf Jahre hinaus sichern kann?«

Sie sah ihn wieder an, versuchte jedoch gar nicht erst, ihm zu widersprechen.

»Genau, Gemma, ich kämpfe so hart ich kann, um die Abteilung zu retten. Meine Gründe mögen andere sein als deine, aber du *wirst* davon profitieren. Du profitierst bereits. Also solltest du mir zumindest Gehör schenken.«

Unfähig, ihm dies zu verwehren, zuckte sie mit den Schultern und bedeutete ihm fortzufahren.

»Ich habe in meinem Leben jede Menge Fehler gemacht«, gab er zu. »Da mache ich mir nichts vor. Aber der bei Weitem größte war, dass ich dich damals, als wir noch Youngster waren, vergrault habe.«

In Wahrheit waren sie keine Youngster mehr gewesen, als sie in den frühen 2000er-Jahren zusammengezogen waren. Sie waren junge Detectives und weit über zwanzig gewesen, aber es schien so lange her, dass es ihm schwerfiel, sich die jüngere Version von ihnen beiden als etwas anderes vorzustellen.

»Glaubst du nicht, dass es sowieso so gekommen wäre?«, fragte sie. »Dass wir uns so oder so getrennt hätten?«

Das konnte Heck nicht bestreiten, so gerne er es auch getan hätte.

»Wir waren einfach nicht füreinander bestimmt, Mark. Nachdem der erste Rausch des Verliebtseins verflogen war, haben wir schnell erkannt, wie absolut verschieden wir sind.«

»Willst du damit sagen, dass du nie etwas für mich empfunden hast?«

»Nein, das will ich damit nicht sagen.« Sie warf einen verstohlenen Blick auf die Uhr am Armaturenbrett. Das war ein wenig taktlos, aber er konnte es ihr wirklich nicht übel nehmen. Schließlich war ihre Zeit knapp bemessen. »Als ich dich kennengelernt habe, war ich hin und weg. Du spottest über Reed, aber du sahst damals selber ziemlich gut aus. Und du warst attraktiv – mein Gott, du bist es immer noch. Aber damals war mir nicht bewusst, dass du so ein Heißsporn warst, regelrecht wie von Sinnen, und bereit, im Job Kopf und Kragen zu riskieren, weil du vor einer Vergangenheit auf der Flucht warst, an die zu denken du nicht ertragen konntest. Also habe ich mich ständig über dich geärgert. Und dann hat es ja nicht lange gedauert, bis ich anfing, mich dir gegenüber ziemlich grausam zu verhalten. Und egal, was du denken magst – ich bin kein grausamer Mensch.«

»Du warst nicht grausam.«

»O doch, das war ich sehr wohl. Deine kindhafte ungezügelte Energie, mit der du den Job angegangen bist, ist mir ziemlich schnell auf die Nerven gegangen, weil ich die langsamere, analytischere Herangehensweise bevorzugt habe. Die Risiken, die du eingegangen bist, und deine ständigen Regelverstöße haben mir Sorgen bereitet und mich aufgebracht, weil ich dachte, wenn es dir ans Leder gehen würde, würde es mich mitreißen. Egal wie sehr ich mich auch bemüht habe, ich konnte dich einfach nicht davon überzeugen, ein normaler Polizist zu werden. Ich konnte dich nicht davon überzeugen, dass dieser Job kein Abenteuer ist, sondern eine ernste Angelegenheit.«

»Wenn ich so eine schlechte Wahl war, warum hast du es dann so lange toleriert, mit mir zusammenzuarbeiten?«

Sie machte eine abwinkende Handbewegung. »Zusammenzuarbeiten ist was anderes. Da sind keine Gefühle im Spiel. Wenn ich dir den Arsch aufreißen muss, werde ich es ohne zu zögern tun, das kannst du mir glauben.«

»Aber du hast es nie getan. Dabei habe ich jede Menge Anlässe geliefert.«

»Na schön. Mir gefallen deine Resultate.« Sie hielt inne und dachte nach. »Und Jack Reed ist übrigens *nicht* unser Spitzenstürmer. Noch nicht. Diese Position ist nach wie vor besetzt. Aber versteh das bitte nicht als Kompliment. Es ist einfach nur eine Tatsachenfeststellung.«

Er tat so, als wäre ihm das egal. »Es reicht mir nicht, einfach nur immer in deiner Nähe zu sein. Aber es ist besser, als irgendwo anders zu sein, was passieren würde, wenn das Dezernat für Serienverbrechen aufgelöst werden würde und wir getrennte Wege gehen müssten. Als diese Geschichte losging, war mir das noch nicht klar, aber jetzt ist es das. Und deshalb habe ich mich so ins Zeug gelegt und eine Operation des Drogendezernats in Humberside vermasselt. Um die heutige Razzia zu ermöglichen. Und aus diesem Grund werde ich mir auch weiter den Arsch aufreißen.«

Sie musterte ihn eingehend und war wieder einmal baff, dass Mark Heckenburg, der unberechenbarste Kollege, den sie während ihres gesamten Polizistinnendaseins kennengelernt hatte, immer noch der einzige Polizist war, der sie sprachlos machen konnte – normalerweise vor Ärger über seine unverfrorene Dreistigkeit. Doch dieser Ärger wurde oft dadurch gedämpft, dass ihr im Grunde bewusst war, dass seine hochriskanten Strategien sich letztendlich fast immer für sie und ihr Team bezahlt machten.

»Also dann«, sagte er, »wenden wir uns wieder dem zu, was vor uns liegt. Wenn du mich zusammenstauchen willst, beeilst du dich besser. Wir haben schließlich nicht den ganzen Tag Zeit. Wir haben einen Fall zu lösen.«

Sie erwiderte immer noch nichts.

Er zuckte mit den Schultern und öffnete die Beifahrertür.

»Nur zu deiner Information: Gail Honeyford wird nicht das Mädchen für alles sein«, stellte Gemma klar. »Sie arbeitet mit Eric zusammen. Er bringt ihr den Umgang mit dem neuen System HOLMES 2 bei und nimmt alle unseren Fall betreffenden Informationen und Berichte entgegen, während wir anderweitig beschäftigt sind.«

Heck dachte darüber nach. In seinem Innern wusste er, dass Gail von ihm mehr über reale Polizeiarbeit lernen würde, aber ihm war klar, dass die Leute aus der oberen Etage das nie begreifen würden. Und solange Gail im Dezernat für Serienverbrechen neu war, war sie im Innendienst wahrscheinlich besser aufgehoben, um sich erst mal einzuleben und zurechtzufinden.

»Entschuldigst du dich also für den Bockmist, den du gebaut hast, bevor du aus dem Wagen steigst?«

»Entschuldigung«, sagte er so aufrichtig, wie er konnte.

»Und was mein Verhältnis zu Jack Reed angeht, habe ich nur zwei Dinge zu sagen. Erstens: Das geht dich nichts an. Und zweitens: Das geht dich nichts an. Was auch immer mal zwischen uns war, Mark, was auch immer heute zwischen uns ist und wir heute für ein Verhältnis zueinander haben, wie dringend auch immer du in meiner Nähe arbeiten musst, und wie sehr auch immer mich das tangieren mag oder auch nicht, was durchaus der Fall sein könnte – mein Verhältnis zu Jack Reed geht dich absolut *nichts* an. Hast du das verstanden?«

Er nickte niedergeschlagen.

»Reg dich von mir aus darüber auf, wenn du willst, aber der

305

einzige Mensch, dem du damit schadest, bist du selbst. Du magst zwar unser Top-Detective sein, aber manchmal enttäuschst du mit sehr, sehr unprofessionellem Verhalten.«

Heck sagte nichts.

»Werde endlich erwachsen«, sagte sie. »Und jetzt raus aus meinem Wagen. Lass uns heute einen weiteren Sieg erringen.«

Heck überquerte den Parkplatz. Er war sich dessen bewusst, dass seine drei Mitfahrer ihn neugierig musterten und ließ sich nur kurz ablenken, als er sah und hörte, wie Gemma mit Vollgas losbretterte. Quinnell setzte sich auf den Beifahrersitz, Reed und Cleghorn stiegen hinten ein.

»Hat jeder, was er braucht?«, fragte Heck.

»Alles außer einem Maschinengewehr«, erwiderte Cleghorn besorgt.

Heck startete den Motor, legte den Gang ein und fuhr los.

Er war immer noch leicht benommen und wusste nicht recht, ob er sich eine Blöße gegeben hatte oder nicht, indem er Gemma sein Herz ausgeschüttet hatte. Aber es war besser, dass die Katze aus dem Sack war. Es stimmte ja, was Gwen Straker gesagt hatte. Das Verhältnis zwischen ihm und Gemma war schon viel zu lange angespannt und irgendwie verkrampft und musste auf die eine oder andere Weise geklärt werden. In professioneller Hinsicht bezweifelte er allerdings, dass so eine schonungslose, schmerzvolle Offenheit, wie er sie definitiv nur äußerst selten an den Tag legte, Gemma dazu bringen würde, seine Anstrengungen auch nur ein kleines bisschen mehr zu schätzen, als sie es sowieso schon tat, selbst wenn sie gerade nicht die unerbittliche Löwin war, als die sie bekannt war. Aber wenn sie seine Mühen nicht zu schätzen wusste, hatte er eben Pech gehabt.

Die Dinge waren, wie sie waren, und ein neuer Einsatz begann.

Er warf einen Blick in den Rückspiegel und musterte ihren Informanten. Er sah mitgenommen aus, wie ein Mann, der immer noch nicht glauben konnte, in welche Zwickmühle er sich da selber gebracht hatte. Gwen Straker hatte ihn und seinen Anwalt mit Sicherheit hart rangenommen und ihnen klargemacht, dass es angesichts all der anderen Straftaten, die ihm zu Last gelegt wurden, nicht ausreichen würde, der Polizei einfach nur die Information zu stecken, wo sich das Snuff-Film-Kino befand, um ihm das Leben, das ihm bevorstand, zu erleichtern, und dass es schon gar nicht genug wäre, um ihn vor eventuellen Ermittlungen wegen Mordes zu bewahren. Das hatte Cleghorn nicht gefallen, aber letztendlich hatte er hinnehmen müssen, dass die Polizei an diesem Punkt nicht einlenken konnte und sie sehr viel mehr von ihm brauchte. Sie hätten den Laden jederzeit mit einem Durchsuchungsbefehl und brachialer Gewalt ohne ihn stürmen können, aber USB-Sticks konnte man einfach und schnell verschwinden lassen. In dem Moment, in dem sie die Tür eingeschlagen hätten, konnte sich bereits jedes Beweisstück in Luft aufgelöst haben. Deshalb war es zwingend erforderlich, dass sie jemanden einschleusten, der die Beweise sichern konnte.

Zu gegebener Zeit und nach etlichen vergeblichen Versuchen, einen anderen Deal herauszuschlagen, hatten Cleghorn und sein Anwalt schließlich akzeptiert, dass das, was Cleghorn an diesem Abend tat, sein einziger Ausweg war.

»Wie man hört, haben Sie gestern Abend ein Resultat erzielt, Sir«, sagte Quinnell an Reed gewandt, als sie sich in den Verkehr einreihten.

Heck blickte erneut in den Rückspiegel und sah, dass Reed gerade damit beschäftigt war, seine Stichschutzweste anzulegen.

»Wir hatten vor allem Glück«, entgegnete der Detective Inspector.

»Glück? Inwiefern?«, fragte Heck.

Reed dachte kurz nach. »Hallahan wurde das letzte Mal in High Wycombe gesehen, wo er zwar nicht herkommt, aber seine Tochter, die sich mit ihm zerstritten hat, lebt dort. Er wurde zweimal in der Gegend gesehen, als er versucht hat, Heroin zu kaufen. Wenn er nur einmal gesehen worden wäre, hätte das

307

nicht viel bedeuten müssen, aber die Tatsache, dass er innerhalb von zwei Wochen zweimal gesehen wurde, legte den Schluss nahe, dass er irgendwo in der Nähe untergeschlüpft war. In beiden Fällen haben die Zeugen ausgesagt, dass er lange Haare und einen Bart hatte und schmutzig war. Offenbar hauste er irgendwo draußen, möglicherweise in einem Obdachlosenlager, aber das erschien mir eher unwahrscheinlich. Immerhin war eine Belohnung auf ihn ausgesetzt, und sein Gesicht war in allen Zeitungen zu sehen. Man kann nicht mit einem Haufen Penner zusammenhausen und davon ausgehen, dass einen keiner von ihnen verpfeift. Deshalb habe ich mir gedacht, dass er bei jemandem untergekrochen war, dem er vertraute.«

Heck wurde noch verdrossener. Reeds Schlussfolgerungen waren bisher allesamt gut gewesen. Es klang überhaupt nicht so, als ob er Glück gehabt hätte.

»Und da kam seine Tochter, mit der er auf Kriegsfuß war, am ehesten infrage?«, hakte Quinnell nach.

»Selbst eine Tochter, die sich mit ihrem Vater zerstritten hat, würde diesen wahrscheinlich unter ihrem Dach schlafen lassen«, erwiderte Reed. »Aber sie würde nicht für ihn losziehen, um ihm Heroin zu besorgen. Als seine Entzugserscheinungen zu schlimm wurden, musste er das also selber tun. So lautete zumindest meine Theorie. Also haben wir uns einen Durchsuchungsbeschluss besorgt und das Haus der Tochter auf den Kopf gestellt. Sie war entgegenkommend und sogar hilfsbereit, doch obwohl wir keinen Hinweis darauf gefunden haben, dass er da war, kam mir irgendwas an dem Ganzen komisch vor. Schließlich waren wir fertig, und uns blieb nichts anderes übrig, als wieder abzuziehen, doch dieses Gefühl, dass irgendwas nicht stimmte, ging einfach nicht weg. Das lange Haar und der Bart deuteten darauf hin, dass er nicht oft irgendwohin ging, ob zu einem Friseur oder wohin auch immer. Aber dass er so schmutzig war? Wenn er in einem Haus Unterschlupf gefunden hatte, hätte er doch zumindest Zugang zu einem Bad gehabt und duschen können. Deshalb haben wir im letzten Moment, bevor wir das Haus verlassen haben, die Bodendielen angehoben.«

Quinnell brach in johlendes Gelächter aus. »Und da war er?«

»Er hauste tatsächlich unter ihren Füßen. Natürlich mit ihrer Einwilligung. Es gab dort bereits einen niedrigen Kriechkeller, aber sie haben ihn vergrößert und bewohnbar gemacht. Soweit man bei so was von bewohnbar reden kann.«

»Und da hat er vier ganze Jahre gehaust«, fragte Quinnell ungläubig. »So lange wurde er doch schon gesucht, oder?«

»Das hat er tatsächlich«, erwiderte Reed. »Aber ich glaube, er hatte die Nase voll. Er hat sich kampflos ergeben und ist rausgekommen. Wobei ich mir kaum vorstellen kann, dass er überhaupt in der Lage gewesen wäre, Widerstand zu leisten. Er war schlimm von seiner Heroinsucht gezeichnet und dünn wie eine Bohnenstange. Und er hat kaum etwas gegessen. Für die beiden Morde wird er zwar ganz bestimmt lebenslänglich kriegen, aber ich glaube nicht, dass er es noch lange macht.«

Heck fuhr weiter. Sie hatten ihren Treffpunkt, einen Parkplatz hinter einer leer stehenden Werkhalle zwei Straßen von der Deercot Road entfernt, beinahe erreicht.

»Tja, ich sage jetzt nicht ›Was für ein armer Teufel‹«, stellte Quinnell klar. »Selbst *meine* christliche Barmherzigkeit kennt Grenzen.«

»An Ihren Gott erinnern Sie sich besser, wenn wir da drinnen sind«, meldete sich Tim Cleghorn zu Wort. »Sobald sie spitzkriegen, dass Sie ein Bulle sind, werden die beiden Gorillas sich auf uns stürzen. Und wenn es nur dem Zweck dient, ihren Auftraggebern ausreichend Zeit zu verschaffen, damit sie sich aus dem Staub machen können.«

»Wir sperren alle Ausgänge ab«, stellte Heck klar. »Sie können also nicht entwischen.«

»Wenn einer von ihnen davonkommt, ist mein Leben nichts mehr wert«, jammerte Cleghorn. »Mein Leben steht sowieso auf dem Spiel. Sobald sie rausfinden, wer dieser Typ ist«, er zeigte auf Quinnell, »werden sie sich auf *mich* stürzen.«

»Machen Sie sich keine Sorgen«, sagte Heck. »Wenn er drinnen ist, hat Detective Constable Quinnell in der ersten Minute nur zwei Jobs zu erledigen: das Beweismaterial sichern und Sie beschützen. In der zweiten Minute sind wir schon alle drinnen, und dann ist sowieso alles egal.«

Cleghorn war nach wie vor bleich vor Angst. Was Heck ihm gerade erzählt hatte, schien ihn nicht mal im Entferntesten zu beruhigen. Doch das war wohl eine nachvollziehbare Reaktion, dachte Heck. Denn sie wussten so wenig über diese kriminelle Bande, dass er nicht den blassesten Schimmer hatte, mit wie viel Widerstand sie zu rechnen hatten.

Doch im Moment war ihm das egal.

25

Detective Constable Gary Quinnell war allen, die ihn kannten, ein Rätsel. Er war eins neunzig groß, stark wie ein Bär, hatte schütter werdendes rotes Haar, vom Leben gezeichnete, aber sympathische Gesichtszüge und einen geselligen Charakter, der von einer tiefen Stimme und einem melodiösen Akzent begleitet wurde, was ihn auf Anhieb zu einem angenehmen Zeitgenossen machte. Er war außerdem als ein religiöser Mann bekannt. Als er und seine Frau vor neun Jahren von Südwales nach London gezogen waren, damit er der National Crime Group beitreten konnte, war er zu dem Umzug nur unter der Bedingung bereit gewesen, dass es in der Nähe eine nonkonformistische Kirche gab, in die er gehen konnte.

Trotzdem war er durchaus damit vertraut, dass es auch mal hart zur Sache gehen konnte. Obwohl er offiziell nicht der Metropolitan Police angehörte, hatte er in deren Rugby-Union-Mannschaft die Position der Nummer Acht inne, und wenn es bei einem Spiel richtig zur Sache ging, war er immer mitten im Getümmel zu finden. Im gleichen Sinne war er als Polizist bei Einsätzen vor Ort für seine nicht gerade zimperliche Herangehensweise bekannt, wenn es darum ging, dem Gesetz Geltung zu verschaffen. Quinnell war erst Mitte dreißig, aber in mancherlei Hinsicht durchaus ein Polizist der alten Schule. Er war ein Typ, wie man ihn bei der Polizei dieser Tage nur noch selten antraf: eher ein Polizist aus Berufung als ein Karrierist. Er war von Herzen gerne bei der Kripo und mit seinem Rang eines Detective Constables voll und ganz zufrieden, denn das brachte ihn enger in Kontakt mit den Kriminellen, die, wie er sagte, unschuldigen Bürgern das Leben vergällten. Es versetzte ihn in die Lage, dem einen oder anderen, dem Unrecht angetan worden war, persönlich Gerechtigkeit widerfahren zu lassen, und das erwartete er auch am Abend dieses 23. August tun zu können, während er in einer zerschlissenen Jeans, Turnschuhen, einem T-Shirt und einer abgetragenen Lederjacke neben Tim Cleghorn eine dunkle Zufahrt entlangstapfte, die von der Deercot Road abging.

Da er sich beim Betreten des Clubs laut Heck nahezu sicher einer Leibesvisitation würde unterziehen müssen, hatte er weder ein Funkgerät noch eine versteckte Waffe bei sich. Den einzigen Kontakt zur Außenwelt stellte ein winziger Sender dar, der so weit oben an seinem rechten Oberschenkel festgeklebt war, dass er seinen Hodensack berührte.

Zu ihrer Linken erschien eine Tür. Sie war nicht aus Stahl, sondern aus Holz, womit sie vielleicht schlechter zu verteidigen war, jedoch auch weniger Aufmerksamkeit erregte. Natürlich verfügte sie weder über eine Klinke noch einen Knauf. Diese Tür ließ sich von außen nicht öffnen.

Cleghorns Stirn war mit Schweißtropfen gesprenkelt. Er befeuchtete nervös seine Lippen.

»Nimmst du mich nun mit rein, Alter, oder was?«, fragte Quinnell und gab sich locker und lässig. Höchstwahrscheinlich wurden sie bereits beobachtet und gehört.

Cleghorn nickte, hob die Faust und klopfte einen vereinbarten Code. Dreimal, zweimal, dreimal, einmal. Im nächsten Moment krächzte eine unsichtbare Gegensprechanlage.

»Was können wir für Sie tun?«, fragte eine kultivierte weibliche Stimme.

»Äh, oh, hallo.« Cleghorn holte seine Mitgliedskarte aus der Vordertasche seiner Jeans. Es handelte sich lediglich um ein kleines, rechteckiges, laminiertes Kärtchen, auf dem neben einem Foto von ihm seine Mitgliedsnummer aufgedruckt war: A956B3. Der Plastiküberzug war schon leicht dunkel geworden und an den Ecken verbogen, was davon kündete, dass Cleghorn bereits seit Längerem Mitglied war. Er hielt die Karte hoch, sodass sie für die Frau auf der anderen Seite der Gegensprechanlage, wo auch immer die verborgene Kamera angebracht war, gut erkennbar war.

»Wer ist der andere?«, fragte die Stimme.

»Oh, äh, ein neuer Freund.«

Es folgte Schweigen. Die Sekunden verstrichen.

»Ein Arbeitskollege«, fügte Cleghorn nervös hinzu.

Quinnell hielt die Luft an. Angesicht von Cleghorns Körpersprache mussten die Eigentümer des Clubs schon ziemlich dumm sein, um nicht zu merken, dass irgendwas nicht stimmte. Doch zu seiner Überraschung ertönte ein elektronisches Summen, und auf der anderen Seite der Tür öffnete sich ein Schloss.

Cleghorn wischte sich den Schweiß von der Stirn und betrat das Gebäude. Quinnell folgte ihm. Eine dunkle, enge Treppe führte nach unten. Sie war so eng, dass sie sie nur einer nach dem anderen hinabsteigen konnten. Cleghorn ging voraus. Am unteren Ende der Treppe brannte eine nackte Glühbirne über einer weiteren nichtssagenden Tür. Diese Tür war aus Stahl und konnte von Besuchern ebenfalls nicht geöffnet werden. Als sie noch zwei oder drei Stufen vom unteren Absatz entfernt waren, trat ein Mann aus einer verborgenen Nische an der rechten Seite hervor.

Quinnell erkannte ihn sofort. Es handelte sich um Alfie Adamson, den ehemaligen Boxer ohne Lizenz.

Adamson war immer noch ein professioneller Vollstrecker, wovon sein kahl rasierter Schädel und seine brutalen, neandertalermäßigen Gesichtszüge eindeutig kündeten. Er war nicht besonders groß, höchstens eins achtzig, doch unter seinem schwarzen Smoking und seinem weißen Hemd spannte ein ungeheuer breiter, muskulöser Körper. Die Tatsache, dass er zudem eine Fliege umgebunden hatte, legte nahe, dass er vielleicht noch in einem etwas legaleren Etablissement Türsteherdienst leistete, wenn er in diesem Club fertig war.

»Du bist ziemlich spät, A956B3«, sagte Adamson. Seine kla-

313

ren grauen Augen funkelten unter seiner Stirn, die so breit und massiv aussah wie ein Regalbrett. »Fünf Minuten später, und wir hätten die Außentür dichtgemacht.«

Cleghorn zuckte entschuldigend mit den Schultern. »Ich musste auf Donny warten. Er ist den ganzen Weg von Wales hergekommen.«

Adamson schätzte Quinnell neugierig und zugleich belustigt ab, was so fehl am Platz schien, dass es Cleghorn und Quinnell ziemlich nervös machte. »Ich dachte, er wäre ein Arbeitskollege von dir?«

»Oh, äh, ja. Ich bin Fahrer. Ich liefere regelmäßig Sachen in ein Lager in, äh … in …«

»In Gabalfa«, sagte Quinnell und wählte willkürlich irgendein Viertel Cardiffs aus, weil er hoffte, dass es weniger verdächtig wäre, den Namen eines Stadtteils nicht auf dem Schirm zu haben, als den Namen einer Stadt.

»Genau, Gabalfa«, bestätigte Cleghorn.

Adamson ließ seinen Blick von einem zum anderen wandern und bedeutete ihnen, die Arme hochzuheben.

»Kurze Leibesvisitation«, sagte er. »Wir können es uns nicht leisten, dass hier jemand eine Kamera oder andere Aufnahmegeräte reinschmuggelt.«

Sie befolgten die Anweisung, und Quinnell wurde als Erster abgetastet.

Angesichts des an seinem Oberschenkel befestigten Senders war das ein riskanter Moment, doch sie hatten darauf gesetzt, dass die Leibesvisitation nicht so gründlich und professionell durchgeführt werden würde wie von einem Polizeibeamten, und sie hatten recht gehabt.

Adamson durchsuchte als Erstes Quinnells Taschen, nahm sein Handy und sein Portemonnaie heraus, stellte Ersteres aus und legte beides auf einen Tisch in der Nische, auf dem bereits etliche andere Handys und Portemonnaies lagen. Er informierte Quinnell, dass er seine Sachen am Ende des Abends zurückbekommen würde und tastete seinen Körper, seine Arme, seine Hüften, seine Unterschenkel und seine Oberschenkel ab, ging jedoch nicht in die Nähe seiner Weichteile.

Der Türsteher trat einen Schritt zurück. »Du kannst hier nur reinkommen, wenn du Mitglied bist, Waliser«, stellte er klar. »Wir dulden keine Gäste. Das heißt, du musst unserem Club beitreten.«

Quinnell zuckte mit den Schultern. »Ist mir klar. Kein Problem.«

Adamsons Lächeln verzog sich zu einem breiten, ausdruckslosen Grinsen. »Das macht dann fünf Riesen.«

Quinnell tat so, als wäre er überrascht, was nicht besonders schwer war.

Als Cleghorn zum ersten Mal erwähnt hatte, wie viel die Mitgliedschaft in dem Club kostete, hatten sie nicht gewusst, worüber sie sich mehr wundern sollten – darüber, dass Cleghorn imstande gewesen war, so eine Summe aufzubringen, oder darüber, dass überhaupt jemand bereit war, so viel Geld zu bezahlen. Ersteres erklärte Cleghorn mit einem Erbe, das er vor einigen Jahren erhalten und wohl komplett für die Mitgliedschaft in dem Club verbraten hatte. Letzteres – und das war noch erschreckender – erklärte sich dadurch, dass es offenbar gewisse Mitglieder der Gesellschaft gab, die den überwältigenden Drang verspürten, dabei zuzusehen, wie durch Gewalt reales Blut vergossen wurde.

»Und dann kommen noch hundert Pfund für den Eintritt drauf?«, fragte Quinnell entgeistert.

»So ist es«, bestätigte Adamson. »Aber bei jedem Besuch hundert Pfund ist ja nicht viel, wenn Sie bedenken, was Sie dafür bekommen, oder? Die fünf Riesen sind eine einmalige Zahlung. Wenn Sie erst mal Ihren Mitgliedsausweis haben, müssen Sie nie wieder so viel hinblättern.«

»Ich hoffe, was Sie zu bieten haben, ist die Kohle auch wert«, grummelte Quinnell.

315

»Oh, das ist es. Wir bieten hier eine Art der Unterhaltung, die Sie sonst nirgendwo finden.«

Quinnell streckte seine Hand nach seinem Portemonnaie aus, das ihm bereitwillig wieder ausgehändigt wurde.

»Wenn Sie sich das natürlich nicht leisten können, sind Sie sowieso am falschen Ort«, stellte Adamson klar. »Wir bieten unsere Dienste ausschließlich einem erlesenen Publikum.«

»Keine Sorge, Mann, ich kann es mir leisten.« Quinnell nahm ein Bündel Zwanziger und Fünfziger aus seinem Portemonnaie, zählte den geforderten Betrag ab und reichte ihn dem Türsteher.

Adamson zählte schnell nach. »Das Portemonnaie bleibt bei mir, aber Sie können Ihr restliches Geld mitnehmen. Sie werden es brauchen, wenn Sie während der Vorstellung einen Drink oder einen Snack wollen.«

Quinnell faltete die verbliebenen Scheine und schob sie sich in die Gesäßtasche seiner Jeans. Das Portemonnaie wanderte zurück in die Nische.

»Dann ist ja alles bestens«, sagte der Türsteher. »Damit wären die erforderlichen Formalitäten erledigt. Der Rest ist ganz einfach, aber als Erstes statten wir Sie mit einem Mitgliedsausweis aus.«

Wie aufs Stichwort glitt die Stahltür auf. Dahinter erstreckte sich ein weiterer Flur, dessen Wände knallrot gestrichen waren und in dem grelle rote Lichter brannten. Sie gingen den Flur entlang, vorbei an gerahmten Fotos, auf denen die extremsten pornografischen Szenen zu sehen waren, die selbst Quinnell, ein altgedienter Polizist, je gesehen hatte. Es war jede nur erdenkliche sexuelle Perversität ausgestellt, die man sich vorstellen konnte.

Am Ende des Flurs gingen sie auf eine hölzerne Doppelschwingtür zu, wie man sie auch in einem normalen Kino antreffen konnte, doch bevor sie sie erreichten, kamen sie an einer offenen Tür auf der linken Seite vorbei. Dahinter war ein kleines Büro, das mit Hightech-Geräten vollgestopft war. In dem Büro saß eine Frau auf einem Barhocker.

Margot Frith ging auf die fünfzig zu, machte aber noch genauso viel her wie in ihrer Blütezeit als Pornodarstellerin. Sie war schlank und kurvenreich und hatte eine goldbraune Haut und glänzende kastanienbraune Locken. Sie trug ein ärmelloses rotes Abendkleid mit einem geschnürten Taillenbund, Schlitzen an den Oberschenkeln und einem tiefen Ausschnitt, der einen atemberaubenden Busenansatz offenbarte.

Sie winkte Quinnell mit einem langen, knallrot lackierten Fingernagel herein und wies ihn an, sich auf ein auf den Betonboden gemaltes X zu stellen. Im gleichen Moment zuckte zu seiner Überraschung ein Blitzlicht auf.

»Ihr Mitgliedsausweis wird nicht kostenlos ersetzt«, stellte sie brüsk klar. Es war die gleiche Stimme, die über die Gegensprechanlage mit ihnen gesprochen hatte. »Ohne den Mitgliedsausweis kommen Sie hier nicht rein, nicht mal, wenn Sie ein Stammgast sind. Wenn Sie ihn also verlieren oder unleserlich machen, müssen Sie den vollen Preis zahlen, um einen neuen zu bekommen.«

Sie nahm ein rechteckiges Stück Karton in der Größe einer kleinen Karte vom Schreibtisch. Eine Mitgliedsnummer war bereits aufgedruckt. Dann nahm sie ein Foto in Passbildgröße aus dem Ausgabeschlitz unter der Kamera, riss von der Rückseite des Fotos einen Streifen ab, drückte das Foto mit dem Daumen neben die Mitgliedsnummer auf die Karte und schob sie durch ein Laminiergerät.

»Okay.« Sie händigte ihm den fertigen Ausweis aus, lächelte zum ersten Mal und stellte eine Reihe glänzender weißer Zähne zur Schau, die ein Sümmchen gekostet haben mussten. »Jetzt können Sie rein.«

Quinnell ging zurück auf den Flur, wo Cleghorn, der inzwischen – ebenfalls auf Kosten der Sonderkommission Vorschlaghammer – seinen eigenen Eintritt bezahlt und sein Handy samt Portemonnaie abgegeben hatte, nervös wartete. Adamson sah ihnen nach, als sie das letzte Stück des Flurs entlangstapften und die Doppelschwingtür ansteuerten.

»Wie lange werden Ihre Leute brauchen, bis sie hier unten sind?«, fragte Cleghorn flüsternd.

»Halten Sie den Mund«, zischte Quinnell ihm aus dem Mundwinkel zu.

»Hinter uns ist gerade diese verdammte Stahltür ins Schloss gefallen.«

»Sie sollen den Mund halten, habe ich gesagt. Meine Leute wissen, was sie tun.«

Sie gingen durch die Schwingtüren und betraten den Vorführraum.

Das Ganze erinnerte an ein Keller-Sexkino aus den Zeiten, als es noch kein Internet gab. Der Raum war nicht besonders groß, er maß vielleicht 18 mal 18 Meter und wurde von nackten 40-Watt-Glühbirnen beleuchtet, die Wände waren feuchte, unverputzte Backsteinwände. Es gab kein befestigtes Gestühl, sondern einige Reihen, die aussahen, als wären sie mit Schulstühlen bestuhlt worden, die, wie Alfie Adamson gesagt hatte, überwiegend besetzt waren. Es waren ausschließlich Männer anwesend, die meisten über vierzig und der größte Teil gut gekleidet und beinahe kultiviert aussehend, was zweifellos auf den hohen Eintrittspreis zurückzuführen war. Am interessantesten fand Quinnell jedoch, dass in dem Raum mindestens hundert Männer versammelt waren, wahrscheinlich sogar noch mehr, die sich so gut wie gar nicht miteinander unterhielten. Vielleicht schämten sie sich tief in ihrem Innern zu sehr für das, was sie da taten, um andere Besucher, die wie sie selber auf Snuff-Filme standen, näher kennenlernen zu wollen.

Ganz vorne im Raum standen auf einem Tisch zwei dem Publikum zugewandte Stühle, und auf den Stühlen wiederum stand ein großer Breitbildfernseher, dessen Bildschirm mindestens eine Diagonale von 78 Zoll hatte. Von dem Fernseher führten mehrere Kabel weg und an der linken Seite der Stühle vorbei. Die Kabel waren im Abstand von etwa einem Meter mit schwarzem Klebeband auf dem Teppich festgeklebt und mündeten in einer

Nische in der linken Wand, in der der attraktive, sonnengebräunte Lance Frith auf einem Stuhl saß und an einem Laptop herumhantierte, der vor ihm auf einem Tisch stand. Neben dem Laptop lagen jede Menge USB-Sticks in unterschiedlichen Farben.

Der ehemalige Pornostar, aus dem der Zeremonienmeister des Clubs geworden war, hatte sich genauso herausgeputzt wie seine Frau. Er trug eine beigefarbene, gebügelte Hose, ein frisches weißes Hemd und eine gelbe Seidenkrawatte, die von einer goldenen Krawattennadel zusammengehalten wurde, doch über alldem trug er einen schwarzen, halb durchsichtigen Plastikregenmantel, als ob das Paar vorhatte, später noch einen etwas vornehmeren Ort aufzusuchen und Lance keinen Schmutz aus diesem abstoßenden Keller mit sich herumtragen wollte.

Ganz in der Nähe der Nische lehnte der andere Aufpasser lässig an der Wand, der große Wade McDougall.

Er war gut eins fünfundneunzig groß, sein großer, schlanker Körper mit den langen Armen und Beinen steckte in einem perfekt sitzenden, eleganten schwarzen Anzug, unter dem er jedoch nur ein schwarzes T-Shirt trug. Trotz des schummerigen Lichts trug er eine Panorama-Sonnenbrille mit undurchsichtigen Gläsern. Auf den Polizeifotos war er rothaarig, glatt rasiert und mit Kurzhaarfrisur, doch jetzt hatte er einen dichten Hipster-Bart samt Schnäuzer, den er offenbar schwarz gefärbt hatte, und das Haar, das ebenfalls schwarz war, hatte er sich lang wachsen lassen und zu einem Männerdutt zusammengebunden. Doch weder sein hipper Bart noch seine modische Haartracht lenkten von seinem Gesicht ab, das lang, schmal, merkwürdig blass und von einigen Narben alter Schnittwunden gezeichnet war, die ihm in der Vergangenheit zugefügt worden waren. Zwei wie Straßenbahnschienen parallel verlaufende Rasierklingenschnitte zogen sich von seiner linken Augenbraue hinab zur linken Seite seiner Nase und von dort weiter bis zu seinem linken Mundwinkel, als ob derjenige, der ihm diese Verletzungen zugefügt hatte, tatsächlich versucht hatte, ihn aufzuschlitzen.

Quinnell erinnerte sich daran, dass Heck erwähnt hatte, dass McDougall seine Schlägerkarriere als Hooligan des FC Millwall begonnen hatte, bevor er in die Organisierte Kriminalität aufgestiegen war. Wie es aussah, hatten die Millwall Bushwhackers an den Sonntagnachmittagen auch nicht tun und lassen können, was sie wollten, und ihren eigenen Anteil Prügel bezogen.

Die Neuankömmlinge fanden noch zwei freie Plätze in der zweiten Reihe, ganz rechts an der Seite. Quinnell setzte sich direkt an den Gang, da er schon bald wieder würde aufstehen müssen. Kaum hatten sie sich niedergelassen, ertönte auch schon eine Stimme.

»Okay, meine Herren, Sie kennen die Regeln.«

Lance Frith schlenderte aus seiner Nische vor das versammelte Publikum. Sein Akzent war beinahe neutral, doch man hörte ganz leicht heraus, dass er aus den North Midlands kam.

»Sie sind alle durchsucht worden, bevor Sie diesen Raum betreten haben«, sagte er und blieb vor dem Fernseher stehen. »Aber es gilt das Gleiche wie immer: Sollte es einem von Ihnen gelungen sein, irgendein Aufnahmegerät reinzuschmuggeln, kann er sich auf gehörigen Ärger gefasst machen. Tut mir leid, dass ich das so deutlich sagen muss, meine Herren – aber so liegen die Dinge nun mal. Wir können es uns unter keinen Umständen leisten, dass einer dieser Filme im Internet auftaucht. Ich bin sicher, dass Sie das verstehen. Aber abgesehen davon, haben Sie alle bezahlt, Sie sitzen alle auf Ihren Plätzen, die Außentüren sind verriegelt, und die Show kann beginnen.« Er rieb sich die Hände. »Wir haben heute Abend etwa drei Stunden Filmmaterial für Sie. Ich denke, Sie werden voll auf Ihre Kosten kommen. Wir machen unsere erste Erfrischungspause in etwa einer Stunde. Wie immer gibt es Bier und Wein zu den üblichen West-End-Preisen.«

Er grinste und zeigte wie seine Frau eine Reihe zweifellos sehr teurer blendend weißer Zähne.

Wie aufs Stichwort flogen die Schwingtüren hinter den Stuhlreihen auf, und Alfie Adamson schleppte ein paar Kisten Bier in den Raum.

Vorne schaltete Lance Frith derweil den Fernseher an, schlenderte durch den Kinosaal zurück zu seiner Nische an der linken Seite und schaltete das Licht aus.

Ohne Fanfare begann die Vorführung.

26

Die Vorführung an diesem Abend war genauso grauenvoll, wie Gary Quinnell es erwartet hatte. Offenbar waren die Zeiten vorbei, in denen in Kellerkinos wie diesem ganz normaler Sex zwischen willigen Erwachsenen gezeigt wurde.

Zum Glück war der erste Film ohne Ton, aber die Bilder waren schlimm genug. Auf ihnen waren eine junge Frau und ein junger Mann zu sehen, beide orientalischer Abstammung, die in einem schäbigen Raum nackt an den Füßen aufgehängt waren und wild um sich schlugen und traten, während sie von ihren Peinigern minutenlang mit Bambusstöcken ausgepeitscht wurden. Das schaurige Schauspiel glich eher einer römischen Geißelung mit einem *flagrum* als einer behutsamen sadomasochistischen Züchtigung mit einem Paddel. Als immer mehr Blut spritzte und Fleischfetzen flogen, spürte Quinnell, wie ihm übel wurde, und er musste sich mit aller Gewalt zwingen, den Blick nicht vom Monitor abzuwenden, denn es würde sich für die Rolle, die er spielte, nicht gut machen, wenn die anderen mitbekämen, dass er nicht hinsah. Zumal er sah, als er einen verstohlenen Blick zur Seite warf, dass alle anderen in seiner Reihe, Tim Cleghorn eingeschlossen, gebannt nach vorne starrten.

Der Film endete damit, dass die beiden zu Brei geschlagenen Körper vor sich hin baumelten. Quinnell hatte bereits das Gefühl, genug gesehen zu haben, um dem draußen bereitstehenden Einsatzkommando das Signal zu geben, den Laden zu stürmen, doch er hatte noch den einen oder anderen Zweifel. Als der Film *Snuff*, dem das Genre seinen Namen verdankte, im Jahr 1976 erschienen war, war zunächst behauptet worden, er zeige einen realen Mord, doch in Wahrheit hatte das nicht gestimmt. Es war durchaus möglich, sagte sich Quinnell, dass das, was er gesehen hatte, nicht wirklich passiert war.

Doch die folgenden Aufnahmen *waren* real, daran gab es keinen Zweifel.

Es war ein Zusammenschnitt von Videoaufnahmen, die ziemlich sicher von Polizeibeamten gemacht worden waren und der Tatortanalyse nach begangenen Verbrechen gedient hatten. Wie sie in den Händen privater Sammler gelandet waren, wusste der Himmel, aber Quinnell hatte das zutiefst beunruhigende Gefühl, dass diese Videoschnipsel von Polizisten verkauft worden waren. Mit dieser Art von Aufnahmen war er natürlich vertrauter, doch er hatte noch nie erlebt, dass sie zu Zwecken der Unterhaltung vorgeführt wurden.

Im ersten Film wanderte die Kamera einen verwüsteten Flur entlang, der, wie es aussah, zu einer kleinen Wohnung gehörte. Alles, was irgendwie von Wert war, schien zerstört und auf dem Boden verstreut worden zu sein. Dann bog die Kamera nach links in ein Schlafzimmer. Das Bett stand auf dem Kopf, die Matratze war gegen eine Wand geschleudert worden, beides war mit trocknenden Blutflecken übersät. Dann schwenkte die Kamera langsam herum und erfasste schließlich eine erwachsene Frau. Sie trug nur ein kurzes Nachthemd und lag mit ausgestreckten Armen und Beinen auf dem Teppich. Das Nachthemd war rot durchtränkt und klebte an ihrem Körper. Wie es aussah, waren ihr etliche Stichwunden zugefügt worden. Ihr Kopf war mit einem Kissenbezug bedeckt, der ebenfalls blutdurchtränkt war. Die Kamera schwenkte weiter und erfasste einen Mann in Schlafanzughose, der in Embryonalstellung zusammengerollt an der Wand an der anderen Seite des Raums lag. Sein Kopf war völlig zerfetzt wie von einem Schuss mit einer Schrotflinte, sein Blut und seine Hirnmasse waren in hohem Bogen an die Tapete gespritzt.

Der Film dauerte acht Minuten, der Kriminaltechniker hatte die schaurige Verhöhnung der Menschlichkeit von allen nur erdenklichen Winkeln ins Bild gerückt, um so viele kriminaltechnisch verwertbare Aufnahmen zusammenzustellen wie möglich.

Es folgten weitere ähnliche Filme, alle von kaum vorstellbarer Grausamkeit, die jedoch, zumindest für Quinnells Begriffe, allesamt nicht hundertprozentig als reale Snuff-Filme durchgehen konnten.

Als der achte oder neunte dieser Mord-Tatort-Filme lief, riskierte er erneut einen Blick nach links. Tim Cleghorn saß noch genauso gebannt da wie zuvor. Er mochte nervös sein, der Vorführung unter diesen Umständen beizuwohnen und sich sogar beinahe vor Angst in die Hose machen, aber er starrte immer noch mit offenem Mund fasziniert auf den Monitor. Neben Cleghorn hatten sich andere Männer in der Reihe ihre Hemdkragen geöffnet oder tupften sich mit schmuddeligen Taschentüchern den Schweiß von der Stirn. Die Hände einiger Männer waren zu ihrem Schritt gewandert und massierten die sichtbaren Ausbeulungen dort.

Junge, du bist ein Fremder in diesem Königreich der Schatten, sagte sich Quinnell. *Aber keine Sorge. Es wird bald vorbei sein. Bitte, Herr, lass es möglichst bald vorbei sein.*

Das letzte Polizeivideo endete mit dem Standbild des verzerrten Gesichts einer älteren Frau, die in ihrem eigenen Bett mit einem Staubsaugerkabel stranguliert worden war. Lance Frith meldete sich wieder, diesmal aus dem hinteren Bereich des Raums.

»Okay, meine Herren!«, rief er. »Zeit für die Kampffilme!«

Der Ankündigung folgten gemurmelte Jubelbekundungen. Diese dekadenten Typen mochten zu beschämt gewesen sein, einander in die Augen zu sehen, als sie den Vorführraum betreten hatten, doch allmählich tauten sie auf.

»Diese Filme erfreuen sich neuerdings großer Beliebtheit, das wissen wir«, fuhr Frith fort. »In letzter Zeit haben wir immer mehr von ihnen erhalten, und ich darf Ihnen ankündi-

324

gen, dass es weiteren Nachschub geben wird. Doch der erste, der heute Abend zur Aufführung kommt, sollte Sie vom Hocker hauen.«

Die Schwarz-Weiß-Aufnahme begann und glich nahezu komplett dem Video, in dem Eddie Creeley beim letzten Kampf seines Lebens zu sehen gewesen war. Doch in diesem Fall leistete der Typ in Unterhose mehr Widerstand und griff seine Gegner, die die Rolle seiner Henker spielen sollten, mit einem schweren, beidhändig geschwungenen Hammer an. Er schaffte es sogar, einen von ihnen zu Boden zu bringen, doch der enorme Vorteil seiner Gegner – ihre Rundumkörperschutzmontur – war so groß, dass dies mehr als ausreichend war, ihn das Leben zu kosten. Und so sah sich Mister Unterhose erwartungsgemäß rasch Stichen, Schnitten und Knochen brechenden Schlägen ausgesetzt und taumelte und schwankte, zusehends schwächer werdend, zwischen seinen mit schwerer Schutzkleidung ausgestatteten Gegnern hin und her.

Etwa in diesem Stadium erhaschte Quinnell zum ersten Mal einen richtigen Blick auf das Gesicht des Opfers. Und trotz der Situation, in der er sich befand, hätte er beinahe einen lauten Ruf ausgestoßen.

Wenn er sich nicht irrte, handelte es sich um einen weiteren ihrer verschollenen Flüchtigen, nämlich um Ronald Ricketson, den die North Wales Police wegen Mordes an seiner Freundin und ihrer beiden kleinen Töchter suchte.

Quinnells Hände, die verkrallt auf seinen Beinen lagen, fingen an, die Haut und die Knochen seiner Kniescheiben zu kneten.

Der Moment war gekommen. Das war er. Wenn nicht jetzt, dann nie.

Er holte zweimal tief Luft und ließ seine Finger zu seinem Reißverschluss wandern. Er kam sich dabei nicht besonders auffällig vor, da das Gleiche gerade überall in dem sogenannten Kino vor sich ging. Er schob seine Hand in den geöffneten Hosenschlitz, langte um seinen Hodensack herum und fand schließlich den Klebebandstreifen und den Minisender. Er riss ihn ab und musste dabei einen Schmerzensschrei unterdrücken.

Auf dem Monitor wurde Ricketson von einem der Angreifer traktiert, der in der einen Hand einen Baseballschläger hatte und in der anderen einen Teleskopschlagstock. Ein Hagel Schläge prasselte auf ihn nieder, er ging zuerst auf die Knie, sank dann auf den Metallboden und lag schließlich in seinem eigenen Blut da. Quinnell sah nicht mehr länger hin, sondern stand auf, verließ seinen Stuhl und ging nach vorne, an dem Fernseher vorbei. Da der Film abrupt zu Ende gewesen war und die Versammelten allesamt in einer finsteren, düsteren Erstarrung zurückgelassen hatte, beschwerte sich im ersten Moment niemand.

Quinnell ging mit großen Schritten zu den Lichtschaltern in der Ecke des Raums, schaltete sämtliche Lichter an und wandte sich dem Publikum zu. Reihen ausdrucksloser, weißer Gesichter waren auf ihn gerichtet. Eins von ihnen gehörte Lance Frith, der sich verwirrt aus seiner Nische hervorbeugte.

Weniger verwirrt, dafür jedoch umso aggressiver war Wade McDougall, der, immer noch mit der Sonnenbrille auf der Nase, vorsichtig den Gang hinunterging. In der anderen Ecke setzte Adamson sich in Bewegung und tat es ihm gleich.

»Also gut, meine Herren«, sagte Quinnell laut und hielt sich den Sender direkt vor den Mund, um sicherzustellen, dass er draußen gehört wurde. »Hiermit teile ich Ihnen mit, dass ich ein Polizeibeamter bin und Sie alle verhaftet sind. Sie stehen unter dem Verdacht der Anstiftung zur Verbreitung anstößiger, ungeheuerlicher Aufnahmen. Und das ist übrigens nur der Anfang. Ach ja, und Sie haben das Recht, die Aussage zu verweigern …«

Bevor er die Belehrung über ihre Rechte beenden konnte, brach in dem Raum die Hölle los.

Schockierte und entsetzte Männer sprangen auf, Stühle kippten um. Einer der Männer war Cleghorn, der jedoch nach vorne stürmte und sich hinter Quinnells Rücken niederkauerte, was

326

den großen Polizisten daran erinnerte, dass eine seiner wichtigsten Aufgaben war, den Informanten zu schützen.

Das erwies sich als problematisch, da er gleichzeitig die Beweise sicherstellen musste. Doch vielleicht würde es nicht lange ein Problem sein, denn er hörte bereits, dass das Einsatzkommando im oberen Geschoss die Außentüren aufzurammen versuchte. Trotzdem reckte er den Hals, blickte über das Chaos hinweg und sah, wie die Friths – Margot war neben ihrem Ehemann erschienen – den Laptop in eine Aktentasche packten und handvollweise USB-Sticks hinterherschaufelten.

Sie waren nur dreißig Meter entfernt, aber es war nicht damit getan, einfach nur zu ihnen zu stürmen, denn die beiden Sicherheitsmänner des Kinos rückten auf ihn zu.

Obwohl die wild durcheinanderschreienden Besucher hin und her rannten und dabei übereinander und über die umgefallenen Stühle fielen, kamen Adamson von der linken Seite und McDougall von der rechten immer näher. Letzterer schien etwas unschlüssig und blieb sogar beinahe stehen, als ob er nicht recht wüsste, wie er sich am besten verhalten sollte. Doch Adamson schlug brutal jeden aus dem Weg, der ihm in die Quere kam.

Ihm wandte Quinnell sich zuerst zu, jedoch nicht schnell genug. Der Türsteher packte mit beiden Händen die Aufschläge seiner Jacke.

Zur Überraschung des großen Walisers folgte kein Kopfstoß, kein Versuch, ihm die Finger in die Augen zu stechen und kein Beißen. Stattdessen drängte der Türsteher ihn einfach nur nach hinten gegen die Wand, quetschte dabei den völlig verängstigten Cleghorn zwischen Quinnells Rücken und der Wand ein und versuchte ihn dort festzuhalten. Auf seinem rosafarbenen, rasierten Schädel glänzte Schweiß, sein brutales Gesicht war zu einer starren Maske verzerrt.

Er will dich nicht angreifen, Junge. Er ist nicht bescheuert. Er will nur seinen Bossen Zeit verschaffen, damit sie verschwinden können.

Quinnell ging zum Gegenangriff über. Er umfasste mit der linken Hand die linke Seite von Adams Stiernacken, vergrub die Finger in den angespannten Muskeln und rammte dem Gorilla den rechten Unterarm gegen das Kinn. Als das keine Wirkung zeigte, verpasste er ihm einen Schlag gegen die rechte Seite seines Halses.

Adamson überstand den Schlag mit zusammengebissenen Zähnen, durch die schäumender Speichel quoll.

Sie rangen miteinander, drehten sich im Kreis, als ob sie tanzen würden, und pressten Cleghorn erneut an die Wand. Ihm entfuhr ein lauter Schrei. Dann taumelten sie in die andere Richtung und stießen gegen den Fernseher. Er krachte auf den Boden und sprühte Funken. Quinnell, der sich immer noch in Adamsons Griff befand, wirbelte mit ihm zusammen herum, um erneut den Raum überblicken zu können. Dort herrschte immer noch ein einziges Durcheinander umhertaumelnder, panischer Männer, doch die meisten von ihnen drängten sich bereits durch die Schwingtüren. Vermutlich war ihnen nicht bewusst, dass die Stahltür dahinter immer noch verriegelt war.

Im nächsten Moment ertönte aus der Richtung ein ohrenbetäubender Knall, gefolgt von dem eine Erschütterung verursachenden Knirschen eingedrückt werdenden, sich verziehenden Metalls.

Jetzt war die Stahltür nicht mehr verschlossen. Quinnell erkannte eine hydraulische Ramme, wenn er sie hörte.

Im nächsten Moment strömte die aufgeschreckte Meute zurück in den Vorführraum, gefolgt von behelmten, mit Schlagstöcken bewaffneten und mit Schutzschilden ausgerüsteten Polizisten.

»Verdammter Scheißwaliser!«, fauchte Adamson.

»Verdammter Engländer!«, konterte Quinnell und verpasste dem Türsteher zwei gewaltige Körpertreffer unter seinen ausgestreckten Armen.

Bei jedem der Schläge knackten Rippen. Als Adamson nach

hinten taumelte, verpasste Quinnell ihm einen massiven Kinnhaken. Der Anzugträger schoss beinahe wie eine Rakete zu
Boden. Quinnell wirbelte herum und suchte erneut den Raum
ab. Überall wurden Verhaftungen vorgenommen. Inspector
Takuma stand in der Mitte des Raums, hatte sein Visier hochge-
klappt und sah zufrieden zu, wie die Besucher des Kinos auf den
Boden gelegt und mit Einweghandschellen gefesselt wurden.
Das einzige wirkliche Problem war, dass Lance und Margot Frith
nirgends zu sehen waren.

Quinnell fluchte und nahm die Nische ins Visier. Konnte es
sein, dass der Notausgang sich an der hinteren Seite der Nische
befand? Er sah Cleghorn an, der inzwischen hinter ein paar
Stühlen kauerte.

»Sie bleiben da und rühren sich nicht von der Stelle, verstanden?«

Cleghorns Augen weiteten sich erschrocken. »*Achtung!*«

Quinnell wirbelte herum, doch es war zu spät.

Der Stuhl, den Wade McDougall hoch über seinen Kopf ge-
schwungen hatte, krachte mit der Wucht eines Pressluftham-
mers auf ihn nieder.

27

Lance und Margot Frith waren bereits die Hälfte der hinteren Treppe hinaufgestiegen. Sie führte zu einem ganz normalen Notausgang, und wenn Lance, der vorne ging, ehrlich war, hatte er nie wirklich erwartet, dass die Polizei diesen Ausgang im Fall einer Razzia nicht auch bewachen würde. Doch für den unwahrscheinlichen Fall, dass sie ihre Hausaufgabe nicht richtig gemacht hätten, stand auf dem kleinen Hinterhof, auf den der Notausgang führte, immer sein zwar unauffälliger, aber leistungsstarker Passat W8 bereit.

Doch noch während sie die Treppe hinaufstiegen, flog die Tür am oberen Absatz nach innen, und Polizeibeamte drängten hindurch. Die meisten waren uniformiert und trugen Schutzkleidung, doch derjenige, der die Truppe anführte, war in Zivil. Er trug Jeans, ein Sweatshirt mit hochgekrempelten Ärmeln und darüber eine schwarze kugelsichere Weste. Er stieg schnell die Treppe hinab und warf die Brechstange weg, mit der er die Tür aufgebrochen hatte. Er war ziemlich groß, auf jeden Fall über eins achtzig und schlank und dabei sehr muskulös. Er hatte schwarzes Haar, markante Gesichtszüge, ein Pflaster auf der linken Augenbraue, stahlblaue Augen und den intensivsten Blick, den Lance Frith je gesehen hatte. Außerdem hatte er ein Grinsen aufgesetzt, dass man durchaus als selbstgefällig bezeichnen konnte.

»Ah, hallöchen«, sagte Heck. »Korrigieren Sie mich, wenn ich mich irre, aber sollten Sie nicht verhaftet sein?«

Bevor Frith antworten konnte, packte Heck ihn am Krawattenknoten, drehte ihn um, drückte ihn gegen die Wand gegenüber und bog ihm den linken Arm hinter dem Rücken hoch. Dafür, dass der ehemalige Pornostar ein massiver sonnenge-

330

bräunter Kerl mit fitnessstudiogestählten Muskeln war, war er so leicht zu handhaben wie Styropor.

»Packen sie mich auch nur irgendwie unangemessen an, werden meine Anwälte Sie fertigmachen«, warnte Frith ihn.

»Wenn jemand fertiggemacht wird, dann Sie«, zischte Heck ihm ins Ohr. »Jedes Mal, wenn Sie im Knast unter die Dusche gehen.«

Er übergab ihn den uniformierten Beamten hinter ihm und stürmte weiter nach unten.

Als die hübsche Margot gesehen hatte, dass ihr Mann verhaftet worden war, hatte sie auf dem Absatz kehrtgemacht und war die Treppe wieder hinuntergeeilt, zurück zur Innentür, musste jedoch feststellen, dass sich dort ebenfalls jede Menge Polizisten eingefunden hatten und sie im Visier hatten. Bevor sie wusste, wie ihr geschah, langte Heck nach der Aktentasche, die sie in der Hand hatte. Im ersten Moment leistete sie Widerstand und presste die Tasche an ihren Körper.

»Liefern Sie mir keinen Vorwand, diese hübschen Fingernägel abzubrechen«, warnte er sie. »Ihnen geht's auch den Kragen, Miss Peitschenhieb. Da, wo Sie hinkommen, werden Sie Ihre Krallen brauchen.«

Sie ließ die Tasche los, und er reichte sie dem Beamten hinter ihm. Dann packte er die Frau am Ellbogen und übergab sie ebenfalls den uniformierten Kollegen, damit sie sie abführten.

Nachdem die beiden Hauptverdächtigen festgenommen waren, eilte er die Treppe nach unten und betrat den Vorführraum. Dort herrschte das reinste Chaos. Überall lagen umgekippte Stühle, etliche Männer wehrten sich noch gegen ihre Verhaftung, doch die meisten waren bereits in Handschellen und wurden von den uniformierten Beamten durch eine Doppelschwingtür geführt, die sich auf der gegenüberliegenden Seite des Raums befand. Jack Reed war ebenfalls anwesend. Er stand an der Tür und überwachte das Geschehen.

Dann fiel Hecks Blick auf Gary Quinnell.

Der große Kerl lag auf dem Bauch auf dem Boden. Inspector Takuma und eine Police Sergeant knieten neben ihm. Einige Meter weiter drückte Tim Cleghorn sich nervös herum.

Heck eilte zu seinem Kollegen und ging auf ein Knie.

Quinnell hatte einen gewaltigen Schlag auf den Kopf abbekommen, genau über dem Haaransatz. Das Blut strömte ihm über das ganze Gesicht. Die Police Sergeant hatte von irgendwoher einen Verbandskasten herbeigeholt und drückte gerade eine Kompresse auf die Wunde. Als sie sie kurz von der Verletzung herunternahm, sah Heck, dass Quinnell nicht nur eine Platzwunde am Kopf hatte, sondern auch eine Beule, die so groß war wie ein Cricketball.

»Meine eigene Schuld«, murmelte Quinnell.

»Da geb ich dir recht«, sagte Heck. »Du lässt es ja schon seit Jahren drauf ankommen.«

»Dieser verdammte Stuhl.« Quinnell stöhnte vor Schmerz, doch er schien zumindest voll zurechnungsfähig zu sein.

»Ich denke, er ist so weit okay«, sagte die Police Sergeant. »Aber er muss in die Notaufnahme gebracht werden. Er dürfte zumindest eine schwere Gehirnerschütterung haben.«

Heck nickte. »Ich kümmere mich darum.«

»Ich habe schon einen Krankenwagen angefordert«, sagte Inspector Takuma.

»Blödsinn!«, knurrte Quinnell und hievte sich mühsam hoch. »Nichts für ungut, Sir, aber noch bin ich kein Krüppel.«

Dann wurde ihm schwindelig, und Heck musste ihm einen Stuhl heranziehen, auf den er sich plumpsen ließ. Inspector Takuma zog eine Augenbraue hoch.

»Wir warten auf den Krankenwagen«, stellte Heck klar.

Die Police Sergeant hob Quinnells Hand und legte sie auf die Kompresse. »Halten Sie sie fest und drücken Sie.«

Takuma wandte sich zufrieden ab.

»Ach, Sir, eine Frage«, sagte Heck. »Fahren Sie zur Wache Finchley Road?«

»Da werden alle Verhafteten hingebracht, soweit ich weiß«, erwiderte Takuma. »Und dort findet auch die Einsatznachbesprechung statt. Also ja, da fahre ich hin.«

»Das trifft sich gut.« Heck bedeutete Cleghorn, zu ihnen zu kommen. »Können Sie unseren Informanten mitnehmen?«

Inspector Takuma musterte Cleghorn mit sichtlicher Abneigung.

»Wir müssen ja ins Krankenhaus«, erklärte Heck.

Takuma seufzte. »Wenn es sein muss.«

Die uniformierten Beamten verließen den Raum, und Heck bedeutete Cleghorn, ihnen zu folgen, was dieser hastig und nervös tat. Als sie weg waren, wandte Heck sich wieder Quinnell zu. Sie waren nun alleine.

»Also, wer war das?«

Der Waliser schüttelte den Kopf. »Hab ihn kaum gesehen, aber ich bin ziemlich sicher, dass es McDougall war.«

Das überraschte Heck nicht. Und es war auch das, was er hören wollte. »Hat ihn jemand dabei gesehen?«

»Wahrscheinlich Cleghorn.«

Heck nickte. »Das ist gut. Und von den Uniformierten jemand?«

»Zwei von ihnen haben ihn festgenommen, aber das war, als er versucht hat, sich nach draußen durchzukämpfen. Ich glaube nicht, dass sie gesehen haben, wie er mich angegriffen hat.«

»Das ist auch gut. Denn wenn wir nur auf Cleghorn angewiesen sind, wird es schwierig. Er wird bestimmt nicht noch mal freiwillig als Zeuge aussagen, es sei denn, ich setze ihn erneut unter Druck. Und es könnte sein, dass ich vergesse, ihn unter Druck zu setzen.«

Quinnell runzelte seine blutige Stirn. »Worauf zum Teufel willst du hinaus?«

Heck senkte die Stimme. »Wade McDougall ist nur auf Bewährung draußen. Was auch immer er sich also zuschulden kommen lässt – er wandert wieder in den Knast. Die Frage ist

333

nur, für wie lange. Weißt du, wie lange er das letzte Mal gesessen hat?«

»Hast du nicht gesagt, er hat einen Polizisten vermöbelt?«

»Er hat versucht, einen Polizeibeamten umzubringen.«

»Du meinst, so wie heute?« Ein Anflug von Verständnis huschte langsam über das schmerzverzerrte Gesicht des Walisers. »Was bedeutet, dass er diesmal lebenslänglich kriegen würde?«

»Was denkst du denn? Letztes Mal hat er fünfzehn Jahre gekriegt und zehn davon abgesessen. Das war eine milde Strafe. Aber ein zweites Mal werden sie keine Milde walten lassen.«

»Es sei denn, wir finden einen guten Grund, ihn nicht wegen versuchten Mordes …«

»… an einem Polizeibeamten anzuklagen. Korrekt.« Heck reichte ihm eine Hand, um ihm hoch zu helfen. »Würde dir das was ausmachen?«

Quinnell richtete sich langsam zu voller Größe auf. Er sah einen kurzen Augenblick benommen aus und musste sich auf Heck abstützen. »Nein«, stellte er klar. »Mir macht nichts was aus, Hauptsache, du bringst mich zu einem Arzt, der sich um meinen verdammten Kopf kümmert, ich könnte im Moment nicht mal durch ein Fernglas geradeaus sehen.«

»Genau das tun wir jetzt.«

Heck half dem Verletzten durch den Keller. Da es dort immer noch von Menschen wimmelte, kamen sie nur langsam voran.

»Sieh nur zu, dass du was Gutes aus ihm rauskriegst«, sagte Quinnell. »Nicht, dass ich mir für nichts und wieder nichts den Schädel hab einschlagen lassen.«

»Da mach' dir mal keine Sorgen. Du kennst ja die Regeln. Niemand vertrimmt einen von den eigenen Leuten und spaziert einfach so davon. Auf die eine oder andere Weise wird der Mistkerl dafür bezahlen.«

»Ah, Detective Sergeant Heckenburg«, sagte Anderson Burke und klang wenig überrascht. »Wie ich sehe, ändern sich einige Dinge nie.«

Burke war ein großer, schlanker Mann mit kurzem weißem Haar. Er trug eine Nickelbrille und war, seitdem Heck den verbrecherischen McDougall-Clan kannte, der Anwalt der Familie. Als Heck noch in Rotherhithe Dienst geschoben und Wade McDougall so oft verhaftet hatte, dass er sich gar nicht mehr daran erinnern konnte, wie oft, hatten er und Burke etliche Male miteinander zu tun gehabt.

Diese neuerliche Begegnung fand im Gewahrsamsbereich der Wache Finchley Road statt. Dort tummelten sich zwar all die Verhafteten und die Beamten, die die Verhaftungen vorgenommen hatten, doch Heck hatte dafür gesorgt, dass er der Erste war, der dem Anwalt bei dessen Ankunft ins Auge fiel.

»Das kann ich nur bestätigen«, stimmte Heck zu. »Wade hat sich der Verhaftung auch diesmal so heftig widersetzt wie immer. Einmal ein Millwall-Bushwacker-Hooligan, und man bleibt bei seinem brutalen Gebaren, was? Trotzdem merkwürdig, wenn man bedenkt, wie lange Sie und er sich nun schon kennen. Ich dachte, er hätte inzwischen ein bisschen was gelernt. Zum Beispiel, wie bescheuert es ist, Polizeibeamte mit Stühlen zu verprügeln, wenn man nur auf Bewährung draußen ist.«

Burke, der gerade am Empfangstresen des Gewahrsamsbereichs dabei war, sich bei dem diensthabenden Beamten als Anwalt anzumelden, sah sich kurz um. Man sah ihm an, dass ihm nicht gefiel, was Heck gerade gesagt hatte.

»Einen meiner Kollegen werden Sie heute Abend nicht hier antreffen, Mr Burke«, fuhr Heck fort. »Nämlich Detective Constable Gary Quinnell. Er war während der Razzia unser verdeckter Ermittler und muss sich gerade wegen einer Impressionsschädelfraktur einer Notoperation unterziehen.« Er bedachte Burke mit einem ausdruckslosen Blick. »Was für ein Dummerchen unser Wade aber auch ist.« Dann dachte er kurz nach. »Na ja, zumindest *glauben* wir, dass es Wade war. Herrschte ja ein ziemliches Chaos da unten in dem Keller. Ich habe die Attacke nicht mit eigenen Augen gesehen und muss erst mal abwarten, was die anderen Beamten zu sagen haben, die anwesend waren.«

»Unter welchen Umständen soll das passiert sein?«, fragte Burke kühl.

»Hier haben Sie eine Kopie von Gary Quinnells Aussage. Sie wurde vor seiner Operation aufgenommen. Und das hier ist mein erster Bericht.« Er hielt Burke zwei Ausdrucke hin. »In dem Bericht steht, warum wir die Razzia durchgeführt haben, was und *wen* wir da unten anzutreffen erwartet haben und so weiter. Es geht um ziemlich schlimme Sachen, wie Sie sehen werden. Aber das Letzte, was Ihr Mandant zusätzlich zu alldem noch gebrauchen kann, ist eine Anklage wegen versuchten Mordes an einem Polizeibeamten. Würden Sie das nicht auch so sehen?«

Heck ließ sich von dem diensthabenden Beamten den Zellenschlüssel aushändigen und ging den Zellengang entlang. Burke folgte ihm, die Aktentasche unter den Arm geklemmt, und blätterte die Ausdrucke durch.

»Detective Sergeant Heckenburg«, sagte er, »Sie kennen Wade McDougall sehr gut. Er war nie der Hellste unter der Sonne.«

»Da haben Sie zweifellos recht«, sagte Heck über seine Schulter hinweg.

»Er brockt sich seinen Schlamassel meistens selber ein. Aber das bedeutet nicht, dass er immer über das große Ganze im Bilde ist. Die bloße Tatsache, dass er in diesem bizarren Keller verhaftet wurde, bedeutet nicht zwingend, dass er für das, was da unten abging, verantwortlich war. Er war selten mehr als ein niederer Gehilfe.«

»Er wandert trotzdem wieder in den Knast«, stellte Heck klar.

»Das ist klar, aber die Frage ist, wie lange, oder?«

»Tja.« Heck blieb vor der Zellentür, hinter der McDougall saß, stehen. »Ich schätze, wie viel Wade mit dem Betreiben dieses Kinos zu tun hatte,« er dachte kurz nach, »oder wie viel er darüber *weiß*, werden wir erst im Verhörraum herausfinden. Dürfte eine interessante Unterhaltung werden, meinen Sie nicht auch?«

»Und diese Nummer mit dem versuchten Mord an einem Polizeibeamten?« Burke versuchte, belustigt zu klingen. »Glauben Sie im Ernst, damit kommen Sie durch?«

Heck zuckte mit den Schultern. »Wäre ja nicht das erste Mal, oder?«

»Mit einem Stuhl schon.«

»Bei allem Respekt, Mr Burke, da sollten Sie mal den Stahlrahmen des Stuhls sehen, mit dem er zugeschlagen hat.«

»Detective Sergeant Heckenburg …«

»Wie gesagt, Mr Burke, gegen Ihren Mandanten kann wegen versuchten Mordes an Detective Constable Quinnell ermittelt werden oder auch nicht. Ich muss dahingehend noch einige Nachforschungen anstellen – *nachdem* wir uns mit Wade über dieses Kino unterhalten haben.«

Mit diesen Worten schloss er die Zellentür auf und gewährte dem Anwalt Zutritt zu seinem Mandanten.

28

»Reden wir als Erstes über Ihre Beziehung zu Lance und Margot Frith«, sagte Heck.

Neben ihm saß Jack Reed. Auf der anderen Seite des Verhörraumtisches fläzte sich Wade McDougall neben Anderson Burke.

Der Verhaftete schüttelte den Kopf. »Ich habe keine Beziehung zu den beiden.«

»Wir haben Sie in dem Kino der beiden festgenommen, Wade«, entgegnete Heck. »Einem Kino ohne Konzession. Und Sie haben dort gearbeitet. Tut mir leid, wenn es mir schwerfällt, so eine Antwort hinzunehmen, ohne eine Miene zu verziehen.«

»Ich meine, ich habe keine Beziehung zu ihnen. Also keine richtige *Beziehung*, wenn Sie verstehen, was ich meine?«

»Aber Sie arbeiten für die beiden, stimmt's?«

»Ach, das meinen Sie. Ja.«

»Wie lange arbeiten Sie schon für sie?«

»Acht Monate. Ungefähr.«

»Das heißt, Sie haben kurz nach Ihrer letzten Entlassung aus dem Gefängnis dort angefangen?«

»Ja, sofort danach.«

»Was ist das für ein Job?«

»Ich bin für die Sicherheit zuständig. Na ja, eigentlich bin ich nur ein Türsteher, dem vielleicht ein bisschen zu viel Ehre zuteil wird, wenn er als Sicherheitsbeauftragter bezeichnet wird.«

»Ehre.« Heck dachte kurz nach. »Erstaunlich, in welchem Kontext Sie diesen Begriff verwenden, Wade. Bobby Moore wurde verehrt, als er 1966 die Siegestrophäe der Fußball-Weltmeisterschaft entgegennahm. Die Jungfrau Maria wurde verehrt, als sie mit sündenfreier Seele in den Himmel aufstieg. *Sie* hingegen haben in einem Club gearbeitet, in dem Snuff-Filme gezeigt werden.«

»Das muss erst noch geklärt werden«, schaltete Burke sich ein.

»Haben Sie je einen der Filme gesehen, die dort gezeigt wurden?«, fragte Reed.

»Ja, den einen oder anderen.«

»Was hielten Sie davon?«, fragte Heck. »Geile Sache?«

McDougall verzog das Gesicht. »Nein. Grauenhafter Scheiß.«

»Da haben Sie recht, Wade«, sagte Heck. »Verdammt recht. Denn in diesem Laden wurden ja keine normalen Pornos gezeigt. Das war richtig hässliches Zeug. Und jetzt hören Sie mir mal gut zu, Wade. Sie haben für diese Leute gearbeitet und ihnen geholfen, Geld damit zu verdienen, indem sie diesen – ich zitiere – ›grauenhaften Scheiß‹ verbreitet haben. Und aus diesem Grund werden wir Sie wegen Veröffentlichung sittenwidrigen, erschütternden Bildmaterials drankriegen, sobald dieses Verhör beendet ist. Vielleicht machen Sie sich deshalb keine allzu großen Sorgen, obwohl ich zufälligerweise weiß, dass Sie sich gerade in einer Phase Ihres Lebens befinden, in der Sie sich besser nichts zuschulden kommen lassen sollten. Aber es könnte durchaus noch Schlimmeres auf Sie zukommen. Denn ganz egal, ob wir diesen Laden tatsächlich als Snuff-Film-Club klassifizieren können oder nicht – Sie und ich wissen, dass in vielen der Filme, die dort gezeigt wurden, Sequenzen zu sehen sind, bei denen es sich um Aufnahmen von realen Vergewaltigungen, realer Folter und realen Morden handelt. Hab ich recht oder nicht?«

»Woher soll ich das wissen.«

»Sie müssen doch eine Meinung dazu haben, Wade. *So* auf den Kopf gefallen sind Sie doch auch nicht, oder?«

»Sergeant, bitte«, schaltete sich Burke ein.

»Was meinen Sie, Wade?«, fragte Reed. »Sahen die Protagonisten und die Szenen nicht zumindest echt aus? Die Zuschauer, die sich die Filme angesehen haben, hielten sie jedenfalls für echt. Immerhin haben sie für die Vorführung tief in die Tasche gegriffen.«

McDougall zuckte mit den Achseln. »Na gut, sie wirkten echt, ja.«

»Wir hatten inzwischen Gelegenheit, selber in ein paar der Filme reinzusehen«, sagte Heck. »Sie sind ganz eindeutig nicht alle selbst gedreht. Einige machen den Eindruck, als kämen sie aus dem Ausland, einige scheinen schon ziemlich alt zu sein. Ich nehme also an, dass Mr und Mrs Frith diese Filme gekauft haben, richtig?«

McDougall zuckte erneut mit den Achseln. »Sie haben sie *alle* gekauft.«

Heck und Reed sahen sich an.

»Können Sie das ein bisschen näher ausführen?«, fragte Reed.

Der Verhaftete schien unwillig, mehr zu sagen. Viele Berufsverbrecher hatten keine Hemmungen, wenn es darum ging, ihresgleichen zu verraten, doch diejenigen, die wie Wade McDougall der wahren Soldatenkaste angehörten, taten sich schwer damit. Nur im Extremfall zogen sie es in Erwägung, Komplizen zu verpfeifen. Wie Heck McDougalls Anwalt allerdings bereits indirekt zu verstehen gegeben hatte, war dies eine Situation, für die die Definition »Extremfall« möglicherweise in Betracht kam. Doch bevor der Verhaftete etwas sagen konnte, schaltete Burke sich ein.

»Könnte ich mich vielleicht noch mal kurz mit meinem Mandanten besprechen, Detective Sergeant?«

Heck sah ihn an. Das Einzige, was ihn an dieser Unterbrechung überraschte, war, dass das Verhör überhaupt zustande gekommen war, aber das war vermutlich auf McDougalls Sturheit zurückzuführen. Doch jetzt hatte er seine Meinung offenkundig geändert.

»Kein Problem. Verhör unterbrochen um 22:19 Uhr.« Heck schaltete das Aufnahmegerät aus. Dann sah er den Anwalt und seinen Mandanten eindringlich an. »Wollen Sie eine Aussage machen?«

»Ich mache mir immer noch ein wenig Sorgen wegen dieser Sache mit dem Stuhl«, entgegnete Burke.

Heck zuckte mir den Schultern. »Wie ich schon sagte, vielleicht ist da nichts dran.«

Reed hörte erstaunt zu, sagte jedoch nichts.

»Vielleicht ist da nichts dran?«, hakte Burke nach.

»Vielleicht nicht. Kommt drauf an.«

»Sie haben noch nicht mit dem Staatsanwalt darüber gesprochen?«

»Natürlich nicht.«

»Dann ja«, sagte Burke. »In dem Fall möchten wir eine Aussage machen.«

Heck sah McDougall an. »Bevor wir irgendwas niederschreiben, Wade, worüber reden wir?«

»Wir haben diese Sachen nicht *gefilmt*«, stellte McDougall mürrisch klar. »Wir haben niemanden umgebracht.«

Heck beugte sich vor. »Sagen wir mal, ich glaube Ihnen. Wer *hat* die Filme dann gedreht?«

»Ich kann Ihnen nur sagen, wer sie verkauft hat.«

»Das genügt für den Anfang.«

»Ein Typ, keine Ahnung, wie er heißt. Immer der gleiche Kerl. Er kommt immer an die gleiche Stelle, immer im gleichen grünen Lieferwagen.«

»Welche Stelle?«

»Ein Lkw-Parkplatz in Newham.«

»Sie klingen so, als wären Sie persönlich involviert gewesen?«, warf Reed ein.

Der Verhaftete nickte. »Alfie und ich wickeln die Käufe ab. Natürlich nicht mit unserem eigenen Geld.«

»Sie und Alfie bezahlen die Ware und nehmen sie entgegen?«, fragte Heck.

»Ja. Wir können auf uns aufpassen, Alfie und ich. Deshalb

341

schickt Margot *uns*. Für den Fall, dass je was schieflaufen sollte. Nachdem sie den Deal abgeschlossen hat – am Telefon oder wie auch immer. Wir kriegen Extrageld dafür. Deshalb lohnt es sich immer für uns. Und es ist noch nie was passiert. Ist einfach nur ein Geschäft: Geld gegen Ware.«

»Erzählen Sie uns was über diesen Typen«, forderte Heck ihn auf.

McDougall runzelte die Stirn. »Ausländer. Osteuropäer, würde ich sagen.«

»Wie alt?«

»Ende dreißig.«

»Weiß?«

»Wie gesagt, Europäer, aber ich glaube, aus dem Osten. Ziemlich dunkle Haut. Sprach mit Akzent.«

»Gutes Englisch?«, fragte Reed.

»Ausreichend, um klarzukommen.«

»Haarfarbe und Frisur?«, fragte Heck.

»Schwarz und kurz.«

»Ein großer Kerl?«

»Durchschnittlich groß, breite Schultern. Mehr hab ich eigentlich nie gesehen. Die Übergabe ist normalerweise um Mitternacht, also im Dunkeln. Wir parken vor einer Reihe Ölfässer, etwa fünfzig Meter von ihm entfernt. Wenn er aus seinem Lieferwagen aussteigt und wartet, ist das das Zeichen, dass wir rübergehen sollen.«

»Und dieser Lieferwagen ist ein grüner Transit?«, fragte Reed.

McDougall nickte.

»Autokennzeichen?«, fragte Heck.

»Keine Ahnung.«

»Und dieser Typ kommt immer alleine?«

»Hab ihn nie mit jemand anderem gesehen.«

»Ok. Wie geht das Ganze vonstatten?«

McDougall zuckte mit den Achseln. »Wir übergeben das Geld, er gibt uns eine Tasche voller Filme.«

»Von wie viel Geld reden wir?«, fragte Reed.

»Das wissen Alfie und ich nie. Wir kriegen die Kohle verpackt in braunem Packpapier.«

»Und er nimmt dieses Paket einfach entgegen, gibt Ihnen diese abartigen Filme und fährt wieder weg?«, fragte Heck. »Ohne das Geld zu zählen? Da muss er ja ziemlich vertrauensselig sein.«

»Warum nicht. Wir sind ja schon eine ganze Weile im Geschäft.«

»Ist dieser Kerl je bewaffnet aufgekreuzt? Ich meine mit einer Schusswaffe.«

McDougall überlegte. »Ich hab zwar nie eine Waffe gesehen, würde mich aber nicht wundern, wenn er eine hätte. Bei so einem Typen, Sie wissen schon, was ich meine. Einmal hab ich mitgehört, als Lance und Margot sich über die Sache unterhalten haben. Die ursprüngliche Übereinkunft lautete wohl, dass keiner dieser Filme je im Internet auftauchen darf. Und falls das doch geschähe, würde es Ärger geben.«

»Ärger für Lance und Margot?«, hakte Heck nach.

McDougall grinste halb. »In dem Fall würde der Kerl sie beide umbringen. Den Eindruck hatte ich zumindest.«

Heck lehnte sich zurück und dachte, dass das alles auf schaurige Weise glaubhaft klang.

Die Friths waren ihr ganzes Berufsleben lang auf dem Sexfilmmarkt tätig gewesen. In dieser Zeit hatten sie wahrscheinlich jede Menge Kontakte geknüpft, aber letztlich hatten sie eigentlich nichts anderes getan, als Mainstream-Pornos zu produzieren und zu verkaufen. In Zeiten, in denen Pornos im Internet auf allen möglichen Videoplattformen frei zur Verfügung standen, war in diesem Metier natürlich immer weniger Geld zu verdienen, es sei denn, man war bereit, sich in noch extremere Bereiche vorzuwagen. Und während eines ihrer Vorstöße auf neues Terrain hatten sie – wahrscheinlich im Darknet – Kontakt mit einem vollkommen anderen Universum aufgenommen.

Einerseits war das frustrierend, denn es bedeutete, dass Heck immer noch nicht so nah an dieser kriminellen Bande dran war, wie er gehofft hatte, aber andererseits war Wade McDougall die beste Spur, die er hatte.

»Wie oft haben Sie diesen Typen getroffen?«, fragte Reed.

McDougall überlegte. »Es gab keine festgelegten Termine. Wir sind nur auf Margots Anweisung zu den Treffen gefahren. Sie war diejenige, die alles arrangiert hat.«

»Und die Übergabe fand immer auf diesem Lkw-Parkplatz in Newham statt?«, fragte Heck. »Gegen Mitternacht?«

»Nicht gegen, um Punkt Mitternacht. Wenn wir zu spät gekommen wären, hätte er nicht gewartet.«

»Aha. Und wann sollte die nächste Übergabe stattfinden?«

»Das ist das Komische.« McDougall sah sie argwöhnisch an. »Heute Nacht.«

»So wie ich die Dinge sehe, müssen wir schnell handeln, Ma'am«, sagte Heck.

Sie waren wieder im Dienstzimmer des Gewahrsamstrakts der Wache Finchley Road, wo er und Reed sich mit Gwen und Gemma berieten. Erstere war aus dem Verhör mit Lance Frith herbeigerufen worden, Letztere war soeben aus dem Krankenhaus zurückgekommen und konnte berichten, dass es Quinnell den Umständen entsprechend gut ging.

Außer dem diensthabenden Sergeant im Gewahrsamstrakt und seinem Assistenten war niemand zugegen. Alle, die in dem Etablissement an der Deercot Road verhaftet worden waren, einschließlich Margot Frith, befanden sich inzwischen in ihren jeweiligen Zellen und berieten sich mit ihren Anwälten oder warteten auf deren Eintreffen.

»Wir könnten bei dem Treffen mit diesem Typen aufschlagen«, schlug Heck vor. »Aber wenn wir es nicht heute Nacht tun, werden die Anwälte der Friths einen Weg finden, die Nachricht weiterzuleiten, und die ganze Sache wird abgeblasen. Dieser

Mistkerl mit den USB-Sticks verschwindet, und das war's. Dann haben wir nichts.«

»Kann sein, dass wir jetzt schon nichts mehr haben«, stellte Gwen fest und klopfte gereizt mit einem Kugelschreiber auf den Empfangstresen. »Beide Friths haben bereits mit ihrem Anwalt gesprochen. Er könnte bereits einen Anruf getätigt haben.«

»Er wird ja wohl nicht so blöd sein, sein eigenes Handy zu benutzen«, wandte Gemma ein.

»Er könnte auch speziell für diesen Zweck ein nicht verfolgbares Handy mit einer Prepaid-Karte haben.«

»Das stimmt, Ma'am«, entgegnete Reed. »Aber Heck hat recht. Wenn wir die Gelegenheit nicht nutzen, uns den Fahrer dieses grünen Lieferwagens heute zu schnappen, wird es irgendwie die Runde machen, dass wir den Laden hochgenommen haben, und dieser Typ wird nie wieder auftauchen.« Er zuckte mit den Schultern. »Wenn er heute Nacht nicht aufkreuzt, gut, dann können wir nichts machen, aber wenn doch, können wir fette Beute machen.«

Gwen grummelte ungehalten. »Ein Undercover-Einsatz wie dieser bedarf einer gründlichen Planung. Das ist mein Problem mit diesem Vorhaben.«

Reed warf einen Blick auf seine Uhr. »Es ist fast halb elf. Dafür haben wir keine Zeit.«

Sie nahm die beiden Männer aufmerksam ins Visier. »Wer soll hinfahren?«

»*Wir*«, erwiderte Heck.

»Nur Sie beide?«

»Na ja, Gary kann uns wohl kaum zur Seite stehen, Gail ist nicht mehr dabei, und sonst ist niemand verfügbar.«

Gwen bereitete der Plan offenbar solche Bauchschmerzen, dass sie im Begriff war, ihn abzublasen.

»Ma'am«, drängte Heck sie, »das könnte eine einmalige Gelegenheit sein.«

»Schon gut, schon gut. Aber es gefällt mir nicht. Jedenfalls

345

können Sie beide das nicht alleine durchziehen. Sie fahren zuerst zur Staples Corner und lassen sich jeder eine Pistole aushändigen. Ich sorge währenddessen dafür, dass als Verstärkung ein bewaffnetes Team in der Nähe ist.«

»Ma'am«, murrte Heck, »wenn wir jetzt noch zur Staples Corner fahren, kostet uns das wertvolle …«

»Keine Diskussion, Heck. Machen Sie einfach verdammt noch mal, was ich gesagt habe! Okay?«

Er nickte.

»Wir schicken auch ein paar Uniformierte der örtlichen Polizei«, fügte sie hinzu.

»Hauptsache, die halten sich schön im Hintergrund. Nicht, dass sie das Ganze schon vorab vermasseln.«

»*Heck!*« Gwens Augen funkelten vor Ungeduld. »Ich weiß, dass Sie davon überzeugt sind, der einzige Polizist im Vereinigten Königreich zu sein, der weiß, was er tut. Aber versuchen Sie doch mal, ein bisschen Vertrauen zu haben. Wie wäre das?«

29

Als ein Zeichen seiner Kooperationsbereitschaft hatte Wade McDougall eingewilligt, dass Heck und Reed seinen Wagen nahmen, einen auffälligen BMW Sedan, um damit zu dem Treffen in Newham zu fahren. Der BMW war das Auto, das der Mann mit dem grünen Lieferwagen zu sehen gewohnt war, und wenn sie Glück hatten, würde er sich einen Moment lang in Sicherheit wiegen – zumindest lange genug, um ihnen die Möglichkeit zu verschaffen, sich den Kerl zu schnappen.

Das größte Problem war, dass die Zeit so knapp war.

Um 22:35 Uhr verließen sie die Wache Finchley Road. Die zehnminütige Fahrt zurück zur Staples Corner war kein großes Problem, doch die Aushändigung von Schusswaffen aus der Waffenkammer des Dezernats für Serienverbrechen ging nie schnell und reibungslos über die Bühne. Das lag nicht zuletzt an dem für die Waffenausgabe zuständigen Beamten des Dezernats, einem mürrischen ehemaligen Sergeant einer bewaffneten Polizeieinheit namens Joe Mackeson, der darauf bedacht war, möglichst exakt von neun bis fünf Dienst zu schieben und an diesem Abend extra einbestellt werden musste. Er wohnte zwar gleich um die Ecke in Dollis Hill und war schon da, als die beiden Detectives eintrafen, doch während er ihnen die angeforderten Glock 17 samt Schulterholstern und jeweils zwei Magazine mit fünfzehn Patronen aushändigte, ließ er sich alle Zeit der Welt und lamentierte endlos darüber herum, dass man ihm seinen Fernsehabend versaut hatte und ihn nicht in Ruhe seine Late-Night-Comedy-Shows hatte sehen lassen.

Als die Prozedur endlich beendet war, eilten sie nach oben zu ihren Spinden, zogen sich ihre Kevlar-Westen an und stürmten wieder nach unten zum Parkplatz. Dort angekommen, sah Reed schweigend zu, wie Heck den Kofferraum seines Meganes öffnete, sein offizielles Schulterholster hineinlegte und es durch ein dort bereitliegendes ersetzte, das komplett anders aussah. Es war im Stil einer Muschel designt und stand auf dem Kopf, sodass seine Glock, wenn er sie hineinsteckte, umgedreht darin hing, also mit dem Griff nach unten.

»Ist das ein Schnellzieh-Holster?«, fragte der Detective Inspector ungläubig.

Heck zuckte mit den Achseln, zog seinen schwarzen Anorak über sein T-Shirt und das Holster mit der Pistole und schloss den Reißverschluss. »Könnte man so sagen.«

»Ich wusste gar nicht, dass solche Dinger überhaupt erlaubt sind.«

»Vorschriftsmäßig sind sie nicht, das steht fest. Aber sie funktionieren.«

»Wie sind Sie darauf gekommen? Hat Sie ein alter Haudegen aus den guten alten Zeiten dazu inspiriert?«

»Ne.« Heck stieg ein. »Steve McQueen in *Bullitt*.«

Es war inzwischen 22:45 Uhr, weshalb sie mit Blaulicht nach Putney rasten. Dort stiegen sie in McDougalls BMW Sedan um, fuhren in Richtung Nordwesten und bogen in Neasden auf die North Circular Road.

Da sie nun nicht mehr in einem offiziell registrierten Polizeifahrzeug unterwegs waren, konnte Heck nicht einfach sein abnehmbares Blaulicht aufs Autodach klemmen. Aber da ein normaler Wochentag war und der Abend schon weit fortgeschritten, herrschte auf der North Circular Road zum Glück wenig Verkehr.

»Glauben Sie wirklich, dass die Leute, die dahinterstecken, eine ganze Reihe unserer Zielpersonen entführt haben könnten?«, fragte Reed.

Heck zuckte mit den Schultern, während er den Wagen steuerte. »Ich weiß es nicht, Sir. Ist nur eine Theorie. In einem Moment halte ich sie für schlüssig, im nächsten erscheint sie mir

ziemlich weit hergeholt. Wenn sie wirklich dahinterstecken sollten, habe ich keine Ahnung, wie sie es anstellen. Aber abgesehen
von Ihrem Treffer ist bisher kein Team mit seinem Fall vorangekommen, und das ist doch merkwürdig. Gwen hält mehr von
meiner Theorie als Gemma. Die hält es für einen zu großen
Zufall, dass außer uns noch jemand anders gleichzeitig hinter
den gleichen Leuten her ist.«

»Es wäre ein noch größerer Zufall, wenn es keinen gemeinsamen Nenner gäbe«, entgegnete Reed.

Heck warf ihm einen fragenden Blick zu.

»Diese Mistkerle stehen bei jedem auf der Liste der größten Arschlöcher ganz oben«, stellte der Detective Inspector
fest. »Wenn *wir* sie allein schon aus diesem Grund zur Strecke
bringen wollen, warum sollten andere nicht das gleiche Ziel
haben?«

Heck dachte darüber nach. In gewisser Weise ergab das Sinn,
doch wenn es sich um eine Art von Selbstjustiz handelte, bedürfte
es einer außergewöhnlich gut organisierten Bande, um so eine
Nummer durchzuziehen. Außerdem passte das kaum zu der
Produktion von Mordvideos als einer Art von Extrem-Porno-
grafie.

»Wie auch immer«, entgegnete Heck. »Danke noch mal für
Ihre Unterstützung vorhin, Sir.«

»Ich glaube, Sie hätten das sowieso gedeichselt, Heck. Sie können ziemlich überzeugend sein. Aber ich weiß Ihr Dankeschön
zu schätzen. Vor allem, weil Sie meinen Anblick nicht ertragen
können.«

»Das habe ich nie gesagt, oder?«

»Müssen Sie auch nicht. Ich habe Augen und Ohren.«

Heck dachte darüber nach. »Es stimmt nicht, dass ich Ihren
Anblick nicht ertragen kann, Sir.«

»Vielleicht würde es helfen, wenn Sie mich ›Jack‹ nennen
würden statt ›Sir‹.«

»Ich hätte nie gedacht, dass einmal der Tag kommen würde,

349

an dem ein Vorgesetzter einen Untergebenen bittet, ihn mit dem Vornamen anzureden.«

»Ich bitte Sie nicht, ich biete es Ihnen nur an. Aber ich kann Sie auch nicht zwingen. Es ist Ihre Entscheidung.«

»Dann bleibe ich beim ›Sir‹, wenn Sie nichts dagegen haben.«

»Wie Sie wollen.«

»Ich habe weder gesagt, dass ich Sie nicht ausstehen kann, noch dass ich Sie mag«, fügte Heck hinzu.

Reed nickte. »Es ist immer gut, offen und ehrlich miteinander zu sein.«

Zwanzig Minuten vor Mitternacht erreichten sie die Stelle, die McDougall ihnen beschrieben hatte.

Es war ein verlassener Lkw-Parkplatz in der Nähe einer Überführung, über die die North Circular Road hinwegführte. Der Lkw-Parkplatz, der durch ein klappriges Maschendrahttor zugänglich war, das an verrosteten Scharnieren hing, war größtenteils leer. An einer Seite standen ein paar verrostete Autowracks herum, ansonsten handelte es sich um eine große Schlackefläche, die von Unkraut überwuchert war. Die Reihe Ölfässer, vor denen McDougall, wie er ihnen erzählt hatte, immer parkte, war an der Westseite zu erkennen, direkt vor einer überwucherten Böschung, auf die die Gleise der Hammersmith & City Line entlangführten. An der östlichen Seite, unter der Überführung, war es zu dunkel, um irgendwas erkennen zu können. Allerdings hatte McDougall ihnen erzählt, dass sich dort eine mit Müll und Unrat übersäte Brachfläche befand, auf der es hier und da Relikte selbst zusammengezimmerter Obdachlosenbehausungen gab, noch mehr entsorgte Autos, Kühlschränke, Einkaufswagen und dergleichen.

Sie peilten schnell die Lage, um sich zu vergewissern, dass sie auch am richtigen Ort waren, dann verließen sie den Parkplatz wieder und erreichten nach etwa fünf Minuten eine kleine, von Reihenhäusern gesäumte Straße, wo sie das bewaffnete Team treffen sollten. Es war mit einem nicht gekennzeichneten Truppentransporter angerückt und bestand aus vier bewaffneten Beamten in Zivil. Geleitet wurde es von einem gewissen Inspector Renshaw, einem kleinen Mann aus Cumbria von gedrungener Statur mit hartgesottenen Gesichtszügen und einem hervorstehenden weißen Bart.

»Der Kerl könnte unbewaffnet sein«, sagte Heck. »Wir wissen es einfach nicht. Aber für den Fall, dass er doch bewaffnet ist, wäre es gut, wenn Sie und Ihre Männer rund um den Lkw-Parkplatz in optimalen Schusspositionen in Stellung gehen könnten. Sie haben doch Nachtsicht-Zielfernrohre dabei, oder?«

Renshaws geringschätzige Miene deutete an, was er von so einer Frage hielt.

»Die wesentlichen Fakten wurden Ihnen ja per E-Mail übermittelt«, sagte Heck. »Aber noch mal zur Erinnerung: Das Zielfahrzeug ist ein grüner Lieferwagen. Soweit uns bekannt ist, befindet sich in dem Fahrzeug nur eine Person. Der Mann wird an der Ostseite des Parkplatzes parken und aussteigen, um sich mit uns zu treffen. Offenkundig ist dies der immer gleichbleibende Modus Operandi. Er erwartet nur zwei Kunden – das sind wir. Mit ein bisschen Glück kann er uns im Schatten der Überführung nicht richtig erkennen, bis wir dicht genug an ihm dran sind und ihn überwältigen können.«

»Und wenn er Sie mit einer Taschenlampe anstrahlt?«, fragte Renshaw.

»Theoretisch wird er das eher nicht tun. Er wird keine Aufmerksamkeit erregen wollen. Deshalb findet die Übergabe immer um Mitternacht statt, dann ist es sowohl im Sommer als auch im Winter dunkel. Außerdem wurden wir informiert, dass er nicht unbedingt auf der Hut ist. Die Übergabe hat inzwischen so oft stattgefunden, dass er nicht damit rechnet, dass irgendwas anders laufen könnte als sonst. Die Vorgehensweise ist immer die gleiche. Wir parken vor den Ölfässern an der Westseite. Wir sitzen in dem gleichen Auto, mit dem die Kontaktpersonen des Typen immer gekommen sind. Sobald er bereit ist, steigt er aus und wartet, und dann gehen wir zu ihm rüber und …«

»Und Sie wissen nicht, ob er bewaffnet ist oder nicht?«, unterbrach Renshaw ihn.

»Nein«, gestand Heck. »Wir müssen einfach auf alles vorbereitet sein. Sobald wir bei ihm sind, geben wir ihm das hier.« Er holte ein in braunes Packpapier gehülltes Bündel hervor, das mit Bindfaden verschnürt war. »Er wird es für ein Paket voller Geldscheine halten, aber diesmal sind nur Zeitungsstreifen drin. Hoffentlich kommen wir nah genug an ihn ran, bevor er merkt, dass wir nicht die sind, die er erwartet. Das ist der Moment, in dem wir ihn verhaften. Sie werden es mitbekommen, weil Sie uns rufen hören werden.« In Anbetracht dessen, dass er und Reed sich in viel größere Gefahr begeben würden, kam es ihm fast ein bisschen absurd vor, dass er sich quasi entschuldigte. »Ich weiß, dass das alles ziemlich improvisiert wirkt, Sir, und mir ist durchaus bewusst, wie riskant diese Nummer ist. Aber wir reagieren auf Informationen, die wir buchstäblich gerade erst bekommen haben. Uns bleibt nichts anderes übrig, als so vorzugehen.«

Renshaw zuckte mit den Achseln. »Machen Sie sich darum keinen Kopf. Wenn wir hinzugezogen werden, ist es nur selten ein Kinderspiel. Wäre ja stinklangweilig, wenn es anders wäre.«

»Ach, und noch was«, sagte Heck. »Wir brauchen diesen Typen lebend. Wenn Sie ihn erschießen müssen, sei's drum. Aber seien Sie bitte absolut sicher, dass es wirklich nicht anders geht, okay?«

»Keine Sorge. Das sind wir immer, wenn wir abdrücken.«

Das klang nicht überzeugend, aber Heck und Reed hatten keine Zeit, mit ihm herumzudiskutieren.

Sie verließen die Männer des bewaffneten Teams, überließen es ihnen, das Terrain auszukundschaften und dort Position zu beziehen, wo sie es für geboten hielten, und fuhren zurück zu dem Lkw-Parkplatz. Um vier Minuten vor Mitternacht rollten sie vor den Ölfässern vor. Heck parkte und zog die Handbremse.

Sie warteten.

Eine Böe fegte über die offene Fläche und wirbelte herumliegenden Abfall und Müll auf. Hinter ihnen donnerte krachend und dröhnend eine U-Bahn auf der Böschung vorbei, die reflektierenden Lichter tanzten über die leere Schlackefläche.

Dann war wieder alles ruhig. Reed sah auf seine Uhr.

Heck hatte zum ersten Mal den Eindruck, dass der Detective Inspector nervös war. Seine Körperhaltung war angespannt, seine Schultern steif. Vor einer potenziell gefährlichen Verhaftung wie derjenigen, die ihnen bevorstand, war niemand entspannt, aber eine Eigenschaft an Jack Reed, die sogar Heck sympathisch gefunden hatte, war, dass er stets gelassene Kompetenz ausstrahlte. Reed war ein Polizist, der normalerweise den Eindruck vermittelte, dass ihn nichts aus der Ruhe bringen konnte, der in jedem Moment wusste, was er tat, und sich in keiner Situation unbehaglich fühlte.

»Was glauben Sie, wo Renshaws Männer sind?«, fragte Reed.

Er beugte sich vor, spähte durch die Windschutzscheibe über den Lkw-Parkplatz und nahm den voluminösen schwarzen Umriss der Überführung ins Visier, der sich horizontal vor dem östlichen Himmel abzeichnete.

»Da oben jedenfalls nicht«, erwiderte Heck. »Zum einen, weil die Zielperson, wenn sie sich so verhält wie immer, auf der Seite des Lieferwagens stehen wird, die zu uns hin ausgerichtet ist, sodass sie den Kerl von da oben nicht sehen könnten. Zum anderen, weil wir klargemacht haben, wie wichtig es uns ist, dass sie ihn nur abknallen sollen, wenn es gar nicht anders geht, weshalb sie so in Position gehen werden, dass sie aus der Nähe zielen können. Renshaw hat nur vier Männer, also wird er keinen von ihnen da oben positionieren, wo sie ziemlich weit ab vom Schuss sind.«

Reed lehnte sich wieder zurück, als ob ihn diese Belehrung zufriedenstellte. Das passte so gar nicht zu dem großen, furchtlosen Mann, der es im Gewand eines Landpfarrers mit den Mitgliedern der Schwarze Kapelle aufgenommen hatte. Einen Unterschied gab es diesmal allerdings: Die Anwesenheit von Schusswaffen und die Gefahr, dass das Ganze in einer Schießerei ausartete.

»Ist das Ihr erstes Mal, dass Sie es womöglich mit einem bewaffneten Gegner zu tun haben?«, fragte ihn Heck.

»Jedenfalls ist es mein erster Einsatz, bei dem ich selber eine Waffe trage.«

»Gab es dafür im Krisenstab für die Bewältigung schwerer Zwischenfälle nicht öfter mal Bedarf?«

»Nun ja.« Reed überlegte. »Ich habe während meiner Zeit dort durchaus ein paar Mörder hinter Schloss und Riegel gebracht. Und auch ein paar Vergewaltiger. Aber von denen war keiner bewaffnet, als wir sie verhaftet haben.«

Heck war ehrlich überrascht. »Als ich Sie das erste Mal gesehen habe, habe ich Sie für einen Ex-Militär gehalten. Für einen ehemaligen Armeeoffizier oder so was in der Richtung.«

»Ich? Wohl kaum. Mein Vater war Träger an den Docks von Southampton.« Reed sah irgendwie belustigt aus. »Das nimmt Ihnen ein bisschen den Wind aus den Segeln, was? Ich meine, weil Sie doch so ein Klassenkämpfer sind und so.«

»Ich bin kein Klassenkämpfer.« Heck suchte den Lkw-Parkplatz zu allen Seiten ab. »Bei mir ist das eine rein persönliche Sache. Aber eins muss ich sagen: Sie sprechen ein ziemlich gutes Hochenglisch.«

»Muss wohl an Oxford liegen.«

Oxford würde vieles erklären, dachte Heck. Einen Typen, der es aus einem Hafenviertel nach Oxford geschafft hatte, in die Stadt der verträumten Turmspitzen, musste man einfach bewundern. Das hatte ihm bestimmt alle möglichen Türen geöffnet. Hatte wahrscheinlich dafür gesorgt, dass er, als er Polizist geworden war, im Schnelldurchgang den Aufstieg gemacht hatte. Insofern war es merkwürdig, dass er nicht längst in festen Händen war, zum Beispiel in denen einer eleganten Lady aus einer der wohlhabenden Grafschaften im Südosten. Oder er *war* vergeben und zog in Erwägung, sich mit Gemma auf ein amouröses Abenteuer einzulassen.

»Haben Sie Familie?«, fragte Heck.

»Ich war mal verheiratet«, entgegnete Reed. »Aber nicht lange.«

Das war aus naheliegenden Gründen auch nicht gerade Musik in Hecks Ohren.

»Lag es am Job?«, fragte Heck. »Ist ja meistens der Fall.«

»Nicht wirklich. Meine Frau ist gestorben.«

Es war eine schlichte Antwort, die Heck erst mit leichter Verzögerung traf wie ein Schlag in die Magengrube. Er sah Reed verlegen an. »Das tut mir leid.«

Reed sah aus dem Fenster. »Ein Autounfall. Als es passiert ist, waren wir erst zwei Jahre verheiratet. Zum Glück hatten wir noch keine Kinder.«

»Ich und meine verdammte große Klappe.«

»Wenn Sie mich nicht mögen, ist das sicher kein Grund, der Sie veranlassen sollte, Ihr Urteil zu überdenken, Heck. Wie ich gehört habe, hatten Sie es auch nicht leicht im Leben.«

Plötzlich ertönte draußen in der Dunkelheit ein Scheppern von Metall.

Beinahe instinktiv langte Reed nach seiner Pistole.

»He, nur mit der Ruhe.« Heck legte ihm eine Hand auf den Arm. »War wahrscheinlich einer der bewaffneten Kollegen. Sie bilden sich gerne ein, dass sie sich so unauffällig bewegen wie Panther, aber glauben Sie mir: Das tun sie nicht.«

»Scheiße!« Reed atmete geräuschvoll ein und aus.

Sie suchten erneut zu allen Seiten die sie umgebende Dunkelheit ab.

»Nur zur Erinnerung: Der Kerl kommt mit einem Auto«,

355

sagte Heck. »Und wenn ihm irgendwas verdächtig vorkommen sollte, kreuzt er gar nicht erst auf.«

Es vergingen etliche Sekunden der Stille, die nur durch weitere Böen unterbrochen wurde, die durch die Blätter der Bäume auf der Böschung rauschten. Es war Mitternacht, aber von dem Kerl war immer noch nichts zu sehen.

»Was Einsätze wie diesen angeht, sind Sie ein alter Hase, hab ich recht?«, sagte Reed schließlich.

»Ein alter Hase würde ich nicht gerade sagen«, entgegnete Heck. »Ich hab so was schon das eine oder andere Mal gemacht. Aber ich kann nicht gerade behaupten, dass ich ein Fan von so was bin.«

»Obwohl Sie Ihre Knarre unter der Achselhöhle tragen wie Steve McQueen?«

In Reeds Stimme schwang für einen Augenblick Humor mit. Er versuchte, die Situation herunterzuspielen, vor allem, um sich selbst Mut zu machen.

»Ich sehe das so«, entgegnete Heck, »wenn ich mich verteidigen muss, indem ich eine tödliche Waffe zum Einsatz bringe, kann ich mich auch in die Lage versetzen, es richtig machen zu können. Aber vergessen Sie eins nicht«, er tätschelte seine verborgene Pistole. »Wenn Sie dieses Ding in der Hand halten, sollten Sie es immer als eine potenzielle tragbare lebenslängliche Freiheitsstrafe betrachten. Wenn Ihnen absolut nichts anderes übrig bleibt, als jemanden zu erschießen, seien Sie sich zweihundertprozentig sicher, dass Sie auf den Richtigen zielen.«

»Ich weiß. Beim Schusswaffentraining haben sie uns eingebläut, immer darauf zu achten, dass sich kein Unbeteiligter in der Schusslinie befindet.«

»Klar, nur dass einem das in so einer Nacht wie dieser nicht viel nützt.«

Sie starrten in die undurchdringliche Finsternis unter der Überführung. Inzwischen waren Sie seit etlichen Minuten vor Ort, doch ihre Augen hatten sich immer noch nicht so weit an die Dunkelheit gewöhnt, dass sie auf dem Lkw-Parkplatz alles erkennen konnten, geschweige denn, was sich in der tiefen Finsternis unter der North Circular Road verbarg. Reed hatte auf dem Weg bei den Kollegen der Wache East Ham Central angerufen und sich erkundigt, ob unter der Unterführung Landstreicher, Drogenabhängige oder andere Obdachlose campierten, und man hatte ihm mitgeteilt, dass dort derzeit niemand hauste. Das war gut zu wissen, aber in dieser Dunkelheit konnte man sich nie ganz sicher sein.

Der Detective Inspector sah erneut auf die Uhr. Es war zwei Minuten nach Mitternacht.

Der Mann mit dem grünen Lieferwagen war jetzt offiziell verspätet und verspätete sich immer mehr.

»Gut möglich, dass der Vogel schon ausgeflogen ist.«

»Ja«, stimmte Heck ihm zu.

»Sie haben ja selber gesagt, dass der Anwalt der Friths ihm inzwischen einen Wink gegeben haben könnte.«

»Nicht ausgeschlossen«, stimmte Heck zu. »Aber egal was hier heute Nacht passiert – Lance und Margot Frith wandern in den Knast.«

»Aber nicht unbedingt lange.«

»Bei Beihilfe zum Mord? Ist immerhin nicht ganz unwahrscheinlich, dass man sie dafür drankriegt, oder?«

Reed dachte darüber nach. »Die Friths sorgen für eine Nachfrage nach diesen Mordvideos, würde ich sagen. Also könnte man argumentieren, dass sie dazu anstiften, dass die gefilmten Verbrechen begangen werden. Das könnte als Grundlage für eine Anklage reichen. Es ist also in der Tat nicht unwahrscheinlich, dass sie hinter Gittern landen. Glauben Sie, dass sie auch versuchen werden, einen Deal auszuhandeln?«

»Wade McDougall hat es jedenfalls gemacht«, stellte Heck klar. »Allerdings ist er auch ein routinierterer Krimineller als die Friths. Verfügt vermutlich über bessere Instinkte. Die andere Sache ist: McDougall hat seinen eigenen Anwalt, also nicht den gleichen wie die Friths. Deshalb wissen sie noch gar nicht unbedingt, dass er gesungen hat. Aus ihrer Sicht ist das Schlimmste, was heute Nacht passieren kann, dass der Typ aufkreuzt, um den Deal durchzuziehen, niemanden antrifft, der die Filme kauft, und unverrichteter Dinge wieder abzieht. Dadurch wäre aus ihrer Sicht erst mal kein zusätzlicher Schaden angerichtet. Und die Friths hätten Zeit, noch mal in Ruhe über alles nachzudenken und vielleicht zu dem Schluss zu kommen, dass sie besser dran sind, wenn sie uns den Kerl auf dem Silbertablett servieren, als wenn sie ihm die Chance geben zu entkommen. Um also auf Ihre Frage zurückzukommen – ja, es ist durchaus möglich, dass sie ihn bereits gewarnt haben, aber ich halte es für eher unwahrscheinlich.«

Kaum hatte er zu Ende gesprochen, hob er einen Finger.

Zwei parallele Lichtkegel strahlten von der Seite in die trostlose Finsternis unter der Überführung. Im Schein des Lichts waren dort für einen kurzen Moment weitere Autowracks, verbrannte Reifen und anderer verstreuter Unrat zu sehen. Im nächsten Moment bog ein Lieferwagen, von dem das Scheinwerferlicht stammte, durch das offene Tor auf den Lkw-Parkplatz. Er rollte langsam über die Schlackefläche bis zum anderen Ende und kam dort knirschend zum Stehen. Der Motor ging aus, die Scheinwerfer erloschen.

Heck langte unter seinen Anorak, stellte sein Funkgerät leise und flüsterte: »Es geht los.«

30

Bis zu dem grünen Lieferwagen waren es etwa fünfzig Meter über offenes Gelände. Sie gingen langsam, gaben sich alle Mühe, möglichst entspannt zu wirken, und achteten darauf, einen Abstand zwischen zehn und fünfzehn Metern voneinander einzuhalten. Man brauchte kein Waffentraining absolviert zu haben, um zu wissen, dass zwei Menschen, die nahe beieinanderstehen, ein leichteres Ziel abgeben als zwei Menschen, die weit auseinander sind.

Das Problem war nur – für ein erfahrenes Auge konnte schon dieser Abstand zwischen ihnen ungewöhnlich erscheinen.

Das Einzige, was Heck von dem Kerl sehen konnte, war seine dunkle Kontur, die sich vor dem helleren, kastenförmigen Umriss seines Lieferwagens abzeichnete. Er war kleiner, als Heck erwartet hatte, höchstens gut eins siebzig, aber kräftig gebaut. Der Hals war so dick, dass er kaum zu erkennen war, der Kopf lang gezogen und oben platt. Er sah aus wie ein Amboss.

Je näher sie kamen, desto mulmiger wurde es Heck. Instinktiv zog er den Reißverschluss seines Anoraks ein Stück weit herunter. Die Gestalt vor dem Lieferwagen wartete reglos und beobachtete sie.

Allein der Himmel wusste, wann ihm klar werden würde, dass sie nicht die waren, die er erwartete. Wenn es geregnet hätte, hätten sie sich ihre Kapuzen aufsetzen können, ohne seinen Argwohn zu erregen. Aber an einem trockenen Augustabend hätte ihn das auf jeden Fall stutzig gemacht.

Der Mann beugte sich ein wenig vor.

Nahm er sie genauer in Augenschein?

Hecks Hand wanderte verstohlen Zentimeter für Zentimeter zu seiner linken Achselhöhle.

Und dann ertönte das ohrenbetäubende, sich wiederholende rumpelnde Getöse von auf Stahl rollendem Stahl. Hinter ihnen ratterte ein U-Bahn-Zug die erhöhten Gleise entlang. Die grellen Lichter des Zugs erhellten den Lastwagenparkplatz vorübergehend.

Der grüne Lieferwagen war für einen Moment voll zu sehen, das Gleiche galt für den kleinen, stämmigen Fahrer, dessen Gesicht in der Dunkelheit gespenstisch weiß war. Er trug eine blaue Jeans und eine graue Kapuzenjacke mit hochgezogenem Reißverschluss. Seine Hände steckten vorne in den Taschen der Jacke, an seinem rechten Handgelenk hing eine weiße Plastiktüte.

Die Frage war, wie viel die von dem Zug verursachte Lichtshow von den beiden Polizisten enthüllte.

Wahrscheinlich nicht so viel. Vor dem hinter ihnen vorbeifahrenden Zug waren sie sicher nur als Silhouetten zu sehen. Doch das reichte, um erkennen zu können, dass keiner von ihnen eins fünfundneunzig groß war.

Aus der Ferne mochte der eins neunzig große Jack Reed vielleicht dafür durchgehen.

Aber nicht aus dieser Nähe. Sie waren keine zwanzig Meter mehr von dem Lieferwagen entfernt.

Die wartende Gestalt veränderte erneut ihre Position. Es war eine abruptere Bewegung als beim vorherigen Mal.

»Auf den Boden!«, rief Heck und warf sich hin.

Reed tat es ihm gleich – gerade noch rechtzeitig, denn der wartende Mann eröffnete mit einer Waffe, die in der Tasche seiner Jacke verborgen war, das Feuer. Zwei blendende Mündungsblitze zuckten in der Dunkelheit auf.

Heck rollte sich zur Seite, seine Glock bereits gezogen und schussbereit. »Polizei! Lassen Sie Ihre Waffe fallen!«

Als er ein Stück weit gerollt war, blieb er auf dem Bauch liegen und zielte mit beiden Händen.

Doch der Mann aus dem grünen Lieferwagen war bereits

in die Fahrerkabine gesprungen. Im gleichen Moment wurde irgendwo in der Nähe ein einzelner Schuss mit einer MP5-Maschinenpistole der Polizei abgefeuert. Die massive Kugel dellte die Seite des Lieferwagens erkennbar ein, drang jedoch nicht hindurch.

»Der verdammte Wagen ist gepanzert!«, rief Heck. »Ich fasse es nicht. *Sir, alles klar bei Ihnen?*«

»Alles klar!«, verkündete Reeds Stimme, doch sie klang etwas benommen.

»Bleiben Sie unten! Die bewaffneten Kollegen kümmern sich um den Kerl!«

Es folgte ein weiterer Knall. Eine andere MP5 wurde abgefeuert. Die Kugel schlug in das Fahrerfenster ein, auf dem sich spinnennetzartige Risse bildeten, doch auch dieses Geschoss drang nicht durch.

»Ach du Scheiße!«, rief Heck. »Der Wagen ist gepanzert wie ein Militärfahrzeug!«

Der Motor des Lieferwagens sprang stotternd an, und er setzte sich in Bewegung.

Heck blieb nichts anderes übrig, als die Reifen unter Beschuss zu nehmen. Er feuerte drei Kugeln in den Vorderreifen auf der Fahrerseite und drei Kugeln in den Hinterreifen.

Die beiden Reifen zerplatzten, und die Karosserie sackte ruckartig nach unten, doch der Wagen raste mit über den Boden schleifendem Fahrgestell weiter. Er bretterte auf den platten Reifen humpelnd etwa vierzig Meter weit und bog nach rechts ab. Währenddessen wurde er die ganze Zeit aus verdeckten Positionen unter Beschuss genommen, doch die gepanzerte Außenhülle hielt den einschlagenden Kugeln stand. Der Fahrer gab nach wie vor Vollgas. Der ramponierte Wagen bretterte durch den Maschendrahtzaun, der das Areal begrenzte, und verschwand rumpelnd in die Dunkelheit unter der Überführung, wo er, wie es klang, mit diversen Hindernissen kollidierte, zwischen denen er hindurchpflügte.

Heck ging hoch auf die Knie, zog die mit dem karierten Band markierte Polizei-Baseballkappe aus seiner Gesäßtasche und setzte sie auf. Nicht weit neben ihm tat Reed es ihm gleich.

Hinter ihm stürmten zwei bewaffnete Beamte in einem Bogen über die nördliche Seite des Lkw-Parkplatzes. Sie trugen ebenfalls markierte Polizeikappen, hielten jedoch in Brusthöhe ausgerichtete MP5-Maschinenpistolen vor sich. Heck blickte nach Süden und sah einen weiteren Beamten diagonal auf sie zukommen. An den Läufen aller MPs waren Taschenlampen befestigt, die hell strahlten. Aus der Distanz und von einer festen Position waren die Nachtsichtzielfernrohre perfekt, doch aus der Nähe, und wenn man sich in Dunkelheit auf fremdem Terrain bewegte, waren Taschenlampen die einzige taugliche Option. Man konnte nicht durch die Finsternis stürmen, während man durch das Visier einer Maschinenpistole blickte. Der Nachteil war natürlich, dass man sich selber zu einem gut erkennbaren Ziel machte.

Irgendwo unter der Überführung krachte es laut, im nächsten Moment erstarb der tuckernde Motor des Lieferwagens. Da er ohne eingeschaltete Scheinwerfer unterwegs gewesen war, war er offenbar gegen irgendein massives Hindernis gefahren.

Der aus südlicher Richtung kommende bewaffnete Beamte erreichte die beiden Detectives. Er war ein junger schwarzer, schlanker Polizist mit militärischem Gebaren. Er brabbelte in sein Funkgerät und forderte vermutlich weitere Verstärkung an, hielt jedoch inne und richtete sich an Heck und Reed.

»Wurde einer von Ihnen getroffen?«

»Nein«, erwiderte Heck.

»Gut. Halten Sie sich zurück. Überlassen Sie das uns, okay?«

»Klang so, als wäre er irgendwo gegengefahren«, entgegnete Heck. »Ist wahrscheinlich zu Fuß unterwegs zur anderen Seite der Überführung.«

»Auf der anderen Seite der Überführung sind auch welche von uns positioniert«, stellte der bewaffnete Beamte klar und rückte weiter vor in die Dunkelheit, den Strahl der Taschenlampe vor sich ausgerichtet.

Heck eilte zu Reed, der immer noch auf einem Knie hockte. Er hielt seine Glock nach wie vor in der Hand, jedoch nach unten gerichtet. Der Detective Inspector atmete schwer, auf seiner Stirn glänzte Schweiß, doch er sah schon wieder etwas lockerer aus, weniger angespannt. Heck ging es genauso. Es war schon immer so gewesen: Am Anfang eines solchen Einsatzes mochte man nervös sein, doch in dem Moment, in dem man Feindkontakt hatte, fiel alle Angst von einem ab. Man wurde mit Adrenalin geflutet, und dann ging es nur noch darum, mit dem Gegner fertigzuwerden.

»Der verdammte Wagen ist ja ein regelrechter Panzer«, murmelte Reed.

»So ist es. Hier ist definitiv mehr im Gange, als wir dachten.«

Heck blickte sich um und sah über den Lkw-Parkplatz, doch von den beiden bewaffneten Beamten war nichts mehr zu sehen, was bedeutete, dass sie weiter vorgerückt sein mussten. Wenn auf der anderen Seite der Überführung ebenfalls bewaffnete Beamte positioniert waren, wie der junge schwarze Beamte gesagt hatte, hatten sie den Flüchtigen wahrscheinlich schon umzingelt.

Die beiden Detectives gingen geduckt mit ihren Pistolen in der Hand bis zum Rand der Überführung.

Vor ihnen huschten Lichtpunkte hin und her, die davon kündeten, dass die bewaffneten Beamten von allen Seiten vorrückten, vermutlich, um den Mistkerl in die Enge zu drängen. Wenn sie Glück hatten, hatte er nur eine Pistole, sodass sie ihm an Waffenkraft weit überlegen waren.

Reed sah Heck an. »Wir werden doch nicht zulassen, dass diese Helden alle Lorbeeren alleine einheimsen.«

Heck zuckte mit den Schultern. »Was immer Sie sagen, Sir.«

Reed richtete sich auf und stapfte über den umgenieteten Teil

363

des Maschendrahtzauns. Dahinter endete die feste Schlackefläche des Lkw-Parkplatzes. Stattdessen fanden sie sich auf einem
erdigen Untergrund wieder, der mit Unrat und Abfall übersät
war. Außerdem standen überall die Autowracks herum, auf die
sie einen Blick erhascht hatten. Das Ganze war im wahrsten
Sinne ein Dschungel aus verschrotteten Fahrzeugen und weg-
geworfenem Hausrat. Sie gingen um die ausgeschlachtete Hülle
eines Mini Coopers herum und schlängelten sich zwischen
zahllosen verrotteten Möbeln und verrosteten Haushaltsgeräten
hindurch.

Genau in dem Augenblick ratterte in dem höhlenartigen
Raum unter der Überführung eine ohrenbetäubende Salve aus
einer automatischen Waffe abgefeuerter Schüsse.

Heck warf sich auf den Boden, Reed tat es ihm gleich.

Das Geratter erstarb.

»War das einer von unseren Leuten?«, fragte der Detective
Inspector atemlos.

»Unwahrscheinlich«, flüsterte Heck. »Unsere Leute würden
keine Dauersalve abfeuern!«

Er steckte seine Glock ins Holster und robbte, nur seine Ellbogen einsetzend, auf dem Bauch weiter durch die Dunkelheit vor.
Vor ihm tauchte ein hohes, rechteckiges Objekt auf, das pechschwarz war, nach altem Fett stank und bei dem es sich zweifellos um einen alten Ofen handelte. Heck richtete sich auf und
spähte über den Ofen.

Alle Lichter waren erloschen. Vermutlich hatten die bewaffneten Beamten die Lampen ausgeschaltet, nachdem ihnen bewusst
geworden war, mit was für einem Gegner sie es zu tun hatten.
Das Rattern der automatischen Waffe setzte wieder ein und
hielt, wie es Heck vorkam, eine ganze Minute lang ununterbro-
chen an. Er duckte sich, konnte jedoch genau erkennen, wo die
Schüsse herkamen. Etwa vierzig Meter vor ihm und zwanzig
Meter zu seiner Linken blitzte unaufhörlich Mündungsfeuer auf.
Das Mündungsfeuer bewegte sich hin und her und im Kreis, als

ob der Schütze ständig seine Position und seine Schussrichtung veränderte.

Dann erstarb das Geratter wieder abrupt, doch das Echo der Schüsse hallte noch einen Moment nach.

Vermutlich musste er nachladen. Was beunruhigend war, denn er hatte gerade ein komplettes Magazin verballert, was darauf hinwies, dass er nicht gerade an Munitionsknappheit litt. Wie viele Ersatzmagazine er wohl noch hatte?

Noch beunruhigender aber war, dass sein Feuer nicht erwidert wurde.

Wo waren die bewaffneten Teams?

Heck strengte seine Augen an und suchte die Dunkelheit ab.

Doch er sah keine Bewegung, und es war nichts zu hören. Kein Schuss, um das Feuer zu erwidern, nicht einmal das statische Rauschen eines Funkgeräts.

»Was zum Teufel geht hier vor?«, flüsterte Reed, der zu Heck aufgeschlossen hatte und neben ihm kauerte.

Heck schüttelte den Kopf. Er kroch um den Ofen herum, ließ sich wieder auf alle viere fallen und robbte weiter. Reed bildete die Nachhut. Einige Sekunden später hielten sie hinter einem alten Sofa inne und lauschten.

»Ob sie sich zurückgezogen haben?«, fragte Reed.

»Würde Sinn ergeben«, erwiderte Heck.

In dem Moment knallte keine zwanzig Meter von ihnen entfernt zu Ihrer Linken eine abgefeuerte MP5.

Im kurzen Schein des Mündungsblitzes sah Heck einen der bewaffneten Beamten. Er stand aufrecht, die Maschinenpistole an der Schulter vor sich ausgerichtet, blickte durch das Nachtsichtzielfernrohr und feuerte eine zweite Kugel ab. Dieser Schuss wurde umgehend von einer Salve aus einer automatischen Waffe erwidert, diesmal von einer anderen Position als beim letzten Mal und in einem weiten Bogen. Die Kugeln durchsiebten von einer Seite zur anderen die Bauchgegend des bewaffneten Beamten. Er kippte, vor Schmerz gurgelnd, auf den Boden. Bevor

365

Heck oder Reed zu ihm eilen konnten, schlugen mehrere Kugeln in das Sofa ein und rissen ganze Büschel schwammartiger Polsterung heraus.

Heck hastete in geduckter Stellung nach rechts, packte Reed am Kragen und zog ihn mit sich. Sie schlichen zwischen Haufen von Plastiksäcken und Stapeln zusammengeschnürter Zeitschriften eine von Unkraut überwucherte Passage entlang. Der Mann aus dem grünen Lieferwagen, der möglicherweise ebenfalls über ein Nachtsichtgerät verfügte, hielt sie weiter unter Beschuss. Seine automatische Waffe ratterte unentwegt, die Kugeln rissen alles, was sie trafen, in Fetzen. Heck und Reed warfen sich erneut auf den Boden – gerade noch rechtzeitig. Kugeln surrten über sie hinweg.

Dann wurde das Feuer wieder abrupt eingestellt, doch das Echo der Schüsse hallte noch lange nach, bis es schließlich verebbte.

Dann folgte Stille. Heck und Reed waren taub und geblendet. Sie hatten keine Ahnung, wo sich der Schütze befand, und wussten nicht, ob er erneut seine Position verändert hatte und versuchte, sie ausfindig zu machen, oder ob er die Gelegenheit genutzt hatte, das Weite zu suchen.

Doch dann hörte Heck vor sich jemanden näher kommen.

Er bedeutete Reed, liegen zu bleiben, wo er war, sich still zu verhalten und auf der Hut zu sein. Im nächsten Moment kam direkt vor ihm eine geduckte Gestalt hinter einem weiteren verlassenen, schief stehenden Fahrzeug hervor und in sein Sichtfeld gehuscht. Wer auch immer es war, er hatte die beiden Detectives nicht gesehen, und als er an ihnen vorbeischlich, langte Heck nach oben, packte ihn am Kragen seiner kugelsicheren Weste und riss ihn nach unten. Der Neuankömmling, ein durch und durch drahtiger und muskulöser Kerl, knurrte wütend, rammte Heck sein Knie in die Weichteile, schlug ihm mit dem Unterarm gegen die Kehle und drückte ihn auf den Boden hinab auf das Unkraut und die Steine.

»Verdammt«, brachte Heck hervor, als er den weißen Bart und die mit dem karierten Band markierte Baseballkappe registrierte.

Die Augen, die aus dem schweißgebadeten Gesicht auf ihn hinabblickten, weiteten sich, und der Griff lockerte sich.

»Was zum Teufel soll der Scheiß!«, zischte Renshaw. »Ich hätte Sie umbringen können.«

»Ach ja?«, flüsterte Heck. Erst in dem Moment wurde Renshaw sich dessen bewusst, dass Heck ihm die Mündung seiner Glock gegen die Genitalien gedrückt hatte.

»Lassen Sie mich verdammt noch mal los!« Der bewaffnete Beamte riss sich frei und ging auf die Knie.

»Einer Ihrer Männer wurde getroffen«, informierte Heck ihn.

Renshaw wirbelte zu ihm herum. »Wer? Wo?«

»Ich weiß nicht, wer. Irgendwo links von uns.«

»Wie schlimm?«

»Keine Ahnung.« Heck kniete sich ebenfalls hin. »Etwa dreißig oder vierzig Meter in diese Richtung.«

»Könnte Andy Gillmann sein. Verdammt, ich habe Sie gefragt, wie schlimm?«

Heck zog Renshaws Gesicht vor seins, sodass ihre Nasen sich fast berührten. »Ich weiß es verdammt noch mal nicht! Kapiert?«

»Sie sind mit den allerneuesten Schutzwesten ausgerüstet. Sie sollten also …«

»Das Einzige, was ich Ihnen definitiv sagen kann, ist, dass er verletzt ist. Wir haben ihn krächzen gehört.«

Renshaw sah bestürzt und erschrocken aus, jeglicher Hauch seines früher am Abend zur Schau gestellten Selbstbewusstseins hatte sich in Luft aufgelöst.

»Was ist los, Renshaw?«, zischte Reed. »Ich dachte, Ihre Leute wären Experten.«

Diese Bemerkung schien Renshaw aufzurütteln. »Sie Volltrottel haben uns nicht gesagt, dass wir uns so einer geballten Feuerkraft gegenübersehen würden.«

367

»Das wussten wir nicht«, entgegnete Heck. »Aber ich habe Sie sehr wohl gewarnt, dass wir nicht wussten, womit wir es zu tun bekommen würden.«

Zwanzig oder dreißig Meter zu ihrer Rechten ertönte ein dumpfes, metallenes Geräusch.

Renshaw riskierte es, sich aufzurichten, und hob seine MP5 in Schussposition, jedoch nur, um durch das Nachtsichtzielfernrohr gucken zu können. Heck und Reed robbten weiter, bis sie gegen das schief stehende Autowrack stießen. Dann richteten sie sich ebenfalls auf, drückten sich mit dem Rücken an die Karosserie und schoben sich langsam um das Wrack herum, bis sie es zwischen sich und die letzte Schussposition des Schützen gebracht hatten.

»Keine Spur von dem Arschloch«, sagte Renshaw und glitt zu ihnen um das Wrack herum.

»Okay, wir haben die Feuerkraft des Gegners unterschätzt«, flüsterte Reed. »Aber welche Gegenmaßnahmen haben Sie ergriffen, als Ihnen das klar geworden ist?«

»Als wir so heftig beschossen wurden, habe ich meine Leute sofort angewiesen, sich zurückzuziehen«, erwiderte Renshaw. »Andy war der Einzige, der nicht bestätigt hat, die Anweisung empfangen zu haben. Ich dachte, er hätte es wegen des Lärms nicht gehört. Außerdem habe ich zusätzliche Verstärkung angefordert.« Er warf einen Blick auf das leuchtende Zifferblatt seiner Uhr. »Kann höchstens noch fünf Minuten dauern, bis sie da sind. Die umliegenden Straßen werden schon abgesperrt. Keine Sorge, wir werden diesen Kerl in die Enge treiben und schnappen. Außerdem habe ich einen Rettungswagen angefordert, um einen Verwundeten abzutransportieren. Terry Chowdry wurde getroffen. Arme Sau. In beide Beine.«

»Also hat es *zwei* Ihrer Männer erwischt?«, fragte Reed.

Renshaws Gesicht verzog sich zu einer wütenden Grimasse. »Falls Sie sich um ihn Sorgen machen sollten – Chowdry lebt.«

»Aber er ist kampfunfähig?«

»Natürlich ist er das, verdammt.«

»Wo ist er jetzt?«, fragte Heck

»Verbirgt sich irgendwo da vorne.«

Renshaw zeigte vage in eine Richtung, als ob er sich nicht ganz sicher wäre, wo genau die Stelle war, doch nachdem sie so oft hin und her gelaufen waren, hatten sie alle die Orientierung verloren. Ihre Augen hatten sich an die Dunkelheit gewöhnt, und ein wenig Mondlicht fiel unter die Überführung, doch all das trug nur dazu bei, dass alles um sie herum wie ein Brachland wirkte, auf dem ein einziges Durcheinander undeutlicher Umrisse herrschte.

»Wo hatten Sie gesagt, liegt Gillman?«, fragte Renshaw.

»Hinter dieser Schrottmühle.« Heck klopfte auf das Autowrack, hinter dem sie in Deckung gegangen waren. »Und dann die Passage zwischen dem Müll hindurch.«

Renshaw nickte und ging zur Ecke des Wracks.

Heck begleitete ihn. »Von hier aus würde ich sagen, ist seine Position auf zwei Uhr. Aber Sir, wenn Verstärkung auf dem Weg ist, sollten wir uns lieber nicht von der Stelle rühren und warten.«

Renshaws Ausdruck wirkte in der Düsternis finster, seine Augen funkelten. »Wenn es einer Ihrer Männer wäre, was würden *Sie* tun?«

Darauf konnte Heck nichts Vernünftiges einwenden.

Renshaw glitt um die Ecke des Wracks. Heck und Reed beugten sich vor und sahen ihm hinterher. Auf die Passage, durch die sie hergekommen waren, fiel nur wenig Licht, aber wie es aussah, war die Luft rein.

»Und schaffen Sie Ihre Ärsche hier weg«, flüsterte Renshaw ihnen über seine Schulter hinweg zu. »Gehen Sie nicht zurück zu Ihrem Wagen. Verschwinden Sie von dem Lkw-Parkplatz. Treffpunkt an der gleichen Straße, an der wir uns vorhin getroffen haben. Verstanden?«

Heck sah Reed an. Beide nickten.

Renshaw wandte sich wieder der Passage zu – und sah den Umriss eines Mannes, der sich am Ende der Passage hinter einem Haufen Müllsäcke aufgerichtet hatte. Er war eins siebzig groß, stämmig, hatte einen Stiernacken und einen langen, oben flachen Kopf, der wie ein Amboss geformt war.

Und er hatte eine Waffe vor sich ausgerichtet.

Renshaw hob seine eigene Waffe und rief dem Kerl zu, dass sie Polizisten seien, doch im gleichen Moment zuckte am Ende der Passage blendendes Mündungsfeuer einer automatischen Waffe auf, und er wurde von einer ganzen Salve Kugeln nach hinten gegen das Autowrack geschleudert, genau an der Ecke, an der Heck und Reed standen und das Geschehen mit fassungslos starrenden Augen beobachteten. Renshaws Blut spritzte zu allen Seiten auf die ramponierte grüne Karosserie.

Grün.

Unglaublicherweise fand Heck selbst in diesem dramatischen Moment die Zeit, sich dessen bewusst zu werden, dass sie, ohne es zu wissen, genau hinter dem Wagen Deckung gesucht hatten, hinter dem sie hergewesen waren.

Sie bekamen wie durch einen Schleier mit, dass Renshaw leblos auf den Boden kippte, und zogen sich schnell wieder hinter den Wagen zurück. Sie wussten nicht, ob der Schütze sie gesehen hatte. Doch hinter dem Wagen türmte sich Unrat. Es war unmöglich zu fliehen, ohne über haufenweise übereinanderliegende verbogene Metallobjekte zu steigen und dabei einen Mordslärm zu verursachen. Stattdessen hasteten sie an der Seite des Lieferwagens entlang zur Vorderseite und sahen, dass der Wagen mit voller Wucht gegen einen massiven Betonpfeiler gekracht war.

Die Fahrerkabine war nicht komplett zerstört, aber das Dach war ziehharmonikaförmig zusammengedrückt worden, die gepanzerte Windschutzscheibe war nach innen gedrückt worden, die Fahrertür hing nur noch an einem einzigen verzogenen Scharnier.

Sie hielten keuchend inne und lauschten.

Es war deutlich zu hören, dass der Bewaffnete auf der anderen Seite des Wagens Unrat aus dem Weg trat. Er kam auf sie zu.

Heck zeigte nach vorne. Unmittelbar rechts neben der ramponierten Front des Lieferwagens gab es eine Lücke zwischen dem Betonpfeiler und einem auf dem Kopf stehenden Kühlschrank, und es sah so aus, als ob sich dahinter offenes Gelände befand.

Reed ging als Erster und zwängte sich seitlich durch die Lücke. Während Heck wartete, blickte er zurück zur Hinterseite des Lieferwagens. Bisher war dort noch niemand erschienen, doch das Stapfen schwerer Schritte kam immer näher. Als er sich umdrehte, um Reed zu folgen, fiel ihm etwas ins Auge: ein ziemlich abgetragener alter Rucksack, der in der Fahrerkabine auf der Fahrerseite im Fußraum lag.

Er sah nach nichts aus, ein altes Ding aus Segeltuch mit Schulterriemen, die mit zwei Schnallen befestigt waren, aber er musste etwas enthalten, das dem Mann gehörte, der dieses Gemetzel verursacht hatte. Und wenn Heck im Begriff war, das Weite zu suchen und die Ermittlungen an einem anderen Tag fortzusetzen, war es nur sinnvoll, dass er den Rucksack mitnahm.

Er langte in die Fahrerkabine und schnappte sich den Rucksack. Er war schwerer, als er gedacht hatte, doch er klemmte ihn sich unter den Arm und zwängte sich ebenfalls durch die Lücke zwischen dem Betonpfeiler und dem Kühlschrank. Im gleichen Moment bog der Schütze um das Heck des Lieferwagens und eröffnete das Feuer.

Die meisten Kugeln schlugen in den Kühlschrank ein. Er wurde völlig zerfetzt, ein Hagel Splitter flog zu allen Seiten. Doch Heck hatte sich bereits durch die Lücke gezwängt. Er schlang sich den Rucksack über die Schulter und stürmte, so schnell er konnte, in die Dunkelheit.

31

Selbst unter diesen Umständen schreckte Heck davor zurück, blind hinter sich zu schießen. Renshaw hatte zwar gesagt, dass er seine verbliebenen Männer angewiesen hatte, sich zurückzuziehen, aber er hatte nicht gesagt, wohin, was bedeutete, dass sie durchaus noch in Schussweite sein konnten. Aber er hatte sowieso keine Zeit für solche Überlegungen. Die Maschinenpistole ratterte unaufhörlich weiter, während sie durch die Dunkelheit stürmten, ein Kugelhagel nach dem anderen zerfetzte die Objekte, um die sie herumrannten und denen sie auswichen. Ein Mülleimer auf Rädern wurde zerfetzt, ein Stapel Reifen geschreddert wie Papier.

Der Mann aus dem grünen Lieferwagen hatte eindeutig kein Nachtsichtgerät. Er schoss blind, während er sie verfolgte, beharkte die Dunkelheit mit Salven und blieb nur stehen, um nachzuladen, was er schnell und effizient tat.

»Wie viele Magazine hat denn dieser Irre?«, stammelte Reed.

Heck war zu sehr damit beschäftigt, darauf zu achten, nicht zu stolpern, um zu antworten.

»Was soll der Scheiß?«, rief der Detective Inspector über seine Schulter. »Sind Sie verrückt, Mann? Aus ganz London sind Polizisten auf dem Weg hierher! Sie sollten zusehen, dass Sie hier verschwinden, solange Sie noch können!«

Die Antwort war eine weitere Salve. Die stroboskopartigen Blitze zuckten nur fünfzig Meter hinter ihnen auf, Kugeln surrten an ihnen vorbei.

»Er will seinen Rucksack«, brachte Heck keuchend hervor, als sie über festeren Untergrund rannten. »Es kann nur *das* sein.«

Wenn sie tatsächlich etwas besaßen, das für den Irren so wertvoll war, war es umso wichtiger, ihn unter keinen Umständen zu verlieren. Doch Reed hörte kaum zu. Er war zu sehr von der Reihe funkelnder Straßenlampen abgelenkt, die vor ihnen in Sicht kam. Sie waren der Länge nach in Richtung Süden unter der Überführung hergerannt, doch jetzt bogen sie nach Osten ab, auf die andere Seite zu, um dort wieder unter ihr hervorzukommen.

Ihr Verfolger hatte aufgehört zu schießen, doch vielleicht nur, um auszumachen, wo sie waren. Und das gelang ihm ziemlich schnell, denn als sie unter der Betonüberführung hervorkamen und ins hellere Mondlicht rannten, ratterte seine Maschinenpistole wieder los. Sie trennten sich voneinander und liefen im Zickzack über ebenen Asphalt. Um sie herum schlugen Kugeln in den Asphalt ein und rissen unzählige Brocken aus ihm heraus.

Heck erkannte, dass sie auf irgendeinem verlassenen Gelände gelandet waren, das von einem hohen Maschendrahtzaun umgeben war, doch auf der linken Seite war etwas, das aussah wie ein einflügeliges Tor, hinter dem eine mit Brettern vernagelte Kirche aufragte. Heck bog nach links und rannte auf das Tor zu. Reed wirbelte hingegen herum, ließ sich auf ein Knie sinken, zielte mit beiden Händen und feuerte dreimal in die Dunkelheit.

Die Maschinenpistole verstummte abrupt.

Heck rannte weiter. Als er das Tor erreichte, sprang er in die Luft und rammte es mit seinem Fuß. Der Aufprall war gewaltig, der Schmerz schoss ihm in den Knöchel und ins Knie, aber der Riegel war verrostet, zerbrach, und das Tor schwang auf.

»Jack!«, rief er, wirbelte herum und wischte sich den Schweiß aus den Augen.

Reed hatte sich langsam wieder aufgerichtet. Er hielt die Mündung seiner Waffe nach unten, doch anstatt zu Heck zu rennen, blickte er angestrengt in die Dunkelheit, sicher, dass er getroffen hatte.

»Jack!«, rief Heck. »Kommen Sie!«

Reed drehte sich um, setzte sich langsam in Bewegung und

legte erst nach einigen Schritten einen leichten Zahn zu, ohne jedoch zu rennen. »Ich glaube, ich habe ihn vielleicht …«

»Nein!«, fiel Heck ihm ins Wort. »Haben Sie nicht!«

»Doch, im Ernst, Heck.«

Als Reed noch zehn Meter von dem Tor entfernt war, blitzte wieder stroboskopartiges Mündungsfeuer auf, ein kleines Stück links neben der Position, von der aus der Schütze zuletzt geschossen hatte. Der Detective Inspector wurde einmal um 360 Grad herumgeschleudert, dann stürzte er zu Boden.

Hecks Mund wurde trocken. Auf seiner bereits nassen Stirn brach frischer Schweiß aus.

Zu seiner Überraschung wurde das Feuer eingestellt, und der Mann aus dem grünen Lieferwagen tauchte aus dem Schatten auf. Die Maschinenpistole baumelte an seiner Seite.

Er hatte Heck eindeutig nicht gesehen. Unter dem freiem Himmel war es nicht so dunkel wie unter der North Circular Road, aber alles lag in grauen Schatten, und Heck wurde sich dessen bewusst, dass die Mauer der verfallenen Kirche hinter ihm wahrscheinlich dazu beitrug, dass er nicht zu erkennen war. Außerdem war der Mistkerl noch gut siebzig Meter entfernt. Das hätte es jedem erschwert, klar und deutlich sehen zu können. Deshalb rückte er nur vorsichtig vor.

In diesem Momente regte sich Reed und wandte sich Heck zu.

Sein Gesicht war mit einer Maske aus Schweiß bedeckt, seine Augen traten hervor, in ihnen stand Schmerz. Aber er biss entschlossen die Zähne zusammen.

»Mein Bein«, flüsterte er. »Mein linkes Bein ist getroffen.«

»Bleiben Sie, wo Sie sind«, zischte Heck. »Stellen Sie sich tot.«

Reed tat, was Heck ihm riet, und da der Mann aus dem grünen Lieferwagen noch gut sechzig Meter entfernt war, hatte er womöglich nicht gesehen, dass der am Boden liegende Verletzte sich bewegt hatte. Aber darauf konnte Heck es nicht ankommen lassen.

374

Er schlich rückwärts durch das offene Tor und bog auf den Weg ein, der zwischen dem Zaun und der Kirche entlangführte. Dann rannte er los, stürmte, so schnell er konnte, den Weg entlang, zog im Laufen seine Glock und feuerte mehrere Schüsse ab. Natürlich war es völlig ausgeschlossen, den Kerl zu treffen, aber es ging ihm darum, dessen Aufmerksamkeit von Reed wegzulenken.

Und das gelang ihm auch.

Heck sah es nur in seinem peripheren Sichtfeld, aber der Kerl ließ sich auf ein Knie sinken, sein Oberkörper schwenkte langsam zur Seite, und dann eröffnete er das Feuer wieder und nahm den Zaun unter Beschuss, hinter dem Heck entlangstürmte.

»Wenn Sie das hier wollen!«, rief Heck und hielt den Rucksack hoch, »müssen Sie schon kommen und es sich holen!«

Als er die Ecke der Kirche erreichte, blieb er stehen und blickte zurück.

Der Schütze hatte aufgehört zu feuern, rannte ebenfalls und lud seine Waffe im Laufen nach. Doch anstatt auf das Tor zuzulaufen, was ihn an Reed vorbeigeführt hätte, überquerte er das Gelände diagonal in der erkennbaren Absicht, an der Stelle über den Zaun zu steigen, an der er ihn umgenietet hatte. Heck feuerte einen weiteren blinden Schuss in die Richtung seines Verfolgers, womit er ihn zumindest zwang, sich zu ducken. Dann stürmte er um die Ecke der Kirche.

Ein weiterer schmaler Weg führte nach etwa vierzig Metern zu einem offenen Gelände.

Die Reihe Straßenlichter, die sie gesehen hatten, sah noch ziemlich weit weg aus und befand sich eindeutig auf höherem Gebiet. Davor erstreckte sich ein großflächiges Abbruchgelände. Direkt vor ihm war die Erde aufgewühlt, überall gab es matschige Pfützen, hier und da stand schweres Gerät verstreut: JBC-Bagger und Bulldozer. Weiter hinten sah Heck Häuser, doch sie waren kaum mehr als leere Hüllen, von den Dächern waren nur noch verrottete Holzskelette übrig.

Er stürmte trotzdem weiter, bog nach links, als er auf dem Weg hinter sich das sich rasch nähernde Stapfen von Schritten hörte. Da unter seinen Turnschuhen eine dicke Lehmschicht klebte, schleppte er sich eher mühsam voran, als dass er rannte, und stolperte eine breite Furche entlang, die ein Kettenfahrzeug in den Boden gepflügt hatte. Der Verursacher dieser Furche, ein besonders großer Bulldozer, stand direkt vor Heck auf der rechten Seite. Er stürmte auf den Bulldozer zu, um hinter ihm in Deckung zu gegen. Die Kugeln der Maschinenpistolensalven rissen rund um seine Füße große Löcher in den Boden.

Die Nacht war inzwischen von heulenden Martinshörnern erfüllt, doch Hecks Verfolger ließ trotzdem nicht von ihm ab.

Was auch immer Heck in dem Rucksack hatte, musste so wertvoll sein wie reines Gold. Er kam rutschend hinter dem Bulldozer zum Stehen und rückte den Rucksack über seiner Schulter zurecht. Er wusste, dass er sich nur eine kurze Atempause leisten konnte. Die Versuchung war groß, die Glock zu ziehen, sie mit beiden Händen vor sich auszurichten und einfach rückwärts von dem Bulldozer wegzugehen. Im Moment füllte das schwere Gerät noch sein gesamtes Sichtfeld aus, doch je weiter er zurückgehen würde, desto kleiner würde er erscheinen, und irgendwann würde sein Verfolger entweder auf der rechten oder der linken Seite auftauchen. Und da Heck nur auf den Moment gewartet haben würde und schussbereit war, würde er nur den Abzug drücken müssen und so oft schießen müssen, bis der Kerl erledigt war.

Aber es konnte genauso gut sein, dass der Kerl schießend um die Ecke kam.

Und eine Glock 9 Millimeter gegen diese Monsterwaffe, was auch immer es war?

Diesen Kampf würde er nicht gewinnen können.

Heck drehte sich wieder um und rannte auf die nächstgelegenen Gebäude zu.

Sie waren nur etwa zwanzig Meter von ihm entfernt, nur noch

Relikte einer vergangenen Zeit, Überreste irgendeiner alten, längst vergessenen East-End-Siedlung. Aber sie boten ihm bestimmt Verstecke.

Hinter sich hörte er das Poltern von Schritten auf Metall.

Er riskierte einen Blick über seine Schulter.

Zu seiner Überraschung kam der Irre um keine der beiden Seiten des Bulldozers, sondern stand auf dessen Motorhaube und suchte zweifellos die Dunkelheit ab.

Heck trieb sich an weiterzulaufen und stapfte über aufgeweichten Boden.

Doch was vor ihm lag, sah nicht besonders vielversprechend aus.

Die Häuser befanden sich in einer künstlich angelegten Vertiefung, deren nördliches und südliches Ende von hohen Mauern verfallener Fabriken begrenzt wurde. Die östliche Seite der Vertiefung wurde von einem hohen Wall begrenzt, auf dem er erneut die Reihe Straßenlichter sah. Der Wall war mindestens fünfzehn Meter hoch und damit so hoch, dass von dem Licht der Straßenlampen kaum etwas auf die in der Vertiefung liegenden düsteren Ruinen fiel, doch es reichte aus, um Heck erkennen zu lassen, dass das, was von dieser alten Wohnsiedlung übrig war, eine Sackgasse war.

Er blieb stehen und sah sich ein letztes Mal um.

Sein Verfolger zeichnete sich als Silhouette vor dem Londoner Nachthimmel ab. Seine Waffe baumelte immer noch an seiner Seite, als ob er sie nicht mehr einsetzen wollte.

Doch dafür gab es natürlich keine Garantie. Vielleicht hatte er Heck nur aus den Augen verloren. Wenn er also zurückschoss und den Kerl verfehlte, was auf diese Entfernung und in der Dunkelheit durchaus möglich war, hätte er erneut seine Position verraten.

Er rannte weiter, stürmte durch die erste offene Tür, zu der er kam, und landete in einem Raum mit nackten Bodendielen und Schimmelstreifen an den Wänden. Er ging keuchend zum Fenster und musste die Augen zusammenkneifen, um sich auf das zu fokussieren, was er da sah.

Denn aus dem Mann aus dem grünen Lieferwagen war der Mann auf dem Bulldozer geworden.

Er kletterte in die Kabine und bückte sich, wahrscheinlich um die Zündungskabel unter dem Armaturenbrett miteinander zu verbinden.

Ein lautes, sämtliche Eingeweide erbeben lassendes Dröhnen durchdrang die Dunkelheit, und der Motor des Bulldozers erwachte zum Leben. Die gelbe Signalleuchte auf dem Dach der Kabine begann sich zu drehen, ausgepustete Dieselwolken stiegen in die Nacht. Die Scheinwerfer erstrahlten blendend grell, Gänge wurden reingerammt und umgelegt. Und dann ruckelte die riesige Baumaschine hin und her und wurde langsam um neunzig Grad gewendet, bis die Baggerschaufel den Häusern zugewandt war. Die Ketten des Fahrzeugs setzten sich laut rasselnd in Bewegung, und der Bulldozer rollte los. Lärmend und ruckartig, aber mit überraschender Geschwindigkeit, und er wurde immer schneller.

Der Fahrer betätigte erneut Gänge und Hebel und veränderte die Höhe und den Winkel der riesigen stählernen Baggerschaufel. Sie neigte sich leicht nach hinten, sodass die gezackten Zähne nach vorne zeigten.

Heck ging völlig perplex zurück durch den Raum. Der Irre hatte ihn also doch nicht aus den Augen verloren. Er hatte einfach nur die Waffe gewechselt und bediente sich jetzt einer, die unter den gegebenen Umständen besser geeignet war.

Heck rannte wieder, durchquerte das Haus und verließ es durch einen leeren Rahmen, in dem sich einmal die Hintertür befunden hatte. Hinter dem Haus stieg er auf einen Haufen Schutt, von dem aus er trotz der Dunkelheit seine Umgebung in Augenschein nehmen konnte. Die wenigen Häuser, die noch standen, waren in keinem erkennbaren Muster angeordnet. Die einstigen schmalen Zufahrtsstraßen schlängelten sich zwischen ihnen hindurch, die meisten waren aufgerissen, auf ihnen türmten sich Ziegel, Balken und sonstiger Bauschutt.

Links und rechts ragten hohe Mauern verfallener Fabrikgebäude auf, und von seinem Standpunkt aus konnte Heck jetzt noch deutlicher erkennen, dass er in einer Sackgasse gelandet war. Doch er wusste, dass seine einzige Chance darin bestand, weiter zu fliehen und so viele Hindernisse wie nur irgend möglich zwischen sich und den Bulldozer zu bringen. Er stieg auf der anderen Seite von dem Schutthügel herunter und rannte zu einer Zufahrt. Doch als er die Zufahrt passiert hatte, sah er, dass auf der anderen Seite nur noch ein einziges Gebäude stand. Es sah eher aus wie ein kleineres Fabrikgebäude. Es war drei Stockwerke hoch, hatte ein Flachdach und war von einem Wellblechzaun umgeben.

Hinter ihm näherte sich der Bulldozer und wurde nicht einmal langsamer, als er die Häuser erreichte. Die alten, verfallenen Gebäude fielen einfach in sich zusammen, als er in sie hineinbretterte. Riesige Staubwolken stiegen auf, Mauerwerk stürzte herab, die gewaltige Schaufel durchbrach ein Hindernis nach dem anderen. Das mechanische Monstrum hob und senkte sich, während es über die entstehenden Trümmerhaufen hinweg und durch sie hindurchpflügte und alles unter seinen schweren Ketten zermahlte.

Heck wich langsam zurück, warf das leere Magazin seiner Glock aus, rammte ein neues rein, richtete die Waffe vor sich aus und blickte mit zusammengekniffenen Augen über den Lauf hinweg. Doch erst als die letzte Mauer vor ihm zusammenstürzte, wurde er sich seiner aussichtslosen Lage bewusst. Die Schaufel des Bulldozers befand sich auf halber Höhe des schweren Geräts und schirmte die Fahrerkabine ab. Er feuerte einen Schuss nach dem anderen auf den näher kommenden stählernen Koloss ab und zielte auf die Frontscheibe und auf die Scheinwerfer, doch alle Kugeln prallten von der schweren, mit Erde verkrusteten Schaufel ab.

Als er sechs Kugeln abgefeuert hatte und der Bulldozer noch dreißig Meter von ihm entfernt war, ertönte erneut das Rumsen und Scheppern umgelegt werdender Gänge, und im nächsten Moment raste das Monstrum mit einer Geschwindigkeit auf ihn zu, die er nicht für möglich gehalten hätte.

Heck drehte sich um und stürmte auf den Wellblechzaun zu.

Er warf sich mit der Schulter dagegen. Der Zaun sah zwar nicht besonders stabil aus, doch er verbog sich nur und kippte nicht um. Der Bulldozer bretterte in vollem Tempo auf ihn zu, und in den wenigen Sekunden, die ihm verblieben, wurde Heck sich dessen bewusst, dass der Zaun auf der anderen Seite von einer Querstrebe gehalten wurde. Er drückte seine Glock gegen die entsprechende Stelle und feuerte schnell hintereinander drei Schüsse ab.

Das dünne Metall zerfetzte, die hölzerne Querstrebe ebenfalls.

Er warf sich erneut mit der Schulter gegen den Zaun, und diesmal krachte er um.

Heck stürzte über ihn hinweg, ging zu Boden und sprang wieder auf. Das mechanische Monstrum füllte inzwischen die ganze Welt hinter ihm aus. Er stolperte durch die gähnende Türöffnung der einstigen Werkhalle.

Der Bulldozer raste hinter ihm her, die massive Baggerschaufel neigte sich nach oben und brach durch das Mauerwerk über der Tür. Die gesamte Konstruktion fiel in sich zusammen, das Monstrum hob sich und pflügte mit rasselnden Ketten über den entstandenen Schutthaufen hinweg.

Heck wurde von einer über ihn hinwegwehenden Staubwolke eingehüllt. Er wich keuchend zurück, sein schmerzender Körper war in Schweiß gebadet. Dann betrat er eine weitere Halle, bei der es sich um den letzten Raum der einstigen Fabrik handeln musste, und ging auf einen massiven, quadratischen Pfeiler zu. Ihm blieb nichts anderes übrig, als den Pfeiler zu umrunden und hinter ihm weiter zurückzuweichen, doch er wusste, dass es keinen weiteren Ausweg mehr gab. Die Werkhalle befand sich am hinteren Ende der künstlich angelegten Vertiefung. Dahinter gab es nur noch nackte Erde und massive Felsen.

An der hinteren Seite der Halle machte eine grobe Backsteinwand jedes weitere Vorankommen unmöglich.

Heck drückte sich mit dem Rücken gegen die Wand und starrte hustend wie gelähmt auf das riesige, düstere Monstrum, das auf ihn zuraste. Das Dröhnen des Motors hallte ohrenbetäubend durch den Raum, zu allen Seiten regneten Trümmer nieder. Die Schaufel krachte beinahe beiläufig gegen den Pfeiler, durchstieß ihn in der Mitte, und er fiel in sich zusammen. Der Bulldozer rollte weiter.

Es ertönte erneut das mahlende Geräusch von Ketten und Walzen, und die Schaufel senkte und neigte sich und wurde vertikal ausgerichtet, sodass die gezackten Stahlzähne sich direkt auf Hecks Brusthöhe befanden. Er ließ sich auf den Boden fallen, rollte sich zusammen und legte schützend die Arme um seinen Kopf. Der Fahrer senkte die Schaufel hinab, um ihn zu zerquetschen. Heck schloss die Augen.

Im gleichen Moment stürzte die Decke ein.

Der Pfeiler, der so beiläufig platt gemacht worden war, hatte die ganze Konstruktion darüber gestützt. Alles krachte in sich zusammen, eine Lawine aus Backsteinen, Stahlträgern und Holzbalken kam herunter.

Über das Dröhnen des Motors hinweg erweckte das erdbebenartige Poltern und Rumpeln Hecks Aufmerksamkeit.

Er blickte auf und krabbelte beim Anblick der niedergehenden Trümmerlawine schnell unter die Baggerschaufel. Dort gab es zwar nur gut einen halben Meter Platz, doch das reichte.

Der Kerl in der Fahrerkabine hatte nicht so viel Glück. Er hatte das Krachen über sich zwar auch gehört und den Bulldozer sofort angehalten, jedoch keine Zeit mehr gehabt, irgendetwas zu unternehmen, bevor etliche Tonnen Schutt und Trümmer auf das Dach der Fahrerkabine niedergingen und sie zerdrückten.

Es vergingen beinahe fünf Minuten, bis der Staub sich gesetzt hatte und Heck in der Lage war, sich einen Weg freizutreten, um unter der Baggerschaufel hervorkommen zu können. Er drückte mit den Füßen Trümmer weg, musste sich in dem kleinen, nahezu luftlosen Raum unter der Schaufel jedoch mühsam umdrehen und mit aller Kraft an mehreren heruntergestürzten Balken herumrütteln, bevor er sie lockern und wegschieben konnte.

In Staub gehüllt und immer noch hustend, kroch er vorsichtig unter der Schaufel hervor und zog den Rucksack hinter sich her. Er richtete sich auf und lehnte sich eine Minute an den inzwischen verstummten stählernen Koloss, der nun verbeult und zur Hälfte unter massiven Trümmern und Balken begraben war. Allein die Baggerschaufel, die sich etwas geneigt hatte, schien mindestens eine Viertel Tonne Schutt zu enthalten.

Die Fahrerkabine war unter Backsteinen, Mauerwerk und riesigen Dachsteinplatten begraben. Vom Fahrer sah Heck nur den linken Arm. Er war gebrochen, blutüberströmt und ragte schaurig schief aus der Kabine heraus.

Ein Summen lenkte seine Aufmerksamkeit auf seine Hosentasche. Er holte sein Handy hervor und sah, dass er etwa zwanzig Anrufe verpasst hatte. Sie waren alle von Gemma. Er ging dran.

»Gott sei Dank!«, rief sie und klang wirklich erleichtert. »Gwen ist schon auf dem Weg.«

»Dann warte ich hier auf sie, Ma'am.«

»Alles klar mit dir?«

»Ich denke schon. Jack ist auch so weit okay. War er zumindest, als ich ihn das letzte Mal gesehen habe. Aber er braucht einen Krankenwagen. Ach was, wir brauchen mehrere Krankenwagen.«

»Was ist passiert? Wir haben nur gehört, dass geschossen wurde.«

»Das kann man wohl sagen, ja.«

»Was ist mit dem Mann mit dem Lieferwagen?«

»Er könnte sich für uns als nützlich erweisen.« Heck öffnete den mit Staub überzogenen Rucksack und sah, dass er bis zum Rand mit etwas gefüllt war, das aussah wie Schriftstücke und Fotos. Dann warf er einen Blick in die Kabine. »Aber er wird keine Fragen mehr beantworten.«

32

Heck fuhr auf direktem Weg zur Wache East Ham zu einer unmittelbaren Einsatznachbesprechung mit Gwen Straker. Die Chief Superintendent setzte beim Anblick ihres übel zugerichteten, verdreckten Detectives einen gleichgültigen Ausdruck auf und ging das Ganze rein geschäftsmäßig an. Sie informierte ihn, dass Renshaw, der Leiter des bewaffneten Teams, am Tatort für tot erklärt worden war und drei andere Beamte, inklusive Jack Reed, angeschossen worden waren und sich in medizinischer Behandlung befanden. Danach entlockte sie ihm die Fakten, die ihm bekannt waren. Anschließend machte sie sich auf den Weg in das Krankenhaus, in dem die Verletzten behandelt wurden. Heck blieb mit dem diensthabenden Beamten der Wache East Ham zurück, der jetzt als Leiter der internen Ermittlung nach einem Einsatz mit Schusswaffengebrauch fungierte.

Die Beamten der Abteilung für interne Ermittlungen trafen ordnungsgemäß ein, und die komplette Prozedur nach einem Polizeieinsatz mit Schusswaffengebrauch begann. Heck händigte seine Waffe aus, damit sie kriminaltechnisch untersucht werden konnte. Das »Schnellzieh-Holster« ließ einige Beamte die Augenbrauen hochziehen, aber es gab keine explizit missbilligenden Kommentare. Nachdem er noch vom Polizeiarzt in Augenschein genommen worden war, machte er seine erste persönliche Aussage. Da davon ausgegangen werden konnte, dass keiner der Schüsse, die er abgefeuert hatte, jemanden verletzt, geschweige denn getötet hatte, wurde er nicht aufgefordert, seine Kleidung auszuhändigen. Stattdessen wurde er nach Hause geschickt, um etwas dringend benötigten Schlaf nachzuholen.

Heck machte sich auf den Weg, doch unterwegs überlegte er es sich anders und machte erst noch einen Abstecher zur Staples

Corner, wo er vorhatte, den Rucksack und die darin enthaltenen Papiere als Beweisstücke zu registrieren. Doch als er den Sitz des Dezernats für Serienverbrechen mitten in der Nacht erreichte, war es bereits nach drei Uhr. Da er in einigen Stunden schon wieder zum Dienst erscheinen musste, erschien es ihm sinnlos, noch zu sich nach Hause nach Fulham zu fahren. Neben der Kantine gab es einen Aufenthaltsraum, in dem auch ein paar bequeme Sessel standen, doch er wusste, dass er trotz seiner körperlichen Erschöpfung nur schwer in den Schlaf finden würde.

Er schlenderte durch die Räume des Dezernats für Serienverbrechen. Sie waren verlassen und lagen im Halbdunkel.

Was ziemlich gut war.

Er ging in den Raum, in dem die Utensilien aufbewahrt wurden, schenkte es sich, das Licht anzumachen, und fand schließlich, was er gesucht hatte: eine Unterlage für kriminaltechnische Untersuchungen und ein Paar frische Einweghandschuhe. Dann ging er hoch zur Einsatzzentrale. Dort war das Licht gedimmt, und es waren nur zwei müde aussehende Mitarbeiter anwesend, die Bereitschaftsdienst hatten, aber das waren zwei zu viel. Außerdem herrschte in dem Raum das unvermeidlich übliche Chaos einer aktuellen Ermittlung. Anstatt sich also dort niederzulassen und sich zweifellos gelangweilten Fragen aussetzen zu müssen, die er keine Lust hatte zu beantworten, strich er durch einige der anderen Büros. In Gemmas Büro fand er schließlich den aufgeräumtesten Schreibtisch, für den er sich auch entschied. Er räumte ihren PC und die Tastatur weg, streifte sich die Handschuhe über und breitete die Unterlage für kriminaltechnische Untersuchungen auf dem Schreibtisch aus. Dann schob er jedes Blatt Papier, das er aus dem Rucksack nahm, in eine eigene Plastikhülle und legte die Hüllen in ordentlichen Reihen aus. Als er fertig war, schaltete er Gemmas Gelenklampe an, trat zurück und nahm die Beweisstücke in Augenschein.

Er war eindeutig matter, als er gedacht hatte, denn im ersten Moment wurde er einfach nicht schlau aus dem, was da vor ihm lag. Für seine müden, schmerzenden Augen sah es einfach nur aus wie ein Berg von Dokumenten mit persönlichen Daten, begleitet von Schwarz-Weiß- und Farbfotos. Außerdem gab es noch einen einzelnen blauen USB-Stick mit einem roten Streifen an der Stelle, an der die Kappe sich abnehmen ließ. Der Stick hatte ganz unten auf dem Boden des Rucksacks gelegen.

Doch als er sich erst mal seinen Anorak ausgezogen, sich eine Tasse Kaffee geholt und sich die Fundstücke genauer angesehen hatte, klingelte es bei einigen der Namen bei ihm, und ihm wurde klar, dass es sich bei vielen der Fotos um Vergrößerungen offizieller Polizeifotos von Tatverdächtigen handelte.

Als er sich hinunterbeugte und jedes einzelne Blatt genauer betrachtete, entfaltete sich vor seinen Augen eine erstaunliche Geschichte, eine Geschichte, von der er geahnt hatte, dass sie ihnen irgendwann im Laufe der Ermittlungen begegnen würde, die ihn jedoch jetzt, da sie sich ihm in Worten und Bildern darbot, regelrecht umhaute.

Trotz seiner Erschöpfung hatten die vor ihm ausgebreiteten Informationen eine derart belebende Wirkung auf ihn, dass er es schaffte, all die Schriftstücke und Fotos noch mindestens zwei weitere Stunden lang eingehend zu studieren. Doch erst als er den USB-Stick in Gemmas Dienst-Laptop steckte und zusah, wie drei Filme geladen wurden, war er hellwach.

»Heck!« rief Gemma mit müder Stimme. »Was machst du denn hier?«

Heck schreckte aus dem Schlaf und sah sie in ihrer Bürotür stehen. Über einen Arm hatte sie ihren Regenmantel gelegt, um den anderen ihre Handtasche geschlungen. An ihr vorbei fiel Sonnenlicht durch die geöffnete Tür in den Raum. Er richtete sich unbeholfen und gequält auf seinem Stuhl auf. Die Blutergüsse und Verletzungen, die er sich in der vergangenen Nacht zugezogen hatten, schmerzten noch schlimmer. Er rieb sich die Stirn, hinter der es aufgrund des Schlafmangels pochte.

»Tut mir leid, Ma'am.« Auf der Wanduhr sah er, dass es kurz vor sieben war. »Ich hab keinen Sinn darin gesehen, gestern Nacht noch nach Hause zu fahren.«

Sie kam schnell rein und schloss die Tür hinter sich. Dann sah sie seine verdreckte Kleidung, seine schmutzigen Hände, sein verschmiertes Gesicht und sein zerzaustes Haar. Als ihr auch noch seine Schweißausdünstungen entgegenschlugen, rümpfte sie die Nase.

»Hättest du nicht wenigstens duschen können, bevor du auf meinem Stuhl ein Nickerchen hältst?«

Sie hob seinen verdreckten Anorak vom Boden auf und warf ihn auf den Aktenschrank.

»Leider nein.« Er stand auf, krümmte den Rücken und zeigte auf die Arbeitsfläche. »Ich musste mir erst das hier vornehmen.«

»Und was ist *das da*?« Sie hatte die ausgebreiteten Papiere noch gar nicht wahrgenommen, weil sie auf etwas anderes starrte. »Warum trägst du ein nicht vorschriftsmäßiges Schulterholster?«

»Oh.« Heck langte unter seine Achselhöhle. Er hatte ganz vergessen, dass er das Holster noch nicht abgelegt hatte. »Ist aus den USA. Hab ich mir im Internet besorgt.«

»Bitte sag nicht, dass du dieses Teil auch gestern Nacht getragen hast?«

»Ich habe niemanden erschossen, also spielt es keine Rolle.«

Sie schüttelte den Kopf, als wäre diese Antwort zu viel für sie. »Wie viele Schüsse hast du abgefeuert?«

»Eineinhalb Magazine.«

»Ach, du lieber Gott. Ich hoffe, du kannst über jeden einzelnen Schuss Rechenschaft ablegen?«

»Ich habe diesbezüglich bereits eine umfangreiche Aussage gemacht, aber ich habe niemanden erschossen, okay?« Er löste den Gurt, wickelte den Riemen um das leere Holster und legte es auf den Aktenschrank. »Allerdings hätte ich es vielleicht lieber tun sollen. Dann hätte ich mir zumindest *selber* eine Menge Schmerzen und Qualen erspart.«

Gemma sah auf ihren Schreibtisch. »Sind das die Papiere, die du dem Mann mit dem grünen Lieferwagen abgenommen hast?«

Er nickte.

»Nur um das klarzuhaben: Du hast sie nicht etwa nachträglich vom Tatort entfernt und an dich genommen?«

»Aber nein. Inmitten des Tohuwabohus. Ich hatte keine andere Wahl. Wir wussten ja nicht, ob wir den Kerl schnappen würden. Wenn er abgehauen wäre und das hier mitgenommen hätte, hätten wir jetzt absolut nichts in den Händen.«

»Und du arbeitest schon daran? Obwohl du noch keine Freigabe hast, wieder operativ in den Fall einzusteigen?«

»Dann erteil du mir die Freigabe. Du bist meine Vorgesetzte. Wenn du ein Problem damit hast, setz dich mit den Kollegen der internen Ermittlung in Verbindung. Sie haben gestern Nacht den Eindruck auf mich gemacht, als wäre die Sache für sie erledigt.«

Sie starrte ihn einige Augenblicke lang verständnislos an und fragte sich, wie es möglich war, dass Heck es immer wieder zu schaffen schien, nach potenziell verheerenden Erlebnissen im Dienst so weiterzumachen, als wäre nichts gewesen. Insgeheim hoffte sie, dass er einfach nur sehr gut darin war zu verbergen, wie sehr ihm solche Erlebnisse zusetzten. Diese Ansicht hatten auch schon einige andere leitende Beamte vertreten, unter anderem Joe Wullerton.

»Wie gesagt«, fuhr er fort, »dieser Mistkerl mit dem Bulldozer hat sich selbst umgebracht. Ich war es nicht. Na gut, es gibt noch ein paar Dinge, die geklärt werden müssen, aber das sind alles reine Formalitäten.« Er fuhr sich mit seiner schmutzigen Hand durch sein zerzaustes Haar. »Und mal ganz ehrlich: Was da auf deinem Schreibtisch liegt, ist sowieso viel wichtiger. Schon bei meiner ersten Sichtung der Unterlagen ist mir klar

388

geworden, warum dieser Irre auf Leben und Tod darum gekämpft hat, sie zurückzubekommen.«

Sie wandte ihren Blick den Papieren zu, aber vor allem, so schien ihm, weil sie offenbar keine Energie mehr hatte, mit ihm zu streiten. Ihm fiel auf, dass Gemma auch ziemlich abgekämpft aussah. Sie trug noch die gleichen Sachen wie am Vortag, ihre blonden Locken waren zerzaust, ihr Make-up war verblasst, ihre Wangen bleich. Ziemlich sicher hatte sie die ganze Nacht in der Wache Finchley Road verbracht und sich um die Verhafteten gekümmert, die sie nach der Stürmung des Kinos mitgenommen hatten.

»Einen Moment.« Sie öffnete ihre Bürotür und rief: »Geht zufällig jemand runter in die Kantine?«

Obwohl eindeutig Kollegen in der Nähe waren, kam keine Antwort. Heck hörte Telefone klingeln und gedämpfte Gespräche.

»Na super!«, grummelte sie.

Heck steuerte die Tür an. »Soll ich gehen?«

»Vergiss es.« Sie deutete auf einen Stuhl in der Ecke, nicht *ihren* Stuhl, wie er registrierte. »Du ruhst dich noch ein paar Minuten aus. Du siehst so aus, als hättest du das nötig. Kaffee und ein Hefebrötchen mit Bacon?«

Er konnte nicht anders und lächelte. »Das wäre super.«

Sie ließ ihn in der geöffneten Tür stehen und ging weg. Ihn überkam erneut lähmende Müdigkeit. Er fand sich dabei wieder, dass er sich am Türpfosten anlehnte.

»Junge, Junge, klingt ja so, als hättest du mal wieder eine abenteuerliche Nacht hinter dir«, sagte eine Stimme.

Heck öffnete die Augen und sah Gail im Flur, die sich gerade ihren Blazer auszog.

»Freu dich, dass du nicht dabei warst«, entgegnete er.

Sie sah ihn kühl an. »Wie ich gehört habe, wurde Jack Reed ins Bein geschossen?«

»Ja. Zwei Kugeln. Zertrümmertes Knie, zertrümmertes Schienbein. Er hat literweise Blut verloren. Wenn er die Wunde nicht mit seinem Gürtel abgebunden hätte, wäre er wahrscheinlich am Tatort gestorben.«

Ihr Gesichtsausdruck wurde neutral. Einerseits wurde ihr vermutlich bewusst, dass die bloße Anwesenheit bei so einem Zwischenfall für jeden stressig gewesen sein musste, aber andererseits rief sie sich mit Sicherheit in Erinnerung, dass es Heck war, um den es hier ging, der es nicht besser verdient hatte, weil er es immer wieder darauf anlegte, in solche Situationen zu geraten.

»Und?«, fragte sie. »Ist die Lady sauer auf dich?«

»Wie man's nimmt, sie holt mir gerade was zum Frühstücken.«

»Da musstest du aber einen ziemlich hohen Preis zahlen, um so fürsorglich behandelt zu werden.«

»Mal sehen, wie fürsorglich sie mich noch behandelt, wenn sie wiederkommt und ich ihr meine neueste Theorie unterbreite.«

»Kannst du mich daran auch teilhaben lassen?«

»Noch nicht, tut mir leid.«

Sie wirkte erneut eingeschnappt. »Wieso sollte es dir leidtun? Ich bin doch sowieso nicht mehr dabei.«

»Gail.«

»Du kannst dir deine Worte schenken, Heck. Lös einfach den Fall, und sei für eine Viertelstunde jedermanns Held – bis du ihr wieder einen Grund lieferst, dir gehörig den Kopf zu waschen. Und wenn du von irgendjemandem hörst, der an dem Staub zwischen den Aktenschränken erstickt, mach dir keine Sorgen, das bin dann nur ich.«

»Gail!«

Aber sie war bereits verschwunden und auf dem Weg in die Einsatzzentrale.

Fünf Minuten später kam Gemma zurück und brachte etwas zu essen und zu trinken mit. Sie reichte ihm sein Bacon-Brötchen. Er bedankte sich und biss heißhungrig hinein. Sie lehnte sich an die Tür und aß ebenfalls etwas.

»Irgendwas Neues über den Täter?«, fragte Heck schließlich mit halb vollem Mund.

»Nichts, was auf seine Identität hinweist«, erwiderte Gemma. »Ein Gesichtserkennungsverfahren ging auch nicht. Er hat ja kein Gesicht mehr. Wir haben ihm Fingerabdrücke abgenommen und seine DNA analysiert, aber in unserem System gibt es nichts über ihn. Wir haben alles, was wir über ihn wissen, an Interpol weitergeleitet, sie haben noch nicht geantwortet.« Sie nippte an ihrem Kaffee. »Bei der Waffe handelte es sich übrigens um ein FN SCAR, ein in Belgien hergestelltes Sturmgewehr. Wurde abseits der Kriegsschauplätze fast noch nie gesichtet.« Sie bedachte ihn mit einem abschätzenden Blick. »Du kannst dich wirklich glücklich schätzen, dass du noch lebst.«

»Da oben scheint mich jemand zu mögen, obwohl ich dem lieben Gott in jüngster Zeit nicht gerade viel Anlass dafür gegeben habe. Wahrscheinlich habe ich es der Tatsache zu verdanken, dass ich in Jacks Nähe war. Jack ist ein Typ, der von den Göttern beschützt wird.«

»Na ja.« Sie zerknüllte ihre mit Krümeln gefüllte Brötchentüte, stopfte sie in den leeren Kaffeebecher und warf ihn in den Mülleimer. »Wenn Jack jemandem sein Leben zu verdanken hat, dann *dir*.«

»Oder es war für den Mistkerl mit dem grünen Lieferwagen zu dunkel, um richtig zielen zu können.«

»Jack hat gesagt, dass du den Gangster bewusst weggelockt hast, nachdem er angeschossen wurde. Dass du seine Aufmerksamkeit gezielt auf dich gelenkt hast.«

Heck zuckte mit den Achseln, als ob das keine große Sache wäre. »Reed ist ein besserer Typ, als ich dachte. Aber selbst, wenn das nicht so wäre, ist ein toter Kollege immer einer zu viel.«

Sie ging von der Tür weg und steckte ihre Bluse in den Rock.

Dann nahm sie aus einer Schublade einen Spiegel und eine Bürste, setzte sich auf einen der Aktenschränke und versuchte ihre Haare zu bändigen.

»Wo ist Gwen eigentlich?«, fragte Heck.

»Bei Joe Wullerton, seit den frühen Morgenstunden. Danach geht sie zum National Police Chiefs' Council, der an diesem Morgen auch Vertreter zur Krisensitzung in der Downing Street entsendet.«

»Krisensitzung in der Downing Street?«

»Na klar.« Sie sah ihn im Spiegel an. »Der Irrsinn gestern Nacht hatte doch einen terroristischen Hintergrund, nicht wahr?«

Darauf hatten sie sich in der vergangenen Nacht geeinigt, sobald sich der Staub ein bisschen gelegt hatte. Denn mit was für einer Organisation auch immer sie es zu tun hatten, es würde nicht lange dauern, bis die verbliebenen Mitglieder derselben zunächst bemerken würden, dass einer ihrer Fahrer fehlte, und dies dann mit der Schießerei in Verbindung brächten, über die alle Welt redete. Und das wiederum könnte sie dazu veranlassen, alles abzublasen, was sie gerade am Laufen hatte. Die einzige Möglichkeit war gewesen, eine andere plausible Geschichte in Umlauf zu bringen, um die wahre Ursache für die Schießerei zu verschleiern.

»Außerdem hat sie eine kurzfristig angesetzte Besprechung mit einem gewissen Superintendent Brakespeare von der Sonderkommission Trident«, fügte Gemma hinzu.

»Trident?«

»Da geht es um diesen durchgeknallten Gangsterjungen, Spencer Taylor. Der Anfang des Monats in Tottenham diese Schießerei vom Zaun gebrochen hat.«

»Und?«

»Taylor wurde immer noch nicht gefasst. Offenbar sind wir jetzt offiziell die Truppe, an die man sich wendet, wenn gesuchte Verbrecher von der Bildfläche verschwinden. Wenn die wüssten, wie erfolglos wir bisher sind.«

»Ich hoffe, sie hat diesem Brakespeare gesagt, dass er uns mal kann.«

»Ganz bestimmt nicht.« Gemma ging wieder zu ihrem Schreibtisch. »Und ich kann dir auch sagen, warum nicht, Mark. Im Moment brauchen wir eher Freunde als Feinde. Aber wie auch immer, genug mit dem Small Talk. Erzähl mir, was du herausgefunden hast.«

Und das tat Heck. Während der folgenden halben Stunde skizzierte er ihr seine jüngste Hypothese mitsamt all seinen Gedankengängen und Überlegungen, die ihn dazu geführt hatten. Gemma lauschte ihm mit zunehmender Fassungslosigkeit und unterbrach ihn ausnahmsweise auch nicht. Erst, als er ihren Laptop aufklappte und das erste der drei darauf gespeicherten Videos abspielte, stoppte sie alles, holte ihr Handy hervor und tätigte einen Anruf.

»Gwen, ich bin's«, meldete sie sich. »Ich wollte nur mal hören, wie es bei Ihnen läuft und wo Sie gerade sind? Okay, super. Können Sie sofort in mein Büro kommen? Sie sollten sich was anhören. Ja, von Mark Heckenburg. Er hat eine neue Theorie, na ja, eigentlich ist es eher eine Vertiefung seiner alten. Ja. Hören Sie, Gwen, ich glaube, Sie sollten so schnell wie möglich rüberkommen und sich das selber anhören. Ja, alles klar.«

Sie beendete das Gespräch und sah Heck an. »Sie kommt gleich.«

Gwen Straker, die gerade auf den Parkplatz gebogen war, als Gemma sie angerufen hatte, betrat fünf Minuten später Gemmas Büro. Wie Gemma war auch sie eindeutig die ganze Nacht auf den Beinen gewesen. Sie wirkte auf für sie untypische Weise zerzaust, ihre Wangen hingen schlaff herab.

»Die offizielle Geschichte lautet, dass das, was sich in Newham zugetragen hat, einen terroristischen Hintergrund hat«, bestätigte sie, während sie ihre Tasche abstellte und sich ihren Regenmantel auszog. »Die ganze Umgebung ist abgesperrt, und Joe hat dafür gesorgt, dass der National Police Chiefs' Council die höchste Geheimhaltungsstufe verhängt hat. Zurzeit weiß außerhalb der Sonderkommission Vorschlaghammer und des National Police Chiefs' Councils niemand, was genau passiert ist. Wie lange das so bleibt, weiß der Himmel. Die Kollegen von der Terrorismusbekämpfung haben eine Ahnung, aber sie stellen noch keine Fragen.«

»Und die Verletzten und deren Angehörige? Werden die keine Fragen stellen?«, überlegte Heck laut.

»Den Angehörigen der verletzten Beamten wurde nur erzählt, was sie unbedingt wissen müssen. Mit Ausnahme von Jack Reed wissen nicht mal die Verletzten selbst besonders viel. Und der am Tatort gestorbene Beamte, Inspector Jake Renshaw, hat außer einer Tochter in Neuseeland keine Familie. Die Tochter wird erst in zwei Tagen hier eintreffen.« Gwen kam zum Ende und sah Heck lange mit durchdringendem Blick an. »Das sind eine Menge Gefallen, um die ich bitten muss, Mark. Ich hoffe wirklich, dass diese neue Spur, die Sie angeblich aufgetan haben, brauchbar ist.«

Er zuckte mit den Schultern. »Bei strafrechtlichen Ermittlungen können wir nur der Spur der Beweise folgen, Ma'am.«

»Belehren Sie mich nicht, erzählen Sie mir einfach, was Sie haben.«

»Und ich persönlich«, er ließ die Hand über die Schreibtischoberfläche fahren, »habe noch nie so einen Stoß an Beweisen wie diesen in die Finger bekommen. Falls Sie sich fragen, woher ich das alles habe – der Mann mit dem grünen Lieferwagen hat das alles in einem Rucksack mit sich herumgetragen. Als ich ihn an mich genommen habe, ist er hinter uns her. Ich meine hinter mir und Reed, anstatt abzuhauen. Als mir klar wurde, wie wichtig ihm der Inhalt dieses Rucksacks war, hab ich beschlossen, ihn unter keinen Umständen wieder rauszurücken.«

Gwen zog sich ein Paar Einweghandschuhe an, beugte sich hinunter und nahm die Papiere in Augenschein. Größtenteils handelte es sich um einzelne beschriebene Seiten. Auf jeder stand oben in Großbuchstaben ein Name, in der oberen rechten Ecke prangte ein Polizeifoto. Etliche der Namen und Gesichter erkannte sie auf Anhieb. Eine Seite war zum Beispiel Eddie Creeley gewidmet, eine andere Leonard Spate, wieder eine andere Christopher Brenner und noch eine andere Terry Godley.

»Wie Sie sehen, befinden sich auf jedem dieser Blätter Informationen zu der betreffenden Person«, sagte Heck.

Gwen nickte und nahm zur Kenntnis, dass jedes Blatt außer mit dem Polizeifoto und dem Namen mit einer physischen Beschreibung der betreffenden Person versehen war. Unter anderem gab es Angaben zur Haarfarbe, zu besonderen Merkmalen und sogar zur Statur und zum geschätzten Körpergewicht. Am unteren Ende der Seiten standen jeweils eine Uhrzeit und ein Datum und darunter eine Postleitzahl.

»Sie haben den Nagel auf den Kopf getroffen, was den Verbleib unserer meistgesuchten Verbrecher angeht«, sagte sie.

Heck zuckte mit den Achseln. »Das überrascht mich nicht wirklich.«

Sie sah ihn etwas ungehalten an.

»Sie brauchen sie nicht zu zählen«, sagte er. »Von den zwanzig Namen auf unserer Liste der meistgesuchten Verbrecher finden sich vierzehn auf diesen Blättern wieder. In allen Fällen stimmen die Orte, an denen sie aufgegriffen wurden, grob mit der Gegend überein, in der wir ermittelt und nach ihnen gesucht haben.«

Sie sah ihn an. »Wie meinen Sie das? An denen sie aufgegriffen wurden?«

»Ich glaube, dass diese Postleitzahlen für die Orte stehen, an denen unsere Flüchtigen von dem Mann mit dem grünen Lieferwagen abgeholt wurden. Freiwillig natürlich. Sie haben vermutlich geglaubt, in irgendein anderes Land an einen sicheren Rückzugsort gebracht zu werden. Aber in Wahrheit hat der Typ mit dem grünen Lieferwagen sie einem hässlicheren Schicksal überlassen.«

395

Sie dachte nach.

»Insgesamt sind es achtunddreißig Blätter mit personenbezogenen Informationen«, fuhr Heck fort. »Wie gesagt, vierzehn davon sind gesuchte Kriminelle von unserer Liste. Aber wenn man die übrigen Namen überfliegt, sieht man, dass es sich auch bei den Übrigen um ziemlich üble Gestalten handelt. Nehmen wir zum Beispiel den hier. Byron Jervis, erinnern Sie sich an ihn?«

»Der Name kommt mir bekannt vor.«

»Hat ein kleines Mädchen ermordet, das er aus einem Garten hinter einem Haus in Blackpool entführt hat.«

»Ja, jetzt fällt es mir ein«, entgegnete sie. »Das liegt aber schon einige Jahre zurück.«

»Diese Unterlagen wurden alle im Laufe der vergangenen sechs Monate erstellt«, sagte Heck. »Aber all diese Typen sind schon seit einer ganzen Weile untergetaucht.« Er nahm ein weiteres Blatt in die Hand. »Gavin Fortescue steht auch nicht auf unserer Liste. Er hat einen geisteskranken Mann totgeschlagen, nachdem er ihn in South Yorkshire auf ein Stück Brachland gelockt hatte.«

»Ja, ich erinnere mich.« Gwen schüttelte den Kopf. »Diese Typen sind nicht wirklich ein Verlust für die Menschheit, oder?«

»Nein, sicher nicht, Ma'am«, stimmte Heck zu. »Und wenn ich ehrlich bin, schert mich ihr Schicksal einen Dreck. Die Tatsache, dass die meisten gewaltsamen Tode, derer diese Kerle gestorben sind, wahrscheinlich aufgenommen wurden und auf den Videos auf den USB-Sticks zu sehen sind, die wir in dem Kino in Putney beschlagnahmt haben, lässt mich ziemlich kalt. Aber es geht um den Fortbestand unserer spezialisierten Polizeiabteilungen.«

Sie nickte nachdenklich.

»Ich möchte Ihnen noch etwas anderes zeigen«, sagte er. »Und das ist die Sache, wegen der Detective Superintendent Piper Sie vorhin angerufen und Sie hergebeten hat. Denn wenn Sie die Enthüllung darüber, was mit den flüchtigen Kriminellen passiert ist, für schwere Kost halten, warten Sie erst mal, bis Sie das hier sehen.« Er nahm einen Stapel unscharfer Schwarz-Weiß-Fotos in die Hand. »Kommt Ihnen der bekannt vor?«

Gwen musterte das erste Foto. Es war eindeutig im Dunkeln mit einer Nachtsichtkamera aufgenommen worden. Es zeigte einen Mann, der sich durch das geöffnete Fenster eines Fahrzeugs beugte und einen großen Umschlag in der Hand hatte. Der Mann hatte einen flachsblonden Haarschopf, einen schmalen Unterkiefer, eine Hakennase, hohe Wangenknochen und insgesamt magere, falkenartige Gesichtszüge.

»Ich das nicht Ray Marciano?«, fragte Gwen.

»Genau«, erwiderte Heck. »Kennen Sie ihn?«

»Nicht gut. Aber ich habe einige Male mit ihm zusammengearbeitet.«

»Er war Detective Inspector bei der Flying Squad«, fügte Heck hinzu. »Ist bekannt für sein weißblondes Haar. Merkwürdigerweise wurde einer unserer verschwundenen Verbrecher, John Stroud aus Shropshire, von einer Zeugin dabei gesehen, als er sich kurz vor seinem Verschwinden mit einem nicht identifizierten blonden Typen unterhalten hat.«

»Ray Marciano«, sagte Gwen langsam, eindeutig unfähig, diese Information zu verarbeiten.

»Ein hoch dekorierter Beamter«, erinnerte Gemma sie.

»Und trotzdem hat er im vergangenen Februar in den Sack gehauen. Bis dahin datieren in etwa die Dossiers mit den Informationen über unsere gesuchten Verbrecher zurück. Er hat den Polizeidienst quittiert, um für einen namhaften Strafverteidiger zu arbeiten.«

»Heck.« Gwens Gesicht war plötzlich wie versteinert. »Was genau sehe ich hier?«

»Erkennen Sie nicht, dass es sich um irgendein konspiratives Treffen handelt?«

»Nein. Ich sehe nur Ray Marciano am Fenster eines Fahrzeugs.«

»Na gut, dann werfen Sie einen Blick auf dieses Foto.« Heck zeigte ihr eine andere Aufnahme, auf der zu sehen war, wie Marciano den Umschlag durch das Fenster reichte und einer Person in die Hand drückte, die nicht zu erkennen war.

»Und jetzt dieses.« Auf dem nächsten Foto war zu sehen, dass der Umschlag geöffnet worden war, wahrscheinlich von der in dem Fahrzeug sitzenden Person, die ihn entgegengenommen hatte, und ein Blatt Papier herausgezogen worden war.

»Und siehe da«, sagte Heck und zog die letzte Aufnahme dieser Serie hervor. Sie zeigte eine Nahaufnahme des herausgezogenen Blatts, und auf ihr waren ein erkennbarer Name und ein erkennbares Gesicht zu sehen. »Das ist einer unserer zwanzig meistgesuchten Verbrecher. Henry Alfonso aus Canning Town. Sie erinnern sich vielleicht, Ma'am. Er hat überall im Norden Londons Häuser ausgeraubt. Ist immer nachts eingestiegen, hat eine Skimaske getragen und war mit einem Fleischermesser bewaffnet. Wenn er eine allein lebende Frau angetroffen hat, hat er sie natürlich vergewaltigt. Eins muss man Ray Marciano lassen: Er hat sich nur die Crème de la Crème der Kriminellen ausgesucht.«

»Hören Sie sofort auf!«, fuhr Gwen ihn an. »Diese Fotos bedeuten rein gar nichts. Sie könnten zu jedem x-beliebigen Zeitpunkt aufgenommen und dann gezielt zu einer Serie zusammengestellt worden sein. Die Aufnahmen können gar nichts miteinander zu tun haben.«

»Das könnte so sein, Ma'am«, stimmte er ihr zu. »Aber es handelt sich gar nicht um Fotos. Es sind Standbilder.« Er deutete auf den USB-Stick. »Aus einem der Videos, die sich auf diesem Stick befinden. Insgesamt sind drei kurze Filme darauf gespeichert. Auf ihnen sind drei verschiedene nächtliche Treffen zwischen dem Mann mit dem grünen Lieferwagen und Ray Marciano zu sehen. Und jedes Mal überreicht Ray dem Kerl einen unbeschriebenen Umschlag. Die Umschläge sehen ungefähr so aus wie diese.« Er zeigte auf drei braune Papierumschläge, die sich in separaten Plastikhüllen befanden.

»Sind das einige der Originalumschläge?«, fragte Gwen.

»Sie waren zusammen mit den anderen Sachen in dem Rucksack«, erwiderte Heck. »Während dieser heimlich gefilmten Treffen wurde jedenfalls kein Wort gesprochen.«

»Woher wollen Sie wissen, dass die Treffen heimlich gefilmt wurden?«

»Sehen Sie genau hin, Ma'am. Die Kamera, bei der es sich wahrscheinlich um die Handykamera des Mannes mit dem grünen Lieferwagen handelt, liegt verborgen auf der Rückbank hinter ihm. Er nimmt sie erst von der Rückbank und richtet sie nach unten, um klare Aufnahmen von den Umschlägen und deren Inhalt zu machen, nachdem Ray gegangen ist. Natürlich enthält der Umschlag jedes Mal ein Blatt mit Informationen über einen der meistgesuchten Verbrecher.«

Beide Frauen schwiegen.

»Eine ziemlich unerquickliche Sache, ich weiß«, sagte Heck. »Aber für mich ist das der Beweis, dass Ray Marciano in die Geschichte involviert ist. Wahrscheinlich spürt er die Zielpersonen auf. Er ist ja ein exzellenter Ermittler. Sobald er sie gefunden hat, vereinbart er irgendwas mit ihnen. Wie ich schon sagte, denken sie wahrscheinlich, dass sie an einen sicheren Ort gebracht werden, vermutlich zu einem stolzen Preis. Und dann informiert Ray den Typen mit dem grünen Lieferwagen, wo und wann er sie abholen kann. Sie steigen in den Lieferwagen ein, der gesichert ist wie ein verdammter Panzer. Und sobald sie drin sind, gibt es wahrscheinlich kein Entrinnen mehr.«

Es folgte ein ausgedehntes Schweigen. Gwen dachte über all das nach, was sie erfahren hatte.

»Sie gehen allen Ernstes davon aus, dass Ray Marciano …«

»Wir sollten auch in Erwägung ziehen, dass Morgan Robbins in die Sache verwickelt ist«, unterbrach Heck sie.

Gwen sah regelrecht schockiert aus. »Morgan Robbins, der Anwalt?«

»Ray arbeitet für ihn.« Heck zeigte auf ein anderes Foto, das allem Anschein nach tagsüber auf einer Straße entstanden war, auf der ziemlich viel los war. Es zeigte Marciano in ein Gespräch mit Robbins vertieft, einem großen, majestätisch anmutenden Mann mit einem weißen Haarschopf und buschigen weißen Augenbrauen, der einen eleganten Anzug trug.

Gwen schüttelte den Kopf. »Wie Sie schon sagten, sie arbeiten zusammen. Der Kerl mit dem grünen Lieferwagen könnte das Foto in der Nähe des Eingangs zu Robbins' Kanzlei gemacht haben, um ihn in irgendwas reinzuziehen.«

»Das dritte Video auf dem USB-Stick wurde in irgendeinem Londoner Pub aufgenommen«, sagte Heck. »Es dauert nur eine halbe Minute, aber es zeigt Ray Marciano und Morgan Robbins, die dem Filmenden auf der anderen Seite des Tisches gegenübersitzen.«

»Man kann nicht verstehen, was sie sagen«, warf Gemma ein. »Die Tonqualität ist schlecht, aber es beweist zumindest, dass diese beiden Herren sich gemeinsam mit dem Typen mit dem grünen Lieferwagen getroffen haben.«

Die Leiterin der Sonderkommision schien immer noch unbeeindruckt.

»Ma'am«, sagte Heck, »wir können das problemlos überprüfen. Wir müssen diese Unterlagen nur von der Spurensicherung kriminaltechnisch untersuchen lassen. Ich bin sicher, dass sie auf diesen Blättern Fingerabdrücke finden, die mit denen auf etlichen Ordnern übereinstimmen, die zurzeit in den Regalen in Morgan Robbins' Kanzlei stehen. Bestimmt hatten alle möglichen seiner Angestellten diese Papiere in den Händen, aber es muss Fingerabdrücke geben. Auf den Klebeflächen der Umschläge entdecken wir vielleicht sogar DNA.«

»Hören Sie auf, Heck!« Gwen hob eine Hand. »Das sind bei Weitem zu viele Annahmen und Mutmaßungen.«

»Aber es ist auch nicht so, als ob das Ganze keinen Sinn ergeben würde«, stellte Gemma fest. »Morgan Robbins hat viele Jahre lang als Staatsanwalt gearbeitet. Er hat mit Verbrechern der übelsten Sorte zu tun gehabt. Wahrscheinlich hat er viele wichtige Fälle verloren, was ihn zutiefst frustriert haben dürfte.«

»Und deshalb hat er jetzt einen dauerhaften Hass auf Kriminelle?« Gwen klang mehr als nur ein bisschen skeptisch. »Wenn das so wäre, wieso ist er dann Verteidiger geworden?«

»Wir haben alle mal einen Brass auf unser Strafverfolgungssystem, Ma'am«, sagte Heck. »Vielleicht ist er irgendwann zu dem Schluss gekommen, dass seine Arbeit die Mühe nicht wert ist und hat beschlossen, lieber großes Geld zu machen. Diese Entscheidung dürfte ihm leichter gefallen sein, wenn er gleichzeitig eine andere Möglichkeit aufgetan hatte, all diese Verbrecher zu bestrafen.«

»Um Himmels willen, Heck!«, explodierte Gwen. »Ist Ihnen eigentlich klar, was Sie da sagen? Sie unterstellen, dass Morgan Robbins und Ray Marciano eine Art Selbstjustizorganisation gegründet und gesuchte Kriminelle gekidnappt und getötet haben sollen? Und dass der Typ mit dem grünen Lieferwagen ihr Partner ist? Mal angenommen, es wäre so. Warum hat der Typ mit dem grünen Lieferwagen dann diese Fotos gemacht und die Videos gedreht? Warum hat er sie mit sich herumgetragen? Wie Sie selber gesagt haben, sind sie ein echtes Füllhorn an Beweisen. Wenn er auch nur in eine einfache Verkehrskontrolle geraten wäre, hätte die ganze Operation auffliegen können.«

Heck dachte darüber nach. »Ich kann mir nur vorstellen, dass er sie als eine Art Versicherung bei sich hatte.«

»Gegen eine mögliche Strafverfolgung, meinen Sie?« Gwen schnaubte verächtlich. »Damit er uns in dem Fall, dass er geschnappt wird, all das anbieten kann? Wenn das sein Plan gewesen sein sollte, hätte es doch wohl nicht viel Sinn für ihn gemacht, sich uns unter Anwendung tödlicher Gewalt zu widersetzen.«

»Mit Versicherung meine ich, dass er dieses Material bei sich

401

gehabt haben könnte, um sich gegebenenfalls vor seinen eigenen Leuten schützen zu können. Mal angenommen, die Aufnahmen dieser Gladiatorenkämpfe waren nie dafür bestimmt, irgendwo gezeigt zu werden. Erinnern Sie sich, dass der Typ mit dem grünen Lieferwagen den Friths gedroht hat, sie umzubringen, wenn sie die Filme ins Internet stellen? Dabei wäre das Internet eigentlich der naheliegende Ort, um so eine Ware zu vermarkten, wenn man damit richtig Geld verdienen will. Das Darknet wäre für so was ideal.«

Gwen sah ihn zweifelnd an, hörte aber weiter zu.

»Die Filme waren ganz offensichtlich *niemals* als eine Art Untergrund-Entertainment gedacht.«

»Aber er *hat* die Filme doch verkauft«, sagte Gemma, deren eigene Zweifel schließlich auch zum Vorschein kamen.

»Ja«, stimmte Heck ihr zu. »Weil er seine eigenen Leute hintergangen hat.«

»Sie meinen, um sich nebenbei ein bisschen Geld zu verdienen?«, fragte Gwen.

»Genau«, bestätigte Heck. »Und diese Unterlagen und die heimlich gemachten Fotos und Videos sollten ihm als Schutzschild gegen eine Bestrafung dienen, falls seine Bosse je dahinterkommen sollten, was er hinter ihrem Rücken getrieben hat.«

»Sie meinen, er hätte ihnen gedroht, sie auffliegen zu lassen?«

»Ja, aber nur, wenn er keine andere Möglichkeit gehabt hätte. Er hat gutes Geld damit verdient, die Filme an die Friths zu verkaufen, aber dabei wollte er es auch belassen, um das Risiko aufzufliegen niedrig zu halten.«

Gwen massierte ihre Stirn. »So vieles von alldem ist reine Spekulation.«

»Mit Verlaub, Ma'am, da muss ich widersprechen«, entgegnete Heck. »Sehen Sie sich doch an, was wir hier haben. Fotos und Beschreibungen der Zielpersonen. Wenn sie mit den Toten auf den Videos übereinstimmen …«

»Was wir noch nicht bestätigen können, weil wir noch nicht

dazu gekommen sind, all das Material zu sichten, das auf den USB-Sticks gespeichert ist, die wir bei den Friths beschlagnahmt haben«, sagte Gemma. »Aber wahrscheinlich wird es diese Übereinstimmungen geben.«

»Wir haben sogar die Postleitzahlen von den Orten, an denen die Opfer abgeholt wurden«, fügte Heck hinzu.

»Ach ja, weil Ray Marciano alles so perfekt organisiert hat.« Auf Gwens Gesicht zeichneten sich erneut Zweifel ab. »Nachdem er sie alle aufgespürt hat. Mal im Ernst, Heck. Ray Marciano mag ja ein guter Detective mit besten Kontakten gewesen sein, aber wollen Sie mir vielleicht sagen, dass er ganz auf sich allein gestellt etwas geschafft hat, wozu die gesamte Sonderkommission Vorschlaghammer nicht in der Lage war?«

»Wir arbeiten noch nicht mal seit drei Wochen an dem Fall, Ma'am. Ray ist vor sechs Monaten aus dem Polizeidienst ausgeschieden, um für Morgan Robbins zu arbeiten. Mit der Vorarbeit könnte er schon vor viel längerer Zeit angefangen haben. In jedem Fall hatte er einen gehörigen Vorsprung.«

Sie seufzte lange und schwer, dann erregte etwas anderes auf dem Schreibtisch ihre Aufmerksamkeit. Es waren drei Fotos, die Heck ihr noch nicht gezeigt hatte.

»Was soll das sein?«, fragte sie.

Auf jedem der Fotos war ein großes gotisches Bauwerk zu sehen, das jeweils aus einem geringfügig anderen Winkel aufgenommen worden war. Auf den ersten Blick bestand das Gebäude nur aus Türmchen und Fialen, große Bereiche waren eingerüstet.

»Keine Ahnung, was das ist«, gestand Heck.

Die Fotos waren mit einem Superzoomobjektiv gemacht worden und zeigten lediglich die geheimnisvollen architektonischen Besonderheiten. Von der Umgebung war nichts zu sehen, deshalb gab es keinen Kontext oder Anhaltspunkt, um was es sich handeln mochte.

»Das Gebäude muss irgendwie von Bedeutung sein«, stellte

Heck fest. »Vielleicht finden dort sogar die Kämpfe statt. Wir müssen herausfinden, was es ist und wo es sich befindet, aber erst mal haben wir wohl Wichtigeres zu tun.«

»In dem Punkt haben Sie zumindest recht.« Gwen stand mit in die Hüften gestemmten Händen da. »Ich weiß Ihre Arbeit zu schätzen. Und ja, ich bin sehr wohl der Meinung, dass wir diesbezüglich weitere Ermittlungen anstellen sollten. Aber ich fürchte, das ist für uns eine Nummer zu groß.«

Heck sah Gemma an, die seinen Blick so ausdruckslos erwiderte, als würde sie das Gleiche denken.

»Wie bitte?«, hakte er nach.

»Der Morgan-Robbins-Faktor bereitet mir am meisten Sorgen«, entgegnete Gwen.

»Ich gebe zu, dass es, was ihn angeht, keinen schlagenden Beweis gibt.«

»Fotos, die ihn im Gespräch mit Ray Marciano zeigen, sind wertlos, Heck.«

»Und was ist mit dem Video aus dem Pub.«

»Das ist interessant, aber Robbins könnte behaupten, dass das ein ganz legitimes Treffen war, erst recht, nachdem der Mann mit dem grünen Lieferwagen, der die Aussage entkräften könnte, nicht mehr unter uns weilt.«

»Ma'am!«, insistierte Heck. »Warum sollte Ray Marciano das ganz alleine durchziehen? Das ist ein Riesending und bedeutet viel Arbeit.«

Gemma meldete sich noch mal zu Wort. »Du hattest recht, Heck, als du gesagt hast, dass diese Kriminellen wahrscheinlich eine hübsche Summe Geld springen lassen mussten, aber vielleicht ist das auch schon alles? Sie dachten, dass sie sich ein Ticket kaufen, um sicher aus dem Land gebracht zu werden, aber in Wahrheit haben Ray und der Typ mit dem grünen Lieferwagen sich die Kohle eingesteckt und sie umgebracht. Ich kann mir vorstellen, dass es so gelaufen sein könnte, aber das beweist nicht, dass Morgan Robbins auch involviert ist.«

»Sie bringen die Leute nicht nur um«, widersprach Heck. »Wenn sie sie nur umbringen wollten, warum sollten sie sich dann die Mühe machen und diese Gladiatorenkämpfe organisieren? Ist es überhaupt denkbar, dass zwei Männer so was ohne weitere Unterstützung auf die Beine stellen können? Für mich fühlt sich das nach etwas Größerem an.«

»Da stimme ich Ihnen zu«, sagte Gwen zu seiner Überraschung. »Ray arbeitet für Morgan Robbins, und wir haben das Video, das beweist, dass die beiden sich mit dem Mann mit dem grünen Lieferwagen getroffen haben. Vielleicht finden wir auf diesen Papieren sogar DNA-Profile, die wiederum zu Mitarbeitern von Morgan Robbins' Kanzlei führen, und manchmal ergibt zwei und zwei in der Tat vier. Aber jetzt überlegen Sie mal, Heck. Wenn wir Morgan Robbins, der eine der renommiertesten Anwaltskanzleien in London leitet, verdächtigen, die Entführung etlicher gesuchter Krimineller zu organisieren, die anschließend in Gladiatorenkämpfen umgebracht werden, in denen sie keine Chance haben, sollten wir uns besser hundertprozentig sicher sein, dass unsere Beweise hieb-und stichfest sind, bevor wir etwas unternehmen. Und das da«, sie zeigte auf den Schreibtisch, »reicht bei Weitem nicht aus.«

»Da bin ich ganz Ihrer Meinung«, entgegnete Heck. »Wir müssen noch jede Menge weitere Ermittlungen anstellen.«

»Jemand muss weitere Ermittlungen anstellen«, stellte sie klar. »Aber wie ich schon sagte – nicht *wir*.«

Er sah sie mit ernster Miene an.

»Sehen Sie mich nicht so an«, sagte sie. »Ich gebe ja zu, dass ich einige Dinge, die Sie da präsentiert haben, mit einer gewissen Skepsis sehe, aber es reicht mir, um damit zum National Police Chiefs' Council zu gehen.«

»Sie wollen den National Police Chiefs' Council damit behelligen? Das ist nicht Ihr Ernst, Ma'am, oder?«

»*Wir* können das nicht schultern. Wollen Sie das endlich verstehen? Die Sonderkommission Vorschlaghammer ist sowieso schon auf Abwege geraten, die mit dem Fall nichts zu tun haben.«

»Aber das *ist* doch alles Teil der Operation Vorschlaghammer.«

»Nur insofern, als es uns zu einigen der gesuchten Verbrecher auf unserer Liste geführt hat«, entgegnete Gwen. »Beziehungsweise zu dem Schicksal, das sie unserer Annahme nach erlitten haben.«

»*Vierzehn*, Ma'am«, wandte Heck ein. »Nicht einige.«

»Selbst wenn sich herausstellt, dass es tatsächlich so ist, stehen immer noch einige aus. Und es ist *unsere* Aufgabe, diese Flüchtigen aufzuspüren.«

Sie steuerte die Tür an, als wäre alles gesagt.

»Und was passiert, wenn Sie mit dieser Geschichte zum National Police Chiefs' Council gehen?«, fragte Heck. »Wird dann nicht einfach die Bildung einer komplett neuen Sonderkommission beschlossen?«

»Hoffentlich.« Gwen versuchte sich ein Lächeln abzuringen. »Sie haben Ihre Sache gut gemacht, Heck. Unser Beitrag wird nicht unerwähnt bleiben.«

»Ich mache mir eher Sorgen, wie lange das alles dauern wird. Die obere Etage ist schließlich nicht dafür bekannt, besonders schnell zu sein, oder?«

»Mir ist sehr wohl bewusst, dass wir diese Sache mit Hochdruck angehen müssen.«

»Wenn nicht, riskieren wir, alles zu verlieren, was wir verdammt noch mal aufgetan haben!«

»*Okay!*« Gwens Miene verhärtete sich. »*Achten Sie auf Ihren Ton, Sergeant!* Ich weiß sehr wohl, wie wichtig diese Sache ist. Zufällig bin *ich* nämlich diejenige, die der Welt die faustdicke Lüge aufgetischt hat, dass es sich bei dem Zwischenfall gestern Nacht um einen Terrorakt gehandelt hat. *Ich* bin diejenige, die als Erste die Prügel abbekommt, wenn die Sache schiefgeht.« Sie ließ ihren Blick zwischen Heck und Gemma hin- und her-

406

schweifen. »Ich rufe jetzt Joe an und versuche es hinzukriegen, dass der National Police Chiefs' Council noch heute erneut zusammentritt. Gesetzt den Fall, dass das für *Sie* in Ordnung ist?«

Er presste enttäuscht die Lippen zusammen und sagte nichts mehr.

Sie verließ das Büro und knallte die Tür hinter sich zu.

»Also, die meisten Detectives wären froh, von einem Fall *verschont* zu bleiben, in dem die Hauptverdächtigen zum ›magischen Kreis‹ der Staranwälte unseres Landes zählen. Diese Sache stinkt förmlich nach Ärger.«

Heck ließ sich wieder auf den Stuhl fallen. »Ich dachte, du wärst auf meiner Seite.«

»Darum geht es nicht. Gwen hat recht. Wir können diese Sache nicht im Alleingang weiter vorantreiben.«

»Erst recht nicht, wenn wir es nicht einmal versuchen.«

»Sie versucht es ja, genau in diesem Augenblick. Willst *du* vielleicht derjenige sein, der diesem Haufen Bürokraten der oberen Etage gegenübertritt? Ich frage mich, wie weit du wohl kommen würdest.«

Heck konnte nicht anders, als zu schmollen, obwohl alles, was Gemma sagte, richtig war. Alles zusammengenommen – diese Selbstjustiznummer und jetzt auch noch die potenzielle Verwicklung eines sehr großen Fisches wie Morgan Robbins – würde die Sonderkommission Vorschlaghammer wahrscheinlich in der Tat überfordern. Die beiden Fälle hingen miteinander zusammen, aber einer drohte so viel enormere Ausmaße anzunehmen als der andere, dass er die Ermittlungen bereits beeinträchtigte. Allerdings trug diese Erkenntnis auch nicht dazu bei, dass Heck sich besser fühlte.

»Ich möchte mich noch mal bei dir bedanken«, sagte Gemma. »Dafür, was du für Jack Reed getan hast.«

»Du hast dich doch schon bedankt. Wieso ein zweites Mal?«

»Du hast in den vergangenen Tagen hervorragende Arbeit

geleistet. Na ja, und manchmal denke ich, dass wir dir vielleicht nicht oft genug auf die Schulter klopfen.«

»Autsch.« Er rieb sich die linke Schulter. »Das war aber wirklich ein kräftiges Schulterklopfen.«

»Na gut, du willst also nicht, dass ich nett zu dir bin.« Sie überreichte ihm brüsk einen mit Gummibändern zusammengehaltenen Stapel Formulare. »Bitte schön.«

»Schon gut, tut mir leid.« Er hob zum Zeichen des Friedens eine Hand. »Ich wollte nur …«

Er war so hundemüde, dass er sich nicht mal mehr richtig artikulieren konnte, geschweige denn, sich zusammenreißen, wenn es geboten war. *So darfst du nicht weitermachen*, wies er sich zurecht. *Sie zu verärgern, hilft dir nicht weiter. Was erwartest du denn? Umarmungen und Küsse dafür, dass du deinen verdammten Job erledigst?*

»Es ist nur …« Er machte eine Geste der Hilflosigkeit. »Ich habe nur eins anzubieten: Spuren zu folgen und Resultate zu erzielen.«

Sie sah ihn mit steinerner Miene an.

»Ich will ein Resultat«, stellte er klar. »Aus all den Gründen, die du bereits kennst. Ich *muss* ein Resultat erzielen. Aber in Anbetracht dessen, wie ich mich dafür ins Zeug lege, um das zu schaffen…«, er konnte nicht umhin, höhnisch aufzulachen, »bekomme ich wohl nicht viel zurück, oder?« Er schüttelte den Kopf. »Im Ernst, Ma'am, tut mir leid, ich verstehe das nicht.«

»Zeigt dir das nicht ganz deutlich, wie absolut verkehrt es ist zuzulassen, dass sich Liebesleben und Arbeitsleben vermischen? Erst recht in unserem Job?«

Darauf konnte er nichts erwidern.

»Haben wir nicht erst gestern über Professionalität geredet?«

Dieses Mal dachte er gar nicht erst daran zu antworten. Die Frage war rein rhetorisch.

»Du hast dich nicht unbedingt während der *gesamten* Ermittlung in diesem Fall als ein vorbildlicher Beamter erwiesen«, sagte sie, »aber als es darauf ankam, warst du voll da und hast es geschafft, einen wichtigen Teil des Falls mehr oder weniger zu lösen. Und ob du es akzeptieren willst oder nicht – nochmals danke, dass du Jack Reed das Leben gerettet hast.« Sie deutete auf die mit Gummibändern zusammengehaltenen Papiere. »Und die übergebe ich hiermit in deine Verantwortung.«

Heck betrachtete die Unterlagen. Es waren fotokopierte Aktennotizen, die die Verfolgung eines Prostituierten-Würgers namens Malcolm Kaye aus Liverpool betrafen.

Nach allem anderen fühlte sich das an wie der ultimative Tritt in die Eier.

»Mir werden also andere Aufgaben zugewiesen?«

»Erst in ein paar Tagen. Ich erkläre dich, wie von dir gewünscht, offiziell wieder für dienstbereit, aber da du in eine Schießerei involviert warst, wird es auf jeden Fall erforderlich sein, dass du dich für weitere Untersuchungen, die den Zwischenfall betreffen, zur Verfügung hältst, auch wenn sie, was dich betrifft, rein formaler Natur sein dürften. Bleib also im Büro, und arbeite dich in diesen Fall in Merseyside ein. Sobald hier alles geklärt ist, kannst du hochfahren und Charlie Finnegan unterstützen. Ich muss dich wohl nicht darauf hinweisen, dass Malcolm Kayes Name nicht in den Unterlagen des Mannes mit dem grünen Lieferwagen auftaucht. Es gibt also keinen Grund zu der Annahme, dass Kaye nicht noch auf freiem Fuß ist.«

»Und außer mir kann niemand hochfahren nach Merseyside?«

»Nein, Heck. Tut mir leid, aber mir bleibt nichts anderes übrig, als mit den wenigen verfügbaren Ressourcen zu jonglieren.«

»Gemma, wir können vierzehn Namen von unserer Liste der meistgesuchten Verbrecher streichen. Mit Reeds Verhaftung bleiben nur noch fünf übrig. Damit sind also etliche Kollegen wieder verfügbar.«

»Wie Gwen bereits sagte, müssen wir für jeden dieser vierzehn Namen noch die Einzelheiten klären. Und wenn das erledigt ist, wird jeder frei werdende Kollege neue Aufgaben zugewiesen bekommen, genau wie du. So werden wir die Ermittlungen in jedem einzelnen Fall nach und nach intensivieren können. Hast du damit wirklich ein Problem?«

»Mein einziges Problem ist, dass nichts auch nur annähernd schnell genug passieren wird, wenn wir darauf bedacht sind, die obere Etage in diese Sache einzubeziehen. Das weißt du genauso gut wie ich.«

»Heck, es gibt Vorschriften, okay? Ich weiß, das ist ein Fremdwort für dich, aber wenn wir mit jemandem wie Morgan Robbins zu tun haben, der sich mit juristischen Tricks besser auskennt als die gesamte Metropolitan Police zusammen, kannst du dich nicht aufführen wie ein Elefant im Porzellanladen.«

Er merkte, dass es keinen Zweck hatte weiterzudiskutieren und stapfte zur Tür.

»Nimm dir den Rest des Tages frei«, sagte Gemma. »Das Mindeste, was du dir verdient hast, sind ein paar Stunden Schlaf. Komm morgen wieder zum Dienst. Du kannst zur Abwechslung mal von neun bis fünf arbeiten.«

Er erwiderte darauf nichts und öffnete die Tür.

»Es kann auch sein, dass der National Police Chiefs' Council entscheidet, uns bei einem Teil der Ermittlungen wieder ins Boot zu holen. Vielleicht entscheiden sie sogar, dass wir die Sache federführend übernehmen sollen, aber bis dahin haben wir erst mal andere Dinge zu erledigen.«

»Schön und gut«, er hielt die Fotokopien hoch, »aber das hier fühlt sich trotzdem wie eine Bestrafung an.«

»Sei nicht kindisch, Heck. Das passt nicht zu dir.«

»Die Ermittlung in Liverpool hat bisher zu nichts geführt.«

»Vielleicht schicke genau deshalb *dich* dorthin.«

»Und Charlie Finnegan ist der größte Kotzbrocken in der gesamten National Crime Group.«

»Vielleicht kannst du ihm zeigen, was er falsch macht, indem du ihm vorführst, was du falsch machst.«

Sie hielt seinem Blick stand und forderte ihn heraus weiterzumeckern.

Aber Heck sagte nichts mehr. Der Würfel war wieder mal gefallen.

Er verließ das Gebäude in der festen Absicht, zu seiner Wohnung in Fulham zu fahren und sich ein bisschen Schlaf zu genehmigen. Doch als er dort ankam, nachdem er zunächst seinen Megane abgeholt hatte, nahm in seinem Kopf eine neue Idee Gestalt an. Und da er bis zum nächsten Morgen noch nicht wieder offiziell im Dienst war, hatte er Zeit, sich ein wenig umzuschauen und zu sehen, was an seiner Idee dran war.

Aber nur, wenn er sich sehr beeilte.

33

Heck nahm sich in seiner Wohnung gerade die Zeit zu duschen, sich zu rasieren und sich frische Sachen anzuziehen. Dann packte er ein Paar Turnschuhe und saubere Wechselkleidung in seine Reisetasche, um für alle Fälle gerüstet zu sein, warf die Tasche in den Kofferraum seines Megane und machte sich wieder auf den Weg. Gegen elf Uhr bog er erneut auf die North Circular Road.

Er erreichte Newham kurz nach Mittag, doch von da aus ging es nur noch langsam voran. Die Straßen in der Umgebung des Lkw-Parkplatzes waren alle abgesperrt. Er konnte nicht mal die Abfahrt von der North Circular Road benutzen, denn sie war ebenfalls mit Verkehrsleitkegeln und Hinweisschildern der Polizei blockiert. Also fuhr er noch eineinhalb Kilometer weiter in Richtung Süden, nahm die nächste Abfahrt und musste auf dem Weg zurück mehrere Wohnsiedlungen durchqueren. Doch auch dort war das Vorankommen nicht einfach, denn etliche Nebenstraßen in der Umgebung des Lkw-Parkplatzes waren ebenfalls gesperrt und wurden von Streifenpolizisten bewacht oder waren von Transportern der Medien blockiert.

Er zeigte seinen Dienstausweis und kam damit durch den äußeren Absperrungsbereich, doch den letzten Rest des Weges musste er zu Fuß zurücklegen. Er ging die Rampe hinunter, die auf den eigentlichen Lkw-Parkplatz führte, musste sich an einem weiteren Kontrollpunkt erneut ausweisen und war ganz baff, wie anders sich der Ort bei Tageslicht und mit der starken Polizeipräsenz anfühlte. Der größte Teil des Lkw-Parkplatzes war mit noch mehr Absperrband gesichert, doch ein kleinerer Bereich auf der Seite, an der die Schienen verliefen, fungierte offiziell als Parkplatz für die Ermittlungsteams. Dort parkten bereits jede

412

Menge Streifenwagen, Transporter der Spurensicherung und Wagen der Polizeifotografen.

Kaum war Heck in diesem Bereich angekommen, musste er zur Seite treten, um einen Leichenwagen vorbeizulassen. Es gab keine Fanfare und keine Zeremonie, doch einige der uniformierten Polizisten, die den Wagen vorbeifahren sahen, hatten ihre Helme abgenommen. In dem Wagen konnten sich nur die sterblichen Überreste von Inspector Jake Renshaw befinden. Heck betrachtete den Wagen mit seiner üblichen Gleichgültigkeit, die er immer an den Tag zu legen versuchte, wenn Kollegen im Dienst getötet wurden. Man konnte es sich nicht leisten, solche Dinge an sich heranzulassen, auch wenn das immer leichter gesagt als getan war.

Während er da stand, kündigte das Summen seines Handys in seiner Hosentasche den Eingang einer neuen E-Mail an. Sie war von Gemma:

Die Kollegen der internen Ermittlung erinnern dich daran, dass immer noch eine umfangreiche Aussage aussteht. Vielleicht hältst du am besten mit Jack Rücksprache, damit ihr die Fakten richtig wiedergebt, natürlich unter Aufsicht der internen Ermittler. Keiner von euch beiden hat einen tödlichen Schuss abgefeuert, also ist es nur eine Formalität. Aber es muss gemacht werden. Als dein Vorgesetzter am Tatort hat Jack bereits die volle Verantwortung dafür übernommen, dich als inoffizielle Verstärkung des bewaffneten Teams mitgenommen zu haben. Joe Wullerton will dich ebenfalls sehen. Ist aber kein Grund zur Panik. Er will sich nur vergewissern, dass du die gebotene rechtliche Beratung in Anspruch genommen hast. Außerdem beabsichtigt er, dich zum Polizeipsychologen zu schicken, aber du kannst die Sitzungen in deinen normalen Dienstplan einschieben.

Es überraschte Heck nicht, dass Reed bereit war, den Kopf für ihn hinzuhalten. Es war diese »Ich-bin-heiliger-als-du«-Tour, auf die der Detective Inspector so spezialisiert war, doch Heck konnte nicht bestreiten, dass ihm das in diesem Fall zugutekam, so würde er mit Sicherheit weniger schwierige Fragen zu beantworten haben.

Als der Leichenwagen vorbeigefahren war, zeigte er seinen Polizeiausweis erneut und wurde unter dem nächsten Absperrband hindurchgelassen. Während er den Lkw-Parkplatz überquerte und die Überführung ansteuerte, sah er, dass der Bereich darunter nahezu komplett abgesperrt war. Der Zugang zu dieser Zone war nur durch ein Zelt der Spurensicherung möglich, an dessen Eingang ein stämmiger Bobby darauf achtete, dass Heck sich in das offizielle Tatortbesucherverzeichnis eintrug. Drinnen nahm er einen frischen Tyvek-Overall aus der Plastikverpackung, schlüpfte hinein und zog sich Einmalhandschuhe und Schuhüberzieher an.

Vom Zelt aus betrat Heck den Bereich unter der Überführung auf einem Brettersteg, der von den Beamten der Spurensicherung angelegt worden war. Der Steg führte durch verschiedene abgesperrte Bereiche, in denen grelle Bogenlampen, leise Unterhaltungen und wiederholt aufzuckende Blitzlichter von Fotoapparaten davon zeugten, dass die Sicherung der Spuren noch in vollem Gange war. Tatsächlich gab es so viele einzelne für die Spurenermittler interessante Tatorte, dass der Steg sich etliche Male verzweigte und sogar provisorische Wegweiser aufgestellt worden waren, was sich als sehr nützlich erwies, da Heck den Weg zu dem grünen Lieferwagen bei Tageslicht gar nicht so einfach finden konnte.

Als er den Wagen schließlich erreichte, sah er, dass dieser Bereich doppelt abgesperrt worden war, da es sich um den Schauplatz eines Polizistenmordes handelte. Rund um den Wagen markierten Beweisfahnen die Stellen, an denen verschossene Patronenhülsen gefunden worden waren.

Der Lieferwagen selbst, dessen Reifen auf der Beifahrerseite von Hecks Schüssen zerfetzt waren, stand immer noch frontal vor dem riesigen Betonpfeiler. Er war verdreckt und von den zahlreichen Geschossen, die ihn getroffen hatten, mit Dellen übersät, doch auffallenderweise war keine der Kugeln durchgedrungen. Die Beifahrerseite war mit getrocknetem Blut bespritzt.

Momentan war nur eine Spurenermittlerin anwesend, eine junge Inderin, die genau wie Heck vom Hals bis zu den Füßen in einem Tyvek-Overall steckte. Sie stand im inneren Absperrbereich, fotografierte sorgfältig Gegenstände, die auf einem weißen, auf Böcken stehenden Plastiktisch ausgelegt waren, und bemerkte Heck zunächst gar nicht.

»Von außen sieht er aus wie ein ganz normaler Lieferwagen, nicht wahr?«, stellte Heck im Plauderton fest.

Die Spurenermittlerin sah sich um. Laut ihrem Namensschild hieß sie Sumitra Bharti und leitete vor Ort die Sicherung der Spuren.

»Aber wenn man einen Blick hineinwirft, ist man ziemlich überrascht«, fuhr er fort. »Für jeden, der in diesem Wagen mitgefahren ist, war es eine Fahrt ohne Wiederkehr.«

»Und wer sind Sie, wenn ich fragen darf?«, entgegnete die Ermittlerin.

»Oh, entschuldigen Sie bitte. Detective Sergeant Heckenburg.« Er hielt ihr seinen Dienstausweis hin. »Dezernat für Serienverbrechen. Zurzeit gehöre ich der Sonderkommission Vorschlaghammer an.«

»Oh.« Offenkundig sagte sein Name ihr etwas. »Sie waren doch einer der Beamten, die …?«

»Ja, leider.«

»Erstaunlich, dass Sie schon wieder am Tatort sind. Klang so, als wäre es eine ziemliche Höllennacht gewesen.«

»Viele schlimmere Nächte hab ich jedenfalls noch nicht erlebt«, gestand er, den Blick immer noch auf die kreuz und quer verteilten Blutspritzer gerichtet. »Ich kannte Inspector Renshaw nicht besonders gut, aber er wurde erschossen, als er noch mal zurück ist, um einem seiner verletzten Männer zu helfen. Er hätte das nicht tun müssen. Wahrscheinlich sind ihm bei dem Einsatz auch Fehler unterlaufen, aber mangelnde Fürsorgebereitschaft für seine Leute kann man ihm bestimmt nicht vorwerfen.«

»Sollten Sie nicht zu Hause sein, wenn Sie in diesen Zwischenfall verwickelt waren?«, fragte Bharti vorsichtig.

»Heutzutage läuft das nicht mehr so. Wir werden nach einem Schusswaffengebrauch nicht mehr automatisch vorübergehend vom Dienst suspendiert.«

»Aber Sie sollten trotzdem nicht hier sein, oder?«

Er wandte den Blick von dem Blut ab und sah sie an. »Das ist Ansichtssache, würde ich sagen.« Er befand sich auf heiklem Terrain, das war ihm klar, aber es war ja nicht so, als würde gegen ihn selber ermittelt, und solange keine neue Sonderkommission eingerichtet worden war – worauf sie schlicht und einfach nicht warten konnten –, war das immer noch sein Fall. »Ich muss etwas überprüfen, das mir die ganze Nacht im Kopf herumgegeistert ist.«

Sie schien immer noch unsicher. »Wie kann ich Ihnen helfen?«

»Haben Sie das Innere des Wagens schon unter die Lupe genommen?«

»Bisher haben wir uns nur einen kurzen Überblick verschafft. Wir haben ja gerade erst die Leiche des Polizeibeamten abholen lassen.«

Er nickte. »Verstehe.«

»Mit Staubsaugern und Pinzetten waren wir noch nicht am Werk.«

»Okay, aber als Sie einen Blick in den Wagen geworfen haben – ist Ihnen da irgendetwas Ungewöhnliches aufgefallen?«

»Sie meinen, abgesehen von der Tatsache, dass es da drinnen

416

aussieht wie in einem mobilen Fünf-Sterne-Gefängnis? Der Wagen ist schwer gepanzert, das haben Sie ja sicher schon mitbekommen. Es ist absolut unmöglich, die hinteren Türen von innen zu öffnen, aber im Innenraum ist es sehr bequem. Gut isoliert, sodass es wahrscheinlich auch im Winter warm ist, und mit Teppich ausgelegt.«

»Mit Teppich ausgelegt?«

»Ja, mit einem dicken, weichen Teppich. Und einen bequemen Sessel gibt es auch.«

Damit war diese Sache geklärt, dachte Heck. Mit dem Lieferwagen hatten sie die armen Schweine weggeschafft, nachdem sie sie unter falschen Versprechungen hineingelockt hatten. Er stand mit in die Hüften gestemmten Händen da und betrachtete das Wrack.

»War's das dann?«, fragte Bharti.

»Nicht ganz. Wie Sie sagten, haben Sie sich den Innenbereich noch nicht vorgenommen, aber wissen Sie zufällig, ob es in dem Wagen ein Navigationsgerät gibt?«

»Da kann ich Ihnen in der Tat weiterhelfen.« Sie wandte sich dem Tisch mit den gesicherten Gegenständen zu. »Hier. Es war wahrscheinlich an der Innenseite der Windschutzscheibe befestigt und wurde rausgeschleudert, als die Scheibe bei dem Aufprall auf den Betonpfeiler geborsten ist.«

Heck blickte auf das kleine Gerät hinab und spürte, wie seine Haut vor Aufregung kribbelte. Es war schmutzig, aber unbeschädigt, das nicht angeschlossene Ladekabel hing wie ein Schwanz von der Tischkante hinab.

»Funktioniert es noch?«, fragte er.

»Das weiß ich ehrlich gesagt nicht.«

»Können wir es ausprobieren?« Er holte sein Notizbuch hervor. »Ich würde gerne ein paar Dinge überprüfen.«

»Detective Sergeant Heckenburg?«

»Ja?«

»Das kommt mir ein bisschen unvorschriftsmäßig vor.«

Er sah sie über das Absperrband hinweg an. Sie erwiderte seinen Blick mit besorgter Miene.

»Sie müssen sich keine Sorgen machen«, versicherte er ihr. »Es könnte sich um eine wichtige Spur handeln, aber es kann genauso gut ein Schuss in den Ofen sein. Aber je früher wir das wissen, umso besser.«

»Na schön.« Sie schien immer noch ein ungutes Gefühl bei der Sache zu haben, drehte sich jedoch um, nahm einen Bleistift aus ihrer Tasche und drückte mit dem stumpfen Ende den Einschaltknopf des Navigationssystems herunter. Das Gerät ging sofort an.

»Ich brauche nur die letzten Fahrziele«, sagte Heck.

Sie tippte einige Male auf den Touchscreen, woraufhin eine Liste mit Postleitzahlen erschien. Selbst mit gerecktem Hals konnte Heck sie nicht richtig erkennen.

»Würden Sie mir die Postleitzahlen bitte vorlesen?«, bat er die Spurenermittlerin und schlug in seinem Notizbuch die Seite auf, auf der er sich die Postleitzahlen aus Ray Marcianos Dossiers über die gesuchten Verbrecher notiert hatte.

Bharti begann die Zahlen von oben nach unten vorzulesen. Die erste erkannte Heck nicht, aber er notierte sie trotzdem. Die nächsten drei waren ihm jedoch alle bekannt. Sie entsprachen den obersten drei, die bereits in seinem Notizbuch standen. Es waren die Orte, an denen vermutlich Eddie Creeley, Leonard Spate und Ronald Ricketson entführt worden waren, und sie gehörten zu Orten in Humberside, in Cumbria und in North Wales.

Heck beugte sich automatisch vor und versuchte, mehr zu sehen.

»Tut mir leid, Sergeant, aber Sie müssen auf Ihrer Seite des Absperrbands bleiben.«

»Das tue ich, versprochen. Aber wir brauchen noch mehr. Können Sie noch ein bisschen runterscrollen?«

Sie entsprach seiner Bitte und las ihm noch weitere Postleitzahlen vor. Die nächsten beiden gehörten zu den Orten, an denen vermutlich Terry Godley und Christopher Brenner entführt worden waren.

»Gibt es noch mehr?«, fragte Heck.

»Ich weiß nicht, wie viel Saft das Ding noch hat«, entgegnete sie, machte jedoch weiter.

Es erschienen drei weitere Postleitzahlen. Die erste stand wieder nicht auf seiner Liste. Heck notierte sie trotzdem. Aber die nächste stimmte mit der aus dem Dossier über Jerry Brixham überein, der seine Frau und seine Mutter vergiftet hatte, und die dann folgende mit der von dem Blatt über den Unterwelt-Auftragskiller Peter Freeman. Beide hatten auch auf ihrer Liste der meistgesuchten flüchtigen Verbrecher gestanden.

Das Ganze fügte sich besser zusammen, als Heck es für möglich gehalten hätte. Er konnte sich lebhaft vorstellen, wie Ray Marciano die Papiere übergab, die er selber ausgearbeitet hatte, nachdem er die Flüchtigen ausfindig gemacht und kontaktiert hatte, und wie der Mann mit dem grünen Lieferwagen die ahnungslosen Opfer dann an bestimmten Orten abholte, die er mithilfe der Postleitzahlen und unter Zuhilfenahme seines zuverlässigen Satellitennavigationssystems problemlos fand.

»Die Batterieanzeige steht jetzt auf Rot«, sagte Bharti und riss ihn aus seinen Gedanken. »Ich würde sagen, das Ding geht jeden Augenblick aus.«

»Okay, das reicht mir. Vielen Dank für Ihre Hilfe.«

Heck trat von dem Absperrband zurück und sah hinunter auf seine Liste. Er war sich nicht ganz sicher, wie viel Neues er gerade erfahren hatte. Eigentlich war ihm nur seine Theorie bestätigt worden, nach der der Mann mit dem grünen Lieferwagen die in den Papieren genannten Orte aufgesucht hatte – *vermutlich,* um seine ahnungslosen Fahrgäste aufzulesen. Ebenfalls *vermutlich* würden die Spurenermittler, sobald sie sich das Innere des Lieferwagens gründlich vornähmen, vor allem im hinteren Bereich auf Mikrospuren von jedem Fahrgast stoßen, der in dem Wagen befördert worden war. Das wäre dann der endgültige Beweis.

Aber dafür bräuchten die Ermittler natürlich Zeit, und die war knapp.

Er musterte erneut die Liste.

Es war durchaus möglich, dass die Postleitzahlen, die ihm unbekannt waren, genauso nützlich waren. Die Postleitzahl, die ganz oben stand, sah nach einer Londoner Adresse aus. Das war nicht weiter verdächtig. Jeder, der in London lebte und täglich in der Stadt unterwegs war, konnte wahrscheinlich ein Navigationsgerät gebrauchen. Aber die zweite Postleitzahl, die nicht bereits in seinem Notizbuch gestanden hatte, war ihm absolut unbekannt. Er holte schnell sein iPhone hervor und googelte die Nummer.

Es war die Postleitzahl eines Ortes in Cornwall.

Heck spürte erneut dieses Kribbeln in sich aufsteigen. Sein Interesse war geweckt.

Soweit er wusste, hatte keiner der meistgesuchten Verbrecher auf der Liste eine Verbindung nach Cornwall. Und das konnte nur eine gute Nachricht sein, denn es war ihm ja von Anfang an nicht einfach nur darum gegangen zu überprüfen, ob die in dem Navigationsgerät gespeicherten Orte mit den Postleitzahlen in seinem Notizbuch übereinstimmten, die wiederum mit den Namen gesuchter Verbrecher verknüpft waren, sondern er hatte auch herausfinden wollen, wohin der Mann mit dem grünen Lieferwagen seine Opfer womöglich gebracht hatte.

»Sie wirken plötzlich so elektrisiert«, stellte Sumitra Bharti fest.

Heck steckte sein Handy und sein Notizbuch wieder weg. »Sie haben mir gerade eine neue Spur verschafft, der ich folgen kann. Deshalb.«

»Dafür sind wir da.«

»Gibt es noch weitere Dinge in dem Wagen? Ich meine, irgendwas Beweiskräftiges?«

»Wie ich schon sagte, haben wir uns das Innere des Wagens noch nicht richtig vorgenommen. Das Navigationsgerät haben wir nur schon sichergestellt, weil es bei dem Aufprall rausgeflogen ist.«

»Aber Sie haben doch schon mal einen Blick hineingeworfen.«

»Natürlich. In der Fahrerkabine gibt es einiges.«

»Zum Beispiel?«

»Das meiste ist wahrscheinlich Müll. Pappbecher, eine Hamburgerverpackung, solche Sachen. Und natürlich eine Pistole, von der Sie ja bestimmt wissen. Einige Patronenhülsen. Und ein paar Papiere.«

»Wie lange werden Sie brauchen, all diese Sachen zu untersuchen?«

»Ich denke, das sollten wir im Laufe des Tages noch schaffen. Sobald wir alles protokolliert und fotografiert haben, schicken wir die Bilder per E-Mail an Ihren für die Beweisstücke zuständigen Kollegen. Wahrscheinlich heute Abend. Wir werden die Nacht durcharbeiten, also sollten wir vor morgen früh fertig sein.«

Heck kaute auf seiner Lippe herum. »Würden Sie mir einen Gefallen tun, Sumitra, und mir alle Fotos, die Sie mailen, auch schicken? Ich meine, *mir* persönlich?«

»Das entspricht aber nicht der normalen Vorgehensweise.«

»Kann schon sein, aber es gibt auch keinen Grund, aus dem Sie es nicht tun dürften, oder? Immerhin gehöre ich dem Ermittlungsteam an.«

»Na gut, vermutlich spricht nichts dagegen.«

»Es geht mir nur darum, dass ich wahrscheinlich ein paar Stunden nicht im Büro sein werde und gerne auf dem Laufenden bleiben möchte, solange ich unterwegs bin.«

»Ich muss natürlich vermerken, dass ich Ihnen die Fotos schicke.«

»Natürlich, kein Problem.« Heck gab ihr seine E-Mail-Adresse

421

und dankte ihr überschwänglich, während sie sich die Adresse notierte.

Auf dem Rückweg über den Brettersteg ging er leichteren Schrittes, obwohl er nicht genau wusste, warum. Es war schließlich nicht so, dass er gerade einen Durchbruch erzielt hatte. Aber ein neuer Ermittlungsansatz war immer willkommen, erst recht, wenn die Zeit so knapp war.

Er dachte an Gemmas letzte E-Mail.

Eine weitere Unterredung mit den Kollegen der guten alten internen Ermittlung. Und danach ein paar Psychositzungen.

Oder alternativ eine schnelle Spritztour in die landschaftlich attraktivste Ecke des Vereinigten Königreiches?

Die Frage stellte er sich natürlich nicht wirklich. Schließlich lag die Antwort auf der Hand.

34

Wie die meisten Briten kannte Heck Cornwall vor allem als einen Ort, an den man fuhr, um Urlaub zu machen oder mal ein Wochenende auszuspannen.

Dort war nicht alles nur idyllisch, und natürlich gab es in Cornwall auch Kriminalität, ja sogar Mord, aber vieles *war* idyllisch. Der ganze Südwesten Englands war für seine ländliche Atmosphäre und seine malerischen Dörfer berühmt, in denen das beschauliche Leben ungeachtet dessen, was sonst in der Welt los war, seinen gemächlichen Gang ging. Selbst auf der verstopften M4, auf der Heck sich langsam in das Herz Cornwalls vorarbeitete, war er zu beiden Seiten von einer endlosen ländlichen Idylle umgeben. Mit Heuballen gesprenkelte Felder glänzten golden in der Augustsonne, Mähdrescher zogen ihre Bahnen, die ganze Szenerie glich einem Postkartenmotiv des ländlichen Englands.

Doch all das konnte Hecks Verdruss über den immer wieder stockenden Verkehr und die ständigen Staus nicht mindern.

Um 18:30 Uhr war er wegen seines Schlafmangels so müde, dass er schließlich südlich von Exeter die Autobahn verließ, um sich in einem Café am Rand des Nationalparks Dartmoor zwei Dosen Redbull zu genehmigen.

Er überquerte den Parkplatz des Cafés und nahm die plötzliche Stille, die wilde Szenerie der vor ihm aufragenden Hügellandschaft und den gigantischen Himmel, der sich über alldem wölbte und sich angesichts des anbrechenden Abends beinahe lila verfärbte, nur vage wahr, denn er hatte erst einmal andere Prioritäten.

Die beiden Energiedrinks hatten die gewünschte belebende Wirkung, doch selbst nach ihrem Genuss fühlte er sich noch mies.

Er sah sich in der kleinen Gaststätte um. Alle Anwesenden sahen freundlich aus, aber wenn er für das Dezernat für Serienverbrechen unterwegs war, hätte er oft viel darum gegeben, ein vertrautes Gesicht zu sehen. Das galt erst recht an diesem Abend, nachdem er bereits stundenlang unterwegs war, auf ihn geschossen worden und er von einem verdammten Bulldozer verfolgt worden war. Und vor allem, nachdem ihm dann auch noch unterbreitet worden war, dass es, nachdem er die harte, gefährliche Arbeit erledigt hatte, an der Zeit sei, dass jemand anders angetanzt käme, um den leichten Part zu übernehmen – und natürlich die Lorbeeren einzuheimsen.

Aber so lief es nun mal. Das hatte Heck ziemlich bald gelernt, nachdem er bei der Polizei angefangen hatte. Aber er hatte sich trotzdem keinen anderen Job gesucht, also konnte er sich wohl kaum beschweren.

»Ich beschwere mich nie«, sagte er zu sich selbst, während er über den Parkplatz zurück zu seinem Megane schlenderte.

Doch das war natürlich eine Lüge, wie Gemma bestätigen können würde.

»Liebe Gemma, was ich alles auf mich nehme, um Teil *deiner* Welt zu sein.«

Als er Moretonhampstead verließ, gut 400 Kilometer von dem Punkt entfernt, an dem er am Mittag gestartet war, und eingehender darüber nachdachte, konnte er kaum glauben, wie viel Arbeit er in diesen Fall steckte.

Inzwischen befand er sich auf einer kleineren Straße, der B3212, die mitten durch die ausgedehnte, von Weiden geprägte Wildnis Dartmoors führte. Heck hatte sich bewusst für diese weniger bekannte Route entschieden, weil er gehofft hatte, dass dort weniger Verkehr herrschen würde als auf der A30 nach Launceston, doch die Weiler in dieser landwirtschaftlich genutzten Gegend waren nur durch extrem schmale, gewundene Sträßchen miteinander verbunden, und Heck musste immer wieder Traktoren und Schafherden überholen oder diesen ausweichen.

Auf dem ganzen Weg dachte er über St Ronan nach, ein kleines an Cornwalls Nordküste gelegenes Dorf zwischen Port Isaac und Tintagel Head. Dies war der Ort, zu dem die Postleitzahl gehörte, sein Ziel.

Genau genommen war es die Postleitzahl des Abbot's Walk, der Küstenstraße von St Ronan. Bevor er losgefahren war, hatte er sich über den Ort informiert. Demnach handelte es sich um ein Fischerdorf, in dem es nur wenig Tourismus gab. Das Dorf hatte nur etwa sechshundert Einwohner, was selbst für Cornwalls Verhältnisse wenig war. Er hatte auch die Verbrechensdatei des Dezernats für Serienverbrechen konsultiert, und dort tauchte der Name des Fischerdorfes nicht einmal auf, was davon kündete, dass es nicht nur gegenwärtig keine Ermittlungen wegen eines schweren Verbrechens gab, die in irgendeiner Weise mit diesem Ort in Zusammenhang standen, sondern dass es höchstwahrscheinlich auch noch nie welche gegeben hatte.

Inständig hoffend, dass das Ganze sich nicht als Schuss in den Ofen erwies, setzte Heck sich wieder hinters Steuer und überquerte um kurz vor halb acht die Grenze zwischen Devon und Cornwall. Zu allen Seiten erstreckte sich grüne Wildnis, am fernen Horizont erhoben sich die für die Gegend typischen Tors – frei stehende verwitterte Felsformationen – und Relikte ehemaliger Zinnminen. Er folgte der A395 so weit wie möglich, dann ging es auf diversen kleinen Straßen, auf denen außer ihm niemand unterwegs war, hinauf zu einer Anhöhe, auf der neben der Straße ein verwittertes keltisches Kreuz stand. Von dort ging es wieder hinab, bis sich schließlich vor ihm ein spektakulärer Blick auf die Küste bot. Steile Klippen unzähliger Landzungen fielen jäh hinab zur himmelblauen, schäumenden See.

Er erreichte St Ronan um kurz nach 20 Uhr – früher, als er gedacht hatte.

Das Dorf war genauso malerisch, wie er es sich vorgestellt hatte. Es bestand überwiegend aus weiß getünchten Cottages, deren Dächer mit Dachpfannen gedeckt waren, vor den Fenstern hingen Körbe mit blühenden Blumen. Die Häuser zogen sich ungeordnet hinab zu einer muldenförmig zwischen steilen Klippen liegenden Bucht, in die ein steinerner Kai bogenförmig ins Wasser hinausragte und einen kleinen Hafen umfasste, in dem Freizeitboote im Wasser dümpelten.

Von dem Moment an, in dem Heck das Dorf erreichte, hätte die friedliche Atmosphäre ihn dazu verleiten können zu glauben, dass seine schlimmste Befürchtung sich bewahrheitete und der Mann mit dem grünen Lieferwagen diesen Ort tatsächlich einfach nur wegen seiner malerischen Idylle gemocht und aufgesucht hatte – wenn da nicht die Insel gewesen wäre. Er sah sie in dem Moment, in dem er die Anhöhe erreichte, die zu der Bucht hinunterführte, und der Anblick machte ihn derart stutzig, dass er beinahe einen Unfall baute. Er fuhr an den Straßenrand, hielt an, stieg aus und nahm die Insel genauer in Augenschein.

Unmittelbar nordwestlich von dem Dorf, vielleicht achthundert Meter von der Küste entfernt, erhob sich eine Insel mit einem Hügel aus dem Wasser. In der Ferne zogen sich winzig aussehende Umrisse mehrerer Gebäude hufeisenförmig um einen kleinen Hafen, doch ein Stück weit vom Ufer entfernt dominierte ein sehr viel größeres Gebäude die Insel, bei dem es sich vermutlich um irgendein ehemaliges herrschaftliches Anwesen handelte. Vielleicht datierte es sogar aus dem Mittelalter, denn es verfügte über einen zentralen Turm mit flacher Spitze, die, wie es aussah, sogar von Zinnen besetzt war.

Vielleicht wäre Heck sich nicht ganz sicher gewesen, auf das gleiche Gebäude zu blicken, das er auf den Fotos gesehen hatte, die sich in dem Rucksack des Manns mit dem grünen Lieferwagen befunden hatten und die sie sich nicht hatten erklären können, wenn da nicht das Baugerüst gewesen wäre, das große Teile des Gebäudes umgab, wie er selbst aus dieser Entfernung erkennen konnte.

Der Abbot's Walk war eine kleine Promenade direkt am Meer, die von Pubs und Läden gesäumt wurde, in denen passend zum Ort nautische Utensilien und Souvenirs verkauft wurden. Als Heck dort unten ankam, bummelten Paare die Promenade entlang und genossen den milden Sommerabend, aber es gab natürlich keinen Parkplatz.

Schließlich fand er eine Lücke auf einem kleinen Parkplatz hinter einem efeubewachsenen Gasthof mit Meerblick, der Rope & Anchor hieß.

Heck stellte den Wagen ab, nahm seine Tasche mit und schlenderte durch einen Durchgang zurück zum Abbot's Walk. Er überquerte die Straße, ging an den Zaun, der die Promenade zur Seeseite hin begrenzte, und nahm erneut das Objekt seines Interesses in Augenschein. Inzwischen schritt der Abend voran, die Sonne sank am Horizont hinab und tauchte den Himmel in ein leuchtendes Orange und das Meer in ein lachsfarbenes Rosa. Das Gebäude auf der Insel wurde rasch immer unklarer, doch das Tageslicht reichte noch aus, um es etwas genauer erkennen zu können als von der Anhöhe. Er warf ein paar Münzen in ein öffentliches Fernrohr, das auf einem Sockel an der Promenade stand, und nahm es noch genauer in Augenschein.

Vielleicht war es tatsächlich mittelalterlichen Ursprungs, doch es war seit seiner Entstehung mehrfach erweitert worden, große Teile waren erneuert oder umgebaut worden. Durch das Fernrohr war zu erkennen, dass es sich nicht um ein einzelnes Bauwerk handelte, sondern um mehrere Gebäude, die eindeutig zu unterschiedlichen Zeiten und in unterschiedlichen Stilen errichtet worden waren. Das vordere und offenbar am stärksten modernisierte Gebäude war ein hoch aufragendes viktorianisches Herrenhaus. Es war ein dunkles Steinhaus, doch die Fenster hatten nicht die üblichen Sprossenleisten, sondern waren überwiegend mit durchgängigen Glasscheiben ausgestattet, zwischen den Wasserspeiern und Türmchen waren Satellitenantennen angebracht. Hinter diesem Haus befand sich die massive, mit Zinnen versehene Anlage, die Heck vom oberen Ende des Dorfes aus ins Auge gefallen war und die vor allem aufgrund ihrer Höhe sehr viel beeindruckender war. Dieser Teil sah definitiv mittelalterlich aus. Er wirkte eher wie die Befestigungsanlage einer Burg als der Flügel eines Landhauses, allerdings ließ sich das nicht mit Bestimmtheit sagen, da ein großer Teil der Anlage von Baugerüsten verdeckt war. Auch viele der anderen Gebäude waren von Baugerüsten umstellt, was die Vermutung nahelegte, dass die ganze Anlage gerade komplett renoviert wurde.

Heck holte sein Handy hervor, zoomte die Anlage heran und machte drei oder vier Fotos. In dem Moment sprach ihn jemand an. »Entschuldigen Sie bitte.«

Heck drehte sich um und sah eine ältere, dünne, ziemlich steif aussehende Frau mit kurzem blond gefärbtem Haar und einer Brille mit Metallgestell auf der Nase. Sie trug eine bis zum Kragen zugeknöpfte Bluse und einen karierten, knielangen Rock und sprach mit lokalem Akzent, der jedoch nur ganz leicht herauszuhören war. Ihr Auftreten ließ einen Hauch von Bildung und guter Kinderstube erkennen, aber sie wirkte so, als ob ihr etwas missfiel.

»Tut mir leid, aber für den Parkplatz, auf dem Sie Ihren Wagen abgestellt haben, müssen Sie eine kleine Gebühr bezahlen. Ich weiß, dass da kein Schild steht, aber er ist wirklich nur für die Gäste des Gasthofs.«

»Ah, sind Sie vom *Rope & Anchor*?«, fragte Heck. »Haben Sie vielleicht ein Zimmer frei?«

»Ein Zimmer?« Die Frage schien sie zu überraschen.

»Ja. Tut mir leid, dass ich nicht im Voraus gebucht habe, aber wenn Sie ein Zimmer frei haben, nehme ich es.«

Sie musterte ihn erneut, eher neugierig als feindlich gesonnen. Er hatte sein Jackett im Wagen gelassen, aber nach der langen Fahrt war sein Hemd zerknittert. Außerdem hatte er den Kragen geöffnet und die Krawatte gelockert. Er sah bestimmt nicht gerade aus wie ein typischer Urlauber.

»Wir haben tatsächlich ein freies Zimmer«, sagte sie schließlich. »Aber es liegt im Dachgeschoss, und wir vermieten es nicht gerade oft. Die komfortableren Zimmer sind zu dieser Jahreszeit alle ausgebucht.«

»Gut«, sagte Heck und schob das Handy wieder in seine Gesäßtasche. »Das nehme ich.«

»Sie haben es doch noch gar nicht gesehen.«

»Egal.« Er bedachte sie mit seinem unbekümmertsten Lächeln. »Es wird schon okay sein.«

Sie schüttelte den Kopf, als ob ihr diese Leute, die nicht aus Cornwall stammten, ein Rätsel wären. »Dann kommen Sie bitte mit.«

Er ging neben ihr über die Straße.

»Was ist das eigentlich für ein Gebäude da hinten auf der Insel?«, fragte er, als sie die Eingangstür des Pubs erreichten.

»Das ist Trevallick Hall. Eine historisch sehr bedeutende Anlage, die aber lange ziemlich vernachlässigt wurde. Doch wir hoffen, dass sich das jetzt ändert. Wenn Sie bitte mit reinkommen würden, um die Formalitäten zu erledigen.«

»Gerne.«

Drinnen war der Gasthof durchaus anheimelnd. Holzgetäfelte Wände, niedrige Decken, unebene Böden, die Wände waren mit Seefahrerutensilien wie Fischernetzen, Entersäbeln und Ferngläsern verziert.

Als Rezeption diente ein kleiner Tresen im Eingangsbereich. Während Heck darauf wartete, dass das Lesegerät seine Kreditkartenzahlung verarbeitete, warf er einen Blick nach links in den Schankraum. Unter der Decke verliefen dicke Balken, die an Schiffsplanken erinnerten und an denen Bierkrüge hingen. Es gab einen riesigen Granitkamin, auf einem Wandbord stand ein Fernseher, in dem gerade eine Zusammenfassung über die letzte »Terrorattacke« in London lief. Zu sehen waren die Überführung in Newham und der abgesperrte Tatort darunter, doch die hübsche rothaarige Barkellnerin, die die immer gleiche »neueste« Zusammenfassung wahrscheinlich schon den ganzen Tag lang gesehen hatte, ignorierte den Fernsehbildschirm und unterhielt sich lieber mit den einheimischen Gästen, die auf Barhockern an der Theke saßen. Außer ihnen gab es noch einen weiteren Gast, der sich hinter einer Zeitung in einem roten ledernen Ohrensessel fläzte.

»Dann sind Sie also hier unten, um ein bisschen auszuspannen, Mr Heckenburg?«, fragte die Wirtin des Gasthauses, die Mrs Nance hieß. »Oder sind Sie geschäftlich hier?«

»Hoffentlich von beidem ein bisschen«, erwiderte Heck. »Das wird sich erst noch zeigen.«

»Nur eine Nacht, richtig?«

»Erst mal ja, aber wenn ich länger bleiben muss – wäre das möglich?«

»Kein Problem. Das Zimmer ist frei. Wie gesagt, es hat niemand reserviert.«

Lautes Gelächter lenkte Hecks Aufmerksamkeit zu einem Raum auf der rechten Seite, dessen Tür einen Spaltbreit offen stand. Dahinter erhaschte er einen Blick auf ein paar kräftig aussehende Typen in abgewetzten Stiefeln und grauen Overalls. Sie lümmelten sich auf Bänken herum und tranken Bier, zwei von ihnen spielten Billard.

»Bitte.« Mrs Nance reichte ihm seinen Zahlungsbeleg und einen Schlüssel an einem hölzernen Anhänger. »Sie haben Zimmer Nummer neunzehn. Einfach die Treppe hoch. Bis ganz nach oben.«

Unter normalen Umständen wäre das Zimmer wahrscheinlich nicht akzeptabel gewesen.

Es befand sich direkt unter dem Dachvorsprung, wovon die schräge Decke kündete, und versprühte zwar einen gewissen auf alt gemachten Charme, doch dieser wurde von der schäbigen Einrichtung konterkariert, die unter anderem aus einem schmalen Einzelbett, einer frei stehenden, von Holzwürmern zerfressenen Garderobe, einem wackligen Schreibtisch und einem unbequemen Stuhl mit harter Rückenlehne bestand. Der Teppich war alt und abgetreten, und das Zimmer verfügte nicht über ein eigenes Bad. Aber es war sauber und ordentlich, und das Bett sah frisch bezogen aus. Noch besser war, dass er von dem gewölbten, zurückgesetzten Fenster einen guten Blick auf Trevallick Hall hatte.

Er schickte Gemma schnell eine SMS, fügte die Fotos hinzu, die er von der Anlage gemacht hatte, und schrieb:

Kommt dir das bekannt vor? Ruf mich an, sobald du Zeit hast.

Dann zog er sich eine Jeans, ein Poloshirt und ein Paar Turnschuhe an und ging wieder nach unten in den Schankraum. Inzwischen waren nur noch zwei der einheimischen Gäste da. Der Typ mit der Zeitung war verschwunden, aber aus dem Billardraum, in dem die Arbeiter waren, drang lautes Gelächter herüber.

Heck bestellte sich ein Bier und nahm sich von einem Ständer mit »Informationen zur näheren Umgebung« ein Infoblatt über Trevallick Hall. Er setzte sich damit in den roten Ledersessel und las es, fand die Informationen jedoch etwas dürftig.

Trevallick Hall ist ein herrschaftliches Anwesen auf einer eigenen Insel, die sich ungefähr achthundert Meter vor der Nordküste Cornwalls befindet, jedoch noch zur Pfarrgemeinde St Ronan gehört. Die gegenwärtige Anlage umfasst Überreste verschiedener früherer auf der Insel errichteter Gebäude und Einrichtungen, unter anderem einen großen Esssaal im Regency-Stil, einen holzgetäfelten Festsaal im Tudorstil und einen 35 Meter hohen Befestigungsturm mit Zinnen aus dem 14. Jahrhundert. Die Anlage wurde 1849 von James Fowler-Hourton erworben, dem achten Earl of Galloway, einem schottischen Adels-

431

titel. Die Arbeiten an der Anlage, wie wir sie in ihrer heutigen Form vorfinden, wurden im Jahr 1855 beendet. Die Familie Fowler-Horton residierte bis 1965 in dem Anwesen auf der Insel. In jenem Jahr erwarb es der Cornwall Council, um es als Tagungsstätte und Veranstaltungsort für Hochzeiten zu nutzen ...

Er wurde vom Summen seines Handys abgelenkt, das den Eingang einer E-Mail signalisierte.

Er vermutete, dass die Mail von Gemma war, aber stattdessen war sie von einem ihm unbekannten Absender. Er öffnete sie trotzdem.

1/9. Wie versprochen. Sumitra.

Er öffnete den Anhang und blickte auf ein Foto, auf dem eine Pistole zu sehen war, die auf dem Beifahrersitz des grünen Lieferwagens lag. Sie sah aus wie eine Beretta M9, aber so etwas hatte er eigentlich auch erwartet.

»Kann ich das mitnehmen?«, fragte neben ihm eine Stimme.

Die Barkellnerin stand mit einem Lappen in der Hand an seiner Seite und war im Begriff, sein leeres Bierglas abzuräumen.

»Ja, danke.« Er steckte sein Handy wieder in die Tasche.

»Darf es noch eins sein?«

»Ja, gerne. Das Gleiche noch mal, bitte.«

»Kommt sofort.« Sie nahm das Glas und das Infoblatt vom Tisch und wischte ihn ab. »Sie interessieren sich also für die lokale Geschichte.«

»Eigentlich nicht. Aber ich war ein bisschen neugierig. Mrs Nance erwähnte, dass Trevallick Hall besseren Zeiten entgegensieht.«

»Das hoffen wir alle. Die öffentliche Verwaltung hat die Stätte ziemlich heruntergewirtschaftet. Sie haben versucht, die Gebäude als Restaurant und als Veranstaltungsort für Hochzeiten zu nutzen und so. Aber man muss extra mit einem Boot hinfahren, deshalb hat das nicht richtig funktioniert. Außerdem sind Teile der Anlage sehr alt und verfallen. Wie ich die Sache sehe, ist das Ganze ein Geldgrab, ein Fass ohne Boden. Aber wie auch immer, sie haben die Nutzung eingestellt, alles mit Brettern vernagelt und die Anlage vergessen. Sie stand jahrzehntelang leer.«

»Und jetzt?«, hakte er nach.

»Jemand hat sie wieder gekauft. Diese superreiche Ausländerin, über die Anfang des Jahres so oft in den Nachrichten berichtet wurde. Eine Türkin oder so. Oder war sie aus Armenien?«

»Sie reden nicht zufällig von …« Im ersten Moment konnte Heck den Namen kaum aussprechen. »Sie meinen Milena Misanyan?«

»Doch, genau die. Sie scheint in letzter Zeit ziemlich viel in Großbritannien zu investieren. Sie will aus der Anlage ein Hotel mit Casino machen, glaube ich. Mit luxuriösen Zimmern, Swimmingpool, Nachtclub und allem Drum und Dran. Und regelmäßigem Bootsverkehr zwischen der Insel und dem Festland. Wir drücken alle die Daumen, dass es klappt. Würde unserem Ort verdammt guttun.«

Als die Barkellnerin wieder zur Theke ging, saß Heck steif in seinem Sessel, ihm kribbelte die Haut.

Er fühlte sich nicht unbedingt bestätigt, dass es richtig gewesen war, nach St Ronan zu kommen, aber es lag ganz klar auf der Hand, dass er an irgendetwas dran war. Der Rucksack mit den Beweisen, den er aus dem grünen Lieferwagen mitgenommen hatte, hatte einige Fotos von Trevallick Hall enthalten. Und darüber hinaus Fotos von Ray Marciano, der für den Anwalt Morgan Robbins arbeitete, und dieser wiederum hatte Milena Misanyan verteidigt.

Er hatte sich an der Quadratur des Kreises versucht, aber was für ein Kreis war das eigentlich?

Einer plötzlichen Eingebung folgend, holte er sein Handy wieder hervor, ging ins Internet und klickte den Wikipedia-Eintrag über diese Frau an. Als Erstes fand er dort die klassische Vom-Tellerwäscher-zum-Millionär-Geschichte. Misanyan, eine armenische Milliardärin und Investorin, die *Forbes* zufolge über ein Nettovermögen von 6,6 Milliarden Dollar verfügte, war eine der reichsten Frauen der Welt, stammte jedoch aus bescheidenen Verhältnissen. Sie war in einem extrem armen Viertel in Eriwan zur Welt gekommen, wo ihr verwitweter Vater die Familie als Müllsammler über die Runden zu bringen versucht hatte. Sie ging vorzeitig von der Schule ab und arbeitete als Serviererin, um für ihre beiden jüngeren Schwestern sorgen zu können. Als im Zuge der *Perestroika* auch in Armenien stillschweigend privates Unternehmertum gefördert wurde, begannen sie und ihre Schwestern, an Straßenecken billige, importierte Glühbirnen zu verkaufen und verdienten damit, so undenkbar es auch erscheinen mochte, ziemlich viel Geld. Nachdem Armenien im Jahr 1991 unabhängig wurde, siedelte Misanyan nach Russland um und investierte dort in die Landwirtschaft, in den Bausektor und die Rekrutierung und Vermittlung von Bodyguards. Letzteres führte sie zum Waffenhandel, Gerüchten zufolge vor allem auf dem Schwarzmarkt, da in den ehemaligen Sowjetrepubliken jede Menge kriminelle Syndikate aufblühten, die immer die neueste Hardware haben wollten. Seit Mitte der 1990er-Jahre war sie auch im Immobiliengeschäft, im Ölhandel und im Handel mit Ölprodukten tätig, und von da an war Milena Misanyan nicht mehr zu bremsen gewesen.

Heck überflog den Artikel, bis er einen Absatz mit der Überschrift *Skandale* erreichte.

Wie nicht anders zu erwarten, verlief Misanyans Aufstieg nicht ohne Kontroversen. Sie wurde mehrfach angeklagt, Regierungsbeamte bestochen und sich dadurch die Kontrolle über einen der größten Ölkonzerne Russlands gesichert zu haben. Außerdem wurde sie verdächtigt, sich krimi-

neller Verbindungen bedient zu haben, um andere
Industriegiganten in ihren Besitz zu bringen.
Natürlich herrschte in den Ländern des ehemaligen Ostblocks ein derartiges wirtschaftliches
und politisches Chaos, dass keiner der Vorwürfe,
die ihr gemacht wurden, letztendlich beweiskräf-
tig bestätigt werden konnten. Und so war Milena
Misanyan im Alter von dreißig Jahren offiziell
eine Wirtschaftsmagnatin mit mächtigen Verbünde-
ten in der Finanzwirtschaft und der Politik, und
das nicht nur in Russland und Armenien, sondern
in ganz Osteuropa.

Soweit Heck es beurteilen konnte, war das die übliche Geschichte,
die man über den Aufstieg von Wirtschaftsmogulen im Gefolge
des Zusammenbruchs der Sowjetunion immer wieder las, für
seinen aktuellen Fall hatte es keine Bedeutung. Er las trotzdem
weiter und erreichte einen Absatz mit der Überschrift *Wohltätig-
keitsarbeit.*

Dann sah er, dass sein frisch gezapftes Bier auf der Theke
stand und auf ihn wartete. Er erhob sich aus seinem Sessel, ging
zur Theke und las weiter.

Misanyan soll überall in Armenien viele Millionen für wohltätige Zwecke gespendet haben, insbesondere in ihrer Geburtsstadt Eriwan, wo sie
mehrere Stiftungen gegründet hat, die Opfern von
Kriminalität und sexuellem Missbrauch beiste-
hen, sie unterstützen und ihnen Zuflucht gewähren. Misanyan redet in der Öffentlichkeit nicht
darüber, aber, wie es heißt, bringt sie weiblichen Opfern männlicher Gewalt große Anteil-
nahme entgegen, und zwar aufgrund der Ereignisse
im Jahr 1990, als sie einer lokalen Straßenbande

verwehrte, sich in ihr Geschäft einzukaufen, und diese aus Rache ihre beiden jüngeren Schwestern Anna und Maria vergewaltigte, ermordete und anschließend auf extra zu diesem Zweck errichteten Gestellen an der Müllkippe der Stadt zur Schau stellte. Auch wenn sie es selber nie gesagt hat, wird angenommen, dass dieser grausige Zwischenfall einer der Hauptgründe war, aus denen Milena Misanyan Armenien verlassen hat und nach Russland umgesiedelt ist.

»Sie arbeiten gerade daran«, sagte eine Stimme. »An der Hall, meine ich.«

Heck blickte auf. »Wie bitte?«

Die Barkellnerin lächelte breit. »Soweit ich weiß, wird die ganze Anlage gerade komplett renoviert. Eine ziemlich aufwendige Angelegenheit. Sie haben schon vor gut einem Jahr angefangen. Ms Misanyan gibt ein Vermögen dafür aus, aber es wird sich lohnen, da bin ich sicher.« Sie nickte in die Richtung der offenen Türen zum Vorraum und der dahinter liegenden Tür zum Billardraum. »Die Männer da drinnen sind einige ihrer Arbeiter.«

Heck musterte die Männer in den grauen Overalls mit neu erwachtem Interesse. Die Tür stand immer noch nur einen Spalt weit offen, sodass er keinen guten Blick in den Raum hatte, aber die Männer, die er sah, hatten eine deutlich dunklere Hautfarbe, als man sie normalerweise in Cornwall bekommen konnte, selbst wenn man sich viel in der Sonne aufhielt. Er spitzte die Ohren. Er hätte zwar nie heraushören können, ob sie Armenisch sprachen, aber sie unterhielten sich eindeutig nicht auf Englisch.

Er lehnte sich gegen die Theke und nippte an seinem Bier. »Und jetzt sind sie hier auf dem Festland auf Urlaub?«

»Sozusagen«, erwiderte die Barkellnerin. »Sie kommen fast jeden Abend her. Sehen ein bisschen wild aus, das muss ich zugeben. Aber sie benehmen sich gut. Lauter als jetzt werden sie nie.«

»Lässt Ms Misanyan sich auch jemals hier blicken?«

»Ich habe sie noch nie gesehen. Aber das Erste, was sie auf der Insel gebaut haben, war ein Hubschrauberlandeplatz. Oben auf dem Turm. Deshalb lässt sie sich vermutlich immer direkt auf die Insel bringen.«

Heck dachte darüber nach. In dem Moment summte sein Handy wieder. Er warf einen Blick auf das Display und sah, dass es eine weitere E-Mail von Sumitra Bharti war.

Er öffnete sie, und diesmal führte der Anhang dazu, dass er sich gerade aufrichtete.

Es war wieder ein Foto, auf dem ein einzelnes Blatt Papier zu sehen war, das offenbar auf der Beifahrerseite des grünen Lieferwagens im Fußraum lag. Auf dem Bildschirm seines Handys war es nicht richtig zu erkennen, doch es sah so aus wie eins der Blätter mit den Angaben zu den meistgesuchten Verbrechern.

Heck entschuldigte sich bei der Barkellnerin, ging zu einem Stuhl, der an einem der vorderen Fenster des Pubs stand, und setzte sich. Dann vergrößerte er das Foto so weit wie möglich.

Da die Auflösung dadurch so schlecht wurde, dass er nicht mehr entziffern konnte, was auf dem Blatt stand, eilte er hinauf in sein Zimmer, fuhr seinen Laptop hoch und sah sich das Foto auf dem größeren Bildschirm an.

Es handelte sich um ein weiteres Blatt mit Angaben zu einem gesuchten Verbrecher und sah exakt so aus wie die anderen. Auf dem Polizeifoto war ein sehr jung aussehender schwarzer Typ zu sehen. Der Name lautete: SPENCER TAYLOR.

Heck überflog die darunterstehenden Angaben, holte sein Notizbuch hervor und klappte es auf. Die auf dem Blatt angegebene Postleitzahl des Ortes, an dem Taylor vermutlich abgeholt worden war, war die gleiche wie die Londoner Postleitzahl, die im Navigationsgerät des Manns aus dem grünen Lieferwagen gespeichert gewesen war. Noch wichtiger aber waren Datum und Uhrzeit des mutmaßlichen Treffens zwischen Taylor und dem Mann.

Heck ging ans Fenster und sah hinaus zu der in der Ferne aufragenden Trevallick Hall, von der im Moment nur ein dunkler Umriss zu sehen war, der hier und da mit einzelnen Lichtpunkten gesprenkelt war. Während er dastand, klingelte sein Handy.

Er warf einen Blick auf das Display und sah, dass es Gemma war.

Er ging dran und meldete sich. »Ma'am?«

»Was genau ist los?«, fragte sie. »Und wo bist du?«

»Hast du zwei Minuten?«

»Wenn es meine Zeit wert ist.«

Er berichtete ihr alles, was passiert war, seit er ihr Büro am Morgen verlassen hatte und was er herausgefunden hatte. Zum ersten Mal in seinem Leben ließ er nichts aus.

»Heck«, sagte sie schließlich und klang eher müde als verärgert. »Ich habe dir klipp und klar gesagt, dass du deinen Hintern bis auf Weiteres nicht von deinem Schreibtisch im Kriminalbüro an der Staples Corner wegzubewegen hast.«

»Korrekt, Ma'am.«

»Ach ja? Dann geh in deinem Kopf noch mal zu dem Moment zurück, in dem wir uns unterhalten haben, und denk genau nach, denn du hast gerade ein schweres Dienstvergehen zugegeben.«

»Das stimmt nicht, Ma'am«, entgegnete er. »Wenn du mir vorwirfst, mich einer direkten Anweisung widersetzt zu haben, ist das nicht wahr. Ich sollte mich morgen früh wieder im Büro einfinden, und ich kann jederzeit zurück nach London fahren und pünktlich um neun Uhr an meinem Schreibtisch sitzen. Außerdem bin momentan nicht mal im Dienst, du hast also kein Recht, mir irgendwelche Vorwürfe zu machen.«

»Wenn du nicht im Dienst bist, Heck, was machst du dann gerade? Du folgst doch dieser Spur.«

»Genau.« Er ließ sich auf das Bett sinken.

»*Heck!*«

»Ich habe dir doch gesagt, dass ich so schnell wie möglich zurück nach London komme. Jetzt hör mir zu, Gemma. Ich tue hier genau das, wofür ich bezahlt werde. Ich löse Verbrechensfälle. Im Grunde genommen tue ich genau das, wozu du mich ausdrücklich autorisiert hast. Ich folge meinem Bauchgefühl. Bin ich nicht dein eigenbrötlerischer Außenseiter? Bin ich nicht dein Minister ohne Geschäftsbereich?«

»Heck.«

Er schwieg und gab ihr Gelegenheit, ihn runterzuputzen, ihn mit irgendeiner bitteren, vernichtenden Zurechtweisung zusammenzustauchen. Doch das tat sie nicht. Weil sie, wie er vermutet hatte, keinen Anlass dazu hatte. Denn obwohl er sie zweifellos aufgebracht hatte, indem er wieder mal auf eigene Faust losgezogen war, erwies sich sein nicht abgesprochener Ausflug zweifellos als eine gute Sache. Denn er hatte eine neue Spur aufgetan, und zwar eine ziemlich gute.

»Erzähl mir ein bisschen mehr«, forderte sie ihn schließlich auf.

»Auf dieser Insel vor der Küste befindet sich ein altes herrschaftliches Anwesen«, erklärte er. »Es ist im Laufe der Jahre ziemlich verfallen, aber wie es aussieht, wurde es vor Kurzem von Milena Misanyan gekauft und wird derzeit aufwendig renoviert.«

»Sie will daraus ein Hotel machen?«, sagst du.

»Langfristig ja. Aber das Entscheidende ist, dass der Mann mit dem grünen Lieferwagen all die Gesuchten, die er sich geschnappt hat, dorthin gebracht hat.«

»Apropos, der Mann mit dem grünen Lieferwagen hatte übrigens einen Namen.«

»Ach ja?«

»Interpol hat sich bei uns zurückgemeldet. Er hatte in Osteuropa ein Vorstrafenregister, so lang wie dein Arm. Er hieß

Narek Sarafian. Ein bekannter armenischer Gangster. Hatte so ziemlich überall seine Finger drin.«

»Das würde passen«, stellte Heck fest. »Unten in dem Pub, in dem ich hier abgestiegen bin, ist ein ganzer Haufen von Sarafians Landsleuten. Wie's aussieht, rekrutiert Milena Misanyan bevorzugt Leute aus ihrer einstigen Heimat. Die Sache ist die, Gemma: Die Anlage da draußen auf der Insel ist *der* Ort. Der entscheidende Schauplatz des Geschehens.«

Gemma dachte nach. »Gibt es auf der Insel irgendwelche Anzeichen von Aktivität?«, fragte sie schließlich.

»Sie ist zu weit weg, und es ist zu dunkel, um das erkennen zu können. Aber ich könnte mal hinfahren.«

»Auf keinen Fall, Heck! Hast du mich verstanden? *Das kommt nicht infrage!* Gwen und Joe sind genau in diesem Moment beim National Police Chiefs' Council, und die Zeichen stehen gut. Willst du das Ganze jetzt vermasseln? Diese Bande vermisst vielleicht einen Lieferwagen und einen Fahrer, was sie womöglich nervös macht, aber wenn du da unten jetzt Unruhe stiftest, werden sie mit Sicherheit Lunte riechen, dass irgendwas im Gange ist. Wie du selber gesagt hast, tauchen sie dann ab, und wir werden niemanden mehr schnappen, der von Bedeutung ist.«

Er schüttelte den Kopf. »Das Problem ist, dass uns die Zeit davonläuft.«

»Die Leute vom National Police Chiefs' Council sind sich sehr wohl dessen bewusst, dass die Uhr tickt.«

»Du verstehst mich falsch, Gemma. Wenn ich sage, dass uns die Zeit davonläuft, meine ich, dass wir *keine Zeit mehr haben.* Ich schicke dir gleich eine E-Mail mit einem Anhang. Es ist ein Foto von einem weiteren Blatt mit Angaben zu einem gesuchten Verbrecher. Diesmal geht es um einen gewissen Spencer Taylor.«

»Spencer Taylor?« Gemma klang überrascht. »Suchen wir den nicht auch?«

»Genau. Das ist der schießfreudige Vollidiot aus Tottenham.

440

Und wie es aussieht, dürfte er auch bald auf der Liste der nie mehr auffindbaren gesuchten Verbrecher stehen. Über ihn hatte Narek Sarafian ebenfalls ein Dossier. Die Spurenermittler haben es im Fußraum der Fahrerkabine gefunden. Ich vermute, dass der Kerl keine Zeit mehr hatte, es in seinen Rucksack mit den Beweisen zu packen, und ich weiß auch, warum er nicht mehr dazu gekommen ist. Weil es ganz frisch ist. Taylor wurde am 23. August um 5 Uhr morgens verschleppt.«

»Also gestern im Morgengrauen«, sagte sie matt.

»Genau. Ich habe keine Ahnung, wie schnell diese Kämpfe auf Leben und Tod nach der Verschleppung der Opfer stattfinden, aber es muss nicht unbedingt sofort passieren, wenn sie hierhergebracht werden.«

»Du meinst, Taylor könnte noch leben?«

»Das wäre durchaus möglich, oder? Wenn diese Kämpfe für Milena Misanyan organisiert werden, müssen sie dann stattfinden, wenn es ihr passt. Und sie ist immerhin eine international tätige Geschäftsfrau, die einen prall gefüllten Terminkalender haben dürfte.«

»Wie sollte diese Frau jemanden wie Spencer Taylor kennengelernt haben?«

»Es geht nicht darum, *wer* diese Typen sind. Es geht darum, *was* sie sind. Niederträchtige Kriminelle. Wirklicher Abschaum.«

»Wir hassen sie alle. Aber die Nummer, von der wir hier reden, ist ja wohl noch mal was ganz anderes.«

»Hast du Misanyans Vita gelesen?«, fragte er. »Sie hat ihr ganzes Erwachsenenleben im Dunstkreis der Illegalität zugebracht, aber nicht nur das. Ihre beiden Schwestern wurden auf entsetzliche Weise ermordet und ihre Leichen anschließend auf irgendwelchen Gestellen zur Schau gestellt. Wenn man so was erlebt hat, kann man schon ein bisschen verrückt werden.«

»Und warum sollte sie ausgerechnet nach Großbritannien kommen, um sich zu rächen?«

»Wer sagt denn, dass das nur hier passiert? Vielleicht ist das ihr Vollzeithobby. Gut, Ma'am, ich weiß, das hört sich alles ziemlich unglaublich an, aber die Hinweise und Spuren haben uns nun mal hierhin geführt. Und wenn auch nur die Möglichkeit besteht, dass dieses bescheuerte Jüngelchen, dieser Taylor, noch nicht in der Arena war, könnten wir nicht nur die Chance haben, ihn zu retten, sondern auch die Gelegenheit, uns einen lebenden Zeugen zu beschaffen. Ich weiß, er ist ein mordendes kleines Arschloch, aber wir haben ganz bestimmt jede Menge Gründe, die Sache ins Rollen zu bringen.«

»Ich habe dir doch gerade gesagt, dass Gwen genau in diesem Moment bei Scotland Yard ist.«

»Kannst du sie da nicht rausholen und sie informieren? Die Lage ist wirklich ernst. Ich halte hier zwar die Stellung, aber wie du ja selber gesagt hast, kann ich alleine nicht viel ausrichten.«

»Gedulde dich einfach noch ein wenig«, sagte Gemma.

Sie klang nicht nur müde, sondern regelrecht erschöpft, was ihn angesichts der Neuigkeiten, die er ihr gerade mitgeteilt hatte, im ersten Moment verwirrte. Doch während er nur an einem Fall arbeitete, der sich zwar zugegebenermaßen als ziemlich heftig erwies, war sie mit allen möglichen Fällen überlastet. Sie musste sich zu alldem auch noch mit den Nachwehen der Verhaftungen in dem Kino herumschlagen, und die Schießerei in Newham hatte für ein Aufsehen gesorgt, das bis nach Cornwall hinunter Wellen schlug.

»Ich schicke Gwen eine dringende Nachricht«, versprach sie.

»Bei allem Respekt, Ma'am«, Heck versuchte sich die Enttäuschung, die er verspürte, nicht anhören zu lassen, »aber kannst du, wenn du damit fertig bist, auch Devon und Cornwall mobilisieren? Am besten die Abteilungen für schwere Verbrechen und die bewaffneten Einheiten. Außerdem brauchen wir Boote und Hubschrauber.«

»Dir ist ja wohl klar, dass du ganz schön viel verlangst. Erst recht in Anbetracht dessen, dass kein anderer Detective bei dir ist, der irgendwas von dem, was du sagst, bestätigt.«

»Du musst dich nicht allein auf mein Wort verlassen. Sieh dir einfach den Anhang der E-Mail an, den ich dir jetzt schicke.«

Er beendete das Gespräch und leitete das Foto weiter, das Sumitra Bharti ihm geschickt hatte. In dem Moment klopfte jemand an die Tür seines Zimmers.

»Ja?«, rief er.

»Äh, Mr Heckenburg, entschuldigen Sie bitte. Ich bin's, Ted Nance.« Die gedämpfte Stimme sprach mit einem schweren Cornwall-Akzent, der sehr viel deutlicher herauszuhören war als bei Mrs Nance. »Tut mir leid, aber wir haben ein kleines Problem.«

Heck klappte seinen Laptop zu, schob ihn unter das Bett und öffnete die Tür.

Der Mann, der davorstand, trug ein kariertes Hemd, eine Strickjacke und eine Krawatte aus irgendeinem merkwürdigen flauschigen Stoff. Er hatte einen Schnäuzer, dichtes ergrauendes Haar und trug eine dick umrandete Schildplattbrille.

»Tut mir leid, dass ich Sie stören muss, Sir. Sind Sie der Herr, der in einem Megane angereist ist?

»Ja, das ist korrekt.«

»Ich fürchte, der Wagen wurde beschädigt.«

»Was? Auf dem Parkplatz?«

»Ich fürchte ja. Es tut mir sehr leid.«

»Sie meinen, er wurde aufgebrochen?«

»Das weiß ich nicht genau.«

»Na super.« Heck machte die Tür seines Zimmers hinter sich zu, schloss ab und eilte die Treppe hinunter, gefolgt von Nance.

»Wir überwachen den Parkplatz mit einer Kamera, Sir«, sagte der Gastwirt. »Wenn wir uns die Aufnahmen ansehen, können wir bestimmt …«

»Ja, das ist gut«, unterbrach Heck ihn über seine Schulter hinweg. »Aber als Erstes will ich mir kurz den Schaden ansehen.«

Er ging an der Rezeption vorbei zur Hintertür. Eins war ihm

443

klar: Wenn sein Megane tatsächlich aufgebrochen worden war, konnte das kein Zufall sein. Wie oft machte sich in dieser Gegend wohl jemand an fremden Autos zu schaffen, wenn so was überhaupt jemals passierte? Es war ein weiterer Hinweis darauf, dass er an etwas dran war, doch es bedeutete beunruhigenderweise auch, dass jemand wusste, wer er war.

Doch bevor er weitere Schlüsse zog, musste er sich seinen Wagen ansehen.

Der Megane stand genauso da, wie er ihn hinterlassen hatte, ganz am Ende des kleinen Parkplatzes neben einem blauen Kunststoffmüllcontainer. Auf der anderen Seite parkte ein weißer Lieferwagen. Die Beleuchtung auf dem Parkplatz war nicht besonders gut, die nächste Lampe von seinem Megane aus funktionierte gar nicht. Doch ungeachtet des schwachen Lichts konnte er auf den ersten Blick keinen Schaden erkennen, als er sich dem Wagen näherte. Die Alarmanlage war auch nicht angegangen. Und das wunderte ihn.

»Was ist denn genau passiert?«, fragte er, erneut über seine Schulter hinweg.

»Gucken Sie mal vorne«, erwiderte Nance, der immer noch hinter Heck herging.

Heck zwängte sich zwischen dem Lieferwagen und seinem Megane hindurch, konnte aber nach wie vor nicht einmal einen Kratzer erkennen. »Vorne, sagen Sie?«

»Genau, Sir.«

Also kein Einbruch. Eher ein gewöhnlicher Schaden. Aber wie der Wagen von vorne beschädigt worden sein sollte, wo er doch mit der Front zur Rückwand des Gasthofs hin geparkt war, konnte er sich auch nicht recht erklären.

In dem Moment trat ihm eine Gestalt in den Weg.

Heck blieb stehen.

Es war einer der armenischen Arbeiter. Er war mittleren Alters, klein und stämmig, aber kräftig gebaut. Sein schütter werdendes Haar, seine Knollennase, die Segelohren und sein

444

merkwürdig hervorstehendes Gesicht, das sich zu einem breiten Grinsen verzog, verliehen ihm ein nagerartiges Aussehen.

Bevor Heck reagieren konnte, spürte er, dass hinter ihm auch jemand war. Er versuchte herumzuwirbeln, doch in dem Moment krachte etwas auf seinen Hinterkopf. Der heftige Schlag ließ seinen Kopf nach vorne schießen und betäubte seine Sinne. Als Heck auf die Knie sank, huschte der nagerartige Kerl nach vorne und fing ihn auf, damit er nicht der Länge nach auf den Boden krachte. Heck nahm vage hastig sprechende flüsternde Stimmen wahr. Neben ihm fiel ein Objekt auf den Boden, eine ausgebeulte Socke, aus der der Sand quoll. Eine typische, in der Unterwelt gerne verwendete Schlagwaffe, mit der man heftig zuschlagen konnte, die jedoch nachgiebig genug war, um ernste Verletzungen zu vermeiden.

Jemand packte Hecks Beine, der Armenier umfasste seine Arme, und gemeinsam trugen die beiden Angreifer ihn zur Rückseite des weißen Lieferwagens.

»Schnell«, zischte eine Stimme.

Sie klang wie die von Nance, aber der Cornwall-Akzent war verschwunden.

Das Nächste, was Heck mitbekam, war, dass sie ihn auf den Rücken drehten und in das dunkle Innere des Wagens hoben, wo er von anderen Händen gepackt wurde. Er erhaschte einen Blick auf den zweiten Angreifer, der vermutlich derjenige war, der ihm den Schlag auf den Kopf verpasst hatte. Er hatte ein deutlich jüngeres Gesicht, das Haar war an den Seiten rasiert und der verbleibende Rest mit Gel zu einer glatten schwarzen Frisur gestylt.

Im nächsten Moment war Heck im Inneren des Wagens. Es war dunkel und roch nach Meerwasser. Noch jemand stieg ein, und die Tür wurde zugeschlagen, womit der letzte Rest des von außen hereinfallenden Lichts auch verschwunden war. Doch die Angreifer schienen kein Licht zu benötigen. Während Heck flach auf dem Wellblechboden lag, wurden ihm die Handgelenke und die Fußknöchel fachmännisch mit einer festen Schnur gefesselt, die ihm ins Fleisch schneiden würde, wenn er sich zu sehr wand. Aber er wand sich nicht, denn er war viel zu benommen. Doch als der Motor des Lieferwagens ansprang und er spürte, dass der Wagen rückwärts aus der Parklücke fuhr, kehrte sein Bewusstsein allmählich zurück. Jemand saß neben ihm und kicherte.

»Ich fühle mich nicht gerade geschmeichelt, dass Sie mich nicht erkannt haben.«

Die gleiche Stimme. Ted Nance. Nur dass er diesmal mit einem leichten Cockney-Akzent redete, was für sich genommen nicht viel zu sagen hatte, doch nach und nach fügten die Puzzleteilchen sich zusammen.

»Ray Marciano, nehme ich an«, sagte Heck.

»Bravo«, erwiderte die Stimme. »Endlich ist der Groschen gefallen.«

35

Niemand sagte etwas, während der Lieferwagen die Straße entlangruckelte. Der bleistiftdünne Lichtschimmer, der um die Ränder der Hintertür herum nach innen drang, ließ nichts erkennen, weder drinnen noch draußen. Kurz nachdem sie am *Rope & Anchor* losgefahren waren, kam der Wagen auch schon wieder zum Stehen, und Heck, der wieder voll bei Bewusstsein war, meinte, in nächster Nähe Wellen plätschern zu hören.

Die Türen wurden geöffnet, und obwohl es draußen nicht gerade hell war – die nächsten Lampen waren Hunderte Meter weit entfernt und sorgten dafür, dass sich in der Ferne die Küstenpromenade mit den Läden und Kneipen vage abzeichnete –, reichte das Licht aus, um erkennen zu können, dass er ans Ende des steinernen Kais gebracht worden war. Das war natürlich perfekt für seine Entführer. Er war zu weit vom Ufer entfernt, als dass ihn irgendwelche Dorfbewohner hören würden, wenn er um Hilfe riefe, schon gar nicht über die Brandung hinweg. Und zu dieser späten Stunde waren sie zudem außerhalb der Reichweite neugieriger Blicke.

Sie wurden von einigen weiteren Männern in grauen Arbeitsoveralls erwartet. Ray Marciano, der sich seines Outfits eines kornischen Gastwirts entledigt hatte und wieder sein besser bekanntes blondes Haar und seine schlanken, kantigen, glatt rasierten Gesichtszüge offenbarte, sprang aus dem Wagen. Seine beiden Handlanger, die ebenfalls mit Heck hinten mitgefahren waren, taten es ihm gleich.

»Bringt ihn her!«, forderte Marciano sie auf.

Heck sah keinen Sinn darin, Widerstand zu leisten. Er hätte es sowieso nicht gekonnt, weil er fachmännisch gefesselt war. Er hoffte, dass Hilfe auf dem Weg war, aber wann sie eintreffen würde, wusste der Himmel. Das Einzige, was er jetzt tun konnte, war zu versuchen, Zeit zu gewinnen, allerdings auf so subtile Weise wie nur irgend möglich.

Sie zerrten ihn aus dem Wagen und stellten ihn aufrecht hin. Sein Hinterkopf pochte, und er war noch benommen von dem Schlag, allerdings war er klar genug bei Bewusstsein, um das Motorboot zu sehen, das längsseits von ihnen im Wasser schaukelte. Ein schmaler Steg führte hinunter zu dem Boot.

»Können Sie springen?«, fragte Marciano. »Oder müssen wir Sie tragen?«

»Ich kann springen«, entgegnete Heck.

»Gut, aber kommen Sie nicht auf die Idee, ins Wasser zu springen. Die Jungs, die Sie gefesselt haben, beherrschen ihr Handwerk. Sie werden sich also nicht von Ihren Fesseln befreien können. Und niemand wird Ihnen hinterherspringen und Sie retten.«

»Jetzt bin ich schon so weit gekommen, da kann ich die Sache auch zu Ende bringen«, stellte Heck klar.

Marciano grinste. Hecks vorgespielte Gleichgültigkeit amüsierte ihn. Er drehte sich um und gab dem nagerartigen Typen und dem Kerl mit der Gelfrisur ein Zeichen.

Die beiden kamen, packten Heck jeweils an einem Ellbogen und führten ihn zum oberen Ende des Stegs. Der Steg war so schmal, dass sie nicht zu dritt nebeneinandergehen konnten, weshalb der mit Gelfrisur voranging und der Nagerartige das Schlusslicht bildete. Er hielt Hecks rechte Schulter fest umklammert.

Auf dem Boot gab es nur eine einzige Lichtquelle, eine Lampe, die an einem Haken über dem Außenbordmotor herabhing. Sie spendete nur sehr wenig Licht, doch das kam Heck sehr gelegen. Er selber konnte nicht ins Meer springen, aber das hielt ihn nicht davon ab, etwas anderes ins Wasser zu werfen. Als er in dem stockdunklen Inneren des Lieferwagens gelegen hatte, war er, da seine Hände nicht hinter seinem Rücken, sondern vor seinem

Bauch gefesselt worden waren, imstande gewesen, sowohl sein Handy als auch sein Notizbuch aus seiner Jeans hervorzupulen. Einen Anruf zu tätigen, wäre unmöglich gewesen, weil das Licht seines iPhone-Displays seine Kidnapper aufmerksam gemacht hätte. Deshalb hatte er sich damit begnügt, sein Poloshirt heimlich aus seiner Hose zu ziehen und das Handy und das Notizbuch darunter zu verstecken. Und jetzt, während er unbeholfen den Steg hinunterging, musste er beides loswerden.

Dank des kaum vorhandenen Lichts und der heranrollenden, aufspritzenden Wellen' verschwanden das Handy und das Notizbuch unbemerkt im Wasser. Und wie sich im nächsten Moment herausstellte, gerade noch rechtzeitig, denn sie waren kaum auf dem Boot gelandet, da rief Marciano herunter, dass sie ihn durchsuchen sollten. Das taten sie, fanden nichts und wiesen ihn an, sich auf eine der Ruderbänke zu setzen.

»Die Fesseln schneiden meine Blutzufuhr ab«, beklagte sich Heck, während die beiden sich neben ihm niederließen.

Der Typ mit dem Bürstenschnitt kicherte in sich hinein, als ob dies das geringste Problem wäre, mit dem ihr Gefangener zu rechnen hätte. Marciano setzte sich auf die Bank, die sich Heck gegenüber befand, und betrachtete ihn ähnlich belustigt.

Das Boot tuckerte von seinem Liegeplatz weg und glitt zunächst langsam und in einem weiten Bogen über die aufgewühlte See. Dann richtete der Ex-Polizist erneut das Wort an Heck.

»Dann war es also der kornische Akzent, auf den Sie hereingefallen sind?«, fragte er.

Heck runzelte die Stirn. »Sollte das Kornisch sein?«

»Na gut, was war es dann? Der angeklebte Schnäuzer? Die alberne Brille? Die Perücke? Immerhin musste alles kurzfristig improvisiert werden. Ich hab ja nicht damit gerechnet, dass Sie hier aufkreuzen.«

Heck zuckte mit den Achseln. »Ich wusste sowieso nicht, wie Sie aussehen. Hab mir nie die Mühe gemacht nachzusehen.«

449

»Och.« Marciano klang ehrlich enttäuscht. »Sie hätten mich also nicht mal erkannt, wenn ich in der Hotelbar meine Zeitung gesenkt hätte?«

Heck zuckte erneut mit den Achseln. »Leider nicht.«

»Tja, ich habe *Sie* sofort erkannt. Erst recht, als ich Ihren Namen gehört habe. Kann ja wohl kaum viele Heckenburgs geben, die hier die Gegend unsicher machen, oder? Kam ein bisschen unerwartet, das muss ich zugeben. Na gut, ich hatte schon die ungute Vorahnung, dass irgendwann mal jemand auftauchen würde, aber nicht der zweitbeste Detective Großbritanniens.«

»Bilden Sie sich bloß nichts ein, Herr Ex-Kollege. Sie waren nicht mal in London die Nummer eins.«

»Auf so viele Schlagzeilen wie Sie hab ich es nie gebracht, das ist wohl wahr.«

»Warum wohl?«

»Deshalb wundert und enttäuscht es mich umso mehr, Sie jetzt hier zu sehen.«

Heck sah ihn ausdruckslos an. »Wenn Sie wegen Ihrer eigenen Sicherheitsvorkehrungen enttäuscht sind, haben Sie guten Grund dazu. Aber Sie können sich kaum vorstellen, wie beschissen sie in Wahrheit sind. Was mich wiederum gar nicht überrascht hat.«

Marciano lachte in sich hinein. »Spielen Sie ruhig weiter den Maulhelden, kein Problem. Ich bin nämlich derjenige, der einer glücklichen Zukunft entgegensegelt, während Sie mit einer Angelschnur gefesselt sind.«

Heck schnaubte verächtlich. »Jeder kann sich ein paar Muskelpakete anheuern, die für einen die Drecksarbeit erledigen. Ich bin sicher, dass diese beiden Gorillas jederzeit in der Lage sind, jemandem die Scheiße aus dem Leib zu prügeln, wenn das alles ist, was von ihnen verlangt wird. Trotzdem, Ray, wenn das die Besten sind, die Sie aufzubieten haben, bin ich ziemlich unbeeindruckt.«

450

»Wissen Sie, was mich unbeeindruckt lässt?« Marcianos spöttisches Grinsen gefror, seine Miene versteinerte sich. »Dass Sie hier den hartgesottenen Macker spielen. Aber verglichen mit den Jungs hier sind Sie ein Witz. Sie sitzen richtig tief in der Scheiße, Heckenburg, und das wissen Sie auch. Halten Sie also lieber mal die Klappe, und hören Sie gut zu.«

Er hielt inne, als ob er nachdenken würde. Die dunkle See rauschte an ihnen vorbei, das Boot hob und senkte sich in der immer heftiger werdenden Dünung, die vor ihnen aufragende Insel rückte immer näher.

»Wenn ich sage, dass ich enttäuscht bin, Heck … ich darf Sie doch ›Heck‹ nennen, oder? Das ist doch Ihr Spitzname, soweit ich weiß?«

»Nur für meine Freunde.«

»Gut. Dann bin ich ja in bester Gesellschaft. Aber wenn ich sage, dass ich enttäuscht bin, Heck, dann meine ich, dass ich enttäuscht von *Ihnen* bin. Ich habe Ihre Abenteuer über die Jahre hinweg verfolgt, und Sie sind entweder ein Genie oder ein Irrer. Dazwischen verläuft, wie es heißt, nur ein schmaler Grat. Vielleicht sind sie also beides. Aber eins war immer ganz klar. Sie sind absolut entschlossen. Sie jagen diese Mistkerle und bringen sie dahin, wo sie hingehören – und manchmal ist das der Friedhof.«

»Das ist eben mein Job«, entgegnete Heck. »Nicht, dass mir das einen Kick verschaffen würde.«

»Verstehe. Ich bin auch kein Sadist.«

»Es sei denn, es zahlt sich aus, oder?«

»Niemals.« Marciano schien das vollkommen ernst zu meinen. »Es liegt nicht in meiner Natur, grausam zu sein. Ich glaube, dass die meisten Kriminellen eine zweite Chance verdienen. Sie werden geschnappt, verbringen eine Weile im Knast und kassieren dort den einen oder anderen Anpfiff. Dann kommen sie wieder raus und sind entweder durch die Erfahrung klug geworden, oder sie haben nichts gelernt und landen eine Woche später wieder hinter Gittern. Aber das ist nun mal das Leben, das diese Kriminellen sich selber ausgesucht haben. Kostet die Gesellschaft ein bisschen Geld, aber das ist besser, als wenn sie die Straßen unsicher machen. Allerdings trifft das nur auf die *meisten* Kriminellen zu, Heck, nicht auf alle.« Er machte eine Kunstpause. »Sie wissen genauso gut wie ich, dass es ein paar Verbrecher gibt, die tausendmal schlimmer sind. Deren Verbrechen so abscheulich sind, dass sie es gar nicht erst darauf ankommen lassen, vor Gericht zu landen und verurteilt zu werden, sondern einfach untertauchen. Die nicht mal den Mumm haben, ihresgleichen gegenüberzutreten.«

»Und deshalb haben Sie beschlossen, deren Richter, Jury *und* Henker zu sein.«

»Ich bin kein Henker. Ich tue nur, was ich immer getan habe.«

»Ah ja, Sie spüren sie nur auf, richtig?«

»Genau wie Sie, Heck.«

»Ich übergebe sie der Justiz.«

»Ich auch!« Marciano lachte erneut auf, doch diesmal war es ein hartes, hohles Lachen, ohne jeden Humor. »Mein Gott, vor fünfzig Jahren wären diese Dreckskerle gehängt worden, und keiner hätte sich auch nur einen feuchten Kehricht darum geschert. Glauben Sie vielleicht, wenn die Moormorde vor 1965 begangen worden wären, wäre die Todesstrafe abgeschafft worden? Sie wäre uns mindestens ein weiteres Jahrzehnt lang erhalten geblieben.«

»Selbst, wenn sie fortbestanden hätte, wären alle zum Tode Verurteilten vorher vor ein Gericht gestellt worden und hätten einen fairen Prozess bekommen«, entgegnete Heck.

»Den kriegen sie bei *uns* auch.«

»Wie im Mittelalter. Ein Gottesurteil durch Kampf, Ray? Manch einer würde das ein überholtes Konzept nennen.«

»Andere würden Nächstenliebe für ein überholtes Konzept halten. Was nicht heißt, dass Nächstenliebe nicht tugendhaft ist.«

»Glauben Sie diesen Scheiß im Ernst?«, fragte Heck ihn. »Oder glauben Sie heutzutage nur noch das, wofür Sie bezahlt werden?«

Marciano seufzte, als ob sein Gefangener ein hoffnungsloser Fall wäre.

»Im Ernst, Ray«, sagte Heck, »Sie sind doch gar nicht derjenige, der diese Show betreibt. Ihnen gehört Fantasy Island da drüben nicht. Also werden Sie für die Nummer bezahlt, und ich schätze mal, ziemlich gut. Schließlich dürften Sie Ihren Job kaum für ein paar Peanuts geschmissen haben, oder?«

»Und Sie versuchen, diese nutzlosen Arschlöcher nur deshalb zu schnappen, weil Sie die Abteilung retten wollen, in der Sie arbeiten«, entgegnete Marciano höhnisch. »Sonderkommission Vorschlaghammer? Was für eine Farce! Ich bezweifle, dass es auch nur einem von Ihnen in den Sinn gekommen wäre, diese seit Langem flüchtigen Arschlöcher zu suchen, wenn die National Crime Group nicht in Schwierigkeiten stecken würde. Kommen Sie mir also nicht mit irgendwelchen Prinzipien!«

Einer der Armenier gab einen Grunzlaut von sich und unterbrach sie.

Sie hatten die Insel fast erreicht. Wellen brachen, ohne dass man sie sehen konnte, nur ein schwacher weißer Saum deutete an, wo die Brandung gegen die Klippen schlug. Das mit Flutlicht beleuchtete Ende eines hölzernen Landestegs kam näher, dahinter funkelten von einer höher gelegenen Stelle die Lichter von Trevallick Hall durch das skelettartige Baugerüst.

Heck sah zu, wie sie längsseits an die Anlegestelle glitten. Ein Seil wurde auf das schaukelnde Boot geworfen und eine Leiter heruntergelassen. Der nagerartige Typ ließ eine glänzende Messerklinge aufschnappen, bückte sich, durchschnitt die Fesseln an Hecks Fußknöcheln und nahm die Leiter entgegen. Gleichzeitig zog Marciano eine Beretta aus der Tasche seiner schwarzen Regenjacke, die er über sein »Ted-Nance«-Hemd mit Krawatte gezogen hatte, und spannte sie.

»Keine Dummheiten, Heck«, warnte er ihn. »Vermasseln Sie jetzt nicht alles.«

Heck schwieg, während sie ihm aus dem Boot auf den Anlegesteg halfen. Dann führten sie ihn durch ein schmales, einstöckiges Gebäude mit Flachdach und geöffneten Türen vorne und hinten. Es wirkte ein wenig wie eine Zollstation. In dem Gebäude fläzten sich zwei weitere Männer in grauen Arbeitsoveralls und rauchten. Sie zeigten nur flüchtiges Interesse an Heck, als er von Marciano, dem Nagerartigen und dem Kerl mit der Gelfrisur durch den Raum geführt wurde. Anschließend ging es bergauf eine ausgefahrene Gasse entlang, die zu beiden Seiten von Cottages mit Reetdächern gesäumt wurde. Vielleicht waren in den Cottages mal die Bediensteten des Herrenhauses untergebracht gewesen, doch jetzt waren sie mit Brettern vernagelt.

»Sie plant offenbar, aus diesem Ort etwas Besonderes zu machen, oder?«, fragte Heck. »Ihre Chefin, meine ich.«

»Das ist der Plan, ja«, erwiderte Marciano.

»Eine Schande, dass es so weit gekommen ist. Ist wohl nur in Großbritannien möglich, dass man so ein Anwesen derart verkommen lässt.«

»Das hier war schon immer ein reiner Luxusort. Ein verschwenderischer Protzbau. In dem die Leute gelebt haben wie Könige, von Geld, das sie nie verdient haben. Kein Wunder, dass sie irgendwann alles verloren haben. Selbst Milena hat das Anwesen nur unter der Maßgabe gekauft, dass es sich bald von alleine trägt.«

»Und in der Zwischenzeit wird es für andere Dinge genutzt, richtig?«

»Sie werden staunen, auf welch vielfältige Weise große, alte Gebäude genutzt werden können, die keiner haben will.«

Sie stiegen eine steile Treppe hinauf und hörten auf zu reden. Heck warf einen Blick hinter sich. Es war so dunkel, dass er den Anlegesteg und das Boot, mit dem er hergebracht worden war, nicht mehr erkennen konnte. Die Lichter der Festlandküste Cornwalls sahen viel weiter weg aus, als er erwartet hatte.

Sie erreichten das obere Ende der Treppe. Von dort ging es auf einem gepflasterten schnurgeraden Weg weiter, der von ordentlich gemähten Rasenflächen gesäumt wurde und nach etwa hundert Metern vor den geöffneten Türen eines viktorianischen Eingangsgebäudes endete. Zu beiden Seiten des Eingangs flackerten Flammen in einer hängenden Feuerschale und warfen tanzende Schatten über die riesige Granitfront und die einzelne Gestalt, die sie dort erwartete.

»Die Sache ist die«, sagte Heck im Gehen, »falls Sie planen, diese neue Spielart der Nächstenliebe an *mir* zu praktizieren, bedeutet das für Sie ein ganzes Universum an Problemen.«

»Da haben Sie recht«, entgegnete Marciano, »aber ich habe hier nicht das Sagen.«

»Sie machen einen Fehler, Ray.«

»Ihr Fehler war es, ohne Verstärkung nach Cornwall zu fahren.«

»Sagt Ihnen das nicht was?«

»Doch. Es sagt mir, dass wir Zeit haben.«

Die wartende Gestalt war nur noch dreißig Meter entfernt. Es handelte sich eindeutig um eine Frau.

»Ist Ihnen das Schicksal eines ehemaligen Kollegen denn völlig egal?«, fragte Heck.

»Man kommt in dieser Welt nicht voran, indem man nach hinten schaut, Heck«, erwiderte Marciano. »Man kann nur nach vorne blicken. Deshalb gibt es so was wie *ehemalige* Kollegen für mich nicht. Jedenfalls ist das nichts, was mich juckt.«

»Das klingt wirklich tiefgründig, Ray. Ich würde sagen, das sollten Sie aufschreiben, damit es in Ihren Grabstein gemeißelt werden kann. Nur dass Leute, die im Knast sterben, normalerweise in anonymen Gräbern beigesetzt werden.«

»Besser in einem anonymen Grab als in nassem Zement, Heck.«

455

Nach dieser Bemerkung erreichten sie die Gestalt, die in der Tür wartete. Es war nicht nur eine Frau, sondern eine überaus beeindruckende Frau. Heck hatte keinen Zweifel, dass sie Milena Misanyan gegenüberstanden.

36

Sie war größer als eine durchschnittliche Frau, vielleicht knapp eins achtzig, und eine klassische Schönheit. Ihre stattliche Figur wurde von ihren oberschenkellangen Stiefeln, ihrer knallengen weißen Hose und ihrem weißen, hüftlangen Sommerblazer noch besonders betont. Außerdem trug sie weiße Seidenhandschuhe und ein gelbes, unter dem Kinn geschlungenes und um den Nacken gebundenes Kopftuch, was ihr eine exotische Aura verlieh. Sein erster Eindruck verstärkte sich noch, als Heck sich ihr näherte und ihr schließlich direkt gegenüberstand.

Milena Misanyan war Anfang fünfzig, zeichnete sich jedoch, wie er bereits auf dem Titelfoto der *Time* gesehen hatte, durch eine alterslose orientalische Schönheit aus.

»Das ist der Herr, von dem ich Ihnen berichtet habe, als ich Sie aus dem Gasthof angerufen habe«, sagte Marciano ohne irgendwelche einleitenden Worte. »Detective Sergeant Mark Heckenburg vom Dezernat für Serienverbrechen bei Scotland Yard. Ach ne, stimmt ja gar nicht, nicht mehr Scotland Yard.« Er sah Heck an. »Da wurden Sie ja alle rausgeworfen und irgendwo in so ein stallartiges Gebäude verfrachtet. Als Nächstes werden sie Ihnen da in der Kantine Heu servieren. Falls es überhaupt eine Kantine gibt.«

Heck zuckte mit den Schultern. »Die hohen Tiere geben sich alle Mühe, aber die Guten lassen sich nicht unterkriegen.«

»Und sind *Sie* ein guter Mensch, Detective Sergeant?«, fragte Milena Misanyan. Ihre Stimme war rauchig, in ihr schwang der Hauch eines reizvollen Akzents mit. Aber irgendwie strahlte die Frau Kälte aus. Es war nicht nur ihr herrisches Gebaren, sondern auch das Eis in ihren Augen, und die Unerbittlichkeit, die sie ausstrahlte.

Deshalb antwortete Heck auf ihre unverfrorene Frage mit der gleichen Unverfrorenheit. »Sind Sie ein *böser* Mensch, Miss?«

Sie schien halbwegs belustigt, ihr rubinroter Mund verzog sich zu einem halben Lächeln, doch ihre Belustigung erreichte nicht ihre Augen. »Tja, vermutlich gibt es verschiedene Stufen des Bösen, genauso, wie es auch verschiedene Stufen des Guten gibt. Über die Stufen der Provokation, die einen Menschen dazu bringen können, von der einen Seite des Spektrums auf die andere zu wechseln, wird allerdings nicht so oft geredet.«

»Sparen Sie sich dieses Geseier«, entgegnete Heck. »Ich bin nicht den ganzen Weg nach Cornwall runtergekommen, um mir einen Sermon anzuhören.«

Sie neigte den Kopf zur Seite und musterte ihn mit neu erwachtem Interesse. »Sie sind zweifellos die Sorte Mann, die glaubt, dass eine Frau betrachtet, aber nicht gehört werden sollte, Detective Sergeant.«

»Nein«, entgegnete Heck. »Ich bin die Sorte Mann, die keine Lust hat, sich den gleichen Scheiß zweimal anzuhören.« Er nickte Marciano zu. »Er hat mich bereits mit den gleichen Sprüchen vollgeschwallt.«

Marciano kicherte. »Bisher bleibt er seiner Rolle gerecht. Ich habe nie mit Heckenburg zusammengearbeitet, aber wie ich gehört habe, hat er alle Vorgesetzten, unter denen er je gearbeitet hat, zur Weißglut gebracht.«

»Es steht nun mal niemand darauf, vorgeführt zu bekommen, wie man seinen Job richtig erledigt«, erwiderte Heck.

»Na sieh mal einer an«, sagte Marciano. »Ein eingebildetes Arschloch ist er also auch noch.«

»Ich bin wirklich überrascht, dass Sie ohne jegliche Verstärkung nach Cornwall gekommen sind«, sagte Milena Misanyan.

Heck zuckte mit den Schultern. »Vielleicht liegt das daran, dass ich gar nicht offiziell hier bin.«

»Aha? Tatsächlich?«

»Vielleicht bin ich deshalb alleine hier, weil ich weiß, was Sie hier am Laufen haben, und ich mir vorstellen könnte, dabei zu sein.« Er nickte Marciano erneut zu. »Wie der werte Herr Ex-Kollege hier.«

»Interessant«, entgegnete Milena. »Sie wollen für mich arbeiten, aber meine Sichtweise interessiert Sie nicht.«

»Ich weiß, was Ihrer Familie angetan wurde«, sagte Heck entschuldigend. »Das ist wirklich schlimm. Mein Bruder ist auch eines furchtbaren Todes gestorben. Ihm wurde eine Reihe gewalttätiger Einbrüche zur Last gelegt, die er nicht begangen hat. Er starb im Gefängnis. Beging Selbstmord, nachdem er weiß der Himmel wie oft vergewaltigt wurde, während der Dreckskerl, der die Einbrüche tatsächlich begangen hatte, frei herumlief. Glauben Sie mir, mein Hass auf Kriminelle hat auch einen sehr persönlichen Hintergrund.«

Sie musterte ihn lange und intensiv. »Was meinen Sie?«, fragte sie an Marciano gewandt.

Der ehemalige Polizist schien unsicher. »Die Geschichte über seinen Bruder habe ich auch gehört. Das stimmt also. Und was seinen Ruf angeht, ist er absolut unberechenbar. Ein Typ, dem man alles zutrauen würde.«

»Dem man alles zutrauen würde. Wie faszinierend.«

»Auf dem Weg hierhin hat er sich dafür interessiert, wie viel bei dieser Sache für mich rausspringt. Aber sein Interesse war auch nicht gerade überschwänglich. Im Grunde hat er sich eher so verhalten, als ob er uns und unser Tun verabscheuen würde.«

»Ich spare mir die eigentliche Unterhaltung lieber für den auf, der das Sagen hat«, stellte Heck klar. »Und verschwende meine Worte nicht an den Laufburschen.«

»Dann stimmt es also, Detective Sergeant?«, fragte Misanyan. »Sie sind wirklich auf der Suche nach einem neuen Job?«

»Wenn die Bezahlung stimmt. Unser Blondie hier hat mir allerdings nicht verraten, wie viel er kriegt.«

»Dann geht es Ihnen also vor allem ums Geld?«

»Und wenn es so wäre – würden Sie mir das übel nehmen?«,

entgegnete Heck. »Eine Lady wie Sie, die ihr ganzes Leben damit verbracht hat, ein Vermögen anzuhäufen, von dem die meisten von uns nur träumen können.«

»Glauben Sie, das ist alles, was mich ausmacht?«

»Der Rest interessiert mich nicht.«

»Sollte es aber.«

Sie drehte sich auf dem Absatz um und schritt durch die Eingangstür. Marciano stieß Heck mit der Beretta an und bedeutete ihm, ihr zu folgen. Heck setzte sich in Bewegung, Marciano ging neben ihm, die beiden Typen im Overall folgten ihnen. Sie durchquerten mehrere hohe Räume, die zweifellos einmal prachtvoll gewesen waren. Heck erhaschte Blicke auf Deckengemälde und mit Fresken verzierte Wände, doch vieles war von Gerüsten verstellt, mit Tüchern abgedeckt oder lag einfach nur unter einer dicken, alten Staubschicht.

»Sie wissen vielleicht alles über den Abschaum, der meine großartigen Schwestern umgebracht hat«, sagte Misanyan. »Das ist ja öffentlich bekannt. Aber vermutlich wissen Sie nicht, was diesen minderwertigen Kreaturen später passiert ist. Und da Sie, wie Sie sagen, selber davon träumen, sich an dem kriminellen Geschmeiß zu rächen, haben Sie sicher nichts dagegen, wenn ich es Ihnen erzähle, oder, Detective Sergeant?«

Sie sah Heck von der Seite an. Er zuckte im Gehen mit den Schultern.

»Ich habe alle sechs irgendwann geschnappt. Zwar erst einige Jahre später, aber ich habe nie vergessen, wer sie waren. Ich ließ sie einmauern. Voneinander getrennt natürlich. Ich habe lebende Pfeiler aus ihnen gemacht. Wir haben sie durch enge Plastikrohre mit Essen und Wasser versorgt. Einer von ihnen hat auf diese Weise beinahe ein Jahr lang überlebt. Wären Sie auch zu so einer Bestrafung fähig?«

»Keine Ahnung«, erwiderte Heck. »Ich hatte nie Gelegenheit, es herauszufinden.«

»Leider reichte mir das nicht. Als ich die Pfeiler schließlich abreißen und die Trümmer mit einer Dampfwalze zu Staub und Brei platt walzen ließ, verspürte ich immer noch eine tiefe, brennende Wut in mir, die einfach nicht weggehen wollte.«

Sie verließen das Gebäude wieder, durchquerten einen verglasten Anbau und gelangten in einen Bereich, der vielleicht mal ein kleiner Garten gewesen war, in dem sich jetzt jedoch Bauschutt türmte.

Misanyan blieb stehen und sah Heck erneut an.

Heck zuckte mit den Schultern. »Die Tatsache, dass ich dieses Gefühl unterdrücken kann, bedeutet nicht, dass ich nicht genauso empfinde.«

Sie sah Marciano an. »Ist das, was er da erzählt, auch nur ansatzweise glaubhaft? Ist Detective Sergeant Heckenburg ehrlich zu uns?«

»Ich bin mir nicht sicher«, erwiderte Marciano. »Er hat mich auf dem Weg hierher ziemlich übel angemacht.«

»Wie gesagt«, entgegnete Heck, »ich muss ja nicht gut finden, was Sie tun – Hauptsache die Bezahlung stimmt.«

»Er war auf jeden Fall immer an vorderster Front«, fuhr Marciano fort. »Hat sicher einen Haufen Scheiße gesehen, was dafür gesorgt haben könnte, ihn in unsere Ecke zu treiben. Aber bis es hart auf hart kommt, ist es schwer zu beurteilen, was an seinen Behauptungen wirklich dran ist. Die Tatsache, dass er alleine hergekommen ist, ist keine Garantie. Er ist dafür bekannt, auf eigene Faust loszuziehen, wenn er an etwas dran ist. Durchaus möglich, dass er genau in diesem Moment an dem Fall arbeitet. Vielleicht hat er tatsächlich niemanden informiert, wo er ist und was er macht, vielleicht aber auch doch. Vielleicht versucht er mit seinem Gerede nur, Zeit zu gewinnen.«

Misanyan seufzte. »Sehen Sie, Sergeant, selbst wenn ich Ihnen glauben würde, gäbe es so viele Dinge, über die wir reden müssten. Zum Beispiel darüber, welche Dienste Sie denn glauben, uns anbieten zu können. Wir sind bereits bestens aufgestellt. Was die Entsorgung angeht, sind meine Männer so professio-

461

nell, wie es nur irgend geht. Und die Jagd könnte gar nicht besser laufen.«

Heck sah Marciano an. »Warum stecken Sie ihn und mich nicht zusammen in einen Raum? Und nach zehn Minuten sehen wir dann, ob Sie nicht zu dem Schluss kommen, dass Sie vielleicht doch noch jemanden rekrutieren sollten.«

Marciano lachte.

Misanyan ignorierte Hecks Vorschlag. »Selbst wenn wir zu dem Schluss kommen sollten, dass Sie ein Freund sind und kein Feind, gibt es da ein paar Fragen, die beantwortet werden *müssen*. Zum Beispiel die Frage, wie Sie uns überhaupt gefunden haben. Und wie Sie herausgefunden haben, was wir hier tun.«

Heck schüttelte den Kopf. »Ich sage nichts, bis wir einen Deal vereinbaren.«

Der Kerl, der wie ein Nager aussah und hinter ihm stand, verpasste Hecks rechter Niere einen Faustschlag. Heck zuckte vor Schmerz zusammen, blieb aber auf den Beinen.

»Das reicht«, stellte Misanyan klar. »Ich bezweifele, dass das irgendwas bringt. Ihr könnt seine Fesseln jetzt lösen. Er kann sowieso nirgendwohin fliehen.«

Der Kerl mit der Bürstenfrisur ließ ein Klappmesser aufschnappen und schnitt Hecks Fesseln durch. Heck rieb sich die Striemen an seinen Handgelenken. Von dem Schlag gegen die Niere war er immer noch leicht benommen, aber es war eine Erleichterung, wenigstens zu spüren, wie das Blut wieder zurück in seine Hände floss.

»Eins muss Ihnen klar sein, Detective Sergeant«, fuhr Misanyan fort. »Was auch immer in Ihrem Kopf vorgeht und was auch immer Ihre Leute planen – selbst wenn sie genau in diesem Moment auf dem Weg hierher sind: Ich kann jederzeit auf der Stelle von hier verschwinden.«

Heck erinnerte sich, gehört zu haben, dass bei Beginn der Renovierungsarbeiten als Allererstes auf dem höchsten Dach von Trevallick Hall ein Hubschrauberlandeplatz angelegt worden war.

»Im schlimmsten Fall kann ich innerhalb weniger Minuten über internationalen Gewässern sein«, fügte sie hinzu. »Wo mir eine Reihe luxuriöser Transportmittel zur Verfügung stehen. Die natürlich alle in Ländern registriert sind, die, sagen wir mal so, die gleichen Interessen haben wie mein Heimatland. Ich habe mich zwar vor Kurzem im Vereinigten Königreich niedergelassen, aber nichts, was ich hier verliere, ist unersetzlich.«

»Aber ich nehme an, dass Sie lieber nichts verlieren würden«, brachte Heck röchelnd hervor.

»Natürlich nicht.«

»Wir erzählen Ihnen das alles«, meldete Marciano sich zu Wort, »damit Ihnen klar ist, dass Sie hier nicht heil rauskommen können.«

»Es sei denn, ich mache mit«, korrigierte Heck ihn. »Und arbeite für ein Strafverfolgungssystem, das nicht pleite ist und es mir ermöglicht, diese kriminellen Arschlöcher zu schnappen und jemandem zu übergeben, der wirklich mit ihnen umzugehen weiß. Ach ja, und das es mir ermöglicht, dabei auch noch ordentlich zu verdienen. Das würde ich eindeutig eine *Win-win-Situation* nennen.«

»Ich wünschte wirklich, ich könnte Ihnen glauben«, sagte Misanyan. »Aber ich fürchte, das Risiko ist zu groß.«

»Außerdem würde man wahrscheinlich nicht allzu viel dafür bekommen, wenn man das Risiko einginge«, fügte Marciano hinzu. »Sie sind viel zu undiszipliniert, Heck. Niemand kann Ihnen lange trauen.«

»Genau. Wäre ich doch nur so ein solider, charakterfester Typ wie Sie, oder?«

»Der Job, auf den Sie angeblich aus sind, ist schon vergeben.«

»Aber nur, solange *Sie* atmen.«

»Ich würde an Ihrer Stelle nicht so darauf rumreiten«, sagte

Marciano. »Sie sind definitiv nicht in einer Position, hier den großen Macker zu spielen.«

»Und Sie haben noch ein paar Fragen zu beantworten«, stellte Misanyan klar. »Folgen Sie mir bitte.«

Sie gingen weiter. Heck hatte zwar die Hände frei, aber auf ihn war eine Waffe gerichtet. Sie gingen unter einem Steinbogen her und betraten ein weiteres Gebäude. Der Kälte und Feuchtigkeit nach zu urteilen, handelte es sich um den mittelalterlichen Teil von Trevallick Hall, den Burgfried, doch selbst dieser Teil wurde Renovierungsarbeiten unterzogen. Sie stiegen eine schmale Treppe hinunter und gingen an deren Ende einen Steingang entlang, vorbei an zahlreichen offenen Türen, hinter denen stapelweise Backsteine und Holzbretter, Kabel, Beleuchtungskörper und Elektrowerkzeug lagerten.

»Einer unserer Fahrer ist verschwunden«, sagte Misanyan im Gehen, »einfach so, ohne sich abgemeldet zu haben. Mitsamt einem unserer Wagen.«

»Haben Sie den Wagen als gestohlen gemeldet?«, fragte Heck.

»Noch nicht. Unser vermisster Mann hat sich selbst in seinen besten Zeiten nicht als der Vertrauenswürdigste erwiesen. Hat sich nie an die Gepflogenheiten des Lebens im Vereinigten Königreich gewöhnt und konnte sich auch nie mit der Zurückhaltung und Loyalität anfreunden, die ich von meinen Leuten verlange. Anders als die meisten meiner rekrutierten Männer war er nicht beim armenischen Militär, sondern hat einen kriminellen Hintergrund. Wir haben schon lange den Verdacht gehegt, dass er nur auf eine günstige Gelegenheit wartet, um wieder in die kriminellen Kreise der armenischen Unterwelt zurückzukehren. Wie Sie sich sicher vorstellen können, wären wir nicht besonders glücklich, wenn er das getan haben sollte.«

Das erklärte einiges, dachte Heck. Der bewaffnete Narek Sarafian hatte Snuff-Videos mit nur äußerst selten aufzutreibenden Aufnahmen von realen Gladiatorenkämpfen verkauft, die er an diesem Ort entwendet hatte, um sich das Eintrittsgeld zusammenzusparen, das er benötigte, um sich wieder in die armenische Unterwelt einkaufen zu können. Die Papiere, die sie in dem Lieferwagen gefunden hatten, waren sozusagen seine Versicherung. In dem Moment, in dem er von Misanyans Bande losgekommen wäre, hätte er die Papiere wahrscheinlich zusammen mit den erforderlichen Fotobeweisen an seine ehemalige Auftraggeberin gemailt, zusammen mit dem Hinweis, ihn lieber in Ruhe zu lassen.

»Es ist keineswegs ausgeschlossen, dass er, wie man in Ihrer Sprache sagt, die Fliege gemacht hat«, fuhr Misanyan fort. »Aber beunruhigenderweise haben wir auch von dieser mysteriösen Schießerei in East London gehört.«

Heck war kurz abgelenkt. Sie waren eine zweite Treppe hinabgestiegen, an deren unterem Ende nach links abgebogen und einem weiteren nackten Gang gefolgt, an dessen Ende sich ein schmaler Bogen befand. Sie gingen unter dem Bogen her und landeten im oberen Bereich eines riesigen, höhlenartigen Raums. Er sah so aus, als ob dort zwei oder drei der unterirdischen Geschosse komplett entfernt worden wären. Sie traten hinaus auf ein Gerüst aus Baugerüstelementen und Holzbrettern. Es machte einen soliden Eindruck, wirkte jedoch irgendwie improvisiert und wie eine nur vorübergehend errichtete Konstruktion. Sie schwankte leicht und knarrte, als sie in der Mitte stehen blieben.

Von den Steinbögen über ihnen hingen jede Menge Scheinwerfer und Bogenlampen herab, auch an dem hüfthohen Geländer zu ihrer Rechten waren einige Lampen angebracht. Dort stand auch eine kleine Kamera auf einem Stativ. Ein einfaches Gerät, wie man es an einer x-beliebigen Einkaufsstraße in jedem Unterhaltungselektronikladen kaufen konnte. Die Kamera war nach unten gerichtet, und schon bevor Heck hinabblickte, wusste er, was er da unten sehen würde.

Die Kampfarena. Sie war mehr oder weniger rund, hatte einen Durchmesser von gut 18 Metern und war komplett von einer

465

einzelnen gewellten Stahlwand umgeben. Die Stahlwand war etwa drei Meter hoch, die obere Brüstung befand sich viereinhalb Meter unter den Brettern des Gerüsts, auf denen Heck und seine Aufpasser standen. Der Boden der Arena schien ebenfalls aus Stahl zu sein. Er war dunkelblaugrau gefärbt, doch das überall auf dem Boden verspritzte getrocknete Blut war deutlich zu erkennen. Heck sah zwei einander gegenüberliegende Türen. Da alle Lichter auf die Kampfarena gerichtet waren, lag der Bereich hinter der Stahlwand, die die Arena umgab, im Dunkeln, weshalb man nicht erkennen konnte, wohin die beiden Türen führten. Heck beugte sich über das Geländer, um besser sehen zu können, und erblickte neben der Tür zu seiner Rechten einen kleinen schmiedeeisernen Tisch. Er selber befand sich zwar gut sechs Meter über dem Tisch, konnte jedoch klar und deutlich erkennen, dass darauf diverse improvisierte Waffen bereitlagen. Ein Stück grob abgesägtes Bleirohr, knapp einen Meter lang; ein mit dunklen Flecken übersätes Hackbeil; ein Tischlerhammer; ein Baseballschläger mit deutlich erkennbaren Abnutzungsspuren, dessen Griff mit Gorilla-Klebeband umwickelt war.

»Haben Sie nichts dazu zu sagen?«, fragte Misanyan, ihre vorherige Unterhaltung wieder aufnehmend.

»Zu der Schießerei?« Heck tat so, als wäre er ahnungslos. »Reden Sie von dieser terroristischen Attacke in Newham?«

Die Frau betrachtete ihn ausdruckslos. »Hatte das Ganze denn überhaupt einen terroristischen Hintergrund? Bisher sind nur ziemlich wenige Informationen an die Medien durchgesickert. Und zufälligerweise haben wir genau seit dieser Schießerei nichts mehr von unserem vermissten Fahrer gehört.«

»Sie halten es für möglich, dass er es war? Ist er denn bewaffnet? Warum sollte er sich eine Schießerei mit der Polizei geliefert haben?«

Sie musterte ihn aufmerksam.

»Zufälle kommen durchaus vor«, meldete sich Marciano zu Wort. »Wenn wir Beweise dafür hätten, dass irgendeine Bande selbst ernannter Dschihadisten aufs Ganze gegangen ist, um ihren kurzen Moment des Ruhms zu erheischen, könnten wir uns ja von mir aus mit der Vorstellung anfreunden, dass unser Mann, Henrikh, zufällig genau zur gleichen Zeit beschlossen hat, sich zu verkrümeln und sein neues Leben zu beginnen. Aber was normalerweise nicht passiert, ist, dass niemand was durchsickern lässt.«

»Was durchsickern lässt?« Heck reagierte bewusst nicht auf den Namen »Henrikh«, von dem er wusste, dass er nicht stimmte. Das war eindeutig ein Versuch, ihn dazu zu bringen, sich zu verplappern. Er zuckte mit den Schultern. »Haben Sie sich bedröhnt, Ray? Sind Sie sich denn nicht darüber im Klaren, dass bei uns im Moment die allerhöchste Sicherheitsstufe gilt?«

»Was für Leute wie mich normalerweise einen Scheißdreck bedeutet. Ich mag zwar nicht mehr dabei sein, aber ich habe bei der Metropolitan Police mehr Kontakte als Jimmy Savile Warzen auf seinen Genitalien hatte. Egal was in London passiert – ich kenne immer jemanden, der mir alles brühwarm erzählt. Nur diesmal nicht. Aus irgendeinem Grund scheint dieser angebliche terroristische Zwischenfall mit dem Siegel des Teufels versehen zu sein.«

»Wäre denn ein Zwischenfall, an dem Ihr Mann, dieser Henrikh, beteiligt war, mit so einer Geheimhaltungsstufe versehen? Sie haben doch gesagt, dass er nur ein Fahrer ist.«

»Hängt ganz davon ab, auf was er sich eingelassen hat, oder?«

»Wir mögen es nicht, Leute und Dinge zu verlieren, die uns gehören, Detective Sergeant«, stellte Misanyan klar. »Aber *noch weniger* mögen wir, nicht zu wissen, wie und warum uns jemand oder etwas abhandengekommen ist. Das gilt insbesondere für Mr Marciano. Und zwar in einem solchen Maß, dass er sofort nach Cornwall gekommen ist, um mit mir persönlich zu reden, als er feststellen musste, dass keiner seiner Kontaktleute bei der Polizei ihm irgendwas über die Schießerei vom Mittwochabend sagen konnte.«

»Tja, und wer kreuzt im nächsten Moment auf einmal noch hier auf?«, fragte Marciano. »Sie! Um uns die Lügengeschichte aufzutischen, bei uns einsteigen zu wollen, ohne uns auch nur ein paar Informationen darüber zu geben, wie Sie zu uns gefunden haben.«

Heck zuckte mit den Schultern. »Ich hab Ihnen ja gesagt, was Sie tun müssen, damit ich Ihnen diese Infos gebe.«

Milena Misanyan musterte ihn erneut ausgiebig. Ihre Unergründlichkeit war eindeutig eine ihrer Stärken. Er konnte gut nachvollziehen, wie effizient sie mit so einem perfekten Pokerface vermutlich bei einer Vorstandssitzung agieren konnte. Marciano hingegen wurde ein bisschen nervös. Er murmelte dem nagerartigen Typen etwas zu, der daraufhin grinste und seine kaputten gelben Zähne zur Schau stellte.

»Sie haben gesagt, dass Sie nicht hergekommen sind, um sich einen Sermon anzuhören, Detective Sergeant«, sagte Misanayn. »Auch wenn Sie sich unhöflich gezeigt haben, habe ich ein gewisses Verständnis für diese Sichtweise. Die Macht der Worte hat ihre Grenzen. Ich gehöre zu denen, die fest daran glauben, dass das, was man sieht, immer aussagekräftiger ist als das, was einem erzählt wird.«

Sie deutete hinab auf die Arena. Während Heck hinuntersah und wartete, rückte Marciano von hinten an ihn heran.

»Sind Sie wirklich hergekommen, um zu kämpfen, Heckenburg?«, flüsterte er. »Tja, ich denke, es gibt da noch was viel Besseres, als Sie und mich zusammen in einen Raum zu stecken. Passen Sie jetzt also gut auf. Und beten Sie zu Gott, dass Sie nicht das kriegen, worauf Sie aus sind.«

Irgendwo unten war ein dumpfes metallenes Geräusch zu hören.

Die Arena war noch leer, der nagerartige Typ stand inzwischen hinter der Kamera, blickte durch den Sucher und nahm letzte Einstellungen vor. Dann drückte er auf den Aufnahmeknopf.

Unten ertönte erneut ein dumpfes metallenes Geräusch, diesmal lauter.

Heck blickte wieder nach unten und sah, wie sich die Tür auf der rechten Seite der Arena automatisch öffnete. Im ersten Moment passierte nichts, doch dann kam eine nervöse Gestalt heraus. Ein Schwarzer, schlank und muskulös, aber eindeutig noch sehr jung. Er war nur mit einer völlig verdreckten Unterhose bekleidet und sah sich aufgeschreckt zu allen Seiten um.

»He Mann, Scheiße!«, rief er heiser. »Wo bin ich hier, verdammt?«

Er richtete die Frage nach oben, aber nicht direkt an die Zuschauergalerie gewandt.

»Er kann uns nicht sehen«, stellte Marciano klar. »Falls Sie sich das fragen sollten. Die Scheinwerfer sind zu hell.«

»Natürlich nicht«, entgegnete Heck. »Wir wollen schließlich nicht, dass er uns erkennt und auf die Idee kommen könnte, mit uns abzurechnen, falls es ihm gelingen sollte zu entkommen, stimmt's?«

»Von hier entkommt niemand.«

»He, Mann. Was zur Hölle soll das, Mann? Na los, Mann! Jetzt reicht's mit den Spielchen. Ich war eine Ewigkeit in diesem verdammten Raum.«

Das dumpfe metallene Geräusch der anderen sich öffnenden Tür ließ ihn abrupt verstummen.

Der Junge, bei dem es sich nur um Spencer Taylor handeln konnte, wirbelte herum und stand steif wie ein Stock da, zitterte jedoch sichtlich, als seine beiden Gegner in die Arena schlenderten. Sie waren, genau wie die, die Heck auf den Videoaufnahmen gesehen hatte, breit gebaute, muskulöse Kerle und trugen eng sitzende schwarze, robuste Kevlar-Schutzkleidung und Schutzhelme. Einer schwang in einer Hand eine Machete und in der anderen eine Kette mit einem schweren Vorhängeschloss. Der andere war mit dem Stiel einer Spitzhacke bewaffnet, durch den,

469

wie es aussah, zwanzig Zentimeter lange Nägel geschlagen worden waren, die an einer Seite herausragten.

»Tut das nicht, Mann!«, schrie Taylor. Seine Stimme war eine ganze Oktave höher als vorher.

Er zeigte mit einem zitternden Finger auf die beiden und ging irrationalerweise von dem Tisch mit den Waffen weg, obwohl er sich noch gar nicht bewaffnet hatte.

»Einige von ihnen verhalten sich so«, kommentierte Marciano. »Als ob sie das Ganze für einen Scherz oder ein Spiel halten würden. Als ob sie glauben würden, dass es noch eine andere Tür gäbe, durch die sie die Arena wieder verlassen könnten, wenn sie sie nur finden würden. Aber sie werden sich der Realität ziemlich schnell bewusst.«

Taylor wurde sich der Realität bewusst, als seine Gegner sich aufteilten und derjenige mit der Kette und der Machete an der Stahlwand entlangstapfte und der andere direkt auf ihn zuging.

Der Junge wich zurück, immer noch mit dem ausgestreckten Finger nach vorne zeigend.

»Lasst mich in Ruhe! Ich warne euch, Mann!« Er schrie inzwischen mit einer Fistelstimme. *»Lasst mich verdammt noch mal in Ruhe!«*

Erst als er absolut keine Wahl mehr hatte – wie Heck schon oft festgestellt hatte, erfasste das menschliche Hirn eine furchtbare Wahrheit erst, wenn ihm absolut nichts anderes mehr übrig blieb –, stürmte er zu seinem eigenen Waffenarsenal, schnappte sich das schwere Stück Bleirohr und holte weit damit aus.

Er stürmte nach rechts. Seine beiden Gegner schwenkten herum, verfolgten ihn und rückten immer näher auf ihn zu.

»Zurück, *verdammt!*«

Er schlug wie wild mit dem Rohrstück um sich durch die Luft und wich zurück, erreichte jedoch schon bald die gegenüberliegende Seite der Arena. Seine Gegner rückten erneut auf ihn zu.

470

»Wie schaffen wir die Opfer hierher?«, fragte Heck in der Absicht, immer noch wie jemand zu klingen, der auf einen Job aus war.

»Das konnten Sie sich doch sicher zusammenreimen, als Sie den Lieferwagen unter die Lupe genommen haben«, sagte Marciano.

Ein weiterer Test, realisierte Heck.

»Welchen Lieferwagen?«

»Sie können es ihm ruhig erzählen«, schaltete sich Misanyan ein. »Er ist ja jetzt hier. Und er wird nirgendwo mehr hingehen.«

»Isofluran«, sagte Marciano. »Bildet in Verbindung mit Distickstoffoxid ein narkotisierendes Gas. Die Arschlöcher denken, sie werden abgeholt und in Sicherheit gebracht. In dem Wagen ist es sogar gemütlich. Er ist mit einem Teppich ausgelegt, und es gibt einen Sessel.«

»Die Opfer machen es sich also gemütlich, und dann betäuben Sie sie?«

»Der Lieferwagen ist dicht verschlossen. Das muss so sein, damit sie sich sicher fühlen. Wenn sie erst mal drinnen sind, wird eine Belüftungsanlage eingeschaltet. Unser Fahrer betätigt ein paar Knöpfe, und schon verlieren sie für ein paar Stunden das Bewusstsein. Das erleichtert es, sie am Ende des Kais von St Ronan ins Boot zu befördern. Das passiert in der Regel spät am Abend, sodass es sowieso keine Zuschauer gibt. Einige von ihnen steigen bewaffnet in den Wagen, aber es ist besser, ihnen ihre Waffen zu lassen. Das beruhigt sie und wiegt sie in falscher Sicherheit. Und wenn sie bei ihrer Ankunft bewusstlos sind, stellt das ja auch kaum ein Problem dar.«

»Klingt unglaublich einfach«, stellte Heck fest.

»Die besten Pläne sind immer einfach.«

Unter ihnen kam es zu einer heftigen Attacke. Taylor ging zur Überraschung seiner Gegner zum Angriff über, stürmte laut schreiend auf sie zu, verpasste ihnen mit seinem Rohr schwere Schläge auf ihre Schutzpolster und zog sich schnell wieder zurück. In diesem frühen Stadium des Kampfes erwies sich seine jugendliche Schnelligkeit als Pluspunkt.

»Wessen Idee war das alles?«, fragte Heck.

Marciano lachte kurz auf. »In Milenas Reich geschieht nichts, das nicht ihrem Willen entspringt.«

Heck sah die Frau an. »Es ist eine angemessene Form der Bestrafung«, sagte er. »Aber ich wüsste nicht, wie man damit groß Geld verdienen soll.«

»Hobbys sind nur selten einträglich, Detective Sergeant«, erwiderte sie, aber sie hörte ihm kaum noch richtig zu.

Sie beobachtete wie gebannt den Kampf. Ihre Augen glänzten, ihre vollen Lippen sahen noch röter und feuchter aus.

Heck fragte sich, ob es möglich war, dass sie sich die Lippen in freudiger Erwartung geleckt hatte.

Unter ihnen stürzte Taylor sich erneut mit lautem Gebrüll auf seine Gegner und zog sich sofort wieder zurück, rutschte jedoch auf seinen schweißnassen Füßen aus. Er landete hart auf dem Boden und rollte schnell zur Seite. Die beiden stürzten auf ihn zu, doch er sprang auf und schaffte es, aus ihrer Reichweite zu taumeln. Er keuchte schwer, seine Schultern hoben und senkten sich, sein Körper war schweißnass und glänzte.

»Läuft es immer so ab?«, fragte Heck an Marciano gewandt.

»Sie klingen so, als fänden sie es abstoßend, Heck. Dabei dachte ich, Sie wollten mit einsteigen.«

»Ist ziemlich heftig, wenn man es mit eigenen Augen sieht.«

»Immerhin geben wir ihnen die Chance, sich zu wehren. Was, wie Sie wissen, mehr ist, als sie verdient haben.«

Unter ihnen ertönte erneut das krachende Geräusch eines erfolgten Angriffs, und wieder war es Taylor, der sich besser schlug, als viele es vielleicht erwartet hätten, was vor allem daran lag, dass er gut ausweichen konnte. Irgendwo über Heck ertönten Beifallsrufe und Gelächter.

Er blickte hoch und sah weit oben in der gewölbten Steindecke mehrere Fenster, hinter denen sich etliche Köpfe aneinanderdrängten. Wie es aussah, verfolgten die von Misanyan rekrutierten armenischen Raufbrüder den Kampf ebenfalls. Sie klopften einander auf die Schulter und rissen Witze, zwischen ihnen wanderten Geldbündel hin und her, während der Kampf sich entwickelte.

»Sie scheinen sich ja alle bestens zu amüsieren«, stellte Heck fest.

»Halte das Personal immer bei Laune, wie es so schön heißt«, entgegnete Marciano. »Sie setzen sogar auf die einzelnen Kämpfer. Wer seinen Gegner am schnellsten und effizientesten erledigt, kriegt die meisten Punkte.«

»Und finden solche Kämpfe auch in anderen Teilen Ihres Reiches statt, Miss Misanyan?«

»Ich bin an vielen Orten zu Hause, Detective Sergeant«, erwiderte die Frau und ging am Geländer entlang, um den Kampf unter ihr besser verfolgen zu können. »Und ich habe viele Zeitvertreibe.«

Heck musterte sie perplex. Ihr Wangen waren errötet, ihr Mund war definitiv feuchter. Sie bewegte sich schnell, geschmeidig, gespannt, war voll bei der Sache. Das Ganze hatte beinahe etwas Sexuelles. Jetzt verstand er, warum die Aufnahmen dieser Gladiatorenkämpfe nicht dazu bestimmt waren, online verbreitet zu werden. Sie waren Milena Misanyans Eigentum. Sie gehörten ihr exklusiv.

Er wandte sich Marciano zu und sagte leise: »Ihnen ist klar, dass sie einen an der Waffel hat, oder?«

»Gucken Sie sich einfach den Kampf an.«

Unter ihnen hatte Taylors Wut- und Angstgeschrei ein neues Intensitätslevel erreicht. Bei seinem Hin- und Hergerenne war er unglücklich aufgetreten und hatte sich einen Knöchel verstaucht. Er konnte nur noch humpelnd versuchen, seinen Gegnern zu entkommen, während diese sich lässig an ihn heranpirschten. Heck spürte, dass das Ganze seinem Höhepunkt und Ende entgegenging.

»Ein richtiger Kampf ist das nicht«, stellte er fest.

Misanyan drehte sich um. Sie stand hinter einem der Scheinwerfer und sah ihn an. Halb im Schatten stehend, glänzten ihre Augen gespenstisch. »Vielleicht wird *Ihrer* besser.«

»Bestimmt.« Heck nickte und beschloss, dass dieser Moment so gut war wie jeder andere. »Dann finden wir das am besten raus, oder?«

Marciano spannte sich an. Er hatte eine leichte Veränderung der Körpersprache ihres Gefangenen wahrgenommen. Doch das Letzte, was er wahrscheinlich erwartet hatte, war, dass Heck auf das niedrige Geländer stieg, ein Kabel umfasste, es losriss – und in die Tiefe sprang.

37

Begleitet von einem mehrfachen lauten Schnappen löste sich das Kabel aus weiteren Befestigungen, schlug gegen die Brüstung und sauste in die Tiefe. Drei der Bogenlampen erloschen inmitten eines sprühenden Funkenregens. Heck hatte halbwegs gehofft, sich zu der Arena abseilen zu können, doch stattdessen fiel er die ersten fünf Meter in freiem Fall. Dann straffte sich das Kabel, und er schlug mit den Knien gegen die gewellte Stahlwand. Das Kabel gab nicht weiter nach, doch Heck konnte sich noch gut zwei Meter weiter herabhangeln. Als es endete, ließ er los, fiel den letzten Meter und landete in der Hocke in der Arena.

Über ihnen ertönten laute Rufe, doch die drei Kämpfer ließen nicht voneinander ab. Spencer Taylor teilte so gut aus, wie er einsteckte, und schwang sein Rohrstück wild um sich herum, während die beiden Killer in Schutzkleidung ihn vorsichtig umkreisten. Sie hatten sich inzwischen der linken Tür genähert, was es Heck ermöglichte, zu dem Stahltisch mit den Waffen zu huschen. Er schnappte sich das erstbeste Gerät, das er zu fassen bekam: den Tischlerhammer. Bis dahin hatten die Männer und die Frau oben auf der Zuschauergalerie noch nicht reagiert, doch in dem Moment knallte ein Schuss. Unmittelbar neben Heck prallte eine Kugel vom Boden ab.

Der Schuss erweckte Taylors Aufmerksamkeit. Er blickte sich um und nahm völlig verwirrt Hecks Anwesenheit zur Kenntnis. Sein gequältes Gesicht war in Schweiß gebadet. Da die Ohren seiner Gegner von den Helmen bedeckt waren, hörten sie den Schuss nur gedämpft und begriffen nicht so schnell, was los war, doch jetzt bekamen auch sie mit, dass etwas nicht stimmte. Sie wichen von Taylor zurück und sahen sich um, doch der Kerl mit dem Spitzhackenstiel war nicht schnell genug. Heck zielte auf seine untere rechte Seite, verpasste ihm mit voller Wucht einen Schlag mit dem Tischlerhammer und traf ihn über dem Rand der Schutzpolsterung. Der Aufprall war massiv, das meiste bekam die rechte Niere ab. Der Kerl sackte auf dem Boden in sich zusammen.

Heck sprang über ihn hinweg und wandte sich dem anderen zu. Gleichzeitig rief er Taylor zu: »Ich bin Polizist! Verschwinde durch die Tür, durch die die Mistkerle gekommen sind! Jetzt! Sofort!«

Doch Taylor war zu entgeistert, um zu reagieren. Der verbliebene Gegner, der mit der rasiermesserscharfen Machete und der Kette mit dem dicken, rostigen Vorhängeschloss bewaffnet war, erfasste die Situation schneller. Er kam auf Heck zu, in der einen Hand die Kette schwingend, in der anderen die Machete schlagbereit. Heck sprang nach hinten und konnte es gerade so vermeiden, getroffen zu werden, doch jetzt griff auch Taylor wieder in den Kampf ein. Er holte mit seinem Rohrstück weit aus, attackierte den Macheten-Mann und traf ihn mit solcher Wucht seitlich am Helm, dass die Spitze des Rohrs abbrach. Der Helm verformte sich sichtbar, das Visier flog raus und offenbarte ein von der Erschütterung verzogenes Gesicht. Die Machete des Kerls fiel auf den Boden, die Kette mit dem Schloss baumelte harmlos in der anderen Hand. Heck verpasste ihm mit voller Wucht einen Faustschlag auf die Nase. Der Gladiator fiel benommen auf den Rücken, die Arme von sich gestreckt, aus beiden Nasenlöchern spritzte Blut.

»Schnell!« Heck packte den Jungen und schob ihn in Richtung der linken Tür.

Er sah nicht nach oben, zweifelte jedoch nicht daran, dass die Zuschauer oben auf der Galerie erneut zielten. Wie aufs Stichwort knallten weitere Schüsse. Mit einem ohrenbetäubenden *PTSCHUNG!* prallten zwei Kugeln in ihrer Nähe vom Boden ab.

»Los! Weiter!« Heck schob den Jungen vor sich her.

Taylor zwängte sich durch die halb offene Tür, Heck folgte

ihm. Hinter ihnen knallten zwei weitere Schüsse, doch sie waren bereits in dem Verbindungsgang.

Dieser unterirdische Bereich des Burgfrieds war noch funktionaler ausgestattet als die anderen Teile des Gebäudes, die Heck gesehen hatte. Überall Stahl, hervorstehende, sichtbare Nieten, das Ganze erleuchtet von nackten Glühbirnen, die an nicht isolierten Kabeln von der Decke herabhingen. Sowohl die Arena als auch die zu ihr führenden Gänge wirkten wie provisorische Einrichtungen. Wenn sich das geplante Hotel der Fertigstellung näherte, würden sie zweifellos allesamt wieder verschwinden müssen.

Vor ihnen kam eine weitere nackte Stahltür in Sicht, die einen Spaltbreit offen stand. Als Taylor sie sah, blieb er stehen. Schweiß strömte über seinen sehnigen Körper und seine dunkle Haut, er starrte Heck mit hervorquellenden Augen an. Heck stürmte an ihm vorbei und warf sich mit der Schulter gegen das schwere Metall. Die Tür schabte über einen unebenen Boden und öffnete sich ein Stück weiter. Dahinter befand sich ein lang gestreckter, schmaler Raum, in dem zwei Bänke einander gegenüberstanden. An den Wänden hinter den Bänken waren Haken angebracht, an denen Körperschutzkleidung hing: weitere Helme, Kevlar-Westen, Knieschoner und Schulterpolster. Mitten im Raum stand ein Drahtkorb, in dem diverse Waffen bereitstanden: Baseballschläger, improvisierte Schlagwaffen, Hammer, Ketten, Reitpeitschen.

Auf einer der Bänke saß ein Mann.

Er trug eine schwarze Lederhose und Knieschoner, hatte sich Stiefel mit Stahlspitzen angezogen und war gerade dabei, sie zu schnüren. Sein dunkelhäutiger Oberkörper war nackt, muskelbepackt und mit Tattoos mit Militärmotiven übersät. Aber er war nicht mehr jung. Er hatte kurzes aschgraues Haar und ein faltiges, vom Leben gezeichnetes Gesicht.

Er war eindeutig ein Gladiator, der für den Fall, dass das Opfer sich für die beiden in die Arena geschickten Kämpfer als zu hartnäckig erweisen sollte, als potenzielle Verstärkung vorgesehen war.

Doch im Moment war es eher dieser dritte Mann, der Verstärkung benötigte. Er stürmte durch den Raum zu dem Drahtkorb, doch Heck versperrte ihm den Weg, holte mit dem Tischlerhammer aus und verpasste ihm mit der Seite des Hammerkopfes einen Schlag gegen den Hinterkopf. Er hatte bewusst mit der Seite des Hammerkopfes zugeschlagen, weil er ihm nicht den Schädel zertrümmern wollte. Doch das war ein Fehler.

Der Kerl fiel vornüber auf den Boden, blieb jedoch bei Bewusstsein, rollte weg und rappelte sich wieder hoch. Heck warf sich auf ihn und rang mit ihm.

»Taylor, raus hier, verdammt noch mal!«, rief er über seine Schulter.

Heck und der Gladiator taumelten miteinander ringend durch den Raum. Taylor wich ihnen aus, steuerte jedoch nicht die nächste Tür an, sondern ging stattdessen zu dem Drahtkorb und schnappte sich die erstbeste Waffe, die er zu fassen bekam – eine Lederpeitsche. Das war vermutlich nicht die beste Wahl, aber er holte alles aus sich heraus und ließ die Peitsche immer wieder auf den nackten Rücken des Armeniers klatschen, bis dessen Rücken mit blutigen Striemen und aufgeplatztem Gewebe überzogen war.

Der Armenier ächzte vor Schmerz und versuchte sich von Heck loszureißen, doch Heck verpasste ihm einen so gewaltigen Kinnhaken, dass sein Kopf sich nach hinten bog. Das verschaffte Heck die Möglichkeit, die Hand, in der er den Hammer hielt, aus der Umklammerung des Armeniers loszureißen. Er holte aus und ließ den Hammer mit voller Wucht auf den Kiefer des Kerls niederkrachen. Knochen zersplitterten, und der Armenier sackte mit schlaff vor ihm baumelndem Kopf auf die Knie.

Heck stieß ihn zur Seite und stürmte weiter.

»Scheiße, Mann, Scheiße«, stammelte Taylor und taumelte hinter ihm her. »Was zum Teufel …?«

Heck antwortete nicht und erreichte die Tür.

»Ich habe diesem blonden Arschloch hundert Riesen bezahlt«, grummelte Taylor. »*Für das hier!*« Er brabbelte einfach so vor sich hin, teils an sich selbst gerichtet, teils an seinen Retter. »Als wir uns zum ersten Mal begegnet sind, hat er durch ein verdammtes Rohr mit mir gesprochen. Hat mich zu Tode erschreckt. Ich hab ihn für ein verdammtes Gespenst gehalten. Aber beim nächsten Mal hat er sich gezeigt. Hat mir eine Postleitzahl genannt und dazu alle möglichen Einzelheiten. Hat gesagt, dass da ein Lieferwagen bereitstehen und ich zu einem Hafen gebracht würde. Er hat gelogen, Mann!«

Heck konnte nicht anders, als es ein bisschen lustig zu finden, dass Taylors Hauptproblem die Tatsache zu sein schien, reingelegt worden zu sein, und nicht, dass sie ihm die Hauptrolle in einem realen Kampf auf Leben und Tod zugewiesen hatten, den er nur verlieren konnte.

»*Er hat mich angelogen, verdammt!*«

»Du bist ein übler Bursche, Spence«, entgegnete Heck. »Aber leider sind einige sogar noch übler als du.«

Hinter dem Raum stiegen sie eine steile Treppe hinauf und landeten in einem weiteren Gang. Diesmal handelte es sich wieder um einen Steingang, er war nicht mit Stahl ausgekleidet. Sie befanden sich erneut in einem älteren Bereich des Burgfrieds. Im gleichen Moment hörten sie das Getrappel rennender Schritte. Das trieb sie dazu an weiterzulaufen. Sie stürmten durch ein hohes Bogengewölbe, spürten, dass ihnen eine frische Brise entgegenschlug, und rochen Seeluft.

Um dahin zu gelangen, wo die frische Luft und der Geruch herkamen, bog Heck nach links ab.

Sie erreichten eine Abzweigung, und genau in dem Moment kam eine Gestalt um die Ecke.

Es war der Kerl mit der Gelfrisur.

Heck zertrümmerte ihm mit dem Tischlerhammer sämtliche Zähne. Diesmal kicherte der Gangster nicht, sondern sank, benommen vor Schmerz, zu Boden, woraufhin Heck ihn an seinen Segelohren packte und seinen Kopf mit voller Wucht gegen das Mauerwerk zu ihrer Linken rammte.

Sie liefen weiter einen breiten Gang entlang, dessen Wände komplett mit Tüchern verhängt waren. Er endete an einem hohen, schmalen, scheibenlosen Fenster, unter dem eine Bank stand. Dahinter sah Heck den Nachthimmel, allerdings durch vertikale Stangen, bei denen es sich um die Stangen des Baugerüsts handeln musste. Er stieg in den Fensterrahmen und wurde von einer steifen, kühlen Brise umwirbelt.

Sie befanden sich offenbar an der Rückseite des Burgfrieds, der, wie es aussah, auf der nördlichen Kante der Insel errichtet worden war, denn von dem Fenster sah man hinaus aufs offene Meer. Der Mondschein tanzte über wogende, heranrollende Wellen. Heck sah nach unten und blickte durch das Gerüst hindurch in einen furchterregenden, jähen Abgrund. Dreißig Meter unter ihm oder noch tiefer ragten gezackte Felsen aus der tosenden Brandung. Er blickte nach oben. Es war schwer zu erkennen, wie hoch das Gerüst war, da gut viereinhalb Meter über ihren Köpfen Holzbretter auf horizontal montierten Stangen lagen, auf denen Arbeiter behelfsmäßig stehen konnten, um Außenarbeiten an dem Gebäude durchzuführen. Das bedeutete zumindest, dass das Gerüst auch aus anderen Etagen des Gebäudes zugänglich war.

»Kannst du klettern?«, fragte er Taylor.

»Scheiße, Mann! Wohin denn?«

»Rate mal, du Schlaumeier.«

Der Junge sah ihn weiterhin an, als hätte er keine Ahnung.

»Wenn wir es da hoch zu den Brettern schaffen, können wir von da aus wahrscheinlich wieder zurück ins Gebäude.«

»Und was soll uns das nützen, verdammte Scheiße?«

Heck umfasste Taylors Nacken und zog seinen Kopf zu sich heran, bis ihrer beider Kinn sich beinahe berührten. »Hilfe ist auf dem Weg, okay? Nicht dass du das verdient hättest. Aber jetzt bin ich für dich verantwortlich. Also versuche ich, dafür zu sorgen, dass du am Leben bleibst. Und das wird ganz bestimmt nicht passieren, wenn wir im Meer landen. Hast du die Wellen da unten gesehen? Selbst wenn du es ins Wasser schaffst, ohne an diesen Felsen zu zerschellen – glaubst du vielleicht, du hast noch genug Kräfte im Tank, um einmal ganz um die Insel herumzuschwimmen und es auf der anderen Seite zurück ans Ufer zu schaffen?«

Irgendwo hinter ihnen ertönte ein wütender Schrei. Zweifellos hatte jemand den Kerl mit der Gelfrisur entdeckt. Taylor brauchte keine zweite Aufforderung. Heck ließ ihn los, und er stieg durch das Fenster, umfasste eine der Stangen über ihnen und zog sich athletisch hoch.

Heck schob den Hammer hinten unter seinen Gürtel und folgte ihm. Die beiden kletterten Seite an Seite nach oben, was jedoch alles andere als einfach war. Die Stangen des Gerüsts befanden sich weit auseinander und waren kalt und glitschig. Außerdem war das Gerüst wackelig. Es war zwar an der Außenwand befestigt, doch es schaukelte und schwankte. Unter ihnen gähnte der Abgrund.

»O mein Gott!«, schrie Taylor. Seine Füße waren beide auf einmal abgerutscht und hatten den Halt verloren. Er hing, mit beiden Händen die Stange über sich umklammernd, über dem Abgrund und jammerte hysterisch. Heck legte ihm einen Arm um die Hüfte und stützte ihn, bis er wieder Halt unter den Füßen gefunden hatte.

»*Scheiße! O Mann. Scheiße, Scheiße, Scheiße.*« Die Augen des Jungen leuchteten wie Monde in einem Gesicht, das angespannter und ausgelaugter war, als Heck es jemals bei einem unter zwanzigjährigen Menschen gesehen hatte.

»Na los, weiter. Du bist jünger als ich. Und wahrscheinlich auch fitter.«

Taylor hangelte sich weiter hoch, eine Hand nach der anderen, einen Fuß nach dem anderen. Heck tat es ihm gleich, und im nächsten Moment erklommen sie auch schon die Bretter. Taylor legte sich flach hin und umkrallte mit den Fingern das Holz. Er zitterte am ganzen Körper. Heck hockte keuchend neben ihm. Der Brettersteg wurde von einigen wenigen herabhängenden nackten Glühbirnen beschienen. Er führte zu ihrer Linken etwa sechzig oder siebzig Meter an dem Gebäude entlang und endete an einer im Wind flatternden herabhängenden Plane. Zu ihrer Rechten endete er nach etwa dreißig Metern an einer aufrecht stehenden Leiter. Das sah schon vielversprechender aus.

Heck tippte Taylor auf die Schulter und bedeutete ihm, in diese Richtung zu gehen.

»Auf keinen Fall!«, stellte der Junge jämmerlich klar. »Wenn weitere Bullen auf dem Weg sind – warum verstecken wir uns dann nicht einfach hier und warten?«

»Weil diese Verrückten uns *überall* suchen werden. Und weißt du auch, warum? Weil sie uns finden *müssen*.«

Taylor rappelte sich erschöpft hoch.

Sie gingen hintereinander den Brettersteg entlang zu der Leiter. Heck sah nach oben. Die Leiter lehnte an einer einzelnen Stahlstange und führte gut neun Meter nach oben.

Er prüfte sie mit beiden Händen. Sie schien stabil zu stehen. Doch die Leiter hinaufzusteigen würde noch nervenaufreibender sein als das Hochklettern an dem Gerüst, zumal das obere Ende durch eine quadratische Öffnung verschwand, die aus einer Abdeckung aus undurchsichtigen Plastikplanen herausgeschnitten worden war.

»Da hoch, Spencer. Ich zuerst, du bleibst hinter mir«, stellte Heck klar.

»Ist das Ihr Ernst, Mann? Glauben Sie, die Leiter hält?«

»Sie ist dafür bestimmt, dass robuste Maurer mit Tragmulden da hochsteigen. Natürlich hält sie.«

Heck kletterte los, die Augen nach oben gerichtet. Da die Leiter sehr schmal war, musste er Hände und Füße dicht bei-

482

einanderhalten, was sich unbeholfen und unnatürlich anfühlte. Außerdem wackelte und schwankte die Leiter in dem wirbelnden Wind, der direkt vom Atlantik blies und erstaunlich kalt war.

Als er halb oben war, hielt er inne und blickte nach unten.

Es war ein Anblick, der ihm den Atem nahm. Taylors Gesicht war von blankem Entsetzen gezeichnet, der vertikale Abgrund unter ihm so jäh, dass jegliche Perspektive verschwamm. Heck hielt sich verzweifelt an den Sprossen fest und hatte das Gefühl, als ob die Leiter mitsamt dem Burgfried der Trevallick Hall umzukippen drohte.

»Alles klar?«, rief er und klammerte sich fest, um sich zu stabilisieren.

»Ja Mann, alles klar. Klettern Sie einfach weiter. *Na los!*«

Heck stieg weiter nach oben und vertraute darauf, dass der Junge zu adrenalisiert war, um den schneidenden Wind zu spüren. Als es bis zu der Öffnung noch etwa drei Meter waren, hörte er über sich Stimmen. Er erstarrte und bedeutete Taylor, sich ebenfalls absolut still zu verhalten. Die Stimmen sprachen eine fremde Sprache, vermutlich Armenisch, und wurden von etlichen direkt über ihm stapfenden Schritten begleitet. Heck hing da, an die Leiter geklammert, und kniff die Augen zu. Jeden Augenblick konnte einer von ihnen durch die Öffnung nach unten blicken und ihn sehen. Inzwischen waren sie wahrscheinlich alle bewaffnet, und er würde ein leichtes Ziel abgeben.

Aber es passierte nicht.

Die Schritte und die Stimmen entfernten sich.

Heck stieg die Leiter weiter hinauf. Als er den Kopf durch die Öffnung schob, sah er einen weiteren Brettersteg. Er führte ebenfalls an der Außenmauer des Burgfrieds entlang, war jedoch breiter als der untere Steg. Während der untere Steg aus zwei nebeneinander ausgelegten Brettern bestand, waren es hier oben fünf Bretter nebeneinander. Die Plane unter dem Steg ragte

483

noch einmal gut drei Meter über den Steg hinaus und flatterte und blähte sich im Wind.

Heck hievte sich hoch und kniete auf den Brettern. In diesem Bereich gab es diverse Öffnungen in der Mauer, weitere scheibenlose Fenster in einem Abstand von etwa zehn Metern. Da der Steg sich nur wenige Zentimeter unter den Fenstern befand und diese alle gut zwei Meter hoch waren, brauchte man nur eins auszuwählen und hindurchzutreten, um wieder ins Innere des Gebäudes zu gelangen. Heck wartete, bis Taylor neben ihm war.

» Wie geht's? «, fragte er.

Der Junge ließ den Kopf hängen und rang keuchend nach Luft. » Alles klar, Mann. Ist arschkalt hier. «

Dem konnte Heck nicht widersprechen. Seine Jeans und sein Poloshirt waren schweißnass, die schneidende Kälte ließ seine Knochen gefrieren. Er drehte sich zu allen Seiten um, um sich zu orientieren.

Nach links hin war der Steg teilweise von einem Betonmischer und etlichen Zementsäcken blockiert. Deshalb gingen sie nach rechts. Im Gehen blickte Heck nach oben. Etwa neun Meter über ihm zeichnete sich vor dem mit Sternen übersäten Nachthimmel eine Zinnenbrüstung ab. Über die Brüstung hinweg strahlte der Schein einer elektrischen Beleuchtung, wodurch sie noch deutlicher zu erkennen war.

Er dachte an den Hubschrauberlandeplatz, von dem er gehört hatte.

War er das? Befanden sie sich beinahe an der höchsten Stelle der Anlage?

Aber das war sowieso egal. Vor ihnen tauchte die erste Öffnung auf. Er drückte sich platt gegen die Außenmauer, wartete, bis Taylor zu ihm aufgeschlossen hatte, und riskierte einen Blick. Es handelte sich eher um eine Schießscharte als um ein richtiges Fenster. Die Öffnung war hoch, jedoch sehr schmal – so schmal, dass sich gerade mal ein Mann hindurchzwängen konnte. Der steinerne Boden der Öffnung fiel steil ab und schien in etwas zu münden, das wie ein weiterer steiler Abgrund aussah, diesmal im Inneren des Gebäudes. Heck zwängte sich durch die Öffnung, wagte sich ein paar Schritte vor und fand sich vor einem steilen Treppenschacht wieder, der etwa zwölf Meter in die Tiefe führte.

Er krabbelte zurück, gelangte wieder hinaus auf den Steg und wollte Taylor gerade mitteilen, dass sie einen anderen Weg ins Gebäude finden mussten, als er sah, dass der Junge sich im Griff eines Manns befand, der einen Overall trug und aus einer der Öffnungen hinter ihnen gekommen sein musste.

Der Typ war weder besonders groß noch besonders kräftig gebaut und hatte wie der Kerl, den Heck in dem Umkleideraum k. o. geschlagen hatte, aschgraues Haar, das zu seiner ledernen dunklen Gesichtshaut passte. Doch er hatte seinen dicken, sehnigen rechten Arm um Taylors Hals gelegt und drückte freudig mit zusammengebissenen Zähnen so heftig zu, dass der Junge keine Luft mehr bekam.

Taylor röchelte gurgelnd wie ein Ertrinkender und zerrte an dem Unterarm, der ihm den Hals zuschnürte. Als der Angreifer Heck erblickte, lockerte sich der eiserne Griff ein wenig.

Offenbar hatte er nicht mit zwei Gegnern gerechnet und versuchte, einen seiner Komplizen herbeizurufen, die möglicherweise in der Nähe waren, doch Heck rammte ihm mit voller Wucht die Faust in das linke Auge. Der Kopf des Kerls flog nach hinten, Blut spritzte auf seine linke Wange, doch er ließ Taylor nicht los und benutzte ihn als Schild. Der Junge stieß seine Ellbogen nach hinten und rammte sie dem Angreifer in die Rippenknochen – mit dem Erfolg, dass der Armenier ihn losließ und wegtaumelte.

Heck stürmte an Taylor vorbei und verfolgte den Angreifer. Der Armenier wich weiter zurück. Als er den Betonmischer erreichte, stützte er sich darauf ab, und im gleichen Moment blitzte in seiner Hand eine 15 Zentimeter lange Messerklinge auf. Trotz des Bluts, das aus seinem linken Auge strömte, verzog sich das schmerzverzerrte Gesicht zu einem sichelartigen Grinsen.

»Verschwinde, Spence!«, rief Heck über seine Schulter.

»Scheiße, Mann. Wohin denn?«

Heck riskierte einen Blick hinter sich. Ein Stück weit hinter ihnen waren zwei weitere Männer erschienen.

»Nach oben!«, rief er.

Taylor blickte sich um, sah, dass die beiden Männer bereits die Stelle erreicht hatten, an der das obere Ende der Leiter lehnte, umfasste die Gerüststange über sich und schwang sich hoch.

Währenddessen kam der Kerl mit dem Messer langsam auf Heck zu, wobei er die Waffe zwischen seinen Händen hin- und herwandern ließ. Er sah selbstsicher aus, doch sein verletztes linkes Auge war so angeschwollen, dass er damit nichts mehr sehen konnte. Er holte aus, stieß mit der Rückhand zu und zielte auf Hecks Bauch, was diesen zwang zurückzuweichen. Dabei stieß er mit dem Absatz seines rechten Schuhs gegen die Zementsäcke, verlor das Gleichgewicht und landete auf dem Hintern.

Der Messermann stürmte auf ihn zu.

Heck sprang wieder auf, die rechte Hand voller Zementpulver, das er dem Angreifer in sein unversehrtes rechtes Auge schleuderte. Der Armenier ächzte wütend vor Schmerz auf und kam taumelnd zum Stehen. Heck trat ihm mit voller Wucht in die Weichteile und verpasste ihm mit verschränkten Händen einen gewaltigen Kinnhaken. Das schmatzende Geräusch des Schlags war sogar über den vom Meer blasenden Wind hinweg zu hören.

Der Kerl taumelte zur Seite und landete der Länge nach auf der unter dem Steg gespannten Plastikplane, die wie durch ein Wunder hielt. Heck rannte an ihm vorbei, unsicher, wohin er sich wenden sollte. Er warf erneut einen Blick über seine Schulter und sah, dass die beiden neu erschienenen Armenier schon ganz dicht hinter ihm waren. Er blickte wieder nach vorne, doch genau in dem Moment stiegen weitere Männer durch eine der scheibenlosen Öffnungen.

Heck blieb stehen, umfasste die Stange über sich und kletterte an dem Gerüst weiter nach oben.

486

Während er sich nach oben hangelte, blickte er nach unten und sah zu seiner Überraschung, dass ihm niemand folgte. Zwei der Männer lehnten sich über die Seite des Steges hinaus und versuchten, ihren bewusstlosen Kumpan wieder auf die Holzbretter zu ziehen. Zwei andere unterhielten sich hektisch miteinander, doch Heck hatte nicht den blassesten Schimmer, worum es ging. Allerdings fand er es merkwürdig, dass sie nicht mal zu ihm hochblickten.

Doch was auch immer die Erklärung für dieses merkwürdige Verhalten war, Heck zögerte nicht, den Vorteil zu nutzen und kletterte weiter bis ganz nach oben. Oben angelangt, stieg er durch eine Schießscharte zwischen den Zinnen und sah sofort, dass er sich, wie er es vermutet hatte, auf dem Dach des Burgfrieds befand, dem am höchsten gelegenen Teil von Trevallick Hall. Das Dach war flach und quadratisch, vielleicht neunzig mal neunzig Meter groß, und rundum von Zinnen umgeben, die jedoch angesichts der Tatsache, dass die komplette Fläche frisch asphaltiert worden war, ein wenig anachronistisch wirkten. In der Mitte der Asphaltfläche befand sich der Hubschrauberlandeplatz, ein weiter, offener Bereich, der von hellen Scheinwerfern umgeben und mit einem leuchtend gelben H markiert war. Auf dem Landeplatz stand ein AgustaWestland-Koala-Hubschrauber mit eingeschalteten Scheinwerfern. Die Rotorblätter drehten sich langsam.

Doch der Hubschrauber erregte Hecks Aufmerksamkeit nur kurz. Denn etwa vierzig Meter zu seiner Rechten kniete Spencer Taylor mit hängendem Kopf in einer Haltung jämmerlicher Unterwerfung.

»He, Bulle!«, rief eine Stimme.

Heck wirbelte herum und sah den Grund für Taylors Kapitulation.

Eine stämmige Gestalt kam auf ihn zu. Es war der Kerl, der wie ein Nager aussah, und er hielt ein Maschinengewehr in den Händen, ein FN SCAR, das gleiche Sturmgewehr, das auch Narek

487

Sarafian verwendet hatte. Er hatte eindeutig auf sie gewartet und als Erstes Taylor abgefangen, der sich gehütet hatte, sich zu widersetzen. Jetzt war die Mündung der Waffe auf Heck gerichtet.

Er hob resigniert die Hände.

Der nagerartige Kerl senkte das Gewehr nicht, sondern zeigte damit kurz nach rechts, um Heck zu bedeuten, dass er das Dach überqueren und sich neben seinen Landsmann knien sollte.

Im Gehen inspizierte Heck die Umgebung und nahm ein paar andere Dinge wahr, die ihn sofort verstehen ließen, warum Milena Misanyans Männer, die ihnen unten auf dem Steg aufgelauert hatten, es an Interesse hatten mangeln lassen, sie zu verfolgen.

Die Frau selbst, die inzwischen einen langen roten Mantel trug, stand neben Ray Marciano an der landeinwärts gerichteten Zinnenbrüstung. Die beiden unterhielten sich angeregt miteinander. Ihre Aufmerksamkeit war auf das Festland gerichtet, das zu dieser nächtlichen Stunde eigentlich nicht zu erkennen sein sollte, wo jedoch unzählige Blaulichter in der Dunkelheit aufzuckten. Einige Blaulichter waren sogar auf dem Wasser zu sehen und näherten sich der Insel.

Somit war es kein Wunder, dass Misanyan und Marciano sich umwandten und schnell über das Dach zurückkehrten, doch als sie den Hubschrauber erreichten, trennten sie sich. Misanyan stieg an der Beifahrerseite ins Cockpit. Im Cockpit ging kurz ein Licht an, und Heck sah, dass sie sich neben dem Piloten niederließ, der bereits angeschnallt und startklar war. Sie setzte sich Kopfhörer auf, während der Pilot an den Bedienungsinstrumenten herumhantierte. Die Rotorblätter begannen sich schneller zu drehen. Währenddessen ging Marciano auf die beiden Gefangenen zu. Er langte im Gehen unter seine Jacke und zog seine Beretta hervor.

»O mein Gott«, murmelte Heck, doch es war keine blasphemische Bemerkung, sondern er betete, dass er die wahrschein-

488

lich einzige Chance, die er in dieser Situation noch hatte, gut zu nutzen wissen würde.

Der Kerl, der wie ein Nager aussah, wich zurück, bis er etwa zehn Meter von Heck und Taylor entfernt war. Marciano blieb neben ihm stehen.

»Tut mir leid, Heck«, sagte der ehemalige Polizist. »Aber mein Befehl lautet, dass wir zu Ende bringen, was wir angefangen haben.«

»Aha«, entgegnete Heck und nickte.

Marciano und der Armenier zielten, eine Waffe auf Heck, die andere auf Taylor gerichtet.

In dem Moment ging Heck aufs Ganze und schleuderte den Tischlerhammer, den er hinter seinem Rücken unter dem Gürtel hervorgeholt hatte, in Richtung der beiden Männer. Der Hammer wirbelte so schnell durch die Luft, dass er kaum zu erkennen war und Marciano von dem Angriff nichts mitbekam, bevor der Hammer ihn mit voller Wucht oben rechts am Kopf traf und dann weiterflog. Marciano sank zu Boden.

Der nagerartige Armenier war so perplex, dass er seine Aufmerksamkeit als Erstes seinem ausgeschalteten Komplizen zuwandte und erst dann Heck, der inzwischen aufgesprungen war. Wie in Zeitlupe richtete der Armenier seine Waffe auf sein neues Ziel und sah nicht, dass Taylor ebenfalls aufgesprungen war, auf ihn zustürmte und ihm die Schulter ins Zwerchfell rammte. Der Armenier schwankte angesichts der Wucht des Stoßes, stürzte aber nicht. Er fand das Gleichgewicht wieder, hob seine Waffe und ließ sie auf Taylors Hinterkopf krachen.

Der Junge sank zu Boden, doch inzwischen war Heck auch bei ihnen. Der Armenier sah ihn in seinem seitlichen Sichtfeld und schwang das SCAR-Gewehr wie einen Schläger, doch Heck bekam es mit beiden Händen zu fassen und verpasste dem Kerl einen Tritt gegen das rechte Knie. Der Armenier stöhnte und versuchte einen Satz nach hinten zu machen. Dabei lockerte sich sein Griff um das Gewehr, und Heck versuchte es ihm aus der

Hand zu reißen. Der Armenier langte nach Hecks Gesicht und versuchte, die Finger in sein Fleisch zu krallen, doch Heck wehrte die Attacke ab und verpasste ihm mit der linken Faust einen Haken gegen den Kiefer, dem er sofort einen rechten und dann noch einen linken Haken folgen ließ. Der Armenier taumelte zur Seite, das Gewehr flog ihm aus der Hand. Doch obwohl er von den Schlägen leicht benommen war, blieb er auf den Beinen und ging sogar zum Gegenangriff über. Er stürmte mit gesenktem Kopf auf Heck zu und schlang seine muskulösen Arme um Hecks Taille. Heck verlor für einen Augenblick das Gleichgewicht, doch dann rammte er ihm den Ellbogen gegen die Wirbelsäule. Der Kerl sank auf die Knie, und Heck rammte ihm den anderen Ellbogen in den Nacken.

»*Scheiße, ey!*«, schrie die schrille Stimme von Spencer Taylor irgendwo zu seiner Rechten.

Heck hatte keine Zeit, sich umzudrehen. Er rang mit den Händen des Armeniers, die sich um den Gürtel seiner Jeans verkrallt hatten, schüttelte sie ab und verpasste ihm einen weiteren, gut platzierten Tritt, diesmal gegen die rechte Schläfe. Das reichte. Der Kerl kippte bewusstlos auf den Boden.

»*Halt! Stopp! He, Mann, warten Sie, hab ich gesagt!*«

Heck wirbelte herum und sah, dass Taylor das Sturmgewehr aufgehoben hatte und auf den Hubschrauber zuging. Die Rotorblätter drehten sich inzwischen in voller Geschwindigkeit, der von ihnen verursachten Druckwelle nach zu urteilen, war der Hubschrauber im Begriff abzuheben.

»Spencer!«, rief Heck.

»*Stopp! Sofort anhalten!*«

Der Hubschrauber hob ab.

»*He, ihr Arschlöcher!*« Er legte sich das Gewehr auf die Schulter. »*Ihr bringt mich hier raus!*«

»Spencer!«, schrie Heck.

Als der Hubschrauber knapp zehn Meter über dem Landeplatz war, eröffnete der Junge das Feuer. Ein Hagel Hochgeschwindigkeitsgeschosse schlug erst in die Unterseite ein und durchsiebte dann kreuz und quer die Fenster des Cockpits.

»Scheiße!« Heck kam taumelnd zum Stehen. »O *Scheiße!*«

Der Pilot versuchte nach Norden abzudrehen, doch Taylor feuerte unaufhörlich weiter und zerfetzte die Rotorblätter, deren Trümmer zu allen Seiten flogen. Der Hubschrauber verlor schnell an Schub und geriet aus dem Gleichgewicht. Heck stellte sich vor, dass der Pilot tot über seinen Kontrollinstrumenten zusammengesunken war und Milena Misanyan steif neben ihm saß und schrie.

Vor seinen Augen kippte der schwere Hubschrauber um, bis er mitten in der Luft auf der Seite lag. Dann verschwand er abrupt aus Hecks Sichtfeld und stürzte, sich überschlagend, an der Außenmauer des Burgfrieds herunter, prallte von der Mauer ab und durchschlug das Baugerüst. Massen verbogener und zerbrochener Stangen krachten neben dem abstürzenden Hubschrauber in die Tiefe, der schließlich weit unten auf den Felsen aufschlug. Die folgende Explosion ließ das altehrwürdige Gebäude in den Grundfesten erbeben, ein Rauchpilz und Flammen stiegen bis über die Zinnen auf, die sengende Hitze und der Schein der Flammen rauschten über das ganze Dach hinweg. Heck stand einfach nur hilflos da, sein Schweiß trocknete vorübergehend, sein Haar wurde starr.

Ein paar Meter weiter sackte Taylors Kopf nach hinten, sein wirrer Blick verharrte auf der Stelle, an der gerade noch der Hubschrauber aufgestiegen war und an der jetzt nur noch eine Rauchsäule waberte. Das Sturmgewehr baumelte an seiner Seite.

Es verging ein Moment, dann ging Heck vorsichtig auf ihn zu.

»He, Spence«, sagte er. »Legen Sie das verdammte Ding weg, okay. Nicht, dass noch jemand verletzt wird.«

»*Einen Scheiß werde ich tun!*«, schrie Taylor und riss sich aus seiner Trance. Er wirbelte herum und richtete die Waffe auf Heck. »Hier laufen noch jede Menge von diesen Typen rum. Das wissen wir doch. Wir haben sie doch gesehen.«

»He, he. Ganz ruhig!« Heck hob die Hände und wich zurück. Der Junge taumelte, einen irren Ausdruck im Gesicht, auf ihn zu, das Gewehr immer noch auf ihn gerichtet.

Heck zeigte nach Süden. »Sehen Sie doch mal zum Festland rüber. Da herrscht das Gesetz. Und die Gesetzeshüter sind schon im Anmarsch. Das haben diese Kerle auch bereits gesehen. Beziehungsweise die, die noch übrig sind. Wahrscheinlich begeben sie sich genau in diesem Moment in die Boote. Aber sie werden nicht weit kommen. Es ist also vorbei. Okay?«

»Nein, Mann. Nichts ist vorbei.« Taylors Finger legte sich um den Abzug. »Sie sind ein Bulle.«

»Das stimmt, Kumpel.«

»Dann sind Sie nicht mein verdammter Kumpel! Sie sagen, Sie sind hier, um mir zu helfen, aber in Wahrheit sind Sie hier, um mich einzubuchten!«

»Willst du etwa behaupten, dass ich dir nicht geholfen habe, Spence?« Heck war sich dessen bewusst, dass er sich den Zinnen an der Südseite näherte. Wenn er weiter zurückwich, konnte er jeden Moment durch eine der Schießscharten zwischen den Zinnen in die Tiefe stürzen. Deshalb blieb er stehen, senkte die Hände, hielt die Handflächen jedoch nach oben gerichtet, damit Taylor sehen konnte, dass sie leer waren. »He Spence, immer mit der Ruhe. Wir müssen einen kühlen Kopf bewahren.«

»Hören Sie auf, mir zu sagen, was ich zu tun habe! Verdammter Bulle! Glauben Sie etwa, ich lasse zu, dass Sie und Ihr Haufen mich in den Knast schicken?«

»Was ist denn die Alternative? Willst du dir mit der kompletten Polizei von Devon und Cornwall eine Schießerei liefern? Wie viele Kugeln hast du denn noch?«

»He Mann, wechseln Sie nicht das Thema, verdammt!«

»Spence, was auch immer man dir zur Last legt …«

»Und nennen Sie mich gefälligst nicht Spence! So heiße ich nicht! Verstanden?«

»Spencer, was auch immer man dir zur Last legt, ich bin

sicher, das können wir regeln. Dieser abgestürzte Hubschrauber – das warst du nicht. Er ist einfach abgestürzt. Der Pilot ist in Panik geraten und hat einen falschen Knopf gedrückt.« Er zuckte mit den Schultern. »So einfach ist das. Okay?«

Doch Taylor legte sich das SCAR an die Schulter und zielte auf Hecks Gesicht. »Sie müssen mich von dieser Insel runterschaffen!«

»Und wie soll ich das anstellen? Hörst du das?« Heck tat so, als würde er lauschen, und wenn Taylor es ihm gleichgetan hätte, hätte er das ferne, sich schnell nähernde Rattern weiterer Rotorblätter gehört. »Glaubst du etwa, das ist der Geist des Hubschraubers, den du gerade abgeschossen hast?«

»He Mann, ich hab ihn nicht abgeschossen. Das haben Sie doch gerade selber gesagt.«

»Na gut. Hör mal …«

»Sagen Sie mir nicht, was ich zu tun habe!« Taylors gerändert Augen spannten sich in ihren Augenhöhlen an, sein beinahe nackter Körper war wieder in Schweiß gebadet. »Ich gebe hier die Befehle, und Sie haben sie zu befolgen! Halten Sie also Ihr Bullenmaul, und tun Sie einfach, was ich Ihnen …«

Er sah die geballte Faust nicht, die ihm von unten in die Weichteile gerammt wurde.

Taylor hatte nicht mitbekommen, dass er unmittelbar neben dem bewusstlosen Ray Marciano stand oder vielmehr, dass der Ex-Polizist gar nicht mehr bewusstlos war. Der Junge sank auf die Knie, das Gesicht vor unglaublichen Schmerzen verzerrt. Der gekonnte Karateschlag gegen seine Kehle traf ihn völlig unvorbereitet.

»Im Ernst, Heck?« Marciano rappelte sich hoch und nahm dem jungen bewusstlosen Gangster das Sturmgewehr aus der Hand. »Sie sind den ganzen Weg hierhergekommen, um ein großmäuliges kleines Arschloch wie den hier zu retten?«

Heck schüttelte den Kopf. »Ich hatte mich in der Tat schon gefragt, ob er es wirklich wert ist.«

Marciano hielt die Waffe auf ihn gerichtet und prüfte, ob sie noch ausreichend geladen war. »Ich dachte schon, der Junge hört nie auf zu quatschen.«

An der oberen linken Seite von Marcianos Stirn prangte eine pflaumengroße Beule. Die Schwellung war so heftig, dass sie sein längliches Gesicht und seine scharfen, markanten Züge verzerrte, aber er schien nicht übermäßig wütend zu sein.

»Na gut, Heck. Wie Sie wissen, hatte ich meine Befehle. Aber nachdem die Person, die mir die Befehle erteilt hat, nicht mehr unter uns weilt, wäre es vielleicht angesagt, einen Deal abzuschließen. Oder?«

Heck antwortete nicht.

»Überlegen Sie es sich lieber gut.« Marciano zwinkerte. »Denn nach allem, was Sie wissen, kann ich Sie ja nicht einfach so von hier wegspazieren lassen.«

»Ray, Ihnen muss doch klar sein, dass ich nicht berechtigt bin …«

»Kommen Sie mir nicht mit so einem Scheiß.«

»Glauben Sie im Ernst, ich kann all das, was hier passiert ist, unter den Tisch kehren?«

Marciano musterte ihre Umgebung, als ob ihm die Ernsthaftigkeit der Situation, in der er sich befand, erst jetzt bewusst wurde. Beißender Rauch zog über das Dach. Überall lagen Patronenhülsen verstreut. Taylor und der nagerartige Armenier lagen da, wo sie niedergeschlagen worden waren, bäuchlings auf dem Asphalt. Das Heulen der Martinshörner drang über die Meerenge hinweg zu ihnen herüber. Irgendwo über ihnen war ganz in der Nähe mindestens ein Polizeihubschrauber zu hören.

Marciano seufzte. »Sind Sie ein Ehrenmann, Heck?«

»Was meinen Sie damit?«

»Wie wär's damit: Ich liefere Ihnen Morgan Robbins ans Messer, denjenigen, der letztendlich dafür verantwortlich ist, dass all das passiert ist, und dafür jagen Sie mich nicht so verbissen.«

»Wovon reden Sie?«

»Das dürfte Ihnen doch eigentlich nicht allzu schwerfallen. Von Ihrem Haufen glaubt doch keiner, dass ich was wirklich Falsches gemacht habe.«

»Abgesehen davon, dass Sie Geld kassiert haben, um zuzusehen, wie Menschen umgebracht werden.«

Marciano brach in brüllendes Gelächter aus. »Wollen Sie mir sagen, dass Sie den Job an den Nagel hängen würden, wenn die Todesstrafe wiedereingeführt werden sollte, Heck? Kann ich mir irgendwie nicht vorstellen. Und wer weiß, vielleicht führen wir sie ja tatsächlich wieder ein, wenn wir erst mal aus der EU ausgetreten sind.«

»Mensch Ray, das Spiel ist aus.«

Der Ex-Polizist schnaubte, sein Lächeln verblasste. »Na gut, ist wahrscheinlich eine unannehmbare Situation für Sie. Aber egal.« Das Sturmgewehr mit einer Hand auf Heck gerichtet, wich er zurück zu der nach Westen hin ausgerichteten Zinnenbrüstung, hielt unterwegs kurz an, hob die Pistole auf, die er fallen gelassen hatte, und steckte sie ein.

»Wo, zum Teufel, wollen Sie hin?«, rief Heck.

»Was glauben Sie denn?«

»Wollen Sie etwa springen? So bescheuert sind Sie doch wohl nicht!«

»Bescheuert wäre es hierzubleiben und den Rest meines Lebens im Knast zu verbringen – bei all den Arschlöchern, die ich da hingeschickt habe.«

»Ray, Sie werden in Stücke gerissen, wenn Sie da runterspringen.«

»Wenn ich mich recht erinnere, sind Sie auch schon mal von einem hohen Punkt aus in tiefes Wasser gesprungen und heil wieder rausgekommen.«

»Das da unten ist kein tiefes Wasser. Das ist die Küste. Und die Stelle, von der ich gesprungen bin, war nicht annähernd so hoch wie dieses Dach.«

»Ich hab's schon immer drauf ankommen lassen, Heck.«

Das ohrenbetäubende Rattern des Hubschraubers der lokalen Polizei dröhnte direkt über ihnen. Der Lichtkegel eines Scheinwerfers strich über das Dach. Marciano grinste breit, drehte sich um und rannte los.

»He, Moment mal«, rief Heck hinter ihm her. »Was ist denn nun mit Morgan Robbins?«

Als der Ex-Polizist die Zinnen erreichte, blieb er stehen, drehte sich um, lachte laut und sagte etwas, doch vorübergehend konnte Heck nur die blechernen Anweisungen aus dem Polizeilautsprecher hören, die von weit oben zu ihnen herabdröhnten.

»Wiederholen Sie das noch mal!«, rief Heck.

»Schließfach Nummer 342!«, rief Marciano zum zweiten Mal. »Liverpool Street. Suchen Sie nach ›Spartacus‹.«

»Sparta...?«

»Bis dann, Heck.«

Und mit diesen Worten verschwand er durch die nächste Schießscharte zwischen den Zinnen.

Heck stürmte hin, doch als er durch die Öffnung hinabblickte, sah er nur die Finsternis der Nacht und einen silbernen Mondstreifen auf der wogenden, sich kräuselnden See.

38

Der sechste September war ein Mittwoch. Es war ein kühler, windiger Abend, und obwohl die Tage noch nicht wirklich kürzer wurden, hatte sich gegen zwanzig Uhr bereits die Dämmerung über Nord-London gelegt. Eine steife Brise, die schon den nahenden Herbst erahnen ließ, fegte die Blätter durch die Parks und die Wohnstraßen.

Da es mitten in der Woche war, war nicht viel los. Für Polizeibeamte war der Mittwochabend der ruhigste Abend der Woche, und wenn man Spätschicht hatte, konnte man durchaus dazu kommen, den liegen gebliebenen Papierkram zu erledigen oder einfach irgendwo entspannt, aber wachsam in seinem Wagen zu sitzen und dem unheimlichen Rauschen des Funkgeräts zu lauschen.

Das traf jedoch nicht für Heck zu. Jedenfalls nicht an diesem Abend.

Er betrat den *Duke of Albion* und hatte sich an diesem Abend voll in Schale geworfen. Er trug sein bestes Hemd, eine Krawatte, einen nagelneuen Anzug und war frisch rasiert. Da er fest davon überzeugt war, dass Kleider Leute machen, war es für ihn nichts Besonderes, sich so elegant auszustaffieren, doch an diesem Tag hatte er sich bewusst ins Zeug gelegt.

Ganz im Gegensatz zu Gail Honeyford, die allein in dem kleinen gemütlichen Nebenzimmer des Pubs saß und leger gekleidet war. Sie trug eine Jeans und ein T-Shirt, das Haar offen, ihr abgetragenes Sweatshirt hatte sie sich lässig über die Schultern gelegt. Während sie mit einem Kugelschreiber in der Hand über einigen Formularen brütete, nippte sie hin und wieder an einem Bier.

»Hast du etwa schon das Stadium erreicht, in dem du Arbeit aus dem Büro mitnimmst?«, fragte Heck sie.

Seine Ankunft schien sie nicht zu überraschen, da sie ihn eindeutig aus dem Augenwinkel hatte hereinkommen sehen. »Was tust du hier, Heck?«

»Ich habe dich gesucht. Die nächstgelegene Kneipe von der Staples Corner ist nicht gerade ein gutes Versteck.«

»Ich versuche gar nicht, mich zu verstecken«, entgegnete sie. »Ich muss nur noch was erledigen.«

»Heute Abend?« Er runzelte missbilligend die Stirn. »Ein Stück weiter die Straße rauf steigt gerade eine Party des Dezernats für Serienverbrechen. Du solltest deine Prioritäten richtig setzen. Was ist los?«

Sie lehnte sich zurück. »Ich kann da nicht hingehen. Ich würde mir völlig fehl am Platz vorkommen.«

»Fehl am Platz? Du hast deinen Beitrag zur Operation Vorschlaghammer mehr als geleistet.«

»Ach ja?« Sie sah ihn aufgebracht an. »Aber beim besten Teil war ich nicht dabei!«

»Genau genommen war fast niemand dabei.«

»Aber *du* schon. Und ich hätte zusammen mit dir da sein sollen. Stattdessen war ich im Büro und hab mich um die Ablage gekümmert.«

»Jetzt hör mir mal zu.« Er ließ sich auf einen Stuhl plumpsen. »Wir feiern heute Abend nicht nur, weil wir den Verbleib der meisten unserer flüchtigen Verbrecher geklärt *und* den Schützen aus Tottenham verhaftet haben, sondern wir feiern auch, dass Morgan Robbins wegen Verabredung zum Mord angeklagt wird. Und das alles – und das ist der entscheidende Anlass zum Feiern – haben wir geschafft, *bevor* der National Police Chiefs' Council auch nur dazu gekommen ist, eine neue Sonderkommission zu bilden.«

»Bist du hier, um mich zu trösten, Heck? Oder um Salz in die Wunde zu streuen?«

»*Ich* war bei den entscheidenden Dingen auch nicht dabei. Ich habe Robbins nicht verhaftet. Ich habe ihn auch nicht verhört und war nicht an der Vorbereitung der Anklage beteiligt. Und ich gehe trotzdem zu der Party.«

Sie schnaubte. »Ich nehme an, nicht einmal von *dir* kann man erwarten, alles alleine zu machen. Und schon gar nicht, wenn die hohen Tiere sich auch ein bisschen mit Ruhm und Glanz bekleckern wollen. Aber ich muss wohl irgendwie den Part verpasst haben, dass es jemand anders war als du, der auf die Idee gekommen ist, dieses Schließfach am Bahnhof Liverpool Street zu überprüfen.«

Was das anging, konnte er nicht so einfach dagegenhalten, das musste er zugeben.

Schließfach Nummer 342 am Bahnhof Liverpool Street hatte sich als ein Versteck entpuppt, das von einem der Londoner Buchhalter der verstorbenen Milena Misanyan genutzt worden war. In dem Fach hatte sich nur ein Gegenstand befunden: eine externe Festplatte, auf der Unmengen Finanzdaten über illegale Geschäfte der Milliardärin in Großbritannien gespeichert waren. Genau genommen hatten sie ein elektronisches Rechnungsbuch gefunden, das umfangreiche Aufzeichnungen der illegalen Tätigkeiten Misanyans in Großbritannien enthielt: von Zahlungen von Bestechungsgeldern an Beamte, über Betrug, Insidergeschäfte, Unterschlagung und Internetkriminalität bis hin zu Geldwäsche. Noch wichtiger aber war: Bevor die Daten über Misanyans illegale Geschäfte an die Abteilung für Wirtschaftsverbrechen der City of London Police übergeben worden waren, hatte die Sonderkommission Vorschlaghammer einen speziellen elektronischen Ordner mit dem Namen »Spartacus« an sich genommen, der ausschließlich Informationen über Zahlungen enthielt, die im Zusammenhang mit den Gladiatorenkämpfen in Trevallick Hall geflossen waren.

Heck hätte es nicht glauben können, wenn er es nicht mit eigenen Augen gesehen hätte.

Die flüchtigen Verbrecher hatten jeder hunderttausend Pfund für das Privileg gezahlt, gerettet zu werden. Fünfzigtausend waren in Ray Marcianos Tasche gewandert – zusätzlich zu seinem Monatsgehalt, das er von Morgan Robbins bezog –, fünfundzwanzigtausend hatte Narek Sarafian, der Fahrer, kassiert, und die verbleibenden fünfundzwanzigtausend waren an Milena Misanyan gegangen, beziehungsweise an einen ihrer Vertrauten, wenn sie gerade nicht auf der Insel gewesen war. Was Misanyan anging, war es nicht so, dass sie das Geld benötigt hätte. Eigentlich war es für sie kaum mehr als eine kleine Entschädigung gewesen, denn sie hatte Morgan Robbins für jede erfolgreiche Lieferung die fürstliche Summe von 250 000 Pfund gezahlt.

Für Misanyan war es ein teures, wenn auch zutiefst verwerfliches Hobby gewesen, wobei die Kosten für sie angesichts ihres unglaublichen Reichtums in Wahrheit kaum ins Gewicht gefallen waren. Was Morgan Robbins anbelangte, sah die Sache anders aus. Er mochte diese Männer, die er Misanyan geliefert und damit zum Tod verdammt hatte, aufrichtig gehasst haben, aber wie Heck von Anfang an vermutet hatte, hatte er einfach nur seine Prinzipien aufgegeben, um das ganz große Geld zu machen.

Angesichts all dessen stand außer Frage, dass es letztendlich Heck gewesen war, der diesen bedeutenden Fall schließlich gelöst hatte. Allerdings war ihm das nur gelungen, weil Ray Marciano beschlossen hatte, ihm die entscheidenden Informationen zu geben, anstatt ihn zu töten. Heck war immer noch nicht dahintergekommen, warum Marciano das getan hatte.

Wahrscheinlich war er zu dem Schluss gekommen, dass es für ihn am besten war, verbrannte Erde zu hinterlassen und sämtliche illegalen Geschäfte Misanyans im Vereinigten Königreich auffliegen zu lassen, um die dahinterstehende Organisation soweit zu schwächen, dass sie ihn nicht mehr verfolgen konnte. Das ergab natürlich nur Sinn, wenn er davon ausgegangen war, den Sprung von der Zinnenbrüstung der Burg ins Meer zu überleben – und dies wiederum war zumindest ein Grund, aus dem

Heck immer noch nicht überzeugt war, dass der Ex-Polizist tatsächlich tot war.

»Hallo!«, sagte Gail leicht gereizt. »*Erde an Heck!* Bist du noch da?«

»Was? Oh, ja natürlich, tut mir leid. Vergiss eins nicht: Die wichtigen Informationen wurden mir auf dem Silbertablett serviert.«

»Ja, mit einem Maschinengewehr.«

»Mensch Gail, nun werde doch mal erwachsen. Du kannst dir doch nicht im Ernst wünschen, *deswegen* dort gewesen zu sein!«

»He Heck, ich bin nicht wie du. Mir ist *nicht* egal, ob ich lebe oder sterbe, aber ich habe mich auch nicht im Dezernat für Serienverbrechen beworben, weil ich in einem Mädchenpensionat arbeiten wollte. Und ob es dir gefällt oder nicht – du und ich, wir waren als Partner auf diesen Fall angesetzt. Also *hätte* ich dabei sein sollen.«

Heck seufzte. Er verstand Gail Honeyford keinen Deut besser als damals, als sie zum ersten Mal zusammengearbeitet hatten. Doch ihr Wunsch, sich Geltung zu verschaffen, war für jemanden mit großen Ambitionen nicht ungewöhnlich, und er konnte sie nicht dafür kritisieren, dass er selber keine hatte.

»He«, sagte er, »möchtest du was trinken?«

»Ich habe schon was.«

Er trottete zur Bar und bestellte sich ein großes Bier. Als er sich wieder setzte, nippten sie schweigend an ihren Getränken.

»Wenn ich genauer darüber nachdenke«, sagte Heck schließlich, »überrascht es mich nicht, dass Gemma dich zum Innendienst abgestellt hat.«

Gails Miene verhärtete sich. »Ach nein?«

»Sie war in letzter Zeit irgendwie verdreht. Ich meine, für ihre Verhältnisse. Sie wirkte oft müde und hat die Dinge nicht so klar gesehen wie sonst normalerweise.«

»Meine Güte!« Gail lachte humorlos auf. »Warum wohl.«

»Der Grund spielt keine Rolle. Der Punkt ist der: Sie hat dich auf einen Fall angesetzt, für den du noch nicht ganz bereit warst. Als sie mitbekommen hat, dass du Gefahr liefst, dass dir etwas passiert, hat sie die Reißleine gezogen und dich abgezogen.«

»Du läufst ständig Gefahr, dass dir was passiert, aber bei dir zieht sie nie die Reißleine.«

»Wahrscheinlich hat sie für dich größere Pläne als für mich.«

»Tja.« Gail trank einen weiteren Schluck Bier. »Das trifft sich schlecht.«

Heck war verwirrt. »Wie meinst du das?«

»Du kannst es ruhig als Erster erfahren«, entgegnete sie. »Zumindest das schulde ich dir. Gleich morgen früh werde ich …«

Er stieß einen Finger in ihre Richtung. »Sag jetzt bloß nicht, dass du einen Versetzungsantrag stellst!«

Sie sah ihn verhalten an. »Warum sollte ich das nicht tun?«

»Weil du hier bei der Crème de la Crème gelandet bist. Mensch Gail, die National Crime Group ist die absolute Topabteilung der britischen Polizei, und das Dezernat für Serienverbrechen ist die Elitetruppe dieser Abteilung.« Er schüttelte den Kopf. »Es würde als ein gewaltiger Rückschritt angesehen werden, wenn du zu dem Schluss kommen solltest, dem Job nicht gewachsen zu sein.«

»Darum geht es nicht.«

»Nein, aber so würde es rüberkommen. Und tief in deinem Inneren weißt du das auch. Du hast nach dieser Sache mit Ron Pavey all die Jahre in Surrey ausgehalten und nicht klein beigegeben, weil du wusstest, was sie über dich gesagt hätten, wenn du dich davongemacht hättest.«

Ihre Streitlust verebbte ein wenig, als sie sich daran erinnerte, dass Heck während dieser schwierigsten Phasen ihres Berufslebens einer der wenigen gewesen war, der auf ihrer Seite gewesen war. Genau genommen war er ihr sogar eine *riesengroße* Hilfe gewesen. »Ach Mark, eigentlich bist du ja einer der Guten. Tut mir leid, dass ich mich an dir ausgelassen habe.«

502

»Wenn es dir hilft, dich auszulassen – nur zu. Hauptsache, du bleibst. Das Ganze ist sowieso zumindest teilweise meine Schuld.«

»Nein, ist es nicht.«

»Ich hätte dich nie in meine Welt hineinziehen dürfen. Jedenfalls nicht, ohne dich ausreichend vorzubereiten.«

»Blödsinn, Heck! Ich bin doch keine Anfängerin! Ich habe meinen Teil oben in Kingston upon Hull freiwillig beigetragen, obwohl ich wusste, dass ich wahrscheinlich schwer einen aufs Dach kriegen würde. *Ich* war diejenige, die Detective Inspector Warnock dumm angemacht hat, nicht du.«

»Und jetzt willst du dich versetzen lassen?« Er bedachte sie mit einem schiefen Lächeln. »Ist das wirklich dein Ernst? Obwohl du gerade erst mal daran schnuppern konntest, was den Job im Dezernat für Serienverbrechen ausmacht?«

»Schon gut. Ich will gar nicht weg.« Sie fuchtelte wild und frustriert mit den Armen. »Das Dezernat für Serienverbrechen ist alles, was ich beruflich erreichen wollte. Womit ich natürlich nicht meine, zwischen die Aktenschränke gesteckt zu werden.«

»Das ist mir klar, und Gemma dürfte es auch klar sein. Aber du musst erst laufen lernen, bevor du rennst. Komm schon Gail, komm mit zu der Party heute Abend, okay? Lass dich wenigstens eine halbe Stunde blicken.«

»Einfach so? Ich soll da mit dir hinfahren und Arm in Arm mit dir da reinspazieren?«

»So habe ich das nicht gemeint.«

»Ich weiß.« Sie lehnte sich zurück. »Aber mal ehrlich. Würde es dir nicht ganz gut passen, wenn Gemma uns so sähe? Wenn du sie ein bisschen eifersüchtig machen könntest?«

»Ich kann dir nicht ganz folgen.« Er war ehrlich verwirrt.

»Gail verdrehte die Augen. »Du bist doch immer noch scharf auf sie, Heck. Das sieht doch ein Blinder. Warum ziehst du sie dir nicht einfach an Land?«

»Wie denn? Mit einer Keule? Soll ich sie an den Haaren in

meine Männerhöhle zerren? Ich kann es kaum fassen, dass ausgerechnet du so was vorschlägst!«

»Tue ich ja auch gar nicht, du Riesenbaby!« Sie beugte sich zu ihm vor. »Sag ihr doch einfach, was du für sie empfindest. Offenbare dich ihr ein für alle Mal!«

»Habe ich schon.« Er machte eine hilflose Geste. »Sie will mich nicht. Und selbst, wenn sie mich wollte. Sie sieht keine Zukunft für uns als Paar. Jedenfalls keine, die uns beide zufriedenstellen würde. So habe ich sie zumindest verstanden. Immerhin scheint sie nicht so scharf auf Jack Reed zu sein, wie ich zuerst dachte.«

Gail wedelte wegwerfend mit der Hand, in der sie die Bierflasche hielt. »Er macht eine gute Figur, mehr aber auch nicht.«

»Ich glaube, er hat sie ganz schön beeindruckt.«

Sie schüttelte den Kopf. »Also, egal, was ich schon alles über sie gesagt habe, eine Frau wie Gemma kann sich die Männer aussuchen. Sie sieht gut aus, hat einen scharfen Verstand, Charakter, ganz zu schweigen von der Macht, die sie hat. Natürlich wird sie noch angebaggert. Es muss ein ganzes Dutzend Typen geben, die sich um ein Date mit ihr bemüht haben, seitdem es zwischen euch vorbei war. Aber sie hat sie alle abblitzen lassen.«

»Was willst du mir eigentlich sagen?«

»Sie erfüllen ihre Erwartungen nicht, Heck. Keiner von ihnen. Aber dann taucht dieser tolle Hecht Jack Reed auf. Er kommt ihren strengen Anforderungen vielleicht ein bisschen näher. Vielleicht ist sie kurzfristig etwas angetan von ihm und fragt sich, ob er der Richtige für sie sein könnte. Aber sie hat ihn nicht gerade bezirzt, oder? Wie lange ist er schon im Dezernat für Serienverbrechen?«

»Keine Ahnung. Vier Monate vielleicht.«

»Siehst du.« Sie zuckte mit den Schultern. »Vier Monate, und sie sind einander immer noch nicht nähergekommen.«

»Aber als ich sie gefragt habe, hat sie nicht abgestritten, dass es da ein gewisses Interesse gab.«

»Natürlich hat sie das nicht abgestritten. Also wirklich, Heck. Hast du nicht gesagt, dass sie in letzter Zeit irgendwie verdreht war? Dass sie müde und abgelenkt wirkte? Und du weißt nicht, warum? Komm schon, Heck, von allen Detectives, mit denen ich je zusammengearbeitet habe, bist du der Detective mit der besten Intuition. Da wirst du die Antwort *darauf* doch bestimmt rausfinden können.«

»Versuchst du mir zu sagen, dass Gemma tief in ihrem Inneren doch noch etwas für mich empfindet?«

»Ja, was glaubst du denn!« Sie schüttelte den Kopf, erstaunt darüber, wie langsam der Groschen bei ihm fiel. »Aber das ist für sie ein Problem. Ein Problem, das schon eine ganze Weile an ihr nagt, aber allmählich ist sie es leid und versucht, es sich irgendwie vom Hals zu schaffen. Und in dem Moment taucht Jack Reed auf, und er scheint eine akzeptable Option für sie zu sein. Nur dass …«

Heck zuckte ratlos mit den Achseln. »Nur dass … was?«

»Mein Gott!« Gail verdrehte erneut die Augen. »Nur dass man sich nicht dazu zwingen kann, Zuneigung zu jemandem zu empfinden, wenn die Gefühle schon für jemand anderen vergeben sind.«

Heck sah sie fasziniert an, sein Mund wurde immer trockener.

»Sie empfindet nicht nur Zuneigung für dich«, fuhr sie fort. »Sondern viel mehr. Deshalb ist sie so fahrig gewesen und so neben der Spur. Weil sie endlich versucht hat, diese Sache anzugehen. Aber sie kann es nicht.«

»Und, äh …« Er wusste nicht recht, wie er sich ausdrücken sollte. »Weißt du das alles, weil du eine Frau bist?«

»Nein. Ich weiß es, weil ich ein normaler Mensch bin. Die Hälfte von dem, was ich tue, widme ich meinem ganz normalen Leben. Du hingegen konzentrierst dich komplett auf was anderes.«

»Und es…«, stammelte er und schüttelte den Kopf. »Es ist nicht vielleicht möglich, dass du dich irrst, Gail?«

505

»Es gibt nur eine Möglichkeit, das herauszufinden: Du musst auf die Party gehen und mit Gemma reden.«

»Aber ich hab es dir doch schon gesagt. Es kann einfach nichts werden mit uns.«

Sie beugte sich zu ihm vor und bohrte ihm einen Finger in die Schulter. »*Du* musst eine Möglichkeit finden, wie es doch funktionieren kann.«

»Und wie?«

»Keine Ahnung. Wenn es an den Umständen liegt, ändere sie. Es muss von *dir* ausgehen, Heck, und zwar bald. Denn Gemma könnte zu der Erkenntnis kommen, dass sie zwar eigentlich nichts von Reed will, aber sie könnte es sich auch noch mal anders überlegen oder sich anderweitig umsehen, wenn du nicht schleunigst aktiv wirst.«

Er saß steif da und dachte nach.

Gemma Piper war Hecks erste und einzige richtige Liebe in seinem Erwachsenenleben gewesen, und tief in seinem Inneren wusste er, dass sie auch seine letzte sein würde. Er musste mit ihr zusammen sein.

Was auch immer dafür erforderlich war.

Aber was mochte das nur sein? Dies herauszufinden war der schwierigste Part. Doch plötzlich keimte wie aus dem Nichts eine Idee in ihm auf. In Wahrheit kam sie gar nicht aus dem Nichts, sie musste schon seit geraumer Zeit in seinem Unterbewusstsein geschlummert haben. Doch erst jetzt, nachdem Gail ihm klar vor Augen geführt hatte, wie die Dinge lagen, kam er zu dem Schluss, dass es an der Zeit war, sich einzugestehen, was das einzig wirklich Wichtige in seinem Leben war.

Er sprang so schnell vom Tisch auf, dass Gail erschrocken mit ihrem Stuhl zurückrutschte.

»Du bist der Hammer, Gail!« Er nahm ihre Hand und umschloss sie mit beiden Händen. »Du bist absolut der Hammer!«

»Ja, das kriege ich oft zu hören. Du kannst dir gar nicht vorstellen, wie langweilig das auf die Dauer wird.«

»Darf ich dir einen Kuss auf den Kopf drücken, oder wäre das völlig daneben?«

»Nein, nur zu. Ich brauche das.«

Er küsste sie auf den Kopf und setzte sich in Bewegung. Sie sah ihn einigermaßen überrascht an, als ob sie nicht erwartet hätte, dass ihr schlichter, weiser Rat so schnell Beherzigung finden würde.

»Du kannst immer noch mitkommen«, sagte er. »Es spricht wirklich nichts da…«

»Hör auf! Ich bleibe hier.«

»Na gut.« Er beschleunigte seinen Schritt und steuerte den Ausgang an. »Aber ich werde dich heute Abend preisen, Gail. Ich werde an die große Glocke hängen, dass du bis über beide Ohren in dem Fall gesteckt hast. Und dass du genauso eine wichtige Rolle gespielt hast wie ich.«

»Übertreib es nicht, Heck.«

»Außerdem lasse ich die Kollegen wissen, dass sie sich nicht nur glücklich schätzen können, die geniale junge Detective Constable Gail Honeyford in ihren Reihen zu haben, sondern dass sie eine potenzielle neue Detective Sergeant haben. Und dass sie sich schleunigst darum kümmern sollen, dass es zu dieser Beförderung kommt.«

»Heck, Moment mal – *was*?«

Aber er war schon aus der Tür.

Heck war auf halber Höhe der Edgware Road, als er über seine Freisprechanlage durchkam.

»Ja, Bob Hunter«, meldete sich am anderen Ende eine Stimme.

»Hallo Bob, ich bin's, Heck.«

»Oho, der Mann der Stunde.«

»Ist diese Detective-Inspector-Stelle noch frei?«

»Ja, natürlich.« Aber Hunter klang skeptisch.

»Und du garantierst mir, dass du die erforderliche Beförderung für mich schaukeln könntest? Jetzt ohne Scheiß, Bob. Ich muss das wissen.«

»Das Okay dafür hab ich schon im Kasten. Ich hab dir doch gesagt, dass du dir deine Lorbeeren schon verdient hast. Was ist los, Heck?«

»Ich melde mich später bei dir. Noch bevor der Abend zu Ende ist. Versprochen.«

»Ich dachte, dass du nach deinem jüngsten Erfolg so fest im Sattel des Dezernats für Serienverbrechen sitzen würdest, dass dich nichts zu einem Wechsel bewegen könnte.«

»Ach was.« Heck schüttelte den Kopf, während er den Wagen steuerte. »Ich glaube, im Dezernat für Serienverbrechen gibt es für mich keine große Zukunft.« Mit diesen Worten beendete er das Gespräch.

Ein ganzes Stück vor seinem Ziel hielt er vor einem Spirituosenladen an.

An der Kasse zögerte er kurz und fragte sich, ob er sein Schicksal womöglich zu sehr herausforderte, doch dann zahlte er 36 Pfund für eine Flasche Moët. Das war mehr, als er im Minimarkt in Fulham für eine Kiste Bier bezahlte, und wenn Heck eins wirklich selten tat, dann war das, Geld auf den Kopf zu hauen, und zwar nicht, weil er knickerig war, sondern weil er nicht wusste, wofür er es ausgeben sollte. Einer plötzlichen Eingebung folgend – und diesmal fragte er sich *ernsthaft*, ob er das Schicksal herausforderte –, kaufte er auch noch acht in Zellophan verpackte Plastikchampagnerflöten.

»Wenn Sie den Champagner auf acht Gläser verteilen, kommen Sie mit einer Flasche nicht weit«, sagte die Frau hinter dem Tresen, um ihn zu animieren, noch eine zweite zu kaufen.

»Ist schon in Ordnung«, entgegnete Heck. »Ich fülle entweder zwei oder gar keins.«

39

Der *Ace of Diamonds* galt offiziell noch als ein Londoner Pub, befand sich jedoch schon fast auf dem Land. Er lag unmittelbar hinter der Cockfosters Road, im Außenring der die Hauptstadt umgebenden Vororte, und Gwen Straker hatte ihn für die Party gewählt, weil er relativ nah an der Staples Corner lag. Vom Sitz des Dezernats für Serienverbrechen bis zum Ace of Diamonds waren es etwa dreißig Minuten mit dem Auto. Heck erreichte den Pub um kurz vor 21 Uhr.

Obwohl es ein Mittwoch war, war der Parkplatz hinter dem Pub bereits komplett mit Autos überfüllt. Deshalb fuhr Heck in eine Parklücke neben dem Gebäude, stellte den Champagner in den Fußraum vor dem Beifahrersitz und ging zum vorderen Eingang des Pubs. Er betrat einen kleinen Vorraum, auf dessen linker Seite eine offene Glastür in den Hauptschankraum führte, in dem sich nur wenige Gäste befanden. Auf der rechten Seite stand eine Staffelei mit einem weißen Blatt, auf dem in großen Lettern stand: *Private Veranstaltung*. Ein Pfeil wies zu einer mit Teppich ausgelegten Treppe.

Als er die Treppe hochstieg, drang ihm der Lärm der oben stattfindenden Party entgegen. Unter die Türen des Veranstaltungsraums waren Keile geschoben, sodass sie offen standen. Aus dem Raum dröhnte wummernde Rockmusik, außerdem schlug ihm die Hitze unzähliger Körper entgegen, die sich in dem engen Saal drängten.

Heck lockerte seine Krawatte und betrat den Raum, auf seiner Stirn bildete sich sofort Schweiß.

Der Veranstaltungsraum war gemütlich eingerichtet. Er war eher schmal als breit, der ganzen Länge nach standen Tische und Stühle im Pub-Stil in dem Raum, doch es gab auch einige niedrige Tische zwischen gepolsterten Hockern und Sofas. Das Büfett war auf einer langen Arbeitsfläche zu seiner Linken aufgebaut, und die meisten Speisen waren zwar noch mit Alufolie bedeckt, aber was er sah, ließ ihm das Wasser im Mund zusammenlaufen. Die Theke befand sich am anderen Ende des Raums, doch vor ihr drängten sich so viele Gäste und verlangten lautstark nach Getränken, dass er den Tresen kaum erkennen konnte.

Er hatte gehofft, in seinem eleganten Outfit spontan Eindruck zu schinden, musste jedoch einsehen, dass die Party bereits in vollem Gange und es dafür bereits zu spät war. Also zog er sein Jackett aus, hängte es in eine seitlich von dem Raum abgehende Garderobe und lockerte seine Krawatte noch weiter. Dann mischte er sich unter die Leute. Er fühlte sich zusehends gehemmter und unwohler. Die Sache mit Gemma frontal anzugehen, mochte ihm ein paar Minuten zuvor noch als eine tolle Idee erschienen sein, doch jetzt, inmitten des Geschehens, war er sich da nicht mehr so sicher. Er wünschte, Gail wäre bei ihm, um ihm Mut zu machen. Stattdessen musste er mit Charlie Finnegan vorliebnehmen, der auf einmal mit rotem und verschwitztem Gesicht vor ihm stand. Sein normalerweise akkurat nach hinten gegeltes Haar hing in feuchten Strähnen von seinem Kopf herab. Doch er war in guter Stimmung, leerte die letzten Reste seines Getränks, das aussah, als wäre es ein großer Single-Malt-Whisky mit Eis gewesen, und ging sogar so weit, Heck auf die Schulter zu klopfen.

»Hi Charlie«, sagte Heck und musste die Stimme erheben, um sich über die laute Musik hinweg verständlich zu machen.

Finnegan blickte ostentativ an ihm vorbei. »Keine Gail Honeyford?«

»Leider nicht.«

»Das ist aber schade. Seit Langem die heißeste Braut, die wir hier zu sehen bekommen haben. Abgesehen von der Löwin natürlich, aber die dürfte wohl kaum zählen.«

»Hat Gary es hergeschafft?«, fragte Heck.

»Nein. Er ist noch nicht so weit. Seine Frau hat vorhin angerufen. Es stinkt ihm zwar gewaltig, aber offenbar muss er sich noch ein paar Tage ausruhen und hat absolutes Alkoholverbot.«

Heck nickte. Das überraschte ihn nicht.

»Aber es gibt ja auch ein paar gute Neuigkeiten, nicht wahr?«, sagte Finnegan, als ob Heck bereits wüsste, wovon er redete.

»Welche meinst du?«, fragte Heck. »Fortschritte oben in Liverpool?«

Finnegan machte eine abwinkende Handbewegung, als ob das nicht zählte. »Nein, unten in Cornwall. Hast du nicht davon gehört?«

»Nein.«

»Hoho!« Finnegan klopfte Heck erneut auf die Schulter. »Sie haben dort Leichen gefunden, Alter.«

Heck vergaß vorübergehend, warum er eigentlich da war. »Du meinst, in Trevallick Hall?«

»Wo denn wohl sonst?«

»Auch die von Ray Marciano?«

»Ne.« Finnegan schüttelte den Kopf. »Die ist futschikato, heißt es. Mit den Gezeiten und der Strömung weggetrieben. Nein, die Leichen wurden unten im Keller gefunden. In den Fundamenten, genauer gesagt. Unter einer etwa sechzig Zentimeter dicken, frischen Betonschicht. Das war doch *deine* Idee, oder?«

Heck nickte. »Eine Bemerkung von Ray Marciano hat mich darauf gebracht. Er hat was davon gesagt, in frischem Beton begraben zu werden. Ist mir erst im Nachhinein eingefallen, dass er das ernst gemeint haben könnte.«

»Ist jedenfalls ein großer Erfolg«, stellte Finnegan klar. »Wenn erst mal das Hotel gebaut worden wäre, hätte es Jahrzehnte dauern können, bis man die Leichen entdeckt hätte. Wenn man sie überhaupt jemals gefunden hätte.«

»Wie viele?«, fragte Heck.

»Nach der letzten Zählung neunzehn.«

Heck nickte und dachte angestrengt nach.

Auch wenn es immer noch keine Spur von Ray Marciano gab, waren das großartige Neuigkeiten. Was die aktuellen Morde anging, hatten sie jetzt nicht nur die Videobeweise, für deren Ansicht man zwar einen robusten Magen brauchte, die jedoch hieb- und stichfest waren, sie hatten auch die Arena, in der die Kämpfe stattgefunden hatten und die sich für die Spurenermittler bisher als eine wahre Fundgrube erwiesen hatte. Sie hatten dort etliche verschiedene DNA-Profile entdeckt, die allesamt von bekannten vermissten Personen stammten, darunter auch elf Vermisste von der Liste der meistgesuchten Verbrecher. Wenn jetzt auch noch die Leichen gefunden worden waren, war der Fall so gut wie in trockenen Tüchern.

»Gwen ist vorhin runter nach Cornwall gefahren«, fuhr Finnegan fort. »Und Gemma fährt morgen früh gleich als Erstes auch hin. Und das ist noch nicht alles. Die Kollegen von der Sonderkommission Trident haben heute Nachmittag mit der Verhaftung von Mitgliedern der Toreadors begonnen. Dieser kleine Scheißer, Spencer Taylor, hat gesungen wie ein Kanarienvogel. Fügt sich alles genau zur richtigen Zeit. Wie gerufen. Jetzt werden sie es bestimmt nicht mehr wagen, unseren Laden dichtzumachen. Man braucht sich ja nur vorzustellen, wie die Medien darauf reagieren werden.«

»Das ist gut, Charlie«, sagte Heck und nickte. »Sehr gut.«

Finnegan zeigte auf die Theke. »Was willst du trinken?«

»Im Moment nichts, danke.«

»Wie du willst. Aber überleg es dir lieber nicht zu lange, denn bald ist es vorbei mit den Freigetränken, dann müssen wir aus eigener Tasche zahlen.«

Heck nickte erneut, und Finnegan steuerte die Theke an und verlangte lauthals noch einen dreifachen Glenfiddich. »Ach was!«, rief er. »Schenken Sie mir gleich einen vierfachen ein!«

Heck ging weiter und hielt erneut nach Gemma Ausschau,

doch in dem Moment wurde er zu einem der Sofas gerufen, auf dem Jack Reed von einem Stapel Kissen gestützt wurde. Neben ihm standen zwei Krücken, sein linkes Bein war eingegipst und lag ausgestreckt auf einem weiteren Kissen auf dem Tisch vor ihm. Obwohl er Schmerzmittel nehmen musste, hielt ihn das nicht davon ab, an einer Flasche Bier zu nippen. Für seine Verhältnisse sah er untypisch ungepflegt aus. Auf seinem Kinn sprossen Bartstoppeln, sein Haar war zerzaust, er trug nur ein T-Shirt und eine Trainingshose, von der das linke Bein abgeschnitten worden war. Zwei Sekretärinnen der Abteilung waren gerade dabei, seinen Gipsverband mit Textmarkern in ein ausgeklügeltes Kunstwerk zu verwandeln. Während sie an ihm arbeiteten, tauschte Reed schlüpfrige Witzeleien mit den beiden Frauen aus und lachte schallend.

»Ja, genau so«, ermunterte er sie. »Und jetzt ein bisschen höher. Und noch ein bisschen höher.« Dann wandte er seinen Blick wieder Heck zu. »Wenn das nicht mein Retter ist. Ich nehme an, Sie sind auf dem neuesten Stand?«

Heck nickte. »Ja, gute Neuigkeiten, aber mir wäre es noch lieber, wenn wir auch Ray Marciano finden würden.«

»Ach was, machen Sie sich wegen dem mal keine Sorgen.« Reed war eindeutig schon eine ganze Weile da, er lallte leicht. »Sie glauben doch wohl nicht, dass er es auf Sie abgesehen hat.«

»Nein. Wenn er es auf mich abgesehen hätte, hätte er mich auf dem Dach erledigen können. Ich frage mich nur, wo er als Nächstes auftaucht.«

»Wahrscheinlich im tiefsten Amazonas-Regenwald oder an einem ähnlich abgelegenen Ort. Irgendwo, wo wir ihn nicht finden können.«

»Es muss irgendwo sein, wo Milena Misanyans Leute ihn auch nicht finden können«, stellte Heck klar. »Aber irgendwie kann ich mir nicht vorstellen, dass den guten alten Ray irgendwas aus der Fassung bringt.«

»Wie auch immer«, entgegnete Reed. »Haben Sie Lust, morgen noch mal nach Cornwall zu fahren? Zu einer Pressekonferenz. Wahrscheinlich nur eine kleine. Ich weiß nicht, wie viel Gwen schon rauslassen will. Aber in Anbetracht dessen, was alles schon durchgesickert ist, wird da morgen ein gewaltiger Medienauftrieb zu erwarten sein. Mit Nachrichtencrews aus Taiwan, Australien, Brasilien und so weiter.«

»Ich stehe nicht so darauf, auf Pressekonferenzen aufzutreten, Sir.«

»Morgen sollten Sie aber dabei sein. Sie sind der Mann der Stunde, und ich bin nicht mal im Dienst. Ich bin hier heute Abend nur auf ein Bier.«

»Hat Gemma darum gebeten, dass ich auf der Pressekonferenz auftrete?«, fragte Heck.

»Nein. Sie hat *mich* gebeten. Aber ich habe ihr das Gleiche gesagt, was ich Ihnen gerade gesagt habe. *Sie* sind der Mann der Stunde. Also werden Sie für mich einspringen, okay?«

»Sollten wir das nicht lieber erst mal mit Gemma besprechen?«

»Wenn Sie meinen.« Reed zeigte mit dem Daumen über seine Schulter. »Sie ist dahinten.«

Heck setzte sich wieder in Bewegung. Das Gefühl der Anspannung in seiner Brust wurde noch intensiver.

Gemma saß ganz am Rand der Theke auf einem Barhocker. Vor ihr stand irgendein Cocktail mit Strohhalm, und sie pickte Oliven von einem Teller. Sie war alleine und schien die Party nicht sonderlich zu genießen, hatte sich aber für den Anlass zurechtgemacht. Sie war hübsch geschminkt, trug weiße, hochhackige Schuhe, einen engen Jeansrock und eine ärmellose Bluse. Ihre blonde Lockenmähne hatte sie in einem französischen Zopf gebändigt.

Ihr Anblick erinnerte ihn schmerzhaft an das erste Mal, als sie ihm ins Auge gefallen war. Damals waren sie beide junge Detectives gewesen, und er hatte sie auf einer ebenso quirligen und verrückten Polizeiparty wie dieser zu Hardrock-Musik tanzen gesehen. An jenem Abend hatte sie ebenfalls hochhackige Schuhe und Jeans getragen, allerdings keinen Rock, sondern Hotpants. Sie hatte wild getanzt und ihr schweißnasses Haar, das damals noch deutlich länger gewesen war, durch die Luft gewirbelt. Er hatte spontan gedacht, dass sie die beste Figur und die schönsten Beine hatte, die er je gesehen hatte. Wie er den Mut aufgebracht hatte, an der Tanzfläche auf sie zu warten und ihr eine eisgekühlte Flasche Bier in die Hand zu drücken, als sie die Tanzfläche verließ, wusste er auch nicht, aber irgendwie hatte er es geschafft.

Unglaublicherweise fiel es ihm im Moment genauso schwer, den Mut aufzubringen wie damals – dabei ging es nur darum, zu ihr zu gehen und sich neben sie an die Theke zu stellen.

Ihre Blicke trafen sich kurz, und er fragte sie, ob sie noch mal den gleichen Cocktail wolle.

Sie schob sich noch eine Olive in den Mund und verneinte.

Er bestellte sich ein Bier, wartete, bis es ihm hingestellt wurde und sagte: »Wie's aussieht, wurden also Leichen gefunden, aber nicht die von Ray Marciano.«

»Sie wird schon irgendwo sein«, entgegnete sie.

»Hoffentlich.«

»Ich bitte dich, Heck. Ein Sechzig-Meter-Sprung ins Meer. Selbst wenn er nicht auf den Felsen aufgeschlagen ist, ist es absolut ausgeschlossen, dass er das überlebt hat.«

»Trotzdem haben wir keine Spur von ihm gefunden.«

»Das werden wir. Entgegen dem allgemeinen Glauben gibt die See ihre Toten oft wieder her. Aber wie auch immer, zumindest haben wir Morgan Robbins drangekriegt.«

»Das mag ja sein, Ma'am, aber wen von den beiden würdest du als gefährlicher erachten?«

Sie schien unbeeindruckt. »Falls Ray tatsächlich überlebt haben sollte, wird er wiederauftauchen, und dann kriegen wir ihn. Apropos Leute, die nicht aufgetaucht sind – ich habe Gail Honeyford heute Abend noch gar nicht gesehen.«

»Sie kommt nicht.«

»Schmollt noch, was?«

»Sie kommt einfach nicht.«

»Ist ja ihre Sache.« Gemma stieg von ihrem Barhocker. » Nur damit du Bescheid weißt, ich werde heute Abend nicht alt. Es ist zwar Party, aber wir beide müssen morgen früh nach Cornwall.«

»Hab ich schon gehört«, erwiderte er und ergab sich seinem Schicksal. »Fährst du, oder soll ich fahren?«

Sie überlegte. Man sah ihr an, dass sie so weit noch nicht gedacht hatte. »Jetzt, da du es erwähnst, wäre es mir lieber, wenn du fährst. Ich muss auf dem Weg einen Haufen Papiere durcharbeiten.«

»Dann werden wir also nicht viel Zeit haben, miteinander zu reden?«

Sie sah ihn fragend an. »Für den Austausch von ein paar Höflichkeiten wird es schon reichen.«

»Das ist nicht ganz das, was ich im Sinn hatte.«

Sie musterte ihn einige Sekunden lang. »Ich würde ja sagen, warum reden wir nicht jetzt? Aber ich habe das leise Gefühl, dass ich die Unterhaltung ermüdend und langweilig finden werde.«

»Kann schon sein, aber du hast recht. *Jetzt* ist wahrscheinlich tatsächlich der beste Zeitpunkt.« Er stellte sein halb geleertes Glas auf die Theke. »Können wir irgendwohin gehen, wo wir ein bisschen ungestörter sind?«

Es vergingen einige Sekunden. Schließlich nickte sie in Richtung einer offenen Tür am oberen Absatz einer Feuerleiter.

Gemma stieg die Feuerleiter als Erste hinunter, Heck folgte ihr. Sie landeten auf dem Gelände neben dem Pub, auf dem Heck seinen Megane geparkt hatte. Ansonsten standen nur einige wenige weitere Autos dort, und außer ihnen war niemand da.

»Können wir das mit den Formalitäten lassen?«, fragte er.

Sie zuckte mit den Schultern. »Du bist doch derjenige, der mich immer hartnäckig mit ›Ma'am‹ anspricht.«

Das erwischte ihn ein bisschen auf kaltem Fuß. »Das ist nur ein Ausdruck der Respektbekundung.«

»Akzeptiert. Du meinst es also nicht böse.«

»Genau. Äh …« Von ihrer Bemerkung aus dem Konzept gebracht, rang er nach den richtigen Worten. »Ich wollte dich etwas fragen. Letzten Monat hast du gesagt, dass nur ein paar bestimmte Dinge dafür sorgen, dass wir nicht zusammen sind.«

»Hab ich das?« Sie klang so, als ob sie sich nicht daran erinnerte.

»Dinge, die mit dem Job zu tun haben«, sagte er. »Insbesondere die unterschiedliche Art und Weise, in der wir an den Job herangehen.«

Sie sah ihn mit ihrem aufrichtigsten Blick an. »Mark, du sagst ›die unterschiedliche Art und Weise, in der wir an den Job herangehen‹, als ob das eine kleine, unbedeutende Nichtigkeit wäre.«

»Ist es auch. Jedenfalls wenn der ausreichende Wille vorhanden ist, dieses Problem zu bewältigen.«

Diese Antwort hatte sie erkennbar nicht erwartet, doch sie sagte nichts, sondern ließ ihn fortfahren.

»Gemma.« Er wurde immer unsicherer, und es fiel ihm bereits schwer, sich an die Worte zu erinnern, die er sich zurechtgelegt hatte. »Ich glaube, es ist doch ganz offensichtlich, dass ich dich liebe. Mir ist natürlich klar, dass ich dir das nicht immer gezeigt habe. Ich bin in solchen Dingen nicht besonders gut. Mir war nicht mal bewusst, dass ich dich geliebt habe, als wir damals zusammen waren. Als wir uns getrennt haben auch nicht. Und nur fürs Protokoll: Mir ist sehr wohl bewusst, dass ich der einzige Schuldige daran bin, dass es dazu gekommen ist.«

»Das stimmt nicht ganz«, entgegnete sie und klang schon etwas versöhnlicher.

»Okay, sagen wir also, dass wir beide schuld waren. Beide aus egoistischen Gründen.« Er senkte den Blick. Es fühlte sich zwar lächerlich an, aber es war einfacher, als sie direkt anzublicken. »Du wolltest nicht mit jemandem wie mir zusammen sein, der mit großer Wahrscheinlichkeit Schwierigkeiten bekommen würde. Und ich konnte mich nicht mit der Idee anfreunden, dass du auf der Karriereleiter schneller vorankommst und größere Sprünge machst als ich. Das hat mich in meinem männlichen Stolz getroffen. Im Rückblick kann ich kaum mehr fassen, wie erbärmlich diese Art des Denkens war. Aber gleichzeitig gefiel mir auch die Vorstellung nicht, dich an vorderster Front zu sehen.« Er sah auf. »Mir gefiel die Vorstellung nicht, dass meinem Mädchen etwas passieren könnte.«

»Das zeigt zumindest, dass ich dir etwas bedeutet habe«, sagte sie. Man merkte ihr an, dass sie diese Demut nicht erwartet hatte. »Wovon man in den letzten Jahren nicht so viel gemerkt hat. Stattdessen hast du dir endlose Freiheiten rausgenommen, womit du mich immer wieder in Verlegenheit gebracht hast.«

Er hob eine Hand. »Genau darüber wollte ich mit dir reden. Nachdem wir uns getrennt haben, habe ich einfach ganz normal weitergemacht, wohingegen du in die obere Stratosphäre des Polizeidienstes aufgestiegen bist. Das hat mich irgendwie gewurmt, ich war neidisch, frustriert. Nicht, dass ich dir deinen Aufstieg missgönnt hätte. Aber er schien alles zu bestätigen, was du gesagt hattest. Dass du mit mir am Hals nichts erreichen würdest. Aber als du mich losgeworden warst, waren dir nach oben hin keine Grenzen gesetzt. Wir haben damals die richtige Entscheidung getroffen, klar, aber es war kaum eine, über die ich glücklich sein konnte, wenn ich daran denke, wie einsam sie mich gemacht hat. Dir hingegen müssen ja deine endlosen Beförderungen darüber hinweggeholfen haben.«

»Mark.«

»Ja, ja, ich weiß.« Er hob erneut die Hand. »Ich habe mich immer gegen eine Beförderung gesträubt. Aber du hast dir deine Streifen verdient, ohne dass es jemals auch nur die geringste

Kontroverse gab. Die ganze Welt hat jedes Mal Beifall geklatscht. In meinem Fall hingegen stand eine Beförderung immer nur angesichts außergewöhnlicher Umstände im Raum, und in erster Linie hätte ich sie *dir* zu verdanken gehabt. Also …« Er hielt inne und musterte sie intensiv, beinahe verzweifelt.

Sie erwiderte seinen Blick erwartungsvoll.

»Also hattest du eine Art Trost«, sagte er noch einmal. »Aber ich frage mich: Hast du dich trotzdem einsam gefühlt? Und wütend darüber, dass wir uns getrennt haben? So wie ich?«

»Ja«, sagte sie leise. »Natürlich habe ich das. Und übrigens – ich empfinde nichts für Jack Reed.«

»Das habe ich inzwischen auch gemerkt.«

»Ich halte ihn einfach nur für einen sehr fähigen Kollegen, der das Dezernat für Serienverbrechen in großartiger Weise verstärken wird, jetzt, da die Zukunft unserer Abteilung gesichert ist. Und zudem sieht er auch noch ganz gut aus. Aber das ist auch schon alles.«

»Und was bedeutet das alles?«, fragte er. »Ich meine, für uns.«

»Mark.« Sie rieb sich die Stirn.

»Ich würde dich das nicht fragen, wenn ich nicht glauben würde, die Antwort bereits zu kennen, Gemma. Wenn ich glauben würde, dass sie lauten würde ›Verschwinde ein für alle Mal aus meinem Leben!‹, würde ich genau das tun. Aber in Wahrheit glaube ich, tief in meinem Innern, dass das Gegenteil der Fall ist.«

»Waren wir nicht schon öfter an diesem Punkt?« Sie schüttelte den Kopf. »Wir haben schon so oft über dieses Thema geredet und sind immer wieder bei dem gleichen Ergebnis gelandet.«

»Ich verlasse das Dezernat für Serienverbrechen«, sagte er abrupt.

»Ich … *was?*«

»Ma'am, *Gemma*. Wenn das die Voraussetzung ist, gehe ich.«

Ihr Mund klappte auf und blieb halb offen stehen.

Es kam nur selten vor, dass Gemma Piper sprachlos war. Es dauerte auch nicht lange, aber sie wirkte immer noch etwas fassungslos. »Und wo gehst du hin?«

»Wie es der Zufall will, gar nicht weit weg. Ob du es glaubst oder nicht, Bob Hunter hat mir Ray Marcianos ehemaligen Job bei der Flying Squad angeboten.«

»Du gehst zur Sweeney?« Ihre Fassungslosigkeit wurde immer größer. »Ist das nicht ein bisschen ordinär?«

»Ich bleibe zumindest in London. Aber das Wichtigste ist: Ich würde dir nicht mehr den ganzen Tag auf den Geist gehen.«

»Moment mal!« Ihre Wangen waren errötet. »Du nimmst Ray Marcianos ehemaligen Job?«

»Das ist etwas geschmacklos, ich weiß. Aber er wurde mir in Wahrheit schon angeboten, bevor wir wussten, dass Ray ein schwarzes Schaf war.«

»Wie oft habe ich dir schon eine Beförderung zum Detective Inspector angeboten?«

»Oh, ich habe aufgehört zu zählen.«

»Genau, ich auch. Aber kaum kommt Bob Hunter vorbei ...«

»Glaub mir, es hat nichts mit Bob zu tun. Er ist einer der zwielichtigsten Typen, die ich bei der Polizei kenne, und als er mir den Job zum ersten Mal angeboten hat, war ich auch nicht übermäßig interessiert. Aber die Umstände haben sich geändert. Verstehst du das nicht, Gemma? Es würde bedeuten, dass du meine störende Anwesenheit im Kriminalbüro nicht mehr ertragen müsstest. Und dass du mir gegenüber nicht mehr den ganzen Tag lang die Vorgesetzte rauskehren müsstest.«

»Jede Wette, dass Bob Hunter das auch nicht tun wird.« Sie lachte bitter. »Weil bei der Flying Squad alle exakt genauso drauf sind wie du.«

»Gemma, hörst du mir eigentlich zu?«

»Ja, ich habe genau verstanden, was du gesagt hast.« Sie ging ein paar Meter, die Hände in die Hüften gestemmt.

Heck musterte sie aufmerksam. Die Entscheidung war ihm

nicht leichtgefallen, aber unterm Strich würde es kein allzu großes Opfer sein. Die Flying Squad galt als eine Elitetruppe. Sie stand in London im Zentrum des Kampfes gegen schwere Kriminalität. Es gab jede Menge schlechtere Alternativen.

»Und wann beginnt diese wundervolle neue Phase deines Lebens?«, fragte sie mit ihm zugewandtem Rücken.

»Na ja, wenn du willst, dass ich eine bestimmte Kündigungsfrist einhalte, werde ich das tun. Immerhin stecken wir bei der Operation Vorschlaghammer immer noch mittendrin. Auf unserer Liste stehen nach wie vor ein paar Namen von gesuchten Kriminellen, die wir noch nicht gefunden haben. Wenn du willst, dass ich mich darum kümmere …«

»Ich wäre ja eine tolle Chefin, wenn ich dich nicht gehen lassen würde. Bei allem, was du in diesem Fall schon vollbracht hast.«

»Dann wäre es mir am liebsten, wenn es so schnell wie möglich passieren würde.«

Sie sah ihn beinahe vorwurfsvoll an.

»Damit ich dich fragen kann, ob du mit mir ausgehst«, fügte er schnell hinzu. »Ich möchte ein richtiges Date mit dir. Du weißt schon, ins Kino gehen, einen Happen essen, ein paar Drinks, und anschließend geht jeder von uns in seine eigene Bude. Und dann überlegst du dir lange und intensiv, ob mein Wunsch, wieder mit dir zusammen zu sein, langfristig funktionieren kann. Immerhin könnte es auch sein, dass wir uns ein bisschen entfremdet haben. Jedenfalls würde uns kein Stress und Ärger von unserem gemeinsamen Arbeitstag belasten.«

Sie sah immer noch ungehalten aus und ging umher, die Hände nach wie vor in die Hüften gestemmt.

»Gut, wenigstens hast du nicht Nein gesagt«, stellte er schließlich fest.

Sie wirbelte zu ihm herum. »Und der Preis für dieses Date ist, dass ich meinen besten Detective verliere?«

»Und ich verliere die beste Chefin, unter der ich je gearbeitet

521

habe. Also sollten wir zusehen, dass wir unseren Verlust beide angemessen wettmachen.«

Sie stürzte sich so schnell auf ihn, dass Heck es kaum sah. Das Nächste, was er mitbekam, war, dass sie seine Krawatte packte, ihn zu sich heranzog und ihren Mund auf seinen drückte.

Das raubte ihm im wahrsten Sinne des Wortes den Atem. Ihre weiche Zunge, die von dem mit Fruchtsaft gemischten Alkohol ganz süß schmeckte, verschlang ihn. Sie legte ihren linken Arm um seinen Nacken, zog ihn noch näher zu sich heran, und drückte ihren wohlgeformten Körper gegen seinen. Als Heck sich von der anfänglichen Überraschung erholt hatte, erwiderte er die Umarmung, umschlang sie und hob sie vom Boden auf. Sie ließ es geschehen und umklammerte seine Taille mit ihren Beinen. Einige glückselige Sekunden lang waren sie so heiß aufeinander wie frisch verliebte Teenager, all das endlose Jahre währende aufgestaute Warten, Wünschen, Zweifeln und sehnsüchtige Leiden fand auf einmal Erlösung, und sie wurden beide von einem sturzbachartigen Schwall der Leidenschaft und Begierde durchflutet.

Sie waren so hin und weg, dass im ersten Moment keiner von ihnen mitbekam, dass das Feuerwerk begonnen hatte. Das in kurzen Abständen ratternde Knallen explodierender Feuerwerkskörper, die aufzuckende Lichtshow, die über sie und den Parkplatz des Pubs hinwegtanzte – all das nahmen sie gar nicht richtig wahr.

Aber Feuerwerk im September? Heck riss sich als Erster aus seiner Trance und wandte den Blick zum dunklen Himmel. Dann drehte er den Kopf nach links zu den Fenstern des Veranstaltungsraums.

Dahinter knallte und blitzte es.

Jetzt sah Gemma es auch.

Sie befreite sich aus Hecks Umarmung.

Sie standen völlig perplex da. Dann langte Gemma nach der Tasche ihres Mantels, den sie gar nicht anhatte. Sie wandte

522

sich Heck zu, Panik in den Augen. »Mein Handy ist noch da oben.«

»Meins auch.« Heck stürmte zurück über den Parkplatz.

»Mark, warte! Was hast du vor?«

Das war eine sinnvolle Frage, die ihn dazu brachte, stehen zu bleiben, bevor er das untere Ende der Feuerleiter erreichte. Er blickte die Leiter nach oben, sein Gesicht war in eiskaltem Schweiß gebadet.

Die Schüsse verstummten kurz, was nur bedeuten konnte, dass ein neues Magazin in die Waffe geschoben wurde. In dem kurzen Moment dröhnender Stille ersetzte ein grabgesangartiger Chor aus Stöhnen und Schreien die Schüsse, doch dann knallten sie wieder los, begleitet von einem stroboskopartig aufzuckenden dämonischen Blitzgewitter. Ein ohrenbetäubendes, misstönendes Rattern dröhnte durch die Nacht, das noch hundertfach verstärkt wurde, als verirrte Geschosse durch die Fenster schlugen und ein klirrender Scherbenregen auf den Parkplatz niederprasselte.

Zum ersten Mal in seinem Polizistendasein wusste Heck nicht, was er tun sollte.

Seine Glieder waren erstarrt, seine Wirbelsäule fühlte sich an wie eine Eissäule. Als Gemma seine Schulter umfasste, fuhr er beinahe aus der Haut.

»Da lang«, brachte sie keuchend hervor. »Da lang.«

Er war so benommen, dass er im ersten Moment nicht begriff, was sie meinte. Doch dann wurde ihm bewusst, dass sie ihn vom Fuß der Feuerleiter wegführte, an deren oberem Ende eine Gestalt erschienen war.

Es war Charlie Finnegan. Er taumelte, sein Gesicht war schmerzverzerrt, sein Oberkörper irgendwie merkwürdig unförmig, seine Hüften seltsam verdreht. Noch während sie ihn anstarrten, verfärbte sich sein weißes Freizeithemd langsam von oben bis unten rot. Schließlich kippte er vornüber, unbeholfen wie ein schwerer Sack. Er überschlug sich und blieb auf der

523

Mitte der Leiter liegen, die Arme und Beine um die Metallsprossen verhakt.

Heck wich taumelnd weiter zurück. In seinem Kopf drehte sich alles.

In dem Raum oben zuckten weitere Blitze auf, es knatterten erneut Schüsse, weitere Fensterscheiben barsten nach draußen. Doch es waren keine Schreie mehr zu hören. Keine Rufe.

Sie waren inzwischen dreißig Meter von der Feuerleiter entfernt und konnten noch die roten Blutfäden sehen, die sich aus Finnegans zerschossenem Körper hinunterzogen, als Heck sich dessen bewusst wurde, dass sie die nächste Ecke des Pubs erreicht hatten. Dort ließ Gemma ihn los. Sie war eisbleich, ihr hübscher Mund stand hilflos offen, als ob sie nicht genug Luft zum Atmen hindurchsaugen könnte, Tränen strömten aus ihren Augen. Dann wandte sie sich um und taumelte an der Vorderseite des Gebäudes entlang.

»Gemma?«

»Ich muss … ich muss anrufen«, stammelte sie über ihre Schulter. »Da drinnen muss es einen Festnetzanschluss geben.«

Zu benommen, um mit ihr zu diskutieren, folgte Heck ihr.

Sie erreichten die vordere Eingangstür des Pubs. Die wenigen Gäste, die sich unten aufgehalten hatten, waren bereits durch die Tür geflohen und rannten wie aufgescheuchte Hühner über den Parkplatz.

Sie stürmten in den Hauptschankraum. Er war so gut wie leer, nur die beiden Barkellnerinnen standen noch hinter der Theke. Ihre Gesichter waren vor Angst und Entsetzen kreideweiß, eine war völlig erstarrt und sah aus wie eine Wachsfigur, die andere hatte den Hörer des Festnetztelefons in der Hand und hatte vermutlich die Notrufzentrale gerufen. Gemma stürmte zur Theke, stellte laut rufend klar, dass sie Polizistin sei und entwand der entsetzten Frau den Hörer. Heck wandte sich währenddessen dem unteren Ende der Innentreppe zu. Von seiner Position aus konnte er den Lärm, den der Angriff oben verursachte, hören, doch inzwischen hatte das ratternde Dauerfeuer einzelnen, laut knallenden Schüssen Platz gemacht. Heck wusste, was das zu bedeuten hatte. Wer auch immer da oben war, suchte den Raum nach Überlebenden ab und verpasste ihnen den Gnadenschuss.

Er hatte die Bedeutung der Redewendung »wie angewurzelt dastehen« nie ganz verstanden – bis zu diesem Moment.

Dann verstummten auch die einzelnen Schüsse abrupt.

Wer auch immer da oben war, würde wahrscheinlich die Feuerleiter nehmen, weil es der schnellste Weg nach draußen und zum Fluchtwagen war. Heck blickte wieder in den Schankraum. Gemma stützte sich an der Theke ab, den Telefonhörer am Ohr, und versuchte zu erklären, was genau passiert war. Tränen liefen über ihr Gesicht.

Das soll das Beste sein, was wir tun können? Im Ernst?

Heck wandte sich wieder der Treppe zu. Er setzte sich langsam und steif, wie eine zum Leben erwachende Schaufensterpuppe, in Bewegung, ging zu der Treppe und begann sie hochzusteigen.

»Mark!«, ertönte hinter ihm ein verzweifelter Ruf. »Mark! *Warte!*«

Er ignorierte sie, doch nicht, weil er seinen Mut beweisen wollte. Er wusste, dass da oben keine Gefahr mehr lauerte. Nicht mehr. Natürlich wünschte er sich nicht zu sehen, was da oben von dem Gemetzel übrig war, aber er hatte keine andere Wahl. Weiter dort unten herumzustehen widersprach seinem Berufsethos zutiefst.

An der Tür zu dem Veranstaltungsraum blieb er stehen und rümpfte die Nase. Beißender Korditgeruch schlug ihm entgegen. Er strengte die Augen an, um durch die Rauchwolke, die wie ein Leichentuch über dem Chaos aus zerfetzten Möbeln und blutüberströmten wild übereinanderliegenden Körpern hing, etwas sehen zu können.

Das Schlimmste war vielleicht, dass sich in dem Raum absolut nichts bewegte.

Kein Zucken, kein Zittern, nicht einmal ein leises, ersterbendes Wimmern drang durch die beißende Luft.

Und dann hörte er es. Das scheppernde Geräusch von Stiefeln, die die Feuerleiter hinunterstapften, und eine heisere, wütende Stimme, die in einer ausländischen Sprache einen Fluch ausstieß. Heck verstand die Worte nicht, aber er wusste, was sie zu bedeuten hatten. Der Körper von Charlie Finnegan lag im Weg und wurde mit Sicherheit gerade grob zur Seite getreten.

Von der Wut eines angreifenden Stiers getrieben, stieß Heck einen lauten Schrei aus und stürmte durch den Raum.

Im Laufen versuchte er nicht hinzusehen, worüber er stolperte und worin er ausrutschte, konnte es jedoch nicht vermeiden, einzelne Blicke auf mehrere nach oben gerichtete Gesichter zu erhaschen. Obwohl sie zerfetzt und blutüberströmt waren, erkannte er einige von ihnen: Andy Rawlins, Burt Cunliffe und ... o mein Gott! ... Jack Reed.

Er hörte erneut Gemmas Stimme rufen.

Doch bevor er dazu kam zu antworten, hatte er auch schon den Notausgang am oberen Ende der Feuerleiter erreicht. Er blickte hinab und sah gerade noch, wie eine dunkel gekleidete Gestalt in einen dröhnenden weißen Subara XV sprang, in dem bereits jemand hinter dem Lenkrad sitzen musste. Denn kaum war der Mörder auf dem Beifahrersitz verschwunden, raste der Wagen auch schon los, bretterte über den Parkplatz und bog in einem derart rücksichtslosen Tempo auf die Straße, dass ein gerade vorbeifahrender Hyundai von seinem Fahrer auf den Bürgersteig gerissen wurde.

Heck stürmte die Feuerleiter hinunter. Wie er vermutet hatte, war Charlie Finnegans Körper grob zur Seite gestoßen worden. Die unteren Sprossen waren blutverschmiert und glitschig, deshalb sprang Heck über sie hinweg und landete mit beiden Füßen auf dem Boden. Die Wucht des Aufpralls war so heftig, dass ihm ein stechender Schmerz in die Füße schoss, doch er richtete sich schnell auf und rannte auf seinen Wagen zu.

»*Heck!*«, hörte er Gemma rufen.

Er sah sie in seinem seitlichen Sichtfeld um die Ecke des Pubs kommen. Doch er blieb nicht stehen, sondern hechtete in seinen Megane, startete den Motor, gab Gas und riss den Wagen mit kreischenden Reifen herum.

Dann raste er auf die Ausfahrt des Parkplatzes zu, doch bevor er sie erreichte, trat Gemma ihm in den Weg.

»Mein Gott!«, schrie er, riss das Lenkrad nach links und wäre um ein Haar gegen den Torpfosten gekracht.

Bevor er den Wagen neu ausrichten und wieder losrasen konnte, riss Gemma die hintere Tür an der Beifahrerseite auf und stieg ein.

»Was zum Teufel macht du denn?«, schrie sie.

»Ich habe die Arschlöcher gesehen! Sie sind mit einem weißen Subaru abgehauen! Mindestens zwei Typen.«

»Und wo fahren wir jetzt hin?«

»Sie werden nicht in diesem Wagen bleiben.« Er bog schlingernd auf die Straße und gab Vollgas. »Wir müssen sie verfolgen, bis sie den Wagen wechseln. Sonst kommen sie ungeschoren davon.«

»Okay.« Sie hatte keine Einwände. Es ergab absolut Sinn.

»Gemma, sie …« Ihm brach beinahe die Stimme, und er musste sich mit aller Kraft zusammenreißen, sich auf die Straße zu konzentrieren. »Sie haben alle umgebracht. Alle.«

»*Alle?*« Ihre Stimme war kalt, tonlos.

»So was habe ich noch nie gesehen. Ein totales Massaker.«

»Da!«, rief sie und lenkte sich bewusst von dem ab, was Heck ihr berichtete. »Da!«

Gut achtzig Meter vor ihnen bretterte ein weißer Wagen über die Kreuzung Ferny Hill. Das trieb Heck dazu an, noch schneller zu fahren. Er trat aufs Gas und bretterte mit hundert Sachen durch eine Zone, in der maximal sechzig Stundenkilometer erlaubt waren. Am nächsten Kreisverkehr riss er das Lenkrad herum, geriet ins Schlingern und verlor beinahe die Kontrolle über den Wagen. Dann ging es wieder geradeaus weiter auf der Waggon Road. Der weiße Subaru war nach wie vor zu sehen.

»Wer kommt?«, rief er.

»Alle«, erwiderte sie. »Ich habe überall angerufen und alle verfügbaren Kräfte mobilisiert. Das Problem ist nur, dass ich niemanden informieren kann, wo wir sind. Du hast da oben nicht zufällig daran gedacht, dir dein Handy zu schnappen?«

»Nein. *Scheiße!*«, fluchte Heck.

»Egal«, entgegnete sie. »Versuch einfach, an dem Wagen dranzubleiben.«

Er nickte. Allmählich lichtete sich der Blutschleier, der sich über seine Gedanken gelegt hatte, und er konnte wieder klarer denken. An dem Wagen dranzubleiben, war das Einzige, was er momentan tun konnte. Für seine Begriffe hatte er in den zurückliegenden Wochen zu viel Bekanntschaft mit automatischen Waffen gemacht. Das letzte Mal war seine eigene Waffe im Vergleich zu dem Maschinengewehr seines Gegners nicht viel mehr als ein Pusterohr gewesen. Diesmal war er gar nicht bewaffnet.

Doch selbst an dem Wagen dranzubleiben würde keinesfalls einfach sein.

Der Subaru bretterte mit 115 Sachen durch das Viertel Hadley Wood, der Fahrer unternahm die verrücktesten Manöver, um die Autos vor ihm zu überholen. Die Autos auf der Gegenspur wurden von ihren Fahrern von der Straße gerissen, viele bauten schwere Unfälle.

»Selbst die größten Hohlköpfe bei der Polizei sollten in der Lage sein, dieser Spur der Verwüstung zu folgen«, stellte Gemma fest. »Heck.« Ihre Stimme bebte. »Sie haben doch nicht *alle* erwischt, oder? Meintest du gerade wirklich *alle*?«

Er nickte und bemühte sich mit aller Kraft, seine Aufmerksamkeit auf den Subaru zu richten und alles andere aus seinem Kopf zu verdrängen. Doch das gelang ihm nur, weil es sich als extrem schwierig erwies, den weißen Wagen nicht aus den Augen zu verlieren.

Auf der Dancers Hill Road beschleunigte der Fahrer auf mehr als 140 Stundenkilometer und bretterte so rücksichtslos um die Kurven, dass er immer wieder mit kreischenden Reifen auf der Gegenspur landete. Zum Glück kamen sie in eine zusehends ländlicher werdende Gegend, sodass immer weniger Verkehr herrschte. Als sie schließlich auf einer Straße namens Trotters Road unterwegs waren, kam ihnen gar kein Auto mehr entgegen. Umso überraschender war es, als der Subaru auf einmal scharf nach links abbog in eine viel schmalere Straße, die zu beiden Seiten von einem Wäldchen gesäumt wurde.

»Halt dich fest!«, rief Heck und riss das Lenkrad nach links.

Alle vier Reifen rutschten über den Asphalt und verloren mit Sicherheit mehrere Zentimeter Profil. Gemma, die sich noch nicht angeschnallt hatte, flog von einer Seite des Wagens auf die andere und schrie laut auf.

Die Straße war nicht beleuchtet, und die dicht beieinanderstehenden Bäume, die sich zu beiden Seiten hinter einer ein Meter achtzig hohen Steinmauer entlangzogen, sorgten dafür, dass es noch dunkler war als sowieso schon. Heck schaltete das Fernlicht an, doch die Straße war so kurvig, dass er höchstens dreißig oder vierzig Meter weit sah.

Der Subaru war nicht mehr zu sehen.

»Scheiße!«, fluchte er leise. »Scheiße! Ich kann sie nicht mehr sehen. Sie werden doch nicht irgendwo abgebogen sein?«

»Das gefällt mir nicht, Heck«, stellte Gemma warnend fest. »Da stimmt was nicht. Hier kann man doch nirgendwohin fliehen.«

Dem musste Heck zustimmen, doch er bog bereits mit kreischenden Reifen um die nächste Kurve. Dahinter erstreckte sich ein Streifen offenes Gelände, und der Subaru kam wieder in Sicht. Er war auf der linken Seite der schmalen Straße stehen geblieben, direkt hinter einem Schwerlasttransporter, dessen hintere Rampe heruntergelassen war und den Blick auf einen leeren Laderaum freigab.

529

»Ich hab sie!«, rief Heck und gab wieder Gas.

Doch keine Millisekunde später sah er zwei dunkle Gestalten, die jeweils auf einer Seite des Subarus in Position gegangen und ihnen zugewandt waren. Eine weitere Millisekunde später sah er die Waffen, an denen sie entlangblickten, und trat voll auf die Bremse. Der Megane rutschte quer über die Straße, doch vor ihnen zuckten bereits stroboskopartig grelle Blitze auf, und im nächsten Augenblick wurde die Windschutzscheibe von Geschossen durchsiebt und barst komplett nach innen.

Heck riss den Wagen nach rechts und steuerte ein hölzernes Tor an. Der Wagen krachte mit voller Wucht in das Tor hinein.

Der Megane war schwer, aber das Tor war ein massives Hindernis. Es flog auf, doch der Aufprall war gewaltig. Einen Moment lang drehten die Räder durch, sodass der Wagen nicht vorankam. Das ermöglichte es den beiden Männern mit den Maschinengewehren, die Beifahrerseite des Wagens unter Dauerbeschuss zu nehmen. Hämmernde Einschläge durchsiebten die Seite der Länge nach und von oben bis unten. Dann griffen die Räder wieder, und der Wagen schoss in das bewaldete Gebiet und pflügte durch dichtes, faseriges Gestrüpp. Ein Chaos aus Blättern und zerbrochenen Zweigen schlug durch die zerborstene Windschutzscheibe, dann krachte der Wagen frontal gegen den Stamm einer Ulme.

Der Aufprall war gewaltig, der Knall so laut wie die Explosion einer Bombe.

Heck flog mit voller Wucht nach vorne gegen den Airbag.

Er war halb bei Bewusstsein, nahm alles um sich herum nur vage war, und es kam ihm so vor, als ob dieser Zustand ewig dauerte. Seine Sinne waren zu betäubt, um zu reagieren. In dem Wagen war es absolut still, Dunkelheit umhüllte ihn. Das einzige Geräusch, das er hörte, war das Prasseln der Scherben, die aus den zerborstenen Scheiben der Fenster rieselten. Doch dann hörte er noch etwas: das Stapfen von Stiefeln auf Asphalt. Das Geräusch näherte sich schnell.

»Gemma«, murmelte er leise. Nichts von alledem ergab irgendeinen Sinn, doch in ihm wuchs ein Gefühl der Alarmbereitschaft. Und dann sah er plötzlich wieder klar. »*Gemma, raus hier!*«

Er öffnete den Verschluss seines Sicherheitsgurts und trat mehrmals gegen die Fahrertür, die sich in ihrem Rahmen verzogen hatte. Die hintere Tür an der Fahrerseite öffnete sich, und aus dem Augenwinkel sah er Gemma nach draußen krabbeln und sich flach ins Dickicht werfen. Seine Tür hingegen ließ sich nur wenige Millimeter öffnen. Ihm wurde mit Entsetzen bewusst, dass sie nur einige Meter von der Straße entfernt waren. Er bearbeitete die Tür mit den Schultern, den Ellbogen und den Knien.

Die Schritte kamen immer näher.

Heck warf einen Blick hinter sich.

Durch eine Lücke zwischen den Bäumen sah er einen zwanzig Meter langen Abschnitt der Steinmauer. Dort war noch niemand zu sehen. Er wirbelte wieder herum zu der verkeilten Tür und warf sich mit dem ganzen Körper dagegen. Dabei ächzte er vor Anstrengung so heftig, dass ihm beinahe der Hals platzte. Es folgte ein lautes Krachen von aneinander schabendem Metall, und die Tür flog auf. Er fiel zusammen mit der Champagnerflasche, die bei dem Aufprall durch den Wagen geflogen war, durch die Öffnung auf den Waldboden.

Er sah sich um. Gemma lag noch flach auf dem Boden, doch er hatte keine Zeit, mit ihr zu reden.

Er schnappte sich die Champagnerflasche, krabbelte um die Vorderseite seines Wagens und um den massiven Stamm herum, in den er hineingekracht war, huschte zu der Mauer und hockte sich vor ihr in ihrem Schatten hin.

Im nächsten Augenblick blieben die Schritte auch schon auf der anderen Seite der Mauer stehen.

Direkt über ihm wurde der Lauf eines Maschinengewehrs über die Mauer geschoben. Im nächsten Moment ratterte es los, jagte eine weitere Salve Kugeln in den völlig ramponierten Megane und durchlöcherte die Karosserie. Die noch intakten Scheiben zersplitterten, die Motorhaube flog auf, das Innere wurde der Länge nach und von oben bis unten mit Kugeln durchsiebt.

Das Rattern verstummte erst, als das Magazin leer geschossen war. Auf den Moment hatte Heck gewartet.

Er richtete sich auf, umfasste mit der einen Hand den Lauf des Maschinengewehrs, obwohl dieser glühend heiß war, und schlug mit voller Wucht mit der Champagnerflasche zu.

Der Kerl auf der anderen Seite, ein kräftig gebauter Typ, der dunkle Kleidung trug und unter dessen weißer wollener Sturmhaube sich ein blasses, bärtiges Gesicht abzeichnete, war völlig überrascht, erst recht, als die schwere Glasflasche auf seinen Schädel krachte und zerbrach.

Heck riss ihm das leer geschossene Gewehr aus den erschlaffenden Händen, warf es außer Reichweite ins Dickicht, und versuchte gleichzeitig, den Kerl über die Mauer zu ziehen. Der Mann taumelte bereits, Blut sickerte durch seine Sturmhaube, doch er leistete Widerstand. Heck umfasste mit seiner linken Hand ein Handgelenk des Kerls und stieß mit der rechten immer wieder mit dem Flaschenhals der zerbrochenen Champagnerflasche zu. Die Scherbe war so scharf wie eine Messerklinge, und er rammte sie dem Kerl immer wieder in die linke Schulter und die linke Seites des Halses.

Ein Rufen erweckte Hecks Aufmerksamkeit. Es war eher ein lautes, sinnloses Brüllen und ertönte ein Stück weiter die Straße hinauf. Im nächsten Moment war das Getrappel von Schritten zu hören, und der zweite bewaffnete Kerl rannte in ihre Richtung.

Heck sah ihn kommen. Er war stämmiger als sein Komplize, trug ebenfalls dunkle Kleidung und hatte auch einen Bart. Sein Haar steckte unter einer schwarzen Wollmütze. Erst als sein Komplize, durch den Blutverlust und den Schock geschwächt, auf den Boden sank, eröffnete er das Feuer.

Kugeln surrten über die Mauer, schlugen in sie ein und rissen faustgroße Brocken und Mörtel heraus. Heck duckte sich hinter der Mauer und rollte weg ins Dickicht. Er warf den blutverschmierten Flaschenhals weg und krabbelte auf allen vieren weiter in das Wäldchen hinein. Nach gut dreißig Metern richtete er sich auf, rannte im Zickzack zwischen den Bäumen weiter und hoffte, dass er in der Dunkelheit der Nacht nicht zu sehen war.

Aus dreißig Metern wurden vierzig, dann fünfzig, dann sechzig, doch Heck wusste, dass der Kerl nur zu allen Seiten in die Finsternis schießen musste und durchaus eine gute Chance hatte, ihn zu treffen.

Doch das passierte nicht.

Stattdessen hörte Heck gedämpfte Stimmen. Wie es sich anhörte, kümmerte sich der zweite Kerl um seinen Komplizen, denn eine der Stimmen stammelte schmerzverzerrt. Heck ging um eine Eiche herum und drückte sich mit dem Rücken gegen den Stamm. Er stand reglos und in Schweiß gebadet da und lauschte, konnte jedoch nichts verstehen. Er hörte nicht mal, ob sie Englisch sprachen, war allerdings sicher, dass der Kerl, den er im Pub fluchen gehört hatte, nicht Englisch gesprochen hatte.

»Wer zum Teufel …?«, brachte er flüsternd hervor.

Wer auch immer sie waren, sie hielten sich nicht weiter auf. Erneut drang das Geräusch stapfender Schritte durch die Dunkelheit, es hörte sich an, als ob sie taumelnd rannten. Wahrscheinlich stützte der Unverletzte den Verletzten. Das Geräusch entfernte sich, dann wurde ein Motor gestartet. Es war der Motor des Subarus.

Heck war hin- und hergerissen, was er tun sollte. Sein Herz sagte ihm, dass er zurück zur Straße sollte. Wenn sie es schafften, den Wagen in den Schwertransporter zu schaffen, dessen Modell und Autokennzeichen er sich noch nicht gemerkt hatte, würden sie ungeschoren davonkommen. Doch sein Kopf sagte ihm, dass das Ganze auch eine List sein konnte, mit dem Ziel, ihn aus der Deckung zu locken.

Sein Herz gewann, doch erst nach einer Verzögerung, die sich möglicherweise als katastrophal erweisen würde. Denn als er zwischen den Bäumen hindurch zurückging, hörte er das deutlich lautere Dröhnen des anspringenden Motors eines Lastwagens.

»Scheiße!«

Er rannte schneller und erreichte die Mauer gut zwölf Meter von der Stelle entfernt, an der er mit dem ersten Bewaffneten gekämpft hatte. Doch der Lastwagen war bereits außer Sicht. Die Rücklichter verblassten in der fernen Dunkelheit zu kleinen roten Punkten und verschwanden dann ganz.

Heck lehnte sich gegen die Mauer und ließ heftig keuchend den Kopf hängen.

Nur mit einer enormen Kraftanstrengung gelang es ihm schließlich, sich von der Mauer abzustoßen und zurück zu seinem Wagen zu humpeln. Dabei kam er an einem Abschnitt der Mauer vorbei, an der der komplette obere Teil von dem Dauerbeschuss abgeplatzt war. Sein Adrenalinspiegel sank schnell, und auf einmal fühlte er sich total erschöpft. Hundert verschiedene Verletzungen, Verstauchungen und Leiden machten ihm zu schaffen. Sogar die Schnittwunde über seiner Augenbraue war wieder aufgeplatzt und blutete.

In dem Moment wurde ihm bewusst, dass er irgendetwas in der linken Hand hielt. Eine Art Armband, das er dem ersten Kerl vom Handgelenk gerissen hatte, als er mit ihm gekämpft hatte.

Im ersten Moment warf er nur einen flüchtigen Blick darauf, doch das reichte, um ihn wie angewurzelt stehen bleiben zu lassen.

Er hielt das Armband hoch, nahm es in dem durch die Bäume fallenden schwachen Licht etwas genauer in Augenschein, und es gab keinen Zweifel. Es war ein lederner Armreif, von dem winzige Gothic-Symbole herabbaumelten: Totenschädel, auf dem Kopf stehende Kreuze, Wolfsköpfe. Selbst inmitten dieses ganzen Desasters kamen ihm schlagartig seine eigenen Worte in den Sinn, die ihm damals nach der Festnahme der Mitglieder der Schwarzen Kapelle im Kopf herumgespukt waren und die er Gemma gegenüber geäußert hatte:

Ich glaube nur einfach nicht, dass dies das Letzte war, was wir von den Typen gehört haben. Und wenn wir wieder von ihnen hören, wird es sehr hässlich, fürchte ich.

Er taumelte weiter. Das Atmen fiel ihm schwer, da ihm immer wieder Schluchzer entwichen.

Er hatte es gewusst. Er hatte es von Anfang an gesagt. Wenn er doch nur hartnäckiger gewesen wäre. Aber was sollte es. Er hatte jetzt keine Zeit, sich nutzlose Selbstvorwürfe zu machen. Er hatte nicht mal Zeit, einen Beweissicherungsbeutel aufzutreiben. Im Moment blieb ihm nichts anderes übrig, als den Armreif in seine Hosentasche zu stecken. Dort würde er so gut aufgehoben sein wie an jedem anderen Ort.

»Gemma!«, rief er, als sein Megane zwischen den Bäumen und dem Dickicht in Sicht kam. Von seinem Wagen war kaum noch mehr übrig als ein qualmendes Wrack, doch das überraschte ihn nicht wirklich.

»Gemma«, sagte er. »Alles klar mit dir, Gemma?«

Er ging durch die Überreste des zerfetzten Tors und um die Rückseite des Wagens herum. In dem Moment sah er, dass Gemma immer noch flach auf dem von Dickicht überwucherten Boden lag.

»Sie sind weg, Gemma. Aber du wirst es nicht glauben, es waren ...« Er verstummte. »Gemma?«

Sie lag offenbar nicht nur auf dem Boden, um Deckung zu suchen. Sie lag auf der linken Seite und regte sich nicht.

Heck warf sich neben ihr auf die Knie.

Blut durchtränkte vorne und hinten ihre Bluse. Der Anblick versetzte Heck einen Schock.

»G... Gemma?« Alle möglichen Gedanken wirbelten ihm durch den Kopf. Es kostete ihn einige Anstrengung, überhaupt etwas herauszubekommen. »Na los. Komm schon, Darling.«

Im ersten Moment wagte er kaum, sie zu berühren. Schließlich betastete er ihren nackten rechten Arm, der spürbar rasch kälter wurde.

»Gemma! Nein!«

Verzweifelt und alle Empfehlungen für solche Situationen missachtend, weil er keine Empfehlung kannte, die in diesem Moment helfen konnte, drehte er sie um, hob sie an und legte sie in seine Arme. Selbst in dieser Position lag sie noch elegant da, die Knie unter ihrem Jeansrock aneinandergedrückt, die Spitzen ihrer hübschen Schuhe leicht nach innen gedreht. Doch ihr Kopf fiel schlaff nach hinten. Er schob einen Arm unter ihren Nacken und stützte den Kopf. In dem Moment flatterten ihre Augenlider.

»Ja, so ist es gut. Das ist gut, Gemma. Bleib einfach nur bei mir, okay?« Er blickte sich hektisch um, aber in den vergangenen Minuten war kein Auto vorbeigekommen, geschweige denn ein Fußgänger, der ihn hören würde, wenn er um Hilfe rief.

Er rief dennoch. »Hallo, ist da jemand? Hilfe! Helfen Sie uns. Bitte!«

»Mark«, brachte sie hervor.

Er sah zu ihr hinab, in ihm wallte Hoffnung auf. Ihre Augen hatten sich ein wenig geöffnet, doch ihr Ausdruck war merkwürdig gelassen. Trotz ihrer Verletzung hatte sie es geschafft, die rechte Hand zu heben und an seine Wange zu legen.

»Komm schon, Gemma«, redete er sanft auf sie ein. »Halt durch, Darling. Alles wird gut.«

Sie lächelte ihn einen Augenblick an, dann fielen ihre Augen wieder zu.

Ihre Hand, die seine Wange berührte, fiel schlaff herunter, und in dem Moment entwich ihm ein Schmerzensschrei, der die Stille der Nacht zerriss und, wie es schien, noch etliche Minuten in der leisen Sommerbrise nachhallte.

Auf den Spuren eines Killers, der Killer jagt

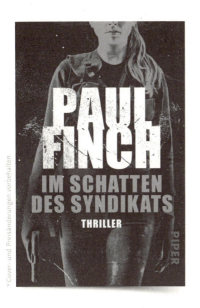

Paul Finch

Im Schatten des Syndikats

Thriller

Aus dem Englischen von Bärbel Arnold und Velten Arnold
Piper Taschenbuch, 560 Seiten
€ 10,00 [D], € 10,30 [A]*
ISBN 978-3-492-31374-2

Zunächst sieht es nach gewöhnlichen Raubüberfällen und Morden aus, die Manchester in Atem halten. Doch bald findet die junge Polizistin Lucy Clayburn heraus, dass die Opfer allesamt Dreck am Stecken haben. Jemand hat es auf die Gangsterbosse von Manchester abgesehen – und auf Lucys Vater, den Chef des gefährlichsten Syndikats der Stadt. Schon bald sieht sich Lucy nicht nur mit dem härtesten Fall ihrer Karriere konfrontiert, sondern auch mit der Entscheidung, ob sie zu den Guten oder den Bösen gehören will.

Leseproben, E-Books und mehr unter www.piper.de

Wenn der Jäger zum Gejagten wird

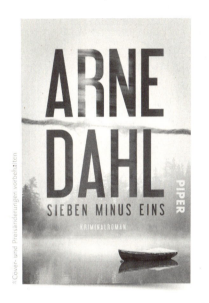

Arne Dahl
Sieben minus eins
Kriminalroman
Aus dem Schwedischen
von Kerstin Schöps
Piper Taschenbuch, 416 Seiten
€ 10,00 [D], € 10,30 [A] *
ISBN 978-3-492-31181-6

Als er das blutverschmierte Kellerloch sieht, ist sich Kriminalinspektor Sam Berger sicher: Das Verschwinden der jungen Frau ist kein Einzelfall. Da draußen quält ein perfider Täter junge Frauen. Schafft er es, sie lebend zu retten? Doch dafür ist er auf fremde Hilfe angewiesen: Die von Molly Blom, einer geheimnisvollen Frau, die nicht ist, wer sie vorgibt zu sein. Doch Berger hat keine andere Chance, als tief in die dunkle Vergangenheit dieser Frau einzutauchen …

PIPER

Leseproben, E-Books und mehr unter www.piper.de